인 도 독 립 운 동 사

I want world
sympathy in
this battle of
Right against
Wight.
santi   MKGandhi
5.4.30

'I Want World Sympathy' / 1930

인 도 독 립 운 동 사

부록
한국·인도 독립운동의 비교

조길태

민음사

책머리에

근대 세계사는 소수의 열강이 나머지 약소국들 대부분을 정치적, 경제적으로 지배한 내용을 담고 있습니다. 그 주요한 내용의 하나가 침략적 민족주의의 성격을 띤 영국의 제국주의와 생존을 위한 인도의 민족주의가 처절하게 충돌한 역사입니다. 영국과 인도는 각각 제국주의 열강과 예속된 식민지를 대표할 만한 국가였습니다. 영국의 원대하고 치밀한 제국주의 정책은 다른 열강들의 식민 정책에 표본이 되었고, 이에 대한 인도의 저항운동은 아시아·아프리카 식민지들이 전개한 독립운동의 모범이었습니다. 인도의 독립운동은 오직 저항으로 일관했던 것이 아니고 영국인 통치자에 협조와 반항을 교차로 반복하면서 나아갔습니다.

영국의 약 200년에 걸친 인도 지배의 통치 정책과 인도 독립운동의 예비 단계라고 할 수 있는 민족주의운동은 이미 저술한 바 있으므로 여기에서는 인도 독립운동을 정리한다는 마음으로 고찰했습니다. 20세기에 들어서면서 시작된 독립운동을 전반적으로 다루려고 노력했습니다. 애국적 열정의 표현이었던 국산품 애용운동인 스와데시운동에서 시작하여 본격적인 독립운동의 전 단계인 자치운동도 함께 다루었습니다.

농민과 노동자의 위력적인 애국운동이 간디가 주도한 독립운동의 중심 내용이기도 합니다만, 농민운동은 따로 떼어 살펴보았습니다.

이 책은 몇 개의 장으로 분류하여 한 권으로 묶었습니다. 어떤 부분은 압축해서 서술하는 논문의 형태를 취했고 나머지는 풀어쓰는 마음으로 썼습니다. 특히 마하트마 간디와 수바스 찬드라 보스의 활동은 역사적 사실의 객관적 서술을 유지하면서도 가벼운 마음으로 거침없이 읽을 수 있도록 쉽게 썼습니다. 인도 독립운동의 핵심은 말할 것도 없이 간디가 주도한 범국민적 운동입니다. 이 책에서도 간디의 사상과 그가 인도 국민과 함께하는 독립운동이 중심 부분이고 거의 절반 분량을 차지하고 있습니다. 간디의 독립운동은 무기력한 평화주의 이론가의 활동이 아니라, 가장 용감한 사람만이 할 수 있는 아나키스트의 저돌적인 투쟁이었습니다.

인도 독립운동에서 제외해 버리기도 하는 수바스 찬드라 보스의 독립운동을 포함시켰습니다. 국민회의와 농민 및 노동자가 함께 열광적으로 참여하는 간디의 비폭력비협조운동과 시민불복종운동의 물결 속에서 수바스 보스의 혁명적 애국운동은 묻힐 수밖에 없었습니다. 영어 교육을 받은 인도의 젊은이들이 가장 동경했고, 예속된 민족으로서 경쟁 시험을 통해 오를 수 있는 최고의 자리인 명예와 부가 약속된 인도 문관직을 포기하고 인도국민군의 사령관으로서 독립운동에 헌신했던 그의 애국 활동은 매우 감동적입니다. 보기에 따라서는 제국주의 지배 아래에서 인도 젊은이가 택할 수 있는 가장 애국적이면서 또 한편으로 모험적이고 낭만적인 이야기이기도 합니다.

이 책은 어디까지나 인도 국민의 애국적인 독립운동을 정리한 것입니다. 인도 독립운동을 공부하면서 항상 머리에 떠오르는 것은 인도와 유사한 제국주의 지배를 경험한 우리의 비극적 역사였습니다. 인도의 독립운동이 우리의 치열한 투쟁의 역사와 겹쳐서 영상으로 다가왔습니다. 인도와 함께 고난과 굴욕과 저항의 처절한 삶을 공유했던 조국의 독립운동사를 인도 국민의 애국적인 투쟁과 비교해서 써 보고 싶은 충동을 느끼곤 했습니다. 우리의 역사를 세계사 속에서 조명해 보고 싶은 마음이었습니다. 학문적 관심이 결국에는 조국으로 향하는 본능적인 향수심 같은 것이었습니다. 이런 생각을 갖고 있으면서도 용기와 공부의 부족으로 망설이다가, 두려운 마음을 안고 만용에 가까운 행동으로 마지막 장에 하나의 시론(試論)으로서 한국 독립운동과 인도 독립운동을 비교해 보았습니다. 이것은 결코 본격적인 연구가 못됩니다만 앞으로 꼭 깊게 연구되어야 한다는 바람에서 시도한 논제입니다.

일찍이 저를 인도사 연구로 이끌어 주셨던 분이 김준엽(金俊燁) 전 고려대학교 총장님이셨습니다. 세계사에서 인도사의 비중은 무시할 수 없이 크고 중요하지만 우리나라는 인도사 연구의 불모지였고 아무도 관심을 보이지 않을 때였습니다. 보잘것없는 책이지만 선생님 생전에 바칠 수 없었던 것이 애석할 따름입니다. 시간은 쉴 새 없이 흘러가고 세월은 기다려 주지 않는 법인데 저 자신의 태만함을 탓할 뿐입니다.

이 책은 교육부의 재원으로 한국연구재단의 지원을 받아 수행되었습니다.(812-2010-1-A00018) 연구 계약 기간을 한참 지나쳐 버린 저의 게으름을 관용해 주시기 바랍니다. 탈고 후 또 1년이 훌쩍 넘어 출판을 보게 되었습니다. 인문학술서 출판의 비애이기도 합니다. 시장성을 고려하지 않고 이 책을 출판해 주신 민음사 박근섭 사장님께 깊이 감사드립니다.

2017년 7월 17일

조길태(曺吉泰)

책머리에

책머리에   5

서언   13

1장
**인도
스와데시운동**

1 인도 스와데시운동   25

　1 스와데시운동의 태동   27

　2 벵골주 분할 정책   33

　3 스와데시운동의 전개   38

　4 스와데시운동의 효과   47

　5 국민회의의 반응과 바드라록 계층   57

　6 무슬림의 반응   63

　7 맺음말   68

2장

자치운동

1 틸락의 자치운동   73

　1 스와라지(自治) 이론   74

　2 인도자치연맹의 활동   84

　3 틸락의 '상응하는 협조' 이론   98

　4 맺음말   110

2 애니 베산트의 자치운동   113

　1 자치연맹의 결성과 목표   114

　2 자치운동의 전개   119

　3 정부의 탄압   125

　4 맺음말   134

3장

**간디의
독립운동**

1 간디의 사상　**141**

　1 남아프리카에서 사티아그라하의 실험　**141**

　2 사티아그라하의 의미　**145**

　3 사티아그라하의 실천적 목표　**154**

　4 맺음말　**167**

2 인도에서의 첫 사티아그라하운동　**169**

　1 참파란의 사티아그라하운동　**170**

　2 아메다바드의 사티아그라하운동　**185**

　3 케다의 사티아그라하운동　**197**

　4 맺음말　**205**

3 비폭력비협조운동　**206**

　1 간디는 고칼레의 계승자인가, 틸락의 계승자인가　**207**

　2 라우라트법, 암리차르 학살, 킬라파트운동　**210**

　3 국민회의가 간디의 비협조 계획을 수용　**225**

　4 비폭력비협조운동의 전개　**247**

　5 비폭력비협조운동의 한계　**275**

　6 맺음말　**288**

4 시민불복종운동　**292**

　1 사이먼위원회와 국민회의의 반응　**295**

　2 소금 행진　**307**

　3 정부의 탄압 정책과 시민불복종　**326**

　4 간디·어윈 협정과 원탁회의　**340**

　5 시민불복종의 재개　**358**

　6 맺음말　**369**

5 인도 철퇴(撤退)운동　373

　1 2차 세계대전과 인도의 정세　374

　2 일본군의 침공 위협과 크립스 사절단　382

　3 인도 철퇴운동의 결의　392

　4 폭동　406

　5 정부의 탄압　421

　6 맺음말　431

4장

수바스 찬드라
보스와
인도국민군

1 수바스 찬드라 보스와 인도국민군　437

　1 인도문관직을 버리고 독립운동의 길로　438

　2 뱅골 투사에서 국민회의 의장으로　445

　3 국외 탈출에서 잠수함 밀항까지　470

　4 인도국민군 사령관　487

　5 인도 영내로 진격 그러나 철수　498

　6 맺음말　518

5장

인도
농민운동

1 인도 농민운동의 성격　525

　1 조세 제도　527

　2 농민의 지위　536

　3 농민 폭동　541

　4 맺음말　548

2 농민운동과 독립운동 단체들과의 관계　550

　1 농민협회의 성립과 그 활동　551

　2 농민운동과 국민회의와의 관계　560

　3 농민협회와 급진 세력과의 관계　568

　4 맺음말　580

| 결론
**독립의 영광과
분립의 비극** | 결론: 독립의 영광과 분립의 비극　**585** |

| 부록
**한국과 인도
독립운동의
비교** | 한국과 인도 독립운동의 비교(試論)　**609** |

1 대서양권 혁명, 아시아권 민족주의운동　**610**

2 인도국민회의와 한국의 연정회　**615**

3 인도와 한국의 지방자치제　**632**

4 인도 스와데시운동과 한국 물산장려운동　**647**

5 인도와 한국의 비폭력운동　**662**

6 국외에서의 인도와 한국의 독립운동　**679**

7 인도의 테러리스트 활동과 한국의 의열 투쟁　**697**

8 맺음말　**720**

지도　**729**

화보　**732**

영국의 벵골 지사, 인도 총독, 인도국민회의 의장　**738**

인도 독립운동사 연표　**744**

찾아보기　**749**

서언

영국의 인도 지배는 약 200년 동안 지속되었다. 엄밀히 말하면 대폭 동(세포이 항쟁, 1857~1858)을 경계로 하여 그 이전의 100년 동안은 영 국동인도회사가 지배했고 그 이후는 영국 국왕이 인도의 통치자로 군 림하여 영국 정부가 직접 다스렸다. 영국의 통치권이 미치는 인도아대 류(印度亞大陸)은 어림잡아 영국의 스무 배 크기였으며 러시아를 제외 한 유럽 전체와 견줄 만했다.

인도는 영국 식민지 가운데서도 특수한 지위를 유지했다. 영국은 공 식 문서에서 인도를 식민지로 표기하지 않았고 '인도제국'이라고 불렀 다. 인도를 다스리는 영국 정부 내의 장관은 식민상이 아니고 인도상이 었다. 식민상이 모든 해외 식민지를 통할했지만, 인도의 경우 특수 지 위를 인정하여 식민상과 구분하여 동격의 장관으로 인도상이 임명되었 다. 본국에서 인도상이 현지에 나가 있는 인도 총독을 지휘했다.

영국인들은 인도 통치를 자부심을 가지고 평가한다. 영국의 입장에 서 본 인도 통치는 정치적 통일, 법과 질서, 평화, 서구식 교육과 철도 의 도입 등이 연상되는, 인류애에 입각한 자랑스러운 역사였다. 영국은 광대한 지역을 통합했을 뿐 아니라 인도 사회의 인종, 계급, 언어, 종교,

풍습 등 수많은 분열상을 극복하도록 도와 유혈과 폭력의 국가에 통일과 질서를 부여했으며, 법의 지배에 입각한 민주국가의 길을 견고하게 다지는 위업을 달성했다. 영국의 산업혁명을 거친 선진 과학 기술을 인도에 도입하여 산업국가의 기반을 마련하도록 돕기도 했다. 영국의 인도 지배는 단순한 식민 통치의 문제가 아니라 영국이 무책임하게 인도를 방치하고 떠날 수 있는가 하는 것이었다. 영국의 인도 통치는 시혜로 일관된 역사였다. "동포를 사랑하고, 인류의 합법적 진보를 신뢰하고, 다수의 행복 증진을 환영하는 사람이라면 위안이 되고 경탄할 만한 광경이 곧 인도에서의 영국의 지배가 될 것이다. 우리는 정복의 역사에서 그렇게 완전히 피정복자의 복리에 눈을 돌린 유례를 찾을 수 없다는 것을 자부심을 가지고 인정한다. …… 우리 통치의 기본 방침은 능률이었으며 그것은 정의와 힘에 근거했다. 인도에서의 영국인 정부는 정당했기 때문에 강력할 수 있었고, 강력했기 때문에 정의로울 수 있었다. 더욱이 효율적일 수 있었던 것은 이 둘을 갖추고 있었기 때문이다."[1]

영국의 인도 통치를 온통 장밋빛으로 묘사해 놓은 기록은 수없이 많다. 영국 정부는 인도에서 공명정대한 법과 질서를 확립함으로써 선진 문명의 기능을 훌륭히 수행했다는 찬사가 반복된다. 영국인이 인도 국민을 위한 수탁인으로 왔지만 그것이 인도 국민의 뜻에 따른 것이라는 의미는 아니다. "우리는 국민에 의해 선출되었거나 권력의 자리에 앉은 것이 아니라 우리의 도덕적 우월에 의해서, 상황에 떠밀려서, 신의 뜻에 따라 인도에 왔다. 오로지 이것이 우리가 인도를 통치할 특허가 된 것이다." 공익의 기준은 대중의 뜻이 아니라 통치 권력의 의무와 책임감이었으며, 영국 정부의 의지에 따라 국민에게 선행을 베푼 것이지 인도 국민의 견해에 따른 것이 아니었다. 인도의 자원은 개발되고,

---

1 Martin D. Lewis ed., *The British in India; Imperialism or Trusteeship?*(Atlanta, 1966), pp. 8~11.

국민은 개화되어 더 이상 동양에서 소외되지 않고 서양의 문명인과 연결될 것이다. 인도는 대영제국 안에서 가장 큰 동반자가 될 것이고, 인도의 진보는 영국의 통제 아래서 부모 마음 같은 통치 방법에 따라 이루어질 것이며, 계속 자애로운 전제 정치로 남아 있을 것이다.[2]

인도에서 항상 절박하게 대두되는 문제는 빈곤이었다. 인도의 기근은 간헐적으로 발생했지만 미증유의 처참한 기근은 영국의 지배 아래에서 일어났다. 1757년, 영국이 벵골 지방에서 지배권을 확립한 후 10여 년 만에 최악의 기근이 닥쳤다. 이 기근으로 벵골주민의 약 3분의 1인 1000만 명이 아사 혹은 병사했다. 또 19세기의 마지막 4반세기 동안에 인도에서는 약 1500만 명이 기근으로 사망했다. 유럽 한 나라의 인구와 비등한 수의 주민이 25년 만에 증발해 버렸다. 영국 인구의 절반에 해당하는 사람들이 이때 인도에서 죽었다.[3]

인도인의 굶주림의 직접적인 원인이 가뭄임은 말할 것도 없다. 영국인의 눈으로 볼 때는 인구 과잉이 인도를 빈곤으로 몰아가는 주된 원인이었다. 또 인습적인 결혼 의례 및 사회적 의식(儀式)을 위한 지나친 낭비와 사치가 빈곤을 가중시킨다고 보았다. 또 다른 빈곤의 원인으로 게으른 민족성이 생산의 비효율로 이어진 점이 추가되었다.

무굴제국 시대에는 상업이 번창했다. 상업의 발달은 당연히 공업의 발달을 동반했고 도시의 번영을 가져왔다. 유럽인 여행자들의 눈에는 수도 아그라와 편잡의 라호르는 런던이나 파리보다 커 보였다. 특히 면직물 산업이 매우 번창하여 광활한 북인도가 커다란 목화밭과 면직 공장으로 보였다. 무굴시대에는 왕족과 귀족들이 상업, 특히 대외 무역에 적극 참여함으로써 상업이 천한 직업으로 인식되지 않고 크게 번성

---

2 L. S. O'Malley ed., *Modern India and the West; A Study of the Interaction of their Civilizations*(Oxford University Press, 1993), pp. 596~598.

3 Romesh Dutt, *The Economic History of India under Early British Rule*(London, 1982), p. xxiv.

15

서언

했다. 면직업과 다른 수공업이 수많은 남녀에게 고용의 기회를 주었다. 인도 면직물은 품질이 좋고 값이 싸서 유럽의 상류층과 서민 모두에게 애용되었다. 영국동인도회사가 동인도 무역을 시작한 지 불과 10여 년 만에 향료 등을 제치고 인도 면직물이 교역 품목의 주종을 이루게 되었다.

인도 민족주의자들은 공통적으로 인도 빈곤의 원인이 영국의 대대적인 수탈 정책과[4] 토착 산업의 붕괴에 있었다고 주장한다. 그들은 근대적 기계 산업이 토착 산업의 붕괴를 적절히 보상할 만큼 빠르게 발전하지 못한 데서 인도의 빈곤이 연유한다고 설명한다. 손베틀과 물레는 인도의 전통 사회 구조의 축이었는데 영국인이 인도의 베틀과 물레를 파괴해 버린 것이다. 영국인의 도래와 함께 인도의 토착 산업은 끝장나고 말았다. 영국은 인도의 면직물 수입품에 대해서는 무거운 관세로 압박하면서 영국 상품의 인도 수출은 명목적 세율로 장려했다. 영국은 산업혁명기에 들어섰다. 초기 산업혁명은 직물 산업에서 일어났으며 수공업과 비교할 수 없는 우월한 생산 기술을 갖춘 공장 공업은 대량 생산을 가능케 했다. 영국 정부는 영국 상인과 제조업자들의 압력을 받았다. 인도의 수공업 제품은 공장에서 매끄럽고 값싸게 대량 생산되는 영국 면직물과 경쟁 상대가 될 수 없었다. 인도는 면직물을 영국과 유럽 대륙으로 대량 수출해 왔지만 이번에는 산업혁명을 거친 품질 좋고 저렴한 영국 면직물을 인도가 대량으로 수입하는 처지가 되어 버렸다.

인도 제조품을 외국 생산품이 대체해 버린 것이 영령인도사(英領印度史)의 가장 슬픈 장(章)이었다. 면직업의 붕괴로 전통적인 직업을 잃은 인도의 수공업자들은 생계를 위해 점점 토지로 몰려들어 인도의 농

---

4 영국인의 인도에 대한 수탈 실태에 관해서는 졸저, 『영국의 인도 통치 정책』(민음사, 2004)의 1장 「영국의 인도 수탈 정책」과 『인도사』(민음사, 1994), 244, 300, 476쪽 참조.

촌화를 가속화시켰다. 이때까지 듣지 못했던 영국의 '사회' 혁명은 인도의 유서 깊은 제조업 도시를 파괴하여 주민을 농촌 마을로 밀어냈으며, 농촌 경제 생활의 균형을 깨트려 버렸다.

인도 국민이 생계를 농업에 의존하는 농촌화 정도는 80~86퍼센트를 점하게 되었다. 국민 대부분이 농업에만 완전히 의존하는 것은 매우 위험한 일이었다. 인도의 농업은 불확실한 강우(降雨)의 변덕에 의존하는 극히 불안한 산업이었기 때문이다. 게다가 경작지는 한정되어 있어서 새로이 농민을 흡수할 여지가 없었으므로 농촌은 소작을 얻기 위한 파멸적인 경쟁으로 빠져들었다. 전통적 산업이 붕괴된 데서 온 최악의 영향은 인도의 경제 생활이 외국의 지배 아래 들어가 인도가 지배자의 커다란 농장이 되어 버린 것이다. 인도는 영국으로 선석할 원료를 생산하고, 영국의 기술과 자본으로 제품을 생산해 영국 상인에 의해 수출하게 되었다.[5] 인도는 영국의 원료 공급지이면서 동시에 상품 시장이라는 고전적 식민지의 전형으로 전락하고 말았다. 토착 산업의 붕괴는 인도 수공업자와 농민의 만성적인 빈곤으로 이어졌다. 이들은 간헐적으로 닥쳐오는 기근에 속수무책으로 노출될 수밖에 없었다.

인도국민회의가 1885년에 출범했다. 1885년은 분명히 '새 인도'가 시작하는 해였다. 국민회의는 인도 민족주의운동 내지 독립운동의 구심점으로, 독립운동을 주도했다. 마하트마 간디(Mahatma Gandhi)의 범국민적인 독립운동은 항상 국민회의가 뒷받침해 주었다. 물론 간디라는 불세출의 인물로 인해 국민회의가 전 국민의 지지를 얻는 독립운동 단체로 성장했다고도 볼 수 있다. 인도 독립운동 과정에서 보면 국민회의와 간디를 구별하기가 힘들다. 간디가 곧 국민회의이고 국민회의가

---

5 Bipan Chandra, *The Rise and Growth of Economic Nationalism in India*(New Delhi, 1993), pp. 55~62; R. Palme Dutt, *India Today*(Bombay: People's Publishing House, 1947), p. 78.

서언

곧 간디였다.

인도국민회의는 원래 인도 민족주의 세력 집단으로서 출범한 것이 아니었다. 오히려 영국 정부에 대한 충성 집단으로 출발했다. 국민회의는 인도 민족주의자들 스스로 노력하여 창립한 국민운동 단체가 아니라 영국인 전직 관리 앨런 옥타비안 흄(Allen Octavian Hume)이 계획하여 만든 단체로, 영어 교육을 받은 중간 계급의 모임이었다. 흄의 계획은 인도 국민의 불만이나 희망이 폭력적인 방법으로 표출되는 것을 막는 것이었다. 이를 위해서는 인도의 새로운 국민 지도자들로 떠오르고 있는 이른바 영어 교육 중간 계급의 마음을 잡는 것이 절실했다. 흄은 영국 정부(인도 총독부)와 인도 국민의 충돌 위험을 완화하기 위해서, 영국의 인도 통치를 파국으로 몰아갈 수도 있는 압력 세력에 대처하는 '안전판' 기능을 할 수 있는 인도 국민 대표 기관으로서 국민회의를 구상했다.

흄의 구상은 이즈음 리폰(Ripon) 총독이 인도에 지방자치제를 도입하여 교육받은 중간 계급을 비판자가 아닌 협력 세력으로 끌어들이려 했던 계획과 맥을 같이했다. 리폰 총독은 나날이 성장하고 있는 교육받은 계층을 이용하지 않는 것은 힘의 낭비이고 비정(秕政)일 뿐 아니라, 영국 통치에 대한 위협 세력이 될 것이라고 우려했다. 지방자치제를 도입하여 그들의 활동 무대를 넓혀 주는 위무책이 필요했다. 총독은 행정의 능률보다는 정치 교육을 위한 도구로서 지방자치제를 도입했다.

국민회의가 인도 국민의 자발적인 노력의 산물이 아니라 영국인에 의해 계획되고 성립되었다는 사실이 국민회의의 성격을 규정짓고 말았다. 국민회의는 매우 온건하고 영국 정부에 협조적인 단체로, 충성적인 집단으로 출발했다. 인도에서는 흄과 리폰의 정책을 훌륭한 업적으로 찬양하고 또 매우 긍정적으로 평가해 오고 있지만 사실 리폰 총독이 지방자치제를 도입한 것이나 흄이 국민회의를 창설한 것은 영국 제국주의 통치에서 볼 때는 협조자들을 얻기 위해 던진 커다란 그물이었다. 인도의 지도자 집단으로 떠오르고 있는 영어 교육을 받은 사람들은 그들의 활동 영역을 얻었지만, 사실 그들은 기껏해야 통치자가 쳐 놓은 구조 속에 갇히게 된 것이었다.

해마다 연말에 며칠 동안 열리는 국민회의는 이른바 자천(自薦) 대표들로 구성되었으며 발언 내용은 영국 통치에 대한 찬양 일색이었다. 그들은 대영제국이 인도에 베푼 헤아릴 수 없는 은전(恩典)에 감사했다. 분열성 많은 인도에 국가 통일의 이념과 질서와 법치를 부여해 준 영국 통치를 찬양했다. 다양한 언어가 함께 사용되는 인도에서 각지의 대표들이 한자리에 모여 조국의 문제를 논의할 수 있는 자리를 가능하게 한 영어 교육에 고마워했다. 심지어 국민회의 대표들은 영국의 합법적이고 점진적인 정치 전통을 찬양하면서 인도인에게는 이를 전수받을 수 있는 도제 기간이 필요하다고 주장했다. 그들이 영국에 충성심을 보이는 것은 조국에 대한 사랑과 모순된 것이 아니었다. 그들이 비판적인 눈으로 보았던 것은 영국 빅토리아 여왕의 인도 통치가 아니라 영국의 관료 집단이었다. 국민회의가 영국 정부에 건의했던 것은 인도 국민을 위한 것보다는 교육받은 중간 계급의 이익과 활동 범위의 확대에 국한된 느낌이었다.

국민회의는 영국 통치에 절대적인 신뢰를 보였던 이른바 온건파가 주도해 나갔으며 온건파의 지배는 창립 이후 한 세대 동안 계속되었다. 간디의 '정치적 스승'인 고팔 크리슈나 고칼레(Gopal Krishna Gokhale)는 국민회의 초창기에는 젊은 나이로 참여하지 못했지만 곧 온건파의 지도자가 되었고, 국민회의는 점차 그의 영향력 아래 놓였다.

스와데시(국산품 애용)운동은 인도 국민운동과 국민회의의 성격에 변화를 불러일으켰다. 이 위력적인 애국운동이 전개되는 과정에서 국민회의 내에서도 영국 정부에 충성하면서 기껏해야 정부에 청원과 권고를 보내는 정도로 일관해 온 국민회의의 활동에 비판이 일어났다. 그들은 지금까지의 국민회의의 활동을 '탁발 행각(托鉢行脚)'으로 비난하면서 스와데시운동의 위력에서 과시된 바와 같이 국민회의도 정부에 적극적인 압력을 가함으로써 국민회의의 요구에 양보 혹은 굴복하도록 만들자고 주장했다.

틸락(Bal Gangadhar Tilak)이 이른바 과격파의 중심인물이었다. 사실 과격파가 주장했던 것은 국민회의의 변화와 개혁 이상을 주장한 것도 아니었다. 저명한 철학자이기도 했던 오로빈도 고슈(Aurobindo Ghose)를 제외하면 아직 대영제국 안에서의 잔존을 원했을 뿐 인도의 완전 독립을 주장하지는 않고 있었다.

국민회의의 새로운 움직임에서 온건파와 과격파의 충돌은 불가피했다. 과격파의 움직임은 원래 영국 통치에 협조적인 국민회의의 창립 의도와 목표에서 이탈하는 것이었다. 국민회의는 창립한 지 20년 만에 내부로부터 심각한 도전에 직면했다. 고칼레와 온건파는 국민회의를 변질시키려는 급진 세력을 용납할 수 없었다. 온건파는 1907년 수라트에서 열린 국민회의에서 다수의 힘을 이용하여 소수의 과격파를 폭력으로 축출해 버렸다. 틸락은 테러리스트와 연루되었다는 혐의로 버마에서 6년 동안 옥고를 치렀으며, 가장 과격한 이론으로 정부의 엄중한 감시 아래 있었던 오로빈도는 짧은 정치 활동을 미련 없이 청산하고 이후 철학 연구에만 몰두했다. 벵골과 편잡 지방에 각각 영향력을 과시했던 베핀 찬드라 팔(Bepin Chandra Pal)과 라지파트 라이(Lajpat Rai)도 구속되었으므로 과격파 세력은 분쇄되고 말았다. 온건파의 국민회의 노선은 그대로 이어 갔다.

온건파의 지배가 계속될 수는 없었다. 대체로 독립운동은 시일이 지나면서 과격파가 장악하기 마련이다. 오늘의 과격파가 내일이면 온건파로 밀려나는 것이 급박하게 돌아가는 민족주의운동의 현실이었다. 틸락을 비롯한 과격파는 10년 내에 권토중래하여 국민회의로 되돌아왔지만 온건파는 점차 압도당하여 돌아올 수 없는 쇠퇴의 길을 걷고 말았다.

간디의 출현은 인도 독립운동의 새로운 계기를 마련했다. 온건파와 과격파는 간디에 의해 이전에 볼 수 없었던 강력한 세력으로 하나가 되었다. 간디는 온건파와 과격파뿐 아니라 농민과 노동자를 전국적으로 규합하여 위력적인 독립운동으로 몰아갔다. 비폭력을 무기로 들고 나온 간디는 처음으로 범국민적인 사티아그라하운동을 시험 무대에 올렸다. 그의 비폭력은 겁쟁이의 피난처가 아니었다. 그의 투쟁 방법은 전투적 비폭력이었다. 결전에 임하는 그는 호전적인 전사의 모습이었다. 간디는 무기력한 평화주의 이론가가 아니라 불퇴전의 용기로 돌진하는 저돌적인 아나키스트였다.

서언

1장

인도 스와데시운동

1 인도 스와데시운동

　스와데시(Swadeshi)는 '자기 나라의', '자기 나라에서 만든' 등의 뜻으로서, 인도 국민이 만든 토산품이 인도 국민에 의해 사용되어야 한다는 적극적인 의지를 표현한 말이다. 스와데시운동은 외국과의 교역을 완전히 단절해 버리려고 계획한 것은 아니지만 분명히 자국 제품의 생산과 판매를 증진하기 위해 외국 제품의 사용을 조직적으로 억제하는 방법을 사용했다. 보호무역 조치는 자국의 산업을 발전시키기 위해 필요한 것이며 스와데시운동은 결국 또 다른 형태의 보호무역 조치로도 볼 수 있으나, 인도는 식민지 처지로서 독자적인 관세 정책을 추진할 힘은 없었다.

　인도인들은 제국주의 지배 아래에서 보호관세 등의 방법을 통하여 토착 산업을 보호하고 육성할 권리는 빼앗겨 왔지만 스와데시운동이라는 방법을 통해 자국의 산업을 지킬 수 있는 권리가 있다고 주장했다. 물론 인도인들의 자국 산업 보호 노력은 정부가 추진하는 것만큼 효과적인 성과를 거둘 수는 없었지만 그러한 노력에는 위력적인 애국심에 편승한 민족 감정이 자리 잡고 있었다. 따라서 스와데시운동에서 강조하는 민족 산업은 오직 이윤 추구에 급급한 토착 기업과는 거리가 있었다. 스와데시운동은 경제적인 성격이 강하지만 애국적 의무감과 결부되어 있었으므로 여러 양상의 인도 민족주의운동과 밀접하게 연합할 수밖에 없었다.

스와데시운동이 강조될 때 그 성격상 외국 제품, 즉 영국 상품을 배척하는 보이콧(Boycott)운동과 밀접하게 연결될 수밖에 없었다. 보이콧운동이 인도에서 언제 시작되었는지 정확히 알 수 없지만 아마도 아일랜드의 영향을 받았을 수 있다. 보이콧의 어원은 부당하게 쫓겨난 아일랜드인 소작인을 외면하고 영국인 지주에게 협조하여 이득을 취한 보이콧이라는 사람에 대한 사회적 배척에서 비롯되었고, 인도의 민족주의운동은 아일랜드의 자치운동에서 영향을 받고 있었기 때문이다.

물론 인도의 국산품 애용운동에서의 보이콧은 외국산, 특히 영국 제품에 대한 불매(不買) 운동으로 나타났다. 스와데시운동과 보이콧운동은 별개로 생겨났지만 보통 스와데시운동에 보이콧운동이 포함된 것으로 이해한다. 보이콧은 경제적 의미가 강하지만 스와데시운동보다 훨씬 적극적인 표현이다. 보이콧 정신은 공격적이며 적대적인 보복의 정신과 상통하는 것이었다.

보이콧운동을 전개하는 데는 두 가지 의도가 명확히 설정되어 있었다. 첫째는 인도에서 영국 상품, 특히 맨체스터 면직물의 가장 큰 상품 시장인 벵골 지방에서 이를 배척하여 맨체스터 직물업자들에게 타격을 가함으로써 영국 국민의 관심을 불러일으키겠다는 것이었다. 둘째는 산업혁명을 경험한 유럽 국가들과 자유경쟁을 해서는 도저히 성장할 수 없는 단계에서 인도의 토착 산업을 되살리기 위해 보이콧운동이 필수적이라는 주장이었다. 따라서 스와데시운동은 영국의 모든 제품에 대한 전면적인 배척과 동시에 인도 토착 산업의 장려라는 이중의 목표를 실현하는 것이었다.

스와데시운동은 인도가 영국의 원료 공급지와 상품 시장을 겸하는 고전적 식민지의 전형으로 고착되어 버린 처참한 현실을 개탄하는 데에서 비롯되었다. 인도 민족주의자들이 강조했던 두 개의 제안, 즉 보이콧운동과 스와데시운동은 상호 보완적이며 불가분한 것으로 한데 묶일 수밖에 없었다. 스와데시운동이 같은 이론의 긍정적인 양상이라면 보이콧운동은 부정적인 면이었다. 스와데시가 자국에서 가능한 한 많은 상품을 생산하도록 이끌어 가는 건설적 운동이라면, 보이콧은 공격적인 불매운동이었다. 그러나 스와데시운동이 성공하기 위해서는 외국 제품의 구매를 거부하는 것이 필요했다. 즉 보이콧과 연결되기 마련이었다. 스와데시는 외국 상품에 대한 보이콧 없이는 무기력한 이념으로 남을 수밖에 없기 때문이었다.

1 스와데시운동의 태동

스와데시운동은 오직 인도에서만 나타날 수 있는 국민운동이 아니라 유사한 경제적 정치적 형편에 처해 있는 나라에서는 얼마든지 일어날 수 있는 애국운동이었다. 인도의 스와데시운동도 오래전부터 시작되었다. 재화 유출에 따른 빈곤 확산을 막고 자국의 전통적인 혹은 근대적인 산업을 장려하기 위한 스와데시 이념의 역사는 인도 민족의식의 성장과 함께 시작되었다. 영어 교육을 받은 중간 계급은 서구식 교육을 받으면서 번영해 가는 산업화된 서양과 가난에 시달리는 인도 사이의 뚜렷한 차이를 강하게 느꼈다. 이들은 이 비극적인 빈부의 차이는 단순한 운명의 선고가 아니라 영국의 치밀한 제국주의 정책의 결과로 나타났다고 인식하게 되었다.

인도에서 처음으로 스와데시 이념을 공식적으로 주장한 인물은 아마 뿌나(뿌네) 지방의 데스무크(Gopalrao Deshmukh)로서, 그는 이미

1849년에 지방 신문의 논설을 통해 수입품 대신 인도 생산품을 사용하자고 촉구하고 나섰다. 벵골 지방에서의 첫 스와데시운동은 미트라(Nabagopal Mitra)의 노력에서 찾을 수 있는데, 그는 1867년에 힌두협회를 조직하고 14년 동안 정기적인 집회를 가졌다. 힌두협회의 주요 기능 중 하나는 공예 미술품의 전시회를 조직화함으로써 인도 제품의 사용을 권장하려는 것이었다.

고칼레의 스승 라나데(M. G. Ranade)는 일련의 대중 강연을 통하여 뿌나 시민에게 외국 제품에 비하여 불만족스럽더라도 조국에서 생산된 토산품을 애용하자고 호소했다. 그의 제자 조시(G. V. Joshi)는 토산품을 선전하고 보급하기 위해 몇 개의 스와데시 상점을 개설하고 자신의 옷감을 스스로 짜 입기도 했다. 조시는 빅토리아 영국 여왕의 화려한 인도 국왕 즉위식(Delhi Durbar)에 정부와 인도 국민 사이의 조정자로 자임했던 국민협회를 대표하여 스스로 짜 입은 인도의 전통 의상인 카디(khadi)를 입고 참석하기도 했다.[1] 스와데시 상품의 애용을 외치는 목소리는 나그뿌르와 벵갈로르 등지에서도 나타났다.

아직 스와데시를 통한 자조(自助)의 노력이 대중적 관심을 얻지 못하고 있을 때 이 이념을 가장 열렬히 외친 인물은 벵골 지방의 찬드라(Bholonath Chandra)였다. 그는 깊어만 가는 인도의 빈곤을 퇴치하는 구제책은 토착 산업을 장려하는 데 있다고 주장했다. 찬드라는 《무커지 매거진(Mukherji's Magazine)》에 1873~1876년까지 「인도의 상업과 제조업을 위한 제언」이란 장문의 글을 게재하여, 인도 국민에게 외국 제품의 구매를 거부함으로써 "조그마한 애국심"을 표현하자고 호소했다. 그는 "조국에 대하여 가장 불성실한 사람들, 국산품의 사용에서 이반되어 가는 대다수의 선동가들은 토후, 자민다르(Zamindars), 서양화된 인도인

---

1 Bipan Chandra, *op. cit.*, p. 123.

신사 및 상층 도시민들"이라고 지적하고, 외제품을 선호하는 데는 "값싼 것과 좋은 것에 대한 욕망보다는 아첨과 바보스러움의" 마음이 담겨 있다고 비난했다. 찬드라는 잃어버린 토착 산업의 기반을 되찾기 위해서는 "정신적 전쟁 행위"의 무기인 외제품에 대한 배척으로서 "맨체스터 면직물의 왕(王)"을 퇴위시켜야 한다고 주장했다.

> 어제 범했던 어리석음은 오늘의 지혜로 대체할 수 있다. 어떤 물리적 힘을 사용하지 않고, 불충을 드러내지 않고, 법을 만드는 구원자에 구걸하지도 않고 우리의 잃어버린 지위를 되찾을 수 있는 힘이 우리 안에 있다. 우리에게는 최후의 수단으로 남아 있는 유일한 수단, 그러나 가장 효과적인 수단이기도 한 도덕적 전쟁 무기가 있으며, 우리가 이것을 드는 것은 범죄가 될 수 없다. 영국 상품을 소비하지 않기로 결의함으로써 이 위력적인 무기를 사용하자.[2]

스와데시 이념의 물결은 1880년대 초부터 더욱 활발하게 일어났다. 총독부의 관세 정책이 커다란 자극을 주었는데 정부가 맨체스터 직물업자들의 호감을 얻기 위해 면직물에 대한 수입 관세를 철폐했기 때문이다. 토착 산업의 파괴와 영국 기계 제품의 사용에 반대하는 대중가요가 서부 인도 주민들 사이에 널리 전파되었다. 특히 《암리타 바자르 파트리카(*Amrita Bazar Patrika*)》 신문은 맨체스터의 도전에 대항하기 위하여 팸플릿을 인도 각지의 언어로 인쇄하여 배포하고, 대표들을 인도의 모든 주요 도시에 파견하도록 촉구했다. 이 신문은 뱅골 부호가 부인의 이름을 따서 만든 것으로서 19세기 인도의 대표적인 민족지 중 하나였다. 외국 제품을 다루는 무역업자들을 카스트에서 추방해야 한다는 주

---

2 *Ibid.*, p. 126.

장은 벵골 분할로 야기된 본격적인 스와데시운동을 20여 년이나 앞서 제시된 적극적인 스와데시 정신의 표현이었다.

인도의 토착 산업이 19세기에 크게 쇠퇴한 것은 새삼 강조할 필요도 없지만 19세기 말에 접어들면 민족주의 진영뿐 아니라 정부 당국 역시 그러한 사실을 인정하게 되었다. 예컨대 1890년의 통계는 목공예, 돗자리, 유기 및 도자기 부문을 제외한 전반적인 벵골 지방의 수공업이 몰락하고 있었으며, 벵골 직조 공업과 여기에 의존하는 수공업자의 수가 1891년에서 1901년 사이에 5퍼센트나 감소하고 있음을 보여 주었다.[3] 이와 같은 인도의 전통 수공업의 쇠퇴가 토착 산업을 회생시키려는 스와데시운동을 자극하고 장려했음은 당연한 일이다.

보이콧운동에서는 국민회의에서 과격파 지도자 틸락이 중대한 역할을 담당했다. 틸락은 그의 신문《마라타(Mahratta)》를 통하여 "이 운동은 애국적 감정을 창조하기 위해 계산된 것이며, 이는 우리의 면직물에 대한 광범한 수요를 불러일으켜 인도의 면직물 공업의 발전에 예민한 자극제 역할을 할 것이다."[4]라고 강조했다. 그러한 기대가 부분적으로 성공하고 있다고 보도하면서 스와데시운동 결과 봄베이주[5]에 20여 개의 새로운 공장이 생겨났으며, 이들 면직 공장을 위해 보다 좋은 품질의 목화를 재배하려는 노력이 이루어지고 있다고 밝혔다.

벵골 지방에서는 1891년 상설 스와데시 상점이 처음으로 출현했으며 무커지(Nilambar Mukherji) 등이 시작하여 약 1년 동안 존속했다.

---

3 Sumit Sarkar, *The Swadeshi Movement in Bengal*(New Delhi, 1994), pp. 92~93.

4 Bipan Chandra, *op. cit.*, p. 133.

5 봄베이는 최근 1995년에 뭄바이로 개명했으나 이 책에서는 봄베이로 표기한다. 봄베이가 오늘날의 시(市)뿐만 아니라 주(州)를 뜻하는 경우가 많았기 때문이다. 그때의 봄베이주는 오늘날 마하라슈트라주와 구자라트주는 물론 현재 파키스탄의 신드(Sind)와 아덴(Aden) 식민지까지 포함하고 있었다. 마드라스도 첸나이로 개명했으나 같은 이유로 마드라스로 사용한다.

1897년에는 시인 라빈드라나드 타고르(Rabindranath Tagore) 역시 캘커타에 스와데시 상점을 개설했으며, 수년 후에는 그의 여조카 고샬(Sarala Ghoshal)이 다시 상점을 열었다.[6]

스와데시 이념은 이때까지 경제적 고려에만 머물렀다. 스와데시운동은 인도 토착 산업의 취약하고 통탄할 현실을 국민의 자발적인 보호 노력에 의해 회생시키려는 의도에서 비롯되었다. 벵골 지방에서 스와데시 이념을 전파하는 데 미트라(K. K. Mitra)와 수렌드라나드 바너지(Surendranath Banerjea) 등이 중요한 역할을 했으며, 그들은 인도의 장인들이 외국 경쟁자들의 수중에서 몰락해 가는 것을 구하기 위해 스와데시운동이 절실하다고 강조했다.

산업화에 따른 고용 창출의 잠재력이 스와데시 선전의 주요한 논지였다. 고등 교육을 받은 사람들의 실업(失業)이 자주 거론되었는데 벵골인들은 잘못된 교육 제도가 공업 발전을 고려하지 않아, 법률가 등의 전문직과 서비스 분야에만 심각할 정도의 과다 인력을 배출하는 결과를 가져왔다고 보았다. 인도 경제학자들 가운데는 빈곤 문제의 해결책을 대규모 공장 공업의 발전에서 찾으려는 경우도 있었지만 민족주의자들은 대부분 처음부터 수공업을 권장하여 후일 마하트마 간디의 주장을 연상케 하는 수직기(베틀)와 물레의 적극 사용을 강조했다. 급진주의자로 활동하기도 했던 듀스카르(Sakharam Ganesh Deuskar)는 "랭커셔 면직물의 연간 수입량인 21억 6000만 야드를 인도 제품의 면직물로 대체하는 데는 적어도 3억 루피의 자본 투자가 필요하다. 하지만 단 2000만 루피만 지출하면 비사(飛梭, 북)로 개량된 베틀을 70만 개 설치하여 12억 6000야드의 직물을 생산할 수 있다."[7]라고 계산했다.

---

6 S. Sarkar, *op. cit.*, p. 116.

7 S. G. Deuskar, *Desher Katha*(*Story of the Country*)(1907), pp. 194~206; Quoted in Sarkar, *op. cit.*, pp. 100~101.

인도 민족주의자들은 총독부가 영국 제조업자에게만 귀를 기울이고 자유 무역을 강조함으로써 인도의 연약한 토착 산업에 대하여 절실한 보호 조치를 취하지 않는다고 보았다. 따라서 인도 국민은 스스로 열정적인 스와데시운동을 통해 보호 조치를 마련해야 한다는 주장이었다. 토착 산업의 성패는 외국 정부의 변덕이나 생색 또는 법 개정에 달려 있는 것이 아니라 인도 국민의 자구 노력과 자기 신뢰에 있다는 신념에서 스와데시운동을 추진했다. 인도 민족주의자들에게는 스와데시·보이콧운동이 영국 제조업자들에 대한 효과적인 저항과 보복의 무기로 생각되었는데 그것은 영국 제조업자들이 영국 정계에 영향력을 행사하여 인도의 면직물 공업을 왜소화시키려고 노력하고 있었기 때문이다. 외국 상품을 인도 제품으로 대체시키려는 인도 민족주의자들의 노력에는 궁극적으로 외국 상품의 수입에 따른 인도의 재화 유출을 줄이려는 의도가 포함되어 있었다.

인도 민족주의자들은 스와데시운동을 아직 정치적 투쟁의 효과적인 무기로 생각지는 않았다. 스와데시운동을 인도인에게 남겨진 유일한 방어 무기로 생각했을 뿐이었다. 이 운동은 민족의식이 투철한 교육받은 중간 계급에게서 상당한 동조를 얻었지만 영향력 있는 민족 지도자와 인도 공장주들이 모두 지지를 보냈던 것은 아니다.

스와데시운동은 처음에는 일부 지도층과 신흥 인도인 산업 자본가들의 반대로 전국적인 국민운동으로 발전하지 못했다. 그들의 주장에 따르면 스와데시운동은 "경제적으로 잘못된 생각"에 근거하고 있었다. 국민은 질 좋은 수입 옷감의 사용을 결코 포기할 생각이 없을 것이므로 단순한 애국심에 호소하는 것만으로는 성공 가능성이 없다는 것이었다. 당시 인도가 영국에서 수입하는 옷감의 수량을 인도 공장에서는 생산할 능력이 없다는 주장이었다. 인도 기업가들은 그러한 수요를 충족시킬 수 있는 기계도 없고 기계를 살 자금도 없었다. 보이콧운동은 공

장에 필요한 기계 장비를 수입할 수 없게 만들고 있으며 또 공장 설비
는 한두 해 혹은 5년 안에 이루어질 수 있는 것도 아니었다. 국민회의
온건파 지도자의 한 사람인 와차(D. E. Wacha)도 이러한 생각을 가지고
있었으며 필수적인 공장 설비를 갖추는 데만 해도 20년은 소요된다고
주장했다.

와차가 주장하는 배후 논리는 인도 공장의 생산 능력이 선행되어야
지 스와데시운동이 앞서 나가서는 안 된다는 것이었다. 와차와 비슷한
생각을 갖고 있었던 사람들의 관심은 오직 자신들이 생산하고 또 자신
들의 이익과 관련된 공장 제품의 옷감에만 국한되었다. 스와데시운동
이 그들에게는 영국 면직물 대신에 인도인의 공장 제품을 선전하는 수
단으로만 의미가 있었던 것이다.[8]

2 벵골주 분할 정책

스와데시운동의 본격적인 시작은 총독부의 벵골주 분할 조치에 대
한 항거의 표시로 나타났다. 벵골은 인도에서 규모와 인구 면에서 가
장 큰 주로서 다섯 개의 지역, 즉 벵골 본주(오늘날 인도의 벵골주와 방글
라데시), 비하르, 초타나그뿌르, 오리싸 및 아쌈으로 구성되었다. 이러
한 지역적 구성은 대체로 무굴제국으로부터 이어져 왔으며 플라시 전
투(1757년)에서 벵골 토후 세력이 패배하자 영국동인도회사가 이 지역
의 대부분을 장악했다. 아쌈 지역은 버마 전쟁이 끝난 1826년에 버마에
게서 넘겨받았다. 영령인도의 수도인 캘커타가 자리 잡고 있는 벵골주

---

8 졸고, 「인도 스와데시운동의 성격에 관한 연구」, 《지역연구》, 4권 4호(1995. 겨울), 서울대
지역연구소, 96~97쪽. 이 책의 1장은 위 논문을 고쳐 쓴 것임.

1 인도 스와데시운동

의 지사직은 총독이 겸하고 있다가 1854년에 부지사(副知事)를 임명함으로써 벵골주는 총독의 직접 통치에서 벗어났다.

광대한 벵골주를 분할해야 한다는 주장은 오래전부터 제시되었다. 당시 벵골 부지사인 그레이(William Grey)는 100만 명의 생명을 앗아 간 1868년의 벵골 기근 때, 한 사람의 부지사가 너무나도 넓은 벵골주를 제대로 통치하는 것은 불가능하다고 총독부에 보고했다. 뒤에 후임자인 캠벨(George Campbell)도 같은 의견을 제시했다. 1891년에 벵골 부지사를 비롯한 아쌈과 버마의 수석 행정관이 벵골주의 재편 문제를 처음으로 공식 논의했다.

커즌 총독(George Nathaniel Curgon 1899~1905)은 1902년에 경찰위원회를 임명하여 개혁을 모색했는데 이것이 벵골 분할로 나아가는 계기가 되었다. 경찰위원회는 경찰력의 증강, 지역 관리의 권한 강화, 경찰 행정을 관리의 통제 아래 두어 관리가 궁극적으로 경찰의 감시관 역할을 해야 한다는 것 등을 제의했다. 이 제의는 법과 질서를 유지하기 위해 국가의 관료 기구를 강화해야 한다는 것이었다. 총독은 벵골 동부 지역이 오랫동안 철저히 무시되었고, 광범하지만 인구는 적은 이 가난한 무슬림 농촌 지역의 치안 유지를 위해서는 적절한 경찰력이 요구된다고 믿게 되었다. 여기에서 총독은 행정 관리를 증원하고 효과적인 통제를 위해서는 이 지역을 분할하는 것이 필요하다고 결심하게 되었다.[9]

총독은 1902년 4월에 영국 정부의 해밀턴(George Hamilton) 인도상에게 보낸 서한에서 "벵골은 의심할 여지없이 한 사람이 책임을 맡기에는 너무나 방대하다."라고 지적하면서 자신의 견해로는 "현재의 벵골, 아쌈, 센트럴 프로빈시스, 마드라스의 경계는 비논리적이고 시대

9 B. B. Misra, *The Indian Middle Classes: Their Growth in Modern Times*(Oxford University Press, 1992), pp. 394~395.

에 뒤떨어져 비능률을 가져올 수밖에 없다."라고 규정하고 "다음 세대를 위해 주들의 경계를 조정하려는 것"이 자신의 의도라고 밝혔다.[10] 벵골 부지사 프레이저(Andrew Fraser)가 포괄적 분리 계획안을 제시했다. 1903년 초에 제시된 이 계획안이 벵골 분할의 실제적인 시작이었으며 반년쯤 지나 총독이 이 계획을 전반적으로 인정하고 총독부는 본국의 인도상과 지방 정부에 통보하기로 결정했다.

총독부의 내무상 리슬리(H. H. Risley)에 의해 1903년 12월 3일에 벵골주 분할 계획이 발표되었다.

벵골 분할의 필요성을 강조하는 총독부의 입장은 대체로 다음과 같이 정리할 수 있다. 첫째 벵골 부지사의 과중한 업무 부담을 덜어 주어 행정 능률을 가져올 수 있다는 점이었다. "벵골에서는 부지사가 여행 가능한 계절 내내 순시 여행을 하더라도 임기 동안에 광대한 벵골주의 겨우 일부만 방문할 수 있을 뿐이었다."[11] 벵골주는 효과적으로 통제하고 능률적인 행정을 펼치기에는 너무 방대하여 부지사 한 명의 능력으로 할 수 있는 일의 한계를 넘어서고 있었다. 캘커타에서 동벵골의 중심지인 다카까지는 약 264마일로서 24시간이 소요되었다. 이는 주도(州都)에서 멀리 떨어져 살고 있는 주민들에게는 불만의 원인이 되었다.

둘째는 캘커타의 지배자로부터 동부 지역을 해방시키겠다는 정부의 희망 때문이었다. 캘커타는 인도의 수도이고 벵골주의 주도이며 상업, 문화의 중심지로서 정부의 에너지와 관심과 자원의 많은 부분을 흡수함으로써 원격지를 등한시하는 결과를 가져오고 있었다. 정부의 캘커타에 대한 편애 때문에 멀리 떨어진 동벵골주민들은 서자 취급당하고 있다고 느껴 왔다.

---

10 Haridas Mukherjee & Uma Mukherjee, *India's Fight for Freedom or the Swadeshi Movement*(Calcutta, 1968), pp. 5~6.

11 Lovat Fraser, *India under Curzon and After*(London, 1971), pp. 369~371.

1 인도 스와데시운동

셋째로 정부는 무슬림에 대한 배려의 이유도 있다고 주장했다. 대폭동 이후 좌절감에 빠져 있던 무슬림이 사예드 아메드 칸(Syed Ahmed Khan)의 지도 아래 영국 정부에 화해와 협조의 태도를 보여 왔다. 총독부도 무슬림을 달래는 태도를 보였으며 힌두가 주도하는 인도 민족주의운동의 파고(波高)를 잠재우는 효과적인 억제책을 모색하고 있었다. 벵골 분할 입안자들은 동벵골에서 다수를 점하고 있는 무슬림이 교육과 문화 면에서 힌두에 비해 크게 뒤떨어져 있다는 점을 지적했다. 주요 관리직의 대부분을 힌두가 점유하고 있었다. 정부는 무슬림에게도 대영제국의 신민으로서 당연히 누려야 할 보호와 혜택이 주어져야 한다고 강조했다. 분리된 동벵골주에서는 무슬림이 지금까지 누려 온 것보다 후한 대접을 받을 것이며 더 많은 일자리와 기회가 주어질 것이라고 주장했다.

넷째는 경제적 발전을 위해서 필수적인 바다로 향한 출구가 아쌈에는 없다는 이유였다. 동벵골과 아쌈이 합해져 새로운 주로 출현한다면 치타공이 바다로 통할 수 있는 적절한 출구가 될 수 있었다.

벵골 분할에 대한 계획안이 발표되자 소수만이 "수백만 명에게 이익을 안겨 줄 칭송할 만한 조치"라는 반응을 보였을 뿐 압도적인 다수, 특히 교육받은 계층은 "벵골 민족주의의 견고한 단결에 대한 교묘한 일격"이라고 반발하고 나섰다.[12] 벵골에는 서구식 교육이 가장 광범하게 보급되었으며 정치적 상황에 민감한 관심을 보이는 지식층이 최대 규모의 집단을 이루고 있어 인도 민족주의운동의 전위를 형성하고 있었다. 벵골은 정치적 저항운동의 중심지가 될 수 있었다. 그것은 정치적 변화에 따른 단순한 좌절감에서 비롯된 것이 아니라 인도에서 가장 앞서 있는 지역으로서의 자부심과 지도력, 장래에 대한 적극적인 희망

---

12 H. Mukherjee, *op. cit.,* p. 16.

속에서 발로했던 것이다.

벵골 분할 정책에는 총독부에서 애써 강조하고 있는 '행정적 능률'이 고려되었다. 커즌 총독은 "능률 이론의 열렬한 신봉자"로 널리 알려져 있었으며 "능률이야말로 우리의 신조이며 또한 우리 행정의 기조(基調)"라고 거침없이 주장한 인물이었다. "능률은 피지배자의 만족과 같은 말이며, 국민의 행복에 영향을 주는 수단이다. 인도의 복리는 자치에 의해서가 아니라 선정에 의해서 확보될 것이며 선정은 영국의 본보기여야 하고 다른 것은 없다. 우리는 현재 최선의 것으로 생각되는 문명과 교육과 도덕을 가지고 이 땅에 왔다." 커즌은 자애로운 전제 정치를 염두에 두고 있었다.[13]

인도 정부의 벵골 분할 정책에는 단순한 행정적 능률뿐 아니라 이지역의 민족주의 세력의 약화 내지 힌두와 무슬림의 대립을 조장하는 분리 통치 정책의 의도가 숨어 있었다. 벵골 부지사 프레이저는 동부지역을 떼어 냄으로써 벵골이 선동적인 운동의 온상이 되는 것을 막을 수 있을 것이라고 예상했다. 그는 벵골 분할이 캘커타의 지도자들과 신문들의 포악한 성격을 완화시킬 것이라고 생각했다. 총독부의 관리들은 지방 정치에 있어서 가장 절실하게 축소해야 할 악폐는 벵골 본주의 우위라고 믿고 있었다. 벵골 분할에 가장 적극적으로 정치적 논의를 전개했던 사람은 총독부 내의 리슬리였으며 그는 분리 통치의 의도를 분명히 갖고 있었다.

통합되어 있는 벵골은 하나의 강력한 세력이다. 분리된 벵골은 몇 개의 다른 방향으로 이끌어 갈 것이다. 이것이 국민회의 지도자들이 느끼고 있는 바이다. 그들의 우려는 완벽하게 정확한 것이며, 이것이 바로 분할 계획

---

13 L. S. O'Malley, *op. cit.*, pp. 597~598.

1 인도 스와데시운동

이 가져올 큰 이점 가운데 하나를 이루고 있다. …… 우리의 주요한 목적의 하나는 우리의 통치에 대한 견고한 적대 집단을 분리하여 약화시키는 것이다.[14]

3 스와데시운동의 전개

벵골 분할 계획이 알려지자 반발은 곧바로 나타났다. 첫째로 가장 강력한 반발을 보였던 벵골 지식층은 분리 계획을 점증하는 벵골주민의 단결을 견제하고 분쇄하려는 사악한 시도라고 규정했다. 이른바 교육받은 중간 계급은 그들의 정치적 활동 영역을 확대하는 데 민감한 관심을 가지고 있었는데 커즌 총독의 캘커타 시 자치회법 등은 그들의 활동을 위축시키는 조치라며 반발하고 나섰다. "벵골인들은 벵골의 양분은 부자연스럽고 옳지 못한 일이며 이는 강하게 떠오르는 지식층 세력을 꺾기 위한 커즌 총독의 마키아벨리적 수법"[15]이라고 비난했다.

두 번째 반대 이유는 새로운 행정 조정으로 주민에게 훨씬 많은 재정적 부담을 안겨 줄 것이라는 주장이었다. 무거운 추가 부담이 여러 해 계속되어 주민의 생활을 어렵게 만들 것이라고 판단했던 벵골의 유력한 민족지《산지바니(Sanjivani, 새 생명)》는 벵골 분할에 따른 비용으로 200만 루피의 증가를 가져올 것이라고 계산했다.[16]

셋째는 캘커타로부터 소외되는 데 대한 동벵골 사람들의 반발이었다. 동벵골 사회의 부유하고 교육받은 계층은 오랫동안 다방면으로 캘

---

14 S. Gopal, *The British Policy in India 1858~1905*(Cambridge University Press, 1990), p. 270.

15 P. Griffiths, *The British Impact on India*(London, 1982), p. 288.

16 H. Mukherjee, *op. cit.*, p. 15.

커타와 밀접하게 연결되어 있었기에 새로운 주도인 다카에 심리적으로 적응하기 어려웠다. 많은 문명의 혜택을 받을 수 있는 개화된 캘커타와 유리됨으로써 야만스럽고 조야(粗野)한 동벵골로 취급당하는 것을 싫어했다.

넷째로 분할 계획이 서벵골 측의 교육받은 계층과 상공업 부르주아지의 영향력을 약화시킬 것을 우려했다. 분리되면 서벵골 지식층의 동벵골주민들에 대한 영향력은 약화되고, 민족적 목표를 설정해 놓고 협조해 갈 수 있는 기회를 저하시키며, 캘커타의 정치적 중요성이 훼손될 수 있었다. 캘커타 법원은 특히 분할 계획에 강하게 반대했다. 벵골이 분리되면 머지않아 새로운 주에 분리된 고등법원이 설립될 것이므로 그들의 권위와 영향력이 크게 손상될 것이기 때문이었다.

벵골 지방의 교육받은 중간 계급은 인도인 가운데서 정치의식이 가장 강했으며 정치 개혁을 집요하게 요구하고 있었다. 커즌 총독도 "캘커타는 국민회의 세력의 근거지이며 국민회의의 조종자와 입에 거품을 무는 연설가들이 모두 여기에 살고 있다. 그들은 캘커타의 여론을 좌우하고 고등법원에 영향력을 행사하며 지방 정부를 두렵게 만들기도 한다. 또한 그들은 때때로 인도총독부에 심각한 압력을 행사하는 세력이기도 하다."라고 말하기도 했는데, 그들의 영향력을 약화시키기 위해 벵골 분할을 의도했다고 볼 수 있다.[17] 상공업에 종사한 민족 부르주아지는 벵골 분할이 이미 확립되어 있는 경제 조직망을 혼란시키고 그들의 특권을 대표하는 단체들, 예컨대 상공회의소 등의 영향력을 훼손시킬 것을 우려했다.

다섯째로 분할은 벵골의 힌두와 무슬림 사이에 경쟁과 적대감을 불

---

17 G. Johnson, "Partition, Agitation and Congress: Bengal 1904 to 1908", *Modern Asian Studies*, 7. 3. (1973)(Cambridge University), p. 549.

러일으킬 것이라는 우려 때문이었다. 무슬림 다수인 새로운 주를 신설하여 힌두 다수인 서벵골주와 대립시킴으로써 균형을 이루도록 하여 민족주의 세력을 약화시키려는 의도가 있다고 해석했다. 벵골인들은 힌두나 무슬림을 불문하고 같은 벵골인으로서 일체감을 느껴 왔다. 그들은 같은 벵골어를 사용하는 동일한 인종일 뿐만 아니라 예로부터 동서를 막론하고 벵골어 문학을 공유해 왔으므로 다른 지방어에 대한 벵골어의 우수성마저 주장해 오고 있었다. 벵골인들은 정부의 분할 정책을 "사회적 응집력뿐 아니라 주민의 인종적 일체감을 훼손시킬 것"[18]이라고 내다보았다.

여섯째 이유는 교통 통신의 발달로 거리와 시간이 단축됨에 따라 벵골주는 이제 꼭 분할해야 할 만큼 큰 주로 볼 수 없다는 것이었다. 개혁의 필요가 있다면 벵골주를 분할할 게 아니라 부지사 대신 자문 기구를 둔 지사를 임명하는 것으로 대체하는 것이 바람직하다는 의견이었다. 지사의 경우 참사위원회를 가지고 있으므로 행정부가 확대된 성격을 갖고 있으며, 지사는 본국의 인도상이 임명함으로써 총독이 임명한 부지사보다 더 독립적인 위치에 있기 때문이었다.

벵골 분할 계획의 내용을 담은 리슬리 서한이 1903년 12월 출간되자 동벵골의 다카, 마이멘싱 및 치타공 등지에서는 당장 두 달 동안에 500회가 넘는 반대 집회가 있었으며, 서벵골에서도 집회는 말할 것도 없거니와 분할 계획안을 비판하는 4~5만 개의 전단이 제작되어 벵골 전역에 배포되기도 했다.[19] 벵골 부지사 프레이저를 중심으로 설득 회합을 주선하고 새로이 지주협회를 결성하여 회유했으나 그 결과는 성공적이지 못했다.

---

18 Surendranath Banerjea, *A Nation in Making: Being the Reminiscences of Fifty Years of Public Life*(Oxford University Press, 1925), p. 188.

19 R. C. Majumdar, *History of the Freedom Movement in India*, Vol. II(Calcutta, 1985), p. 4.

벵골주민의 반발이 심각한 정도라는 것을 인식한 커즌 총독이 1904년 초 동벵골을 방문했는데 "표면적으로는 여론을 조사하기 위한 목적이었지만 실제로는 위압하려는 의도에서"[20] 치타공 등 세 지역을 찾았다. 총독은 다카에서 "하나의 행정부로는 지방 정부가 존재하는 목적인 직접적으로 감독하고 보살피고 통제하는 일을 8000만 주민에게는 베풀 수 없다."라고 주장했다.[21] 벵골 분할은 행정적 능률뿐 아니라 다카를 새로운 자급자족하는 행정부의 중심지로 만들기 위한 것이라고 말했다. 총독이 마이멘싱을 방문했을 때 토후 아차리야(Surya Kanto Acharya)는 정중하게 환대했지만 분할 조치는 벵골에 커다란 재난을 가져올 것이라며 반대했다. 총독의 설득 작업은 성공하지 못했다.

벵골 분할 정책에 대해서는 인도의 지방어 신문과 영어 신문은 말할 것도 없거니와 영국 신문 일부도 비판했다. 《런던 데일리 뉴스》는 지역의 축소 조정으로 커즌 총독이 "비판의 폭풍 속에 휘말려 있다."라고 전하면서 "벵골의 2500만 주민이 한마디의 상의도 없이 새로운 지방 정부로 넘겨지게 되는" 조치는 재고되어야 마땅하다고 비판했다.[22] 아울러 벵골은 교육받은 계층을 다수 포함하고 있다는 점을 지적함으로써 주민의 저항 세력이 만만치 않을 것임을 암시했다. 한편 1867년부터 인도문관 근무를 계속해 왔고 불과 2년 전에 아쌈 수석행정관직을 퇴임한 코튼(Henry Cotton)은 《맨체스터 가디언》을 통해 "인구가 가장 많고 부유한 벵골과 그 주민을 자의적으로 분리하려는 생각은 벵골인에게 커다란 충격을 주어 지금까지 알려지지 않았던 불만의 감정을 불러일으킬 것이다. 형제와 친지와 친척들로부터 유리되어 행정, 언어,

---

20 S. Banerjea, *op. cit.*, p. 186.

21 H. Mukherjee, *op. cit.*, p. 19.

22 A. C. Majumdar, *Indian National Evolution: A Study of the Origin and Growth of the Indian National Congress*(New Delhi, 1975), p. 212.

1 인도 스와데시운동

인종 및 사회적 특징이 벵골과는 크게 다른 아쌈과 같은 후진 지역에 내팽개쳐진 것은 직접 영향을 받은 주민들에게는 도저히 참을 수 없는 일이며 동벵골에서도 공중 집회가 거의 모든 도시와 시장에서 일어나고 있다."[23]라고 지적하여 분리에 따른 벵골주민의 민족적 저항을 우려했다.

항의 집회는 1904년 봄부터 가을까지는 소강 상태에 있었으나, 정부가 아쌈은 물론 다질링을 제외한 북벵골까지 새로운 주에 포함시키려는 더 방대한 분할 계획을 도모한다는 소문이 퍼지자 저항의 움직임은 다시 거세게 일어났다. 코튼이 의장으로 추대되었던 1904년 말 국민회의 연례회의는 "정부의 분리 제안에 단호한 반대"를 표시하고 "만약 벵골주의 현 체제가 능률적 행정을 위해 부적당하다고 생각되면 해결책은 국토의 재(再)분리에 있는 것이 아니라 부지사를 지사직으로 바꾸는 등의 정부 형태에 구조적 변화를 가져오는 데 있다."[24]라는 의견을 제시했다.

총독부의 최종적인 벵골 분할 계획안이 1905년 2월에 영국의 인도상에게 보내졌으며 인도상의 최종 동의서가 6월 9일 인도로 타전되었다. 7월 7일에 하계 수도인 심라에서 공식적으로 발표되고 또 며칠 후 공표된 '벵골 분할에 대한 정부의 결의'를 보면 신설 주는 벵골의 치타공, 다카 및 라지샤히(다질링 제외) 지구와 아쌈 및 티페라 지역을 포함하여 '동벵골 및 아쌈주'라고 명명했으며 벵골과 센트럴 프로빈시스(C. P.) 및 마드라스 주 사이의 지역 조정은 없었다. 다카를 주도로 하는 새로운 주는 부지사의 지휘 아래 입법참사회와 세무국을 두기로 했고 캘커타 고등법원의 관할권은 그대로 두었다. 동벵골 및 아쌈주는 10만

---

23 H. Mukherjee, *op. cit.*, pp. 22~23.

24 A. C. Banerjee ed., *Indian Constitutional Documents*, Vol. II(Calcutta, 1987), p. 206.

6540제곱마일의 면적에 약 3100만 명의 주민을 갖게 되었는데 종교별 분포를 보면 1800만 명의 무슬림, 1200만 명의 힌두 및 기타 주민으로 구성되었다. 한편 분리된 후의 서벵골주는 14만 1580제곱마일의 넓이에 5400만 명의 주민으로 구성되었으며 주민 가운데 힌두는 4200만 명이고 무슬림은 900만 명이었다.

벵골 분할 계획에 관한 최종안이 발표되었지만 총독부의 결의가 나오기 수일 전에 벵골주민 지도자들이 모임을 갖고 대책을 모색했다. 토후 조틴드라 모한 타고르(Jotindra Mohan Tagore)의 저택에서 열린 회합에서 국민회의 온건파의 수렌드라나드 바너지는 "분할 계획안은 주민에게는 조그마한 암시도 준 일이 없이 비밀리에 결정해 버림으로써 우리를 철저히 기만하고 모욕한" 사건이며 "이 계획은 인도의 정치 발전과 희망적 진보가 걸려 있는 힌두와 무슬림 사이의 긴밀한 연합에 치명상을 주고 있다."라고 비난했다.[25] 벵골 입법참사회 의원이었던 모줌다르(A. C Majumdar)는 "3000만 명이 넘는 영국 국왕 폐하의 순진한 신민들의 운명이 한마디의 언급도 없이 결정되어 버린" 총독부의 처사에 분개했으며, 보스(B. N. Bose) 참사위원 역시 "무굴제국이나 파탄족(Pathans)의 지배에서도 유례를 찾을 수 없는 대재난이 우리 국가에 떨어졌다."라고 비난했다.[26] 이 모임에는 유능한 벵골 지방의 지도자인 초우두리(Ashutosh Chaudhury)와 미트라뿐 아니라 영국인 헨리 코튼도 참석했다. 회의를 마치면서 토후가 서명하여 벵골 분할을 수정해 주도록 커즌 총독과 브로드릭(John Brodrick) 인도상에게 전문을 보내기도 했다.

벵골 분할 계획이 정부의 결의로 발표되자 저항의 움직임은 급속도로 확산되어 갔다. 신문들이 한결같이 정부를 비판하고 나섰다.《산지

25 S. Banerjea, *op. cit.*, pp. 187~188.

26 H. Mukherjee, *op. cit.*, p. 32.

바니〉는 국민의 가슴속에 있는 감정을 보이콧이라는 이념으로 표현하자고 촉구했으며,《잉글리시맨》은 분할 계획은 벵골의 위신에 대한 일격이라고 비난했고, 영향력 있는 영국인 소유의《파이어니어(Pioneer)》는 분할 계획으로 말미암아 다카에 새로운 건물을 짓고 수리하는 등의 비용만 당장 750만 루피가 소요되며 주를 신설하는 데 따른 비용 지출은 해마다 반복될 것이라고 주장했다. 디나즈푸르의 토후는 주민들의 반대 집회를 주도하면서 시위원회의 사퇴 등 전면적인 보이콧을 결의했다.[27] 대학생들은 리펀대학과 캘커타대학교에서 집회를 갖고 스와데시라는 이름으로 보이콧운동을 다짐했으며 관립과 사립을 막론하고 다른 대학들에도 학생위원회를 연대 조직하기로 했다.

캘커타 타운 홀에서의 1905년 8월 7일의 집회가 스와데시운동에서 하나의 전기를 마련했다. 이 회합에는 국민 지도자들과 벵골 각지의 대표들이 참석했지만 여기에서 중요한 역할을 담당했던 것은 학생들이었다. 이미 수차례의 모임에서 스와데시와 보이콧운동을 다짐했던 학생들은 교사들의 지휘로 대학 광장에 5000여 명이 집결하여 '벵골 통일', '분할 반대' 등의 깃발을 들고 타운 홀로 행진했다. 이 집회는 토후 난디(Manindra Chandra Nandi)의 사회로 진행되었으나 1만 2000명이나 모여들자 회의장이 그들을 수용할 수 없어 다른 두 개의 집회를 바수(B. N. Basu)와 모줌다르의 사회로 따로 열 수밖에 없었다. 난디 토후는 분할 조치를 "영국 지배가 시작된 이후 벵골어를 말하는 민족 앞에 떨어진 최대의 재난"이라며 정부의 행동은 "가장 큰 규모의 정치적 실책"이라고 비난했다.[28]

타운 홀의 집회가 채택했던 5개 항목의 결의문은 벵골 분할 조치가

---

27 R. C. Majumdar, *op. cit.*, p. 14; H. Mukherjee, *op. cit.*, pp. 36~37.

28 R. C. Majumdar, *op. cit.*, p. 16.

"벵골 민족의 견해를 무시한 불필요하고 자의적이고 불공정한" 조치이며 "재가를 받은 분할 계획은 해당 주민에게 알리거나 공중 토론의 형태를 갖추지 않았으므로 영국 통치의 전통에 위배된 절차를 밟았다고" 지적했다.[29] 또 결의문은 공식 통로를 통해 영국의 인도상에게 전달할 것을 다짐하고 합법적 투쟁을 선언했다. 스와데시, 보이콧운동을 하나의 엄격한 합법적 무기로 보았던 나렌드라나드 센(Narendranath Sen)은 결의의 제안 연설에서 "당신들에게 제안하는 것은 영국의 상업적 이익에 얼마간 영향을 주는 것이다. 어떻게 어느 정도 영향을 미칠지 나는 모른다. 그러나 정부의 현 체제에 불만을 표시하기 위해 우리가 택할 수 있는 최선의 방법은 오직 이 합법적 방법뿐이다. 우리들의 목표는 보복이 아니라 우리의 권리를 옹호하는 것이다. 우리의 표어는 방어일 뿐 반항이 아니다."[30]라고 밝혔다.

결의문에서 가장 중요한 부분은 셋째 항목인 보이콧의 결의였다. 즉 "이미 여러 회합에서 채택한 결의에 공감하여 정부의 분할 결정이 철회되지 않는 한, 인도 문제에 대한 영국 국민의 냉담함과 그에 따른 총독부의 인도 여론의 무시에 대한 하나의 항거로서 영국 제품의 구매를 자제한다."[31]라는 내용이었다. 표현은 온건하지만 실제 효과 면에서는 매우 과격한 의미를 담고 있었다. 인도 민족주의운동에서 처음으로 지금까지 추구해 왔던 '탁발 정책'의 무효를 선언하고 적극적인 투쟁의 무기를 채택했다. 보이콧을 투쟁 방법으로 설정함으로써 벵골 분할 반대 투쟁은 소극적인 성격에서 적극적이고 활동적인 시민 저항운동으로 변모하게 되었다.

벵골주민들은 애국적인 열정을 가지고 스와데시운동에 참여했다.

---

29 H. Mukherjee, *op. cit.*, p. 45.

30 G. Johnson, *op. cit.*, p. 552.

31 H. Mukherjee, *op. cit.*, pp. 45~46.

스와데시라는 새로운 복음이 전파되어 나갔으며 연설과 시위가 일상 다반사가 되었다. 여기에는 지식인만이 아니라 각계각층이 자발적으로 참여해 애국운동으로 번져 나갔다. 영국의 설탕은 만드는 과정에서 소의 뼈와 피, 돼지의 내장이 섞였다고 선전해 힌두와 무슬림의 종교적 감정을 자극했다.[32] 바리살 지방에서는 요리사와 하인들이 집회를 갖고 외국 제품으로 주인을 섬기지 않겠다고 결의했으며, 칼리가트 지방의 세탁부들은 외국산 의복의 세탁을 거절하겠다고 다짐했다. 파리드뿌르의 구두 수선공들은 유럽제 구두의 수선을 거부했으며, 사제는 외제 면직물을 사용한 결혼식의 집전을 거절했다. 결혼 선물이 외국 제품일 경우 이를 반환하고 외국 제품인 소금과 설탕을 사용한 축제에는 참석을 거부하기도 했다. 어린아이들까지도 외국 제품의 선물과 외국 약품의 복용을 거절할 정도였다.[33]

학생들의 스와데시운동 참여도 매우 적극적이었다. 그들은 수많은 집회를 열고 조직적인 시위를 계속하면서 민족 단합을 부르짖었다. 교사와 학생들이 함께 신발을 벗고 등교하기도 했으며 외제 의복을 입고 교실에 나타나는 것은 몹시 위험할 정도였다. 리펀대학에서는 외제 종이 시험지를 배포하자 학생들 모두 이를 거부했다. 학생들은 외국 상품의 배척을 강화하기 위해 단체를 조직하고 외국 물품을 사지 못하도록 상점을 감시했으며 고객과 판매인에게 외제 상품을 다루지 말도록 종용했다. 학생들은 고객의 발 앞에 엎드려 간청하기도 했으나 가끔 설득이 실패할 경우에는 폭력에 호소하는 경우도 있어, 맨체스터의 면직물을 불태우고 리버풀의 소금을 팽개치기도 했다.[34] 몇몇 고등학교에서는 외제품의 판매를 저지하기 위해 학생지원대가 편성되기도 했다. 스

32 G. Johnsosn, *op. cit.*, pp. 552~553.

33 P. Griffiths, *op. cit.*, p. 292.

34 P. Ghosh, *The Development of the Indian National Congress*(Calcutta, 1985), p. 136.

와데시운동이 농촌으로 전파되어 나가는 데 있어서는 학생들의 활동이 큰 역할을 했다.

인도협회가 수집한 자료에 따르면 1903년 12월부터 1905년 10월까지 500명 이상 5만 명까지 참여한 벵골 분할 반대 대중 집회가 2000회 이상이나 열렸다. 이들 집회는 힌두와 무슬림이 함께 혹은 따로 개최한 것을 포함한 것이다. 항의 집회가 절정에 이르렀던 때는 분할 계획이 공식 공포된 1905년 7월 이후 반년 동안으로서 이해 말까지만 도시와 농촌에서 약 300회의 모임이 있었다. 동벵골에서는 힌두와 무슬림을 포함한 여러 공동체와 계급을 초월하여 약 7만 명이 서명하여 분할에 반대한다는 주민의 뜻을 영국 정부의 인도상에게 보내기도 했다. 스와데시운동은 동서 벵골 이외에도 유나이티드 프로빈시스(U.P., 현 우타르프라데시)의 23개 지역, 봄베이주의 24개 지역, 펀잡주의 20개 지역, 센트럴 프로빈시스의 15개 지역 및 마드라스 주의 13개 지역으로 전파되었던 것으로 보도되었다.[35]

4 스와데시운동의 효과

온건파든 과격파든 인도 국민 지도자들은 스와데시를 단순한 경제적 의미만으로 해석하지 않았다. 국민회의 온건파의 고칼레는 스와데시를 애국심의 최고 상징으로 규정했는데 "최고의 스와데시는 단순한 산업 운동이 아니라 국민 생활 전체에 영향을 미치는 것이며, 또한 열정적이고 모든 것을 감싸는 열렬하고 깊은 조국애"[36]라고 보고 그는 궁

---

35 Leonard A. Gordon, *Bengal: The Swadeshi Movement 1876~1940*(New Delhi, 1994), p. 82; R. C. Majumdar, *op. cit.*, pp. 7~8, 88.

36 Natesan Co. ed., *Speeches of Gopal Krishna Gokhale*(Madras, 1920), p. 958.

극적으로 스와데시운동에서 인도의 진정한 구원의 길을 찾았다. 수렌 드라나드 바너지도 "민중의 마음속에 민족 자각 의식의 씨를 뿌린 것이 스와데시운동이며, 국민회의가 교육받은 계급을 공동의 광장으로 이끌었다고 한다면 스와데시운동은 여러 계급과 국민 대중을 함께 동일의 광장으로 인도하고 있다."[37]라고 주장했다. 마드라스 출신의 지도자 아예르(Subramania Iyer)도 같은 견해를 표시하여 "스와데시운동은 인도 산업 조건의 종속 현상에 대한, 사실은 인도 국민 생활 전반에 있어서의 의존 현상에 대한 하나의 반란이다."[38]라고 말했다.

스와데시운동은 직접적으로는 인도 산업의 영국 의존에서 벗어나기 위한 노력이지만, 민족의 거대한 목표, 즉 인도 국민 생활을 개혁하고 재건하려는 포괄적인 계획으로 나아가는 하나의 방편이었다. 간디는 "인도의 진정한 자각은 벵골 분할 이후에 일어났으며 벵골 분할의 그날은 바로 대영제국이 분열되는 날로 기억될 것이다."라고 기록했다. 간디는 벵골 분할 정책에 대한 인도인들의 저항운동에 더 큰 의미를 부여하여 "분할의 취소 요구는 인도의 자치에 대한 요구에 다름 아니다."라고 주장했다.[39]

간디는 스와데시운동이 일어났을 때 남아프리카에 머물고 있었지만 스와데시운동에 남다르게 의미를 부여했다. 스와데시가 외국 것을 대체해 버린다면 불행의 원인은 무엇도 남지 않게 되며 우리가 당장 이일을 시작한다면 쉽게 행복을 가져올 수 있다고 말했다. 간디가 생각하기에 스와데시는 깊고 위대한 의미를 지니고 있었다.

스와데시는 단순히 자기 나라에서 생산한 것을 사용하는 것만을 뜻하

---

37 H. Mukherjee, *op. cit.*, p. 198.
38 R. C. Majumdar, *op. cit.*, p. 132.
39 *Ibid.*, p. 131.

지 않는다. 물론 스와데시에는 그런 뜻이 있다. 그러나 거기에는 훨씬 위대하고 중요한 또 다른 의미가 있다. 스와데시는 우리 자신의 힘에 의지하는 것을 뜻한다. 우리의 힘은 우리의 육체와 마음과 영혼의 힘을 뜻한다. 영혼은 무상(無上)의 것이므로 영혼의 힘은 인간이 구축해야 할 토대이다. 사티아그라하는 그러한 힘에 의지한 싸움의 방법이다. 이것이 인도인이 성공할 수 있는 실질적이고 유일한 길이다.[40]

스와데시운동은 벵골 각지로 전파되어 도회와 시골에서 몇 천 명씩 모이는 집회가 무수히 열렸다. 학생들뿐 아니라 지주, 법률가, 장인, 점원 등 다양한 계층의 사람들이 열성적으로 참석했다. 스와데시운동의 제1의 표적이었던 맨체스터 면직물의 수요는 격감하고 토산품의 애용이 급증했다. 영국 면직물 중개업자들은 당황했으며 한편으로 봄베이와 아메다바드의 직물 공장주들은 벵골의 스와데시운동에 협조적인 지원을 다짐했다. 인도인이 운영하는 방직 공장에서 만든 전통 의상 도티(dhoti) 500만 벌이 봄베이로부터 급히 캘커타로 보내졌다.

스와데시 애국운동의 열기에 놀란 캘커타 상공회의소는 맨체스터 상공회의소에 전문을 보내 인도상이 이곳에서 엄청나게 긴장을 일으키고 있는 벵골 분할을 중지하도록 설득해 줄 것을 호소했다. 벵골인들이 수많은 대중 집회에서 영국 상품을 불매하기로 결의했으며 맨체스터 제품의 판매는 중단되어 버렸다. 인도상이 벵골 분할을 취소하고 보이콧이 끝나지 않는 한 우리는 파멸하여 장래 거래를 할 수 없게 된다고 긴박한 상황을 전했다.

당시 인도 면직 공장에서 가동하고 있는 동력 직기는 4만 8000개

---

40 Raghavan Iyer ed., *The Essential Writings of Mahatma Gandhi*(Oxford University Press, 2007), p. 362.

1 인도 스와데시운동

로 옷감을 연간 30만 필을 생산했으며 또한 수직기가 이보다 대략 2~3배나 더 많은 양을 생산하고 있었다. 그러나 스와데시 옷감의 급증하는 수요에 맞게 공급하지는 못했다. 당시의 애국심에 편승하여 찬더나고르의 거부 보스(Jogendra Nath Bose)는 직기 구입을 위해 쓰도록 2만 루피를 벵골 직조공들에게 헌금하기도 했다.[41]

스와데시 산업의 발전을 강조하다 보니 기계류의 수입이 장려되기도 했다. 가장 큰 증가를 보였던 부문은 방직 기계의 수입으로 60만 루피에 해당하는 규모였다. 방직 기계뿐 아니라 담배, 성냥, 유리 제조기 및 편물 기계의 수입도 증가하는 추세를 보였다.[42]

스와데시운동이 격렬한 기세로 확산되어 나가자 인도의 신문 중 일부가 비판하고 나섰다. 스와데시운동을 비방했던 신문들은 영국인이 경영하는 영어 신문들이었다. 이 운동을 "엄청난 실책"이라 부르거나 "9일 동안의 경이"로 끝날 것이 틀림없다고 조소했다. 벵골 분할 정책을 줄곧 비난해 왔던 《잉글리시맨》도 스와데시운동이 절정기에 이른 1905년 9월에 갑자기 태도를 바꾸어 이 운동은 이미 죽어 사라졌다고 비꼬면서 소요의 진압을 위한 신속한 조치를 취하도록 정부에 촉구했다.[43] 신문들의 태도가 돌변한 이유는 인도의 영국인 사회가 강렬한 스와데시운동의 열기에 심리적으로 위협을 느꼈기 때문이다.

스와데시운동이 영국 상품에 얼마만큼 타격을 주었는가에 관한 자료는 미흡하다. 처음에 보이콧운동이 목표로 삼았던 면직물, 소금, 구두, 담배와 나중에 첨가했던 품목인 설탕, 즉 서인도 제도의 원산지에서 영국을 거쳐 온 영국 설탕 등에 대한 정확한 수입량을 알려 주는 자료는 많지 않다. 대부분 중산층이 구입하는 담배와 구두의 수입품은 가

41 H. Mukherjee, *op. cit.*, pp. 59~61.

42 S. Sarkar, *op. cit.*, p. 137.

43 H. Mukherjee, *op. cit.*, p. 64.

장 크게 감소했다. 어떤 학자는 구두와 담배만이 스와데시운동으로 직접적인 효과를 거두었으며 스와데시 이념은 모든 주민에게 확산되지 못했다고 말했다. 수입 소금과 설탕을 배척하는 데 성공하지 못한 것은 일반 대중으로 하여금 스와데시의 대의를 따르도록 설득하는 데 실패했기 때문이라는 주장이었다.

그렇지만 이 주장에서 제시된 통계만 살펴보더라도 1905~1906년에는 전반적인 수입 상품이 감소하고 있음을 뚜렷하게 느낄 수 있다. 구두와 장화의 수입이 41퍼센트 감소한 것 외에도 면직물 수입 13퍼센트, 브랜디 수입 14퍼센트, 위스키 수입은 17퍼센트 감소했고 기성복과 모직물의 수입품도 현저하게 줄어들었음을 볼 수 있다.[44]

인도의 《스테이츠맨(*Statesman*)》은 영국인이 운영했지만 자유로운 이념의 신문이었으므로 상황을 사실대로 보도했다. 맨체스터산 도티는 사실상 수요가 없다는 상인의 말과, 1904년 9월에는 면직물 500필을 팔았는데 1년 후에는 할인 가격으로 겨우 125필을 처분했을 뿐이며 주문이 계속 취소되는 상황이라는 중개 상인의 증언을 인용한 보도였다. 이 기간에 영국 면직물을 판매한 가격은 제소르 지방의 경우 3만 루피에서 2000루피로, 다카에서는 5000루피에서 2000루피로, 하자리박에서는 1만 루피에서 500루피로, 누데아에서는 1만 5000루피에서 2500루피로 급격한 하락을 보이고 있었다.[45]

스와데시, 보이콧운동의 효과는 한동안 크고 분명하게 나타났다. 스와데시운동이 일어나기 전에는 벵골이 리버풀 소금의 가장 큰 소비 고객이었고, 설탕 소비량은 영령인도에서 버마와 봄베이 다음으로 3위 자리를 차지하고 있었다. 그런데 스와데시운동으로 그 균형이 갑자기 깨

---

44 G. Johnson, *op. cit.*, p. 555.
45 *Ibid.*, p. 65 도표 참고.

지고 말았다. 특히 소금의 경우 벵골에서의 영국 소금 소비량이 크게 감소하여 1905~1906년에는 59퍼센트나 감소했고 1908~1909년에는 감소 폭이 둔화되었지만 그래도 28퍼센트의 감소를 보였다. 영국 소금이 아닌 다른 나라로부터의 소금 수입은 증가했다. 스와데시운동이 절정에 접어드는 1905년 8월부터 다음 해 8월까지 외국 상품의 수입이 크게 감소한 것은 사실이었다. 면사의 수입량은 136만 1452헌드레드웨이트(cwt, 야드파운드계의 질량 단위)에서 75만 2994헌드레드웨이트로 44퍼센트가 감소했으며, 옷감은 1억 4512만 8912야드에서 1억 1249만 7948로 22퍼센트가 감소했다. 외국 소금은 72만 2495몬드(maund)에서 58만 1480몬드로 19.5퍼센트가 감소한 반면에 인도 소금은 4만 7580몬드에서 7만 6615몬드로 60퍼센트나 급증했다. 수입품의 구두도 7만 6824켤레에서 2만 965켤레로 68퍼센트가 감소했으며, 담배도 5780만 3690갑에서 2568만 5880갑으로 55퍼센트가 줄었다.[46]

한편 지역별로 스와데시·보이콧의 결과를 살펴보면 치타공의 경우 1904~1906년간 유럽산 옷감의 소비량이 4만 4854몬드에서 1만 2389몬드로 감소한 반면, 인도산 옷감 소비는 1555몬드에서 1만 1005몬드로 크게 증가했다. 다카는 치타공만큼의 큰 성과는 나타나지 않았지만 역시 같은 기간에 유럽산 옷감 소비는 12만 2591몬드에서 9만 4718몬드로 감소하고, 인도산 옷감은 5269몬드에서 9394몬드로 소비량이 증가하고 있음을 볼 수 있다.[47]

캘커타 세관의 1906년 9월의 보고서를 보면 1년 동안 보이콧운동의 영향으로 수입량이 전년도 8월의 수입량보다 크게 감소했다. 외국(영국) 소금의 수입량은 14만 몬드가 감소하고, 인도 소금의 소비는 4

---

46 S. Sarkar, *op. cit.*, p. 145 도표 참고; cwt=112파운드(50.8킬로그램), maund=82.28파운드 (37.324킬로그램).

47 *Ibid.*, p. 147.

만 8000몬드에서 7만 7000몬드로 증가했다. 수입 면직물은 3000만 야드가 감소하고, 수입 솜, 밧줄, 털실의 가격은 약 1000만 루피나 떨어졌다. 외제 구두의 수입은 75퍼센트가 줄고, 담배 수입도 약 50퍼센트 감소했다.[48] 영국 설탕이 아닌 자바의 설탕이 대량으로 수입되었다. 양복, 비누, 화장품, 단추 및 영국 잡화, 상품도 스와데시운동에 따른 타격을 받고 있었다. 상점에서는 수개월 전까지만 해도 영국 상품을 판매한다는 간판을 자랑스럽게 걸어 놓았으나 이제 그것을 내리고 스와데시 상품을 판매한다는 것을 강조하는 형편이었다.[49]

물론 순수한 산업적 관점에서만 본다면 스와데시운동으로 가시적인 성공이나 경제적 구조의 획기적 변혁의 가능성을 기대하기 힘들다. 그러나 그것은 결코 간과할 수 없는 또 다른 의미를 가지고 있었다. 스와데시운동은 영국인 제조업자와 상인들에게 타격을 주고 토착 산업을 장려하겠다는 열정의 표현이며 효과적인 저항 방법이라는 것이다. 보이콧은 본질적으로 정치적 목표를 달성하기 위해 적에게 가하는 경제적 책략이었다.

《런던 이브닝 뉴스》는 10월에 "우리는 벵골의 보이콧운동이 영국제 수입 화물에 가한 가공할 만한 반응의 정확한 성격을 알게 되었다. 모든 주문을 취소하는 벵골로부터의 전보가 날마다 영국에 답지하고 있다."[50]라고 보도했다. 벵골의 한 영국인 회사가 본국으로 보낸 전문에서 보이콧운동의 영향을 절실히 느끼게 한다. "보이콧의 결과는 참담하다. 장화는 안 팔리고 성수기는 끝났다. 양말, 모자, 허리 장식품 또한 마찬가지이다. 영국 제품과 유럽 대륙 제품 사이에는 차이가 있다. 일본제 수입품은 낮은 가격에 잘 팔리고 있다. 한 회사가 영국 상품에다 '독

48 R. C. Majumdar, *op. cit.*, p. 57.

49 H. Mukherjee, *op. cit.*, p. 67.

50 *Ibid.*, p. 72.

일 제품'이라고 써 붙여서 판매하는 데 성공하고 있다."[51] 《더 타임스》
의 보도에 따르면 "1908년 12월의 영국 수출 물량은 면직물이 8906만
5000야드, 즉 18.6퍼센트가 감소했는데 가격으로 환산하면 151만 4213
파운드, 즉 23.7퍼센트나 줄었다. 이러한 현상은 인도의 수입이 7741만
6000야드가 감소한 데 원인이 있다."[52]라고 지적했다.

벵골 분할은 1905년 10월 16일에 정식으로 시행되었다. 언어와 인
종이 같은 민족으로서 오랫동안 역사적 전통을 함께해 온 벵골인들이
양분되는 비운의 날을 그냥 넘길 수는 없었다. 벵골인들은 이날을 엄
숙한 민족적 애도의 날로 맞이했다. 미리 계획한 캘커타 행사는 여명에
손에 손을 잡고 갠지스 강으로 행진하여 성수에 몸을 담그고 타인에게
형제애를 표시한 후 하루를 단식하는 것이었다. 오후에는 주민의 단합
을 다짐하는 연합공회당의 착공식을 갖고 박바자르 지방의 토후 보스
(P. N. Bose)의 저택으로 행진하여 국민 기금을 마련하기 위해 모금 행
사를 갖는 것이었다. 수렌드라나드 바너지를 비롯한 민족 지도자들이
새벽에 갠지스 강으로 행진했는데 수많은 인파 때문에 접근하기가 어
려웠다. 거의 모든 힌두 가정에서는 단식을 단행했으며 직장에 나가는
사무원들은 벵골 분할에 항의하는 표시로 맨발로 출근했다.

연합공회당 착공식에는 수렌드라나드는 물론 타고르, 모줌다르, 미
트라 등을 비롯하여 5만 명이 운집했는데 이 숫자는 여러 기록에서 대
체로 일치하고 있다. 병석에 있던 의장 보스(A. M. Bose)의 연설문을 대
독한 수렌드라나드는 벵골 분할의 날을 "민족적 애도의 날이면서 동시
에 환희의 날"이라고 묘사했다. 벵골인들이 분열된 것은 애도해야 하지
만 힌두, 무슬림, 기독교인, 그리고 동서 벵골인 가릴 것 없이 전 민족

51 R. C. Majumdar, *op. cit.*, p. 58.
52 *Ibid.*

이 함께 뭉칠 수 있게 된 것은 환희라고 묘사했다. 현장에서 모금하여 이날 하루에 5만 루피가 모아졌는데 이는 민족 산업을 장려하기 위한 국민 기금의 기초가 되었다.

벵골 분할 조치가 공식적으로 시행됨으로써 스와데시운동 내지 인도 민족주의운동은 새로운 국면에 접어들었다. 민족주의자들의 입장에서 볼 때 청원과 권유의 시대는 끝났으며 영국에 기대해 왔던 정의와 자유 민주주의에 대한 신념도 흔들리게 되었다. 정치적 신념이 좌절된 상태에서 민족주의자들이 급진주의 방향으로 나아가는 것은 필연적인 결과였다. 이제 스와데시운동의 역사는 치고받는 이야기의 반복이 되고 말았다. 즉 총독부의 억압과 독재 정치에 대한 무장을 갖추지 못한 민족이 소극적 저항을 조직적으로 전개하는 것이었다.

스와데시운동은 도시와 시골로 확산되어 갔으며 학생들의 애국적 열기가 강하게 나타났다. 가장 헌신적인 참여자는 청년들이었으며 스와데시의 대의에 순교적 열정을 보인 사람들도 학생들이었다. 학생들은 당국의 탄압 조치에 무방비하게 노출되어 있었다. 출교(黜校), 징계, 벌금 등의 가혹한 제재가 수시로 가해졌는데도 학생들은 가장 순수한 애국적 행동을 보여 주었다. 벵골 전역의 학생들은 공동체를 결성하고 스와데시에 적극적으로 참여했다.

총독부가 처음으로 억압 조치를 시작한 것이 이른바 칼라일 회람이었다. 이것은 벵골주 정부의 수석비서관 칼라일(R. W. Carlyle)이 치안 판사와 징세관에게 비밀리에 내린 지령이다. 이 문서의 내용은 정치적 목적을 위해 학생들을 이용하는 것은 교육의 목적에 절대적으로 위배될 뿐 아니라 학생들 자신의 이익에도 크게 유해하다는 것을 지적하고, 학생들이 스와데시운동에 참가하는 것을 학교장이 막지 못할 경우 보조금과 장학금을 철회해 버리라는 것이었다. 이 문서는 지역 치안판사가 학교장에게 칼라일 회람의 내용을 전달하는 과정에서 《스테이츠맨》

에게 넘어가 1905년 10월 22일에 보도되고 말았다.

칼라일 회람이 대표적인 모델이었을 뿐 스와데시운동에 참여하는 학생들을 처벌하라는 지시문은 수없이 하달되었다. 동벵골주 정부의 비서관 라이언(P. C. Lyon)과 랑푸르 지방의 치안판사 에머슨(T. Emerson)의 회람이 이어졌다. 특히 에머슨은 질라(Zillah; 郡) 학교장들에게 지시하기를 스와데시운동의 집회에 참가한 학생들에게 5루피의 벌금을 부과하고, 벌금을 납부하지 않으면 학교 출석을 허용하지 말라고 했다.

학생들의 시위 참여를 금지하는 지시문 가운데 가장 우스꽝스러운 것은 밤필드 풀러(Bamfylde Fuller)가 이끄는 동벵골주 정부가 내린 반데마타람(Bande Mataram)회람이었다. 인도인들의 행진 구호인 반데마타람을 대중 앞에서 소리쳐 외치는 것은 불법이라는 내용이었다. 영국인 관리는 반데마타람을 '파괴와 피의 여신 칼리(Kali)에게 복수를 기원하는 구호'로 해석했다.[53] 반데마타람은 고대로부터 내려온 노래의 한 단어였다. "어머니, 우리 모두의 어머니, 조국에 대하여 나는 경배한다."라는 평범한 의미로서 조국에 대한 무한한 사랑과 헌신을 강조하는 말이었다. 주 정부는 이 회람에 따라 억압 조치를 강화해 나갔다.

인도 신문은 칼라일 회람을 그 의도가 악랄한 반스와데시운동이 목표라고 묘사했다. 회람에 대한 반응으로 변호사 압둘 라술(Abdul Rasul)의 사회로 대규모 공중 집회가 열려 비핀 찬드라 팔과 로이(J. N. Roy) 등이 정부의 억압 조치를 비난했다. 10월 27일에도 대규모 집회가 열렸는데 특히 타고르는 회람을 작성한 주 정부를 공격하고 학생 공동체가 채택한 입장을 전폭 지지할 것을 다짐했다. 잇따른 반대 집회에 당국은

---

53 Gurmukh Singh, *Landmarks in Indian Constitutional and National Development*(Delhi, 1993), p. 142; S. Banerjea, *op. cit.*, p. 205.

억압 정책으로 대처하여 1906년 4월 바리살에서는 벵골 분할을 반대하는 벵골 지역 회의에 모인 대표들을 공격해 강제로 해산시켰다. 칼라일 회람에 따른 학생들에 대한 일련의 탄압 조치에 대한 반응으로 인도인들은 또 다른 애국적인 스와데시운동의 일환으로 관립 학교를 배척하고 국민 교육 기관을 수립하려는 운동으로 나아갔다.

5 국민회의의 반응과 바드라록 계층

국민회의도 벵골 분할에 반대하여 스와데시, 보이콧, 스와라지 (Swaraj, 자치) 및 민족 교육에 대한 결의를 채택했다. 총독부의 벵골 분할 조치에 반대하는 데는 온건파와 과격파의 구별이 없었으며 좁은 의미에서의 스와데시운동에 있어서도 의견의 차이는 없었다.

온건파의 탁월한 지도자이며 영국의 정치 전통에 충성과 신뢰를 표시해 왔던 고칼레도 벵골 분할 정책에 대해서는 커즌 총독을 무굴제국의 폭군 아우랑제브(Aurangzeb)에 비유했다.[54] 고칼레는 1905년 국민회의 의장 연설에서 벵골 분할 정책이 역설적으로 "국가와 민족 발전 역사상 하나의 획기적 사건"이 될 수 있다고 갈채를 보냈다. "왜냐하면 영국의 지배가 시작된 이래 처음으로 교조와 카스트의 구분 없이 인도 각계각층의 공동체가 공통적인 충격에 의해 공통인 악폐에 대해 함께 행동하고 같이 저항하는 움직임을 보였기 때문이다."[55] 역시 온건파의 지도자이며 '벵골 지방의 무관의 제왕'인 수렌드라나드 바너지도 인도 국민을 철저히 소외시킨 채 "비밀리에 입안하여 비밀리에 논의하고 비

54 A. C. Banerjee, *op. cit.*, p. 200.

55 *Speeches of Gopal Krishna Gokhale*, p. 689.

밀리에 결정해 버린" 총독의 벵골 분할 발표를 "경악하는 대중에게 폭탄을 던지는 격"이라고 비난했다.[56]

그렇지만 온건파는 스와데시운동에 동참하면서도 그들이 영국 통치에 대해 평소에 간직하고 있던 깊은 신뢰감을 결코 포기하지는 않았다. 수렌드라나드는 "우리는 모든 일에서 스와데시되어야 하고, 우리의 사고와 이상과 포부까지도 스와데시되어야 하며, 우리의 교육의 방법과 발전도 스와데시되어야 한다."라고 주장하면서도 "스와데시는 반영 운동(反英運動)이 아니며 영국 상품 배척은 벵골 분할에 대한 반항이자 영국 국민의 여론에 호소하기 위한 잠정적 조치일 뿐이며" 영국인에 대한 증오심에서 기인한 것이 아니라는 점을 강조했다.[57] 고칼레도 의장 연설에서 "보이콧은 한정된 목적을 위해서만 사용되어야 할 하나의 정치적 무기이고, 이 무기는 극단적인 경우를 위해 유보되어야 하며 인간의 가슴속에 파고드는 가장 고귀한 이념의 진정한 스와데시운동은 애국적 경제운동일 뿐"[58]이라고 규정하여 인도 국민이 극단주의로 흐르는 것을 경계했다. 온건파는 스와데시운동이 인도의 전 지역에 파급되고, 보이콧이 국민 생활의 모든 영역에 적용되는 것을 우려했다.

온건파가 그들의 정치적 신념인 합법적, 점진적 투쟁과 자제의 필요성을 주장한 것과는 대조적으로, 과격파는 보다 적극적이고 전면적인 스와데시, 보이콧운동을 촉구하고 나섰다. 그들은 스와데시운동이야말로 과격파의 행동 철학이 일반 대중을 교화시킨 결과로 나타나고 있다고 고무적으로 해석했다.

과격파의 대표적 인물인 틸락은 "우리의 육체와 마찬가지로 정신도 스와데시되어야 하며 스와데시 사상이 항상 우리의 마음을 지배해야

---

56 P. Ghosh, *op. cit.*, p. 111.

57 H. Mukherjee, *op. cit.*, p.198.

58 *Speeches of Gopal Krishna Gokhale*, pp. 690~691.

한다."[59]라고 주장했다. 편잡 출신의 과격파 지도자였던 라지파트 라이는 "스와데시 및 보이콧운동을 새로운 인도의 종교로서, 자기를 희생하는 애국심의 표현으로서, 자조(自助)하는 인도 국민을 만드는 수단으로서, 또 영국 지배에 대한 인도 국민 투쟁의 선봉으로서 고양시킬 것"[60]을 촉구했다. 역시 '젊은이들의 영웅'인 비핀 찬드라 팔은 "영국 상품 배척 운동을 각 지방까지 파급시켜 영국 지배에 대항할 영원한 정치적 무기"로 사용할 것을 주장하면서 "국민회의는 이 운동을 전면적인 경제적, 정치적 배척 운동으로 유도해야 한다."라고 강조했다.[61]

과격파 지도자 가운데서 불과 5년 동안 민족주의운동에 참여했으면서도 총독부의 가장 엄중한 감시를 받았던 오로빈도 고슈는 "스와데시·보이콧의 핵심 이론은 외국인 정부에 협조하는 것을 조직적으로 거부함으로써 그 정부를 불능 상태로 만들어 버리는 것이다."라고 규정하고 "영국 상품을 조직적으로 혹독하게 거부함으로써 조국에 대한 더 이상의 착취를 불가능하게 만들고 …… 관립학교를 거부하고 외국인의 법정과 외국인의 행정부를 배척함으로써 영국 통치를 마비 상태로 만들어 버리자."라고 호소했다.[62] 오로빈도의 주장은 미래의 인도 독립운동의 방향을 정확히 예견한 듯하다.

국민회의의 주류는 아직도 스와데시·보이콧운동이 영국 상품에 대한 배척에만 국한해야 한다는 생각에 머물러 있었다. 관료 집단의 잘못된 정책에서 비롯된 이 운동은 외국 제품에 대한 단순한 배척 이상으로 나아가서는 안 되며 세금 불납 운동 등은 아직 그들의 생각과는 거리가 먼 것이었다. 따라서 정치 활동은 당분간 정부에 대한 어떤 협력도 합

---

59 졸저, 『인도 민족주의운동사』(신서원, 1993), 202쪽.

60 Sankar Ghose, *The Renaissance to Militant Nationalism in India*(Calcutta, 1980), p. 237.

61 Daniel Argov, *Moderates and Extremists in the Indian Nationalist Movement*(Bombay, 1977), pp. 120~121.

62 Aurobindo Ghose, *Doctrine of Passive Resistance*(Pondicherry, 1987), pp. 37~38.

법적으로 철회해 버리는 데 국한했다. 보이콧 정책은 관료 집단에게 보다 직접적이며 불시에 위험스러운 투쟁으로 밀어붙일 수 있다는 압박감을 주었다. 당시 이 운동의 원칙은 '대표 없이는 세금도 없다'가 아니라 '통제력 없이는 협조도 없다'는 것이었다.[63] 그렇지만 스와데시·보이콧운동의 성격 문제를 놓고 온건파와 과격파 사이에 견해의 차이가 분명했다. 또 민족 교육 문제와 자치 문제를 놓고 점점 첨예하게 대립하여 궁극적으로 국민회의가 분열하는 원인이 되기도 했다.

스와데시운동에 참여한 사람들 가운데 바드라록(Bhadralok) 계층을 특별히 주목할 필요가 있다. 바드라록은 인도의 인습적인 계급의 기준인 카스트 제도에 따라 신분을 분명히 획정할 수 있는 사람들은 아니었다. 바드라록을 한마디로 규정하기는 어렵지만 어의적으로는 '예절 바른 사람'으로서 '존경할 만한 사람', '신사' 등으로 번역할 수 있을 것이다. 하나의 계급으로 본다면 영국의 젠트리(Gentry)에 비유될 만한 계층으로도 생각할 수 있으나 지주라고 단정해 버리기는 어렵다. 서양의 부르주아지와는 달리 벵골 바드라록은 상공인 계급은 아니었으며, 육체노동으로 생계를 꾸려 가는 사람과는 거리가 멀었다. 바드라록은 한가한 소(小)자민다르, 농민으로부터 지대를 거두는 사람, 사무원, 관리 및 다양한 전문직에 속한 사람들이었다.

바드라록은 거의 예외 없이 벵골 지방의 상층 카스트인 브라만(Brahmans), 카야스타(Kayasthas), 바이댜(Vaidyas)에 속했다. 그렇지만 브라만 계급 출신이 요리사로 일한다면 바드라록이라고 할 수 없었다. 오히려 그보다 낮은 카스트지만 서구식 교육을 받았거나 법률직에 종사하고 있다면 바드라록 집단에 속한다고 볼 수 있었다. 따라서 바드라록은 상층 계급의 출신으로서 "영향력과 권세의 지위에 오를 수 있는 관

---

63 A. Ghose, *op. cit.*, p. 143.

건"[64]인 교육, 특히 영어 교육을 받았고 다소간의 사회적 영향력과 재산을 가지면서도 노동이나 상공업과 관련된 직업을 갖지 않은 사람들, 즉 벵골 지방의 교육받은 중간 계급이었다. 그들 가운데서 상층 카스트의 바드라록은 노동이나 상공업에 종사하는 것은 금기시하고 있었다.[65]

토지세의 액수를 고정화시킨 영구정액제(1793)의 실시로 인해 많은 바드라록이 지대 관리인으로 토지에 뿌리내리게 되었다. 그들은 토지에 개입된 이권을 가지고 있으면서 토지세 징수의 특권을 누려 온 자민다르와 농민 사이의 지대 차액에서 생긴 소득으로 살아갔다. 19세기 말부터 바드라록 계층이 토지에 근거하고 살아가기가 점점 어렵게 되었다. 상층 자민다르와 불만에 가득 찬 농민 사이에서 그들의 형편은 악화되어 갔으며 그들이 토지에서 얻는 수입은 점점 감소했다. 벵골 분할이 논의되기 직전 바드라록의 숫자는 특별히 증가했는데 1891년의 92만 8277명에서 1901년에는 151만 6140명으로 급증하여 10년 동안에 63퍼센트나 증가했다. 그러나 지대 납부자는 같은 기간에 오직 11퍼센트만이 증가하여 지대 관리인에 비해 지대 납부자의 숫자가 상대적으로 크게 감소하고 있었다.[66] 지대 관리인은 큰 비율로 증가하는데 지대 납부자가 상응하여 증가하지 못한 것은 결국 지대 관리인의 수입의 감소로 나타날 수밖에 없었다. 바드라록의 상당수는 가족을 부양하기 위해 또 다른 생계 수단을 찾아 고향을 떠날 수밖에 없었는데, 이러한 과정에서 바드라록의 불만은 깊어만 갔다.

바드라록은 벵골 지방의 교육받은 계층으로 원래 온화하고 평화를 사랑하는 사람들이었다. 그들은 초기에 교육의 혜택을 받고 좋은 직업

---

64 G. Johnson, *op. cit.*, p. 538.

65 H. Chakrabarti, *Political Protest in Bengal; Boycott and Terrorism 1905~1918*(Calcutta, 1992), pp. 9~10.

66 *Ibid.*, pp. 10~11.

을 얻을 수 있는 기회를 누렸으며 거기에서 가장 많은 이익을 본 사람들이었다. 원래 그들은 상층 카스트 출신으로서 북인도의 모든 관청 및 교육 기관의 자리를 대부분 차지함으로써 "카스트 전제 정치"[67]를 행했다. 그들은 조로아스터교도(Parsis)와 함께, 맨 먼저 자제들을 영국에 유학시킨 사람들이었으며, 교직, 법률직, 의료직을 독점하다시피 했다. 그러나 영어 교육이 확대됨에 따라 그들의 직업을 가질 수 있는 기회가 그만큼 축소되어 갔으며, 그들의 지위와 수입도 점차 위축되었다. 바드라록은 옛날의 위세와 번영과 명성에 대한 기억과 함께 서구식 사고방식과 안락한 생활 수준에 대한 기대가 한데 어울려 심각한 갈등을 느꼈다.[68]

스와데시운동에 열성적으로 참여한 사람들은 교사와 법률직에 종사한 사람들이었으며 모금 운동에서도 자발적인 열의를 보였다. 스와데시운동과 관련된 소송 사건은 변호사들이 변호를 거부하는 사례가 많았는데 이는 민족의식에서 비롯한 애국심의 표현이었다. 스와데시운동에 가장 적극적으로 가담한 집단이 학생들이었는데 그들은 대체로 중간 계급 또는 하위 중간 계급 출신의 가난한 부모들이 보여 준 희생적인 교육열에 힘입어 영어 교육을 받은 사람들이었다.

브라만 계급 출신의 사람들은 벵골에 많이 살고 있었으며 동벵골보다 서벵골에 약 세 배나 많았다. 카야스타 계급과 바이댜 계급은 서벵골보다 동벵골에 많았다. 자민다르 가운데는 브라만 계급이 압도적으로 많았고 그다음이 카야스타 출신이었다. 보이콧운동을 지지했던 자민다르 가운데는 마이멘싱, 우타라파 및 바그야쿨 등지의 영향력 있는 인물들이 다수 포함되어 있었다. 자민다르는 지주로서 농민을 통제할

---

67 G. Johnson, *op. cit.*, p. 534.
68 B. Misra, *op. cit.*, p. 393.

수 있을 뿐 아니라 시장의 소유자로서 점원들에게 영향력을 행사할 수 있었다. 캘커타에 집을 가지고 있으면서 동벵골에 토지를 가지고 있는 부재 지주는 신설 주인 동벵골로 이사할 것을 걱정하게 되었다. 자민다르에게 더욱 큰 두려움을 안겨 주었던 것은 벵골 분할 이후 영구정액제가 폐지되어 지금까지의 토지세 제도가 허물어질 것이라는 풍문이었다.[69] 정부와 농민 사이에서 징세 대리인으로 수백 년 동안 누린 특권이 허물어진다는 데서 심각한 생존의 위협을 느끼게 되었다. 스와데시운동과 폭력파의 활동에 상당수의 자민다르가 적극적인 지원을 보인 것은 그들의 특권이 위협받는 절박한 현실과 무관하지 않았다.

벵골 분할이 영구정액제의 폐지로 나아가지 않는다는 것을 확신하게 되자 자민다르는 스와데시운동에 대한 지원을 철회하고 말았다. 1907년에 가면 자민다르들은 정부에 충성하는 선언문을 발표했다. 배신감을 느낀 과격파의 오로빈도는 자민다르를 "교양을 갖추지 못한 인간, 퇴직한 아첨꾼, 시골의 불한당"이라고 매도했으며, 폭력파 기관지 《유간타르(Yugantar, 새 시대)》는 그들을 "벵골의 영원한 노예 부류"라고 묘사하면서 자민다르와 총독부를 공격의 목표로 설정했다.[70]

6 무슬림의 반응

스와데시운동에서 무슬림이 어떤 행동을 보였는지는 주요한 관심사일 수밖에 없다. 어떤 사람들은 스와데시운동이 힌두만의 저항운동이라고 한다. 물론 인구 비율 이상으로 무슬림에 비해 훨씬 많은 힌두

---

69 K. Antonova & G. Kotovsky, *A History of India*(Moscow, 1992), p. 125.

70 H. Chakrabarti, *op. cit.*, pp. 54~55.

1 인도 스와데시운동

가 스와데시운동에 참여했던 것은 사실이지만 그렇다고 무슬림이 일체가 되어 단합된 하나의 공동체로서 조직적으로 반대했다고는 말하기 어렵다.

벵골 분할 조치에 대한 무슬림의 반응은 당장 분명하게 나타나지 않았다. 처음에는 오히려 힌두와 함께 반대 운동에 참여하는 경우가 많았으며 "벵골 무슬림 가운데서 가장 잘살고 고귀하고 잘 교육받은 사람들이 분할 조치를 비난했으며 무슬림 농민도 다수가 반대의 입장이었다."[71] 동벵골에서 가장 영향력이 큰 무슬림 지도자의 한 사람인 다카지방의 토후 살리물라(Nawab Salimullah)는 벵골 분할을 적극적으로 반대하고 나선 대표적 인물이었다. 처음에는 살리물라가 "벵골 분할 조치는 우리들을 무기력으로부터 분기시켜 우리들의 관심을 행동과 투쟁으로 인도하고 있다."[72]라고 총독부의 분할 정책을 비난했다.

커즌 총독은 벵골 분할 정책에 대하여 힌두와 무슬림이 연합하여 반대 운동을 전개할 것을 우려하고 무슬림을 설득하기 위해 동벵골을 방문했다. 그는 주민을 분열시켜 무슬림을 끌어안는 정책을 꾀했다. 총독은 대중 집회에서 벵골 분할의 타당성을 설명하여 분할의 목적이 벵골 지방의 행정적 능률을 향상시킬 뿐 아니라 지금까지 소외당해 온 동벵골 지방의 발전을 도모하기 위한 것이라고 강조했다.

결국 총독은 부지사 풀러를 통해 살리물라를 매수하는 데 성공했다. 풀러는 무슬림의 호감을 사고 벵골 분할 반대 운동에서 힌두를 고립시키기 위해 갖은 수단 방법을 동원했다. 풀러는 "벵골 분할을 처음에는 비열한 계획이라고 생각하고 있던 토후 살리물라에게 10만 파운드(140만 루피)를 저리로 대부해 줌으로써 마음을 돌리도록 만들었다. 또 동벵

---

71 R. C. Majumdar, *op. cit.*, p. 10.

72 P. C. Ghosh, *op. cit.*, p. 121.

골에는 관직의 대부분이 무슬림을 위해 배정되어 있고 어떤 경우는 채용될 자격이 구비된 무슬림이 없어서 공석으로 남아 있다."[73]라고 선전하여 무슬림을 설득했다.

당국의 억압 정책도 힌두를 표적으로 삼았고 무슬림은 비켜 나갔다. 주 정부의 모든 사소한 박해는 오직 힌두에게만 가해졌으며, 관직에서 축출된 경우도 힌두뿐이었고, 정부의 지원이 철회된 경우도 힌두 학교에 한해서였다. 토후 살리물라가 벵골 분할은 결국 무슬림에게 큰 이익이 된다고 공표하고 설득에 나섬으로써 대부분의 동벵골 무슬림은 총독의 벵골 분할 정책을 지지하게 되었다.

벵골 분할 정책에 대해 무슬림이 힌두와는 달리 냉담하거나 오히려 지지하고 나섰던 것은 이와 같은 총독부의 친무슬림 정책과 다카 토후 살리물라의 반힌두 운동이 크게 작용하고 있었으며, 알리가르운동의 지도자들이 미친 영향력이 컸다. 인도 이슬람 부흥 운동의 본거지인 알리가르 지방의 지도자들은 힌두에 대항하여 무슬림 공동체의 이익 수호와 지위 향상을 외쳤으며 인도국민회의를 "힌두회의"라고 비난하면서 여기에 참여하지 못하도록 방해했다.[74] 그들은 스와데시운동에 대해서도 "힌두의 선동 행위"라고 비난하면서 무슬림을 이 운동에서 유리시켜 나갔다.

무슬림의 주요 단체들은 각 지방의 무슬림으로 하여금 벵골 분할 정책에 반대 행동을 취하지 말도록 종용하고 나섰다. 무슬림 지도자들은 풀러의 말과 같이 신설 주인 동벵골에서는 무슬림이 다수가 되기 때문에 이전의 통합 주에서는 기대할 수 없었던 많은 관직을 차지할 수 있을 것으로 판단했다. 또 멀리 캘커타에서 통치받을 때는 아무런 발전

---

73 Gurmukh Singh, *op. cit.*, p. 142; R. C. Majumdar, *op. cit.*, p. 112.
74 졸고, 「인도 국민운동에 있어서의 무슬림의 반응」, 《아세아연구》, 54호, 아세아문제연구소, 117~25쪽 참조.

1 인도 스와데시운동

을 기대할 수 없었지만 이제 가까운 다카로부터 통치하기 때문에 이 지방은 큰 발전을 보장받은 것으로 믿게 되었다. 벵골 분할이 시행되는 1905년 10월 16일에 무슬림은 "벵골 분할에 의하여 지금까지 힌두에게 받아 왔던 고통과 압박으로부터 구원받을 수 있는 데 대해 신에게 감사하기 위하여"[75] 군중대회를 개최하기도 했다.

대부분의 무슬림은 스와데시운동에 냉담했다. 토산품은 외국 제품보다 질이 떨어지므로 가난한 무슬림은 동정심을 느끼지 못했으며 반영운동에 휘말려들어 희생당하는 것을 원치 않았다. 무슬림은 대체로 벵골 분할에 대한 힌두의 반항 운동이 공직에서 무슬림에 대한 힌두의 우위를 유지하기 위한 시도라고 해석했다.

스와데시운동에 처음부터 상당수의 무슬림 지도자와 학생들이 적극 참여하여 그 전위 역할을 담당해 온 것도 사실이다. 수많은 대중 집회에 소수의 무슬림이 계속하여 참가했고 무슬림만의 집회를 갖기도 했다. 예컨대 1만 5000명이 참가했던 1905년 9월 22일의 타운 홀 집회는 "귀족과 신흥 지주, 소상인과 중간 계급, 학생과 사무원, 각 직장의 대표들, 힌두와 무슬림과 기독교인 및 자이나교도 등 종교와 정치적 신념에 구애되지 않는 노소의 사람들이 모여 새 생명의 맥박을 느낄 수 있었다."[76]라고 《벵골리(Bengalee)》가 묘사했다.

다음 날 역시 캘커타에서는 압둘 라술이 사회를 맡은 대규모의 무슬림 집회가 있었다. 여기에서 세 개의 결의안을 통과시켰는데, 첫째는 고장의 개혁을 위해 힌두가 채택한 조치에 무슬림이 아무런 동정심을 보이지 않는다는 보도와 관련해 힌두에게 적극적으로 무슬림의 지지를 보낼 것, 둘째는 단순히 벵골 분할뿐 아니라 다른 문제에 있어서도

---

75 K. K. Aziz, *The Making of Pakistan; A Study in Nationalism*(London, 1987), p. 25.
76 H. Mukherjee, *op. cit.*, p. 68.

힌두와 제휴할 마음을 표현할 것, 셋째는 스와데시 제품의 사용에 대해 무슬림의 강력한 지지를 보낼 것 등이었다.[77]

다음 해 5월 20일에는 1만여 명의 힌두와 무슬림이 행진하면서 힌두 구호와 무슬림 구호를 번갈아 외쳤다. 시위 행진에는 힌두 지도자 더트(Aswini Kumar Dutt)와 무슬림 변호사 호사인(Syed Motahar Hossain) 그리고 무슬림 자민다르 아슈라프(M. Mahommed Ashraff) 등이 앞장섰다. 벵골 분할 1주년을 맞이하여 반대 시위가 동벵골주에서만 적어도 39개 지방에서 열렸으며 대부분의 집회에는 무슬림이 대규모로 참여했다. 여러 곳에서 집회 행사를 무슬림이 주관하고 연설을 했다. 스와데시운동의 일환으로 짓기로 한 연합회관의 광장에서 열린 대규모 집회에는 스와데시운동의 지도자였던 무슬림의 바하두르(Mahammad Yusuf Khan Bahadur)가 의장이었으며 많은 무슬림이 참여했다.

제22차 국민회의(1906)에서 무슬림 아티쿨라(Khawaja Atiqullah) 토후는 벵골 분할 정책을 비난했다. 그는 살리물라 토후의 동생으로서 국민회의에서 벵골 분할을 비난하는 결의안을 동의(動議)함으로써 동벵골의 모든 무슬림이 일체가 되어 벵골 분할을 지지한다는 말은 진실이 아니라는 것을 보여 준 인물이었다.[78] 국민회의 온건파 수렌드라나드 바너지는 이 회의에서 벵골 분할 반대 시위 259건 가운데 135건은 힌두와 무슬림이 단합하여 반대했다고 밝혔다. 또 주요 시위운동은 캘커타, 다카, 마이멘싱 등지에서 일어났는데 그때마다 벵골 지방의 유능한 무슬림 지도자에 의해 주도되었다는 점을 강조했다.[79]

---

77 *Ibid.*, p. 69.

78 P. C. Ghosh, *op. cit.*, p. 122.

79 R. Zakaria, *Rise of Muslims in Indian Politics*(Bombay, 1991), p. 101.

7 맺음말

스와데시운동은 인도 민족주의운동에 새로운 전환점을 마련해 주었다. 스와데시운동을 계기로 실내에서 이루어지던 조용한 국민회의 활동이 하나의 거대한 민족주의운동으로 변모했다. 국민회의가 교육받은 중간 계급을 공동의 광장으로 이끌어 냈다면, 청년 학생을 비롯한 더 많은 애국 시민을 공동의 광장에서 규합한 것은 스와데시운동이었다.

벵골에서는 스와데시운동이 지금까지의 국민회의나 다른 정치 조직에 대해 초연한 자세를 취해 온 지주 귀족을 정치적 소용돌이로 끌어넣었다. 벵골 밖에서는 이 운동이 전 인도가 미몽에서 깨어날 수 있는 충격을 주어 국민의 정치의식을 고취시켰다. 여러 주들은 역경의 순간에 한데 뭉쳐 벵골과 어려움을 같이 했으며 지금까지 영국의 통치와 정치 제도에 깊은 신뢰감을 가졌던 국민 지도자들에게 환멸과 함께 새로운 각오를 다짐하도록 만들었다. 영국의 인도 지배에 대한 적극적인 항거의 표현이었던 스와데시운동은 비록 당분간이라 할지라도 인도 국민 지도자들의 상이한 견해들을 한데 묶을 수 있었다. 반목하기도 했던 민족 지도자들이 함께 회합을 갖고 같이 시위에 참가하면서 스와데시·보이콧운동을 열성적으로 선도했다.

커즌 총독은 자타가 인정하는 탁월한 인물로서 재임 기간에 대단한 추진력으로 일했지만 능률만을 강조하다 보니 오히려 성공하지 못했다고 볼 수 있다. 행정적 능률에서 얻을 수 있는 것보다 벵골인, 더 나아가 인도인들의 민족 정서를 무시함으로써 나타난 손실이 총독부에게 더 큰 부담으로 남게 되었다. 능률은 하나의 과정일 뿐 그 자체가 목적일 수는 없었다. 커즌 총독의 능률의 극대화는 이룩될 수 없었고, 인도 국민에게는 민족의식으로 함께 뭉칠 수 있는 길이 열렸다. 영국의 지배가 시작된 이후 처음으로 계급과 교의를 초월한 민족 공동체가 공통적인 충격에 의해 외부의 자극이 없이도 지배자의 정치적 과오에 단합하여 대항하는 위력을 보여 주었다. 학생과 젊은 청년들의 애국적인 참여 열정이 분출했으며, 법률, 교직, 언론, 의료 분야의 전문직 사람들이 도시와 시골을 가리지 않고 적극적으로 참여했다. 또한 관리와 개인 회사 및 기업체의 직원들도 상당수 참여했다.

스와데시운동에는 많은 자민다르가 참여하여 "무도한 지주의 소름 끼치는 위력"을 보여 준 점이 주목할 만하다. 애국적인 자민다르들은 혼자만이 참여하는 것이 아니라 휘하의 수많은 사람들을 스와데시운동에 동원할 수 있는 힘을 가지고 있었다. 자민다르 가운데 폭력파의 활동에 적극 협력하는 사람들이 상당수 있었다는 점을 생각하면 그들이 온건한 스와데시운동에 참여한 사실은 의외의 현상이 아닐 수도 있었다. 스와데시운동에서 열성적 참여를 보여 준 사람들은 자민다르보다는 오히려 중간 규모의 토지 소유자, 즉 바드라록이었다. 그들은 소지주라는 지위보다는 교사, 변호사 등 전문직으로 자신들을 나타내는 사람들이기도 했다.

물론 순수한 산업적 관점에서만 본다면 스와데시운동으로 눈에 띄는 성공이나 경제적 구조의 획기적 변혁의 가능성을 기대하기는 어렵다. 그러나 영국인 제조업자와 상인들에게 타격을 주고 토착 산업을 장려하겠다는 의지의 표현으로서 스와데시운동은 자주적인 자본주의 발전의 길로 나아가는 데 큰 역할을 했다. 스와데시운동에서 중간 계급의 활약은 인도가 '부르주아 민주주의' 노선으로 나아가는 데 일조했다고 할 수 있다. 그렇지만 스와데시운동이 도시의 소부르주아지의 활동을 반영했을 뿐이라고 규정해 버리는 데는 무리가 있다. 스와데시운동을 도시 소부르주아 성격으로 규정할 경우 토지와 관련된 자민다르 및 바드라록의 애국적 역할은 너무 희미하게 취급되기 때문이다.

국민회의 안에서 과격파가, 밖에서 폭력파가 출현한 것도 스와데시운동과 함께했다. 오직 청원과 권고로 일관하는 국민회의의 이른바 '탁발 행각'에 내부로부터 변화의 물결이 일어났다. 영국 정부의 온정적인 시혜를 기대할 것이 아니라 압력을 가함으로써 인도 국민의 요구에 양보할 수밖에 없도록 힘을 과시하자는 주장은 분명히 국민회의의 새로운 변화의 움직임이었다. 영국의 고위 관리에게 무자비한 테러를 가하는 폭력파의 활동이 가장 거세게 일어났던 것도 스와데시운동을 거치면서였다. 국민회의의 온건파는 말할 것도 없거니와 과격파로부터도 지지를 얻지 못했던 폭력파는 그 활동의 성격상 외롭게 지하에서 움직일 수밖에 없었다. 청소년이 중심이 되어 목숨을 걸고 펼친 그들의 순수한 애국 활동이야말로 국민회의 내에 안주하고 있던 국민 지도자들을 훨씬 압도하고 있었다.

스와데시운동은 특정한 사건이 계기가 되어 분기한 애국운동이므로 한시적일 수밖에 없었다. 스와데시운동은 효과적으로 계획하고 지휘할 중앙 조직체도 부재한 상태에서 머지않아 쇠퇴할 수밖에 없었고 벵골 분할 조치가 취소된다면 계속 추진해 나갈 명분도 약했다. 그러나 스와데시운동은 잠시 쇠퇴했을 뿐 종말을 고한 것은 아니었고 오래지 않아 마하트마 간디가 이를 부흥하게 되었다. 따라서 스와데시운동은 간디의 범국민적인 대규모 사티아그라하운동의 예행연습과 같은 것이었다.

2장

자치운동

1 틸락의 자치운동

인도국민회의는 영국인 통치자에 대한 충성 집단으로 계획되어 출범한 후 한 세대 동안은 원래의 목표에서 이탈하지 않은 채 이른바 온건파에 의해 주도되어 왔다. 총독부의 벵골 분할 조치에 따른 격렬한 저항운동과 더불어 국민회의 안에 과격파가 출현했지만 급진적 비판 세력은 온건파의 폭력에 의해 가차 없이 축출되었다. 원래의 국민회의 노선을 회복한 온건파는 환호를 올렸으며 과격파는 완전히 해체되고 말았다.

그렇다고 이 기간에 국민회의의 활동이 활성화되었던 것도 아니다. 국민회의와 무슬림연맹이 잠정적으로 화해 협정에 이르렀던 점을 제외한다면 이때의 국민회의 활동이야말로 소득 없고 무기력했다고 할 수밖에 없다. 1차 세계대전과 부분적으로 겹친 시기여서 인도 독립운동이 소강 상태에 접어든 느낌이었지만 이때 특기할 사항은 국민회의 밖에서 자치운동이 활발하게 전개되었다는 사실이다.

자치운동은 1차 세계대전 동안에 과격파의 지도자였던 발 강가다르 틸락(Bal Gangadhar Tilak, 1856~1920)과 영국 여인 애니 베산트(Mrs. Annie Besant, 1847~1933)에 의해 각각 독자적으로 추진되었다. 틸락은 철두철미한 국민회의 사람이었지만 과격파를 주도한 인물로, 폭력 활동을 사주했다는 혐의로 6년 동안의 옥고를 치러야만 했다. 틸락은 자신과 옛 과격파 동료들이 국민회의에 다시 가입하는 분위기가 무르익기 전에 자치연맹을 계획하여 활동을 시작했다.

틸락의 정치 사상과 그의 국민회의 활동에 관해서는 이미 졸저 『인도 민족주의운동사』의 「과격파의 활동 — 틸락의 활동을 중심으로」에서 자세히 살펴보았으므로 여기에서는 인도의 초기 독립운동 과정에서 가장 주목할 인물인 틸락의 광범한 활약 가운데서 오직 그의 자치운동에만 주목하려고 한다.

1 스와라지(自治) 이론

다다바이 나오로지(Dadabhai Naoroji)가 처음으로 1906년 국민회의 캘커타 대회의 의장 연설에서 '스와라지'를 국민회의의 공식 표어로 제시했다. 그가 "대영제국의 시민으로서 인도인의 권리를 스와라지라고 주장함으로써" 인도 국민의 요구가 순수한 인도어로서 표현되었을 때 인도인들이 받은 충격은 매우 컸다.

스와라지가 내포한 의미에 대해서는 해석의 차이가 있을 수 있지만 국민회의 온건파와 과격파 모두 한목소리로 환영했다. 온건파는 다다바이의 스와라지를 대영제국 안에서의 자치로 해석했고, 과격파는 영국에서 분리된 독립을 의미한 것으로 해석하는 경향이 있었다. 스와라지라는 단어는 법률적으로는 "영국 통치권 아래서 국민 스스로에 의해 다스려지는 정부"를 의미하는 것으로 주장되었으며, 이 단어는 "현재 영국 정부의 배제를 필연적으로 의미하지는 않았다."[1]

---

1 B. B. Misra, *The Indian Political Parties: An Historical Analysis of Political Behaviour up to*

이러한 의미라면 다다바이의 스와라지는 온건파의 '대영제국 안에서의 자치'로 해석될 수 있다. 게다가 다다바이는 누가 보아도 국민회의의 온건파로 분류되는 인물이었다. 다다바이는 인도국민회의의 창립 멤버이며 영국에서 국회의원에 당선되어 인도 국민의 존경을 받는 인물이었다. 그는 스와데시운동이 격렬하게 일어나고 있던 시기에 온건파에 의해 영국으로부터 급히 초청되어 국민회의의 사회를 보았다. 그를 초청한 것이 과격파의 기세를 꺾기 위한 임시방편임을 고려하면 그의 스와라지는 자연스럽게 온건파의 의미로 해석될 수 있다.

다다바이는 분명히 이 단어를 의존하는 정부이면서도 독립된 정부를 의미하는 것으로 보았을 것이다. 만약 그가 독립된 정부의 의미를 완전히 배제했다면 그가 국민회의 과격파의 지지를 얻을 수는 없었을 것이다. 사실은 이 단어는 온건파보다도 과격파에게 더 큰 의미로 다가왔다. 왜냐하면 온건파가 이끄는 국민회의가 이듬해 수라트에서 열린 회의의 의제에서 스와라지라는 단어를 아주 빼 버렸기 때문이다. 이는 온건파가 공언한 식민지 자치라는 목표를 진지하게 고수할 자세를 갖고 있었는가를 의심받게 했다. 과격파가 스와라지라는 단어를 간행물 등을 통하여 자주 사용하자 여기에 독립정부의 의미가 포함된 것으로 해석한 온건파는 그 단어를 공식적으로 사용하는 것조차 두려워하게 되었다.[2]

온건파는 난처한 입장에 직면했다. 그들은 스와데시운동의 열기 속에서 국민회의를 이 저항운동에 긴밀하게 접근시켜 능동적으로 행동하지 못함으로써 그들의 세력 근거지에서 지지 기반을 상실할 위험성도 있었다. 따라서 그들은 저항운동을 일으킨 일반 대중의 감정을 무시할

1947(Oxford, 1988), pp. 103~104.

2 *Ibid.*, p. 104.

1 틸락의 자치운동

수도 초연할 수도 없는 입장이었다. 1907년 국민회의에서 과격파를 축출해 버린 온건파가 기민하게 당규를 개정해 국민회의 본래의 성격을 다시 확인하려 했던 이유를 이해할 수 있다.

온건파보다 과격파에 더 가까이 있었다고 보기도 하는[3] 다다바이가 스와라지를 국민회의의 목표라고 선언하자 온건파는 당황할 수밖에 없었다. 국민회의는 서둘러 분리 독립의 의미로 해석되고 있는 스와라지 대신에 대영제국 안에서의 자치를 달성하는 것이 그들의 목표가 되어야 하며 이 목표는 합법적인 방법을 통해 이룩되어야 한다고 선언했다. 모든 성원들은 당규에 명시된 목표와 방법에 서약하고 결의문에 서명하도록 요구받았다.

다다바이의 스와라지 발언이 인도 국민 지도자들의 마음속에 자치의 이념을 한 단계 높고 깊게 새기는 계기를 만들었음은 부인할 수 없다. 당시 국민회의는 창립한 지 20년이 지난 시점이었지만 그들은 아직 자치 정부를 목표로 내세우지 않았기 때문이다. 온건파가 지배했던 국민회의가 대영제국의 통치 아래에서 자치 식민지를 그들의 정치적 이상으로 생각하고 있었다고 해도, 이마저도 목표로 채택하지 않고 있었다. 1899년 비로소 국민회의의 공식적인 당규가 제정되었을 때도 식민지 자치 정부는 그들의 목표에 포함되지 않았다. 그때까지 국민회의가 희망했던 것은 오로지 영국의 정치적 전통을 이어받아 합법적 방법을 통해 국민의 이익을 증진시켜 나아가는 정도에 머무르고 있었다.

과격파 안에서도 자치에 관한 견해에 서로 차이를 보였다. 과격론은 인도인의 생활, 사고, 정치의 서구화라는 도전에 대한 하나의 응전이었다. 정신적인 면에서 과격론은 전통적인 힌두 종교와 윤리, 사회적 가

---

3 O. P. Gautam, *The Indian National Congress: An Analytical Biography*(Delhi, 1992), pp. 64~65.

치에 가해진 기독교와 공리주의, 그리고 기독교적인 방향으로의 힌두교 개혁 운동인 브라모 사마지(Brahmo Samaj) 등의 위협을 거부하는 것이었다. 문화적으로 볼 때 과격론은 기계적, 물질적, 개인주의적 문명에 맞서는 것이었으며, 정치적으로는 인도의 민족적 정체성이 대영제국에 융화되어 가는 것에 반대하는 것이었다. 과격파 지도자들은 하나같이 인도 역사에 호소하고, 인도의 정신적 유산에 자부심을 갖고, 또 서구주의라는 마녀의 덫에서 탈출하려는 욕망 등을 갖고 있었다.[4]

과격파를 군이 분류한다면 3개 파가 있었는데 즉 틸락이 이끄는 마하라슈트라파, 비핀 찬드라 팔과 오로빈도 고슈가 이끄는 벵골파 그리고 라지파트 라이가 이끄는 펀잡파 등이다.[5] 이것은 그들의 출생 지역에 따른 근거지를 말하고 있을 뿐이었다. 과격파는 스와데시운동과 더불어 지역에 국한하지 않은 일반 대중의 지지를 얻게 되었다. 시간의 흐름에 따라 과격파의 견해도 변했지만 좌측에는 오로빈도가 있었고, 우측에는 라이가 있었으며 틸락은 중간에 있었다.

틸락은 이미 1896년 인도의 고전을 원용하여 스와라지는 정치적 이상일 뿐 아니라 생활 철학의 일부라고 강조했다.[6] 틸락은 스와라지를 올바른 생을 영위하는 데 없어서는 안 될 불멸의 원리라고 주장했다. "스와라지는 권리일 뿐 아니라 의무(dharma)이다. 스와라지는 정치적으로는 자치를 뜻하고, 정신적으로는 내적인 자유의 실현을 의미하며, 도덕적으로는 국민의 의무를 수행하는 데 필수적인 완전한 자제의 실현을 의미한다."[7] 틸락에게는 스와라지가 인간의 타고난 자연권일 뿐 아

---

4 Amles Tripathi, *The Extremist Challenge*(Calcutta, 1967), p. vii.

5 B. N. Pande ed., *A Centenary History of the Indian National Congress 1885~1985*, Vol. I(All India Congress Committee, 1986), p. 152.

6 졸저, 『인도 민족주의운동사』, 172~181쪽 참조.

7 S. L. Kaeley, *Sudha, Modern Indian Political Thought and National Movement*(New Delhi, 1996), p. 128.

1 틸락의 자치운동

니라 마땅히 이행하여야 할 도덕적 의무이기도 했다. 틸락은 현세에서 스와라지를 이루지 못한 사람에게는 내세에서도 결코 보상으로 주어질 수 없다는 것을 강조함으로써 스와라지를 인도인의 기본적 종교 관념인 윤회와 업(業) 사상에 연결해 적극적인 의미를 부여했다.

온건파가 과격파를 견제하기 위해 다다바이를 의장으로 추대했던 캘커타 국민회의를 틸락은 남다른 기대감을 가지고 바라보았다. 틸락은 "다다바이가 신당(과격파)의 열정과 애국심에 찬물을 끼얹음으로써 온건파에 은혜를 베푸는 결정적 인물이 될 수도 있다."[8]라고 우려하면서도 국민회의가 열리기 열흘 전에 그의 신문《케사리(Kesari, 사자, 왕)》를 통해 "만약 우리가 그의 견해를 주의 깊게 연구한다면 우리는 다다바이가 과격파 가운데서도 가장 과격하다는 것을 알게 될 것이다. 인도에 대한 영국의 지배가 국가의 생명력을 먹어치우고 있는 무서운 질병이라는 것이 다다바이가 심사숙고한 결론이다."[9]라고 기술했다. 틸락의 기우에 찬 기대는 만족스러운 현실로 나타났고 지금까지 가장 많은 대표가 참석한 캘커타의 국민회의는 스와라지 문제를 제시함으로써 기억될 대회가 되었다.

틸락의 자치에 대한 관념은 분명하게 표현되지 않았다. 틸락은 결코 인도를 대영제국으로부터 완전히 분리하는 것을 주창하지 않았다. "우리의 먼 이상은 모든 제국의 문제에 있어서 영국의 중앙정부와는 유리되어 식민 자치를 향유하는 인도 주(州)들의 연방이 될 것이다."라고 주장하기도 했다. 틸락의 주장은 온건파의 주장과 별로 차이가 없다는 비판을 받기도 했다. 온건파가 식민지 자치라는 제한된 목표를 내세웠는데, 틸락은 스와라지 이상을 내다보았다. 그는 1907년 스와라지의

---

8 D. V. Tahmankar, *Lokamanya Tilak: Father of Indian Unrest and Maker of Modern India*(John Murray: London, 1989), p. 120.

9 *Ibid*., pp. 120~121.

정확한 정치적 의미를 설명하려고 고심하다가 결국 "지금 단계에서는 우리가 원하는 자치의 형태가 무엇인지 결정할 수가 없을 것 같다. 그것은 13~14년 안에는 결정될 것이다."라고 막연한 심정을 털어놓고 말았다.[10]

인도가 대영제국의 일원으로 남는다는 것은, 비록 자치국가라 할지라도, 스와라지라는 토속적인 단어를 더 좋아하는 과격파에게는 만족스럽지 않았다. 스와라지의 이념을 모호하게 생각했던 틸락의 경우를 제외하면 과격파는 스와라지의 의미를 식민지 자치를 넘어 사실상 독립을 요구하는 데까지 나아가고 있었다.

라지파트 라이는 다른 과격파 지도자들과 마찬가지로 "인도인의 애국심과 대영제국에 대한 충성심을 조화시킨다는 것은 저주받을 일이며, 대영제국 안에서 인도의 자치라는 이상은 상충하는 두 개의 실체 사이의 모순"이라고 생각했다. 그는 "도대체 피지배 인종이 어떻게 지배자에게 충성할 수 있단 말인가."라고 반문했다. 라이는 "영국 왕의 생신을 기념하는 인도인들을 인도인의 애국심을 진흙에 더럽히는 위선자라고, 또 영국의 작위를 갈망하는 인도인들을 부패에 충만한 '회칠한 묘'"에 비유하며 경멸하고 비난했다.[11] 그의 스와라지에 대한 신념은 "나는 엄청나게 많은 사람을 노예화하는 대영제국의 일부로 남기를 자발적으로 동의하기보다는 차라리 노예가 될 것이다."[12]라고 천명하는 데서 볼 수 있으며, 그는 그러한 제국의 권리와 의무를 함께하기를 원하지 않는다고 단호하게 말했다.

라이는 과격파의 지도자로서 또 민족주의적 종교개혁 단체인 아리아 사마지(Arya Samaj)의 지도자의 한 사람으로서 하층민을 위한 지원

---

10 D. V. Tahmankar, *op. cit.*, p. 124.

11 D. Argov, *op. cit.*, p. 125.

12 Feroz Chand, *Lajpat Rai: Life and Work*(Government of India, 1978), p. 168.

사업과 그들의 지위 향상에 힘썼다. 그는 온건파의 지도자인 고칼레와의 친분 때문에 과격파 지도자 가운데서 온건한 인물로 평가받기도 하지만 그의 정치적 입장은 분명했다. 틸락과 간디가 1차 세계대전 때 대영제국에 대한 무조건적인 충성심을 표시하고 있을 때도 라이는 폭력을 "민족적 자유를 위한 진정한 열정의 표현"으로서 찬양했으며, "인도인은 전쟁에서 외국인 용병으로서 영국을 지원해서는 안 된다."[13]라고 주장했다.

비핀 찬드라 팔은 식민지 자치란 인도인이 국내 문제에 있어서는 자치를 향유하지만 대외 문제는 영국인에 의해 행해지는 것을 의미한다고 해석했다. 만약 영국인이 인도의 대외 문제를 관리한다면 영국은 인도의 국방을 돌보아야 할 것이며 당연히 국방비를 충당하기 위해 인도 국고금 관리에 중대한 발언권을 요구할 것이다. 그렇다면 인도의 대내적인 자치가 어떻게 유지된다는 말인가 하고 반문했다. 팔의 자치에 대한 입장은 "대영제국 안에서의 자치령이나 공직의 인도화가 아니라 인도의 완전 자유, 즉 문화, 정치 면에서 영국의 완전 추방이었다."[14]

과격파 지도자 가운데 가장 급진적인 오로빈도 고슈는 다다바이가 국민회의에서 "스와라지를 우리의 정치적 노력의 하나뿐인 목표, 우리의 모든 악폐에 대한 단 하나의 해결책, 그것이 없으면 인도 국민을 만족시킬 수 없는 유일한 요구"라고 천명했을 때 역대 국민회의 의장 가운데서 가장 존경받을 정치인이라고 찬사를 보냈다. 오로빈도는 "국민회의는 식민지 자치를 요구해 왔지만, 우리 새로운 학파(과격파)는 우리의 이상으로 절대적인, 즉 영국에 존재하는 자치보다 한 치도 낮지 않은, 스와라지"를 주장한다고 강조했다. "영국이 자유로운 만큼 인도도

13 Lajpat Rai, *The Story of My Life*(Delhi, 1965), p. 222.
14 B. B. Misra, *The Indian Middle Classes*, p. 385.

자유로워야 하며, 만약 '스와라지'라는 단어가 모호하다면 목표를 그
것보다 더 분명할 수 없는 '절대적인 스와라지'로 규정하자."라고 외쳤
다.[15] 인도에는 영국 통치에 만족하는 충성파와 대영제국 안에서의 자
치를 갈망하는 온건파가 존재해 왔는데 이제 독립 외에는 어떤 것에도
만족하지 않는 민족주의자 집단이 출현하고 있음을 알렸다.

국민회의가 오랫동안 충실하게 추구해 온 청원이나 권유의 방법 등
은 "우리를 영속적인 굴종의 상태로 머물게 하는 겁 많고 경험 없는 꿈
이었고, 잘못된 친구들의 가르침이었다."라고 규정했다. 또 "주종 관계
나 상관과 부하의 관계를 주장하는 것은 인간됨의 가치를 무시하는 비
열하고 가련한 소망일 뿐이며, 강력하고 영광스러운 자유보다 낮은 어
떤 것을 위해 노력하는 것은 우리의 위대한 과거와 미래의 장엄한 가능
성을 모욕하는 것이 될 것이다."라고 오로빈도는 주장했다.[16]

새로운 운동은 나쁜 정부에 대한 저항이 아니라 영국 통치의 지속에 대
한 반대이다. 그 지배가 정당하게 혹은 부정하게 이루어지고 있는 것인가
여부와 그 잘잘못을 따지는 일은 사소하고 비본질적인 생각일 뿐이다. 이
운동은 영국의 시민권을 얻겠다는 절망적인 기대감에서 시작한 것이 아니
다. 이것은 인도가 하나의 거대하고 자유로운 통일 국가가 될 수 있고, 되
어야 하며, 되어 가는 시기에 이르렀다는 확신에서 출발한 것이다. 이 운동
은 폭동과 낙망의 함성이 아니라, 민족적 신뢰와 희망의 복음이다.[17]

오로빈도는 스와라지를 독립, 즉 "외국 통제에 의해 조금도 방해를
받지 않은 자유로운 국민 정부"로 규정했으므로 그는 이를 실현하기

15 Nirodbaran, *Sri Aurobindo for All Ages*(Pondicherry, 2003), p. 63.

16 Aurobindo Ghose, *Bande Mataram: Early Political Writings*(Pondicherry, 1998), p. 118.

17 Nirodbaran, *op. cit.*, p. 64.

위해서라면 혁명도 정당할 수 있었다. 영국 지배에 대해 혁명을 일으킬 수 있는 정당성은 부분적으로는 "자유는 국민의 생존권이므로 생명이 폭력적 억압에 의해 공격을 받을 때는 자기 보존을 위한 어떤 방법도 정당하다는 근거 때문이다. 그러나 보다 중요한 것은 서양의 보호에서 자신들을 구하기 위해서는 혁명을 실현하는 것이 필수적이라는 근거 때문이었다."[18]

외국의 지배를 받는 나라에서는 궁극적으로 여러 정치적 집단이 자연스럽게 두 개로 축소되는 경향을 갖는다. 외국인 정부에 협조하는 정당과 그에 반대하는 정당이 있을 뿐이며, 다른 정당을 위한 지속적인 자리는 없다. 온건파는 영국 정부에 분명히 협조하고 있었으며, 과격파는 정부의 정책을 강하게 비판하고 나섰다. 스와라지 문제에 있어서 과격파는 입장이 분명하게 통일된 견해를 보인 것은 아니었지만 온건파 지도자들은 과격파와는 크게 다른 주장을 표현했다.

온건파의 수렌드라나드 바너지는 자신이 경영하는 《벵골리》를 통해 "스와라지의 이상을 실현하려는 어떤 시도도 국법과 직접 충돌을 불러올 수 있으며 이때에 국민회의가 무제한의 스와라지를 요구하는 것은 비현실적"이라고 지적했다. 더 나아가 식민 자치의 이상은 만족할 만한 이상이 못 된다는 틸락 등의 주장을 비판하고, "자치 국가 인도의 장래는 대영제국 안에 하나의 자치 단위로 잔존함으로써만 자유에 대한 사랑과 민족의 정서가 국제적 협조의 기운과 결합될 수 있다."라고 주장했다.[19]

온건파의 지도자 고칼레 역시 대영제국 밖에서의 자치에 관한 과격파의 주장을 일축했다. 외국의 지배 아래에서 굴욕을 느끼지 않을 사람

---

18 D. Argov, *op. cit.*, p. 126.
19 S. Banerjea, *A Nation in Making*, pp. 321~322.

은 없겠지만 인도인들의 끊임없는 분열과 취약한 공공심과 또 다른 국민적 결점들 때문에 인도인들은 당장의 자치에는 적합하지 않다고 주장했다. 또 "영국 통치만이 질서로 혼돈을 통제하고 있으므로 오직 정신병원의 미친 사람만이 독립을 생각하거나 논할 수 있을 뿐이다."라고 말했다. 그는 독립은 평화적인 소극적 저항에 의해 달성될 수 있다고 주장하는 것은 어리석은 웃음거리일 뿐이라고 단정했다. "세계사에서 독립은 폭력에 의하지 않고서는 결코 이루어진 일이 없었으며 앞으로도 없을 것이다. 영국인들은 그들의 지배가 전복되는 고통을 당하기 전에 그들의 마지막 한 푼까지도 사용하고 또 마지막 한 사람까지도 희생할 것이다."라고 말했다.[20]

물론 폭력파 혹은 혁명가들은 완전 독립의 실현을 믿고서 활동했다. 호전적인 벵골 신문으로서 테러리스트를 지지하고 있던 《산디야 (Sandhya, 저녁)》는 "영어 교육을 받은 인도인들은 경멸할 만한 유럽인들에게 노예가 되어 우리가 그들과 함께 동반자로 살아가야 한다고 말한다. 이제 국민회의의 관리권을 이들 반(半)유럽인들로부터 빼앗아야만 한다."[21]라고 주장했다. 더 나아가 이 신문이 "인도에 대한 백인 혼혈족 인간들의 통치의 잔재가 조금이라도 남아 있는 한 조국은 번영할 수 없다."[22]라고 묘사했다.

스와라지운동은 벵골 지방을 휩쓸었던 스와데시운동에 즈음하여 새로운 계기를 맞았지만 완전 독립을 목표로 하는 적극적인 독립운동으로 발전하여 매진할 때는 아직 오지 않았다. 국민회의는 과격파를 축출하고 합법적인 방법을 통해 식민지 자치를 달성하는 것이 국민회의의 목표라고 다시 결의했다. 국민회의는 아직 완전 독립의 이상을 목표

---

20 S. Ghose, *op. cit.*, p. 323.

21 D. Argov, *op. cit.*, p. 119.

22 S. Ghose, *op. cit.*, p. 324.

1 틸락의 자치운동

로 받아들이는 것을 주저하고 있었다. 국민회의를 지배하고 있던 온건파는 완전 독립이란 유혈을 통하지 않고는 결코 확립될 수 없다고 보았으며 따라서 그들에게 완전 독립은 비현실적인 이상일 뿐이었다.

2 인도자치연맹의 활동

1907년 말 수라트의 국민회의에서 과격파가 축출된 이후 8년 동안은 틸락에게는 고난의 세월이었고 과격파의 활동은 정지된 상태였다. 지도자들이 뿔뿔이 흩어진 탓에 과격파라는 집단 자체가 존재하지 않았다. 틸락은 테러리스트의 활동을 선동하고 찬양했다는 혐의로 버마의 만달레이에서 6년 동안 옥고를 치러야 했고, 비핀 찬드라 팔도 구금되었다가 1908년에 풀려났지만 후일 틸락의 자치운동이 시작될 때까지 사실상 정치적 휴면 기간을 보내야 했다. 라지파트 라이는 만달레이에 구금되었다가 석방된 후에는 정치 활동보다는 아리아 사마지의 회원들과 함께 기근 구제 사업에 전념했고, 불가촉천민의 지위 향상과 힌두·무슬림의 화해를 위해 노력했다. 가장 과격한 논조를 폈던 오로빈도 고슈는 테러리스트의 일원이었던 동생 바린드라 고슈(Barindra Ghose) 등의 테러 음모에 연루되었다는 혐의를 받은 후 정치 활동을 접고 남인도 프랑스령 퐁디체리에 정착하여 독립 이후까지도 오직 종교 철학 연구에만 몰두했다.

틸락은 1914년 6월 석방되었다. 1897년부터 시작하여 그의 생애의 세 번에 걸친 투옥 생활 가운데서 가장 길었다. 이 기간은 틸락에게 전혀 무의미한 세월이 아니었고 조국을 위해 또 다른 자세로 헌신할 수 있는 준비 기간이었다. 틸락은 가장 서둘러야 할 과업으로 국민회의의 통합, 민족주의당(과격파)의 재조직, 자치연맹의 창설을 계획했다. 장기간의 옥고를 보상해 주듯 분위기는 틸락에게 유리하게 전개되었다. 국민회의는 급진주의자들과의 관계 개선은 물론 무슬림연맹과도 화해를 모색하고 있었으며, 자치운동의 움직임은 이미 다른 쪽에서도 시도되고 있었다.

틸락의 인도자치연맹(Indian Home Rule League)은 1916년 4월 28일 벨가움에서 "모든 합법적인 방법을 통해 대영제국 안에서 자치를 달성하며 이를 이룩하기 위해 국내의 여론을 교육하고 조직화한다는 목적을 가지고"[23] 창립 대회를 가졌다. 의장에는 연맹의 설립에 노력해 왔던 틸락의 법률 고문인 변호사 밥티스타(Joseph Baptista)가 선출되었으며, 간사에는 역시 틸락의 측근인 켈카르(N. C. Kelkar)가 임명되었다. 틸락은 아무런 공식적인 직책을 갖지 않았다.

틸락은 창립 대회의 연설에서 자치연맹의 방향을 분명히 제시했다.

요약하면 우리의 문제에 관한 경영이 우리의 손에 있어야 한다는 것이 스와라지의 요구이다. …… 우리는 영국 통치 아래 남아 있기를 원한다. 그러나 우리는 (겉도는) 사위〔婿〕 역할을 하는 인도상을 원치 않는다. 우리는 적어도 그의 위원회 안에 우리 사람, 우리가 선출한 사람이 있기를 원한다. 이것이 이룩되어야만 할 첫 번째 개혁이다. …… 국민이 행복해지려면, 또 오늘날 야기되고 있는 수많은 불만이 제거되려면, 무엇보다도 먼저 행정부의 구조를 바꾸어야 한다고 나는 다시 선언한다.[24]

틸락의 주장대로 자치연맹의 목표가 대영제국 안에 잔존하는 것이라면 국민회의가 지금까지 표방해 왔던 것과 크게 다를 바가 없었다.

---

23 B. G. Tilak, *Samagra Lokamanya Tilak, Vol. 7. Towards Independence*(Poona, 1975), p. 501.

24 Dhananjay Keer, *Lokamanya Tilak: Father of Indian Freedom Struggle*(Bombay, 1979), p. 363.

1 틸락의 자치운동

그렇다면 국민회의가 한 세대 동안 활동해 온 마당에 또 다른 자치운동 단체를 설립할 필요는 없었다. 이에 대하여 틸락은 그의 신문《마라타》의 논설을 통해 자치를 위한 여론을 불러일으키고 저항운동을 선도할 조직체를 적극적으로 만들어야 할 시기가 왔음을 인식하게 되었다면서 자치연맹의 목표를 부연 설명했다. "국민회의는 책임감을 가지고 자치 문제 등을 수행하며 최대의 권위를 가지고 있다." 그러나 국민회의는 너무 방대하여 자치에 관한 계획을 준비하고 실제로 성공으로 이끄는 과업을 적극적으로 수행하기는 어려웠다. 따라서 그는 "기초 작업의 첫 삽은 누군가 떠야 하며 더 이상 기다릴 수 없다. 자치연맹의 운동이 그 선구가 될 수 있으며, 어떤 의미에서도 배타적 운동이 될 의도는 없다."[25]라고 주장함으로써 국민회의와 보조를 같이할 것을 다짐했다.

국민회의에 다시 들어가게 되어 있는 틸락으로서는 자치연맹의 역할에 있어서 국민회의와 차별을 두지 않을 수 없었다. 국민회의는 유일한 혹은 주요한 기능이 경건한 결의안을 통과시키는 것뿐인 단순한 하나의 토의 기구였다. 반면 자치연맹은 자치의 달성이라는 유일한 목적을 위해 1년 내내 열성적으로 일하기로 다짐하고 출범한 단체라는 것이 두 기구의 차이점이라고 말할 수 있다.

틸락과 애니 베산트가 각자의 자치운동 단체를 결성하는 데 긴밀히 협의한 것 같지는 않다. 다만 베산트가 뿌나를 방문하여 틸락과 만났을 때 그러한 단체의 필요성을 이야기했을 가능성은 충분히 있다. 틸락은 4개월 늦게 출범하는 애니 베산트의 자치연맹과 합병하기를 희망했다. 베산트는 이미 1915년 9월 자치연맹을 시작하겠다는 결심을 발표했으나 "틸락의 추종자들 중 일부가 나를 싫어하고, 내 편의 일부도 그

---

25 N. G. Jog, *Lokamanya Bal Gangadhar Tilak*(Government of India, 1979), p. 148.

를 싫어한다."[26]라면서 합병을 거절했다.

틸락은 "우리의 목표는 '자치'라면서 '스와라지'나 '자치 정부(self-government)'나 '홈 룰(home rule)' 모두 같은 의미이며, 하나가 세 개의 다른 이름을 가지고 있을 뿐이다."[27]라고 말했다. 그렇지만 켈카르는 자치연맹을 결성한 후 뿌나 지방에서 열린 강연에서 그들의 궁극적인 이상을 표현하는 데 '스와라지' 대신에 '홈 룰'이란 단어를 선택한 이유를 설명했다. 그는 초기 아일랜드 민족주의자들이 영국과의 연합이 큰 실책이었다고 생각하고 그 폐기를 요구하면서 버트(Issac Butt)가 "탈퇴 없이 자유와 조화시키는" 홈 룰이란 말을 적용했다는 사실을 언급했다. 켈카르는 홈 룰은 "노예제의 사슬을 끊고 분리를 도발하지 않으면서 독립을 허용하는 것이며, 과거를 뒤엎지 않고 미래와도 타협하지 않는 것"이라는 버트의 말을 인용했다.

켈카르는 홈 룰이란 단어가 인도에도 유용한 목적을 설정해 주고 있다고 주장했다. 왜냐하면 "홈 룰은 이탈 정책을 배제하면서, 인도의 정책이 인도인을 위해 인도인에 의해 펼쳐지기 위한 적절한 발판으로 승화하는 것"이라고 덧붙였다. 홈 룰의 이상은 인도에서도 채택되었는데 홈 룰은 "대영제국 안에서의 자치의 요구라는 주제를 간략하고 아름답게 표현했으며, 영국인들의 귀에 친숙하므로 스와데시와 스와라지가 그들의 마음속에 불러일으킬 수 있는 모든 상상의 공포로부터 그들을 구해 줄 수 있기 때문이라고" 켈카르는 생각했다.[28] 자치를 인도어 '스와라지'로 표현할 경우 영국인들은 스와데시운동의 공포를 떠올릴 것이므로 영어의 평범한 '홈 룰'이란 단어를 선택하여 사용하기로 했다.

---

26 Stanley Wolpert, *Tilak and Gokhale: Revolution and Reform in the Making of Modern India*(Oxford, 1989), p. 276.

27 B. G. Tilak, *op. cit.*, p. 433.

28 S. R. Mehrotra, *Towards India's Freedom and Partition*(New Delhi: Vikas, 1979), p. 129.

틸락이 석방될 때쯤 애니 베산트가 국민회의에 가입했다. 베산트의 눈에 비친 틸락은 보다 신중해져 있었다. 6년의 공백 기간을 거친 후 틸락은 이전의 투쟁 활동을 다시 성공적으로 추진하는 것은 비관적이라고 판단하고 자신과 온건파 사이에서 행동의 공동 근거를 찾으려 했다. 틸락은 오직 합법적인 활동만이 유효하며 국민회의가 추구하는 것을 점진적으로 실현해 나가는 것이 인도의 현실에 맞는다고 생각했다.[29] 그러나 추종자들은 옛날의 틸락을 염두에 두고 열광적인 집회를 도모하기도 했다. 틸락은 당국의 의심에 대한 방패막이 또는 잠재적인 세력의 원천으로 베산트의 도움을 바라고 있었다.

자치연맹의 창립을 전후하여 틸락은 여러 지역을 방문하면서 강연을 계속했다. "우리가 내 집에서 해야 할 일을, 또 우리 마을에서, 우리 도시에서, 우리의 주와 우리나라에서 해야 할 일을 결정하는 것은 우리들의 손에 놓여 있어야 한다. …… 인도인들은 영국 국민과 영국의 제도와 영국의 자유와 대영제국을 좋아한다." 틸락은 연맹 창립 직후 "자치의 의미는 우리의 (영국) 황제와 영국 국민의 지배를 유지하는 것이며 국민이 나머지 문제들을 관리하는 권력을 완전히 가지는 것이다."라고 말했다. 보다 단순하게 말한다면 "오늘의 스와라지는 대영제국 안에 있는 것이지 독립이 아니다."라는 것이었다.[30]

틸락은 "스와라지는 나의 생득권(生得權)이므로 나는 그것을 갖고야 말겠다."[31]라고 요구했음에도 틸락을 비롯한 자치운동가들은 인도인들이 대영제국의 지배를 버리지는 않겠다고 주장했다. 틸락은 "우리가 영국 국민의 지배 아래에서, 영국민의 감독 아래에서, 영국민의 도움으로,

---

29 Gordon Johnson, *Provincial Politics and Indian Nationalism: Bombay and the Indian National Congress 1880~1915*(Cambridge, 1973), p. 186.

30 S. Wolpert, *op. cit.*, p. 278; Sankar Ghose, *op. cit.*, p. 325.

31 B. G. Tilak, *op. cit.*, p. 500.

그들의 동정 아래에서, 그들의 간절한 보살핌에 따라, 또 그들이 가지고 있는 고결한 감정을 통하여 인도인 자신의 선(善)을 확보하는 것은 의심할 바 없는 사실이다."라고 주장했다.[32]

틸락은 베다 철학의 이론을 원용하여 황제(영국 왕)와 영국 정부를 브라만(Brahman(梵); 눈에 보이지 않는 것, 속성과 형상이 없는 절대적인 것)에, 인도의 관료를 마야(Maya(幻影); 보이는 것, 변하는 것)에 비유했다. 자치는 황제와 영국의 통치권, 즉 '보이지 않는 정부'에 영향을 미칠 수 없으며 다만 '보이는 정부'인 인도의 행정부에 영향을 미칠 뿐이라고 틸락은 말했다.[33] 따라서 인도인들은 영국 왕과 영국 정부는 원하지만, 인도의 행정부는 인도인들에게 위임되어야 한다는 주장이었다.

또 자치연맹을 창설한 직후 아메드나가르에서 틸락은 우리는 우리에게 와 있는 영국인의 지배를 원한다. 그러나 우리는 이들 간섭하는 중간인을 원하지는 않는다. …… 우리가 요구하는 것은 지배자의 교체가 아니라 행정가의 교체다.[34]라고 주장하여 지배자와 행정가를 구분했다. 틸락에 따르면 중간인이란 인도에 와 있는 영국인 관료를 뜻했다. 틸락은 이들을 신의 사제에 비교하여 인도인은 신, 즉 황제는 원하지만 사제를 원하는 것은 아니므로 인도인 가운데서 다른 사제를 임명해 달라고 주장했다.[35] 틸락은 당장 완전한 자치를 요구한 것은 아니지만, 진정한 자치의 시작을 원했으며 자치가 이룩되는 분명한 시일은 확정되어야 한다고 주장했다.

틸락은 자치연맹을 창립한 후 광범한 강연 여행을 통해 자치를 대영제국 내의 정부의 한 형태로 설명했으며, 관료의 지배가 국민에게 책

---

32 S. R. Mehrotra, *op. cit.*, p. 130.
33 B. G. Tilak, *op. cit.*, p. 505.
34 *Ibid.*, p. 523.
35 S. R. Mehrotra, *op. cit.*, p. 131.

1 틸락의 자치운동

임을 지는 행정부에 의해 대체될 것이라고 말했다. 그는 여러 곳을 방문했으나 주로 봄베이주의 대중에게 지방어로 명료하게 설명해 주민의 지지를 얻었다. 틸락은 영국 왕과 불화 관계에 있지 않다는 것을 조심스럽게 설명했다.

누가 인도를 지배하는가? 황제가 와서 다스리는가? 총독과 지사와 징세관 등의 관리들이 그 일을 수행하고 있다. 현재의 지사와 세리를 원치 않으니 다른 사람들을 보내 달라고 말하는 것이 선동죄에 해당한단 말인가? …… 왜 우리가 자치에 적합하지 않단 말인가? 우리가 눈이 없나, 귀가 없나, 지혜가 없나? 우리는 쓰는 것도 모르고 읽을 수도 없고 말 타는 것도 못한단 말인가? 당신들은 영국에서 21세의 젊은이를 세리로 데려온다. 그가 무슨 경험이 있단 말인가? 그는 당장 60세의 경험 많은 인도인 주임서기의 상관이 된다. …… 영국인들은 우리 인도인들이 적합하지 못하므로 그들이 우리를 가르치러 왔다고 말한다. 그러나 얼마나 오래 우리를 가르치겠다는 것인가? 한 세대, 두 세대? 여기에는 끝이 없다. 우리는 끝까지 노예와 같이 당신들 밑에서 일해야만 하는가?[36]

틸락을 비롯한 자치운동가들은 인도의 대내적인 행정을 수행하는 권리만을 주장했다. 국방과 대외 문제는 대영제국의 수중에 두는 데 만족했으며 인도에게는 캐나다와 호주 등의 자치령과 동등한 지위가 주어져야 한다고 강조했다. 영국인 관리를 교체하고 행정의 인도화를 실현하는 것이야말로 국가의 모든 악폐에 대한 치유책일 뿐만 아니라 인도가 식민 지배의 고통에서 벗어날 수 있는 절박한 필요성이었다.

틸락의 자치연맹 운영위원회는 첫해에는 기술한 바와 같이 틸락의

---

36 R. C. Majumdar, *op. cit.*, pp. 366~367.

참모들 가운데서 임명되었으며 회원은 모든 성인에게 개방되었다. 회원은 반드시 연맹의 취지를 받아들이고 입회비 2루피를 납부해야 하며 연회비는 1루피 이상으로 규정했다.[37] 1917년 4월의 첫 연례 회의는 보다 '민주주의적' 규약을 채택했으며 연례 회의에 참석한 회원들이 간부들을 선출하도록 했다. 그러한 절차에 따른 참모들의 임명은 반대 없이 받아들여졌다. 선출된 사람들이 집행위원회를 구성하고 연맹의 6개 지회, 즉 중부 마하라슈트라, 봄베이 시, 카르나타카, 베라르, 센트럴 프로빈시스에서 각각 한 명의 대표를 선출하기로 했다. 틸락은 주요 도시와 지역의 대표는 운영위원회 등의 직책을 갖도록 함으로써 소외감을 갖지 않도록 배려했다. 연맹의 일상적인 업무는 틸락의 신문 《케사리》와 《마라타》의 뿌나 본부에서 간사인 켈카르 등이 지휘했다.

틸락의 자치연맹은 활동 첫해 말까지 1만 4000명의 회원에 1만 6000루피의 회비 수입을 올렸다. 틸락은 자치연맹의 활동 영역을 확실한 추종자가 있는 마하라슈트라와 카르나타카에 국한했으며, 강연 여행을 주선하고 사원이나 공개된 장소에서 회합을 도모하고 팸플릿이나 신문을 이용하는 데는 그의 참모들에게 의지했다. 첫해에 그의 연맹은 여섯 개의 마라타어판, 두 개의 영어판, 또 각각 한 개의 구자라트어판과 칸나다어판으로 된 팸플릿을 출판했는데 그 가운데 영어판은 4만 7000부나 팔렸다.[38] 이들 과업의 대부분은 공식적인 조직도 없이 추진되었으나, 연맹은 마하라슈트라 등지를 틸락의 활동 지구로 선점하고 인도의 나머지 지역은 애니 베산트에게 남겨 둔 셈이 되었다.

1918년 초 틸락의 자치연맹은 주로 카르나타카, 마하라슈트라, 봄베이 등으로부터 3만 2000명의 회원을 가졌고, 1917년 말 애니의 자치

---

37 B. G. Tilak, *op. cit.*, p. 501.
38 H. Owen, *op. cit.*, p. 74.

1 틸락의 자치운동

연맹은 주로 마드라스로부터 2만 7000명의 회원을 갖게 되었다. 신드와 구자라트의 상업 카스트와 같은 국민회의와 별로 관계가 없는 집단이나 지역에서도 참여했다.[39] 비회원도 자치연맹을 지지함으로써 그 활동 규모는 훨씬 크게 나타났다.

애니 베산트와 틸락은 국민회의의 지배권 장악을 희망했으며, 자치연맹을 이용해 1916년 말 러크나우에서 열릴 국민회의에서 이 목적을 달성하려고 계획했다. 애니가 창설한 자치연맹의 조직 국장 아룬델(George Arundale)은 회원들에게 자신을 러크나우 국민회의에 참석하는 대표로 선출해 줄 것을 요구하는 한편 국민회의는 그 선조들보다도 훨씬 분명하게 자치에 전념해야 한다고 주장했다. 한편 틸락의 자치연맹 간부들은 서부 인도로부터 대표들을 수송하기 위해 국민회의 특별 열차를 계획하기도 했다.

틸락은 러크나우 국민회의에서 지금까지 무슬림에 대해 보여 왔던 태도와는 전혀 다른 모습을 보였다. 러크나우 국민회의는 주목할 만한 대회였다. 틸락이 장기간의 옥고를 치르고 국민회의에 복귀했는데 이는 수라트 대회에서 축출당한 과격파가 권토중래하여 사실상 국민회의를 장악한 것을 의미했다. 이 대회에서 스와라지에 대한 분명한 요구가 만장일치로 채택되었다. 특기할 사실은 러크나우 협정 혹은 국민회의·무슬림연맹의 협정에 따라 힌두가 무슬림의 분리선거제를 공식으로 인정한 점이었다.

투쟁적인 민족주의운동을 고취하기 위해서는 반무슬림 활동도 거침없이 자행했던[40] 틸락이 이 협정에서 무슬림의 종파적 선거 등에 대해 한없는 아량을 보였다. 그는 제국주의 세력에 대항해 싸우려면 국민

---

39 Judith M. Brown, *Modern India; the Origins of an Asian Democracy*(Oxford, 1994), p. 199.

40 졸저, 『인도 민족주의운동사』, 196~198쪽 참조.

모두가 "이 강령 아래서 한데 뭉치는 것이 매우 중요하며, 이 통합의 무기를 달구는 것이야말로 이 시대의 가장 중요한 사상(事象)이다."[41]라고 말했다.

틸락은 러크나우 국민회의 직후 약 1000명의 자치연맹 회원들이 모인 자리에서 다음과 같이 역설했다.

우리가 무슬림 동포에게 너무 많이 양보했다고 말하는 일부의 정서가 있다. 그러나 엄격한 정의의 관점에서 볼 때 그것은 옳고 그름을 떠나 자치의 요구에 무슬림의 가슴속에서 우러나오는 지지를 얻기 위해서는 반드시 필요하다. 우리는 그들의 도움과 협조 없이는 전진할 수 없다. 만약 3자 간의 싸움이 일어나면 두 파는 제3자를 제거하기 위해 함께 단합해야 한다. 영국인과의 전쟁의 줄다리기에서 무슬림은 그들의 힘을 마땅히 우리 편에게 주어야 한다. 조국에서 우리가 우리 자신을 다스려야 한다는 것을 두려움 없이 요구하는 것이 우리 모두의 당면한 의무이다.[42]

틸락은 어떤 양보나 희생을 무릅쓰고라도 조국을 영국의 굴레에서 벗어나게 해야 한다는 일념에 모든 생각을 종속시키고 있음을 엿볼 수 있다.

러크나우의 국민회의를 계기로 틸락과 베산트는 개선장군처럼 여행을 하면서 인도의 북동 지역과 중부 지역에서 일련의 강연을 가졌다. 틸락은 러크나우 국민회의에 참석하고 귀향하다가 카운푸르에서 일반 대중에게서 열렬한 환영을 받았다. 유나이티드 프로빈시스의 부지사 메스튼(James Meston)은 총독에게 보낸 비밀 서한에서 이에 대해 "민족

---

41 R. C. Majumdar, *op. cit.*, p. 384.

42 *Ibid.*

1 틸락의 자치운동

주의자(과격파)에 대한 숭배가 대단하다. 모든 학생들의 골방과 한적한 시골집에서도 우리를 당황케 하는 그들의 사진을 볼 수 있다. 국민회의에 참석하고 돌아가는 길에 틸락이 카운푸르에서 받은 환영은, 망상에 사로잡혀 온 대중들에게 눈이 번쩍 뜨이게 하는 사건이었다."[43]라고 표현했다.

틸락은 1916년 여름 자치연맹 모임에서 일련의 선동적인 연설을 해서 2만 루피의 공탁금을 납부하고 1년 동안 행동을 자제하라는 당국의 통보를 받았다. 두 달 앞서 베산트에게도 비슷한 압박이 가해졌다. 봄베이 고등법원은 틸락에 대한 명령을 취소했으나, 베산트의 항소는 마드라스 고등법원과 추밀원에 의해 기각당했다. 이로써 애니는 그의 두 신문을 잠시 팔아야만 하는 어려움에 처하기도 했다. 연말에는 센트럴 프로빈시스와 베라르 당국이 애니에게 이 지역의 출입금지령을 내렸으며, 1817년 2월에는 틸락에게도 펀잡과 델리 여행을 금지한다는 통보가 전해졌다. 각지에서 항의 집회가 뒤따랐으며 가장 큰 저항운동은 6월 애니가 구금되었을 때 일어났다.

각기 자신의 자치연맹을 이끌고 있는 틸락과 애니의 인기는 계속 상승했다. 특히 애니는 이때가 그의 생애의 절정기로서 1917년 말에는 캘커타 국민회의에서 의장에 추대되었다. 틸락과 라지파트 라이의 의장 선출을 막았던 온건파도 애니의 경우에는 실패했다. 애니가 의장을 맡은 1917년 캘커타 국민회의는 참가 대표의 숫자가 기록적이었다.

틸락이 온건파와 손잡으려 했던 것도 사실은 국민회의를 장악하기 위한 책략이었다. 틸락과 그의 동료들이 국민회의에 다시 가입하려고 했을 때, 이 집단은 목표를 재회(再會)보다는 장악에 마음을 두었던 공격적인 단체였다. 국민회의가 과격파로 볼 수 있는 애니 베산트가 의장

---

43 B. Misra, *The Indian Political Parties*, p. 117.

에 선출되는 것을 막을 수 없었던 상황은 온건파에게는 양자택일, 즉 항복할 것이냐 또는 탈퇴해 버릴 것이냐의 기로에 서게 된 것을 의미했다. 항복은 원칙과 전망 모두를 희생하는 것을 의미했기 때문에 온건파는 사멸에 대한 대안으로서 국민회의로부터의 탈퇴의 길을 생각할 수밖에 없었다.

영국 정부의 인도상 에드윈 몬터규(Edwin Montague)가 1917년 8월 "정부의 정책은 인도에 책임 정부를 점진적으로 수립하기 위해 인도인과 연합하고 자치 제도를 점진적으로 발전시키는 것"이라고 선언했을 때 국민회의의 온건파는 이를 즉시 환영했고 과격파는 일부만 긍정적으로 받아들였을 뿐 다수는 미흡한 수준이라고 평가했다.

애니는 처음에는 이 선언을 비난했으나 얼마 후에는 지지자가 되었다. 아마도 인도를 방문한 몬터규 인도상과 면담한 후부터일 것이다. 다음 해 2월에는 인도상의 '자치 정부'로 나아가는 약속을 받아들여 온건파와 견해를 같이하게 되었다. 틸락의 지지자들과 국민회의의 젊은이들은 애니의 '방향 전환'에서 뼈아픈 '놀라움'을 발견했다.[44] 또 애니는 제1차 세계대전 말기에 가서는 인도의 더 많은 협조를 요구하는 영국정부에 인도가 무조건적인 지원을 제공하도록 촉구하는 결의안을 추진해 인도의 젊은이들 사이에서 인기는 심각하게 추락했다.

틸락은 몬터규의 선언에도 불구하고 자치운동을 완화하지 않았다. 인도상 몬터규의 선언이 인도 총독 첼름스퍼드(Lord Chelmsford)와 공동 명의로 하여 '몬터규·첼름스퍼드 보고서'로 발표되었을 때 틸락은 다음과 같이 평했다.

이 보고서는 매우 아름답고 교묘한 정치가다운 문서이다. 이 보고서는

---

44 H. Owen, *op. cit.*, p. 88.

8푼어치의 자치를 요구한 우리에게 한 푼어치의 자치를 주고서, 그것이 8푼어치의 자치보다 더 귀중한 것이라고 말하려 한다. 이 보고서에 담긴 말의 기교는 한 컵의 책임 정부면 완전 자치를 요구하는 우리의 갈증을 풀기에 충분하고도 남는다는 것을 우리가 믿도록 만들려는 데 있다. 우리는 지금 소박하게 정부에게 제의한다. 우리는 한 푼의 책임 정부에 감사하지만 그 정치 계획에다 국민회의·무슬림연맹의 계획에 있는 그 모든 것을 포함해 주기를 희망한다.[45]

틸락은 영국 정부가 인도의 요구를 이만큼이라도 충족시켜 준 것은 자치운동의 성과이며, 정부에게서 더 많은 양보를 얻어 내기 위해 이 운동을 활발하게 유지하는 것이 필요하다는 것을 잘 알고 있었다. 자치운동은 점차 인기를 얻어 대중운동으로 나아가는 경향이 있었다. 보다 놀라운 것은 무슬림의 지도자로 떠오르고 있는 진나(Muhammad Ali Jinnah)와 알리(Mohammad Ali)의 가족 등이 여기에 가담했다는 사실이었다. 몬터규의 선언 직후 한 공식 보고서는 "베산트 부인과 틸락이 국민회의 기구의 장악을 완료했다. 국민회의는 완전히 자치와 동일시되었다."[46]라고 기록했으나 이때 애니의 태도 변화가 돌출한 것이다.

몬터규 인도상은 11월 틸락과 면담했으나 그의 지지를 얻지 못했다. 몬터규는 첼름스퍼드 총독이 전시에 자발적이며 무조건적으로 영국 정부에 충성심을 표시했던 틸락에게 의례적인 감사의 표시도 보이지 않고 포용하지 못한 것을 큰 실책으로 보았다. 인도상은 일기에서 지난봄 총독이 소집한 전시 회담에서 틸락을 제외시킨 데 아쉬움을 표현했다.

만약 내가 총독이었다면 나는 어떤 대가를 치르더라도 틸락을 수도 델

45 N. G. Jog, *op. cit.*, p. 158.
46 R. C. Majumdar, *op. cit.*, p. 375.

리로 오게 했을 것이다. 틸락은 아마 지금 인도에서 가장 힘 있는 사람이며, 마음만 먹는다면 전쟁을 물질적으로 도울 수 있는 힘을 가지고 있다. 만약 그가 델리에 오지 않으면 우리가 가장 힘 있는 사람을 선발하는 것을 거부했다는 말을 계속 듣게 될 것이다.[47]

자치운동은, 변심한 베산트와는 달리, 틸락에게는 빛나는 정치적 명성을 부여했다. 틸락은 이 운동을 통해 진지하고 두려움을 모르는 불굴의 애국자로서의 자신의 면모를 보여 주었다. 지성적 귀족 태생인 틸락은 일반 서민의 수준으로 자신을 낮추었으며 그들의 감사의 표현이 그에게 주어진(누가 부여한 것인지 모르지만) '로카마니야(Lokamanya; 국민이 존경하는)'라는 칭호로 나타나는 것으로 보아 그 상징적 의미를 알 수 있다.

온건파의 영향력은 급격히 약화했다. 몬터규·첼름스퍼드 보고서가 1918년 7월에 발행되자 국민회의는 행동 노선을 결정하기 위해 9월 1일 봄베이에서 특별 회의를 소집했다. 이미 소수파가 되어 버린 온건파 지도자들은 여기에 참석하지 않았으며 이들은 두 달 후에 역시 봄베이에서 그들만의 회합을 갖고 분당을 선언했다. 자유당으로 알려진 이들은 다음 해 캘커타에서 국민자유연맹으로 개명하고 개혁을 위한 위대한 진보라고 다짐했다.

국민회의의 창립 이후 한 세대가 넘게 이 거대한 집단을 독단적으로 장악하고 이끌어 왔던 온건파는 이제 국민회의에서 밀려나 형편없이 왜소한 독립 정당의 모습으로 새 출발을 할 수밖에 없었다. 이러한 현상은 각국의 민족주의운동 내지 독립운동 과정에서 흔히 볼 수 있는 일이기도 하다. 온건파는 과격파에게 압도당하고 과격파는 또 새로 출

---

47 N. G. Jog, *op. cit.*, p. 156.

1 틸락의 자치운동

현하는 더욱 급진적인 집단에게 자리를 넘겨준다. 어쩌면 자연의 이치
일지도 모른다.

3 틸락의 '상응하는 협조' 이론

틸락은 소극적 저항과 상응하는 협조를 주장하기도 했다. 소극적 저
항은 인도 독립운동 초기에 거론되었으며, 간디가 남아프리카에서 몸
소 실천하다가 훨씬 긍정적이고 동적(動的) 의미의 사티아그라하라는
말로 바꾸어 사용했음은 주지의 사실이다. '상응하는 협조(Responsive
Cooperation)'라는 단어는 아마도 틸락이 독자적으로 사용한 것으로 그
의 정치철학을 이해하는 데 주요한 부분을 차지하고 있다. 그러나 틸락
은 상응하는 협조 운동의 이론을 충분히 체계화하거나 조직적인 운동
으로 전개하지 못하고 사망했다. 여기에서는 상응하는 협조를 간디의
정치철학과 비교해 고찰하고자 한다.

틸락은 이미 1905년에 순수한 정치적 무기로서 소극적 저항을 강조
했다. 틸락이 마음에 둔 것은 순수한 정치적 무기였을 뿐 간디가 남아
프리카에서 고안하여 실행했던 것만큼 깊은 의미를 갖고 있지는 않았
다. 또 이때 인도에서는 커즌 총독의 벵골 분할에 반대하여 스와데시운
동이 거세게 일어나고 있었으므로 틸락의 소극적 저항의 이론을 자신
만의 독특한 주장이라고 말하기도 어려운 점이 있다.

라지파트 라이에 따르면 틸락이 스와데시 및 보이콧운동과 관련해
소극적 저항운동을 생각하기 시작한 것은 한참 전의 일이었다. 틸락이
생각한 소극적 저항의 목적은, 첫째로 국민이 지배자들의 무한한 힘을
받아들이도록 만드는 최면술의 마력을 파괴하기 위하여, 둘째는 국가
의 대의를 위한 희생정신과 고통을 감내할 수 있는 자유에 대한 열정적

인 사랑을 창조하기 위하여, 셋째는 인도의 독립을 쟁취하기 위하여 등이었다.[48]

틸락이 마음속에 품고 있던 소극적 저항의 개념을 분명하게 표명한 것은 캘커타 국민회의(1906년 12월) 직후였다. 틸락은 '신당(新黨)의 교의'라는 연설에서 "우리는 전혀 무장할 필요가 없으며, 보이콧 안에 더 강력한 무기, 정치적 무기를 가지고 있다."라고 주장하면서 "한 줌의 영국인들이 이끌고 있는 행정부가 우리들의 도움으로 움직이고 있을 뿐이므로" 그들에게 협조하지 않는 것이 자유를 쟁취할 수 있는 길이라고 주장했다.

당신들이 자유를 원한다면 자유로워질 수 있다. 자유를 원하지 않는다면 당신들은 멸망할 것이며 영원히 멸망해 버릴 것이다. 당신들과 같이 많은 사람들에게 무기는 필요치 않다. 만약 당신들이 적극적인 저항의 힘을 갖지 못했다면, 당신들을 지배하는 외국인 정부를 돕지 않을 수 있는 극기와 자제의 힘은 갖고 있지 않은가? 이것이 보이콧이며, 보이콧은 하나의 정치적 무기이다. 우리는 세금을 징수하고 평화를 유지하는 데 그들에게 도움을 주지 않을 것이다. 우리는 국경 너머 인도 밖에서 싸우는 데 인도인들의 피와 돈을 그들에게 주지 않을 것이다. 우리는 법의 집행에 있어서 그들을 돕지 않을 것이다. 우리는 우리 자신의 법정을 가질 것이며, 때가 오면 우리는 세금을 납부하지 않을 것이다. 당신들의 단합된 노력으로 그 일을 할 수 있겠는가? 만약 할 수 있다면 당신들은 내일부터 자유로워진다.[49]

간디가 1920년에 시작하는 대대적인 비폭력비협조운동을 틸락은 14

---

48 *Ibid.*, p. 100.

49 V. Varma, *Modern Indian Political Thought*(Agra, 1991), p. 189.

년 전에 예견했다고 말할 수 있다. 벵골 분할로 인해 지금까지 볼 수 없었던 민중의 궐기가 있었지만 틸락은 범국민적인 소극적 저항운동을 전개하기에는 시기상조라고 보았다. 본격적인 비협조운동을 시작하기까지는 아직 투쟁과 고통의 세월을 거쳐야만 했다.

간디는 남아프리카에서 귀국한 후 그의 '정치적 스승'인 고칼레의 권유에 따라 인도의 정치적 사정을 관망하면서 전국을 여행했다. 이때 간디는 틸락과 며칠 동안 함께 지낸 일이 있었다. 그들은 어쩌면 흉금을 털어놓고 대담하면서 상대방의 생활철학과 정치적 견해를 상세히 알게 되었을 것이다.

틸락은 간디의 사티아그라하의 의미를 정신적인 관점에서는 인정했다고 할지라도, 정치가로서 그것을 받아들이기는 어려웠다. 틸락에게 정치는 본질적으로 전쟁이었다. 전쟁은 고정된 위치에서만 싸울 수 없는 것이다. 가능한 모든 방법과 자원에 근거하여 전략을 세우고, 변화하는 정세에 적용하여야 한다. 이길 수만 있다면 후퇴도 전진의 예비 단계로 이용되어야 한다고 생각했다.[50]

틸락의 접근 방식은 애국자와 정치가의 것이었는데, 간디의 접근은 성자의 방식이었다. 간디의 정치철학의 본질은 실용적인 견해와는 다르다. 간디의 정치는 그의 종교에 보조적인 것이었다. 간디는 기본적으로 보편주의자이고 인도주의자였으며, 틸락은 애국자이고 민족주의자였으며 부차적으로 인도주의자였다. 간디는 "나의 생활의 깊은 내면으로부터 정치를 유리시킬 수 없으며, 그것들은 비폭력과 진실과 풀 수 없게 얽혀 있다."[51]라고 말했다. 간디는 애국심과 인간애를 동일하게 보았다. 간디는 언젠가 "나에게 애국심은 인류애와 같은 것이다. 나는 애

50 N. G. Jog, *op. cit.*, p. 198.

51 T. V. Parvate, *Bal Gangadhar Tilak: A Narrative and Interpretative Review of his Life, Career and Contemporary Events*(Ahmedabad, 1995), p. 518.

국적이다. 왜냐하면 나는 인간적이고 인도적이기 때문이다. 애국은 배타적이지 않다. 나는 인도에 봉사하기 위해 영국이나 독일을 해치지 않을 것이다. 만약 애국자가 미온적인 인도주의자라면 그는 애국자에 훨씬 못 미치는 것이다."[52]라고 말했다.

암리차르의 공원에서 영국 군대가 자행한 참혹한 학살 사건과 이어서 일어난 무슬림의 킬라파트운동(Khilafat Movement)에 초점을 맞추어 간디가 범국민적인 비협조운동을 계획하고 있을 때, 틸락은 소송 문제로 영국에 머물고 있었다. 이때는 틸락이 자신의 신문《케사리》와《마라타》의 편집장에게 간디를 돕도록 지시했으며, 측근을 통한 편지에서도 간디에 대한 전폭적인 지지의 뜻을 표시한 것으로[53] 알려지기도 했다. 이때 틸락의 영국 방문 목적은《더 타임스》의 특파원으로 인도를 방문했던 치롤(Valentine Chirol)의 악의적인 명예 훼손에 대한 소송과 영국에서의 자치운동을 활성화하려는 의도에서였다.

치롤은 그의 책『인도의 불안(Indian Unrest)』에서 틸락을 "인도 불안의 아버지"로 묘사했으며, 테러리스트의 정치적 살인을 틸락과 관련시켰고, 틸락이 시작했던 체육 단체를 "스와라지의 돈궤를 풍족하게 부풀리게 하기 위한 소년 도둑 집단"이라고 묘사하기도 했다.[54]

틸락은 출옥 후 치롤에게 악의에 찬 표현을 취소하라고 요구했지만 반응이 없자 런던 법원에 소송을 제기했으나 결과는 틸락의 패소였다. 게다가 정치적 활동을 중단하겠다고 서약한 후에야 총독부에서 영국을 방문할 수 있는 허가가 나왔으므로 틸락은 몇 차례의 강연 외에 정치적 활동을 할 수 없었다. 희망했던 파리 평화회의에도 참석하지 못하고

---

52 N. G. Jog, *op. cit.*, p. 198.

53 T. V. Parvate, *op. cit.*, pp. 511~512.

54 Valentine Chirol, *The Indian Unrest*(New Delhi: Light & Life Publisher, 1979), pp. 41~43.

1919년 말에 귀국한 틸락은 곧바로 암리차르로 향했다.

몬터규·첼름스퍼드 보고서는 1919년에 인도통치법이란 이름으로 공포되었는데, 틸락은 암리차르로 가는 도중에 영국 의회에서 이 개혁 법안의 통과 소식과 정치범들을 사면하는 영국 국왕의 포고령을 들었다. 틸락은 12월 25일에 총독에게 전문을 보내 "사면령을 선포한 영국 국왕 폐하에게 인도자치연맹과 인도 국민의 감사와 충성 어린 고마움"을 전해 달라고 부탁하고 상응하는 협조를 총독에게 다짐했다."[55] 이 상응하는 협조라는 두 단어가 특히 국민회의 안에서 논란을 불러일으 켰다.

상응하는 협조의 정신은 항상 틸락의 행동으로 이어져 왔었다. 사실 정치적 현실주의자로서 "주어지는 것은 무엇이든 받아들이되 더 많은 것을 위해 계속하여 투쟁하는 것"이 그의 필생의 표어였다. 틸락은 암리차르에서 상응하는 협조의 의미에 대해 보다 상세히 설명하면서 "우리는 협조하기를 바란다. 그러나 먼저 협조해 주어야 할 무엇인가가 있어야만 한다. 당국에 그들이 우리와 협조할 준비가 되어 있고 또 만약 협조한다면 우리가 분명히 화답할 수 있는 어떤 방법이 있음을 보장하는 선언을 하자. 협조는 일방통행이 아니라 상호 보완적이며 나는 그것을 '상응하는 협조'라고 부른다."[56]라고 말했다. 틸락은 일단 정치적 개혁에 성의를 보인 인도상 몬터규에게 국민회의가 위엄을 잃지 않는 범위에서 감사의 표시를 해야 한다는 입장이었다.

틸락의 상응하는 협조의 자세가 이때 갑자기 나타난 것으로 볼 수는 없다. 장기간의 옥고를 치른 후 틸락의 과격한 입장은 상당히 완화된 느낌이었으며 관료들에 대한 불신은 더욱 깊어 있었다. 그의 상응

55 B. Misra, *The Indian Political Parties*, p. 129.

56 D. V. Tamankhar, *op. cit.*, p. 298.

하는 협조는 총독부에 대한 신뢰에서 비롯된 것이 아니라 오히려 철저한 불신에서 출발하고 있는 듯이 보인다. 틸락은 이미 1916년 봄에 "관료들이 민족주의 세력의 불화를 조장하고 있으며, 관료는 누구보다도 간교하므로 우리도 그들의 간교함을 따라 행동해야 한다."라고 주장했다. 틸락은 동료들에게 "우리는 국가의 이익을 위해 모든 국민회의 사람들과 손잡을 준비가 되어 있다. 그보다도 국가의 복지를 위해 필요하다면, 어떤 부류의 사람들과도 공동으로 대의를 추진할 준비가 되어 있다. 만약 관료 집단이 조국의 복지를 추진할 계획을 실행한다면 나는 그들과도 단절하지 않을 것이다. 만약 그러한 노선이 조국의 이익을 증진시킨다면 나는 관리들과도 공동의 이익을 도모할 준비가 되어 있다."[57]라고까지 말했다.

암리차르에서 열린 국민회의는 영국 정부의 개혁에 대해 타협적 결의를 채택했으며 간디는 개혁에 대해 틸락보다 적극적으로 지지하는 태도를 보였다. 간디는 1920년 초 뿌나를 두 번이나 방문하여 틸락과 마음을 터놓고 대담했다. 간디는 그때 봄베이 자치연맹의 의장에 선출되기도 했지만 그들의 의견 차이는 좁혀지지 않았다.

틸락은 간디에게 보낸 서한에서 다음과 같이 주장함으로써 간디의 '사티아그라하'와 자신의 '상응하는 협조'가 보여 준 차이점을 설명했다.

정치는 세속적인 사람들의 게임이지 성자들의 것이 아니다. 나는 부처님이 설파한 '노여움을 온화한 용서의 마음으로 정복하라.'라는 말씀보다는 '나는 너희들이 나를 섬기는 만큼 똑같은 정도로, 똑같은 방법으로 너희들에게 보답할 것이다.'라는 크리슈나 신의 말씀에 의지하기를 더 좋아한다. 이것이 나의 상응하는 협조라는 용어의 의미이며, 또 완전히 다른

---

57 S. Wolpert, *op. cit.*, p. 292.

의미를 가지고 있다는 것을 설명해 주고 있다. 두 개의 방법이 똑같이 건전하고 정의로운 것이다. 그러나 하나는 다른 것보다 현세에 적합한 것이다.[58]

틸락은 이 문제에 대한 더 많은 차이점은 자신의 책 『기타 라하샤 (Gita-Rahasya)』(기타의 심오한 의미)에서 상세하게 알 수 있을 것이라고 덧붙였다.

틸락과 간디는 어떤 문제에 대해 결단을 내리지 못하고 망설일 때는 『바가바드 기타(Bhagavad Gita)』에서 행동 지침을 얻었다고 여러 번 고백했다.[59] 그들이 동일한 경전 『기타』에서 가르침을 얻으면서도 서로 다른 결론을 이끌어 낸 것은 인생 문제와 사회철학의 형성에 있어서의 차이점이다. 『기타』는 틸락에게 궁극적으로 전쟁을 가르치고 있지만, 간디에게는 평화를 가르치고 있다. 틸락은 자신의 행동 근거를 기타의 전반부에서 도출하고 있지만, 간디에 따르면 기타를 전부 읽고 나면, 일반적으로 해석되고 있는 바와 같이, 그것은 행동의 자제를 제시하는 것이었다. 처음과 중간과 결론 부분이 무엇을 가르치고 있든지 간에 간디에게는 기타의 가르침이 진리요 비폭력이었다.

틸락은 구원에 이르는 세 개의 영원한 진리, 즉 지혜의 길(Jnana Marga(Yoga)), 신애(信愛)의 길(Bhakti Marga), 행위의 길(Karma Marga) 가운데서 최우선 순위로 행위의 길을 강조했다. 순수한 행동은 구원에 이르는 고귀한 길이므로 틸락은 '행동의 종교'를 소생시켜야 한다고 주장했다. "카르마 요가를 우선시하는 것은 인생의 목표가 결코 좌선만은 아니라는 우리의 선조들의 이론이었다. 팔짱을 끼고 앉아 자신의 짐을

---

58 T. V. Parvate, *op. cit.*, p. 516.
59 졸저, 『인도 민족주의운동사』, 171~175쪽 참조.

남에게 지우는 사람을 신이 보호하리라고 기대할 수는 없다. 신은 게으른 자를 돕지 않는다."[60] 이것이 틸락 철학의 요점이었다. 틸락은 행동하는 사람이야말로 진정한 식자라는 신념을 가지고 있었다.

틸락의 간디에 대한 반응은 무엇인가? 틸락은 이제 새로이 출현한 간디를 잠정적인 경쟁자로 보기에는 너무 큰 인물이었다. 그렇다고 명석한 틸락이 간디가 제시한 새로운 정치적 기법의 거대한 잠재력을 이해하지 못했을 리가 없다. 또한 그는 자신의 경험에 비추어 볼 때, 이 기법을 적용하는 데서 야기되는 위험성을 간과할 사람도 아니었다. 틸락은 간디의 철학에 대해 "법은 평화와 질서를 유지하기 위해 만들어진 것이기 때문에 법에 반대하여 반란을 일으키거나 정부 관리가 발한 명령에 불복종하는 것은 자연히 불법적이라고 생각될 수 있다. 필요한 개혁을 가져오기를 갈망하는 애국자는 엄청난 어려움에 직면하기 마련이다."[61]라고 말하면서 우려를 표시했다.

틸락의 상응하는 협조의 방법은 고칼레의 합법적 방법과 비교할 때 간디의 사티아그라하 이론과 더 가까웠음에도 불구하고 틸락과 간디 사이에는 근본적인 차이가 있었다. 간디는 자신이 처음에 사용했던 소극적 저항운동과 사티아그라하운동 사이에도 북극과 남극의 사이만큼이나 차이가 있다고 말한 점을 고려하면 틸락의 상응하는 협조 운동과의 큰 차이는 당연한 일인지도 모른다. 틸락은 하나의 신조 혹은 교의로서 비폭력을 믿지 않았으며, '하르탈(hartal; 파업)'이나 다른 형태의 소극적 저항을 지지하는 민중운동이 일어났을 때 어떤 폭력이나 유혈의 요소를 피하는 것은 불가능할 것이라고 생각했다. 더욱이 틸락은 간디가 절대적인 비폭력에 집착하는 것은 자이나교와 보조를 같이할 뿐

---

60 S. Wolpert, *op. cit.*, p. 260.
61 N. G. Jog, *op. cit.*, p. 197.

1 틸락의 자치운동

힌두교와 같이하는 것은 아니라고 보았다. 간디와의 차이점에 언급하면서 틸락은 다음과 같이 주장하여 간디의 사티아그라하운동의 현실성에 의문을 제기했다.

나는 간디가 자이나교도라는 인상을 갖게 되는데 그의 모든 견해와 가르침이 자이나교, 비폭력, 사티아그라하, 단식 등등의 맛을 풍기고 있기 때문이다. 이 모든 것은 힌두교보다는 자이나교의 가르침과 더욱 밀접한 관계를 갖고 있다. 이들 방법들은 정치에는 쓸모없는 것들이다. 고귀한 종교적 원리나 진리에 대한 추상적인 이론은 현실 정치 싸움에서는 별로 가치가 없다. 나는 사티아그라하와 단식이 정치적 전략의 달인인 우리 지배자들의 마음에 털끝만큼의 영향도 미칠 수 없다고 생각한다. 우리는 그들이 우리에게 사용해 왔고 또 우리에게 변화무쌍하게 보여 주었던 책략과 똑같은 방법을 그들에게 사용해야만 한다.[62]

틸락의 생각으로는 하르탈이 성공하더라도 유혈 사태로 갈 수밖에 없다는 것이었다. 경찰은 평화적인 방법으로 해산하지 못하면 발포할 것이고 군중과의 충돌은 불가피하다는 논리였다.

간디 자신은 틸락과의 차이를 정확하게 인식하고 있었다. 간디가 온건파의 지도자이며 입헌주의자인 고칼레의 제자라고 주장함으로써 위선자로 비난받았을 때, 간디는 1921년 7월《영 인디아(*Young India*)》에서 자신의 방법은 틸락의 방법과는 다르다고 분명히 말했다. 간디는 틸락에 대해 다음과 같이 언급했다. "나는 로카마니야 틸락의 추종자가 되는 영광을 누릴 수 없다. 근대의 모든 사람들 가운데서 틸락은 국민의 마음을 가장 잘 사로잡았다. 그는 우리에게 스와라지의 정신을 심어 주

---

62 S. Ghose, *op. cit.*, p. 352.

었다. 나는 그의 메시지를 국민에게 가장 겸손한 마음으로, 그의 제자 누구 못지않게 성심껏 전할 수 있다. 그러나 나는 나의 방법이 틸락의 방법은 아니라는 것을 인식하고 있다."[63]

그러면서 간디는 고칼레를 자신의 '정치적 스승'으로 다시 인정했다. "고칼레는 예나 지금이나 정치적 분야에서 가장 완벽한 인간으로 내 마음속에 남아 있다. 우리 사이에 차이가 없는 것은 아니지만 이 차이는 우리에게 문제가 되지 않았다. 어느 것도 우리를 갈라놓지 못했다. 그가 오늘날에도 살아 있다면 어떠했을까 하고 추측하는 것은 불경스러운 일일 따름이다."[64] 고칼레는 어떤 경우에도 합법적이고 점진적인 개혁만을 모색했고, 사티아그라하운동은 아프리카에서는 합법적이었다고 말할 수 있지만 인도에서는 완전히 부적절한 것이라고 주장했다. 만일 고칼레가 생존해 있었다면 어떤 용감한 전사보다도 겁 없이 돌진하는 급진적인 간디의 행동으로 보아, 두 사람 사이에 타협점을 찾는 것은 도저히 가망이 없는 일이다. 그렇지만 간디는 고칼레 밑에서 일했으면 좋았을 것이라고 말하여 고칼레에 대한 존경심을 버리지 않았다.

틸락은 사티아그라하운동이 오랜 노력과 간디의 불굴의 정신력에 의해 훌륭하게 터득되었음을 인정했다. 사티아그라하가 엄청난 위력을 발휘할 수 있는 가능성을 인정하면서도 이 운동이 모든 경우에 제시되며 어디에서나 효과적인지에 대해 상당한 회의를 가지고 있었다. 틸락은 사티아그라하의 정치적 실익에 대해서는 분명한 회의를 가지고 있었다. 틸락은 간디의 사티아그라하 계획에 관해 이렇게 말했다.

나는 그 계획을 참 좋아한다. 그러나 나는 국민에게 제시하는 비협조가

63 M. H. Khan, *Tilak and Gokhale*(New Delhi: Ashish Publishing House, 1992), p. 328.
64 S. Ghose, *op. cit.*, p. 353.

포고령 아래서 우리와 함께하는 것에 대해 의심을 갖고 있다. 나는 그 운동의 진행을 방해하는 일은 그 무엇도 하지 않을 것이다. 나는 당신이 매번 성공하기를 기원한다. 당신이 국민의 성원을 얻는다면 나는 당신의 열광적인 지지자가 될 것이다.[65]

틸락이 비협조운동에 대해 어떤 태도를 취했는지는 추측만 할 수 있을 뿐이다. 틸락과 간디는 당대의 인도 문제에 대한 접근 방법과 태도에 상당한 차이점을 보였다. 그러나 이 차이는 생활의 원칙과 철학에 있어서의 견해 차이일 뿐 조국을 위한 최선의 이익을 추구함에 있어서는 조정될 수 있는 것이었다.

틸락이 사망한 1920년 8월 1일은 간디가 그의 첫 번째 전국적인 사티아그라하운동, 즉 비폭력비협조운동을 시작한 바로 그날이었다. 간디는 그의 자서전에서 틸락의 부음을 들었을 때를 회상하며 다음과 같이 말했다.

나는 로카마니야의 서거에 깊은 슬픔을 느꼈다. 로카마니야가 그때 살아 있었다면 나를 축복해 주었을 것이다. 그러나 만약 그가 그 운동을 반대했다면 나는 그의 반대를 나를 위한 하나의 은혜로, 가르침으로 존중했을 것이다. 우리는 항상 견해의 차이를 보였지만 그것들이 결코 곤경으로 치닫지는 않았다. 그는 항상 우리들 사이의 유대가 가장 긴밀하다는 것을 믿도록 나에게 베풀었다. …… 전화로 그의 부음을 들었을 때 나는 동료들과 함께 있다가 무의식적으로 "나의 가장 견고한 보루가 허물어졌다."라고 절규했다. 비협조운동은 그때 한창 진행 중이었으며, 나는 그의 격려와 영감을 간절히 고대하고 있었다. 그의 태도가 비협조운동의 마지막 단계

---

65 S. Wolpert, *op. cit.*, p. 295.

에 이르렀을 때 어떠했을까 하는 것은 추측의 문제이며 무익한 것일 따름이다. 그의 죽음이 남긴 깊은 허탈감이 캘커타에 참석한 모든 사람을 깊이 짓눌렀다. 각자는 조국의 역사에서 위기의 순간에 그의 충고의 부재(不在)를 느꼈다.[66]

간디는 틸락에 대해 "어느 누구도 로카마니야에게서 볼 수 있는 일관성과 끈질긴 주장을 가지고 스와라지의 복음을 전파한 사람은 없었다."라고 묘사했다. "틸락은 의심할 바 없이 인민의 우상이었고 그의 말은 대중의 법이었다. 그의 애국심은 그의 열정과 함께했으며 그는 조국애 이외의 종교는 몰랐다." 따라서 인도 국민은 무조건적으로 그를 믿을 수밖에 없었다. 그의 낙관주의는 결코 좌절이 없었다. "틸락은 생전에 자치가 완전히 이루어지는 것을 보기를 희망했다. 그러지 못했지만 그것은 그의 잘못이 아니었다. 그는 분명히 자치를 여러 해에 걸쳐 우리에게 훨씬 가까이 끌어다 놓았다. 가능한 한 짧은 시간 안에 자치를 실현하기 위해 배전의 노력을 기울여야 할 사람들은 뒤에 남아 있는 우리들이다. 틸락은 아직 태어나지 않는 세대들에게도 근대 인도의 창설자로서 다가갈 것이다. 우리의 후손들은 그들을 위해 살았고 또 그들을 위해 죽은 로카마니야를 존경하는 마음으로 기억할 것이다."라고 간디는 찬사를 보냈다. 네루(Jawaharlal Nehru)도 틸락을 평하여 "인도사에서 로카마니야 틸락은 간디에게 횃불을 넘겨준 인도 혁명의 아버지로서 존경을 받을 것이다."[67]라고 극찬했다.

간디의 대중적 인기가 급상승하고 있는 상황에서 국민회의의 주도권과 또 독립운동의 방향 설정을 놓고 틸락과 간디의 충돌은 불가피했

---

66   Mohandas K. Gandhi, *An Autobiography or the Story of My Experiments with Truth*(Ahmedabad, 1976), pp. 379~380.

67   M. S. Khan, *Tilak and Gokhale*(New Delhi: Ashish Publishing House, 1992), p. 331.

다. 틸락이 1920년 봄, 영국 정부가 발표한 개혁을 가속화하기 위해 협력을 제의하면서 합법적인 저항에 호소한다고 발표한 것도 간디와의 반목을 예고한 것이었는지도 모른다. 그 순간에 틸락이 사망함으로써 반목은 나타나지 않았으나 로맹 롤랑(Romain Rolland)은 두 지도자의 역할 분담을 가상하여 조심스럽게 말했다. "만약 틸락이 살아 있었다면 간디는 의심할 것도 없이 운동의 종교적 지도자로 남았을 것이다. 인도 국민은 이중적 지도력 아래서 얼마나 장엄하게 행진해 나아갔을까! 그들은 무적이었을 것이다. 왜냐하면 틸락은 행동의 선생님이고, 간디는 정신의 지도자였기 때문이다. 인도를 위해서나 간디 자신을 위해서도 불행한 일이었지만 운명은 다른 방향으로 결정되었다."[68]

4 맺음말

틸락의 자치연맹이 보여 준 활동은 급진적인 독립운동은 아니었다. 스와데시운동이 진행되는 과정에서 과격파의 일부가 외쳤던 대영제국 밖에서의 자치, 즉 완전 독립의 주장보다는 훨씬 약한 것이었다. 틸락이 이전에 인도의 완전 독립을 분명히 외쳤다고 말할 수는 없지만 장기간의 옥고를 치른 후 그의 정치적 주장은 훨씬 완화되어 있었다. 과격파 가운데서도 가장 급진적 이론을 폈던 오로빈도 고슈 등이 정계에서 은퇴한 마당에 다시 규합된 과격파의 주장도 지난날의 입장보다 훨씬 약화되었던 것이 사실이다. 사실상 틸락을 비롯한 민족주의 세력의 주장도 온건파의 지론인 대영제국 안에서의 자치 이상은 아니었다. 틸락을 비롯한 과격파가 축출당한 지 약 10년이 지난 후 권토중래하여 국민

---

68 Romain Rolland, *Mahatma Gandhi*(Madras, 1969), p. 30.

회의를 장악했지만 이제 온건파와 과격파의 구별이 모호해졌다. 이는 흔히 각국의 민족주의운동 내지 독립운동 과정에서 흔히 볼 수 있는 온건파가 과격파에게 압도당하는 현상을 보여 준 것이다.

틸락을 사로잡고 있었던 이념은 자치를 달성하는 것이었다. 틸락은 일관된 애국심과 청렴한 사생활을 보여 준 인물이면서도 애국운동을 추진하는 데 있어서는 전략을 수시로 바꿀 준비가 되어 있었다. 어떤 사람은 틸락은 어떤 철학을 따르는 사람이 아니라고 말하기도 한다. 고칼레가 넓은 마음과 포부를 지닌 절충주의자라면 틸락은 편협한 국수주의자로 보였다. 뛰어난 현실론자인 그의 기본적인 동기는 어떤 방법을 통해서든 대중을 공동의 광장으로 이끌어 내는 것이었다.

자치운동을 시작하기 이전에 틸락의 관심은 서로 다른 종파의 화합보다는 오히려 지역적이고 종파적인 감정을 불러일으키는 것이었다. 그는 민족의 열정을 고취시키기 위해 힌두의 종교적 축제를 대규모로 도모하여 반무슬림 감정을 거침없이 토로하기도 했다. 그렇지만 자치운동을 전개하면서부터는 종파주의 감정을 넘어 무슬림을 포용하고 힌두와 무슬림의 화해 조성에 힘쓰기도 했다. 이는 틸락이 인도의 국민지도자로 성장하면서 포용력을 보이는 것이기도 하지만 한편으로 영국인 관료에 대한 철저한 불신과 자치를 쟁취하겠다는 일념이 그만큼 강했기 때문이라고도 볼 수 있다.

자치운동은 조직의 관점에서 보면 미래의 독립운동의 모양을 갖추어 나가는 데 공헌했다. 여기에는 틸락뿐 아니라 애니 베산트의 공로도 인정해야 한다. 그녀의 노력으로 자치연맹의 활동을 위한 지방 정치 조직망이 처음으로 인도 대부분 지역에 결성되었다. 이전에 국민회의위원회가 인도의 여러 지역에 조직되었지만 대부분은 기능을 발휘하지 못했던 것이 사실이다. 자치연맹의 지회도 역시 제 기능을 충분히 발휘했다고 말할 수는 없지만, 독립운동을 전개하려는 지도자에게는 지역 수준의 전국적인 조직망이 얼마나 중요한가를 일깨워 주었다. 그 중요성은 대중운동의 천재인 간디에게는 하나의 좋은 교훈이 되었으며 1920년부터 그는 국민회의를 재조직하게 되었다. 간디는 비폭력비협조 운동의 추진을 위한 포스터와 지시문의 배포를 위해 각 지역의 자치연맹 간부들의 명단을 이용했다. 간디의 많은 참모들이 이전에 자치연맹에서 활발히 활동했던 회원들이었다.

틸락은 간디의 투쟁 형태에 많은 영향을 미쳤다. 간디는 항상 자신의 정치적 스승은 고칼레라고 강조하고 틸락에 대한 존경심에도 불구하고 생각을 달리한다고 말했다. 그렇지만 실상은 고칼레보다 틸락의 투쟁 노선을 닮아 갔다. 틸락과 간디에게는 항상 국민 대중이 그들의 독립 투쟁 세력의 배경이었으며, 두 사람 모두 종교적 감정을 대중을 분기시키는 데 적절히 이용했다. 틸락은 영국인에게는 '인도 불안의 아버지'였지만, 인도인에게는 틸락이야말로 진실로 인도 독립운동의 기초를 마련한 '인도 민족주의의 아버지'였다.

2 애니 베산트의 자치운동

영국이 약 200년간 인도를 지배하는 동안 영국의 대인도(對印度) 정책은 자국의 이익을 위한 제국주의 정책이라는 거대한 구도 속에서 추진되었고, 그에 대한 인도의 반응은 궁극적으로 이민족의 지배에서 벗어나 독립을 이룩하려는 집요한 투쟁의 몸부림이었다. 두 나라 사이에는 수많은 크고 작은 긴장 관계가 계속되었는데 그때마다 영국인 지배자는 두 가지 대응책, 즉 억압과 회유라는 방법을 사용했다. 억압은 영국이 독재자의 모습으로 사용하는 무기이고, 회유는 대영제국 안에서 인도인들이 자치를 하게끔 이끌어 동조자를 얻기 위해 던지는 그물이었다. 이와 같은 두 얼굴의 영국 제국주의 정책에 대해서 인도도 그때그때 저항과 협조의 태도를 보여 왔다. 영국인 지배자의 억압과 회유, 피지배자 인도인의 저항과 협조의 연속이 영령인도의 정치사였던 것이다.

인도의 민족주의운동 내지 독립운동 자체가 인도에 자치를 실현하려는 인도 국민의 불요불굴의 노력이었다. 독립운동이 곧 자치운동이었다. 인도의 독립운동 과정에서 자치운동이란 대개 1차 세계대전 동안 거의 전국적으로 일어났던 애국운동을 지칭하는 것이다. 인도의 독립운

동을 이끌어 갔던 국민회의가 자치운동을 주도했던 것도 아니었다. 자
치운동을 처음 시작했던 인물은 국민회의 밖에 있던 틸락과 애니 베산
트였다. 국민회의가 그들에게 도움을 주었다기보다는 오히려 그들의 자
치운동이 국민회의에 활력을 불어넣어 독립운동을 이끌었다고 말할 수
있다.

여기에서는 애니 베산트가 자치운동을 통해 궁극적으로 이룩하려
고 했던 목표는 무엇이고, 이를 위해 베산트가 채택한 방법은 무엇이었
는지, 그 영향은 어떻게 나타났는지를 고찰하고자 한다.

1 자치연맹의 결성과 목표

국민회의의 온건파나 과격파 모두 자치를 그들의 궁극적인 목표로
설정하는 데 이의가 없었다. 다만 대영제국 안에서의 자치의 수립이냐
혹은 완전 독립이냐의 견해 차이가 있을 뿐이었다. 창립 이후 한 세대
가 지나는 동안 국민회의 안에서 가끔 자치 문제가 논의되었지만 자치
운동을 본격적으로 시작한 것은 국민회의 밖에서였다.

애니 베산트의 전인도자치연맹(All-India Home Rule League)이 마드
라스의 고칼레홀에서 창립 대회를 연 것은 1916년 9월 1일이었다. 이는
틸락이 뿌나에 본부를 두고 그의 자치연맹을 출범시킨 것보다 약 6개월
이 늦은 것이었다. 틸락과 베산트가 독자적인 단체를 결성하는 데 긴밀
히 협의한 것 같지는 않다. 다만 1914년 12월 베산트가 뿌나를 방문하
여 틸락과 고칼레를 만난 일이 있었으므로 그때 단체의 필요성을 이야
기하고 또 사람을 보내 논의했을 가능성은 있다.

애니 베산트는 전년도 9월에 이미 자치연맹의 활동을 시작하겠다는
의사를 발표했는데 이는 인도 민족주의운동에서 전환점이었다. 애니는

"자치연맹의 유일한 목적은 인도의 자치가 될 것이다."[1]라고 선언했다. 인도의 자치라는 매우 자극적이고 포괄적인 의미의 용어는 인도의 격렬한 젊은이들에게는 지나친 기대감을 불러일으킬 위험성이 있었지만 그럼에도 이 명료한 한마디는 인도 국민의 마음을 규합할 수 있는 외침이었다.

애니 베산트는 'home rule'이란 구호를 선택한 이유에 대해 다음과 같이 설명했다.

> 나는 'self-government' 대신에 'home rule'이란 단어를 사용했다. 우선 후자가 더 짧다. 전자는 네 음절인데, 후자는 두 음절이다. 대중적 구호로서는 짧은 것이 긴 것보다 더 좋다. 더욱이 보다 분명한 의미를 지니고 있다. 왜냐하면 self-government는 독립을 의미할 수도 있기 때문에 대영제국과 인도 사이의 단절을 의미하지 않기 위해서는 '대영제국 안에서'를 첨가해야 할 필요가 있다. 그래야 '식민지 수준의 대영제국 내에서의 자치'라는 적절한 말이 된다. 나는 이것을 'home rule'이라고 부르기를 좋아한다. 이것은 탈퇴하지 않은 자유의 외침이라는 의미의 이점이 있다.[2]

애니 베산트의 주요 목표는 영국과 인도의 우의를 신장시키고, 국민회의를 활성화하는 것으로서 특히 온건파와 과격파를 통합시키며, 자치의 이론을 대중에게 보급하는 것이었다. 애니가 인도의 정치에 참여한 목적 가운데 가장 근본적인 것은 아마도 인도와 영국의 우호를 증진시키는 것이었다. 그는 스스로를 "대영제국의 적이 아니라 인도인으로 하여금 조국을 위해 일하도록 깊은 잠에서 일깨워 주는 북〔鼓〕"[3]이라고

---

1 Hugh Owen, *op. cit.*, pp. 70~71.

2 S. R. Mehrotra, *op. cit.*, pp. 127~128.

3 H. Dodwell ed., *The Cambridge History of India, vol. VI, The Indian Empire*(Cambridge,

2 애니 베산트의 자치운동

자부했다. 애니는 교육받은 인도인들은 그들의 나라를 다스릴 준비가 되어 있다고 확신했다. 무엇보다 그는 인도의 자치를 위한 실질적인 진전이 이루어지기 원했는데, 이야말로 영국과 인도를 하나로 접목할 수 있다고 믿었기 때문이다.

애니는 금방 폭력으로 넘어가고 말 것으로 보았던 소극적 저항으로부터 인도의 젊은이들을 격리시키기를 희망했다. 그러한 투쟁 방법은 두 나라 사이의 관계를 악화시킬 것이라 믿었기 때문이다. 소극적 저항은 어떠한 희생을 치르고서도 그들의 목표를 달성하겠다는 단호한 결의와 행동을 말한다. 목표를 향해 노력하는 과정에서 부당한 인위적 법규나 불리한 환경이 방해가 될 때는 싸우는 것이 의무이다. 애니는 틸락이 이전에 소극적 저항을 부르짖고 나섰을 때 비난했으나, 뒤에는 틸락과 과격파를 국민회의로 끌어들이려 했다. 애니는 틸락이 출옥 후 소극적 저항 문제에 대한 마음의 변화를 경험하고 있다고 믿었다. 애니는 국민회의를 모든 종파가 참여하는 민족주의자들의 '연합전선'으로 변모시킴으로써 과격파와 정치에 참여한 젊은이들을 자제하도록 만들려고 했던 듯하다. 애니는 통합된 국민회의의 주도권을 획득하여 그 단체를 자치의 방향으로 행진하도록 유도하려는 계획을 가지고 있었다.

인도의 자치 요구가 가지는 정치적 잠재력을 처음으로 간파했던 사람이 애니 베산트였다. 애니는 인도에 새로운 정치 이론을 가져다준 것은 아니지만 새로운 정치 구호를 제공한 인물이었다.

애니 베산트는 런던에서 출생했지만 어머니와 친할머니가 아일랜드계였다. 애니는 자주 "나의 피의 4분의 3과 나의 모든 마음은 아일랜드계이다."[4]라고 말했다. 아일랜드계의 집요한 저항 의식을 바탕으

1986), p. 745.

4 R. C. Majumdar, *op. cit.*, vol. II, p. 361.

로, 이혼한 후에는 자유주의 사상가 혹은 혁명적 사회주의자로 나아 갔다. 애니는 한때 '하나님이시여 도우소서'라는 문구가 들어 있는 영국 의회의 선서를 거부할 만큼 철저한 무신론자인 브래들로(Charles Bradlaugh)와 사상적 정치적 행동을 같이하기도 했다. 1889년 신지학회(Theosophical Society)[5]에 가입했으며 4년 후에 인도에 정착했다. 애니는 1907년 세계 신지학회 회장이 되었다.

인도 밖에서의 신지학회는 진실보다 더 높은 종교는 없다고 선언하면서 모든 종교에서 진실을 발견하려고 노력했다. 그러나 헬레나 블라바츠키(Helena Blavatsky)와 애니 베산트가 주도한 인도에서의 신지학회의 발전은 기독교와 같은 '이국적' 종교에 대한 저항과 힌두교에 대한 열렬한 후원으로 이어졌다. 애니의 신지학회 활동은 서구식의 유용한 사회적, 교육적 과업과 최하층민에 대한 인정 어린 보살핌, 힌두의 종교적 가르침을 위한 조직적인 지원 등을 포함하고 있었다.[6]

신지학회는 처음부터 힌두부흥운동과 연대했다. 애니는 인도가 당면한 문제는 고대 인도의 이상과 제도를 부흥하여 다시 도입함으로써만 해결될 수 있다고 주장했다. 애니는 "인도의 과업은 무엇보다도 고대 종교들을 부흥하고 강화하고 고양시키는 것이다. 이것은 새로운 자존심, 과거에 대한 자부심, 미래에 대한 확신과 그것의 불가피한 결과로서, 애국적인 생활의 거대한 물결과 조국 재건의 시작을 가져온다."

---

5 신지학회(神智學會)는 1875년 뉴욕에서 러시아계 '신비스러운' 여인 블라바츠키와 미국인 올콧(Olcott) 대령이 창립했다. 곧 인도로 옮겨 마드라스 교외 아디아르에 본부를 두었다. 신지학회의 진정한 번영은 애니 베산트에 의해 이루어졌다. 신지학회의 목적은 세계의 모든 형제는 인종과 계급과 피부색과 교의에 구별 없이 태어났다는 것, 아리아족 및 다른 동양의 종교와 문화를 연구하는 것 등이었다. 신지학회의 다른 성격으로는 힌두의 관념과 관습의 옹호, 윤회와 업 이론의 인정, 인도의 과거에 대한 이상화 그리고 반기독교 편견 등이었다.(L. O'Malley, *op. cit.*, p. 91)

6 *Ibid.*, p. 315.

2 애니 베산트의 자치운동

라고 기술했다.[7] 이 목적을 달성하기 위해 바라나시에 센트럴 힌두 칼리지(Central Hindu College, 현 힌두대학교)'를 설립하고 애니는 자신의 재산과 정력을 이 학교에 아낌없이 바쳤다.

인도 민족주의운동은 서양 내셔널리즘의 영향을 크게 받았다. 특히 이탈리아의 감동적인 통일운동과 아일랜드의 영국에 대한 집요한 저항운동은 인도의 민족주의자들의 표본이었다. 그중에서도 아일랜드가 인도에 보다 많은 영향을 미쳤다. 이탈리아는 1870년에 통일을 완성함에 따라 더 이상 인도 민족주의자들의 관심의 대상이 될 수 없었다.

교육받은 인도인들은 아일랜드의 과격주의자들의 행동을 싫어하면서도 아일랜드인보다는 영국인을 비난했다. 그들은 오코넬(Daniel O' Connell)의 가톨릭협회를 정치 조직의 모델이자 합법적 투쟁을 성공으로 이끈 훌륭한 실례로 바라보았다. 특히 영국 의회 안에서 파넬(Charles Stewart Parnell)이 이끄는 아일랜드 자치당의 과감하고 위력적인 의사방해 작전은 인도 국민 지도자들의 관심의 대상이었다.

그렇지만 1870~1880년대에 인도와 아일랜드 민족주의자들 사이에 긴밀한 관계는 이루어지지 못했다. 아일랜드 민족주의자들은 인도 민족주의자들에게 큰 관심을 보이지 않았다. 아일랜드인들은 인도인들에게서 별로 배울 것이 없고 또 구체적인 도움을 받을 것도 없다고 믿었다. 더욱이 아일랜드인들은 온건한 활동을 하는 인도 민족주의자들과 제휴한다면 영국 국민의 눈에 아일랜드의 대의가 타협적인 자세를 취하는 것으로 비칠까 봐 우려했다.[8]

글래드스톤(W. E. Gladstone) 영국 수상은 아일랜드의 자치 문제에 대한 적극적인 해결 의지를 보여 주었다. 그러나 대영제국의 제국주의

---

7 R. C. Majumdar & K. Datta, *An Advanced History of India*(London, 1990), p. 881.

8 S. Mehrotra, *op. cit.*, p. 124.

물결에 들떠 있던 영국민에게 아일랜드 문제는 아주 인기 없는 안건이었다. 글래드스톤은 두 번에 걸쳐 아일랜드 소작인을 위한 토지법을 통과시켰으나, 첫 아일랜드 자치법안(1886)은 그의 자유당을 분열시키는 원인이 되었으며 영국 하원에서 부결되고 말았다. 글래드스톤은 의회를 해산하고 영국 국민에게 호소했지만 선거에서 패배하고 말았다. 글래드스톤은 84세의 노령에도 의지를 굽히지 않고 제4차 내각에서 다시 아일랜드 자치법안(1893)을 상정했다. 이번에는 하원을 통과했으나 상원에서 부결되고 말았다. 아일랜드의 자치를 인정하려는 글래드스톤의 노력이 성공했더라면 인도 민족주의자들도 자치를 당장 행동 기치로 내걸었을 법한 일이었다. 그들은 아일랜드에 주어지는 것은 조만간 인도에도 인정될 것으로 믿고 있었기 때문이다. 글래드스톤의 좌절은 인도 민족주의자들에게도 심각한 실망감을 안겨 주었다.

아일랜드의 사태 발전은 그 후에도 인도 민족주의운동의 방향에 영향을 미쳤다. 아일랜드 신페인(Sinn Fein) 운동은 1905년 이후 인도 민족주의자들, 특히 과격파에게 많은 자극제가 되었다.

2 자치운동의 전개

아일랜드의 정치 상황을 예의 주시하던 아일랜드계 영국인 애니 베산트가 인도에서 자치 요구가 가져올 수 있는 정치적 잠재력을 처음으로 간파한 것은 우연한 일이 아니었다.

애니는 19세기 영국 급진주의자들이 전개했던 운동들, 예컨대 노예제 폐지 운동, 곡물법 철폐 운동 및 아일랜드 자치운동 등을 마음에 두고 있었지만 인도에서는 힌두 사상에 매료되었으며 이는 인도로 온 이유이기도 했다. 1907년까지는 바라나시가 인도에서의 애니의 활동 본부였으나 세계신지학회 의장이 된 후 남인도의 아디아르로 근거지를 옮겼다. 인도 언어를 유창하게 구사하지는 못했지만 애니는 "무적의 능변"으로 강연하고, 글을 쓰고, 학교를 세우고, 힌두 경전을 영어로 번역하는 일에 몰두함으로써 힌두부흥운동에 공헌했다.[9]

애니의 인도 정치 입문은 주간지 《커먼윌(Commonweal)》을 1914년 1월 2일 발행하면서 시작되었다. 이 신문은 중요한 계획으로 영연방 내의 인도의 자치를 목표로 하고 종교적 자유, 국민의 교육, 사회적 개혁 및 정치적 개혁을 도모하는 것이었다.[10] 애니는 영국으로 가서 의회 안에 하나의 인도당을 결성하려 했으나 실패했다. 그러나 "인도의 충성의 대가는 인도의 자유다."라고 외쳐 인도의 대의에 대한 영국인의 동정심을 불러일으켰다.[11] 되돌아와서 마드라스의 한 일간지를 매입하여 《뉴인디아(New India)》로 개명하고 프랑스 혁명의 시작이 된 바스티유 감옥의 함락 날짜에 맞추어 7월 14일에 발행했다.

애니는 마드라스에서 개최되는 1914년 국민회의의 접대위원에 선출되었고, 이 기회를 이용해 국민회의를 재조직하고 과격파를 다시 참여시키는 문제를 적극적으로 거론했다. 애니는 정치인들을 의사(議事)의 절차에 따라 훈련시키는 하나의 모의 국회인 '마드라스 의회'를 창설했다. 또 자치연맹의 창설을 제의했으며 이들 개혁을 위해 일련의 팸플릿을 출판했다. 애니는 마드라스 주 국민회의위원회의 위원에 임명되었고, 이어 국민회의 집행부인 국민회의 전국위원회(AICC)의 위원에 선출되었다. 애니는 그의 지위를 이용하여 6년 동안의 옥고를 치르고 나온 틸락을 위시한 과격파의 재가입을 역설했다.

애니 베산트는 인도에서 자치연맹의 창립 대회를 갖기 3개월 전인

9 B. C. Pal, *Memories of My Life and Times*(Calcutta, 1968), p. 425.

10 R. C. Majumdar, *op. cit.*, II. p. 361.

11 Annie Besant, *India, Bond or Free? A World Problem*(London, 1926), p. 164.

1916년 6월 12일에 런던에서 종교적 동지들을 중심으로 인도 자치연맹의 보조 기구를 발족시켰다. 애니는 신앙에서 정치로, 신지학회 활동에서 자치운동으로 뛰어들었다. 자치의 구호를 대중화한 것은 애니가 처음이었으며, 자치의 외침은 격렬한 함성으로 대중 속에 파고들었다.

애니의 자치연맹은 창립 대회와 함께 34개 '창립지회'에 의해 3년 임기로 선출한 7명의 집행위원회를 두었다. 집행위원은 애니가 밀었던 사람들이 그대로 선출되었다. 애니는 자신을 의장으로, 아룬델을 조직 국장으로, 36세의 변호사 라마스와미 아야르(Ramaswami Aiyar)를 사무총장으로, 조로아스터교도로서 신지학회에 가담했던 와디아(B. P. Wadia)를 회계로 임명했다. 아룬델은 애니의 핵심 참모로서 일찍이 1903년에 센트럴 힌두 칼리지의 영어 교수로 왔다가 교장이 되었으며, 《뉴 인디아》의 편집을 맡았고, 나중에는 신지학회의 회장이 된 사람이었다. 집행위원회의 공식적인 회합은 거의 열리지 않고 대체로 아디아르에 위치한 애니의 근거지에서 이들 4명에 의해 업무가 비공식적으로 수행되었다.

애니가 이끄는 자치연맹의 본부와 지부 사이의 조직적인 연계는 매우 취약했다. 조직에 대한 구체적인 규정이 없었으며 3명만 있으면 하나의 지회를 만들 수 있었다. 그 결과 틸락의 자치연맹은 6개 지회의 하나하나가 비교적 넓은 한 지역에 대한 활동을 책임지고 있었던 것과는 달리, 애니의 자치연맹은 200개나 되는 지회가 설립되었으며 각자가 자치를 누리면서 한 도회 혹은 마을에 국한하고 있었다. 조직 국장은 단지 지회의 설립을 인정하고 회비를 집행위원회에 접수하는 일만 했다. 애니는 회원 개인과 비공식적인 관계를 유지하고 있었다. 그들이 한 지회에서만 활동하건 혹은 여러 지회와 관계를 갖고 있건 간에 말이다. 애니의 본부는 그런 사람들을 통해 혹은 《뉴 인디아》를 통해 지시를 내렸다.

2 애니 베산트의 자치운동

물론 지회의 숫자가 자치연맹의 그 지방 활약상과 꼭 비례하는 것은 아니었다. 마드라스 지회의 일부는 비교적 작고 활동적이지 못했는데, 봄베이 시(市) 지회는 1917년 9월 회원이 2600명을 넘었다. 유나이티드 프로빈시스는 단지 8개 지회만 있었으면서도 그중 네 곳은 자체의 시는 말할 것도 없거니와 주변의 마을에서도 매우 활동적이었다.

애니는 자치연맹을 결성할 때 신지학회 회원의 충성심에 크게 의존했다. 애니의 자치연맹 지지자 가운데는 신지학회 회원이 아닌 사람들이 훨씬 많았다. 자치연맹의 회원은 인도 신지학회 회원 수의 다섯 배에 이르렀다. 인도 지역 신지학회의 규모는 실론과 페르시아 만을 포함하여 5649명의 회원을 가지고 있었다.

애니의 자치연맹은 1917년 9월까지 마드라스 주에 132개의 지부를 가졌는데 이는 인도 다른 지역의 모든 지회를 합한 것보다 많은 숫자였다. 이것들은 타밀나두에 63개, 안드라에 48개, 마드라스 주의 칸나다어 사용 지역에 12개, 그리고 말라바르에 9개 등이었다.[12]

애니 베산트의 자치연맹 회원 수는 틸락의 그것보다 훨씬 완만하게 증가했다. 틸락의 자치연맹은 봄베이주를 중심으로 3만 2000명의 회원을 확보하고 있었는 데 비해, 애니의 자치연맹은 2만 7000명의 회원을 가지고 있었다. 애니의 자치연맹은 1917년 3월까지 7000명에 불과했으나 총독부와 충돌한 후 그해 말에는 2만 7000명으로 급증했다. 자치연맹에 참여한 어떤 사람들은 신드와 구자라트 지방의 상업 카스트와 같이 이전에 신지학회와는 물론 국민회의와도 별로 관계가 없는 집단으로부터도 나왔다.[13]

---

12 *Ibid.*, pp. 46, 78.

13 H. Owen, "Towards Nationwide Agitation and Organization: the Home Rule Leagues 1915~1918", *Soundings in Modern South Asian History* edited by D. A. Low(London: Weidenfeld, 1968), p. 170.

애니의 자치연맹의 세력 근거지는 남인도의 마드라스 주를 비롯하여 봄베이 시, 구자라트, 신드, 유나이티드 프로빈시스, 비하르주 등이었다. 이들 지역은 신지학회의 세력이 강했던 곳이며 신지학회가 활동을 시작할 때 토속적인 힌두부흥운동이 없었던 곳이었다. 봄베이 시에서 가장 적극적인 사람들은 젊은이들이었고 그들 대부분은 신지학회 회원이었다. 구자라트에서는 면직 공업에 관계한 상공 계층뿐 아니라 다른 직업의 사람들이 자치연맹에 가담했으며 시장 사람들이 자치연맹의 모임이나 시위에 참여하기도 했다. 이들이 각각 동류의 사람들을 저항운동으로 이끌었으며 1917년 중반부터는 그들이 구자라트의 도회와 시골로 나아가 같은 카스트의 사람들과 농부들을 설득해 자치연맹 지부를 결성했다.

인도 민족주의운동이 카스트의 계급을 뛰어넘어 각계의 사회, 경제 집단으로 확대될 수 있었던 것은 후일 등장하는 간디의 공로였지만 틸락과 애니 베산트가 전개했던 자치운동도 도시는 물론 농촌의 대중 집단을 정치적 저항운동에 효과적으로 참여시키고 있었다. 이러한 시도는 온건파는 물론 과격파까지도 광범한 사회 집단을 분기시키는 것을 꺼리는 분위기 속에서, 모두 국민회의 밖에서 두 자치연맹에 의해 추진되었다.

자치연맹의 기능은 인도에서 저항 활동을 불러일으키는 것이었다. 조직 국장인 아룬델은 우선 애니가 저항운동의 교육적 측면이라고 부른 곳에 집중했다. 《뉴 인디아》를 통해 그들이 수행해야 할 행동 지침을 지시했다. 회원들은 친구들과 자치 문제를 논의하며, 자치연맹에 가입하도록 촉구하고, 정치적 사례들을 수집하여 정기적으로 그것들을 가지고 토론했다. 정치 문제에 관한 강의를 위해 학습 교실을 개설하고, 인도 민족주의자들이 행한 강연 내용과 신문 기사, 그리고 『영국 팽창사(*The Expansion of England*)』를 쓴 존 실리(John Seeley), 공리주의자 밀

(J. S. Mill) 및 애니 자신의 저작품이 포함되는 도서실을 설치하는 것이었다. 그들은 또한 지방어로 팸플릿을 인쇄하여 배포하고, 지역의 건설적인 사회사업을 수행하며, 지방 정부의 활동에 참여하고, 기금을 모아 공공 회합과 강연회를 개최했다.[14]

자치운동에는 신문이 중요한 역할을 했다. 애니는 자치운동을 위한 굳건한 토대를 마련하기 위해서는 교육받은 인도인들과 대중이 정부에 의존하는 것을 막고 조국에 대한 자부심을 북돋우는 것이 필요했다. 인도인은 영국인의 통치 이전에 보여 주었던 인도 문화의 위대함에 대한 확신을 회복하여야 했다. 《뉴 인디아》는 구독료가 저렴해 가장 광범한 독자층[15]을 가지고 있었다. 이 신문은 농촌의 영어 해독자들에게까지 침투했으며 독자들 가운데는 하급 관리들도 많았다.[16] 신문을 통해 자치운동의 이념이 모든 계층의 영어 교육을 받은 사람들 사이에 파급되어 갔다.

자치연맹은 회원들과 학생들을 위한 독서실과 토론회를 카라치, 봄베이, 마두라이 및 마드라스 등 큰 도시에서 열었다. 토론회는 인도의 경제, 지방자치, 타고르의 시 등을 다루었다. 그러나 항상 토론의 주제는 자치의 당위성이었다. 자치연맹이 설립될 즈음까지 애니의 선전 기금을 위해 영어로 출판된 26개의 책자가 약 30만 부나 팔렸다.[17]

---

14 H. Owen, The Indian Nationalist Movement, pp. 79~80.

15 《뉴 인디아》는 1916년까지 남인도의 어떤 신문보다 발행 부수가 많았다. 《뉴 인디아》는 1만 500부를, 《커먼윌》은 7000부를 발행했다. 친자치(親自治) 신문인 《힌두(Hindu)》는 6800부를, 《스와데스아미트란(Swadesamitran)》(타밀어)은 9500부를, 《안드라파트리카(Andhrapatrika)》(텔루구어)는 7000부를 발행했으며, 반자치(反自治) 신문인 《마드라스 메일(Madras Mail)》은 6281부를, 《마드라스 타임스(Madras Times)》는 5000부를, 《안드라프라카시카(Andhraprakasika)》는 500부를 발행했다.(H. Owen, op. cit., p. 46)

16 S. R. Mehrotra, op. cit., p. 132; J. Brown, op. cit., p. 199.

17 H. Owen, op. cit., p. 80.

3 정부의 탄압

국민회의, 보다 정확하게 표현해 온건파는 명분상 자치운동을 지지하지 않을 수 없었다. 자치운동을 지지하면서도 그들은 보다 큰 민족주의운동을 강조하면서 이 저항운동은 국민회의에 의해 통제되어야 한다고 믿고 있었다.

애니는 국민회의 온건파 지도자들을 행동으로 분기시키는 작업을 시작했다. "젊은 세대는 국민회의가 나아가지 않고 정지해 있는 동안 참을 수 없게 되었다."라고 애니는 지적하고, 온건파로 하여금 국민회의 지역위원회를 활성화하여 "여론을 교육하고 또 교육받은 인도의 여론을 정부에 알리도록" 촉구했다.[18]

1차 세계대전이 진행되는 동안 애니 베산트가 틸락보다 더욱 공격적이었으며, 1915년 초부터 애니는 그의 신문 《뉴 인디아》 등을 통해 선동 운동을 개시했다. 애니는 "우리는 촌락위원회로부터 지역 및 주 입법참사회를 거쳐 국민의회에 이르기까지 자치령의 입법부와 동등한 힘을 갖는 완전 자치를 수립하며, 영국의 제국의회에 인도의 직접 대표를 두는 것이 우리의 목표다."[19]라고 선언했다. 애니는 대영제국의 재편 문제를 거론했으며 전쟁이 끝나면 인도는 자치령의 지위를 획득해야 한다고 주장했다.

모든 신문들을 주 정부의 통제 아래 두었던 1910년의 신문법의 이름을 빌려 마드라스 주 정부는 자치운동의 기수인 《뉴 인디아》를 억압했다. 1916년 5월 26일 이 신문에 2000루피의 공탁금을 부과한다는 통지서가 애니에게 전해졌다. 애니가 납부한 공탁금은 8월 28일 몰수당

---

18 *Ibid.*, p. 67.
19 A. Besant, *op. cit.*, pp. 162~163.

했고, 새로운 공탁금 1만 루피가 부과되었다.[20] 봄베이주 정부도 애니의 여행 금지 조치를 내렸다. 11월에는 센트럴 프로빈시스와 베라르가 애니가 들어오는 것을 금했다.

애니는 영국 정부에 대한 공격을 계속했다. 또 영국인 공동체와 기독교 선교단을 편애하고 인도 학생들을 괴롭히는 마드라스 주 정부를 비난했다. 애니는 법원에 소송을 제기함으로써 잠시 동안 정부의 행동을 무디게 하고 여론을 유리하게 이끌어 갈 수 있었다. 마드라스 고등법원은 애니의 항소를 기각했으나, 비슷한 경우로 고소했던 틸락은 봄베이 고등법원에서 승소했다.

펜틀랜드(Lord Pentland) 마드라스 주지사의 처사는 오히려 자치운동의 선전에 도움을 주었다. 국민회의 온건파와 과격파가 이 조치에 반대하고 나섰으며, 자치연맹의 각 지회는 항의문을 인도 총독과 영국의 체임벌린(Austen Chamberlain) 인도상에게 보냈다. 각지에서 항의 집회가 뒤따랐다. 1817년 2월에는 틸락이 펀잡과 델리로부터 여행 금지 조치를 받았다.

애니는 총독부에 대한 공격을 더욱 강화했다.《뉴 인디아》가 선동 기구로 해석될 정도였다. 이 신문은 인도 정부를 "나라를 파괴하고, 기근의 원인을 가져오며, 고의적으로 교육을 방해하는 중앙집권적 권력으로 묘사했다." 총독은 "유혈의 소요"를 불러올 것이라고 보았다. 그러나 마드라스 주 정부는 애니야말로 실제로 소요를 조장하고 있다고 주장했다. 애니는 아일랜드의 신페인운동을 찬양하고 아일랜드의 폭동을 정당화하는 데까지 나아갔다.[21]

마드라스 당국의 억압 조치가 뒤따랐으며 이러한 조치는 부분적으

20 *Ibid.*, pp. 170~171.
21 Peter Robb, "The Government of India and Annie Besant", *Modern Asian Studies*, Cambridge University 10. 1. Feb. 1976, pp. 81, 117.

로는 자치운동이 가져온 결과이기도 했다. 1차 세계대전이 격화됨에 따라 인도의 지방 정부는 저항운동을 분쇄하기로 다짐했다. 마드라스, 봄베이 및 센트럴 프로빈시스의 주 정부는 학생들이 회합에 참여하는 것을 금지했으며, 1917년에는 펀잡, 봄베이, 마드라스가 저항 집회를 엄금한다고 발표했다. 애니의 참모들이 이 조치를 비난했고, 애니 자신도 《뉴 인디아》를 통해 참모들에 동조했다. 1917년 6월에 마드라스 주 정부는 애니와 동료들을 구속했다. 애니와 아룬델 등이 구금된 상태에서 《뉴 인디아》는 유지 불능의 지경에 이르렀다.

인도 민족주의운동에 대한 억압은 전시라는 위급한 상황을 강조하면서 특히 언론 부문에 가해졌다. 언론 통제를 위해 적용되는 근거로는 신문법만이 아니라 전시 체제에서 제정된 1915년의 인도국방법까지 동원되었다. 국방법은 정상적인 재판 없이 정치적 위험인물로 생각되는 사람을 규제할 수 있도록 하기 위해 만든 법이었다. 이 법은 관리의 검열 제도 권한을 주 정부에 부여했다. 한 지역에서 금지된 책과 신문이 이웃 주에서는 적법하게 보급되고 있는 경우가 허다했으며 신문법과 국방법의 이름으로 가혹한 탄압이 가해졌음을 부인할 수 없었다.[22]

애니의 억류 사건은 전국적인 함성의 전조가 되었다. 구금은 당국이 희망한 대로 선동 운동을 분쇄한 것이 아니라 그 반대로 나타났다. 애니의 자치연맹에 초연한 태도를 보였던 국민회의 온건파마저도 연맹에 가입하여 당장 회원 수는 두 배로 증가했으며, 자치연맹에 가입하지 않았던 온건파의 지도자들인 수렌드라나드 바너지, 와차, 사스트리(V. S. Sastri) 등도 당국의 조치를 비난했다. 애니 등의 구속으로 자치연맹은 더욱 명성을 얻게 되어 새로운 무슬림 지도자로 부상하는 진나도 곧 자

---

22 1914~1918년간에 개인의 권리가 1000회가 넘게 제재를 받았다. 289개의 신문과 389개의 간행물에 공탁금이 요구되었으며, 11개의 신문과 33개의 간행물의 공탁금이 몰수되었다. 약 300명의 편집인과 출판업자가 또한 공식적으로 '경고'를 받았다.(J. Brown, *op. cit.*, p. 202)

치연맹에 가입했다. 마드라스 고등법원 판사를 지낸 국민회의 원로 수브라마니아 아야르가 애니 등의 구금에 대한 항의의 표시로 그의 기사직을 포기했다.[23]

애니는 이 사건이 자치운동을 고조시키고 자신의 영광으로 이어졌다고 회고했다. "수많은 군중과 인기 있는 지도자들이 자치연맹에 가입했다. 아야르(C. R. Aiyar)와 드와르카다스(J. Dwarkadas) 등의 국민회의 지도자들이 여러 곳에서 반항의 불을 붙였다. 그들은 완벽한 질서를 유지했다. 한 장의 유리창도 파손하지 않았고, 한 번의 소요도 일어나지 않았으며, 한 명의 경찰관도 공격하지 않았고, 한 명의 남녀 혹은 어린이도 감옥에 가지 않았다. 3개월 동안 열렬한 저항운동이 법을 어기지 않고 끊임없이 계속되었다."[24]

봄베이의 젊은이들은 틸락과 간디로부터 소극적 저항운동을 위한 지도 지침을 구했으며, 애니는 구금 장소에서 소극적 저항을 인가한다고 발표했다. 인도 민족주의운동에 새로이 뛰어든 간디의 제의에 따라 애니의 참모들, 드와르카다스와 뱅커(Shankarlal Banker) 등이 서명 운동을 전개했다. 그들은 구금 명령을 분쇄하기 위해 애니의 억류 장소로 행진했으며 1000명의 젊은이들의 서명을 받고 또한 자치의 청원을 위한 100만 명의 농민과 노동자들의 서명 운동을 시작했다.[25]

애니 베산트가 운영한 신문들에 대한 탄압과 애니 등의 구금에 대해 영국의 인도상, 인도 총독과 그리고 주지사가 의견의 일치를 보인 것이 아니었다. 신문법은 원래 각 주의 재량권을 보장했고 자치운동이 합법이냐 불법이냐 하는 문제도 인도 정부 안에서도 통일된 의견을 보

---

23 P. Sitaramayya, *History of the Indian National Congress*, Vol. I(Delhi: S. Chand & Co. 1989), pp. 132~133.

24 A. Besant, *op. cit.*, p. 176.

25 H. Owen, *op. cit.*, p. 85.

여 주지 못하고 있었다. 정책에 대한 가장 중요한 책임은 첼름스퍼드 총독이 말한 바와 같이, 지방 정부에 있었다. 그렇지만 중요한 사항이 총독의 재가 없이 이루어진 것도 아니었다.

총독은 지방 정부의 책임이 우선한다는 점을 강조함으로써 이견을 완화시키려 했다. 총독은 "나는 현재 베산트 부인을 축출할 생각이 없으며, 지금까지 나에게 보여 주었던 것보다 더욱 강력한 사건이 일어날 때에만" 제재를 가할 것이라고 답변했다. 정부의 결론은 그들의 합법적인 자치의 주장을 전면적으로 금지할 수는 없는 것이었다. "무질서와 불만을 조장하려는 의도를 가지고" 마련된 회합만을 금지해야 하며, 사전 검열도 "전면적으로 혹은 상습적으로 채택하는 것은" 온당치 않다고 했다.[26]

지방 정부들의 입장은 자치운동에 대해서는 '단호한 주저앉히기'가 요구되며, 그 방법은 일정한 제한을 두고 지방에 따라 선택하도록 해야 한다는 것이었다. 문제는 주 정부의 지사들이 합법적 자치의 요구와 불법적인 저항운동 사이에 선을 어디에서 어떻게 그을 것인가 하는 것이었다. 1917년에 가면 지방 정부들은 그것이 합법적으로 행해지든 그렇지 않든 간에 가장 큰 위험은 대중적 저항운동이 임박한 것이라고 생각하기에 이르렀다.

자치운동에 대한 정책은 애니 베산트 등이 구금될 때쯤인 1917년 6월에 확정되었다. 봄베이주 정부는 애니가 봄베이주에 들어오는 것을 금하도록 제의했으며 첼름스퍼드 총독은 즉시 동의했다. 인도인 산카란 나이르(Sankaran Nair)가 포함되어 있는 총독의 집행위원회도 이 결정을 지지했다. 나이르 위원은 애니 베산트에게 자신은 지방 정부의 제의를 기각하도록 총독을 설득할 마음이 없었다고 토로했다. 총독은 본국의

---

26 P. Robb, *op. cit.*, pp. 111~112, 114.

인도상에게 "나는 모든 억압 조치를 증오한다. 그러나 인도는 너무나 불붙기 쉬운 상태에 있으므로 타는 불꽃을 그냥 둘 수 없다. 만약 베산트가 나쁜 짓을 계속한다면 마드라스 주 정부는 그의 신문 및 정치와의 접촉을 단절하는 조치를 취하도록 요구받게 될 것"[27]이라고 설명했다.

주 정부는 분명하게 강경 노선을 선호했고, 첼름스퍼드의 인도 정부는 회유의 방법에 대한 신뢰를 잃어 가고 있었다. 몬터규 인도상은 전문을 보내 애니 베산트 등의 구금 결정을 번복하도록 총독부에 강력히 촉구했다. 영국 의회에서 이 문제가 격렬한 논쟁점이 되어 있었으므로 이를 피하려는 것이었다. 첼름스퍼드 총독은 지방 재량권에 대한 그의 약속에도 불구하고 마드라스 주 정부로 하여금 억류 조치를 재고하도록 촉구했다. 마드라스 측의 태도는 단호했다. 애니의 석방은 소요 당사자들에게 승리를 안겨 주고 정부를 절름발이로 만들 것이라는 주장이었다. 첼름스퍼드 총독은 애니의 석방을 사실상 단독으로 결정하여 런던으로 전문을 보냈다.[28]

애니 베산트는 9월 17일 석방되었고, 총독은 인도상에게 그의 석방에 정치적 고려가 있었음을 전했다. "나는 한참 동안 망설였고 내무상 빈센트(William Vincent)도 그러했음을 고백한다. 우리가 연약했다고, 마드라스 주 정부를 위압했다고, 또 과격파의 사기를 북돋아 주었다고 비난받을 것임에 틀림없다. 만약 우리가 그녀의 석방을 거부한다면 우리는 당신의 인도 방문 성공을 방해하는 위험과 마주치게 된다. 사실 우

---

27 *Ibid.*, p. 116.

28 애니 베산트의 석방에 진나가 관여해 상당한 영향을 미친 것으로 전해진다. 진나 등이 베산트의 태도 완화를 종용했으며, 첼름스퍼드 총독이 몬터규 인도상에게 그의 정책을 설명할 때 그는 진나를 언급했다. 베산트는 몬터규가 인도를 방문하는 동안 "조용한 분위기를 유지하는 데 협조할 마음이다."라고 약속했다. 베산트가 조용한 행동을 약속하기 전에 이미 정부는 그의 석방에 대한 결정을 굳혔다고 볼 수도 있다.(*Ibid.*, pp. 120~122)

리는 우리의 모든 정책을 웃음거리로 만들어 버렸음에 틀림없다."[29]

애니 베산트의 석방은 자치운동을 혁명적인 선동으로서보다는 하나의 합법적 정치운동으로 다루고 있음을 의미했다. 총독부는 폭력적 혁명주의자와 폭력을 증오하는 애니와 같은 저항운동가를 구별하려고 했던 듯하다. 몬터규는 애니를 석방하는 것이 안전하다고 촉구했으며, 첼름스퍼드도 계속 억류하는 것이 도움이 될 것이 없다고 판단했다. 인도 전역을 통해 사실상 정치적 휴전이 선언되었다는 의미에서 현명한 선택으로 생각할 수도 있었다. 애니의 석방 결정은 첼름스퍼드 총독의 지방 정부의 재량권 약속을 포기한 것을 뜻했다. 이것은 새로운 전략적 접근 방식의 시작을 의미했다.

애니 베산트는 구금에서 풀려난 후 인도 민족주의운동의 중심인물로 부상했다. 애니의 구금은 온건파와 과격파를 통합으로 이끌었고 애니의 인기는 1917년에 절정에 이르러 이해 캘커타에서 열린 국민회의에서 의장으로 선출되었다. 자신의 구금과 관련해 애니는 "통합된 인도가 쟁취한 진정한 합법적 승리였으며, 자치연맹의 의장인 내가 국민회의 의장에 선출됨으로써 왕관을 쓴 것이다."[30]라고 술회했다. 애니는 특히 남인도에서 국민회의의 온건파와 과격파를 한데 아우를 수 있었다. 그들 대부분이 애니의 지도력에 경의를 표하고 있었기 때문이며 또 그가 마드라스에서 국민회의를 활성화한 공로를 잘 알고 있었기 때문이다. 그러나 애니를 국민회의 의장으로 선출하는 데 대해 수렌드라나드 바너지를 비롯한 벵골 지방의 온건파는 반대했으며 다스(C. R. Das)가 인도하는 애니의 지지자들과 심각한 불화를 겪기도 했다. 과격파는 반목을 피하기 위해 소극적 저항운동을 연기하면서 캘커타 국민회의 접

---

29 *Ibid.*, p. 123.

30 A. Besant, *op. cit.*, p. 176.

2 애니 베산트의 자치운동

대위원회의 의장을 바너지가 임명하도록 양보하기도 했다.

과격파인 틸락과 라지파트 라이가 국민회의 의장에 선출되는 것을 막았던 온건파도 애니 베산트의 경우에는 실패했다. 캘커타 국민회의는 참가 대표의 숫자가 기록적이었다. 4967명의 대표와 400명의 여성을 포함한 약 5000명의 방청객들로 뜻깊은 대성황을 이루었다.[31] 대체적인 견해가 그것은 "베산트와 틸락의 국민회의, 틸락보다는 베산트의 국민회의"[32]라는 분위기였다.

애니 베산트의 의장 연설은 인도의 자치에 관해 정성 들여 만든 논문이었다. 1차 세계대전에서 인도가 엄청난 인력과 재력으로 영국을 지원하고 있는 점을 상기시키면서 "나는 몇 년 전에 영국에서 '인도의 충성의 조건은 인도의 자유다.'라고 말했지만, 여기에서는 '대영제국에 대한 인도의 유용성의 조건은 인도의 자유다.'라고 덧붙인다. 인도는 두 가지 이유에서 자치를 요구한다. 첫째, 자유는 모든 국민의 생득권이기 때문이며, 둘째, 인도의 가장 중요한 이익들이 지금 인도의 동의 없이 대영제국의 이익에 종속되어 인도의 자원이 인도의 가장 절실한 필요를 위해 사용되지 못하고 있기 때문이다."라고 역설했다.[33]

애니는 몬터규 인도상이 1917년 8월 영국 정부는 인도에 책임 정부를 점진적으로 수립하기 위해 인도인과 연합하고 자치 제도를 점진적으로 발전시킬 것이라고 한 성명을 긍정적으로 받아들였다. 그러면서도 인도에 완전한 자치를 부여하는 시한을 분명히 정하도록 영국 정부에 요구했다. 그는 5년 후인 1923년까지, 아니면 늦어도 10년 후인 1928년까지 인도에 자치 정부를 수립한다는 법안을 영국 의회에 상정하도록 촉구했다.

---

31 P. Sitaramayya, *op. cit.*, p. 147.
32 R. C. Majumdar, *op. cit.*, vol. II, p. 376.
33 *Ibid.*, p. 377.

캘커타 국민회의는 몬터규의 성명이 인도인의 요구를 충족시키기에는 미흡하다는 점을 인정하면서도 자치 정부의 수립을 약속한 데 대해 대체로 환영하는 분위기였다. 국민회의가 채택한 주요 결의 내용은 "첫째, 국민회의는 인도상 각하가 제국 정부를 대표하여 제국의 목표는 인도에 책임 정부를 수립하는 것이라고 발표한 데 대해 감사와 만족을 표하며, 둘째, 국민회의는 인도의 책임 정부 수립을 규정할 의회법령을 당장 제정할 것을 강력히 촉구한다. 또한 모든 조치는 초기의 법령에서 확정된 시한에 따라 이루어져야 한다. 셋째, 국민회의는 국민회의, 무슬림연맹의 개혁 계획이 진보의 첫 단계로서 법령으로 즉시 도입되어야 한다는 견해를 강력하게 표시한다." 등이었다.[34]

국민회의 의장으로서 애니 베산트는 '인도의 새 정신'이라고 불러왔던 대의를 개관했다. 애니가 장문의 연설문에서 제시한 것은 (1) 아시아의 각성, (2) 외국인 지배와 제국주의적 재건에 관한 논의, (3) 백인의 우월감에 대한 믿음의 상실, (4) 상인의 각성, (5) 지위 향상을 위한 여성의 각성, (6) 대중의 각성 등이었다.

애니의 의장 연설에 따르면 아시아는 러일 전쟁과 영국 자유 이념의 영향으로 각성했다. 인도의 각성은 서양인들의 침략 때문에 촉발된 아시아적 운동의 일환일 뿐 아니라 미국 독립운동과 프랑스 혁명에 의해 시작된 민주주의를 향한 세계적 운동의 일환이었다.

자유에 관한 이야기는 오직 백인을 위한 것뿐이며 인도인들은 자유를 위해, 아니 대영제국의 생명 그 자체를 위해 전쟁터에서 싸웠는데도 그 자유를 나누어 갖지 못하고 있다. 인도인들은 인간으로서, 동등한 사람으로서 싸웠고 위험의 고비는 넘겼지만 인도인들은 '예속된 인종'으로 맴돌고 있을 뿐이었다.

---

34 P. Sitaramayya, *op. cit.*, p. 147.

　　　　　　　　　　　　　　　2 애니 베산트의 자치운동

인도의 여러 지역에서 메아리치는 자치의 함성은 고귀한 국민 생활을 위한 외침이었다. 이는 국민의 혼을 되살리려는 몸부림이며 자치란 국가적인 차원에서 이를 기르고 펼쳐야 할 권리를 주장하는 것이었다. 인도의 혼이 위험에 봉착해 있으므로 영국인이 통치하는 것보다는 인도인이 스스로 자신을 다스림으로써 위기에서 벗어나 지난날의 영광을 되찾을 수 있다는 논리에 자치의 당위성을 두었다.[35]

4 맺음말

몬터규 인도상의 선언과 뒤이은 그의 인도 방문은 인도에 더 많은 전쟁 협조를 구하겠다는 절박한 상황에서 비롯되었지만 한편으로는 자치운동이 가져온 결과이기도 했다. 자치운동의 열기를 잠재우고 인도 국민의 마음을 달래기 위한 조치였기 때문이다. 그의 방문에는 그의 선언을 구체화하는 정치 발전을 논의하고 지도자들을 설득하려는 의도가 있었다. 몬터규의 선언은 불만족스러운 것이었지만 국민회의가 이를 배척할 정도는 아니었다. 인도에 자치 정부의 수립을 약속한 이 선언은 분명히 국민회의 지도자들 사이에 영국과 협조 아래 자치를 이룩할 수 있다는 믿음을 갖도록 만들었다. 이러한 분위기는 자치운동의 열기를 약화시키는 계기가 되었던 점을 부인할 수 없다.

자치운동이 퇴조한 더 큰 원인은 어쩌면 애니 베산트가 보인 방향 전환에 있었다. 애니의 인기는 1917년 말에 최고조에 이르렀으나 다음 해에 많은 지지자들로부터 외면당했다. 애니는 인도 민족주의자들에게 만족할 만한 정치 활동의 계획을 제시하지 못했을 뿐 아니라 1918년

---

35 A. Besant, *op. cit.*(Congress Address), pp. 176~186.

초부터 영국 정부에 대한 비판의 목소리를 완화했다.

자치 정부로 나아가는 약속을 한 몬터규의 선언과 곧이은 그의 인도 방문이 애니의 마음의 변화를 가져와 영국인 편에 서게 만들었다. 애니는 폭력이 잠재된 선동 정치에 대해 항상 근본적인 거부감을 가지고 있었으며 억류 상태에서 풀려난 후 지금까지의 투쟁 방법을 바꿔 소극적 저항을 배척하고 있는 온건파에 가담했다. 애니의 심경 변화를 가져온 가장 중요한 원인은 의심할 것도 없이 인도의 민족주의 세력을 분열시키지 않겠다는 희망이며, 온건파를 달래기 위한 행동이었다. 애니는 몬터규의 선언을 협조적으로 수용하면서, 선동 활동보다는 온건파의 합법적이고 점진적인 전통적 방법으로 타협함으로써 더 많은 것을 얻을 수 있다고 확신했던 듯하다.

몬터규의 선언이 발표되었을 때 애니는 이 개혁을 "영국에 의해 제시될 만한 가치도 없고 혹은 인도에 의해 받아들여질 만한 가치도 없는 것으로, 지역적 자유의 누더기 파편을 가지고 인도에 '독재 기구'의 지속을 확립했다."[36]라고 비난했다. 그러나 불과 몇 달 만에 급격히 견해를 바꾸어 이 개혁의 지지자가 되었다. 심지어 1919년 4월 영국군의 무자비한 발포로 사망자만 수백 명에 이르렀던 편잡 학살 직후 "폭도들이 벽돌 조각을 군인들에게 던졌을 때 병사들로 하여금 몇 발의 녹탄(鹿彈; 사냥용 산탄)을 발포하도록 명령하는 것은 아주 자비로운 일이었다."[37]라고 말하자 애니를 향한 대중의 존경심은 가라앉아 버렸다. 애니는 자신이 불러일으킨 정치적 불안을 지속적으로 통제할 능력을 잃게 됨에 따라 마음이 흔들렸다. 애니는 자신이 불을 지고 행동하고 있다는 것을 알아차리자 자신이 제의해 왔던 소극적 저항운동을 철회해

---

36 S. R. Mehrotra, *op. cit.*, p. 134.

37 R. C. Majumdar, *op. cit.*, vol. III, p. 45.

버리고 말았다.

1919년부터 시작된 간디의 대대적인 시민운동을 계기로 자치연맹은 분열했다. 애니 베산트가 의장이었던 자치연맹은 그를 퇴출시키고 간디를 후계자로 선출했다. 애니는 간디를 신랄하게 비난했다. "간디의 지배 아래서는 비협조운동가들을 위한 것 말고는 자유로운 연설도 없었고 공개적인 모임도 없었다. 사회적 종교적 보이콧, 개인에 대한 폭력의 위협, 거리에서의 모욕 등이 탄압의 방법들이다. 떼거지의 열광적인 지지는 간디에게 '마하트마'라는 고결한 종교적 이름을 부여하여 그에게 초자연적인 힘을 위탁함으로써, 지대도 세금도 없는 스와라지가 당장 도래할 것이라는 조잡한 약속에 의해 얻어진 것이었다."[38]

간디의 위력적인 시민운동으로 애니 베산트의 자치운동은 힘을 잃었다. 가장 대중적인 지지를 받았던 과격파의 지도자였던 틸락은 충분히 간디의 정치적 경쟁자가 될 만한 인물이었지만 1920년에 사망함으로써 그의 자치운동도 막을 내리고 말았다. 몇 년 동안 거의 인도 전역에 걸쳐 많은 사람들의 마음을 사로잡으며 전개되었던 틸락과 애니 베산트의 자치운동은 간디의 범국민적인 사티아그라하운동의 위력 앞에 매몰되고 말았다.

애니 베산트는 5년도 안 되는 짧은 정치 활동 기간에 불굴의 의지, 대담한 용기, 끈기 있는 열성, 뚜렷한 목적의식을 가지고 돌진했다. 애니의 탁월한 언변과 필적할 수 없는 문학적 재능이 그를 짧은 기간에 인도 정계의 선두 주자로 만들었다. 애니를 몹시 싫어했던 국민회의의 온건파도 "애니는 어느 누구도 할 수 없을 정도로 말하고 글로 표현함으로써 전국을 분기시켰다."[39]라고 인정했다.

---

38 A. Besant, *op. cit.*, pp. 194~195.
39 R. C. Majumdar, *op. cit.*, p. 363.

자치운동은 벵골 분할 조치에 따른 스와데시운동 이래 결집된 민족주의운동의 힘이 자연적으로 표출된 결과였다. 수라트 국민회의 이후 과격파의 해체가 자치운동을 지연시켰지만 1차 세계대전이 다시 계기를 마련해 주었다. 자치운동은 전국적인 규모로 일어났으며 정치적 조직망이 인도의 여러 지역을 뒤덮었다. 이들 단체들은 새로운 형태의 정치적 저항운동을 인도에 도입했으며 국민 각 계층을 동원했다. 자치운동은 인도의 자유 투쟁의 새로운 장을 열어 주었는데, 조국에 자치라는 구체적인 구호를 제시했을 뿐 아니라 영국 정부에 청원과 건의로만 일관했던 온건파 주도 국민회의의 정치 행태를 종식시켰다.

　　자치운동은 앞으로 전개될 범국민적인 독립운동을 준비하는 데 커다란 영향을 미쳤다. 자치연맹이 밭갈이를 하여 뿌려 놓은 씨앗은 나중에 간디에 의해 풍성한 수확을 보게 되었다. 자치연맹의 지방 정치 조직망이 인도 대부분의 지역에 결성되었다. 국민회의위원회가 이미 여러 지역에 조직되어 있었지만 대부분은 기능을 발휘하지 못했었다. 자치연맹의 지회도 제대로 효과적인 기능을 발휘했다고 볼 수는 없지만 지역 수준의 전국적인 조직망이 저항운동을 전개하려는 지도자에게 얼마나 중요한가를 일깨워 주었다. 간디는 자치연맹이 설립한 지부 조직망이 전국 각지에 그의 계획을 전달할 수 있는 귀중한 연결 고리가 될 수 있음을 간파하고 1920년에 국민회의를 재조직하게 되었다.

3장

간디의 독립운동

1 간디의 사상

인도의 독립은 영국의 시혜로 주어진 것이 아니었다. 투쟁을 통하지 않고 그냥 자유가 주어지는 것은 아니다. 인도의 독립 투쟁의 중심에는 간디(Mohandas Karamchand Gandhi, 1869~1948)가 있었다. 간디는 인도 국민 다수가 적극적으로 참여하여 전개한 범국민적 사티아그라하운동을 세 번에 걸쳐 단행했다. 인도의 위력적인 독립운동의 기세는 대영제국에 위협적이었다. 간디는 독립운동을 추진할 때 누구도 따를 수 없는 불퇴전의 모습을 보여 주었다. 매우 소심했던 간디가 불굴의 용기로 사티아그라하운동을 추진해 나갔던 배경에는 어떤 사상과 신념이 작용하고 있었는가를 먼저 고찰하고자 한다.

1 남아프리카에서 사티아그라하의 실험

간디는 봄베이주(현재 구자라트주) 카티아와르 지방의 포르반다르에서 제3계급으로 태어났으며, 아버지는 이곳 토후의 수석장관으로 일한 사람이었다. 간디의 고향은 힌두교, 자이나교, 이슬람 신앙의 성향이 다양하게 표현되는 곳으로, 신앙의 반목을 극복하고 화합하려는 분위기였다. 간디와 그의 가족의 종교적 훈육은 이들 이념적 힘이 혼합적 경향을 보여 주었다. 자이나교의 극단적인 금욕과 불살생의 종교 관념이 어머니를 통해 간디에게 영향을 미쳤다. 단식을 비롯한 어머니의 강력한 금욕적 요구가 간디 집안의 미덕이 되었다. 자이나교 승려가 가끔 집을 방문하기도 했다. 간디는 스스로 극단적인 금욕생활과 불살생을 실천함으로써 자이나교도로 오해받기도 했다.

간디의 어머니는 프란나스(Prannath) 종파의 집안 출신이었다. 18세기 프란나스는 하나의 최고신 아래 힌두교와 이슬람의 좋은 요소를 통합하려고 시도했던 종교 개혁가였다. 프란나스 종파에서는 우상 숭배를 인정하지 않았으며 마약, 담배, 술, 고기 및 혼외 정사를 엄격히 금지하고 있었다. 간디는 프란나스 종파의 사원을 방문했던 일과 신상(神像)이 없었던 점, 벽에 『코란』을 써 놓은 것 등을 기억했다. 간디는 한때 은밀한 무슬림으로 취급당하기도 했다고 회상했다.[1]

영국의 제국주의에 맞서 누구도 따를 수 없는 용기와 굳은 결의로 돌진하는 간디는 처음에는 몹시 수줍고 겁 많은 어린이였다. 학우들과 어울리기를 거부하고 책과 과제물이 유일한 친구였다. 선생님이 시키지 않는 한 스포츠에도 참여하지 않았다.[2] 13세에 결혼했는데 아내 카스투르바(Kasturba)는 고집이 센 여성으로서 소심한 간디의 자부심을 북돋아 주지 못했고 글을 깨우쳐 주려는 간디의 노력도 거부했다. 간디는 네 아들을 두었는데 문맹이면서도 자기주장이 강한 아내는 그래도 평생을 함께한 동지였지만 장남 하릴랄(Harilal)은 간디의 짐이 되었다. 하릴랄은 간디와 의절했으며 주정뱅이의 방탕한 생활을 하고 사업 실

---

1 Pyarelal, *Mahatma Gandhi: The Early Phase I*(Ahmedabad, 1986), p. 214.
2 Prabhudas Gandhi, *My Childhood with Gandhi*(Ahmedabad, 1957), pp. 27~28.

패에 따른 채무 때문이었는지 심지어 무슬림으로 개종하여 간디를 괴롭힌 일도 있었다. 둘째 마닐랄(Manilal)은 남아프리카에 체류하면서 간디의 투쟁 활동을 대변했던 기관지《인디언 오피니언(*Indian Opinion*)》을 계속하여 발행하는 일을 했다. 셋째 람다스(Ramdas)와 넷째 데브다스(Devdas)는 인도에서 수차례 옥고를 치르면서 간디의 독립운동을 적극적으로 도왔다.

간디는 고향에서 멀지 않은 바브나가르의 사말다스 대학(Samaldas College)에 입학했으나 1년도 못되어 귀가하고 말았다. 이후에 친척의 권유로 변호사 수업을 위해 런던행을 택했다. 어머니는 자이나교 승려의 조언에 따라 간디에게 고기와 술과 여자를 가까이하지 않는다는 서약을 받고 영국행을 허락했다. 간디는 처음에는 영국 신사로 변신하려고 노력했지만 3개월 만에 포기했다. 영국에 체류하는 3년 동안 주로 채식주의 단체에서 몇 번 강연을 시도했지만 웃음거리가 되는 실패를 경험했을 뿐이라고 회고했다.[3]

간디가 고향 부근의 라즈코트와 봄베이를 오가면서 시작한 변호사 생활은 성공적이지 못했다. 동료 변호사들과 함께 소송 수임을 무료하게 기다리면서 보냈으며, 법정에서는 원고 측 증인의 입을 열게 할 수 없어 현기증을 느끼며 뛰쳐나온 후 사건을 다른 변호사에게 넘겨주고 말았다. 간디는 국민회의 온건파의 유력 인사로 부상하고 있던 변호사 메타(P. Mehta)가 봄베이 법정에서 사자후를 토해 내는 모습을 동경의 눈으로 바라보았을 뿐이었다.[4]

간디는 1893년 무슬림 사업가 메탑(Mehtab)에게서 남아프리카의 인도인들을 위해 일해 달라는 제의를 받았다. 이곳의 인도인들은 1860년

---

3 M. K. Gandhi, *An Autobiography*, p. 45.
4 S. H. Rudolph, *Gandhi: the Traditional Roots of Charisma*(Delhi, 1987), p. 20.

1 간디의 사상

이후 '새로운 노예제'에 따라 계약 노동자로 갔던 사람들이었다. 1830년대에 대영제국 내의 노예제가 폐지되어 흑인 노예가 해방되자 남아프리카의 사탕수수 재배업자들은 인도의 값싼 노동자를 필요로 했었다. 나탈에는 4만여 명의 인도인들이 살고 있었으며 그 수효는 계속 증가하여 트란스발과 케이프 식민지를 포함하여 15만 명에 이르렀다. 간디는 1년 계약으로 남아프리카에 갔지만 동족이 받는 비참한 인종적 차별 대우를 외면할 수 없어 결국 그곳에 무려 20년이나 머물고 말았다.

나탈 의회는 인도인에게 참정권을 부여하지 않는 인종 차별 정책을 계속했다. 또 인도인들의 지문을 등록하고 항상 주민증을 휴대하도록 강요하며 잠재적인 범죄자 취급을 했다. 5년 계약 기간이 끝난 인도 계약 노동자들에게 25파운드의 부당한 세금을 부과하려는 조치에 간디는 비폭력 저항으로 맞섰다. 원래 인도인 계약 노동자들은 5년이 지나면 자유 토지 소유자로서 그곳에 정착할 수 있었다. 그러나 이 조건은 유인책에 불과했다. 간디는 인종 차별적 인두세를 한 달 최저 생계비 정도의 3파운드까지 낮추었고 다시 이것을 폐지하는 데 총 20년의 세월을 보내야 했다.

간디는 인도인 노동자들을 선동했다는 혐의로 수차례 구속되었다. 노동자들도 수천 명이 투옥되었지만 투쟁을 멈추지 않았다. 간디는 갖은 탄압을 받으면서도 비폭력의 사티아그라하운동을 전개했다. 사티아그라하는 진리와 사랑과 비폭력에서 나온 힘이었다. 앞으로 살펴볼 간디의 사상과 그의 투쟁 방법은 모두 남아프리카에서 확립되고 실험을 거친 것이었다. 후일 간디의 인도 독립운동은 이를 보다 넓은 세상에서 범국민적인 지지를 받으면서 광범하게 재현한 것에 지나지 않았다.

2 사티아그라하의 의미

간디 사상의 근본은 남아프리카에서 오랜 실험을 통해 성공한 사티아그라하(Satyagraha)였다. 간디는 먼저 소극적 저항(Passive Resistance)이란 용어를 사용했다. 그는 톨스토이(Leo Tolstoy)와 소로(H. Thoreau)에게서 영향을 받아 소극적 저항을 착상했다고 밝혔다.

인도에서는 간디에 앞서 국민회의 과격파이면서 탁월한 철학자인 오로빈도 고슈가 소극적 저항의 이론을 제시했다. 오로빈도는 국민회의가 1907년 말 수라트 회의에서 과격파를 축출하기 수개월 전, 집중적으로 발표한 일련의 논문에서 소극적 저항을 강조했다. 공격적 저항과 소극적 저항의 목적은 똑같이 정부가 손을 들게 만드는 것이지만 저항의 형태에 차이가 있었다. 전자는 정부에 적극적 위해를 가하는 행동이지만, 후자는 정부에 도움이 되는 것을 행하지 않는 것이었다.

소극적 저항의 원리는 조국을 수탈하고 있는 영국인 사업가나 행정부의 영국인 관료에게 도움이 될 수 있는 일에는 조직적으로 협력을 거부함으로써, 현재의 상황이 개선되지 않는 한 정부의 운영이 불가능하게 만드는 것이다. 이러한 태도는 한마디로 보이콧으로 요약할 수 있다. 외국 상품을 거부하려면 인도인 스스로 그것들을 공급할 수 있어야하며 토산품의 애용과 산업의 확대 없이는 외국 제품의 배척은 불가능하다. 외국인의 법정에 들어가는 것을 거부한다면 인도인의 중재재판소를 가져야 한다. 인도인이 자녀를 관립학교에 보내지 않으려면 충실한 민족적 교육을 받을 수 있는 인도인의 학교를 가져야 한다.

오로빈도는 소극적 저항의 사례를 인도의 과거에서보다 서양의 역사에서 찾았다. 유럽에서는 소극적 저항의 유용한 무기가 납세 거부였다. 세금 납부는 공동체가 행정부에 보이는 가장 직접적인 협조이고 가장 눈에 띄는 동의의 표징이다. 반면에 납세 거부는 무기를 들지 않는 상태에서 가능한 가장 강력한 저항이다. 납세의 거부는 소극적 저항의 태도가 보인 자연스럽고 논리적인 결과이다.

납세의 거부는 영국에서 주로 비국교도가 보인 저항의 형태였다. 영국 혁명(청교도 혁명)에 즈음하여 연안 주민에게 부과했던 건함세(建艦稅)를 내륙 주민에까지 확대하자 존 햄던(John Hampden)이 납세 거부를 주도한 일이 있었다. 또 아일랜드 자치운동에서 파넬이 지대의 납부를 거부했다. 아일랜드의 경우는 납세 거부가 국세에 대한 것이 아니고 지주에게 내는 지대를 거부한 것이었지만 인도에서는 정부의 세금에 대한 거부로 연결되었다. 납세의 거부는 소극적 저항의 가장 강력하고 최종적인 형태였다. 오로빈도의 소극적 저항의 요점은 전반적 보이콧 책략에 있었으며 행정 업무를 불가능하도록 조직적으로 협력을 거부하는 것이었다.[5]

간디는 오로빈도 고슈에 대해 전혀 언급하지 않았다. 선뜻 이해할 수 없는 일이지만 아마 간디가 남아프리카에 머무르고 있었을 때이고, 한편으로 국민회의 과격파 가운데서도 대영제국 내에서의 자치에 머물지 않고 유독 영국의 지배에서 벗어난 완전 독립을 주장한 오로빈도의 전투적인 행동이 마음에 들지 않았기 때문인지도 모른다.[6]

간디는 나중에 소극적 저항이란 영어 표현은 자신이 제시하고 있는 힘을 긍정적으로 나타낼 수 없다고 판단했다. 또한 영어 단어를 사용하는 것을 부끄럽게 생각하여 새로이 사티아그라하라는 인도의 고유 언어를 사용하기로 했다. "유럽인들을 만나고 나서 나는 '소극적 저항'이란 단어가 너무나 편협하게 해석된다는 것, 그것이 약자의 무기가 될 수 있다는 것, 증오에 의해 성격이 규정될 수 있다는 것, 또 결국 폭력

5 Aurobindo Ghose, *On Nationalism; Selected Writings and Speeches*(Pondicherry: Sri Aurobindo Ashram, 1996), pp. 139~142.
6 졸저, 『인도 민족주의운동사』, 201~205, 223~224쪽.

을 나타낼 수 있다는 것을 깨달았다."[7]

사티아그라하는 진리라는 뜻의 satya와, 확고하게 붙잡는 것이라는 뜻의 agraha의 합성어이다. 즉 진리 파악, 진리 추구라는 뜻이다. 사티아그라하는 진리에 얽매이는 것이므로 진리의 힘을 의미한다. "진리는 영혼 혹은 정신이며 따라서 영혼의 힘을 말한다."라는 간디의 설명대로 satya는 존재를 의미하는 'sat'에서 유래한다. sat는 지속적이고 실재적이며, 올바르고 현명하고 스스로 존재하는 실체를 뜻하며, 무엇보다도 '존재해야만 할 그 무엇'을 의미한다. "진리 이외에 진실로 존재하는 것은 아무것도 없으며 모든 것은 허상일 뿐"이다. 간디는 "진리 이외에는 실제로 존재하는 것이 없으므로 sat 즉 진리는 아마도 신의 가장 중요한 이름일 것이다. 사실 신이 진리라고 말하는 것보다 진리가 신이라고 말하는 것이 보다 정확하다. sat 혹은 satya가 신에 대한 유일하게 올바르고 완전히 함축성 있는 이름이라고 이해될 것이다."라고 설명했다.[8]

간디는 진리의 개념에 대한 논평에서 신을 진리와 동일시했다. 그는 1925년 "신과 진리는 바꿔 사용할 수 있는 용어다."라고 말했으며, 이어서 "나에게는 진리가 신이며, 비폭력의 방법을 제외하고는 진리를 찾을 길이 없다."라고 선언했다. 간디는 '신은 사랑이다.'라는 구절은 적절하지 않으므로 '신은 진리다.'라는 결론을 내렸다. 간디는 자신은 50년 전부터 진리를 찾아 끊임없이 노력했으며 결국 진리에 접근하는 가장 가까운 길은 사랑의 길이라는 것을 발견했다고 술회했다. "신에 대해서는 무수한 정의가 있다. 왜냐하면 신의 현현(顯現)이 셀 수 없을 만큼 많기 때문이다. 그것들은 나를 두려움으로 압도하며 경외심을 불러일으키고 잠시 정신을 잃도록 만든다. 나는 신을 오직 진리로서만

---

7 M. K. Gandhi, *op. cit.*, p. 239.

8 *Young India*, 23. March. 1921; 30. July. 1931.

1 간디의 사상

숭배한다. 나는 아직 신을 발견하지 못했지만 신을 찾고 있다. 나는 신을 추적하기 위해 나에게 가장 소중한 것을 희생할 준비가 되어 있다."[9]

간디의 신앙심은 흔들림이 없었지만 1931년에는 인간이 숭배하고 의지할 궁극적 대상으로 그가 강조하는 것을, 신으로부터 진리로 옮긴 듯한 느낌을 주기도 했다. "진리만이 존재한다. 만약 신이 존재한다면 진리가 신이 되어야 한다. 우리가 신의 존재를 가정하기를 원치 않더라도, 우리가 인간으로서 발전하려면 진리의 존재를 가정해야만 한다. 신은 정의하기가 어렵지만 진리에 대한 정의는 인간 각자의 가슴속에 간직되어 있다."[10] 간디는 진리를 신으로 불렀으며 아마도 진리가 신의 가장 중요한 이름일 거라고 믿었다. 사실상 간디에게 진리와 신은 동의어(同義語)였다. 많은 사람은 신을 부인하지만 어느 누구도 진리를 부인하지는 않는다. 간디에게 진리는 처음부터 끝까지 신성한 것이었다. 정치와 윤리와 종교에서 최고의 가치이며, 권위와 호소의 최고의 원천이었고, 만물의 존재 이유였다. 그는 진리를 운명적 인간에게 가능한 신비적 힘을 부여한 부적(符籍)인 '현인의 돌'이라고 불렀다. 진리는 다르마의 핵심이었다.[11]

간디에게 진리는 시간이 가면서 다르마와 동등한 것으로 생각되었다. 다르마는 법이고 덕이며 의무이다. 다르마는 본받아야 할 개인적, 사회적 관습으로서의 보편적인 법을 의미하며, 각종 의례와 규율을 철저히 지키는 의무를 뜻한다. 다르마는 예로부터 하나의 신앙 체계라기보다는 도덕규범이었으며, 이론적인 면보다는 실천적인 면이 강조된 생활 규범이었다.

---

9 Joan V. Bondurant, *Conquest of Violence: the Gandhian Philosophy of Conflict,* (Princeton University Press, 1988), p. 19.

10 Raghavan N. Iyer, *The Moral and Political Thought of Mahatma Gandhi*(Delhi, 1973), p. 155.

11 *Ibid.*

간디는 진리의 힘을 의미하는 사티아그라하를 취하고 처음의 소극적 저항이란 단어를 버렸는데, 자신도 처음에는 두 단어를 같은 의미로 사용했으나 나중에는 사티아그라하에 엄청나게 큰 의미를 부여했다. 그 의미에는 북극과 남극만큼의 거리가 있었다.

소극적 저항은 대개 이기적인 정치적 무기로서 수동성과 미움에서 비롯된 것이다. 이길 것 같으면 폭력을 사용하려는 마음이 있으며 어떤 상황에서도 완전히 진리에 집착하지 않는다. 이에 반하여 사티아그라하는 물리적 힘에 대한 정신력의 우위에 근거한 도덕적 무기이다. 전자는 약자의 무기로서 자신의 목적을 위해서는 폭력의 사용을 배제하지 않는 데 반하여, 후자는 가장 용감한 사람의 무기로서 어떤 상황에서도 어떤 형태의 폭력도 인정하지 않는다. 전자의 목적은 적을 꼼짝 못하게 몰아붙이는 것이지만, 후자는 사랑과 인내로 상대방이 잘못에서 벗어나도록 설복하는 것이다. 소극적 저항에서는 상대방에 대한 사랑을 찾아볼 수 없지만, 사티아그라하는 사랑의 법칙이고 모든 사람을 위한 사랑의 길로서 증오나 나쁜 생각의 여지가 없다. 따라서 전자는 부정적이며 정적(靜的)인 데 반하여, 후자는 적극적이며 동적이다.[12]

사티아그라하는 반대자의 견해를 바꾸려고 노력해 나가는 고통을 포함한다. 이 고통은 깊은 고뇌 속에서 묵묵히 참는 수동적 자세다. "사람에게 기본적으로 중요한 것은 이성(理性)에 의해서만 확보되는 것이 아니라 고통을 통해 체득해 가야 한다는 확신이 나에게 점점 굳어졌다. 우리의 표어는 점잖게 설득하고 머리와 가슴에 끊임없이 호소함으로써 개조시키는 것이다. 따라서 우리는 우리와 눈을 마주하지 않는 사람들을 인내심을 가지고 예의 바르게 대해야 한다."

---

12 *The Selected Works of Mahatma Gandhi*, Vol. III: *Satyagraha in South Africa*(Ahmedabad, 1968), pp. 152~158.

1 간디의 사상

반대자의 견해를 바꾸려는 목표를 이루기 위해 박탈, 구금 및 죽음까지 어떤 고통도 불사해야 한다는 것이 간디의 견해였다. 이것은 그들의 견해를 바꾸려고 반대편을 강압적으로 밀어붙이는 것과 대조된다. "괴로움은 인간의 법칙이며, 전쟁은 정글의 법칙이다. 그러나 이성의 목소리를 외면해 버린 반대자를 개조하여 눈을 뜨게 하는 데는 분명히 고뇌가 더욱 힘이 있다." 사티아그라하 수행자가 반대편을 개조하기 위해 취하는 고뇌는 진리 추구와 부합하며, 가장 달래기 어려운 적대자까지도 마음을 분명히 녹일 수 있고 또 "돌멩이 같은 광신자의 마음까지도 녹일 수 있다."라고 간디는 믿었다.[13]

간디는 사티아그라하를 진리의 힘, 사랑의 힘, 영혼의 힘 등으로 다양하게 부르며 비폭력적 행동 방식으로 강조했다. 생각하고 말하고 행동하는 데 폭력을 쓰지 말아야 하고, 고통을 경험해야 하며, 불의에 대해 반대하고 치유하는 것이었다. 비폭력은 사상, 언어, 행동에서 생명체에 대해 위해를 가하지 않는 것이며, 한편으로 적에게까지도 사랑 혹은 자선을 베푸는 것이다.[14] 간디는 진리라는 단어를 절대적 의미와 상대적 의미로 사용했다. 절대적 의미로서의 진리는 절대적 비폭력이었으며, 상대적 의미로서의 진리는 말과 생각과 행동에서 진실성이 가득한 것을 말했다. 진실성이 충만한 사고와 행동은 지적인 진리라 부를 만하며 이것은 청렴과 인내와 용기를 수반하는 도덕적 이상이 될 수 있었다. 생각과 행동의 진실성은 절대적 진리를 성취하는 수단이었다.

사티아그라하에는 부정한 대의(大義)가 깃들일 수 없다. 물론 폭력을 배제하며 여기에는 사상, 연설, 행동에서의 폭력까지도 포함했다. 사

---

13 Subrata Mukherjee ed., *Facets of Mahatma Gandhi I Nonviolence and Satyagraha*(New Delhi: Deep Publications, 1994), p. 120.

14 R. K. Gupta, "Is Satyagraha a Nonviolent Method of Action?", *Gandhi Marg*, vol. 10, No. 2(1988), p. 114.

티아그라하 수행자는 자신의 고통과 희생을 감수할 의지와 능력을 갖추어야 하고, 이를 위한 훈련은 의무였다. 그들은 개인의 이익을 위해서가 아니라 타인, 나아가 공공의 좋은 일을 위해 힘써야 했다. 사티아그라하의 방법에는 포괄적인 의미의 비협조, 시민불복종, 그리고 건설적 계획 등이 포함될 수 있었다.

사티아그라하는 개인이나 집단의 정치 행동의 지도 원리였다. 비폭력의 수단으로 '전쟁'을 수행하는 방법이었다. 전쟁에서는 난폭한 방법으로 적을 굴복시키려고 하지만, 사티아그라하에서는 쌍방이 정의와 공명정대함에 입각하여 합의된 해결책에 도달한 것이 기대된다. 여기에서는 공동으로 목표를 달성하려는 것이므로 승리도 패배도 없는 것이다. 사티아그라하의 목적은 옳지 않다고 생각하는 제도에 협조하지 않는 것이다.

간디의 사티아그라하 이론은 그가 강조한 진리의 이론에서 없어서는 안 될 부분이고 비폭력 이론과도 분리할 수 없었다. 간디는 진리에 큰 의미를 부여하며 수없이 강조하고 있는데, 우리에게 손에 잡힐 듯 구체적으로 다가오는 이 추상적인 단어의 의미는 무엇인가? 생활 방식으로서의 진리는 신에 대한 충실한 생활을 의미하며, 행동 방식으로서는 비폭력을 뜻한다고 볼 수 있다. 사티아그라하는 간디의 생활 철학이며 행동 철학이다. 결국 사티아그라하는 아힘사(ahimsa; 불살생, 비폭력)의 정신에 따라 행동하는 것이며, 무소유와 순결과 진실한 생활 태도가 강조되었다.

아힘사의 어의는 불살생이지만 간디에게 아힘사는 또 다른 의미를 갖고 있었으며, 그것은 우리가 갈 수 있는 영역보다 더 높은, 무한히 높은 영역으로 그를 이끌어 갔다. 아힘사는 실질적으로 우리가 누구를 공격하지 않는 것, 우리가 적(敵)으로 생각될 수 사람에게까지 냉혹한 생각을 품지 않는 것을 의미한다. 아힘사의 이론을 따르는 사람에게는 적

에 대한 생각이 없으며 적의 존재를 부인한다.[15]

간디는 신을 마주보기를 원했다. 신은 진리이므로 신을 알 수 있는 확실한 방법은 비폭력—아힘사—사랑이라고 보았다. 비폭력 혹은 아힘사는 최고의 가치, 진정한 행동이 결행될 수 있는 인식의 기준이었다.

아힘사는 표면으로 나타나는 행동만이 아니다. 어떤 생물도 해치지 않는 것은 말할 것도 없이 아힘사의 일부이다. 그러나 그것은 최소한의 표현이다. 힘사(himsa; 살상)의 원리는 각자의 사악한 생각에 의해, 적절하지 못한 성급함에 의해, 거짓말에 의해, 미움에 의해, 타인이 못되기를 바라는 것에 의해 피해를 주는 것이다. 아힘사 없이는 진리를 추구하고 발견하는 것이 가능하지 않다. 아힘사와 진리는 뒤얽혀 있으므로 실제로 엉킨 것을 풀거나 그것을 분리하는 것은 불가능하다. 그것들은 동전의 양면과 같다. 아힘사는 수단이고 진리는 목적이다. 수단은 우리의 가능한 범위 안에 있으며, 아힘사는 우리의 최고의 의무이다. 우리가 수단에 관심을 가지고 매달리면 조만간 목적에 도달하게 된다. 우리가 일단 이 지점을 포착하면 최후의 승리는 문제가 아니다. 진리는 목적이며, 사랑은 그곳에 이르는 수단이다. 우리는 사랑 혹은 아힘사가 무엇인지 알고 있다. 사랑의 법칙을 따르는 것이 어렵다는 것을 알면서도.[16]

진리(사티아)와 아힘사와의 관계에 대해 간디는 진리가 아힘사보다 높은 위치에 있지만 진리와 아힘사는 동일한 것이라고 요약했다. 개념 상으로는 그것들이 거의 교체할 수 없는 쌍둥이라 할지라도 전자는 목적으로, 후자는 유일하며 정당한 수단으로 생각될 수 있다. 실질적으로

15 Raghavan Iyer ed., *The Essential Writings of Mahatma Gandhi*(Oxford University Press, 2007), pp. 284~285.
16 J. Bondurant, *op. cit.*, pp. 24~25.

진리의 시험은 아힘사의 실행으로 나타나므로 행동의 수준에서는 수단이 목적보다 더 중요하게 된다. 진리를 추구하면 동료와의 관계에서 아힘사의 필요성을 받아들일 겸손한 마음을 갖게 된다. 따라서 진리는 아힘사를 의미하며 아힘사는 진리를 전제로 한다. 진리는 아힘사보다 높지만 실제로는 아힘사가 진리보다 더 중요하다. 우리는 이를 활동 규칙으로 채택하여 우리가 행하는 아힘사의 정도가 진리의 정도를 가늠하는 척도가 되게 하는 것이다.

간디는 대부분의 사상가들과는 달리 목적과 수단 사이의 엄격한 이분법을 강하게 배격했다. 간디는 수단과 목적의 관계를 다음과 같이 표현했다.

나에게는 수단을 아는 것만으로 충분하다. 수단과 목적은 나의 인생 철학에서 동의어이다. 우리는 항상 수단에 대해 통제할 뿐 목적을 통제하지는 않는다. 나는 우리의 목표를 향한 진전이 우리의 수단의 순수성에 정확하게 비례한다고 느낀다. 모두들 "수단은 결국 수단에 지나지 않는다."라고 말하지만, 나는 "수단은 결국 가장 중요한 것의 모든 것이다."라고 말한다. 수단은 목적과 같은 것이다.[17]

간디는 목적이 수단을 정당화한다는 주장을 분명히 배격했으며, 도덕적 수단은 그 자체로 거의 목적이라고 주장했는데, 미덕이 그 자체의 보답이기 때문이다. 간디는 아힘사를 개인 및 사회생활에서 진리를 추구하는 필요한 수단으로 보았으며, 나아가 모든 정치적 사회적 행위의 유일한 정당한 근거가 되어야 한다고 선언했다.

---

17 R. Iyer ed., *op. cit.*, p. 362.

1 간디의 사상

3 사티아그라하의 실천적 목표

간디는 실천적 아힘사를 제도화된 권위에 반대하여 비폭력을 행사하는 것, 폭동 등의 대내적 불안 상황에서 비폭력을 행사하는 것, 외적의 침입에 맞서는 비폭력, 그리고 아힘사의 가장 중요한 분야로서 넓은 의미의 가족에 대한 비폭력의 네 분야로 분류했다. "아쉬람(ashram; 수도장)이나 기관의 성원들 사이는 가족과 같이 친근하므로 그러한 가족 성원들 간의 비폭력은 실행하기가 쉽다. 만약 우리가 여기에서 비폭력을 실행하지 못한다면 더 큰 규모에서 그것을 적용하거나 순수한 비폭력을 위한 능력을 개발하는 데 성공할 수 없다. 우리는 가족이나 기관 안에서 우리의 친척과 동료에게 사랑을 실행해야 하듯이 우리의 적들에게도 그렇게 해야만 한다."[18] 비폭력의 신조는 성자나 수도승에게만 의미가 있는 것이 아니라 평범한 사람에게도 마찬가지이다. 비폭력은 인간의 법칙이며, 폭력은 동물의 법칙이다.

사티아그라하의 목표는 악인이 아닌 악을, 죄인이 아닌 죄악을 파괴하는 것이다. 사티아그라하 수행자는 개인의 이익이나 명예에 탐닉하지 않으며 남을 욕되게 하지도 않는다. 사티아그라하 없이는 전반적 사회생활이 불가능하다. 그것은 지배자와 피지배자에 대항하여 채택할 수 있을 뿐 아니라 사회와 정부에 대항해서도 사용할 수 있다.[19]

폭력은 악이지만 더 큰 악을 제거하기 위한 효과적인 방법으로 폭력을 주장하는 것을 흔히 볼 수 있다. 물론 간디는 폭력을 용인하지 않는다. 폭력 행위는 그것이 의도했던 당장의 목적을 달성했을 때 성공한 것으로 보이지만 지속적인 성과를 얻을 수는 없다. 간디는 일시적인 폭

---

18 *Ibid.*, p. 187.

19 G, Gangaiah, "The Bases of Satyagraha in Gandhi's Philosophy", *Gandhi Marg*, Vol. 9, No. 6(1987), p. 355.

력 행위의 성공이 목표 달성을 위한 효과적인 방법이라는 믿음을 심어 주어 폭력의 상승 나선(螺旋)을 조장하는 습성이 있음을 경계했다.

간디는 무저항주의를 통해 행복한 사회를 꿈꾸었던 톨스토이와 사상을 같이했다. 악행을 똑같은 악행으로 되갚는 것은 폭력 행위의 반복일 뿐이다. 톨스토이는 억압받는 집단이라도 혁명을 도모하는 것은 정당화될 수 없다고 보았다. 혁명은 폭력과 살육과 혼란을 수반하기 때문이다. 당시 러시아의 급진적 혁명 노선에 대해 인류애를 근본으로 한 행복한 사회의 건설을 주장한 톨스토이의 사상에 간디는 크게 영향을 받았다.

간디의 견해로는 폭력과 군사적 행동은 필요하고 정당하다는 것은 결코 아니다. 폭력에 대해서는 비폭력적 대안이 존재한다. 사티아그라하가 폭력을 중단할 수 있는 유일한 길이다. "사티아그라하는 언제나 무장을 갖춘 저항보다 우월하다. 그것은 강자를 빛나게 하는 무기이다. 비폭력은 예외 없이 폭력보다 우월하다." 간디의 비폭력 대처는 정치적 충돌에서 폭력적 방법에 대한 완벽하고 효과적인 대안으로 계획되었다. 사티아그라하가 "진정한 제재이며 폭력에 대한 효과적이고 완전한 대체로 계획되었다."[20] 비폭력적 대안이 위협적인 대내적 폭력과 외부의 침략에 맞설 수 있는 힘을 제공한다. 사티아그라하만이 구조적인 폭력이 조성한 사회 정치적 상황에 대해 도덕적인 대응을 할 수 있다. 정치의 목적인 사회 질서를 유지할 수 있는 것은 도덕이지 결코 권력이나 힘일 수는 없다. 도덕적 힘에 근거하지 않는 권력에 의한 사회 질서의 유지는 오래 지속될 수 없기 때문이다.

정치적 현실주의자들은 간디의 비폭력은 위력적인 힘을 발휘할 수 없으며 단지 순진함과 나약함의 표시라고 비판하기도 했다. 간디는 인

---

20 Gene Sharp, *Gandhi as a Political Strategist*(Boston, 1979), p. 140.

도인이 겁 많은 국민으로 취급당하고 있는데, 비폭력 저항이야말로 인도 국민이 겁쟁이가 되지 않게 용기를 불어넣어 주는 기술이라고 주장했다. 간디는 비폭력을 "진정으로 용감한 자의 무기"로서 권고했다.

비폭력은 가장 힘 있는 사람이 타고난 것이다. 진리는 그 사람이 갖고 있는 유일한 목표이다. 신은 진리 이상의 것이 아니다. 그러나 진리는 비폭력을 통하지 않고는 결코 도달할 수 없다. 사람이 다른 동물들과 구분되는 것은 비폭력을 행할 수 있는 능력이다. 사람은 그가 비폭력을 행한 만큼만 그의 사명을 수행할 뿐 그 이상이 아니다. 사람은 다른 재능도 가지고 있지만 그 재능들이 주된 목표, 즉 비폭력 정신의 개발에 도움을 주지 못한다면 그것들은 사람을 짐승 이하로 끌어내리고 만다. 평화를 위한 외침도 비폭력 정신이 수백만 명의 남녀를 지배하지 않는 한 광야의 외침이 될 뿐이다.[21]

간디는 비폭력이 폭력보다 훨씬 용감하고 우월하다고 주장했다. 비폭력의 용맹함과 폭력의 그것은 비교될 수 없으며, 전자는 무한하고 후자는 제한적일 뿐이다.

간디는 비겁함을 가장 경멸했다. 간디는 겁쟁이가 비폭력이라는 이름 아래 피난처를 구하는 것을 결코 허락하지 않았다. 그는 비겁함과 수동성과 악에 굴복하는 것을 비난했다. 간디에게 비겁함보다 더 큰 악은 없었다. "비겁함은 폭력보다 더 나쁜 무기력이다. 겁쟁이는 보복을 원하지만 죽음을 두려워한다. 그는 현재의 정부를 바라보면서 자기를 위해 방어 조치를 취해 줄 것으로 생각한다. 겁쟁이는 인간 이하다." 물론 간디는 폭력을 허락하지 않았다. 그러나 폭력적인 공격과 억압과 정

---

21 R. Iyer, *op. cit.*, pp. 240~241.

치적 악에 직면했을 때 폭력으로 저항하는 것이 비겁함과 무기력과 굴복보다 도덕적으로 더 낫다고 주장했다.

1908년 남아프리카에서 장남 하릴랄이 치명적인 경찰의 공격을 받았을 때 도망쳐야 하느냐, 죽어야 하느냐, 혹은 자신을 방어하기 위해 물리적 힘을 사용하여야 하느냐는 질문을 받고서 간디는 아들에게 폭력을 사용하여서라도 자신을 방어하는 것이 의무라고 말해 주었다. 간디가 보어 전쟁(Boer War, 1899~1902)에 인도인 의무병을 이끌고 영국을 위해 참전했던 것도 같은 이유에서였다. 간디는 인간에게는 다소간의 힘사가 깃들어 있으므로, 아힘사를 폭력의 완전한 부재나 회피가 아니라 가능한 최소한의 폭력을 뜻한다고 주장하기도 한다.[22]

말할 것도 없이 훨씬 우월한 대안은 비폭력 행동 방식을 따르는 것이다. 그러나 간디는 인도가 겁쟁이가 되어 자신의 불명예에 대해 속수무책의 방관자가 될 바에는 명예를 지키기 위해 차라리 무력에 호소할 것이라고 했다.

내가 나의 의사와는 달리 아쉬람을 떠나 히말라야의 동굴에 은거하면서 침묵하고 있다면 그것은 순전한 겁쟁이이기 때문이다. 진리의 추구는 동굴 속에서 수행될 수 없다. 말을 해야 할 필요성이 있는 곳에서는 침묵은 아무 의미도 없다. 어떤 사정으로 동굴 생활을 할 수 있다. 그러나 일반인은 사회 안에서만 평가받을 수 있다. …… 비폭력은 비겁자의 은신처가 아니라 용감한 자의 최고의 덕행이다. 비폭력 행사는 검객보다 훨씬 커다란 용기를 요구한다. 비겁은 비폭력과 조화될 수 없다. 무사도로부터 비폭력으로 전환은 가능하다. …… 나는 비폭력이 폭력보다 분명히 우위에 있으며, 용서는 처벌보다 훨씬 인간적이라고 믿는다. 용서는 전사(戰士)를 빛나

---

22 Bhikhu Parekh, *Colonialism, Tradition and Reform: An Analysis of Gandhi's Political Discourse*(New Delhi: Sage Publications, 2005), p. 112.

게 만든다. 그러나 자제는 처벌할 만한 힘이 있을 때에만 용서가 될 뿐이며, 힘없는 인간으로부터 탈출하기 위해 꾸민 것이라면 의미가 없다. 쥐가 갈기갈기 찢기면서 고양이를 용서할 수는 없다.[23]

간디는 "진리의 길은 용감한 사람만을 위한 것이지 결코 겁쟁이를 위한 것이 아니다."라는 말을 날이 갈수록 좋아하고 자주 언급했다. 간디의 비겁에 대한 비난은 도덕적 의도뿐만 아니라 정치적 의도도 갖고 있었다. 수동성과 굴복에 대한 반대와 이를 자기 의존으로의 국민적 갱생으로 연결하는 것은 중요한 것이었다. 비폭력은 폭력을 되받아칠 수 있는 용기가 없는 겁쟁이가 수행할 수는 없다. 기생충같이 살아간다면 자신을 짓밟는다고 비난할 자격도 없다. 인도인의 비겁한 굴복과 협조가 영국의 지배를 가능하게 만들었다는 것이 간디의 판단이었다. 비폭력은 개인에 의해서만 수행되는 것이 아니며 사회 전체에 의해 수행될 수 있고 수행되어야 했다. 사티아그라하의 목적은 인민에게 용기를 불어넣어 그들에게 정신적 독립성을 갖도록 만드는 것이었다.

사티아그라하의 기본이 바로 비폭력이다. 비폭력 투쟁은 육체적 힘에 대해 정신적 힘으로 대항하는 것이다. 영혼의 힘, 즉 정신적 힘은 육체적 힘보다 우월하다. 그것은 남에게 고통을 주려는 의도가 없기 때문이다. 그러나 간디는 완벽한 비폭력을 주장하지는 않았다. "누구도 진정한 비폭력을 알 수도 없고, 누구도 완벽한 비폭력을 실행할 수도 없다. …… 완전한 비폭력은 모든 행위의 완전한 중단이다. 그러한 것이 나의 비폭력에 대한 정의는 아니다."[24] 간디는 완벽한 비폭력은 우리의 육체가 존재하는 한 불가능하지만 그래도 우리는 생애의 매 순간마다

---

23 G. Sharp, *op. cit.*, pp. 135, 137.
24 B. Parekh, *op. cit.*, p. 114.

노력해야만 한다는 것이다. 비폭력을 완벽하고 일관성 있게 수행함이 불가능함에도 인간의 의무는 폭력을 최소화하기 위해 부단히 노력하는 것이라고 주장했다.

비폭력은 나에게 단순한 실험이 아니다. 그것은 나의 생활의 일부이며 사티아그라하, 비협조, 시민불복종 신조 등의 모든 것은 비폭력이 인류를 위한 생활 법칙이라는 기본적 명제의 필연적인 추론이다. 나에게 비폭력은 수단이며 목적이다. 확신하건대 인도가 당면한 복잡한 상황에서 자유를 쟁취할 실질적인 다른 길은 없다. 나의 신념을 현재의 상황에 적응하여 나는 비폭력의 단어에 모든 것을 테스트해야만 한다.[25]

간디 자신이 연구하고 경험한 바로는 비폭력이야말로 세상에서 가장 강력한 힘이다. 진리를 발견하는 가장 확실한 방법이며 다른 길이 없기 때문에 가장 빠른 길이기도 하다. 비폭력은 완벽한 겸양 없이는 불가능하다. 비폭력은 투쟁을 회피하는 것이 아니라 적극적이며 때로는 호전적이기도 하다. 간디는 정치적 목적을 달성하기 위해서는 제한적 비폭력을 주장하여 "나는 우주적인 비폭력을 국가에 전파할 능력은 없다. 따라서 나는 비폭력을 우리의 자유를 쟁취하는 목적에 제한한다."라고 말했다. 간디는 제한된 정치적 목적을 위해 비폭력 행동을 채택하면서 "비폭력은 하나의 정책"이라고 했다. "정책은 변할 수 있지만 신조는 변할 수 없다. 그러나 어느 것도 모두 중요하다."라고 말했다.

사티아그라하에서 파생된 것이 비폭력 비협조였다. 그것은 '괴로운 사랑의 표현'이었다. 간디는 "비협조가 사티아그라하 병기고(兵器庫)에 있는 가장 중요한 무기이지만 그것은 진실과 정의에 입각하여 꾸준히

---

25 R. Iyer, *op. cit.*, p. 244.

　　　　　　　　　　　　　　　　　　　　1 간디의 사상

적의 협조를 구하려는 수단이라는 것을 망각해서는 안 된다."[26]라고 말했다. 비협조는 적이 자신의 폭력을 치유했을 때는 언제나 협조하겠다는 자세이다. 비폭력 비협조의 목표는 쌍방이 투쟁하는 동안에 상대편의 견해를 존중하는 태도를 배우고 따르는 동의이다. 개화되고 지적인 여론은 사티아그라하가 추구하는 가장 힘 있는 병기가 될 수 있다.

간디의 정치에서의 성공은 특이하다. 그는 정치학도도 아니고; 정치 이론가나 분석가도 아니다. 자신이 인정한 바와 같이 많은 책을 읽어 지식을 습득한 것도 아니었다. 간디는 톨스토이, 소로 및 존 러스킨 (John Ruskin)에게서 많은 영향을 받은 것으로 알려졌다. 간디는 정치 분야에서 혁신자이며 새로운 개척자이다. 그는 정치적 '책 지식'의 결여에도 불구하고 정치적 현실에 대해 매우 사려 깊은 이해력을 가졌다. 또 여기에 그의 끊임없는 '실험'과 직관에 의지했다. 그는 정치 문제에 있어서 일반 대중의 감정과 위력적인 힘을 간파하는 능력을 가졌으며, 분명히 지적인 동료 민족주의자들보다 농민들을 더 잘 이해했다. 인민을 용감하게 행동으로 이끌고 그들의 능력에 새로운 의미를 부여하는 간디의 능력에는 거대한 조직 능력과 세심한 주의력이 결부되어 있었다. 이 다양한 요인의 결합이 '비폭력 행동 정치'의 발전에 주요한 공헌으로 나타났다.[27]

사티아그라하의 위대한 힘은 그 단순함과 적응력에 있다. 문제에 따라서 다양한 형태와 신축성 있는 규모를 보였다. 비폭력 행동은 소극적 저항이 아니라 적극적 투쟁에서 주도권을 행사할 수 있는 기술이었다. 민중 투쟁의 방법에 비폭력의 도덕적 우위를 접목시킨 것이었다.

간디의 투쟁 기술은 영국의 제국주의 통치와 이에 대한 인도의 대

---

26 G. Dhawan, *The Political Philosophy of Mahatma Gandhi*(Ahmedabad, 1982), p. 144.
27 *Ibid.* G. Sharp, *op. cit.*, pp. 96, 18.

응이란 특수한 환경에서만 사용될 수 있었는지도 모른다. "전쟁과 마찬가지로 사티아그라하의 성공적인 수행을 위해서는 공공 정신, 자기희생, 조직, 인내와 훈련이 요구되었다. 이러한 요인은 인도인보다는 서양인의 공동체에서 더 많이 발휘될 수 있었다. 아마도 폭력의 기술에 뛰어난 최고의 기술자가 역시 비폭력 직접 행동에서도 가장 효과적인 시범자가 될 수 있었던 것 같다." 간디는 군사적 방법을 지지하지 않았음에도 불구하고 양심적인 반대자도 아니고 반전(反戰)주의자도 아니었다. 그는 "폭력 없는 전쟁"의 실험자였다.[28] 그래서 간디의 투쟁 기술과 연결시켜 사티아그라하를 '비폭력 저항', '비폭력 직접 행동' 심지어 '전투적 비폭력'으로 번역하기도 한다.[29]

간디는 비협조와 시민불복종을 사티아그라하운동의 두 축으로 언급했다. 여기에 첨가하여 엄격한 의미에서 일의 중단을 뜻하는 하르탈(파업), 단식, 피케팅, 비폭력 공격, 행진 등이 사티아그라하의 형태로 포함될 수 있었다. 혹자는 간디를 아나키스트로 보기도 한다. 간디는 분명히 "나 자신은 아나키스트다."라고 말했다. 간디에 대한 가장 지각 있는 관찰자였던 네루도 여기에 동조하여 간디는 "특별히 앞뒤가 맞지 않는 인물로서, 다소간 철학적 아나키스트다."라고 인정했다. 간디는 조직의 명수였고 국민회의를 조종하는 데 천재였다. 어떤 사람들은 이 재능이 그를 아나키스트로 간주하게 만든다고 주장한다. 사실 간디는 예외적으로 출중한 조직 능력을 갖춘 아나키스트였다.[30]

간디는 젊었을 때는 근대 문명을 신뢰했지만 나중에는 이를 비난하고 나섰다. 간디에게 서양 문명 혹은 근대 문명은 진정한 인간성의 파

---

28 Krishnalal Shridharani, *War without Violence*(Bombay, 1962), p. 19.

29 Thomas Weber, *Conflict Resolution and Gandhian Ethics*(New Delhi: The Gandhi Peace Foundation, 1991), p. 2.

30 R. J. Moor, *Tradition and Politics in South Asia*(New Delhi, 1979), p. 203.

괴였다. 근대 문명은 재산과 안락함을 사랑하고, 일과 인생을 기계화하고, 노동자를 노예화하고, 산업과 관련된 모든 가치를 금전으로 계산하기 때문이었다.

인도인들은 근대 문명의 매력과 편안함에 빠져들어 조국을 영국인들에게 넘겨주고 말았다. 영국인이 인도를 빼앗은 것이 아니라 인도인이 스스로 인도를 영국에 넘겨주었다. 인도인이 영국인에 협력하고 나섰던 것은 종교를 버리고 탐욕에 젖었기 때문이었다. 영국의 교육, 산업화, 대중교통, 의료와 법률 제도 및 직업에서 구축된 가치관이 인도의 영국 예속을 정당화하고 강화시키고 말았다.

간디가 볼 때 진정한 문명은 마음과 열정을 지배해야 했다. 문명은 인간의 의무가 도덕을 준수한다는 원리에 근거해야 했다. 인도 문명은 원래 종교와 도덕에 강하고 건전한 뿌리를 내린 참된 문명이었으며 이는 곧 진정한 스와라지(자치)였다. 그는 스와라지에서 주목할 점은 진정한 자치는 자율 혹은 자제이며, 스와라지로 나가는 길은 영혼의 힘이고 사랑의 힘이라고 했다. 이 힘을 발휘하기 위해서는 모든 면에서 스와데시가 필요하며, 인도인의 고유한 행동은 의무감에서 비롯되어야 한다고 강조했다.[31]

간디는 제국주의자와 반제국주의자의 폭력의 근원은 모두 근대 문명에 있다는 믿음을 갖고 있었다. 영국의 제국주의는 근대 문명에 침투해 있는 폭력에 뿌리를 두고 있으며, 그것을 박멸하겠다고 생각한 반대자들도 무의식중에 그 폭력에 오염되어 있다. "인도의 영국 정부는 악마의 왕국인 근대 문명과 신의 왕국인 고대 문명 사이에서 투쟁하고 있다. 하나는 전쟁의 신이요, 다른 하나는 사랑의 신이다." 인도 국민은

---

31 I. Jesudasan, "Gandhi's Life of Liberalism", *Gandhi Marg*, Vol. 7, No. 5(1985), pp. 296~297.

근대 문명의 악폐를 영국 국민에게 돌리며 사악한 영국민을 추방하기 위해서는 폭력의 근원인 근대 문명과 근대적 방법을 채택해야 한다고 믿는데 이 또한 자살적인 정책을 따르고 있는 것이다. 폭력이 물질주의 와 부도덕 혹은 종교에 대한 믿음과 관련되어 있으며 도덕과 종교의 이름으로 위장하고 있다. 간디는 그리스도의 기독교와 제국주의의 기독교를 구분하여, 고대 인도의 종교와 그리스도의 기독교는 모순되지 않은 것으로 보았다. 제국주의는 기독교의 옷차림을 하고 숨어 있으며 그리스도의 기독교에 파괴적인 것이다. 대조적으로 인도의 문화는 근본적으로 정신적이며 비폭력적이었다고 간디는 주장했다.[32]

군사적 방어는 민주주의의 수호를 위해 필요하다는 일반적인 견해에 대해 간디는 민주주의와 군사적 방법은 서로 공존할 수 없다고 주장했다. 비폭력 저항에 의한 국가 방위가 군사적 방어보다 더욱 강하고 효과적이라고 간디는 확신했다.

비폭력은 어떠한 강력한 군사력보다도 더욱 강한 힘이다. 폭력은 방어의 가장 나쁜 무기다. 무기는 무기력의 표현이지 힘의 표현이 아니다. 군사적 도움에 의존하는 민주주의라면 그것은 아주 나쁜 민주 정치이다. 민주주의와 군대 정신은 용어에서 모순이다. 민주주의가 군대와 경찰에 의존하는 것은 모순이다. 전쟁 과학은 사람을 독재로 단순하게 몰아간다. 비폭력 과학은 오직 인간을 순수한 민주주의로 인도한다. 민주주의와 폭력은 함께 갈 수 없다.[33]

무장이 지켜 주는 힘은 비폭력의 힘에 비교될 수 없으며 정당성 면

---

32 Richard Johnson ed., *Gandhi's Experiments with Truth: Essential Writings by and about Mahatma Gandhi*(New York: Lexington Books, 2006), pp. 229~230.

33 *Harijan*, 12. November. 1938; G. Sharp, *op. cit.*, p. 141.

에서도 비교될 수 없다. 간디는 진정한 민주주의자는 순수한 비폭력으로 자신의 자유와 조국과 궁극적으로 전 인류의 자유를 지키는 사람이라고 믿었다. 비폭력에 근거한 민주주의가 간디의 생각이었다. 간디가 생각하는 민주 정치의 요체는 약자도 강자와 똑같은 기회를 갖는 것이었다. 그것은 비폭력을 통하지 않고는 결코 나타날 수 없다. 세상의 어떤 나라도 약자를 배려하는 것을 볼 수 없다. 오늘날 명목적으로 민주적이라는 나라들은 전체주의 국가로 되어 가고 있음을 지적했다.

많은 사람들, 특히 영국인과 인도인들이 간디의 비폭력운동은 적(敵)이 영국 정부여서 가능했다고 주장한다. 암리차르 학살 등 무자비한 탄압이 있었던 것은 사실이지만 대체로 영국 정부는 히틀러와 스탈린만큼 포악하고 무자비하지는 않았다. 오늘날 생각할 수 있는 것보다는 훨씬 가혹했지만 영국인의 통치에서는 다소 인간다운 면을 찾을 수 있었다. 영국의 정치 발전사가 혁명적이고 급진적이기보다는 대체로 합법적이고 점진적인 전통을 가진 데서 기인했을 수도 있다.

인도 역시 1882년에 지방자치제가 도입되고, 이어 국민회의가 출범하여 점진적으로 민주 정치가 발전해 오면서 서구적인 대의 정치의 경험을 쌓아 왔다. 또한 영국인 지배자가 자제심을 보였다면 그것은 간디가 이끄는 인도의 독립운동이 비폭력 저항운동의 방식을 채택했기 때문으로 볼 수 있다. 인도의 비폭력운동은 영국인을 '적'으로 보고 행동하는 것과는 거리가 있었다.

간디는 1차 세계대전 때는 대영제국의 방어를 위해 적극 협조하도록 인도 국민에게 호소했고,[34] 2차 세계대전 때도 연합국을 지지했다. "나의 동정심은 전적으로 연합국 편이다. 이 전쟁은 서양이 발전시켜 온 민주주의와 히틀러로 대표되는 전체주의 사이에서 하나를 결정하는

---

34 졸저, 『인도사』, 490쪽.

것이다." 서양 국가들이 '진정한 민주국가들'이라는 데 동의할 수 없지만 "만약 인도주의의 이름으로 또 인도주의를 위한 정당한 전쟁이어야 한다면 인류에 대한 무자비한 박해를 막기 위해 독일에 대항하는 전쟁이 완전히 정당화되어야 할 것이다."라고도 말했다.[35]

간디는 공산주의에 대하여 어떤 생각을 가지고 있었는가? 약소국들 특히 제국주의 지배 아래 시달리고 있던 식민지 국가들은 새로이 발돋움하고 있는 공산주의 이념과 소련에 관심을 갖기 마련이었다. 그러나 간디는 깊이 생각할 것도 없이 공산주의를 무시하고 배척했다. 공산주의의 사상적 뿌리가 서구에 근원하고 있다는 사실에 본능적인 거부감을 가졌다. 공산주의는 자본주의와 마찬가지로 인간의 물질적 견해에 근거하고 있으므로 새롭게 또 더 높은 문명을 표현할 수 없다. 공산주의는 실로 자본주의와 쌍둥이이며 거의 같은 것을 제시하며 주장할 뿐이었다. 요컨대 자본주의와 공산주의는 서구 이념이므로 인도의 정신적 문화와 조화를 이룰 수 없는 것이었다.

공산주의는 사회 문제에 국가 통제적으로 접근하고, 국가를 신격화하며, 개인을 가난하게 하고, 지역적 창의력과 에너지를 고갈시킨다. 경제와 정치의 힘을 국가에 결집시킴으로써 인간의 자존심과 권위에 중대한 위협이 된다. 공산주의는 그것을 수립하기 위해 폭력 혁명을 필요로 하며 희망하는 목표에 방해가 되는 누구도 또는 무엇도 당연히 제거되어야 한다는 믿음에 근거하고 있는데 역사에서 보면 그러한 혁명은 그것들이 척결하려고 계획했던 것보다 훨씬 더 나쁜 악폐로 이끌어 갔다는 점을 간디는 상기시켰다. 공산주의는 즉흥적인 해결에 중독되어 있으며 반인간적 공격성이 있다는 점을 지적했다. 간디는 공산주의가 빈곤을 제거하고, 탐욕을 억제하고, 모든 시민에게 일할 수 있는 권리

---

35 G. Sharp, *op. cit.*, p. 12.

를 보장한다는 주장을 인정하면서도 그 도덕적 결여가 그것이 가지고 있는 힘을 훨씬 압도해 버린다고 믿었다.[36]

간디는 볼셰비즘을 단호하게 비난했다. "폭력을 사용하고, 사유 재산을 착취하고, 집단 국가 소유를 유지하는" 공산 독재를 인정할 수 없다며 "볼셰비키 정권은 현재의 형태로는 오래 지속할 수가 없다. 폭력에 근거하여 지탱할 수 있는 것은 아무것도 없다는 것이 나의 확신이기 때문이다."[37]라고 비판했다. 어느 정부도 국민이 봉사하려는 마음을 철회해 버리면 존재할 수 없다. 간디는 사티아그라하에서 수단과 목표 사이의 조화와 일관성을 주장해 왔다. 간디에게 수단은 아는 것으로 충분했다. 정부도 독립운동도 비폭력을 통해서만 성공할 수 있는 것이기 때문이다. 수단이 잘 처리되면 목표는 스스로 잘 되어 가기 마련인데 항상 비폭력이 수단이었다.

간디는 이른바 '건설적 계획'이라고 하여 국민 갱생 전략의 항목을 제시했다. 국가를 밑바닥에서부터 다시 세워, 인도의 사회와 경제를 재건하려는 계획으로 18개 항목을 강조했다. 힌두와 무슬림의 연합, 불가촉천민제의 철폐, 금주, 물레의 권장과 카디 옷감의 사용, 식량 증산, 촌락 산업의 발전, 기초 교육과 기능 교육, 건강 교육과 위생, 남녀평등, 토착 언어의 사용, 공동국어의 채택, 경제적 평등, 재산의 사회적 복지 개념, 농민 및 노동자 연합의 결성, 변방 원주민을 정치적 경제적 생활의 주류에 포함, 학생들을 위한 구체적 행동 규칙, 나병 환자 및 걸인에 대한 지원, 동물 보호가 그것이다.[38] 간디는 서양의 정치 제도와 자본주의를 배격하면서도 인도의 전통과 종교적 관습만을 고집하지 않고 인

36 Bhikhu Parekh, *Gandhi's Political Philosophy: A Critical Examination*(Hong Kong: Macmillan Press, 1989), p. 136.

37 S. Mukherjee, *op. cit.*, p. 121.

38 B. Parekh, *Gandhi's Political Philosophy*, p. 62.

도 사회의 근본적인 개혁을 주장하고 나섰다. 간디는 단순히 독립운동에 그치지 않고 재래의 인습을 과감히 척결하려는 혁명적인 사회 개혁가이기도 했다.

4 맺음말

간디와 그의 철학 그리고 정치적 활동에 대한 평가는 너무 다양하고 서로 판이하다. 간디를 위대한 독립운동 지도자 혹은 영국인의 도구로, 민족주의자 혹은 세계주의자로, 현실주의자 혹은 이상주의자로, 또 무정부주의자로도 평가한다.

간디가 도덕적 생활을 내세우면서 도덕과 이성을 강조한 것은 옳았지만 이상에 치우친 나머지 현실적인 면을 간과한 것도 사실이었다. 간디는 정치적, 사회적 갈등도 진실한 마음으로 상대방에 접근하면 합리적으로 해결될 수 있다고 믿었지만 그의 이상은 실현되지 못했다. 인도 국민의 숙원이었던 독립이 곧바로 간디 자신이 온몸으로 막아 보려 했던 인도와 파키스탄의 분립이라는 인도 역사상 최대의 불행으로 나타났기 때문이다.

간디에게 인도는 영토 개념보다 문명 개념으로 이해되었다. 인도 문명은 복합적이고 관용적이었다. 다양성 속에서 통일성을 유지해 온 것이 특징이었다. 힌두의 인도에 6세기가 넘는 무슬림 지배가 계속되었다. 다양한 공동체들과 문화와 종교가 공존해 왔다. 이것이 인도의 참 모습이고 '진실'이었다. 편협한 종파적 민족주의에 편승한 인도와 파키스탄의 분립은 오랜 역사적 전통을 부정한 '거짓'이었다. 거짓은 간디의 사전에서 가장 가혹한 단어였다. 간디에게 힌두와 무슬림의 공존이 없는 인도는 무기력한 존재일 수밖에 없었다. 인도의 독립이 분립으로 결말을 보았을 때 그것은 간디가 필생의 신념을 갖고 헌신했던 진리를 위한 투쟁에 대한 모순이고 좌절이었다.

간디는 어떤 경우에도 비폭력에 대한 신념이 흔들리지 않았지만 세계로부터 제대로 평가받지 못했는지도 모른다. 비폭력과 평화의 이념을 끊임없이 전파했지만 노벨 평화상의 수상에서 제외된 사실이 이를 잘 보여 주고 있다. 간디와 영국 정치가들 사이의 관계가 좋았을 리 없었다. 예컨대 인도인 노동자들의 권익을 위해 남아프리카에 머물던 간디가 런던으로 처칠(Winston Churchill) 식민차관을 방문했다. 아마도 간디는 두 사람이 보어 전쟁에 참전하여 대영제국을 위해 헌신했던 지난 날을 마음에 담고 찾았을 것이다. 그러나 이때 처칠이 '인도인들의 참정권 박탈의 정당성'을 단호하게 주장한 이후 간디와 40여 년간 불편한 관계가 계속되었다. 어윈(Lord Irwin) 총독은 간디의 사티아그라하운동을 비합법적이고 위험스럽기 짝이 없는 폭력으로 간주하면서 "간디의 민중 행동은 정부를 불능케 만드는 또 다른 형태의 폭력의 적용일 뿐"[39] 이라고 규정했다. 영국 정부의 시각으로 볼 때 간디는 결코 평화주의자가 아니었다. 비폭력을 앞에 내세울 뿐 어떤 폭력주의자나 무정부주의자보다 더 과격한 이론과 행동의 소유자였던 것이다.

---

[39] G. Sharp, *op. cit.*, p. 11.

2 인도에서의 첫 사티아그라하운동

인도의 범국민적 독립운동인 비폭력비협조운동이 일어나기 전에 간디가 개입했던 참파란과 구자라트의 농민·노동자운동은 널리 알려진 사건은 아니다. 참파란에서는 간디의 지도 아래 농민이 농장주들의 횡포에 대항하여 성공적인 투쟁을 했고, 구자라트에서도 농공장주에 대항해 농민과 노동자들이 성공적인 저항운동을 전개했다.

간디는 1915년 초 귀국했다. 고칼레의 권고에 따라 당분간 정치와는 초연하게 지내면서 3등 열차로 전국을 돌며 대학 등에서 남아프리카에서의 경험을 내용으로 강연을 했다. 참파란과 아메다바드의 농민 노동자운동은 간디가 전개했던 인도에서의 첫 사티아그라하운동이었다는 데에 큰 의의가 있다. 간디가 비하르주와 구자라트주뿐 아니라 전국적인 명성을 얻게 된 첫 성공 사례였다. 간디는 농민 노동자 속으로 직접 파고들어 활동을 전개함으로써 인도 국민에게 친근한 지도자, 구원자로 부각되었을 뿐 아니라 그가 보여 준 사티아그라하의 위력으로 여기에서 '마하트마'의 칭호를 얻게 되었다. 또한 간디가 인도의 정치 활동 무대에 성공적으로 등장하게 된 계기를 마련해 준 사건이었다. 간디는 자유 투쟁에서 농민과 노동자를 성공적으로 동원하는 사례를 보여 줌으로써 지금까지 민중과 거리를 두고 교육받은 중산층의 활동 무대로 머물렀던 국민회의로부터도 일약 주목받는 인물로 떠올랐다.

1 참파란의 사티아그라하운동

1) 쪽 재배 실태

간디가 참파란 문제에 개입한 것은 1917년이었다. 참파란은 인도 동북부 비하르주의 티루트 지방에 속한 네 개 구역 가운데 하나였다. 참파란은 네팔 국경에 인접한 히말라야 산기슭에 구릉 지대와 목초지를 포함하고 있었으며 인구 밀도는 비교적 낮은 편이었다. 90만 명이 넘는 주민은 힌두가 다수였으며 무슬림과 소수의 기독교인을 포함하고 있었다. 비하르주는 문맹률이 비교적 높은 곳이었으며 참파란은 비하르 안에서도 교육 수준에서 뒤처진 고장이었다.

인도에서는 쪽(인도남(藍))을 오래전부터 재배해 왔다. 인도의 쪽은 세계적으로 우수함을 인정받았다. 영국은 신대륙에서 쪽을 수입하기도 했지만 미국의 독립 전쟁 이후 공급이 원활하지 못했고 영국동인도회사가 이미 벵골 지방에 지배권을 확립한 이후였으므로 인도의 쪽 재배는 번창해 갔다. 비하르의 주요 농작물은 쪽이 아니라 사탕수수, 옥수수, 보리, 밀, 쌀 등이었다. 쪽은 재배 면적의 7퍼센트를 넘지 못했지만 가장 수지맞는 작물이었다.

참파란을 대부분 소유하고 있던 소수의 대지주 자민다르는 각자 수십 개의 마을을 거느리고 있었다. 자민다르는 부락들 전체의 소유자이며 그 토지의 영주로서 행정부의 영향을 거의 받지 않고 지역 사회에서 권력을 행사했다. 그들은 사회적 계층을 확실히 조직해 놓고 유럽으로 쪽을 수출해 큰 이득을 얻었다. 모든 자민다르는 그들의 영토에 대한 관리 책임에서 벗어나기 위해 토지를 중간인들에게 임대했다. 자민다르는 유럽인 농장주들보다는 여러 면에서 다루기 편한 인도인 농장주들을 더 좋아했다.

그러나 임시 토지 보유자(thinkadars)인 쪽 농장주들 중에 큰 영향력을 행사하고 있던 집단이 유럽인 쪽 농장주들이었다. 농장주는 그 토지를 직접 경작하거나 혹은 소작농민에게 빌려 주었다. 전자의 경작 방법이 지라트(ziraat)였고, 후자의 방법은 아사미와르(asamiwar)였다. 지라트는 농장주 자신의 비용과 노동력으로 경작했는데 대체로 많은 비용이 들었다.

아사미와르 제도는 소작인이 농장주에게서 선금과 종자를 제공받고 계약에 따라 쪽을 재배하는 경작 방법이었다. 참파란은 이 제도의 농지 면적이 3분의 2를 점했다. 이 제도는 농장주와 소작인 양측의 자유로운 동의에 근거한 계약 체결로 보였지만 실제는 달랐다. 농장주는 문서로 계약한 액수 이외에 부당한 요구(abwab)를 소작인에게 정규적으로 부과했다. 소작인들은 주인의 뜻에 따라 가장 좋은 보유지의 20분의 3에 해당하는 토지를 경작해 주었다. 이에 대한 법적인 근거는 없었지만 관례화되어 의무처럼 여겨졌다. 소작인은 자신의 시간과 노력(勞力)을 우선적으로 지주의 농사를 위해 바쳐야 했고, 생계 수단인 자신의 작물을 재배하는 데는 상대적으로 적은 시간을 할애해야 했다. 농부들은 항상 이에 항의했지만 힘에 굴복할 수밖에 없었다.

유럽인 농장주들 대부분은 영국동인도회사의 상업적 대리인이거나 도시 부르주아 혹은 신흥 지주 계층인 젠트리였다. 인도는 더 이상 영국의 가난한 귀족들의 선택된 땅이 아니었다. 쪽 재배 환경은 영국의 중산층이 인도를 선호하도록 만들었다. 영국인 농장주들은 상인, 기업인, 법률가, 성직자, 관리 및 장교 들의 아들들이었다. 농장주는 그의 농장에 거주하고 있는 마을 사람들에게는 중재자이고 재판관이었다.

지대(地代)는 면적에 따라 고정해 놓았으며 작물의 소출에 따라 결정한 것이 아니었다. 약 50년 동안 소작인이 지불하는 액수는 두 배 정도 인상되었다. 쪽 재배 소작인이 지불하는 돈은 1860년대에는 대체로 에이커당 약 6루피에서 9루피였으며, 농민 소요가 있은 후 1877년에는 11루피가 되었고, 1897년에는 비하르 농장주협회가 자발적으로 에이커당 12루피로 올렸다. 1910년에는 13루피까지 올랐다.[40]

재배된 쪽은 공장으로 옮겨 상품으로 만들어졌다. 쪽 공장은 필수적으로 개울이나 강 옆에 설립되었다. 작물을 물에 담가 놓았다 건져 올려 나무절구로 힘껏 빻았다. 보일러로 옮긴 후 압축된 쪽을 절단기로 잘라 '케이크(덩어리)'로 만들었다. 여기에 농장 상표를 붙이고 건조실로 보냈다. 이렇게 완성된 쪽 상품은 상자에 넣어 기차역이나 강을 타고 주도 빠트나로 운반했다가 캘커타로 가져가 경매에 부쳐졌다. 공장에서 제품을 만드는 기간 과정(6~9월)은 농사철(10~6월)보다 훨씬 짧았다.

쪽 가격은 캘커타 상인이 농장주에게서 산 가격과 이 쪽이 런던 시장에서 매매된 시가에 따라 결정되었다. 영국은 런던에 들어온 쪽의 극히 일부만 소비하고 대부분은 유럽 대륙, 특히 프랑스와 미국으로 재수출하기도 했다.

쪽의 단위 생산 비용은 1830~1900년간에 45퍼센트 정도 상승했다. 1850년대에 상승하기 시작했으며 이 시기에 인도에서 물가와 임금이 전체적으로 올랐다. 1830년대 쪽 농장의 평균 이익은 30.5퍼센트를 달성했다. 캘커타 대리점(Alexander & Co.)이 재정적으로 지원하고 있던 벵골, 비하르, 바라나시 지역의 56개 농장은 이 시기에 평균 24.7퍼센트의 이익을 보았는데 재정 비용을 제하고도 19.7퍼센트의 순이익을 남겼다. 재정 비용은 처음 투입한 자본과 그 이자와 보험금 및 생산

---

40 S. R. Bakshi, *Gandhi and Champaran Satyagraha*(Delhi, 1988), pp. 73~76.

물 판매 수수료 등을 포함한 것이었다. 콜라시 농장은 1860년대 내내 모든 비용을 제하고도 63퍼센트의 이익을 보았다. 풍작일 때는 이익률이 100퍼센트에 이르기도 했다. 참파란 인근 지역인 무자파르뿌르에서도 이 기간에 최소 35퍼센트의 이익을 보았다고 세무관이 평가했다. 참파란이 속해 있던 티루트 지방에서는 1875년경 평균 이익이 30~40퍼센트에 달했는데 재정 비용을 제하고도 24~32퍼센트의 이익을 남겼다. 대풍일 때는 이익이 80~100퍼센트에 이르렀다.[41] 쪽 사업은 19세기 마지막 30년 동안이 그 절정기였다. 그럼에도 쪽 산업은 기후와 시장 가격에 크게 좌우되는 일종의 투기 사업이었다.

쪽 사업은 상업적 기업 형태를 취하면서 후진적 농업 경제 구조에 근거하고 있었다. 농장주들이 쪽 재배에 매력을 느낀 주 요인은 낮은 노동 비용에 있었다. 쪽의 낮은 원가는 값싸게 얻을 수 있는 노동력에서 비롯되었다. 농촌 경제는 노동 집약적이었으며 농장주의 이익은 노동력의 수탈에 근거했다.

20세기에 접어들면서 쪽 재배의 급격한 쇠퇴를 불러왔던 결정적 요인은 외적인 것이었다. 1897년에 독일이 화학 합성 쪽을 국제 시장에 내놓았다. 유럽이 반세기 동안 연구한 결과인 이 인위적인 염료의 발명은 19세기 화학 부문의 개가였다. 화학 염료의 이점은 색깔의 질보다는 현저하게 낮은 생산 원가에 있었다.

경쟁 결과는 인도 천연 쪽의 참담한 패배였다. 빠트나에서 쪽의 몬드당 평균 가격은 1895~1896년에는 235루피였으나 1899~1900년에는 166루피로, 1912~1913년에는 130루피로 떨어졌다. 경작 지역과 생산이 급격히 감소했다. 쪽 재배 면적은 합성 쪽이 출현했을 때쯤엔 9만 8000에이커였으나 1907년에는 5만 2600에이커로, 1914년에는 8100에

---

41 J. Pouchepadass, *op. cit.*, pp. 98~102.

　　　　　　　　　　　　2 인도에서의 첫 사티아그라하운동

이커로 줄었다. 1896년 비하르에서는 122개의 농장이 약 7만 몬드를 생산했다. 그러나 1914년에는 59개의 농장이 겨우 8000몬드를 생산하는 데 그쳤다. 벵골과 비하르의 쪽 재배 면적은 1895~1905년간에 50퍼센트나 줄어드는 급격한 감소를 보였으며 인도 전체로서도 60퍼센트 감소했다.[42]

심대한 타격을 입은 비하르의 쪽 산업은 생산 비용을 절감하고, 큰 소출을 보여 준 자바산 쪽을 도입하는 등의 노력에도 병해를 입는 등의 이유로 성공하지 못했다. 천연 쪽 사업은 하나씩 화학 염료와의 경쟁에서 희망을 잃어 갔으며 1910년경부터 다른 작물로 전환하는 등 쪽 재배를 포기하는 전반적인 움직임이 시작되었다.

1차 세계대전의 발발은 예상치 못했던 현상을 불러왔다. 인도 쪽의 가격을 당장 크게 올려놓아 다시 한번 수지맞는 사업으로 바꾸어 놓았다. 독일 화학 염료의 수출길이 막혔기 때문이다. 캘커타에서 쪽의 평균 가격이 1915년에 몬드당 713루피까지 전례 없이 폭등했다. 재배 면적도 8만 600에이커로 확대되었다. 그 성장세는 대단했지만 농장주들은 생산을 뒷받침할 자본과 설비가 부족했으며 이미 많은 유럽인 관리인들이 떠난 후였다. 예기치 않은 전시의 호황은 오래갈 수 없었다.

기울어져 가는 쪽 사업의 농장주들은 소작인들에게 손실의 부담을 전가함으로써 타개책을 모색했다. 농장주들은 높은 지대 인상을 요구했으며 소작인들은 요구하는 액수를 지불할 능력이 안 되었다. 그들은 지대를 즉시 지불할 수 없었으므로 소유지를 담보로 농장주에게 돈을 빌렸다. 이 경우 12퍼센트의 이자를 부담했으며 어떤 경우에는 대금업자로부터 24퍼센트의 높은 이자로 돈을 빌려야 했다.[43]

---

42 Judith M. Brown, *Gandhi's Rise to Power: Indian Politics 1915~1922*(Cambridge University Press, 2007), p. 63; J. Pouchepadass, *op. cit.*, p. 27.

43 B. B. Misra ed., *Select Documents on Mahatma Gandhi's Movement in Champaran*

쪽을 재배하는 농민은 소작인 혹은 땅이 없는 노동자들이었다. 노동력은 지역의 중하층의 가난한 농민으로부터 왔다. 그들은 대부분이 인도에서 가장 멸시받고 가난한 최하층 카스트였다. 농민은 소작인이었지만 3분의 1 정도는 전혀 토지를 갖지 못한 단순 농업 노동자들이었다. 1870~1910년간에 곡물 가격은 두 배 가까이 인상되었지만 쪽 가격은 그것의 반에도 이르지 못했다. 농업 노동자들은 겨우 생계를 유지하며 살아갔다.

농작물 가격은 모든 농민에게 가장 민감한 것이었다. 농촌이지만 역설적으로 곡가가 오르면 농사 짓지 않는 마을의 장인과 노동 임금으로 살아가는 농업 노동자가 맨 먼저 가장 큰 어려움을 겪게 되었다. 다른 한편 세계대전이 발발하여 철도 수송이 원활하지 못하게 되자 참파란으로 들어오는 물품, 즉 옷, 소금, 석유 등은 가격이 크게 오르고, 통상적으로 수출하는 물품, 특히 쌀과 다른 곡물의 가격은 폭락했다. 지방 관리도 인정한 대로 경작자가 팔아야 하는 모든 것은 가격이 떨어지고, 사야 하는 모든 것은 최고로 비싸게 되었다. 이런 현상은 참파란 농민의 생활 형편을 어렵게 만들었고 심각한 불안을 야기했다.

2) 간디의 개입

귀국 후 인도 정치를 관망하고 있던 간디를 참파란으로 초청한 사람은 수클라(Rajkumar Shukla)였다. 수클라는 무학이었고 외모도 수수했지만 의지가 매우 강한 정치적 성향의 인물이었다. 그는 참파란의 소작인의 한 사람이었지만 몇 개 마을에 토지를 보유한, 아주 부유하고 마을에서는 존경받는 사람이었다. 수클라는 1916년 러크나우에서 열린 국민회의에 참석했다가 간디를 만났다. 수클라는 아마도 교육받은 중

1917~1918(Patna, 1963), pp. 126~131; J. Pouchepadass, *op. cit.*, pp. 159~169.

산층의 모임인 국민회의에서 소작인의 어려움을 호소한 최초의 순수한 농민이었을 것이다.(후일 간디가 범국민적인 사티아그라하운동을 전개할 때도 수클라가 농민을 동원하여 도움을 주었다.)

수클라는 누군가에게 참파란 문제 해결의 적임자로서 간디를 소개받고 간디에게 매달렸다. 그는 간디의 방문을 설득하기 위해 러크나우에서 카운뿌르까지 따라오며 "참파란은 여기에서 아주 가까운 곳이다. 하루면 된다."라고 졸라 댔다. 물론 참파란은 하룻길이 될 수 없는 먼 곳이었다. 간디가 일정을 잡을 수 없다고 거절하고 멀리 아메다바드 부근의 아쉬람으로 돌아갔는데 수클라가 또 그곳에 와 있었다. 결국 간디는 후일 캘커타를 방문할 때 만나기로 약속했다.[44] 그는 1917년 2월 간디에게 보낸 서한에서 "참파란의 억압받는 농민은 명성 높은 당신이 참파란에 발을 딛자마자 자신들이 해방될 것으로 믿고 있다."[45]라고 간곡히 부탁했다.

간디는 4월에 이름도 들어 본 적 없는 참파란으로 향했다. 가는 길에 여러 사람들에게 현지의 사정을 청취하기 위해 몇 곳을 들렀다. 주도 빠트나에서는 변호사 라젠드라 프라사드(Rajendra Prasad)의 집에 머물렀다. 비하르 재배주협회를 방문하고, 인도인 변호사협회와 면담했다. 무자파라뿌르에서는 안면이 있는 크리팔라니(Acharya J. B. Kripalani) 교수를 비롯해 몇몇 변호사와 수많은 농민의 영접을 받았다.

티루트 지역의 행정관 모르셰드(L. F. Morshead)를 방문했다. 행정관은 농민의 어려움을 개선하기 위해 협조하겠다고 말했다. 간디는 개별적인 조사를 통해 다양한 사람들이 쪽 문제에 관해 들려준 말들이 정확한지 시험해 보겠다고 답변했다.

---

44 M. K. Gandhi, *Autobiography*, p. 305.

45 J. Pouchepadass, *op. cit.*, p. 200.

참파란 치안판사 헤이콕(W. B. Heycock)은 간디에게 공공질서에 위협이 될 수 있으므로 참파란을 떠나라는 명령서를 전했다. 이 명령은 모르셰드의 권유 때문이었는데 간디와 면담한 후 그의 목적이 진실 탐색보다는 소요를 일으키는 데 있다는 것을 알게 되었다는 것이었다. 간디는 추방 명령에 불복하면서 총독의 개인 비서에게 서한을 보내 자신의 의도를 '국민의 봉사'로 묘사하면서 경작자들의 실태에 대한 독자적인 조사를 요구했다. 간디는 법원에 소환되었으며 수천 명의 농민이 자발적으로 법원 밖에 운집했다. 관리들은 간디에 대해 거의 들은 바가 없었지만 간디의 도움 없이는 사태가 어려워질 것으로 예상하고 간디에 협조하고 나섰다. 간디는 보석금 없이 석방되었다. 간디의 요청으로 라젠드라 프라사드를 비롯한 몇 명의 변호사들이 빠트나에서 왔다.

비하르주 정부는 헤이콕에게 추방 명령을 철회하고, 간디가 분란을 일으키지 않는다는 조건 아래 개별 조사를 하는 데 편의를 봐주도록 지시했다. 주 정부는 모르셰드에게 보낸 서한에서 충분한 증거도 없이 간디를 공공의 위협으로 보고 정부와 상의도 없이 나아간 그의 행동을 질책했다.

간디와 그의 보조원들은 직접 농민과 접촉했다. 그들은 지금까지 어떤 지도자도 침투하지 못했던 시골 깊숙이 여행함으로써 간디가 농촌의 영웅이자 구제자가 된 것을 알게 되었다. 소작인들은 간디를 서사시 『라마야나(Ramayana)』의 주인공 라마(Rama)와 같은 존재로 믿었다. 라마는 효심, 용기 그리고 선정의 상징으로서 인도인이 생각하는 완벽하고 이상적인 남성이다. 라마가 랑카(Lanka; 스리랑카)에 이르렀을 때 주민을 억압했던 괴물(Rakshasas)에 맞서 일어났던 것처럼 참파란 주민은 간디와 함께 있을 때 두려워하지 않았다. 농민들의 연설에서 가끔 신의 이름과 간디의 이름이 한데 어울렸으며 세속과 신성의 구별이 모호해질 정도였다. 간디의 전지전능함에 대한 농민들의 확신은 광범하게 전파되는 소문으로 나타났다. 소문의 내용은 대개 '간디의 권능은 모든 지방 당국의 권위를 대체할 수 있다. 간디는 소작인에게 지워진 모든 부당한 의무를 철폐할 것이다. 참파란 행정부는 간디가 대표하는 인도인 자신들에게 이관될 것이다.' 같은 것이었다.[46]

간디는 대중의 마음을 사로잡았으며 그가 가는 곳마다 군중이 운집했다. 그들은 '마하트마(Mahatma; 위대한 영혼, 聖者)', '바푸(Bapu; 아버지, 후에 國父)'를 외쳤다. 그의 호소력은 수수한 생활 태도에 있었다. 걷거나 우마차를 타거나 삼등 열차로 이동하면서 서민들이 사는 곳을 찾아갔고 그들의 언어로 말하고 듣기 위해 노력했다. 국민회의와 자치연맹의 지도자들이 민중과는 유리된 정치적 이상에 매달린 것과는 달리 간디는 지역 사회의 농민, 노동자 문제에 직접 뛰어들어 밑에서부터 해결책을 모색해 나갔다.

베티아 지구의 관리 루이스(W. H. Lewis)는 헤이콕에게 보낸 보고서에서 간디가 소작인들의 마음을 완전히 사로잡고 있다고 전했다.

간디는 우리의 꼼꼼한 분석에 따르면 이상주의자나 광신자, 혹은 혁명가로 보인다. 그러나 소작인들은 간디가 그들의 해방자이며 놀라운 힘의 소유자라고 생각한다. 그는 마을을 돌아다니며 소작인에게 그들의 불만을 자신에게 털어놓도록 요구했으며, 날마다 천년을 앞서는 통찰력을 가지고 무식한 대중의 상상력을 바꾸어 나가고 있다.[47]

간디는 소작인은 물론 농장주들과도 면담했다. 농장주들은 정중했지만 아주 완고했다. 간디의 원래 의도는 농장주들과 일종의 개별적인

---

46 J. Pouchepadass, *op. cit.*, pp. 218~219.

47 B. B. Misra, *Select Documents on Mahatma Gandhi's Movement in Champaran*, p. 102.

협약을 맺는 것이었다. 그러나 조사를 진행하면서 간디는 농장주들이 너무 완고하고 막강하여 개별적인 협약은 실행할 수 없다고 확신하게 되었다. 농장주들은 항상 소작인들에게 은혜를 베풀어 왔으며, 그들을 대금업자들의 수탈로부터 보호해 왔다고 주장했다. 비하르 농장주협회는 20세기 초까지도 줄곧 쪽 재배가 소작인들에게 이익을 주고 있다고 평가해 왔다.

우리의 눈길을 끄는 것은 19세기 초이긴 하지만 람 모한 로이(Ram Mohan Roy)는 쪽 재배가 농민에게 도움을 주고 있다고 증언한 점이다. 후일 간디가 '인도의 아버지'로 불리듯이 람모한 로이는 '근대 인도의 아버지'로 불리게 되는 인물이다. 종교 개혁가이며 수많은 언어에 정통한 언어학자이기도 했던 람 모한 로이는 한마디로 인도의 대표적인 선각자였다. 람 모한 로이의 입장은 다음과 같았다.

쪽 재배지 주변에 거주하는 원주민은 그곳에서 멀리 떨어져 사는 사람들보다 분명히 옷도 잘 입고 생활 형편도 더 낫다. 그들은 쪽 재배주들에 의해 어떤 위법 행위의 상처를 입을 수도 있다. 그렇지만 대체로 재배주들은 동인도회사에서 근무하든지 그렇지 않든지 간에 유럽인들의 어느 계층에게보다 원주민에게 더 잘해 오고 있다.[48]

소작인들의 형편은 간디가 예상했던 것보다 훨씬 나빴다. 많은 사람들이 개인적으로 간디를 찾아와 억압받는 이야기를 들려주었다. 농장의 관리인들은 지대 외에도 다양한 구실을 내세워 소작인들에게 비정규적으로 혹은 수시로 부당한 요구를 부과했다. 농토 교체에 따른 수수료, 집단 작업과 노동 징발, 주인 집안의 의식(儀式)과 종교 행사에 동

---

48 K. Nag & D. Burman ed., *Works of Raja Rammohan Roy*, vol. IV(1977), p. 83.

원되고 협력해야 하는 등 다양했다. 외부인들은 이해할 수 없는 농장주들의 지배가 지방 정부의 지배를 사실상 대체하고 있었다. 아무도 소작인들을 위해 말하고 나설 용기가 없었다. 소작인을 보호하기 위한 법 자체가 농장주들에 의해 무시되었다. 농장주들이 스스로 법 위에 앉아 있는 듯이 법령까지도 많은 경우에 이들에게는 구속력을 갖지 못하고 있었다.

간디는 참파란에 사티아그라하운동을 전개하는 데 다소간의 비용이 필요하다는 것을 알았다. 그러나 기금 모금을 일으킬 마음은 없었다. 참파란 소작인들로부터 재정적 도움을 받지 않기로 결심했다. 그러나 간디는 참파란 이외의 부유한 비하르인들에게는 돈을 받을 수 있다고 동의했다. 급박할 때는 그의 오랜 친구이고 재정적 후원자이기도 했던 메타(Pranjivan Mehta)에게 도움을 청할 생각이었다. 메타 역시 참파란의 불쌍한 소작인들을 위한 간디의 국민적 과업을 재정적으로 돕겠다고 찬동했다.

비하르 투쟁을 위한 충분한 기금이 모였던 것은 분명하다. 간디가 조사 활동을 허가받은 후 필요한 비용을 모금하고 나섰을 때 비하르 정치인 이맘(Hasan Imam)이 1000루피를 성금으로 간디에게 보냈고, 신하(S. Sinha)와 하크(Mazharul Haq) 등을 포함한 친지들이 조사와 증거 수집 및 출판 경비로 적어도 1만 5000루피를 모금하기로 계획했다. 간디의 의도가 무엇이었든지 간에 기금은 비하르 밖으로부터 들어오고 있다는 상당한 징후가 있었다. 한 관리가 간디의 참파란운동을 위한 활동 자금으로 4000루피를 휴대한 사람을 열차에서 만나 보고한 일이 있었다. 간디는 후일 약 3000루피를 참파란 저항운동 기간에 실제로 사용했다고 계산했다. 따라서 간디의 참파란운동은 활동 경비 문제에서는 떳떳하게 자유로울 수 있었다.[49]

---

49 J. Brown, *Gandhi's Rise to Power*, p. 74~75.

비하르주 정부는 총독부에 만약 간디가 참파란을 떠나는 것을 거부한다면 그를 다룰 수 있는 추가적인 권한을 부여해 달라고 공식 요청했다. 주 정부는 티루트 지방의 모르셰드와 헤이콕이 요구했던 것과 똑같이 간디의 추방을 원하고 있었다. 이때쯤 간디는 총독 첼름스퍼드에게 농장주들의 불법적인 징수금과 노동력 동원 등을 조사하기 위한 위원회 구성을 제의했다. 총독은 오히려 주 정부의 간디에 대한 권한 확대를 거부하고 에드워드 게이트(Edward Gait) 부지사에게 조사위원회를 임명하는 것을 심각하게 고려하도록 권했다. 나아가 총독은 참사위원회의 결의로 간디를 포함시킨 위원회의 임명을 지시했다.

첼름스퍼드 총독은 자유주의 정책을 추진한 인물로 평가되기도 했다. 영국 내각의 인도상 몬터규 또한 간디를 "명망 있는 간디"로 묘사했다.

간디는 사회 개혁가이며, 어떤 불만을 찾아 자신을 과시하려는 이유에서가 아니라, 추종자들의 형편을 개선하기 위해 그것들을 치유하려는 진정한 열망을 갖고 있다. 그는 남아프리카에서 투옥의 고통을 겪으면서 인도인 문제를 해결한 진정한 영웅이다. 그는 비하르 쪽 재배자들의 불만에 대한 해결책을 찾기 위해 정부에 올바른 도움을 주고 있다.[50]

참파란 농업조사위원회 위원이 주 정부에 의해 1917년 6월 10일 임명되었다. 의장에 센트럴 프로빈시스의 고위 관리 슬라이(Frank G. Sly)를 임명하고 위원은 소작인들의 대표 간디와 지주 대표, 두 명의 영국 관리와 주 입법의원을 포함했다. 뉴스가 전해지자 지역의 유럽인 신문들은 정부가 선동자들에게 영합하고 있다고 비난했지만 인도의 민족주

---

[50] Edwin S. Montagu, *An Indian Diary*(London, 1930), p. 58.

의 신문들은 간디의 성공에 환호를 올렸다.

간디와 그의 조력자들은 무려 8000명의 농부들과 면담했는데 그들은 850개 마을과 60개 공장에 속한 사람들이었다. 농장주협회와 관청 등으로부터 기록된 문건이 들어왔다. 농장주와 소작인 사이에 산발적인 충돌이 있었으며 지대의 불납 행동도 있었다. 관리들은 간디의 활동에 비판적이었는데 그가 도착한 이후 농장주와 소작인 사이의 관계가 악화되었다고 생각했다. 농민들은 아사미와르 제도에 대해 극도의 분노와 저항감을 보였다. 간디가 이 제도의 폐지를 요구했을 때 농장주들은 동의할 수밖에 없었다.

조사위원회는 이미 50~60퍼센트나 인상된 지대에 주목했으며 적절히 삭감하는 방향으로 해결책을 모색했다. 쪽 재배는 이익이 없으며 과중한 부과를 완화하는 것이 결과적으로 양 당사자에게 상호 이익이 될 것이라는 판단에서 얼마쯤 감면하기로 동의했다.

참파란은 하나의 거대한 토지 부동산이 되어 그것의 4분의 3 이상을 세 개의 큰 사업체가 나누어 경영하고 있었다. 조사위원회에서 모티하리, 피프라흐 및 투르카울리아의 경영자들은 앞의 두 사업체가 25퍼센트를, 세 번째는 20퍼센트를 지대에서 삭감하겠다고 말했다. 간디는 몇 퍼센트의 삭감이라고 단정적으로 제시하지 않았으며 경영주들이 삭감에 어떤 반응을 보이는가를 알고 싶어 했다. 위원회가 25퍼센트를 권고하면 받아들일 자세였다. 간디는 상당한 양보가 이루어진다면 쪽 재배의 중단보다는 재배의 지속을 권유하겠다는 입장이었다. 그는 위원회가 보다 높은 경감을 제의할 수 없겠는지 물었다. 위원장은 위원회가 농장주들에게서 가능한 최고의 숫자를 얻어 낸 것으로 생각한다고 말했다.

위원장은 간디가 25퍼센트 경감에 동의할 수 없다면 두 개의 길이 남을 뿐이라고 말했다. 즉 25퍼센트의 경감이 공정하다고 보는 다수의 견해와 간디의 반대 의견을 당국에 제시하는 것이었다. 두 견해 가운데 결정해 입법화하도록 정부에 위임하자는 것이었다. 간디는 정부의 결정을 수용하겠다고 약속했다.

농장주들은 처음에는 간디가 그들이 그동안 소작인으로부터 강탈했던 액수의 전부를 되돌려 주도록 요구할 것으로 예상했었다. 그러나 간디의 태도는 의외로 온건했다. 현지의 사정을 관찰하도록 참파란에 파견되었던 영국인 선교사 호지(J. Z. Hodge)가 관찰한 바로는 간디가 농장주 대표들이 25퍼센트 한도까지 되돌려 주겠다고 제의했을 때 놀랍게도 그들의 말을 믿음으로써 비로소 교착 상태에서 빠져나올 수 있었다.[51]

9월 27일 조사위원회 모임에 다음의 대안을 고려하도록 세 사업체의 대표들이 소환되었다.

첫째, 각자는 다음의 조건에 맞추어 지대를 몇 퍼센트를 경감할 것인지를 말해야 한다. ① 이전에 제시한 것에서 상당한 진전이 있어야 한다. ② 이는 간디에 의해 만족할 만한 해결책으로 받아들여질 것이며 그는 소작인이 이를 성실하게 수용하도록 영향력을 행사할 것이다. ③ 입법에 의해 구속력이 생길 것이다.

둘째, 위의 대안으로 타협이 실패하면 중재로 넘어간다. 중재는 다음의 대안 가운데 하나를 선택하여 수행될 것이다. ① 한 명의 중재자를 임명하여 투르카울리아는 20~40퍼센트, 모티하리와 피프라흐에는 25~40퍼센트 경감의 한계에서 조정하는 권한을 준다. 중재자는 농장주들과 간디가 상호 합의하여 임명한다. ② 세 명의 중재자를 임명하는데 한 명은 농장주들에 의해, 또 한 명은 간디에 의해, 나머지 한 명은 이들이 동의하는 재정인(裁定人)으로 한다. 간디와 농장주가 합의하지 못

---

51 Louis Fischer, *The Life of Mahatma Gandhi*(London, 1984), p. 194.

2 인도에서의 첫 사티아그라하운동

하면 재정인으로 에드워드 게이트 부지사를 임명한다. 그렇게 임명된 중재인은 0~100퍼센트 한도에서 경감률을 중재하는 권한을 행사한다. 농장주들은 이미 20~25퍼센트의 경감을, 간디는 소작인들을 대표하여 40퍼센트를 제시한 바 있지만 이들 제의는 이제 모두 철회된다. 중재자들은 어떤 판정을 내리든 전권을 가진다.[52]

9월 29일 간디와 세 경영자들이 서명한 합의에 따라 모티하리 유한회사와 피프라흐회사에서는 지대를 26퍼센트로 낮추어 실행하고, 투르카울리아 유한회사에서는 20퍼센트 경감하기로 했으며 기존의 쪽 재배 의무 조항은 철폐되었다.

조사위원회는 10월 3일 전원 일치로 소작인에게 유리하게 서명하여 24쪽의 보고서와 165쪽의 증거물로서 '참파란 농업 상태에 관한 위원회의 보고서'를 작성했다.

농민과 간디를 도왔던 사람들은 간디가 더 이상의 압력을 가하지 않고 타협한 것에 놀라움을 보였다. 농장주들 가운데는 위원회의 결정에 분개하며 간디와 정치 선동가들을 달래기 위해 그들이 희생되었다고 주장했다. 소작인의 대표로서 간디는 이 조정을 만족스러운 해결책으로 받아들였다. 간디의 생각은 처음부터 원만한 절충에 있었지 일방에 완전한 패배를 안겨 주려는 것이 아니었다. 농장주들의 권위는 충분히 훼손되었고, 농민과 농장주들은 결국 함께 살아가야 할 것이므로 타협이 보다 좋은 관계를 위한 최선의 토대가 된다고 느꼈다. 따라서 소작인들로 하여금 이를 성실히 받아들이고 농장주와 소작인 관계에서 장래의 화평을 가져오도록 영향력을 행사했다.

간디는 어려운 처지의 농민을 위해 참파란에 뛰어들었다. 간디는 농부들이 입는 옷을 입고 마을을 돌아다니며 직접 그들과 접촉하며 어려

---

52 S. R. Bakshi, *Gandhi and Champaran Satyagraha*(Delhi, 1988), pp. 92~99.

움을 청취했다. 간디의 배후에는 수많은 가난하고 순박한 농민과 노동자들이 있었다. 간디가 참파란 운동을 전개해 나가는 데 실제적인 도움을 준 사람들은 잘사는 높은 카스트 출신으로 상인과 금융업자들이 간디의 지도부에서 크게 활약했다. 부유한 농민 지도자들과 친분이 있었던 교수 그리고 도시의 변호사 및 정치인들도 협력했다. 후일 국민회의의 의장으로 선출되고 독립 후 인도 초대 대통령이 된 라젠드라 프라사드를 비롯한 비하르주의 각지에서 활동하는 변호사들이 간디의 측근에서 협조했었다. 따라서 참파란운동의 주요 협력자는 비하르 사회의 교육받은 중산층 출신과 상인들이었다. 그중에서도 지역 변호사 집단이 선봉에서 활동했다. 참파란의 대의 앞에서 상층 카스트의 농촌과 도시의 엘리트들 사이에는 '하나의 계급이 아니라 하나의 생각'으로 연결된 튼튼한 유대 관계가 존재했다.

간디는 참파란운동을 통하여 두 개의 목적을 달성했다. 그는 쪽 재배에 얽힌 악폐를 중단시켰다. 대안이 없는 절망적인 상황에서 간디는 농민들의 희망이었다. 간디의 출현으로 그들은 희망을 되찾고, 나아가 권력자들의 억압에 맞서는 용기를 자신들에게서 발견했다. 아울러 간디는 개인적으로는 독창적인 비폭력의 사티아그라하운동을 인도에서 처음으로 시도하여 성공함으로써 그의 지도자로서의 능력을 민중에게 과시했다. 간디는 농민 가운데로 뛰어들어 지금까지 어느 정치인도 관심을 갖지 않았던 문제에 개입하여 조정자로서의 역할을 수행하여 성공했다.

2 아메다바드의 사티아그라하운동

참파란에서 조사위원회의 일을 마무리할 무렵 간디는 고향인 구자라트로부터 급히 도움을 요청하는 두 개의 서한을 동시에 받았다. 케다와 아메다바드에서 온 것이었다. 하나는 모한랄 판데야(Mohanlal Pandya)와 샹카랄 파리크(Shankarlal Parikh)가 케다 지방의 흉작을 설명하고 부과액을 납부할 수 없는 처지의 농민을 지도해 달라는 요청이었고, 다른 하나는 아나수야(Shrimati Anasuya)가 아메다바드의 직물 공장 노동자들이 저임금으로 겪고 있는 어려움을 설명하는 편지였다. 간디는 케다의 농민 문제와 동시에 아메다바드의 방적공 문제를 해결해야 했다. 방적공의 경우가 훨씬 완강했으므로 간디는 먼저 아메다바드로 갔다.

1) 공장주와 노동자와의 관계

아메다바드는 당시 인도에서 여섯 번째, 봄베이주에서는 두 번째로 큰 도시로서 고대로부터 면직물 산업이 발달해 왔다. 20세기 들어와서는 인구 증가와 함께 근대적 공업 도시로 더욱 번영해 갔다. 주민의 반 이상이 여러 산업에 종사했으며 그중 3분의 1이 면직물 산업으로 생계를 유지하고 있었다. 그들 대부분이 도시의 48개 면방직 시설에서 일했는데 그래도 봄베이만큼 산업화되지는 못했다.

토착 산업은 종교와 길드에 밀접하게 의존하게 되었다. 당시 아메다바드의 종교 분포를 보면 대략 힌두가 72.5퍼센트, 무슬림이 19.6퍼센트, 자이나교도가 6.3퍼센트, 기독교도가 0.9퍼센트, 조로아스터교도가 0.6퍼센트였다.[53] 힌두 가운데는 소수이지만 직물 공업의 유력자들이 있었다. 기독교도는 대부분 유럽인이었으며, 무슬림은 교육 수준이 가장 낮은 직조공들이 대부분이었다.

자이나교도와 조로아스터교도가 상인 집단을 이루면서 부유한 생

---

53 J. Brown, *Gandhi's Rise to Power*, p. 112.

활을 했으며 아메다바드 상공업의 실질적인 지배권을 누리고 있었다. 특히 자이나교도는 교육 수준도 비교적 높을 뿐 아니라 상업적 영향력이 인도에서 가장 탁월한 종파로 널리 알려져 왔다. 철저한 금욕과 불살생을 강조하는 자이나교의 계율이 재산의 축적을 금하고 있는 것은 사실이지만 여기에서 재산은 토지를 의미할 뿐이었다. 토지 이외의 재산 축적은 가능하며 필요 이상은 취하지 말라는 융통성이 금욕주의적인 사업 윤리와 맞물려 인도의 정착 상업과 금융업에서 단연 우위를 보여 주었다.

아메다바드는 충분한 노동력을 보유하지 못하고 있었다. 노동력을 도시에서 확보할 수 없었으므로 면직물 공장은 부족한 노동 인력을 주변 농촌으로부터 지속적으로 공급받아 운영했다. 노동력의 반 이상은 도시에서 조달했고 부족한 노동력은 간디의 고향이 있는 카티아와르 반도와 다른 지역으로부터 충당했다. 방적공들은 대부분 무슬림과 오지에서 온 불가촉천민의 토지 없는 힌두 노동자들이었다. 이들이 뒷받침한 아메다바드 직물 산업이 봄베이와 경쟁할 만큼 성장하고 있었다.

노동력의 부족으로 공장주들은 방적공들을 유인할 수 있을 만큼 높은 임금을 지불해야 했다. 봄베이주에는 페스트 전염병이 창궐했는데 아메다바드를 제외하고는 잦아드는 추세였다. 아메다바드에서는 1917년 후반에 접어들어 무서운 기세로 만연하여 감염자의 소수만이 겨우 회복되는 정도였다. 시 당국은 속수무책이었다. 깨끗한 물을 공급할 수도 없었고 오물을 제거하지도 못했다. 페스트의 감염을 피하려고 노동자들이 도시를 떠나 시골로 돌아가 버림으로써 공장은 노동력 부족으로 더욱 어려워졌다.

1차 세계대전으로 인하여 영국산 직물이 아시아, 아프리카로 들어오지 못하는 동안 인도의 직물 공장들은 막대한 이익을 취했다. 도시를 떠나려는 노동자들을 어떻게 해서든지 작업장에 붙들어 놓아야 했다. 공장주들은 이른바 전염병 보너스를 지불함으로써 전시(戰時)의 생활비 상승으로 인해 아메다바드와 케다의 노동자들이 겪은 어려움을 전보(塡補)해 주었다. 어떤 때는 통상 급료의 75퍼센트까지 질병 보너스로 지급했다. 대부분의 공공 기관과 학교가 문을 닫았지만 남아 있던 노동자들에게 특별 보너스를 지급함으로써 공장은 가동되었다.

파업의 주요 쟁점이 되었던 것이 전염병 보너스였다. 특별 보너스의 유인 효과로 공장은 가동되었지만 한시적인 임금 인상의 균형이 깨진다면 심각한 산업 불안이 올 위험성을 충분히 내포하고 있었다. 불안한 균형은 공장주들이 1918년 초에 전염병이 물러갔으므로 전염병 보너스를 중단한다고 선언하자 깨지고 말았다. 인상된 물가의 압박을 느끼고 있던 노동자들은 특별 보너스의 중단에 반발하고 나섰다. 노동자들은 높은 물가를 더 이상 감내할 수 없으므로 중단한 질병 보너스 대신에 임금의 50퍼센트 인상을 요구했고 한편 고용주들은 20퍼센트의 인상만을 주장했다.

아메다바드의 노동 분쟁은 공장주들이 특별 보너스를 더 이상 지급하지 않는다고 공표한 뒤 직물 공장에서 일하는 500명의 직공들을 중심으로 일어났다. 이들은 힌두의 상인 계급 바니아와 무슬림이 다수였다. 그들은 자신들이 노동자들 가운데 비교적 대우가 나은 편에 속하고 도시에 정착해 있는 사람들이었으므로 앞에 서서 저항하고 나섰다. 이들 가운데 아나수야가 노동자들의 전폭적 지지를 얻어 지도자로 부상했다. 아나수야가 간디에게 도움을 요청하는 서한을 보냈다.

2) 간디의 개입

아메다바드의 사티아그라하운동은 참파란 경우에서 보았던 영국인 농장주 혹은 관리에게 대항하는 것이 아니라 인도인 공장주에게 맞서 투쟁 활동을 전개한 것이었다.

암발랄 사라바이(Ambalal Sarabhai)는 아메다바드에서 가장 큰 직물 공장의 소유자로서 공장주들의 지도자였다. 사실 그는 간디의 친구였다. 자이나교도인 그는 간디의 아쉬람이 재정적 어려움에 직면하여 모든 사업을 포기해야 했을 때 거액(1만 3000루피)의 돈뭉치를 가지고 달려와 '익명의 기부자'로서 간디를 구해 준 젊은이였다.

암발랄은 아메다바드에서 간디의 진실한 친지이며, 동시에 부딪쳐야 하는 상대였다. 암발랄은 당시 인도가 안고 있던 사회 제도와 정치 현실을 바라보는 견해에서 간디와 공통점을 보였다. 암발랄과 간디의 우의의 기초는 무엇보다도 인도 사회의 계급제도와 불평등 문제들을 철폐해야 하며 정치적으로는 영국의 식민 지배가 종식되어야 한다는 인식의 일치에 근거하고 있었다. 암발랄은 아주 열성적이지는 않았으나, 그의 아내 사를라데비(Sarladevi)는 아쉬람 생활에 매혹되어 간디의 금욕주의적 생활 태도에 특별한 관심을 보였다.

암발랄은 아메다바드에 페스트가 만연했을 때 환자의 치료를 위해 적극적으로 협력했다. 오직 3만 명만이 접종을 받을 수 있었고, 이 도시의 전염병 병원은 정확히 26명의 환자만 입원할 수 있는 형편이었다. 암발랄은 젊은 의사 탄카리왈라(Tankariwalla)에게 미르자뿌르에 있는 그의 널찍한 집 한 채를 전염병동으로 넘겨주면서, 필요한 환자에게는 얼마가 들든지 돈을 아끼지 말아 달라고 부탁했다. 암발랄은 이 병원에서 인종 차별을 철폐하도록 주장했다. 여기에는 상류층 힌두, 자이나교도, 기독교도, 바니아 계급, 무슬림, 브라만 계급 심지어 불가촉천민까지 입원했다. 그 병원은 100명 이상의 환자를 수용하지 못했지만 회복률은 50퍼센트에 이르렀다.[54]

---

54 Erik H. Erikson, *Gandhi's Truth: On the Origins of Militant Nonviolence*(New York: W. W. Norton & Company, 1963), p. 324.

암발랄의 누나 아나수야는 간디에게 아메다바드의 공장 노동자들을 도와 달라는 초청장을 보냈을 뿐 아니라 이후 케다 농촌 마을에서 간디가 사티아그라하운동을 전개할 때 방문하여 협조한 사람이었다. 아나수야는 남편과의 불편한 관계로 인해 서로 협력하여 살아가는 처지가 못되었다. 그녀는 여성 노동자들을 위해 일하기로 결심했으며, 간디가 아직 참파란에 머물러 있을 때 아나수야는 이미 아메다바드의 최초의 노동 지도자가 되어 있었다. 아나수야는 노동자들에게 평화적인 방법의 파업을 요구하여 노동자들의 열렬한 지지를 얻었다. 아나수야는 이후 아메다바드에서 '노동조합의 어머니'로 불리게 되었다.

노동자들의 지지를 얻고 있는 아나수야는 공장주들을 대표하고 있던 동생 암발랄과 맞서 투쟁해야만 했다. 공장주들은 그들의 대표인 암발랄에게 반역적인 누나를 엄하게 응징하도록 요구했다. 그러나 암발랄은 누나가 아들로 태어났더라면 부모 재산의 반을 상속받았을 것이므로 자신은 누나를 저지할 권리가 없다고 말하면서 오히려 그들을 설득하고 나섰다. 남매는 대립적인 위치에 있으면서도 가족으로서 상호 존중하고 각자의 역할에 충실했다. 암발랄은 누나의 노동조합의 결성에 반대하면서도 동시에 동정적이었다. 암발랄은 아나수야의 노동조합 결성 운동을 그녀의 권리라고 생각했다.

간디도 나중에 아메다바드의 사티아그라하운동이 성공할 수 있었던 배경을 사라바이 남매의 인격과 협조에서 비롯되었다고 인정했다. 간디는 신문사에 보낸 편지에 이렇게 적었다.

모든 면에서 신사인 암발랄 사라바이 씨가 공장주들을 대표하고 있다. 그는 대단한 교양과 능력을 갖춘 인물이다. 그는 이러한 재능에다 굳은 의지까지 겸비하고 있다. 그의 누나 아나수야가 직공들을 대표했다. 그녀는 선량한 마음씨를 소유하고 있다. 그녀의 마음은 가난한 사람들에 대한 동정심으로 가득 차 있다. 방적공들은 그녀를 존경한다. 그들에게는 그녀의 말이 법이다. 나는 지금까지 상대방에 대해 그렇게 원한을 품지 않고, 예의를 지켜 가며 싸우는 투쟁을 본 일이 없다. 이런 기쁜 결과는 주로 암발랄 사라바이와 아나수야의 관계에서 기인하고 있다.[55]

암발랄은 1918년 2월 봄베이에서 간디를 만나 자신과 누나의 이름으로 중재에 나서 줄 것을 요청했다. 간디는 아메다바드의 문제에 개입하게 되었을 때 그들 남매와 우호적인 관계에 있었으므로 아주 미묘하고 어려운 입장에 있었다.

간디는 노동자들에게 파업하도록 권고할 수밖에 없었다. 간디는 노동자들과 긴밀히 접촉하면서 성공적인 파업의 조건을 설명했다. 첫째, 결코 폭력에 호소하지 말 것, 둘째, 배신자들을 박해하지 말 것, 셋째, 절대 의연금에 기대지 말 것, 넷째, 파업이 아무리 오래 계속되더라도 의연하게 남아 있으면서, 파업 동안 다른 선량한 노동에 의해 생계를 이어 갈 것 등이었다.[56]

간디는 수천 명의 노동자들이 모인 회합에 참석하여 상대방을 곤욕스럽게 만들지 않을 해결책을 찾도록 호소했다. 그는 당장 50~60퍼센트의 임금 인상을 요구하고 나서지는 않았다. 간디는 이때 아나수야뿐 아니라 발라바이 빠텔(Vallabhbhai Patel)과 샹카랄 뱅커를 가까이 알게 되었다. 빠텔은 독립운동 과정에서 간디의 동지였을 뿐 아니라 후일 네루와 함께 양두 체제의 한 축이 되었던 인물이었다. 샹카랄 뱅커는 애니 베산트의 자치운동에 가담했고 물레운동에서 실무를 맡아 간디를 도왔던 인물이었다.

---

55 *Ibid.*, p. 68.
56 M. K. Gandhi, *Autobiography*, p. 322.

2 인도에서의 첫 사티아그라하운동

파업이 21일 동안 진행되면서 간디는 공장주에게 노동자들에게 분배의 정의를 행하도록 요구했다. 공장주들은 입버릇처럼 "우리와 노동자와의 관계는 부모와 자식의 관계이다. 우리가 어떻게 제3자의 개입을 허락할 수 있단 말인가? 어디에 중재의 여지가 있는가?"[57]라고 말하면서 처음에는 중재마저도 반대했다.

이윽고 중재위원회가 결성되어 한편에는 암발랄과 두 명의 공장주들이 있고, 노동자들 편에는 간디, 샹카랄, 그리고 변호사 발라바이 빠텔이 있었다. 간디와 아나수야와 암발랄은 수시로 남매의 집을 오가며 식사와 다과를 나누며 협상하는 분위기였다.

고용주들이 우려한 것은 노동자의 요구가 관철되면 교만해져 계속 더 많은 것을 요구하게 될 것이며 노동자들에게 영향력을 행사해 왔던 사람들의 입김이 더욱 강화될 것이라는 점이었다. 그러나 간디는 더 큰 위험은 노동자들이 계속 억압당했을 때 무서운 보복으로 표출되는 점이라고 주장했다. 공장주들이 승리하면 '돈의 오만함'을 증대시켜 사회에 무서운 결과를 가져올 것이라고 암발랄 사라바이에게 말했다.

만약 당신이 성공한다면 이미 억압받은 가난한 사람들은 한층 더 억압받을 것이며, 돈이 모두를 굴복시킬 수 있다는 인상을 굳어 버리게 할 것이다. 만약 당신의 노력에 반하여 노동자들이 임금 인상에 성공한다면 당신은 결과를 자신의 실패로 보게 될 것이다. 그러나 당신의 실패 속에 오히려 성공이 놓여 있고, 당신의 성공이 당신을 위험으로 이끌어 간다고는 생각지 않는가? 당신의 성공이 사회 전체에 심각한 결과를 가져올 것이라고 보지는 않는가?[58]

---

57 *Ibid.*, p. 323.
58 J. Brown, *Gandhi's Rise to Power*, p. 117.

간디의 호소는 받아들여지지 않았고, 대부분의 공장들은 문을 닫았다. 처음에는 공장 폐쇄로 시작되었다. 20퍼센트 임금 인상을 받아들이기로 동의했던 노동자들만이 다시 공장에서 일하게 된다고 공장주들은 공표했다. 간디는 공장의 재정 상태를 주의 깊게 검토하고 봄베이 노동자들의 임금과 비교한 후 직공들에게 35퍼센트의 임금 인상이 정당하므로 그렇게 주장하라고 권고했다. 간디는 35퍼센트 인상은 노동자들에게 필요하며 공장으로서도 견딜 만한 정도이고 공중의 여론도 수긍할 수 있는 정도로 적당하다고 생각했다.

간디는 노동자들에게 35퍼센트의 임금 인상 없이는 작업을 재개하지 않는다는 것을 서약하도록 했다. 노동자들이 준법정신을 가지고 서약을 행동으로 계속하여 지켜 나가는 것이 중요했다. 이것이 사티아그라하운동을 받치는 힘이었고 이 운동의 성패가 여기에 달려 있었다.

간디는 날마다 대중 집회에서 노동자들에게 강연하고 토론하고 전단을 돌리면서 결집을 유지하는 데 부심했으며 참여자들은 간디 앞에서 서약을 반복했다. 2월 26일부터 3월 19일까지 제작된 전단은 17개였다. 전단은 대부분 간디가 작성했지만 뱅커가 쓴 것도 있었다. 전단은 참가자에게 사티아그라하의 원리를 교육시키고 실제로 그들이 어떻게 행동해야 하는지 지침을 주는 것이었다. 그들은 매일 사바르마티 강변의 나무 그늘 밑에서 모임을 가졌다. 간디는 평화와 자존(自尊)을 유지하는 것이 그들의 맹세와 의무라고 상기시켰고, 그들은 '서약을 지키라'는 깃발을 들고 시내를 평화적으로 행진했다.[59]

처음 두 주일 동안 방적공들은 대단한 용기와 자존을 과시하면서 거대한 모임을 열었다. 간디는 이때마다 그들의 서약을 상기시켰고 그들은 자신들의 말을 뒤집기보다는 차라리 죽음을 택하겠다는 다짐을

---

59 *Ibid.*, p. 323.

　　　　　　　　　　　　　2 인도에서의 첫 사티아그라하운동

외치면서 화답했다. 빠텔은 파업하고 있는 노동자들에게 임시 일자리를 마련해 주려고 노력했다. 임시 노동자들이 간디의 사바르마티 아쉬람에 새 건물을 짓고 물레실(室)의 터를 닦는 데 고용되었다. 아나수야를 비롯하여 많은 사람들이 머리에 흙 대야를 이고 줄 서서 일하기도 했다. 빠텔은 변호사 업무도 미루고 파업자들의 일자리를 구하려 노력했으나 크게 성공하지는 못했다.

간디는 노동자들이 당당하고 평화적인 반대를 일으키기를 원했지만 파업이 계속되면서 그들은 해이의 징후를 보이기 시작했다. 파업자들이 동요하면서 집회 참여자의 숫자는 날마다 줄어 갔다. 낙담과 절망의 빛이 참석자들의 얼굴에 확대되어 나갔다. 간디가 다시 서약을 요구했을 때 그들의 반응은 처음의 단호했던 결의가 아니었다. 파업이 약화되는 것을 보이자 이탈자에 대한 참여자들의 태도가 공격적으로 변해 갔다. 간디는 난폭한 행동이 일어나는 것을 우려하기 시작했다.

그동안 공장주들은 노동자들의 어려움을 이용하여 유인책을 폈다. 다섯 명의 노동자를 데리고 공장으로 되돌아오면 보상금을 준다고 약속했다. 또 20퍼센트는 상당히 높은 임금 인상률이라고 설득했다. 여기에서 배반한 노동자들이 공장에 나가기도 했다.

노동자들이 엄숙한 서약을 뒤로하고 공장으로 돌아간다는 것은 간디에게는 믿을 수 없는 일이었다. 간디는 깊은 혼란에 빠져 절박한 상황에서 자신이 무엇을 할 수 있는가에 몰두했다. 그는 노동자들이 서약을 깨뜨리는 것을 참을 수가 없었다. 간디는 승리할 때까지 파업자들이 서약한 대로 파업을 계속하지 않는다면 자신은 어떤 음식도 들지 않을 것이라고 선언했다. 마지막 수단인 단식을 선택한 것이다.

간디는 인도의 독립운동을 주도하는 과정에서 17번의 단식, 때로는 '죽을 때까지의 단식'을 단행했다. 간디의 단식은 그때마다 결행하게 된 계기가 달랐지만 대체로 세 가지의 의도와 목적을 가지고 있었다. 간디는 자신의 슬프고 고통스러운 심정을 표현하는 방법으로서, 혹은 추종자들의 잘못된 행동을 통감하고 속죄하는 방법으로서, 또 그들의 방만하고 나태한 정신 상태에 도덕적 경각심을 불러일으켜 집단적 힘을 결집하기 위한 최후의 필사적인 시도로서 단식을 계획하곤 했다. 간디가 이번에 취한 그의 행동은 종교적이고 개인적인 이유가 아닌 공적인 대의를 위한 단식으로는 첫 번째였다.

아나수야를 비롯한 노동자들은 충격을 받았으며 간디의 단식에 동참했다. 아나수야는 간디에게 "단식은 당신이 아니라 우리들이 해야 한다."라고 호소했지만, 간디는 "당신들은 단식할 필요가 없다. 당신들은 서약을 지키는 것만으로 충분하다."라고 만류하면서 노동자들을 돌보라고 설득했다. 간디가 탈진이 되고 고열이 났을 때 "암발랄과 그의 착한 아내가 나디아드로 찾아와서 내 협력자들과 상의하고는, 아주 조심스럽게 나를 아메다바드에 있는 그의 미르자뿌르 방갈로로 옮겼다. 어느 누구도 내가 병을 앓은 동안에 받은 것보다 더 많은 사랑과 사심 없는 봉사를 받아 보지는 못했을 것이다."라고 회상했다.[60]

단식의 의도에 대해서는 여러 해석들이 나올 수 있었다. 간디는 후일 자신의 단식은 공장주들의 실책 때문이 아니라 서약을 어기고 굴복한 파업자들을 규합하려는 것이었다고 밝혔다. 자신은 노동자들의 잘못 때문에 단식을 할 수밖에 없었으며 그는 노동자들의 대표로서 잘못을 깊이 느꼈다. 단식은 노동자들로 하여금 원래의 서약을 지키도록 하려는 의도였지 공장주들을 압박하기 위한 것은 아니었다. 상대방을 강압적으로 몰아붙이는 것은 그의 중재의 원칙에서 벗어난 것이었다. 간디가 추진했던 운동에서 필수적으로 거쳤던 단계는 사실에 대한 객관적인 검토를 한 후에 성실한 중재를 시도한 것이었다. 중재는 간디 철

---

60 M. K. Gandhi, *Autobiography*, pp. 325, 342.

　　　　　　　　　　　　2 인도에서의 첫 사티아그라하운동

학의 핵심적 원칙이며 어떤 경우에도 강제와 폭력에 호소하는 것은 아니었다.

그렇지만 간디의 단식은 공장주들에게 압력으로 작용했다. 그의 단식은 엄청난 동요를 불러일으켰다. 공장주들의 대표인 암발랄과 그의 아내는 간디의 단식에 괴로워 했다. 암발랄과 그의 아내는 간디의 열렬한 신봉자였으며 그녀는 간디에게 친누이의 사랑으로 다가왔다. 간디는 찾아온 공장주들에게 자신의 단식에 영향을 받지 말도록 말했다. 자신은 파업자의 대표이므로 그렇게 대해 달라고 말했다.[61]

해결의 노력은 우호의 분위기 속에서 진행되었다. 아나수야의 집이 토의의 장이 되었다. 결국 공장주들은 간디가 단식을 시작한 지 사흘 후에 중재를 받아들였다. 아마도 공장주들의 고집이 '마하트마'의 죽음의 원인으로 연결되는 것을 두려워했을 수도 있다. 그들은 간디의 사심 없는 희생정신을 보고 자신들의 이기심을 부끄러워했다. 공장주들이 노동자들에게 과자를 돌려 해결을 축하함으로써 21일 동안 계속된 파업은 철회되었다.

아메다바드에서의 사티아그라하운동의 성공은 간디의 정치적 위상을 한 단계 높여 놓았다. 공장주와 노동자가 상호 존중하는 분위기 속에서 아주 평화롭고 원만하게 타협점에 도달한 것은 간디가 강조해온 중재의 원칙이 충분히 성공할 수 있다는 실례를 보여 주었다. 간디가 처음으로 시도한 단식이 정치적 기술로서 효능을 발휘했으며 이는 다양한 정치 투쟁에서 그 선례가 될 수 있었다. 노동자들의 임금 문제가 공장주와의 원만한 합의 아래 해결되었지만 간디에게는 못내 아쉬움이 남는 사건이었다. 간디의 불만은 자신의 단식이 사티아그라하의 원리에 위배하여 공장주들에게 압력으로 작용했기 때문이다.

---

61 *Ibid.*, p. 326; Fischer, *op. cit.*, pp. 197~198.

3 케다의 사티아그라하운동

간디는 구자라트의 문제들을 빨리 끝내고 참파란에서 시작하고 있던 건설적 사업을 감독하기 위해 되돌아갈 수 있기를 희망했다. 그러나 계획은 간디가 원하는 대로 진행되지 않았다. 간디는 참파란으로 되돌아갈 수 없었고 건설적 사업은 수포로 돌아갔다. 간디는 특히 농촌 위생과 교육과 성우(聖牛) 보호에 관심을 보였다. 간디의 성우 보호는 힌두의 일반적인 관념을 넘어 가축 개량과 모범적인 낙농업으로의 발전까지 계획했다. 황소는 일할 수 있는 힘 이상으로 혹사당하고, 힌두마저도 불쌍한 동물을 학대하는 것을 안타깝게 생각했다. 적극적인 후원자의 약속에 힘입어 간디는 동료들과 함께 허공에 이와 같은 많은 성들을 쌓았으나 그것들은 모두 곧 사라져 버렸다.[62]

1) 케다의 농촌 실정

아메다바드의 사티아그라하운동이 마무리될 즈음 간디는 숨 돌릴 여유도 없이 케다(Kheda, Kaira)로 뛰어갔다. 가난에 시달리고 있는 것은 다른 지역과 별로 다를 바 없었지만 케다는 주변에 강이 흐르고 부분적으로 관개 시설을 갖춘 기름진 평야였다. 농민들은 대부분 자신들의 토지를 소유했다. 곡물뿐 아니라 목화와 담배 등을 재배했으며 아메다바드는 편리한 이웃 시장이었다.

케다도 주민의 압도적 다수가 힌두였으며 무슬림과 소수의 자이나교도, 기독교도 및 조로아스터교도가 거주했다. 농사일은 구자라트 최대의 카스트인 콜리(Kolis) 계급이 담당하고 있었으며, 상인 계급인 바니아 카스트가 화폐 경제의 발달과 함께 영향력이 부상하고 있었는데,

---

62 M. K. Gandhi, *Autobiography*, p. 321.

2 인도에서의 첫 사티아그라하운동

간디는 이 계급에 속했다. 전통적인 지주와 전사 계급이었던 라지푸트족(Rajputs)의 세력은 쇠퇴하고 있었다. 인도 서북 지역에서 예로부터 그 조직과 위세를 과시해 왔던 라지푸트족이 구자라트에서 세력이 위축되어 간 데는 파티다르(Patidars) 카스트의 꾸준한 성장과 관련이 있었다. 빠티다르족은 쿠르미(Kurmi, Kunbi) 카스트에 속한 보잘것없는 농사짓는 가문이었으나 무굴제국에서 부락의 징세 청부인으로서 이름을 굳혔으며, 곡물 이외의 쪽, 담배, 목화 등의 재배를 통하여 부를 축적했다. 빠티다르족은 보통 빠텔(Patel, 村長)이란 이름의 부족으로 구자라트 지방에서 많이 볼 수 있었다. 빠티다르족은 무굴제국 이후 꾸준히 라지푸트족의 세력을 잠식해 왔으며 지역에 따라서는 브라만 계급의 영향력을 압도하고 있었다.

벵골주와 봄베이주는 인도에서 교육 수준이 높은 곳이었다. 구자라트는 봄베이주에서 교육 수준이 가장 높은 곳이었다. 교육 수준이 아주 낮은 비하르주의 참파란과 케다는 비교될 수 없었다. 규모는 훨씬 작은 농촌이었지만 케다는 참파란에 비해 많은 학생들이 교육받고 있었다. 케다의 주민은 약 70만 명이었으며 4만 2650명의 학생이 523개의 초등학교와 12개 중학교, 고등학교와 5개의 기술 학교, 한 개의 대학에서 공부했다.

교육은 케다의 모든 종파에 확대되었지만 읽고 쓸 수 있는 사람들의 비율은 힌두가 9퍼센트, 무슬림 10퍼센트, 자이나교도는 42퍼센트, 그리고 다른 종파는 10퍼센트 내외였다. 자이나교도는 다른 종파 사람들에 비해 월등하게 높은 교육 수준을 보였는데 그것은 언급한 바와 같이 소수인 그들이 이재에 뛰어난 도시민이었기 때문으로 이해할 수 있다. 무슬림의 교육 수준은 무슬림 상인들의 부를 반영하고 있으며, 힌두는 다수가 농민이기 때문에 교육 수준이 낮았다.[63]

---

63 J. Brown, *Gandhi's Rise to Power*, p. 89.

케다에서도 계절 작물의 카리프(kharif; 가을걷이) 작황은 매년 예민한 관심사였다. 공식적으로는 1916~1917년은 풍작으로, 1917~1918년은 평작으로, 1918~1919년은 흉작으로 기록되었다. 구자라트의 광범한 지역에 재배하는 카리프 작물들은 장마철이 시작하는 7월에 씨를 뿌리는데, 1917년에는 비가 너무 많이 내려 농작물에 심각한 피해를 주었다. 이것이 농촌 경제를 파괴하면서 케다에 처참한 기근을 가져왔다. 그러나 봄베이주 정부는 농민들에게 토지세뿐 아니라 원래 실행하기로 발표했던 증액분까지도 납부하도록 요구했다. 흉작과 원활하지 못한 수송 시설로 인해 곡물 수입이 어려워져 곡가의 급등으로 이어졌고 생활필수품의 값이 뛰어올랐다. 농촌의 경제 상황은 악화되어 갔다. 아메다바드의 공장주와 중개 상인들은 오히려 이득을 보았지만 농민과 노동자들의 어려움은 처참하게 나타났다. 구자라트에는 심각한 페스트까지 창궐하여 케다에서만 1만여 명이 사망했다.

2) 간디의 개입

케다의 농민들은 1917년 말부터 지대의 납부를 유예해 달라고 청원했다. 투쟁은 반년이 넘게 계속되었는데 그 전반부는 당국에 호소하는 기간이었다. 주 정부의 반응은 동정적이 아니었다. 관리들은 농민의 불만을 자치운동과 구자라트협회가 이용하고 있다고 보았다. 구자라트협회가 봄베이주 정부에 토지세의 면제 혹은 유예를 촉구했다. 간디는 구자라트협회 회장으로서 1918년 1월 7일 회의를 소집하고 케다 문제를 논의했다.

봄베이 토지세 규약에 따르면 지방의 조사위원회가 한발이나 다른 이유로 농작물이 부분적 혹은 전체적 피해를 본 것으로 조사한 것을 징세관이 확인하게 되면 그 지역의 토지세 징수를 유예할 수 있었다. 농작물의 수확량이 평년작에서 25퍼센트 이하로 떨어질 때에는 토지세가 유예되거나 면제될 수 있었다. 간디는 1917년의 사례가 이런 경우라고 확신했다. 간디는 케다의 징세관과 봄베이주지사에게 세금 징수의 연기와 독립적인 조사의 인정을 요청했다. 답변은 부정적이었으며 지방 관리들이 징세 규범에 따라 엄격하게 활동하고 있다는 반응이었다.

정부는 농민의 청원을 들으려는 자세가 아니었고 중재 요구를 정부 당국에 대한 불경죄로 간주했다. 농민의 불만은 고조되었다. 간디는 "징세관의 태도는 1차 세계대전에서의 독일보다도 위험성이 큰 것이므로 나는 내부로부터의 위험을 구하기 위한 노력으로 대영제국에 봉사한다."[64]라고 말하면서 케다 문제에 개입했다. 구자라트협회는 조사위원회를 발족시켰으며 간디는 자신이 모든 책임을 질 것이라고 선언하면서 케다 주민에게 토지세 납부를 연기하라고 권고했다.

징세관은 몇 개 마을의 토지세 유예를 고려해 볼 수는 있지만 전체적인 토지세 감면은 정당성이 없다고 단언했다. 주민 다수가 토지세의 납부에 협조했던 점이 이를 반증한다고 말했다. 주 정부는 간디와 그 추종자들을 '외부의 선동자들'로 규정하면서 '풍부하고 비옥한 지역'에서 세금을 계속 징수할 것이라고 주장했다. 인도 중앙정부도 주 정부의 독립성을 강조하면서 수년 동안 토지세의 감면과 유예의 문제는 지방 정부에 일임해 왔다는 입장을 밝히며 징세관의 결정은 수정 불능이라고 답했다. 봄베이주 정부는 토지세에 대한 특별 면제는 없으며, 농민들이 납부하지 않을 경우 토지와 재산이 몰수될 것이라고 경고했다.

간디는 3월 22일에 농민에게 세금의 일부이건 전부이건 간에 이를 납부하기보다는 차라리 어떤 결과라도 감수하겠다는 서약을 받았다. 사티아그라하 참여자들은 그들의 간청이 정부에 의해 묵살된 점을 밝

---

64 B. R. Nanda, *Mahatma Gandhi: A Biography*(New Delhi: Oxford University Press, 1982), p. 190.

히면서 아래와 같이 서약했다.

우리는 여기에 서명하면서 우리의 동의에 따라 금년의 세금 평가액의 전부 혹은 잔여분을 정부에 납부하지 않기로 엄숙하게 선언한다. 우리는 정부가 어떤 법적 조치를 취하든지 내버려둘 것이며 우리의 불납에 대한 어떤 고통도 감수할 것이다. 우리는 자발적으로 납부하기보다는 토지가 몰수되도록 놔둘 것이다. 우리는 자진 납부함으로써 스스로 거짓말쟁이로 취급되고 따라서 우리의 자존심을 잃는 것을 허용하지 않을 것이다. 그렇지만 정부가 지역 전역에 걸쳐 평가액의 제2차분의 징수를 연기하는 데 동의한다면 우리들 가운데 지불할 처지에 있는 사람은 납기가 된 평가액의 전부 혹은 잔액을 납부할 것이다. 납부할 능력이 있는 사람이 아직도 지불을 보류하고 있는 이유는, 만약 그들이 납부를 하면, 가난한 소작인들이 당황한 나머지 그들의 가재(家財)를 팔아치우거나 부과금을 지불하기 위해 빚을 짐으로써 고통에 빠질 것이기 때문이다. 이런 상황에서 우리는 가난한 사람을 위해 납부할 수 있는 사람도 평가액의 납부를 유예하는 것이 우리의 본분이라고 느낀다.[65]

케다 농민운동은 새로운 단계로 접어들었다. 케다 사티아그라하운동이 실질적으로 시작된 것이며 물론 이것은 비폭력으로 하겠다는 서약이었다.

세무관은 당시의 상황을 설명하여, 이 운동의 버팀목은 모든 사람들로 하여금 지대를 납부하지 말도록 인도하는 신성한 서약이었다고 말했다. 몇 개 마을에서는 지대를 납부한 사람에 대한 보이콧마저 옹호되었으며, 세리들은 온갖 곤욕을 치러야 했고 욕설도 들어야 했다. 이런

---

65 M. K. Gandhi, *Autobiography*, p. 329.

2 인도에서의 첫 사티아그라하운동

종류의 운동은 수동적인 저항에서 자연히 적극적인 방향으로 변질되기 마련이었지만 이것은 간디의 정책의 일환이 아니었다. 오히려 평화적 방법으로 실행하는 것이었다.[66]

간디는 탄탄한 조직망의 협력자들을 갖고 있었으며 그들을 '민중 일꾼들'이라고 불렀다. 발라바이 빠텔과 모한랄 판데야, 그리고 샹카랄 파리크가 이 투쟁에 적극적으로 뛰어들었다. 봄베이주 입법참사회에서 는 파티다르 가문의 비탈바이 빠텔(Vithalbhai Patel)을 통하여 저항운동 을 시작했는데, 그는 발라바이 빠텔의 형이었다.

발라바이 빠텔은 케다의 사티아그라하운동에서 간디의 부관으로서 가장 적극적인 역할을 했다. 파티다르(징세 청부업자)로서 또한 아메다 바드의 변호사로서 서양 교육에 손을 뻗쳐 과실을 따 먹은 농민인 발 라바이 빠텔은 교육받은 사람들과 농촌 사람들 사이의 간격을 이어 주 려는 간디의 시도에 이상적인 중개인이었다. 간디는 처음에는 발라바이 빠텔을 의심의 눈초리로 보았다. 간디는 "내가 처음 그를 만났을 때, 나 는 이 뻣뻣해 보이는 사람이 내가 원하는 것을 해낼 능력이 있을까 의심 할 수밖에 없었다. 그러나 그를 알아갈수록 더욱 그의 도움을 받아야 한 다는 것을 깨달았다. 그의 도움이 아니었다면 이 운동이 그렇게 성공적 으로 수행될 수 없었음을 인정할 수밖에 없다."[67]라고 말했다. 비하르에 라젠드라 프라사드가 있었다면, 구자라트에 발라바이 빠텔이 있었다.

간디의 핵심 협력자들은 농촌 마을을 방문하여 농민을 조직화하고 행동 방향을 제시했다. 그들은 토지세 저항운동을 위해 중요한 것은, 농민에게 관리는 국민의 주인이 아니라 종이며, 납세자들에게서 봉급 을 받고 있다는 것을 이해시킴으로써 두려움에서 벗어나게 하는 것이

66 J. Brown, *Gandhi's Rise to Power*, p. 102.
67 *Ibid.*, p. 105.

었다. 간디를 추종했던 핵심 인물인 샹카랄 파리크의 소작인 하나가 토지세를 납부해 버린 일이 있었다. 이는 혼란을 일으켰고 샹카랄을 매우 난처하게 만들었다. 샹카랄은 고심 끝에 토지세가 지불된 토지를 자선의 목적으로 넘겨 버림으로써 소작인의 실수를 치유할 수 있었다. 그는 명예를 구하고 타인에게 하나의 본보기가 되었다.[68]

농민에게서 당국에 대한 비굴한 공포심을 제거하고 용기를 북돋아 주는 것이 절실했다. 두려워하는 농민의 심장을 굳건하게 만들기 위해 간디는 모한랄 판데야의 지도 아래 부당하게 압류당해 왔던 밭에서 양파를 거두어 버리라고 권고했다. 지대 대신으로 내던 양파를 재배 중인 밭에서 제거해 버리도록 종용한 것이었다. 모한랄은 밭에서 양파를 뽑아 버리는 일에 자원했으며 7~8명의 친구들이 합세했다. 당국으로서는 그들을 자유롭게 놔둘 수 없었다. 모한랄과 동료들이 구속되었고 이것이 주민들의 감정을 고조시켰다. 감옥에 대한 공포가 사라졌을 때 억압은 사람들을 열광하게 자극한다. 모한랄과 동료들을 심리하는 날, 군중이 법원 건물을 에워쌌다. 모한랄과 동료들은 마치 지역의 영웅처럼 환호를 받았으며 농민의 행렬이 감옥까지 이어졌다. 그들은 유죄가 인정되어 단기 구금의 형을 받았지만 유죄 판결은 잘못된 것으로 생각되었다. 양파를 뽑은 행동이 형법에서 '도둑질'로 규정될 수는 없기 때문이었다. 그러나 이들은 법정을 피한다는 방침이었으므로 항소는 하지 않았다. '죄수들'이 감옥으로 갈 때 군중 행렬이 뒤따랐고 모한랄은 '양파 도둑'이라는 명예로운 칭호를 얻었다.[69]

사티아그라하운동은 정신력으로 수행되는 것이었지만 최소한의 돈은 있어야 했다. 간디는 극구 사양했으나 봄베이 상인들이 필요 이상의

---

68 M. K. Gandhi, *Autobiography*, p. 331.

69 *Ibid.*, p. 331.

2 인도에서의 첫 사티아그라하운동

돈을 보내와 운동이 끝날 때까지 부족함이 없었다. 봄베이 상인들은 대부분 구자라트 출신으로 직물 상인들이었다. 간디와 발라바이 빠텔은 케다의 사티아그라하운동에 다른 주의 인도인들이 간여하는 것을 거절했으며 순수한 구자라트 투쟁 운동으로 유지해 나갔다.

간디는 케다 사티아그라하운동에서 명예로운 탈출구를 생각하고 있었다. 사람들은 모두 지쳐 있었다. 나디아드 징세 구역의 세리가 간디를 찾아와 만약 잘사는 파티다르가 지대를 납부한다면 가난한 사람들은 지불 정지가 인정될 것이라고 말했다. 간디는 서면 보증을 요구했다. 세리는 이미 징세관이 지역 전체에 대하여 보증하여 적용한다는 명령이 시달되었다고 답변했다. 농민들이 서약한 내용이 이루어진 셈이었다. 간디는 이를 수락했다. 거의 석 달이나 끌었던 케다의 농민운동은 1918년 6월 6일에 간디가 그 투쟁의 종료를 공표했다.

간디는 만족스러운 마음이 아니었다. 사티아그라하운동의 종료가 수반해야 하는 품위가 결여되었기 때문이다. 가난한 사람들이 지불 정지가 인정되었지만 이익을 얻은 것은 없었다. 케다에서는 독립적인 조사 활동도 이루어지지 않았고, 처음에 요구했던 세금의 면제까지 나아가지도 못했다. 케다에서 크게 성공할 수 없었던 것은 지방 정부와 중앙정부가 연합하여 이 운동에 대처했기 때문이다. 뉴델리의 중앙정부가 봄베이의 주 정부를 지지하기로 결정하자 간디를 위해 개입하고 중재할 당국이 나서지 않았다. 누가 가난한 사람인가 하는 것을 결정하는 것은 농민들 자신의 권리였지만 그들은 그것을 행사할 수 없었다. 투쟁의 종료는 사티아그라하의 승리로 축하될 것이었음에도 불구하고 간디는 감격할 수 없었다. 사티아그라하운동은 시작할 때보다 참여자들이 보다 강력하고 활기 있게 되었을 때에만 가치 있는 것인데 그렇지 못했기 때문이다.

4 맺음말

간디는 인도에서 사티아그라하운동을 전개하면서 이론적으로 정치적 국외자였던 것이 사실이다. 그는 다른 정치 집단에 가담하기를 거부했으며 당시 전국적으로 세력을 얻고 있던 틸락과 애니 베산트의 자치연맹과도 분명한 거리를 두고 있었다. 애니의 자치연맹이 분명히 농민에게 접근하는 성과를 보였지만, 교육받은 인도인으로 하여금 농민의 실제 생활과 밀접하게 접촉하도록 몰아갔던 것은 간디의 농민운동이었다. 그들이 자신을 농민, 노동자와 동일시하는 것을 배웠을 때, 그들의 활동 영역도 더욱 넓어졌다. 간디는 통상적인 범위에서 벗어난 문제들에 집중적으로 파고들며 사티아그라하운동을 전개했다. 농민, 노동자들과 함께한 운동은 간디를 인도에서 지금까지 목격하지 못했던 새로운 차원의 정치적 지도자로 부각시켰다.

한편 참파란 사건은 인도 민족주의운동에 새로운 지평을 열었다. 교육받은 중간 계급의 민족주의 세력과 소박한 농민을 이어 주는 역할을 했다. 간디는 농민과 함께 투쟁했지만 교육받은 사람들과 부유한 상인이 그들을 지원했다. 참파란운동에서 증명되었던 민족주의 중간 계급과 농민의 연대 세력이 후일 인도를 독립으로 향한 승리의 행진으로 이끌어 가는 역할을 했다.

간디의 사티아그라하운동에 대한 비판적인 시각도 있었다. 간디의 운동은 비합법적 행동이며 앞으로는 사소한 문제에도 소극적 저항에 호소하고 나설 것이라고 우려했다. 안전과 자유를 보장해 주는 제도를 전복해 버리면, 기존의 체제를 합법적 방법에 의해 개선하려는 모든 희망은 사라져 버린다는 비판도 있었다. 또 간디의 사티아그라하운동이 시의적절하지 못했다는 주장이 있었는데 그것은 1차 세계대전이 아직도 계속되는 절박한 상황에서 추진되어야 할 운동은 아니었다는 비판적 목소리였다.

3 비폭력비협조운동

1차 세계대전이 발발했을 때 인도는 즉각 참전하여 막대한 인력과 재력으로 영국을 도왔다. 80만 명의 전투병을 비롯하여 120만 명의 인도인이 유럽 서부전선과 아프리카 및 페르시아 만에 파병되어 영국 군대와 어깨를 나란히 했다. 전쟁에서 인도인 사상자는 10만 명을 넘었다. 또한 인도는 전쟁 비용으로 1억 파운드를 영국에 바쳤으며 2000만 혹은 3000만 파운드를 추가로 지불했다. 1억 파운드는 인도 정부의 연간 세입을 초과하는 액수였다.[1]

인도 국민은 거의 일치단결하여 대영제국의 방어에 앞장섰다. 과격파의 지도자였던 틸락마저도 제국주의 열강 가운데서 그래도 가장 자유 민주적인 영국은 유지되어야 하며, 인도의 젊은이가 영국인과 동일한 참호에서 나란히 싸울 때 인도인도 정치적 자유를 누릴 수 있는 자격을 얻을 수 있다고 주장했다. 간디는 남아프리카의 줄루 전쟁 때 줄루인(Zulus)들에게 인도인 노동자들은 원한 관계가 없으면서도 대영제

---

1 R. C. Majumdar, *op. cit.*, II, pp. 349~350; P. Spear, *The Oxford History of Modern India*, p. 335.

국은 세계의 복지를 위해 존재한다는 신념 아래 순수한 애국심에서 소수의 의용병 의무대를 이끌고 영국을 위해 참전했다. 남아프리카에서 인도인 노동자의 인종적 차별에 맞서 20년 동안 싸우면서 간디의 영국에 대한 충성심이 흔들린 것은 사실이지만 간디 역시 대영제국의 수호를 위해 인도인의 충성적인 참전을 촉구하고 나섰다.

틸락과 간디를 비롯한 인도 국민이 전쟁이 진행되는 동안 헌신적으로 영국을 지원했던 것은 인도 국민의 충성에 대한 영국의 보답을 기대했기 때문이다. 전쟁이 끝난 후 인도에 대한 영국의 정치 개혁은 정치 지도자들에게도 기대에 못 미친 미미한 것으로 나타났으며, 1919년의 일련의 정치적 상황은 인도를 극도의 혼란 상태로 몰아갔다.

비폭력비협조운동은 인도 국민이 대대적으로 참여한 간디의 첫 번째 범국민적 사티아그라하운동이었다. 그것은 간디가 이른바 교육받은 중간 계급의 정치 단체인 국민회의의 지지를 이끌어 낼 수 있었던 데서 가능했다. 국민회의는 창립 이후 한 세대 동안 온건파가 일방적으로 주도해 오다가 과격파가 득세 혹은 두 파가 화해의 모습을 보여 주고 있었지만 대외적으로 열린 집단은 아니었다. 간디는 국민회의의 협조를 얻어 일반 대중을 격렬한 국민운동으로 몰고 갔다. 간디의 비폭력비협조운동은 이론적으로, 언어로 표현할 때 비폭력이었을 뿐 실상은 어느 혁명가의 운동 못지않게 위협적이었다. 성자와 정치가의 이중성을 지니고 있는 간디를 성자의 지위에서 일약 인도의 대표적인 정치 지도자로 부상(浮上)시킨 사건이 비폭력비협조운동이었다.

1 간디는 고칼레의 계승자인가, 틸락의 계승자인가

간디가 추진했던 독립운동의 배경에는 국민회의가 있었고, 국민회의가 범국민적 지지를 얻는 단체로 성장할 수 있었던 것은 간디의 명성 덕분이기도 했다. 간디가 곧 국민회의였고 국민회의가 곧 간디였다.

원래 영국 정부에 대한 충성 집단으로 출현했던 국민회의가 20세기에 접어들면서 온건파와 과격파의 대립이 분명하게 나타났다. 온건파에 의해 축출되었던 과격파가 1916년에는 국민회의에서 온건파와 자리를 함께했다. 동시에 무슬림연맹과도 제휴하여 러크나우 협정이 이루어지는 유래를 찾기 어려운 힌두·무슬림 화해의 분위기를 보였다.

온건파와 과격파는 국민회의에서 합석했지만 진정한 화해가 이루어진 것은 아니었다. 특히 과격파의 지도자에 의해 주도되고 있는 자치운동은 온건파가 원하는 바가 아니었으므로, 그들 사이의 세력 다툼은 불가피했다. 두 파의 대립은 당장 다음 해 국민회의 의장 선출을 둘러싸고 표면화되었다. 의장 선출 방법에 따라 지방 대의원회는 의장으로 애니 베산트를 추천했으나 최종 선출권을 갖고 있는 중앙의 접대위원회에서 대립했다. 접대위원회에서도 압도적 다수의 지지로 과격파가 지지한 애니 베산트의 의장 선출이 확정되자 온건파는 퇴장해 버리고 말았다.

국민회의는 몬터규·첼름스퍼드 보고서(개혁)의 발표 후에 그 중요성에 비추어 봄베이에서 임시 회의를 소집했으나 온건파는 대부분 참석하지 않았다. 불참한 온건파는 캘커타에서 따로 회합을 갖고 새로 국민자유연맹이란 단체를 결성했다. 국민회의는 과격파의 틸락을 비롯하여 라지파트 라이, 비핀 찬드라 팔 등에 의해 장악되고 말았다.

이때 간디가 국민회의에 참석했다. 10여 년 전 온건파는 소수의 행동이 국민회의의 활동을 위협한다는 이유로 과격파를 축출했지만 이제 소수인 자신들의 견해가 무시당한다는 이유로 스스로 국민회의를 탈퇴하고 말았다. 과격파는 축출당한 후 9년 만에 권토중래했지만 온건파는 세력을 만회하지 못하고 국민회의에서 영원히 탈락하고 말았다.

간디가 국민회의 온건파의 지도자인 고칼레와 과격파의 지도자인 틸락의 어느 쪽을 계승했는지는 한마디로 단정하기 어렵다. 간디는 불과 3년 연상인 고칼레를 자신의 '정치적 스승'이라고 수없이 강조했다. 1900년 남아프리카에서 간디가 일시 귀국했을 때 고칼레와 함께 한 달 동안 유숙할 기회가 있었으며, 간디의 수차례에 걸친 요청으로 고칼레는 인도 국민 지도자로서는 처음으로 남아프리카의 인도인 계약 노동자를 방문했다.[2] 간디는 건강이 악화된 스승을 본 순간 자신이 방문을 간청한 것을 후회하고 괴로워했지만 고칼레가 보여 준 이들 계약 노동자에 대한 남다른 동정심이 남아프리카에서 헌신적으로 봉사하고 있던 간디와 불가분의 관계를 갖게 만든 요인이 되었을 것이다.

간디는 고칼레의 만류에도 불구하고 비장한 결의로 목숨을 건 직접 행동의 투쟁으로 돌진하는 데 있어서는 스승과 비교할 수 없을 만큼 뛰어났다. 그것은 아마 간디의 신에 대한 믿음과 '진리'에 대한 신념이 고칼레보다 훨씬 강렬했기 때문일 것이다. 위대한 철학적 종교가가 되어 그의 믿음을 세계에 전파하려 했던 고칼레의 꿈이 간디에 의해 이루어졌는지도 모른다. 간디가 직접 행동으로 줄달음치면서도 극단으로 흐르지 않고 자제력을 잃지 않았던 것은 고칼레의 영향력이 작용했을 것으로 보인다.

간디는 고칼레의 제자로 자처하면서도 틸락을 찬양했다. 간디는 "틸락의 불굴의 의지, 광범한 지식, 조국애와 무엇보다도 그의 순수한 사생활과 희생정신을"[3] 흠모했다. 간디가 존경했음에도 그의 추종자가 될 수 없었던 것은 목표를 추진해 나가는 방법이 달랐기 때문이다. 틸락은 폭력 수단을 배제하지 않았지만, 간디는 비폭력을 고수했다. 그렇

---

2 졸저, 『인도 민족주의운동사』, 160~168쪽.

3 M. K. Gandhi, *Gokhale: My Political Guru*(Ahmedabad, 1968), p. 53.

3 비폭력비협조운동

지만 간디의 사상이나 행동을 살펴보면 차이점보다는 오히려 공통점이 많은 것을 느낄 수 있다. 틸락과 간디의 강력한 힘의 배경에는 일반 대중이 있었으며 민중을 분기시키는 데 종교를 이용했다. 두 사람은 모두 스와라지를 강조하고 이를 국민에게 가르치려 노력했는데 이것은 틸락, 간디 그리고 국민을 결합시키는 요소였다. 틸락이 영국인 관료들에게 제시했던 '상응하는 협조'는 체계화된 운동으로 발전하지는 못했지만, 간디의 비협조운동과 무관하다고 할 수 없을 것이다.

세계의 관심을 집중시켰던 간디의 위력적인 독립운동은 고칼레와 틸락의 영향에 그의 천재적인 투쟁 전략이 한데 어우러진 결과였다. 인도 민족주의운동의 두 갈래의 커다란 물줄기가 간디라는 특출한 인물에 의해 하나의 대하(大河)로 합일되었다고 보는 것이 타당하다.

인도 국민운동의 성격도 크게 변하고 있었다. 초기의 진보적 민족주의자들은 온건파로 불리었고, 국민회의를 장악했던 이들 온건파는 또 과격파에 의해 밀려났다. 인도는 오늘의 과격파가 내일의 온건파로 비판받는 급변하는 정치적 분위기였다. 간디의 급진적이면서도 가끔 이해하기 힘든 독립운동도 이러한 시대적 변화의 모습이며, 간디의 탁월한 투쟁 활동이 시대에 적응하고 또 새로운 변화를 주도해 나갔다고 보아야 할 것이다.

2 라우라트법, 암리차르 학살, 킬라파트운동

1차 세계대전이 끝났지만 인도 국민의 헌신적인 지원은 잊은 채 총독부가 보여 준 전시의 위압적인 분위기는 변하지 않았다. 첼름스퍼드 총독은 선동적인 움직임을 통제하기 위한 조치를 도모했다. 전시에 가졌던 정부의 비상 대권을 계속 유지하려는 것이었다. 종전과 함께 자동적으로 정지되는 인도방위법을 대체하기 위한 법이 준비되었다. 특히 벵골, 봄베이, 편잡을 소요의 중심지로 상정했다. 혁명적 음모에 대처하기 위해 필요하다는 주장이었지만 전시의 통제 체제를 유지하겠다는 의도였다. 라우라트(S. A. Rowlatt) 판사를 의장으로 하고 두 명의 인도인과 두 명의 영국 관리로 구성된 위원회는 국민의 자유를 철저히 박탈하는 특별법을 권고했다. 선동 행위의 위험성을 염두에 두고 그에 대처하는 법안을 준비했다. 고등법원의 판사 세 명으로 구성된 특별 재판소가 설치되며 혐의자를 속결로 재판하고 항소는 허용되지 않았다. 혐의자는 배심원 없이 재판에 회부하고 위험인물에 대해서는 주 정부가 재판 없이 구금할 수 있었다. 주 정부는 의심되는 사람에게 보증인을 세우고, 거주지를 통고하고, 특정 지역에 머물도록 명령할 수 있었다. 신문에 대한 철저한 통제를 규정했다.

1919년 초 라우라트법안이 제국입법의회에 제출되자 인도 전역에서 반대의 집회가 열렸다. 전례 없는 거족적인 반대 운동이 일어나고 있었다. 전쟁이 끝난 평화 시에, 더욱이 약속한 정치적 개혁을 목전에 두고 탄압 조치를 취하고 나선 데 대해 인도 국민은 강하게 반발했다. 입법의회의 모든 비관리(非官吏) 인도인 의원들이 그 조치에 반대하여 연합했으며 몇 명은 반대의 표시로 의원직을 사퇴했다.

간디는 영국에 대한 충성심에도 불구하고 총독에게 만약 라우라트위원회가 권고하는 법안들이 통과된다면 사티아그라하운동을 결행할 것이라는 점을 분명히 했다. 간디는 이 법안은 불공평하고, 자유와 정의의 원칙을 위협할 뿐 아니라 개인의 기본권을 파괴한다고 비판하면서 법안이 통과될 경우 이를 거부하고 진리에 따를 것을 결심했다.

라우라트법안은 3월 18일 관리 의원들만의 찬성 투표로 통과되었다. 간디는 사티아그라하 협회를 설립하고 자신이 의장이 되었다. 간디를 강력하게 지지하고 나선 사람들은 자치운동 회원들이었다. 봄베이와 구자라트가 가장 열렬한 지지 세력의 중심지였다. 사티아그라하 협회의 집행부를 지배하고 있던 사람들도 자치운동원들이었다. 애니 베산트의 자치운동 회원들이 그녀를 떠나 지지를 간디에게 돌렸다. 간디는 하르탈을 선언했다. 국민회의 창립 멤버인 수렌드라나드 바너지는 "라우라트법이 비협조운동을 탄생케 한 부모였다."[4]라고 평했다.

하르탈은 3월 30일에 델리에서 시작되었으며 4월 6일에는 전국적으로 전개되었는데, 간디의 지도력을 시험할 수 있는 기회였다. 간디는 봄베이에서 성공적인 파업을 목격하고 시위 군중에게 연설했다. 애니는 근거지인 마드라스로부터 봄베이로 급히 날아가 파업을 중단시키려고 시도했으나 설득당했던 사람들도 애니가 떠나면 금방 간디에게 돌아가 버렸다. 델리의 하르탈은 순조롭게 시작되었지만 시민과 경찰의 충돌이 발생했고, 경찰의 발포로 수명이 사망했다. 4월 6일의 파업에는 1만여 명이 참여했으며 간디는 초청을 받고 가다가 델리의 교외에서 경찰에 의해 봄베이행 기차로 되돌려보내졌다. 간디의 '구속' 소문으로 봄베이에서 소요가 일어나 상가가 철시하고 군중은 폭도로 변해 갔고, 기마 경찰이 출동하여 진압했다. 아메다바드에서의 시위는 간디와 아나수야가 구속되었다는 소문으로 당장 소요로 변했다. 아나수야가 체포되었다는 소식에 방직공들은 격노하여 폭력과 방화에 호소했다. 폭도들은 살상을 저지르고 감옥, 전신국, 세무서를 불태웠다.

간디는 폭력, 약탈, 살인, 방화 등은 사티아그라하에 위배된다고 강조하면서 자제를 호소했지만 정부 측의 보고에 따르면 두 명의 장교가 피살되고 28명의 폭도가 사망했다. 간디는 시민불복종운동을 전개하도록 요구한 것이 잘못된 판단이었다는 생각에 이르렀다. 그는 '히말라야만큼의 실책'이라고 표현함으로써 사티아그라하를 이해하지 못한 대중

---

4 S. Banerjea, *A Nation in Making*, p. 300.

에게 이를 실행토록 요구했던 자신의 사려 깊지 못한 과오를 인정했다. 자격을 갖추지 못한 민중에게 불복종 운동을 전개하자고 호소한 것은 히말라야 산처럼 큰 오산이었다. 간디에게는 행동의 방법과 마음속의 목표가 똑같이 중요했다. 그런데 그의 국민운동의 행동 방법인 사티아그라하가 정치적 책략과 조화롭게 일치하지 못하고 있었다.

간디는 시민불복종운동을 중단했다. 간디는 사티아그라하의 뜻을 정확히 이해하는 정예 요원의 양성이 절실하다고 느꼈다. 그러나 대부분의 사람들은 간디가 사티아그라하운동을 중단한 결정에 불만을 보였다. 그들은 사티아그라하의 비폭력적이고 평화적인 참뜻에는 관심이 없었고 요원을 양성하는 교육을 외면했다. 간디는 비폭력이 전제되는 대중적인 사티아그라하운동은 대단히 어렵다는 것을 절실히 느꼈다. 라우라트법에 반대한 사티아그라하운동은 간디의 정치 지도자로서의 위력과 그 취약점을 동시에 보여 준 사건이었다.

간디의 시민불복종운동 중단 조치는 많은 사람들을 의아하게 만들었다. 결정적이라고 생각되는 순간에 중단해 버린 간디의 태도를 이해할 수 없었다. 이 운동의 성패는 각 지역의 사정과 지도자들에게 달려 있었다. 봄베이주는 아주 적극적으로 간디를 지지했으나 또한 크게 실망했다. 강경파는 소수이긴 하지만 봄베이에서 격렬했으며 유혈 없이는 아무것도 이루어질 수 없다고 주장했다. 그들은 간디를 틸락과 비교하면서 6년의 옥고를 치른 틸락의 '순교적' 행동을 칭송했다. 봄베이주 안에서도 틸락의 고향인 뿌나를 비롯해 마라타어를 사용하는 지역에서 더욱 그러했다.

'펀잡의 철인' 마이클 오드와이어(Michael O'Dwyer) 부지사는 주민에 대한 잔혹한 징집 행위와 탄압, 전시 공채(戰時公債)의 모금 및 자의적인 구금, 지식층에 대한 멸시 그리고 지방어 신문에 재갈을 물리고 외부의 자유주의적 신문이 펀잡주로 들어오는 것을 봉쇄하는 조치를 취했다. 총독은 오드와이어의 정책을 지지하는 입장이었다. 여러 곳에서 편잡주민의 파업이 시작되자 당국은 반란으로 규정하고 가혹하게 탄압했다.

편잡주의 라호르에서는 간디의 체포 소식으로 주민이 크게 동요했으며 진압하는 과정에서 발포로 수 명이 사망했다. 더욱이 정보원이 이슬람 사원을 '악마의 집'이라 힐난함으로써 폭력 시위가 격화되었으며, 숨진 학생의 장례식에는 5만 명의 군중이 모였다.

구즈란왈라에서는 경찰이 송아지를 죽여 철교에 걸어 놓은 것이 소요의 발단이었다. 물론 힌두를 종교적으로 모욕하기 위한 것으로 해석되었다. 힌두가 기차에 투석하고 철교를 불태웠다. 기차역, 전화국, 우체국, 세무서가 불탔다. 카수르에서도 경찰의 강경책에 맞서 격앙된 주민이 우체국을 불태우고 기차역 시그널을 훼손했다. 또 전화선을 절단하고 두 명의 영국인 관리를 폭행하여 사망케 했다.

최악의 사건은 암리차르에서 일어났다. 암리차르의 충격적인 참상은 헌터(Lord Hunter, 전 스코틀랜드 검사장)를 의장으로 한 공식적인 조사위원회와 국민회의가 임명한 위원회가 철저한 조사를 수행한 사건이었다. 국민회의 보고서는 소요의 주요 원인으로 간디의 체포와 두 지도자의 추방을 강조하고 있으며, 헌터 보고서는 사티아그라하가 법과 질서를 훼손했다고 비판했다. 먼저 발표된 국민회의 보고서와 헌터 보고서는 예상대로 내용상 많은 차이점을 보이고 있지만 실상을 알아보는 데는 중요한 사료가 되고 있다.

암리차르에서는 파업이 무난히 지나가고 있었다. 국민회의 조사위원회는 오드와이어가 주민을 짓밟기로 작정하고 그들을 폭력으로 유도했다고 보았다. 오드와이어는 주민의 인기 있는 지도자인 개업 의사 사트야팔(Dr. Satyapal)과 변호사 키츠류(Kitchlew)에게 추방 명령을 내리고 체포해 갔다. 간디의 구속 소문에 이어 두 사람의 체포 사건이 일어났으므로 주민은 더욱 격앙되었다. 주민은 파업에 들어가고 두 사람의 석방을 요구하며 도심지로 행진했다. 암리차르에서는 시크교의 바이사키(Baisakhi) 축제가 열리고 있었으므로 여기에 참석했던 농부들이 시위 행렬에 가담하기도 했다. 평화적 행진이 저지되자 충돌이 일어났고 발포로 몇 사람이 사망했다. 그러자 폭도로 돌변한 주민의 통제할 수 없는 거친 행동이 이어졌다. 은행 직원을 포함한 다섯 명의 유럽인이 살해되고 전화국, 은행, 시청, 기독교회 등이 공격당하고 불태워졌다. 발포로 20~30명의 희생자가 발생했다.(오드와이어는 1940년 편잡인 우담 싱(Udham Singh)에게 피살된다.)

상황은 여단장 다이어(R. E. H. Dyer)가 질서 유지를 위해 암리차르에 도착한 후 더욱 악화되었다. 4월 15일에 라호르와 암리차르에 계엄령이 발포되지만 정부 보고서에 따르면 10일부터 사실상 계엄령이 발효되고 있었다. 아무튼 다이어는 도착한 11일부터 계엄 상황과 마찬가지로 행동했다. 다이어는 주민을 자의적으로 구속하면서 모든 집회를 금지한다는 명령을 내렸다.

집회금지령이 널리 알려졌었는지 여부는 논란이 있지만 아무튼 1919년 4월 13일 오후에 잘리안왈라 박(Jallianwala Bagh)에서 공중 집회가 열렸다. 이곳은 원래는 공원이었지만 축제나 집회가 열리던 공터였다. 다이어는 집회를 알고 있었으면서도 집회의 불법성을 경고하지도 않았고 집회장 입구에 군대를 배치하여 입장을 막지도 않았다. 집회가 시작되자 다이어가 장갑차를 앞세운 군대와 함께 현장에 도착했다. 100명의 인도인 병사와 50명의 영국인 병사가 소총으로 무장한 부대였다. 다이어는 경고도 없이, 벽 안에 갇힌 셈이 된 약 1~2만 명의 군중과 어린아이들에게 고작 2~3분 내에 해산토록 알린 후 군대에 발포 명령을 내렸다. 인도인 병사들을 앞세우고 영국인 병사들을 뒤에 정렬시킨 채 탄약이 바닥날 때까지 10분 동안 무차별 발포했다. 공식 발표를 인용하더라도 379명이 현장에서 사망하고 약 1200명이 부상했다. 다이어 장군의 학살은 오드와이어에 의해 곧바로 전보로 승인되었다. 전보 내용은 "당신의 행동은 정당했다. 펀잡 부지사가 인정함."이었다.[5]

충격적인 학살에 인도 전체가 분노했다. 노벨 문학상 수상자인 타고르가 자신에게 영국 정부가 수여했던 기사의 작위를 되돌려 준 것도 이때의 일이었다. 국민회의는 오드와이어 부지사와 그의 부하들을 탄핵재판에 회부해야 한다고 요구했고 간디도 이 주장을 되풀이했다.

'판단 착오'를 일으킨 다이어 장군은 해직되어 영국으로 돌아갔지만 보수당으로부터 영웅으로 대접받았다. 하원의 다수는 다이어의 행동을 비난했지만 상원은 다수가 그를 지지했다. 보수당과 한 신문사는 다이어를 위해 한 달 동안 2만 6317파운드를 모금하여 '펀잡의 구원자'라고 새긴, 보석이 박힌 칼과 함께 그에게 전달했다.[6]

인도 무슬림과 힌두가 제휴하여 간디의 지도 아래 전개한 반영운동이 킬라파트(Khilafat)운동이었다. 터키는 전 세계 무슬림의 종주국으로서 칼리프의 지위를 유지해 왔으며 예언자 마호메트의 후계자인 칼리프(Caliph, Khalifah)는 모든 이슬람교도의 정신적 지주였다. 1차 세계대전이 일어났을 때 칼리프인 터키의 술탄은 독일과 동맹하여 영국을 비롯한 연합국에 맞서 싸웠다. 독일 편에 섰던 터키제국은 패전과 함께 해체될 운명에 처했다.

1차 세계대전이 일어났을 때 인도 무슬림은 대영제국에 대한 충성심과 무슬림 종주국인 터키에 대한 동정심 사이에서 어려운 선택의 기로에 있었다. 인도의 무슬림은 영국을 택했다. 인도의 의용군 가운데 많은 무슬림이 포함되었고 그들은 터키에 대한 종교적 동정심보다는

---

5 P. Sitaramayya, *op. cit.*, pp.164~166; R. C. Majumdar, *op. cit.*, II. p. 27.

6 S. Wolpert, *A New History of India*(Oxford University Press, 1982), p. 300; J. Brown, *Gandhi's Rise to Power*, p. 244.

대영제국을 방어해야 한다는 애국심에서 연합국 편에 적극적으로 참전했다.

인도 무슬림 지도자 가운데는 범이슬람주의 이념을 고취하면서 인도 무슬림의 충성심을 터키 술탄에게 돌리도록 암시하는 사람도 있었지만 직설적으로 표명한 경우는 거의 없었다. 킬라파트운동에서 간디의 동지인 알리 형제(Mahomed & Shaukat Ali)와 인도 독립운동 및 파키스탄 분립운동 과정에서 끝까지 간디를 배신하지 않았던 아자드(Abul Kalam Azad)가 언론인으로서 일찍부터 범이슬람주의를 전파해 왔다. 그들은 범이슬람이 『코란』의 이념이라고 주장하면서, 범이슬람의 목표는 인도 무슬림에게 유일하게 남아 있는 정신적 보루인 터키를 방어하는 것이라고 강조했다. 그러나 세계대전은 인도 무슬림에게 그들의 충성심을 터키 아니면 영국을 선택해야 하는 어려운 양자택일의 길로 몰고 갔다. 알리 형제의 정신적 종교적 지도자 압둘 바리(Abdul Bari)는 터키 술탄에게 영국을 지지하거나 중립을 지키도록 권고했다. 마호메드 알리는 독일을 주축으로 한 동맹국 측에 동조적이었으면서도 대전 발발 직후 칼리프가 전쟁에서 비켜섬으로써 인도 무슬림을 충성심의 충돌로부터 구원해 주기를 희망한다는 논조를 개진했다. 알리 형제는 인도 무슬림에게 편협한 민족주의에 빠져들지 말고 범이슬람에 입각한 국제적 연대에 나서도록 강조해 온 아자드와 함께 구금되었다.

종전 직후 1918년 12월 무슬림연맹은 채택한 결의문을 첼름스퍼드 총독에게 보내 영국이 약속한 바에 따라 영국 정부는 전후 문제의 해결에 있어서 칼리프가 무슬림 성지와 '아라비아반도(Jazirat-ul-Arab)'를 관리할 수 있도록 해 달라고 청원했다.[7] 총독은 우호적인 회신을 보내 평

---

7 아라비아반도는 지중해, 홍해, 인도양, 페르시아 만 및 티그리스 강, 유프라테스 강을 접경으로 둘러싸인 지역으로서 아라비아, 메소포타미아, 시리아 및 팔레스타인을 포함했다. 무슬림의 주요 성지인 메카, 메디나 및 예루살렘은 아라비아반도 내에 있었다.

3 비폭력비협조운동

화 회담의 영국 대표는 무슬림의 깊은 정서를 고려할 것이라고 말했다. 물론 총독은 무슬림연맹의 청원을 본국의 인도상에게 전달했지만 칼리프와 무슬림 성지의 운명은 인도 정부의 권한 밖에 있었다.

영국의 정책은 터키제국으로부터 유럽 영토를 떼어 놓고, 제국의 아랍 부분을 잘라 내어 영국과 프랑스의 위임 통치 아래 둔다는 계획으로 드러났다. 영국 정부의 정책과 인도 무슬림의 압력 가운데서 인도 정부는 거의 속수무책으로 평화 조약의 결과만을 기다리고 있을 뿐이었다. 평화 회의의 결의 내용은 1920년 5월 15일에 공표되었으며, 조약은 석 달 후에 프랑스의 세브르(Sèvres)에서 조인되었다.

종전 이후 평화 협정에 대한 불안한 기다림 속에서 인도 무슬림은 범이슬람 이념과 터키에 대한 동정심에서 나온 세 개의 요구를 분명히 했다. 즉 이슬람의 인격적 구심점인 칼리프는 신앙을 방어하기 위한 충분한 세속 권력과 함께 그의 제국을 유지해야 하며, 이슬람의 지리적 중심인 '아라비아반도'는 예언자 마호메트의 유훈에 따라 무슬림 통치권 아래 유지되어야 한다. 칼리프는 무슬림 성지의 관리인으로 남아야 한다는 것이었다.

무슬림 지도자들은 이러한 주장들을 그들의 종교적 신념의 일부로 생각하면서 일찍이 "인종이나 교조의 구별 없이 모든 신민은 자유롭고 불편부당하게 대우받을 것"이라고 밝혔던 1858년 빅토리아 여왕의 선언을 인용하기도 했다. 특히 그들은 자신들의 주장을 정당화하기 위해 세 명의 서양 정치가들의 '약속'을 인용하여 상기시켰다.

하나는 1914년 11월 10일 애스퀴스(H. H. Asquith) 영국 수상의 연설이었다. 그는 반(反)터키 분위기에도 전쟁이 무슬림 신앙에 반대하는 십자군이 되어서는 안 될 것이라고 언급했는데, 이는 킬라파트에 대한 무슬림 정서를 존중하는 약속으로 해석되었다. 두 번째 약속은 윌슨(Woodrow Wilson) 미국 대통령의 14개조에 포함된 내용으로서 "오스만

제국의 터키 부분은 확실한 주권이 보장되어야 하지만 터키의 지배 아래 있는 다른 민족들도 의심할 나위 없는 생명의 안전과 자치 발전의 기회가 보장되어야 한다."라는 것이었다. 세 번째 약속은 영국 수상 로이드 조지(Lloyd George)의 1918년 1월 5일자 선언으로 연합국은 터키족의 땅에 수도를 콘스탄티노플에 둔 터키제국을 유지하는 것에 이의를 제기하지 않을 것이라는 내용이었다.[8]

간디는 인도 무슬림의 칼리프를 지키려는 운동에 뛰어들었다. 암리차르의 학살 사건이 간디의 영국 정부를 향한 충성심을 흔들어 놓은 것은 사실이었지만, 그가 범국민적 사티아그라하운동에 초점을 맞추었던 것은 오히려 킬라파트운동이었다. 사실 터키의 술탄은 무슬림 세계에서 명목상의 종교적 최고 권위일 뿐 오스만 제국 밖에서는 실제적으로 큰 의미를 갖지 못했다. 동족이 처참하게 살해당한 전율할 국내 사건을 지나고 나서, 어떻게 보면 인도와는 직접적으로 관련이 없어 보이는 터키 문제에 간디가 직접적으로 개입하고 나선 것이 의아스럽게 생각될 수도 있다. 이것은 간디가 절박한 국내 문제보다 무슬림의 킬라파트 문제를 지나치게 강조함으로써 후일 무슬림의 분리주의에 일조했다는 비판을 받게 되는 계기가 되었다. 아무튼 간디가 범국민적인 직접 행동의 계기를 잡은 것이 킬라파트운동이었고, 이 무슬림 운동이 없었다면 그의 행동이 그렇게 극적으로 방향을 꺾지는 않았을 것이다.

간디는 결코 무슬림을 외면한 일이 없었다. 아마 그의 필생의 사명으로 다짐했던 과업 가운데서도 그 첫째는 종파적 화합이었다. 무슬림과 힌두는 인도의 구성원이므로 그들의 연합이야말로 진정한 자치를 이룩하기 위한 전제 조건이었다. 간디는 남아프리카에서 귀국한 후에도 이슬람 부흥운동의 본거지인 알리가르대학에서 강연을 통해 사티

---

8 J. Brown, *Gandhi's Rise to Power*, p. 193.

아그라하의 이념과 종파적 화합을 역설했다. 펀잡 학살이 일어나기 직전에 간디는 러크나우에서 압둘 바리를 만났다. 이때 두 사람 사이에서 힌두가 킬라파트 대의를 위해 일하고, 무슬림은 성우 도살을 중단함으로써 종파적 화해를 위해 노력한다는 양해가 이루어졌다.

간디는 11월 23일 델리에서의 전 인도 킬라파트 회의에서 의장으로 선출되었다. 힌두로서 참석한 사람은 간디뿐이었다. 여기에서 간디는 전승 기념 축제를 배척하고, 영국이 터키 문제를 만족할 정도로 풀지 않으면 영국 상품을 점진적으로 배척하기로 결의했다. 이 회의는 많은 사람들의 주의를 끌지는 못했지만 킬라파트운동과 인도 정치에는 의미 있는 모임이었다. 간디는 영국 상품의 배척은 경제적 피해를 우려하여 반대했지만, 정부에 대한 협조를 전면적으로 철회하는 것을 구상하여 '비협조'라는 단어를 여기에서 사용했다.

12월 말 알리 형제와 아자드가 4년간의 구금에서 풀려나자 킬라파트운동은 고무되었다. 국민회의 지도자들과 킬라파트 지도자들은 암리차르에 모여 간디의 지도 아래 킬라파트 대의를 위해 그 힘과 권위와 조직을 동원하여 전폭적인 지지를 보내기로 했다. 총독에게 대표단을 파견했으나 총독의 답변은 실망스러웠으며, 대표단을 영국에도 파견하여 로이드 조지 수상을 만났으나 역시 성공적인 결과는 없었다.

1920년 2월 봄베이에서의 전 인도 킬라파트 회의에 이어 간디는, 폭력과 영국 상품의 배척을 인정하지 않으면서도, 3월 19일을 파업을 곁들여 킬라파트 날로 기념하도록 제의했다. 아자드가 주관한 벵골 킬라파트 회의는 이를 지지하는 결의를 통과시켰다. 만약 칼리프의 전전(戰前) 영토가 그대로 보전되지 않는다면 무슬림은 그들의 충성심을 영국으로부터 거두어 칼리프를 돕겠다고 결의했다. 압둘 바리는 성전을 암시하기도 했다. 델리에서는 성공적인 파업이 이루어졌고 무슬림연맹 회원들이 시장에 나가 함께 참여했다. 캘커타에서는 상인들이 적극 참여하기도 했지만 대부분의 힌두 지도자들은 냉담했다. 한편 델리에서는 간디, 틸락, 라이, 아자드, 바리 등 20여 명의 힌두 및 무슬림 지도자들이 모여 비협조를 논의했다. 그러나 분위기는 간디의 사티아그라하에 회의적이거나 비판적이었다.

5월 15일 인도 정부는 연합국과 터키 사이의 제안된 평화 조약의 내용을 공표했다. 터키는 콘스탄티노플을 유지했지만 터키제국은 해체되게 되었다. 술탄은 수도로서 콘스탄티노플을 유지하지만 동트라키아(Eastern Thrace)에서 그리스까지를 잃게 된다. 아르메니아, 시리아, 메소포타미아 및 팔레스타인은 독립국이 된다. 이는 인도 킬라파트 지도자들이 내세웠던 세 개 주장 가운데 두 개가 인정되지 않는 것이다. 즉 '아라비아반도'는 무슬림 통치권 아래 남을 수 없게 되며, 칼리프는 무슬림 성지의 관리자가 될 수 없게 되었다. 예루살렘은 팔레스타인 정부 아래 남게 되며, 메카와 메디나는 헤자즈(Hedjaz; 사우디아라비아 서안(西岸))의 왕이 관리할 것이다.

간디는 평화 조약의 내용에 대해 "인도 무슬림을 혼비백산케 하는 일격"이라고 표현하면서 반대했다. 인도 무슬림이 희망해 왔던 터키에 대한 관대한 조치가 부인됨으로써 무슬림의 영국에 대한 불만이 증폭했다. 물론 이 조치가 간디로 하여금 적극적으로 행동할 수 있는 추진력을 강화할 수 있는 적절한 기회를 마련해 준 것도 사실이었다.

간디는 이미 인도 무슬림 지도자들의 3개 항의 요구를 수용하고 있었다. 무슬림의 불만과 고통은 형제의 공동체인 힌두도 똑같이 고통으로 느끼고 그것을 나누어야 했다. 킬라파트는 전적으로 무슬림 문제이지만 인도 무슬림과 관련해서는 인도의 자유 문제와 연결되는 국제적 문제이기도 했다.

간디는 킬라파트운동에서 몇 개의 대의를 증진시킬 수 있는 절호의 기회를 간파했다. 사티아그라하 방법으로 정의를 실현하며 힌두와 무슬림의 우의를 확보함으로써 대내적인 평화를 보장하고, 나아가 인도의 자유를 쟁취할 수 있다고 판단했다. 간디로서는 힌두와 무슬림의 화합을 다지기 위해서, 또 그의 필생의 사명인 사티아그라하운동을 세상에 전파하기 위해서 "백 년에 한 번쯤 찾아올 법한 기회"를 결코 놓칠 수가 없었다.

간디는 힌두와 무슬림의 화합을 강화하기 위해 국민회의를 킬라파트운동에 끌어들이기로 결심했다. 무슬림은 당연히 인도 국민의 대표 기관으로 활동하고 있는 국민회의의 지지를 반대할 이유가 없었다. 전국적으로 조직되어 있는 국민회의가 지지를 보내 준다면 킬라파트운동은 엄청난 추진력을 얻을 수 있을 것이므로 쌍수를 들어 환영했다. 힌두로서도 영국 정부에 효과적으로 대항하기 위해서는 힌두와 무슬림의 연대가 필요하다는 주장을 긍정적으로 받아들이는 입장이었다.

평화 조약의 윤곽이 드러나자 킬라파트 중앙위원회는 알라하바드에서 힌두와 무슬림이 함께하는 모임을 가졌다. 여기에는 힌두 측에서 간디를 비롯해 모틸랄 네루(Motial Nehru)와 과격파 지도자 비핀 찬드라 팔과 라지파트 라이를 포함한 저명한 인사들이 참석했다. 눈길을 끄는 것은 틸락과 그의 추종자들이 불참했다는 점이었다. 간디는 평화 조항에는 종교적인 느낌도 없다는 점을 지적하면서, 비협조만이 폭력을 피하고 영국이 인도 무슬림에게 안겨 준 상처에 대한 유일하고 효과적인 치유책이 될 것이라고 말했다. 무슬림 지도자들은 힌두에게 비협조운동을 지지해 달라고 호소했다.

킬라파트위원회는 대표를 첼름스퍼드 총독에게 보내기로 결의했다. 그리고 간디도 며칠 후 같은 내용의 서한을 총독에게 보냈으며 나중에 법정에서 같은 내용을 피력했다.

처음의 충격은 라우라트법에서 왔고, 다음으로 편잡의 공포(암리차르 학살)가 뒤따랐다. 또한 나는 터키의 보전과 이슬람 성지에 대한 수상의 약속이 실현되지 않을 것을 알았다. 나는 개혁들이 부적절하고 불만족스럽긴 하지만 인도의 생활에 희망의 새로운 시대가 열릴 것을 기대했다. 그러나 모든 희망은 무산되었다. 킬라파트 약속은 지켜지지 않았다. 펀잡의 죄악은 호도되었고, 극악한 범죄자는 처벌되지 않고 아직도 복무하고 있다. 어떤 자들은 인도인의 세금으로 계속 연금을 받고 있고, 어떤 경우는 상까지 받았다. 개혁들은 마음의 변화를 가져오지 못했으며, 그것들은 오직 인도의 부를 유출시키고 예속 상태를 연장시키는 방법이 되고 있을 뿐이다.[9]

자신은 영국의 법치에 대한 신념을 잃지 않았지만 평화 조항은 '잘못된 것'으로서 무슬림과 힌두가 영국인에게 보인 신뢰를 훼손했다. 간디의 영국 정부에 대한 신뢰와 충성심은 되돌릴 수 없는 먼 곳으로 나아가고 있었다. 킬라파트 및 펀잡 학살 문제에 있어서 간디는 정부 당국이 말 따로 행동 따로라는 것을 알았다. 신념이 한번 흔들리자 그는 영국의 지배를 완전히 새로운 시각에서 바라보았다. 간디가 남아프리카에서 귀국한 직후인 1915년 초 마드라스의 한 만찬에서 "오늘밤 이 거룩하고 중요한 모임에서 대영제국에 나의 충성심을 다시 선언하는 것이 나에게 최고의 기쁨을 주고 있다."[10]라고 말했던 같은 사람의 간디가 이미 아니었다.

알라하바드의 킬라파트 회의는 대체로 비협조운동의 진행 과정에서 중대한 계기로 기록되었으나, 젊은 자와할랄 네루는 철저히 실망스러운 모임으로 기억했다. 참석한 대표들은 용기도 없고 열정도 없었으며 단지 간디의 열렬한 연설에 의해 고무되었을 뿐이었다. 의견을 달리

---

9 R. C. Majumdar, *op. cit.*, II, p. 91.

10 B. Nanda, *op. cit.*, p. 187.

3 비폭력비협조운동

할 용기도 없었고, 경솔하게나마 무엇을 해내겠다는 의지도 없었다. 간디의 연설을 듣고 나자 그들은 더 두려워하는 듯 보였다. 열정과 활기찬 언어와 섬광 같은 눈빛을 기대했으나 오히려 비굴하고 겁에 질린 중년의 현실에 길들여진 그런 군상을 보았을 뿐이었다.[11]

총독부의 사티아그라하운동에 대한 대응은 간섭하지 않는다는 방침이었다. 라우라트법뿐만 아니라 암리차르 학살 이후에도 정부는 방심한 채로 불간섭 대응을 계속했다. 정부의 판단으로는 간디의 엉뚱한 행동에 선량한 사람들은 금방 지칠 것으로 보았다. 첼름스퍼드 총독은 처음에는 비협조운동을 모든 어리석은 계획 가운데서 가장 바보 같은 짓이라고 비웃었다. 중앙정부의 판단이나 주 정부에서 보내 온 보고서의 내용도 다름이 없었다. 간디는 위험한 인물이기는 하지만 그를 유배시키는 것보다는 방치하는 것이 그의 영향력을 상실하게 만드는 상책이라고 판단했다. 또한 간디가 오랫동안 영국 정부에 대한 확고한 충성심을 보여 왔기 때문에, 그의 충성심이 되돌아올지도 모른다는 막연한 기대도 갖고 있었다. 따라서 정부는 간디의 사티아그라하운동에 대해 불간섭이 최선책이라는 입장을 그대로 유지했다.

킬라파트 회의가 임명했던 준비위원회가 비협조 계획을 발표했다. 8월 1일에 시작하는 전면적인 파업은 기도와 단식을 병행해야 하고, 시위는 촌락을 제외한 전국에 걸쳐 추진해야 하며, 정부에 평화조약을 수정토록 권고하는 결의를 채택하도록 했다. 발표한 세부 지침에는 상점을 닫는 것을 거부하는 사람에게 압력을 가하는 일은 없어야 하며, 훈장과 명예직을 포기하도록 특별한 노력을 기울여야 한다, 학부모는 관립학교로부터 어린이를 자퇴시키고, 법률가들이 그 업무를 중지하도록 권유해야 한다, 또 입법의회를 배척하기 위한 노력은 중단되지 말아야

---

11 R. C. Majumdar, *op. cit.*, II, pp. 73~74.

한다는 등의 내용이었다.

국민회의 전국위원회도 킬라파트 중앙위원회와 거의 같은 시기에 바라나시에서 열렸다. 통과된 결의안은 킬라파트 문제를 언급했지만 편잡 학살 사건에 대한 비난과 성토에 큰 비중을 두었다. 첼름스퍼드 총독의 억압 정책과 헌터위원회 보고서에 깊은 실망과 불만을 표시하며, 오드와이어와 다이어를 비롯한 암리차르 학살 책임자들을 탄핵 재판에 회부하고, 라우라트법은 철폐되어야 한다고 단호하게 촉구했다.

국민회의위원회는 간디의 비협조운동을 승인하지 않고 그 채택 여부는 9월의 캘커타 특별회의에서 결정하기로 했다. 국민회의가 비협조 문제의 논의를 위해 임시회의 개최를 결정하고 나선 것은 국민회의가 처음으로 합법적 저항 형태를 벗어나기 시작한 것이었다.

라우라트법에 반대한 간디의 사티아그라하운동은 소수 정예 요원에 국한하여 제한된 형태의 시민불복종을 계획했으므로 성공하기 어려웠다. 이번의 킬라파트 문제에 대한 비협조운동의 주체가 일사불란하고 응집력 있는 공동체는 아니었다 하더라도 인도 무슬림을 종교적 정서에 호소하여 광범하게 분기시킴으로써 보다 성공적일 수 있었다.

간디는 분명히 편잡 학살 사건보다는 킬라파트운동에 더 큰 비중을 두고 나아갔지만 범국민적 사티아그라하운동을 전개하기 위해서는 힌두의 적극적인 협조와 참여가 필수적이었다. 여기에 킬라파트 문제와 필적할 수 있는, 힌두를 분기시킬 수 있는 하나의 대의를 내세우는 것이 절실했는데 편잡 학살 문제가 그러한 요인을 제공해 주었다.

3 국민회의가 간디의 비협조 계획을 수용

비폭력비협조운동은 킬라파트운동의 결과로서 혹은 그 연장선상에서 나타났다. 1차 세계대전이 진행되는 혼란스러운 정세 속에서 지배자도 인도 정치인들도 무기력하게만 보였다. 간디가 남아프리카에서 귀국했을 때 그는 인도의 기존 정치 지도자들에게 전혀 위협적인 인물이 아니었다. 정치인들의 관심은 오직 영국 정치 제도의 개혁에 집중되어 있었다. 간디가 위협적인 인물로 부상하면서 정치적 균형이 깨진 것은 1920년 중반에 이르러서였다.

간디가 귀국한 해에 '정치적 스승'인 고칼레가 사망했고, 봄베이주의 정치 지도자의 한 사람으로 간디의 변호사 초년 시절의 우상이었던 메타도 사망했다. 자치운동을 이끌었던 애니 베산트의 인기는 시들었고, 6년 동안의 옥고를 치른 후 자치운동에 전념했던 틸락만이 인도 정치인으로서는 우뚝 선 당당한 모습을 보여 주고 있었다. 그러나 간디가 비폭력비협조운동을 시작한 1920년 8월 1일, 바로 그날 틸락도 사망했다. 한때 국민회의를 마음대로 지휘했던 온건파의 지도자였던 고칼레도, 과격파의 지도자로서 서민의 지지를 한 몸에 받았던 틸락도 떠난 마당에 간디의 정치적 전도(前途)는 활짝 열렸다. 결코 무시할 수 없는 두 지도자가 사망함으로써 인도에서 간디의 앞길을 막아설 정치적 지도자들은 사실상 제거된 셈이었다.

고칼레와 틸락이 살아 있었다면 간디의 비폭력비협조운동이 가능했을까? 답변하기 쉽지 않다. 고칼레가 서거한 지 6년이 지난 1921년 정월 간디는 다음과 같이 기록했다.

고칼레가 오늘까지 살아 있다면 무슨 일이 일어났을까 하고 추측한다는 것은 불경스러운 일이다. 내가 그분 밑에서 일해 오고 있을 것이라는 것을 나는 알고 있다.[12]

---

12 B. R. Nanda, *op. cit.*, p. 211.

간디는 틀림없이 그의 사티아그라하 이념의 전파와, 영국 정부에 대한 충성심과 영국의 정치 전통에 확고한 신뢰를 보여 온 고칼레에 대한 존경심 사이에서 몹시 고민했을 것이다. 그러나 간디는 결국 필생의 사명인 전자의 길을 택할 수밖에 없었을 것이다.

간디는 틸락을 대양에 비유하면서 그의 도덕적 엄숙성과 애국심에 깊은 존경심을 보였다. 두 사람은 모두 민중에 의지하고 민중을 분기시키는 데 종교를 이용했음에도 정치에 접근하는 방법에 있어서 근본적인 차이가 있음을 인정했다. 틸락은 간디에게 "정치는 세속적인 사람들의 게임이지 성자들의 놀이가 아니다."라고 했다. 틸락은 폭력을 비난했지만 폭력의 가능성과 효용을 완전히 배제하지는 않았으며, 힌두의 종파적 결속에 기반을 둔 그의 선동적인 민족운동은 반무슬림 성격을 포함하고 있었다. 비협조운동의 중대한 계기를 마련했던 알라하바드의 킬라파트 중앙위원회에는 저명한 힌두 지도자들이 참석했으나 틸락과 그의 추종자들은 불참했다. 충직한 추종자였던 켈카르의 말은 곧 틸락의 생각일 수 있다.

개인적 믿음으로는 칼리프는 범이슬람 문제일 뿐 힌두는 무슬림에 가담할 권리가 없다. 인도 무슬림이 한 눈으로는 터키를 바라보고 다른 눈으로는 영국 정부를 바라보는 한 후자에 대한 그들의 충성심은 흔들리게 된다. 그들은 힌두의 친구가 되기에는 적합지 않다.[13]

간디는 비폭력비협조운동을 준비하면서 틸락에게 정중하게 도움을 청했다. 아직까지 인도 민족주의운동에서 누구보다도 많은 대중적인 지지를 받았고, 국민회의의 중심인물인 틸락의 협조야말로 간디에

---

13 J. Brown, *Gandhi's Rise to Power*, p. 226.

게는 천군만마의 원군이 될 수 있었다. 틸락은 간디의 요청을 분명하게
거절하는 답변을 보냈다. 틸락은 간디의 정치적 경쟁자가 될 수밖에 없
었다. 그러나 틸락은 비협조운동을 시작한 바로 그날 사망했다. 간디는
틸락이 생존해 있었다면 비협조운동에 특별한 애정을 보냈을 것이라고
말하면서 "우리 시대의 어느 누구도 민중에게 틸락이 미쳤던 것 같은
영향력을 갖지 못했다. 그는 의심할 것도 없이 국민의 우상이었고 그
의 말은 수많은 사람들에게 법이었다. 우리들의 거인은 사라졌고 사자
의 포효는 침묵하고 말았다."[14]라고 틸락의 서거를 애도했다. 그러면서
도 듣기에 따라서는 다른 의미로 해석될 수도 있는 "나의 강력한 방파
제가 사라졌다."라는 수수께끼의 말을 남겼다.

1920년 8월 1일은 간디가 비폭력비협조운동을 시작하기로 선언한
날이었다. 간디는 영국 정부가 그에게 남아프리카 전쟁에서의 봉사를
가상하게 보아 수여했던 3개의 메달(보어 전쟁, 줄루 전쟁 훈장 및 카이사
리힌드(Kaisar-i-Hind; 인도의 대변인) 금메달)을 총독에게 반납함으로써
비협조운동을 공식적으로 시작했다. 훈장이 자신에게 명예를 주었지만
무슬림 동포들이 그들의 종교적 감정에서 괴로움을 겪고 있는 한 자신
은 그 훈장들을 달고 있을 수 없다고 말했다. 간디는 총독에게 보낸 항
의 서한에서 킬라파트 문제와 편잡 학살 사건이 자신을 영국 통치에 대
한 충성으로부터 유리시켰다고 강조했다.

비폭력비협조운동을 인도에서 대대적인 범국민운동으로 전개하기
위해서는 국민회의의 전체적인 합의의 지지가 필수적이었다. 간디의
비협조 계획은 킬라파트위원회에 의해 수용되었지만 국민회의가 이를
채택할 때까지는 국민운동이 될 수 없었다. 국민회의는 인도 민족주의

---

14 T. L. Shay, *The Legacy of the Lokamanya; the Political Philosophy of Bal Gangadhar Tilak*(Oxford University Press, 1956), p. 148.

운동 내지 독립운동의 구심점이었다. 그 위상과 조직 면에서 국민회의를 도외시하고 전국적인 국민운동은 생각할 수 없었다. 국민회의는 처음 한 세대 동안은 이른바 교육받은 중간 계급이 중심이 된 온건파가 지배했지만 이제 과격파가 분명히 압도하는 분위기였다. 초창기에는 국민회의가 힌두만의 모임이라고 비난을 받기도 했지만 처음부터 상당수의 무슬림이 꾸준히 참여해 왔던 것도 사실이다.

국민회의의 캘커타 특별회의는 전체적으로 간디의 비협조 계획에 비판적인 분위기였다. 그들은 비협조운동이 그 계획이나 행동에 있어서 혁명적이라고 비판했다. 비폭력을 전제로 했지만 그것은 민중을 선동하여 이끌어 가는 공개적인 반란이었다. 대중운동이 그들이 구축해 놓은 균형적인 정치 구조를 위협할 것으로 보았다. 특히 정부 관직과 주 입법의회에 많이 진출해 있던 사람들은 자신들의 지위가 위협받을 것을 우려하여 비협조운동을 반대하는 분위기가 뚜렷했다.

비폭력비협조운동에 동정적인 지도자들도 이 운동의 성공에 대해서는 회의적인 반응이었다. 어떤 사람들은 원칙은 환영하나 시기가 적절치 못하다며 이의를 제기했고, 애니 베산트는 비협조 계획을 혁명적이라고 비난하면서 강력히 반대했다. 자치를 촉진하기 위해서는 모든 면에서 정부와 협조해야 한다고 믿어 왔던 애니는 간디를 비현실적이고 위험스러운 인물로 매도했다. "간디의 지배 아래서는 비협조운동가들을 제외하곤 자유로운 연설이나 공개적인 모임도 없다. 사회적 종교적 배척, 개인 폭력의 위협, 길거리에서 침 뱉고 욕설 퍼붓기 등이 압박의 방법들이다. 폭도들의 지지는 지대도 없고 세금도 없을 것이라는 등의 황량한 약속들에 의해서 얻어지고 있다."[15]

국민회의에 참여하지 않는 인사들도 비협조운동에 대한 비판적인

---

15 Annie Besant, *India; Bond or Free*, pp. 194~195.

견해를 표시했다. 그들의 주장은 한마디로 비협조운동이 인도 정치에 무정부 상태의 수문을 활짝 열어 놓은 결과를 가져온다는 것이었다. 국민회의의 존경받는 온건파의 원로 수렌드라나드 바너지도 비판적인 입장이었으며, 비협조 계획이 영국 통치에 파괴적인 증오심을 불러일으킬 것을 우려했다. 그는 정치와 문화에서 가장 가치 있는 것이라고 주장해 온 모든 것을 간디가 부인하고 있다고 느꼈다. 바너지는 일찍이 인도문관 시험에 합격하여 관직에 나아갔고 국민회의의 전신(前身)이라 할 수 있는 인도협회를 창설한 인물이었다. 그는 영국의 정치 전통인 점진적이고 합법적인 의회 정치에 변치 않는 신뢰를 보여 왔던 사람으로서, 그의 생각과 행동이 어떠했든지 간에 인도 민족주의운동의 지도자로서 존경을 받아 온 인물이었다.

고칼레의 정치적 후계자로 불리기도 했던 사스트리(Srinivasa Sastri)는 간디가 정부에 대한 비이성적인 반대편에서 실용성 없는 계획을 채택함으로써 행동 노선이 위험에 빠져들어 가고 있음을 경고했다. 산카란 나이르는 총독집행위원회의 위원을 지냈던 사람이므로 쉽게 예측할 수 있는 바이지만, 나이르는 간디가 킬라파트 및 펀잡 문제에서 오직 합법적 개혁을 고의로 저해하려는 구실을 발견하려고 하는 의회주의 방해자라고 비난했다. 그는 나아가 간디는 자신이 통제할 수 없는 무질서의 세력을 풀어놓고 있다고 주장했다.

온건한 정치인들만 비판한 것이 아니었다. 타고르도 비폭력비협조운동에 대한 가장 강렬한 비판자 가운데 한 사람이었다. 간디가 남아프리카에서 귀국하여 아직 많이 알려지지 않은 인물이었을 때부터 타고르는 그를 산티니케탄에서 한동안 머물도록 호의를 베풀기도 하며 친분을 유지해 왔다. 간디는 타고르를 시적(詩的) 천재성을 갖춘 '신성(神性)의 스승(Gurudev)'으로 불러 세계의 시인으로 칭송했으며, 한편 간디를 '마하트마(위대한 영혼)'라고 처음으로 불렀던 사람이 타고르였다.

타고르는 일찍이 19세기 말에 캘커타에 스와데시 상점을 개설하는 애국적인 활동을 보였지만 방법 면에서 간디와 차이점을 보였다. 간디와 타고르는 친교 관계가 있었지만 대조적인 생각을 갖고 있었다. 타고르는 브라만 계급 명문 출신으로 영국 통치 아래서 막대한 부를 축적한 집안에서 풍요로움을 향유하면서 살아왔지만, 간디는 바이샤 계급의 출신으로서 가난 속에서 자라지는 않았지만 그의 몸에는 본질적으로 절제와 금욕이 배어 있는 일반 서민이었다. 그들은 인도 민족주의를 바라보는 데 있어서도 다른 시각을 보였다. 간디는 인도의 정치적 자유를 인도의 사회와 문화를 갱생하는 데 필수적인 것으로 보았으나, 타고르는 인도의 민족주의가 인도의 다양한 정체성에 파괴적인 추동력이 되고 있다고 비판했다.

타고르는 라우라트법의 반대에서는 사티아그라하를 찬양했으나, 구미 여행에서 돌아온 후에는 비협조를 부정(否定)과 배타성과 자포자기의 원리라고 비판했다. 타고르에게 비협조운동은 부정적 이념에 근거한 것으로 마치 불교의 부정적 이념과 유사한 것으로 보였다. 그는 비협조운동에서 학생들에게 학교를 떠나라는 주장에 이의를 제기했다. 타고르는 비협조가 결국 인도인을 통제할 수 없는 폭력으로 이끌어 간다고 우려했다.

비협조는 그 배후에 최선일 때는 자제이지만 최악일 때는 소름끼치는 방종으로 나타나는 절멸의 흉포한 환락을 갖고 있다. 간디가 할 수 있는 것을 해낼 수 있는 사람은 극히 소수에 불과하다. 나는 당신의 가르침이 선의 도움을 얻어 악에 대항하여 싸운다는 것을 알고 있다. 그러나 그러한 싸움은 영웅에게 해당되는 것이지 순간의 충동에 이끌리는 보통 사람에게는 적용될 수 없다. 모든 형태의 힘은 비이성적이다. 그것은 눈가리개를 하고 수레를 끌고 가는 말과 같은 것이다. 도덕적 요소는 말을 모는 사람에게서만 나타날 뿐이다. 소극적 저항은 그 안에 필연적으로 도덕적이지 못한 힘이 있다. 그것은 진리를 위해 사용할 수도 있지만 진리에 반해 사용될 수도 있다. 모든 힘 안에 포함된 위험성은 그것이 성공할 것같이 보일 때 더 크게 나타난다. 왜냐하면 그것이 유혹이 되기 때문이다.[16]

진리의 대의를 위한 순교가 광신주의로 타락해서는 결코 안 되며 광신주의야말로 성스러운 목표 뒤에 자신을 숨기는 자기기만으로 빠져들게 되어 있다. 타고르에게 협조는 생활의 근거였으며 비협조는 이를 파괴하는 것을 의미했다.

인도가 세계 모든 국민과 협조해 서도록 놔두어야 한다. 나는 동양과 서양의 진정한 만남을 믿는다. 사랑이 영혼의 궁극적인 진리이다. 우리는 우리가 할 수 있는 모든 것을 해야지 그 진리를 유린해서는 안된다. 비협조의 이념은 불필요하게 그 진리를 훼손한다. 우리의 가슴과 마음을 서양과 유리시키는 오늘의 투쟁은 정신적인 자살을 시도하는 것이다.

간디는 비협조운동은 타고르가 우려한 것과는 반대라고 답변했다.

비협조는 상호 존중과 신뢰에 기반을 둔 진정한, 명예로운, 자발적인 협조로 나아가는 길을 닦는 것이다. 현재의 투쟁은 강제적 협조에 반대하여 싸우는 것이다. 비협조는 문명이란 이름으로 가장한 착취의 근대적 방법을 무력으로 강요하는 것에 대한 반대이다. 국민의 비협조는 정부로 하여

---

16 David Atkinson, "Tagore and Gandhi; The Poet and the Pragmatist", *South Asia: Journal of South Asian Studies*, vol. VI. No. 2(Australia, 1983), p. 5; D. G. Tendulkar, *Mahatma: Life of Gandhi* I(Government of India, 1960), pp. 259~260.

금 협조로 나오도록 하는 초대이다.[17]

간디는 그의 비협조운동을 부정적이고 배타적이라고 비난하는 사람들을 논박했다. 그는 정부가 보인 행태에는 시민의 책임이 크게 작용하고 있다는 중대한 문제를 제기했다. 그의 주장은 다음과 같았다. 국가는 궁극적으로 강제적인 제도화된 협력 체제 이상의 것이 아니며, 시민 각자는 그 체제의 조치에 대한 당사자이므로 그것들의 결과에 부분적으로 책임이 있다. 각자가 의식했든지 그렇지 못했든지 간에 그가 행한 모든 것은 하나의 정치적 의미를 갖는다. 각자는 결코 정치에 무관심할 수 없으며 무관심은 실제로 도덕적 책임의 한 형태이다. 시민은 집단적 책임의 구조물 뒤에 숨을 수 없다. 왜냐하면 그것은 개별적 책임으로 구성되었으며 대체될 수 없기 때문이다. 도덕적 존재로서 시민은 공동체 안팎의 동료들에게 자기 이름으로 행해진 모든 것에 대한 의무를 갖는다. 악에 협조하지 않은 것은 선에 협조하는 것과 마찬가지로 긍정적인 것이다. 간디는 비협조는 오직 영국 정부를 "모든 국민의 권리이며 모든 착한 정부의 의무"로 안내하는 것이라고 말했다.[18]

간디는 국가를 "영혼 없는 기계"로 보았다. 국가는 권력 집약적이고 조직화된 형태의 폭력을 대표한다. 국민이 국가의 권위를 받아들이는 의무는 국가의 법이 정의롭고 그 조치가 억압적이 아닐 때이다. "정부는 국민의 의지와 동의에 근거하는 한에서 봉사의 도구이다. 정부는 총검으로 복종을 강요하는 곳에서는 억압의 도구이다. 따라서 억압은 국민이 총검을 두려워하지 않게 될 때 그치게 된다. 시민에게 경청하지 않는 정부를 지지하지 않는 것은 시민의 생득권(고유의 권리)이다. 부패

---

17 Bindu Puri ed., *Mahatma Gandhi and His Contemporaries*(Shimla, 2001), pp. 141~142.

18 B. Parekh, *Gandhi's Political Philosophy*, p. 201.

3 비폭력비협조운동

한 국가에 대한 충성은 죄악이고, 불충은 덕이다."[19]

간디의 주장은 정부의 행동이 견딜 만할 때는 지지하는 것이 좋지만 만약 법이 비인도적이며 정부의 제도가 국민에 대한 무자비한 수탈에 근거했다면, 또 행정관들이 부패하여 변덕스럽고 권력에 협조한다면, 정부에 대한 지지를 철회해 버리는 것이 시민의 의무가 된다는 것이었다. 어떤 정부도 국민의 협조 없이는 존재할 수 없으며 국민이 갑자기 세부적인 면에서 협조를 철회해 버리면 정부는 정지 상태에 들어갈 수밖에 없다. 정당한 정부에 대한 협조는 국민의 의무이며, 부정한 정부에 대한 비협조도 똑같이 의무이다. 간디에게는 악에 비협조하는 것은 선에 협조하는 것과 마찬가지로 하나의 의무였다.

국민회의의 캘커타 특별회의는 인도 독립운동에 있어서 분수령이 될 수 있는 중요한 의미를 갖는 모임이었다. 특별회의는 9월 4일 과격파의 라지파트 라이를 의장으로 하여 열렸다. 캘커타는 서구식 교육이 맨 먼저 광범하게 보급된 가장 강력한 엘리트 정치의 요람이요, 간디의 가장 집요한 반대자들이 포진하고 있는 본고장이었다. 간디는 회의의 처음 분위기를 "나는 오직 싸움을 위해 모인 역전의 전사들, 즉 애니 베산트, 모틸랄 네루, C. R. 다스, 말라비야(Madan Mohan Malaviya) 및 비자야 라가바차리아(Vijaya Raghavachariar) 등의 위압적인 방진(方陣)을 보았을 뿐"[20]이라고 묘사했다.

간디가 국민회의에 결의(決議)해 주도록 제안했던 세부 사항은 ① 훈장 명예직의 반환, 지역 기구의 지명직 포기, ② 정부가 주관한 접견, 공식 행사 등에 참석 거부, ③ 관립학교와 대학에서 학생들을 점차적으로 퇴교시키고 각 주에 민족학교와 대학을 설립하여 대체하고,

---

19 Raghavan N. Iyer, *The Moral and Political Thought of Mahatma Gandhi*(Delhi: Oxford University Press, 1873), pp. 255~257.

20 M. K. Gandhi, *Autobiography*, p. 379.

④영국 법정을 법률가와 소송 당사자가 점차적으로 배척하고 사적인 중재 법정을 설립하며, ⑤외국 근무를 위한 군사직, 사무직 및 노동 임무의 역할 거부, ⑥개혁법에 따른 입법의회 선거에 입후보와 투표의 거부, ⑦외국 제품의 배척 등이었다.

알리 형제를 비롯한 무슬림 진영의 뒷받침에도 불구하고 제출된 결의안은 각계각층의 다수로부터 완강한 반대에 부딪쳤다. 노련한 전사들은 회의가 시작되기도 전에 반대 세력을 규합하기 시작했다. 틸락의 충직한 추종자 카파르데(G. S. Khaparde)는 벵골인들, 즉 비핀 찬드라 팔, 모틸랄 고슈(Motilal Ghose), 차크라바르티(B. Chakravarti) 등과 동맹하여 비협조 계획에 반대하기로 했다. 모틸랄 네루는 또 다른 반대 집단을 조직하여 벵골의 영향력 있는 다스와 말라비야, 애니 베산트 등과 함께 특히 입법의회의 배척에 주목하면서 간디의 제안을 연대하여 부결시키기로 양해했다. 여기에는 아직 국민회의에 충실히 참여해 오고 있던 후일의 파키스탄 운동의 장본인인 진나도 행동을 함께했다.

의제위원회는 이틀을 연장하여 사흘 동안 열띤 토의를 계속했다. 의장 라지파트 라이는 신중하게 비협조에 대한 자신의 견해를 표현하지 않으면서 국가가 이 문제로 분열되어 있으므로 불편부당하게 행동하는 것이 자신의 의무라는 태도를 보였다. 간디는 어느 때보다 단호하고 냉혹했으며 자신의 약세를 인지하면서도 그의 계획을 끝까지 관철하려는 결의에 차 있었다. 비핀 찬드라 팔이 비협조의 원칙은 받아들이지만 간디의 계획 가운데 논란이 되지 않는 부분은 당장 채택하고 다른 부분은 고려한다는 수정안을 제시했으나 간디는 단호하게 거절했다. 간디는 퇴로를 끊고 배수진을 치고 전장에 임하는 비장한 자세로 나아갔다. 킬라파트 당파는 의제위원회에서도 그들의 강인한 결의를 보여 주었으며, 마드라스 의제위원은 무슬림이 반이었는데 킬라파트 대의를 촉구하기 위해 대거 참석하고 있었다.

간디는 캘커타 특별회의와 관련하여 다음과 같은 입장이었다.

나의 결의안에서 비협조는 오직 펀잡 및 킬라파트 문제에서 정부의 과오를 시정하려는 관점에서만 요구했다. 그렇지만 라가바차리아에게 설득력을 주지 못했다. "비협조가 선포될 때 왜 특정한 과오에만 관련되어야 하는가? 스와라지의 결여는 국가가 고통을 당하고 있는 가장 큰 과오이다. 비협조가 인도해야 할 것은 이에 반대해서 나아가는 것이다."라고 그는 주장했다. 모틸랄 네루도 스와라지의 요구를 결의에 포함시키기를 원했다. 나는 그 제의를 받아들일 마음이었으며 나의 결의안에 스와라지 요구를 포함시켰다.[21]

라가바차리아와 몇 사람들은 간디가 제시하지 않았던 인도의 주요한 문제는 곧 정치적 독립의 성취라는 것을 인식하고 있었다. 그들은 간디보다 보수적인 견해에 머물러 있던 사람들이었지만 여기에서는 간디를 앞서가고 있었다. 어쩌면 간디는 아직도 영국의 통치에 대한 충성심에서 완전히 벗어나지 못했던 것으로 보인다.

간디의 비협조에 대한 제안은 의제위원회를 찬성 144표, 반대 132표로 통과했다. 간디의 지지자들은 모틸랄 네루, 샤우카트 알리, 안사리(Dr. M. A. Ansari) 등이 포함되었고, 반대자들은 팔, 다스, 말라비야, 애니 베산트, 진나 등 널리 알려진 인물들이었다. 라지파트 라이와 라가바차리아가 간디에게 진심으로 협조하고 나선 것은 다음 나그뿌르 국민회의 때였다.

저명한 힌두 지도자들 가운데는 모틸랄 네루만이 간디를 지지했다. 모틸랄이 간디에게 협조로 돌아선 첫 번째 사람이었다. 간디는 결의안에 대해 그와 가졌던 감미로운 대화를 뚜렷이 기억한다고 회고했다. 모

---

21 *Ibid.*

틸랄이 간디가 썼던 말의 표현을 약간 변화시키도록 권고했다. 모틸랄이 돌아선 것이 결정적 계기가 되었으며 많은 사람들이 뒤따라 마음을 바꾸었다. 모틸랄이 비협조에 대한 반대자에서 지지자로 돌아섰던 이유는 추측의 문제이다. 의제위원회와 전체회의에서 그가 태도를 바꾼 것은 간디와의 협조가 가장 현명한 작전이라고 판단했기 때문이었던 듯하다. 국민 여론을 거슬러 나아간다면 그는 국민회의와 유나이티드 프로빈시스에서의 그의 지위가 위태로워질 것을 우려했을 것이다. 뿐만 아니라 국민회의의 분열로 나타나고 나아가 영국 지배에 대항하는 국민회의의 영향력을 약화시킬 수 있다고 내다보았을 것이다. 무엇보다도 그는 아들 자와할랄이 간디에 대한 굳건한 신봉자였으므로 아들을 실망시키고 가족을 분열시킬 수는 없다고 계산했을 것이다.[22]

국민회의 전체회의는 훨씬 낙관적이었다. 팔, 다스, 진나 등이 반대 연설에 나섰지만 분위기를 되돌릴 수는 없었으며 애니가 발언대에 섰을 때는 관중석의 조소와 야유에 묻히고 말았다. 9월 9일 간디의 비협조 제안은 찬성 1886표, 반대 884표로 국민회의를 통과했다.[23]

국민회의가 비협조 계획을 수용한 것은 간디에게는 감격스러운 개인적 승리일 뿐만 아니라 킬라파트운동이 거둔 개가였다. 간디는 킬라파트운동의 지도자일 뿐만 아니라 국민회의의 지지를 받은 독립운동의 주역으로 떠올랐다. 간디는 독창적이고 특이한 방법으로 인도 정치에 뛰어들었다. 그는 자신이 창안자였고 동시에 실행자였던 독특한 투쟁 기술을 소유하고 있었다. 근대 국가가 개발한 잘 조직되고 잘 무장하고 있는 폭력에 폭력으로 대적하는 것은 무모하고 큰 희생만을 가져올 뿐이었다.

---

22 *Ibid.*; J. Brown, *Gandhi's Rise to Power*, p. 266.

23 P. Sitaramayya, *op. cit.* 캘커타 국민회의 특별회의에는 드물게 많은 인원이 참석하여 등록 대표 수가 무려 5800여 명에 이르렀고 그 반수에도 못 미치는 숫자가 표결에 참여했다. 찬반 표결의 숫자는 신문이나 책이 모두 상이하므로 여기에서는 공인된 국민회의 정사(正史)를 인용했다.

3 비폭력비협조운동

자와할랄 네루는 간디의 출현과 그의 승리를 아름답게 묘사했다.

간디는 마치 강력하고 신선한 기류와 같이 나타나 우리가 기지개를 켜고 깊은 숨을 내쉬도록 했다. 한 줄기의 빛과 같이 어둠을 분산시켜 우리의 시야에서 흐린 것들을 지워 버렸다. 회오리바람과도 같이 많은 것들을 뒤엎어 버렸다. 무엇보다도 국민의 마음에 심대한 영향을 미쳤다. 그는 위에서 강림하지 않았으며 인도의 수많은 국민 사이에서 나타나서 그들의 언어로 말하고 그들의 섬뜩한 처지에 관심을 보였다. 정치적 자유는 그때 새로운 형태를 취했고 새로운 내용을 얻게 되었다.

간디가 말한 많은 것은 국민이 부분적으로 받아들였거나 가끔은 전혀 받아들이지 않은 것들도 있었다. 그러나 그것은 중요하지 않았다. 그 모든 것은 부차적인 것이었다. 영국 통치는 인도 국민에게 깊은 열등감을 심어 주었다. 인도인들은 자신들의 위대한 과거에 대한 자긍심마저 잃어버렸다. 그들은 모방자의 국민으로 위축되어 버렸다. 간디는 인도 국민으로 하여금 두려워하지 않는 풍토에 취하도록 만들었다. 네루는 나아가 다음과 같이 묘사했다.

간디의 가르침의 요점은 두려워하지 않는 것과 진실이었으며 행동이 이것들과 연합했으며 항상 그의 견해에는 민중의 복지를 담고 있었다. 개인과 민족에게 준 최대의 선물은 우리의 고전이 전하는 바이기도 하지만 두려워하지 않는 것, 단순히 육체적 용기가 아니라 마음에서 두려움을 지워버리는 것이었다. 우리 역사의 초기에 자나카(Janaka) 왕과 야즈나발키아(Yajnavalkya) 현인은 국민에게 두려움이 없도록 만드는 것이 지도자들의 직분이라고 말했다. 그러나 영국 통치 아래서 인도의 현저한 충격은 공포였다. 널리 스며든 억압하는, 질식시키는 두려움, 군대와 경찰과 널리 퍼져 있는 비밀 요원에 대한 두려움, 관료에 대한 두려움, 압박과 감옥을 뜻하는 법률에 대한 두려움, 지주와 대리인과 대금업자에 대한 두려움, 실직과 굶주림에 대한 두려움 같은 공포가 처음부터 항상 존재했었다. 간디의 조용하고 결의에 찬 목소리가 제기한 것은 보편화된 두려움에 맞서는 것이었다. 두려워 마라. 그것은 그렇게 단순한 것인가? 전혀 그렇지 않다. 그럼에도 두려움은 실제보다 더 무서운 유령을 만든다.[24]

갑자기 공포의 검은 장막이, 물론 전부는 아니지만 놀랄 정도로 국민의 어깨에서 걷어 올려졌다. 국민의 심리적 변화였다. 심리적 공포의 자리가 자유의 열망으로 채워졌다.

간디는 남아프리카에 오래 머물다가 귀국했으므로 그의 밑에는 당파도 없었고 패거리도 없었다. 인도의 어느 정파에도 소속되어 있지 않았던 것이 오히려 그가 각계각층의 지지를 쉽게 얻을 수 있는 이점이기도 했다.

간디는 국민의 단합된 투쟁만이 영국 제국주의를 물리칠 수 있다고 확신했다. 혁명가들의 활동은 인도가 자유를 쟁취하기 위해 나아가는 행진에 방해가 된다고 믿었다. 그들의 폭력적 행동은 정부의 탄압을 불러오고 국민의 사기를 저하시킬 뿐이었다. 노동자와 농민의 단일 계급에 근거한 조직보다는 모든 전선에서의 국민의 단합이 그의 목표였다. 간디에게 단합은 포괄적 개념이었다. 간디는 부유한 사람과 가난한 사람, 힌두와 무슬림, 노동자 농민과 지식인을 규합하기를 원했다. 그것은 주적에 대항하기 위해 소규모의 적들이 연합한 것이 아니다. 왜냐하면 그에게는 적이 없기 때문이었다.[25]

---

24 J. Nehru, *The Discovery of India*(New Delhi: Teen Murti House, 1988), p. 358.

25 Kamlesh Mohan, "An Assessment of Gandhian Attitude towards Militant Nationalists in 1920s", *The Quarterly Review of Historical Studies*, Vol. XVII, No. 2(1978), p. 103.

간디가 국민회의의 지지를 이끌어 낼 수 있었던 것은 한마디로 인도 국민의 힘이었고 그들의 뜻이었다. 간디의 영향력은 분명히 경이적이었고 전례가 없는 일이었다. 간디는 인도 국민에게 마하트마, 위대한 영혼이었으며, 일찍이 조국을 구했던 것으로 전해 내려오는 현인(Rishi)이었고 나아가 아브타라(Avtara, 신의 화신)였다.

국민회의 규약에는 대표 수에 대한 제한이 없었으며 회의가 열린 지역에서 많이 참석하기 마련이었다.[26] 간디의 지지 세력은 지금까지 민족주의운동에 참여하지 않았던 새로이 동원된 사람들과 기존의 정치 지도자들이 마음에 들지 않아 간디에게로 돌아선 사람들이었다. 지지 세력으로 특히 눈에 띄는 사람들은 무슬림으로서 킬라파트운동의 열성적인 참가자들이었다. 무슬림은 의제위원회와 국민회의 열린 회의에서 강력한 응집력을 발휘하여 캘커타 회의에서 다른 사람들을 압도했다. 간디의 캘커타 승리는 무슬림 공동체의 지지에 크게 힘입었다. 또 다른 간디의 지지 세력은 상인 집단, 특히 캘커타에서 군건한 공동체를 형성하고 있던 마르와르(Marwar) 상인들이었다. 참파란 농민운동에 간디를 초청하고, 간디가 사티아그라하운동을 성공적으로 추진할 수 있도록 지원을 보낸 사람들이 비하르의 마르와르 상인들이었다. 이들은 라자스탄의 옛날 마르와르 왕국이 근거지였으나 캘커타, 봄베이 등지로 진출하여 상공업, 금융업, 섬유 산업에서 뚜렷한 성공을 보여 준 사람들로서 흔히 인도의 유대인으로 불리기도 했다. 간디는 시크교도연맹의 지지도 확보했으며 특히 편잡 지방에는 킬라파트, 국민회의, 시크연맹 사이에 긴밀한 연대가 구축되어 있었다.

지역적으로는 유나이티드 프로빈시스, 비하르, 편잡주에서 간디의 지지표가 뚜렷했다. 유나이티드 프로빈시스는 일찍부터 알리가르를 중

---

26 국민회의의 규약과 조직에 관해서는 졸저 『인도 민족주의운동사』 2장 참조.

심으로 무슬림 부흥 운동이 활발히 전개된 지역이었고 또한 가장 적극적이고 저돌적인 킬라파트 지도자들의 고장이며, 네루 부자의 근거지였다. 비하르는 간디가 처음 전개했던 참파란 사티아그라하의 무대였다. 펀잡은 암리차르 학살 사건의 현장으로 간디의 사티아그라하운동의 발단이 된 원인의 하나를 제공했으므로 펀잡 대표들은 간디를 지지했다. 봄베이주는 간디의 고향인 구자라트를 포함하고 있었으므로 역시 비협조 계획에 많은 지지표를 보였으며 봄베이 국민회의 지회와 별개로 간디의 계획을 전폭적으로 지지했다.

간디는 힌두와 무슬림으로부터 동시에 존경을 받는 지도자가 되었다. 그가 가는 곳마다 서민층의 열광적인 환호가 이어졌다. 기차역에는 간디를 환영하기 위해 시민이 구름같이 몰렸다. 간디는 늘 삼등 열차로 여행했으며 주민들과 격의 없이 만났다. 건강 문제로 이등 열차를 탈 경우에는 마음이 편치 않았다. 일상적으로 주고받은 엄청난 분량의 편지와 국민에게 신념과 용기를 불어넣었던 글들은 열차 칸에서 갈겨쓴 것들이 많았다. 종파에 관계없이 주민이 보여 준 열광 속에서 자연히 힌두와 무슬림의 우호가 조류를 탔다.

간디는 이때 알리 형제와 함께 전국을 여행했다. 알리 형제의 대중적인 인기도 대단했다. 무함마드 알리의 우르두어 『코란』은 가장 권위 있는 번역본으로 평가된다. 그는 학자에 적합한 인물이면서도 무슬림 연맹에는 창립 대회부터 꾸준히 참여해 온 인물이었다. 간디는 그동안 무슬림연맹을 외면하고 국민회의에서 적극적인 활동을 해 왔던 의회주의자인 진나 대신에 "많이 듣기는 했지만 만난 것은 한두 번뿐인"[27] 알리 형제를 자신의 동반자로 선택했다. 간디에게는 다분히 획일적이고 선동적인 무슬림 종파주의자 알리 형제가 오히려 열광적인 대중운동을

---

27 M. K. Gandhi, *Autobiography*, p. 333.

3 비폭력비협조운동

이끌어 가는 데는 적합한 인물이었다. 아무튼 전 국민의 환영 속에서 간디가 그렇게도 희망해 왔던, 힌두와 무슬림 사이에 가슴으로 느끼는 진정한 화해가 실현된 듯이 보였다.

캘커타 특별회의에서 통과된 비협조 결의는 12월 말 나그뿌르 국민 회의 정기 회의에서 비준되어야 했다. 나그뿌르 국민회의는 전례 없이 열광적이었으며 최대 인원인 1만 4500여 명이 참석했다. 지난해 암리 차르 대회의 2배에 이르는 숫자였다. 의장은 마드라스 출신의 라가바차 리아였다. 비협조 결의는 예상대로 비준되었지만 축제 분위기 속에서 통과된 것은 아니었다.

다스의 가장 믿을 만한 참모였던 수바스 찬드라 보스(Subhas Chandra Bose)에 따르면 다스와 그의 추종자들은 간디와 다시 한번 일전을 각오 하고 나그뿌르에 집결했었다. 그러나 간디가 상황을 약삭빠르게 다루 어 다스와의 사이에 합의에 도달했다. 다스에게는 간디가 아닌 국민회 의 창립 원로이며 온건파 지도자 수렌드라나드 바너지와 연대하는 길 이 있었으나 이는 시류에 역행하는 일이었으므로 결국 장래를 바라보 는 유일한 희망은 간디와 제휴하는 것이었다. 다스가 주로 반대했던 입 법의회의 배척은 더 이상 유효한 논제가 되지 못했다. 입법의회 선거가 이미 시작되었고 다스가 나그뿌르로 떠날 때 전국적으로 선거는 사실 상 끝난 상태였다.[28]

비핀 찬드라 팔, 애니 베산트, 말라비야, 진나 등과는 합의하지 못했 음에도 비협조 결의는 압도적으로 통과되었다. 비협조 결의는 결국 처 음에 반대했던 다스가 발의했고 라지파트 라이가 찬성했다. 캘커타 회 의에서 통과된 결의를 다시 확인한 것이었다.

나그뿌르 국민회의는 간디 개인에게 커다란 승리를 안겨 준 모임이

---

28 Subhas Chandra Bose, *The Indian Struggle 1920~1942*(Calcutta, 1967), p. 44.

었다. 센트럴 프로빈시스 주지사 슬라이는 첼름스퍼드 총독에게 보낸 보고서에서 "나그뿌르 국민회의의 특징은 간디가 모든 정치적 지도자들과 동료들을 다 함께 개인적으로 지배했다는 것이다. 그는 자신이 국민회의를 위해 결심했던 정책을 어떤 구체적인 수정도 없이 밀어붙이고 있다. 그의 견해에 반대한 모든 사람들은 어려움 없이 압도되고 말았는데 다수의 대표들과 방문객들에 대한 그의 강력한 지배력 때문이었다. 그들에게 그의 말은 곧 법이다."라고 썼다.

몇 달 후 벵골주지사 로널드셰이(Ronaldshay, 후일 Zetland 인도상)가 영국 내각의 몬터규 인도상에게 보낸 서한에서도 같은 내용을 말하고 있으며 인도 국민이 간디를 거의 신격화하고 있다고 보고했다. "간디가 신의 화신이라는 생각이 끈질기게 조장되고 있으며 벵골 민중 사이에 광범한 믿음을 얻고 있다. 한편 카이라(케다)에서는 1만 명 가운데 9000명이 두 개의 모임에 집합했다. 비협조에 동정심을 보이지 않은 사람까지도 간디에게 화환을 주고 잔치를 베풀어 영웅으로, 반신(半神)으로 환영했다."[29]

나그뿌르 국민회의는 간디와 국민회의 지도자들을 분열시키는 것이 아니라 그 유대를 공고히 다져 놓았다. 그들은 간디를 따르지 않으면 권위와 영향력을 잃게 된다는 것을 계산했다. 사실 진나만이 나그뿌르에서 비협조 결의에 반대하여 강력하게 싸운 유일한 사람이었다. 진나는 간디의 비협조운동이 법의 지배에 대한 기본적인 신뢰를 파괴할 것이라고 보았다. 아직은 합법적 행동을 견지하고 있던 진나는 직접 행동의 길로 돌진해 가는 간디의 비협조운동이 결국 파국으로 몰아갈 것이라고 확신했다. 의회주의자를 자처하면서 무슬림연맹보다는 국민회의에 참석해 왔던 진나는 간디에 대한 지지가 압도적으로 결의되자 미

---

29 J. Brown, *Gandhi's Rise to Power*, pp. 300, 346.

련 없이 국민회의를 떠나고 말았다.[30]

사실상 간디 자신이 작성한 국민회의의 개정된 규약이 나그뿌르 회의에서 승인되었다. 새로운 규약에는 중대한 변화가 있었다. 사티아그라하가 국민회의 규약 안으로 진입한 것이다. 국민회의는 보다 강력하고 효율적으로 기능할 수 있도록 하기 위해 대대적인 회원의 배가(倍加) 형식으로 다시 조직되었다. 국민회의 조직의 최소 단위가 촌락위원회가 되었다. 수많은 타실(面)과 질라(郡) 위원회를 형성하고 나아가 주위원회를 선출하도록 했다. 국민회의는 위원회의 단계적 기반으로 하여 최소 단위인 마을에서 시작하여 지역, 주와 같은 범위로 확대되었다. 누구나 국민회의의 강령을 받아들이고 연회비 4안나를 납부하면 회원이 될 수 있었다.

간디의 의도는 국민회의의 대표권이 주의 대표들로부터 인구 비율에 따라 조정되는 것이었다. 이것은 그동안 한두 지역 사람들이 회의를 압도해 버린 것에 대한 안전장치이기도 했다. 국민회의는 이제 더 이상 상층 혹은 영어 교육을 받은 중산층만의 활동 영역이 아니었다. 간디는 국민회의를 현란한 웅변의 향연이 아니라 일반 대중과 직접적으로 연계된 투쟁적 조직체로 개편하려고 했다. 문호는 소도시와 농촌의 일반 대중에게도 개방되었으며 민족의식과 간디의 사티아그라하 이념이 전국에 깊숙이 전파될 수 있었다.

인도국민회의 전국위원회는 주를 대표하는 300~350명의 회원으로 구성되었으며 그해 국민회의 의장이 이끄는 15명의 운영위원회가 전국적인 국민회의 최고 집행 기관이 되도록 했다. 타실은 원래 징세 단위 지역으로 편성되었지만 국민회의는 주를 주민의 사용 언어를 기반으로 해 재편하기도 했다. 의제위원회는 국민회의 전국위원회의 위원만으로

---

30 졸저, 『인도와 파키스탄: 그 대립의 역사』(민음사, 2009), 92~94쪽 참조.

구성되며 국민회의 대회가 열리기 2~3일 전에 모이기로 했다.

새 규약은 국민회의 강령을 "인도 국민에 의해 모든 합법적이고 평화적 방법에 의해 '스와라지'를 달성하는 것"이라고 규정했다. 기존의 규약에는 국민회의의 목표가 "대영제국 내에서의 자치"로 규정되었었다. 새 규약은 아직도 그들의 정치적 이상이 완전 독립이라는 급진적 주장으로까지 나아가는 것을 피하려고 했다. 이 부분을 조정하기 위해 국민회의의 목표가 스와라지가 되어야 한다고 선언한 것이다.

스와라지는 어의상으로는 자치를 의미한다. 스와라지는 자유에 대한 간디의 인도어 용어이다. 간디는 인도의 독립을 표현할 때 다른 어떤 단어보다 스와라지를 좋아했다. 간디는 스와라지를 '자유', '해방', 혹은 '독립'과 같은 의미로 사용해 왔다. 그러나 이런 단어들은 서구적 의미를 지니고 있었고 인도의 환경에 엄격하게 적용하기는 어려웠다. 스와라지를 대용할 수 있는 또 경쟁하여 사용할 수 있는 유일한 단어는 '모크샤(moksha, 해탈)'라고 할 수 있는데 서양 언어의 기독교적인 '구원'에 해당하는 인도어였다. 간디가 인도어를 사용한 것은 의미가 더 풍부해 보였고 그것은 현세 혹은 내세에만 국한하지 않고 역사와 그 이상을 넘어서는 연속성으로 이해되기 때문이었다. 간디에게 구원은 그것에 대한 기독교적 개념보다 훨씬 포괄적이었으며, 모크샤는 스와라지가 함축한 구체적인 역사적, 정치적, 신체적 해방을 포용할 만큼 충분히 넓은 것이었다. 간디가 모크샤보다 스와라지라는 단어를 말하기를 더 좋아했다면 그것은 간디의 이론, 혹은 신의 관념 및 관계가 스스로 구체적인 사회적 정치적 용어로 실현되기 때문이다. 따라서 모크샤보다 스와라지를 택한 것은, 서구의 해방 이론이 구원에 맞서 해방을 택한 것과 마찬가지로, 간디의 이론에서는 중요한 것이었다.[31]

---

31 Ignatius Jesudasan, *A Gandhian Theology of Liberation*(New York, 1984), p. 48.

간디는 여러 번, 여러 곳에서 스와라지라는 말을 사용하곤 했다. 그는 스와라지를 "가능하다면 제국 안에서의, 필요하다면 제국 밖에서의 자치"를 의미한다고도 말했다. 간디는 캘커타 특별대회에서 스와라지는 1년 안에 이룩될 수 있다고도 말했다. 그는 스와라지라는 단어를 분명히 정의하지 않았다. 간디는 한 번은 스와라지를 "죽음의 공포를 버리는 것"이라고 묘사했고, 다른 경우에는 그것을 "인도의 모든 주민을 우리 자신의 형제자매로 보는 능력"이라고 말했다. 또 어떤 경우에는 "국민이 그들의 아무것도 할 수 없는 무능력을 제거할 수 있는 능력"이라고 말했다.

간디가 스와라지에 대해 정치적 의미를 분명히 부여한 것은 1908년에 출판된 《영 인디아》에서 "당분간은 그 말의 근대적 의미로서 인도의 의회주의 정부"라고 규정한 것이었다. 간디는 인도가 정치적 목적을 달성해 캐나다 같은 자치 식민지가 되는 것에 거의 관심을 갖지 않았고 또한 영국에서 달성한 민주주의 의회정부 형태를 인도에 수립하려는 시도를 비난했다. 당시 인도인들에게는 기술하는 것이 어려웠음직한 스와라지의 이상을 언급했다. 고칼레가 몇 년 후 이 책의 영역본을 읽었을 때 "내용이 조잡스럽고 서두른 것이어서 간디 자신이 인도에서 1년쯤 지나게 되면 그 책을 파기할 것으로 예견했다."[32]

간디는 그 후에도 스와라지를 "인도 국민의 원하는 바에 부합하는 의회주의 자치"라고 말했지만 당대인들에게는 분명하게 와닿지 않았다. 자와할랄 네루는 당시를 회고했다.

우리의 목표에 대한 뚜렷한 생각이 전적으로 결여되어 있었다. 어떻게 우리가 이론적인 면과 우리 운동의 철학과 우리가 가져야만 할 분명한 목

32 R. C. Majumdar, *op. cit.*, III. pp. 11, 100; B. R. Nanda, *op. cit.*, p. 205.

적을 완전히 무시했는지 놀라울 뿐이다. 물론 우리는 모두 스와라지에 관해 말했다. 그러나 우리들은 모두 그 말을 자신의 방식대로 해석했다. 대부분의 젊은 사람들에게는 그것은 정치적 독립이나 그 비슷한 것, 또 민주적 형태의 정부를 의미했다. 그러나 대부분의 우리 지도자들에게는 스와라지는 독립에는 한참 못 미치는 것을 뜻했다. 간디는 그 문제에 애매했으며 그는 그것에 대한 분명한 생각을 권장하지 않았다.[33]

4 비폭력비협조운동의 전개

사람들은 캘커타와 나그뿌르에서 열린 국민회의를 통해 새로운 지도자의 출현을 목격했다. 간디의 새로운 정치적 형태의 방법과 기술은 기존의 정치인들이 보여 주었던 것들과는 다른 것이었으므로 서구식 교육을 받은 정치인들에게는 가히 위협적이었다. 간디는 1년도 못되어 국민회의라는 난공불락의 견고한 성채를 장악해 버렸으며 대부분의 정치 지도자들까지도 그의 영향권 안에 머물 수밖에 없었다.

비폭력은 그들의 계획된 목표를 향해 돌진해 가는 하나의 정책이고 종교적 교조였다. 비협조는 주로 부패한 정부에 대해 협력을 철회해 버리는 것을 의미한다. 비협조는 사티아그라하의 일부이지만 과격한 형태의 시민불복종을 채택하지는 않는다. 폭력을 배제하면서도 영국 정부에 대한 적극적 협력에 결별을 고하는 것이었다. 지금까지의 청원이나 권유의 소극적인 방법도 필요치 않고 일부에서 보여 주었던 폭력에 호소할 필요도 없었다. 비폭력비협조운동의 단합된 힘만이 인도 국민의 힘을 극대화하여 협조와 복종을 철회함으로써 총독부의 조직과 권위가

---

33 J. Nehru, *An Autobiography with Musings on Recent Events in India*(New Dehi, 1962), p. 76.

3 비폭력비협조운동

의외로 취약하다는 것을 노출시킬 수 있었다. 비폭력 비협조는 정부의 정상적인 기능을 마비시키는 하나의 도구이고 방법이었다. 조국이 자유를 쟁취하는 것은 인도 국민의 손에 달려 있다는 자신감을 심어 주어야 했다.

간디의 비폭력비협조운동은 두 개의 양상을 보였다. 즉 긍정적이며 부정적이고, 혹은 건설적이며 파괴적인 면을 동시에 볼 수 있었다. 비협조운동의 계획에는 스와데시의 증진, 특히 손으로 짠 직물로 인도인의 의복을 제작하는 것과 영국 정부에 대한 투쟁 방법은 아니지만 힌두와 무슬림의 화합, 힌두 불가촉천민 제도의 철폐, 음주 금지 등도 포함되어 있었다.

부정적 혹은 파괴적인 면으로는 관립학교와 법정과 관직 및 입법의회의 배척 등이 강조되었으며 작위와 훈장의 반환도 포함되었다. 파괴적인 계획은 그냥 파괴로 끝나는 것이 아니고 보다 나은 창조를 의미했다. 관립학교를 떠난 학생들을 위한 민족학교의 설립과 법정을 배척한 대신에 중재위원회를 설치하는 등의 건설적 계획으로 대체되었다.

국민회의의 기치 아래 범국민적 사티아그라하운동이 추진됨에 따라 전국적인 조직의 점검이 다시 요구되었다. 정치 조직의 활성화를 위해서는 많은 돈이 필요했다. 간디는 그 운동을 조직화기 위해 틸락 스와라지 기금을 추진했다. 나그뿌르 국민회의가 끝난 직후 1921년 1월부터 3월 사이에 1000만 루피의 기금이 마련되었다. 반년으로 예정했던 기금의 목표 액수가 불과 석 달 만에 달성되었다. 국민회의 전국위원회의 호소로 추진되었던 틸락기금의 모금 운동에는 봄베이주와 벵골주가 가장 열성적으로 참여하여 전 인도 모금액의 절반 이상의 액수를 기록했다. 특히 봄베이주는 압도적으로 큰 성의를 표시했다. 틸락의 고향이면서 그의 활동 근거지였던 뿌나가 봄베이주에 속해 있었고, 또한 구자라트 지방에 대한 간디의 영향력이 크게 작용했기 때문일 것이다.

열성적인 국민회의 구성원들도 크게 증가하고 아울러 비협조운동을 적극적으로 추진할 수 있는 기금이 마련되었다.

간디는 영국 정부에게서 받은 훈장을 반납함으로써 비협조운동을 시작했지만 작위와 훈장 및 관직을 포기토록 하는 것은 사실 그의 비협조운동의 전체 계획 가운데서 가장 취약한 부분이었다. 말할 것도 없이 작위와 훈장의 소지자는 영국 정부에 가장 충성스러운 사람들이었다. 충성심을 인정받았든지 혹은 많은 돈을 들여 얻은 자랑스러운 칭호를 포기하라는 것은 그가 누려 왔던 영예와 이익을 희생하라고 요구하는 것이었다.

관직은 인도 젊은이들이 식민지의 처지에서 자신의 실력과 노력을 총동원하여 힘겹게 얻은 자리였으므로 이를 버리는 것은 쉽지 않은 일이었다. 인도인 관리들이 비협조운동에 가담한다면 총독부의 정치적 위상에 결정적 타격을 줄 수 있었다. 정부에서 봉사하는 관리들이 손을 떼 버린다면 정부 기구는 붕괴 상태에 직면할 것이기 때문이었다.

예상대로 명예로운 직함의 포기는 성과가 가장 미흡했다. 반응은 너무나 미미하여 작위를 포기한 사람은 다섯 명에 지나지 않았으며 1921년 1월까지 5186명의 인도인 직함 보유자 가운데 단 24명만이 포기했다. 5월까지 87명의 명예치안관이 직함을 반납했는데 마드라스에서 40명으로 가장 많았다.

알리 형제가 가을에 체포된 후 간디가 관직을 포기하도록 강하게 압력을 가하자 유나이티드 프로빈시스에서 무슬림 경찰 37명이, 벵골에서 40명의 무슬림 경찰이, 봄베이에서 17명의 경찰이 사퇴했다. 이들의 사퇴는 정치적 선전에 따라 일어났지만 대개 알리 형제의 체포와 관련이 있는 사람들이었다.[34]

---

34 J. Brown, *Gandhi's Rise to Power*, p. 309.

　　　　　　　　　　　　　　　　　　　3 비폭력비협조운동

작위와 훈장과 관직을 포기한 사람은 소수에 불과했다. 간디의 비폭력비협조운동을 무기력한 독립운동의 방법으로 보고 적극적인 혁명 운동을 모색해야 한다고 생각한 수바스 찬드라 보스는 1920년 인도 문관 시험에 합격했으나 영어 교육을 받은 인도 젊은이들의 소망이었던 인도 문관직을 스스로 포기했다.

간디는 관립학교와 대학을 배척하는 운동을 호소했다.

나는 인도 전국의 학생들에게 1년 동안 정규 공부를 중단하고 그 시간을 물레 돌리기로 면사를 생산하는 데 헌신하도록 감히 제안한다. 그것은 조국을 위한 최대의 봉사 활동이며 스와라지를 얻는 가장 자연스러운 공헌이 될 것이다. 모든 민족학교와 대학이 조국을 위해 면사 생산의 공장으로 전환하도록 제의한다. 학생들은 그 일로 아무것도 잃을 것이 없으며 여기저기서 왕국을 얻을 것이다. 인도에서 옷감의 물자 결핍이 일어날 것이다. 외제 면사를 사용하는 것이 죄악이라면 그것을 사용하지 않음으로써 나타난 부족분에 대처하기 위해 우리가 더 많은 스와데시 면사를 생산하는 것은 선행이다.[35]

간디는 물레 돌리기와 베 짜기의 부흥이야말로 우리 조상들이 외국인 제조업자들의 악마적 영향력에 굴복했던 죄과에 대해 우리가 할 수 있는 최소한의 속죄 행위라고 말했다.

관립학교를 배척하는 운동은 열광적이었다. 국민회의가 열리는 같은 장소와 같은 시기에 나그뿌르에서 열린 전 인도 대학생회의에서 배척 운동은 고무적이었다. 라지파트 라이가 의장이었던 이 회의에서 관

---

35 Raghavan Iyer, *The Essential Writings of Mahatma Gandhi*(Oxford University Press, 2007), p. 369.

립학교의 배척에 대한 열띤 토의가 있었다. 라이는 의장 연설에서 학생들이 정치와 행동을 같이해서는 안 된다는 일부의 주장을 비난했다. 학생회의는 관립학교를 당장 조건 없이 배척하기로 결의하면서 국민회의의 비협조 결의를 만장일치로 채택했다.

국민회의에서는 관립학교의 배척에 대해 반발이 있었다. 다스와 그의 동료들은 비협조가 스와라지를 위한 합법적 투쟁에서 그들에게 남겨진 유일한 무기라는 것에는 동의하면서도 간디의 계획의 세부적인 어떤 것들, 특히 학교와 법정을 배척하는 제안을 아주 부정적으로 비판했다. 교육 제도는 "민족성과 애국심을 조장하기 위해" 진보적인 정밀 분석이 필요하다는 점을 인정하면서도 적절한 대안 시설이 가능할 때까지는 학생들의 전면적인 탈퇴에 반대했다. 나그뿌르 국민회의 의장 라가바차리아도 비협조 원칙을 "신성한" 것으로 묘사하면서도 그것을 대체할 민족학교가 충분치 못한 상황에서 관립학교를 배척하는 것에는 반대했다. 그러한 계획들은 인도 국민을 다시 야만인으로 만들려는 "아무 생각 없는 제안"이라고 비난했다.[36]

나그뿌르 국민회의에서 비협조 계획이 일괄 채택된 후 1921년 1월 캘커타에서 관립학교 배척 운동에 대한 큰 반응이 일어났다. 다스와 비핀 찬드라 팔 등이 나그뿌르 국민회의에서 돌아왔을 때 가장 극적이었다. 수많은 학생들이 관립학교를 떠나 거리를 행진하고 다스와 팔 등의 연설회에 참석했다. 수많은 학생들이 집회에 참여하는 것이 일과가 되어 버렸다. 참여 학생들은 다른 학생들이 학교에 들어가지 못하도록 피케팅하는 방법을 썼다. 등교를 원하는 학생들은 동료 학생들의 몸을 밟고 들어가든지 출석을 포기할 수밖에 없었다. 대부분의 학생들은 후자를 택했다. 처음에 배척운동이 성공적이었던 것은 이 방식 때문이었다.

---

36 J. Brown, *Gandhi's Rise to Power*, pp. 290, 294.

3 비폭력비협조운동

2월 말까지 캘커타의 많은 대학들이 사실상 문을 닫은 분위기였다. 캘커타 밖의 거의 모든 벵골의 대학들과 학교들이 영향을 받았다.

간디는 학생들이 그들의 공부를 포기하고 모든 시간과 정력을 민족운동에 헌신함으로써 관료제에 대항하여 싸우자고 분명히 말했다. 간디는 1차 세계대전 동안 교전국들의 대학들이 문을 닫고, 학생들은 전쟁 과업에 내몰렸던 유사한 경우를 인용했다. 펀잡주에서 라이는 학교 당국에 민족 교육 기관으로 전환하도록 촉구했다. 학교 운영위원회는 거부했지만 펀잡 학생회는 "모든 관립 교육 기관으로부터 무조건 탈퇴함으로써 조국의 부름에 즉각적이고 효과적인 반응을 보이자."[37]라는 결의문을 채택했다. 대부분의 대학들이 문을 닫았다.

관립 교육 기관의 책임을 맡은 사람들은 대부분 옛 사고방식에 젖어 있는 데다 용기가 부족해 비협조운동을 수용하지 않았다. 그들의 핵심적 주장은 정부의 돈은 국민의 돈이므로 교육 기관은 그것을 사용할 권리가 있으며, 또한 젊은이의 시간은 너무나 값진 것이므로 일시적인 정치적 목적을 위해 허비할 수 없다는 것이었다.

비협조운동 측의 주장은 다음과 같았다. 돈은 인도인의 것이지만 국민의 이익에 배치하여 다스리는 자들의 수중에 있다. 더럽혀져 있는 돈을 자존심 있는 단체에서 받을 수는 없으며, 학생들의 시간은 귀중하지만 조국의 운명이 걸려 있는 투쟁이 더욱 중대하고 값진 것이다. 이탈리아, 이집트, 프랑스, 영국의 자유가 위기에 처했을 때 학생 집단은 그들의 본분을 다하기 위해 전쟁터로 나아갔다. 세계대전 중에는 이 나라들뿐 아니라 독일, 터키, 오스트리아의 대학들도 텅 비었고 학생들은 조국을 위해 전선으로 나갔다. 인도 국민이 진지하게 자유를 쟁취하려 한다면 이와 다를 바 없이 행동해야 한다. 관립 교육 기관에서 성장한

---

37 R. C. Majumdar, *op. cit.*, III, p. 111.

젊은이들은 노예 정신에 감염될 수밖에 없으며 그것은 식민지 교육 제도의 자연적인 산물이다. 인도의 학생 집단이 할 수 있는 최선의 길은 관립 교육 기관을 떠나 조국의 자유라는 대의에 성심성의껏 헌신하는 길뿐이다.[38]

관립학교 배척운동은 다른 분야의 배척보다 훨씬 인상적이었다. 수많은 민족 교육 기관이 의욕적으로 문을 열었다. 민족학교와 대학이 설립되었다. 대부분 1921년에 설립되었으며 그 숫자는 공식 보고서에 의하면 마드라스 주에 민족 교육 기관이 92개(학생 5000명), 봄베이주에 189개(1만 7000명), 벵골주에 190개(1만 4000명), 유나이티드 프로빈시스에 137개(8000명), 펀잡주에 69개(8000명), 비하르 및 오리싸주에 442개(1만 7000명), 센트럴 프로빈시스에 86개(6000명), 아쌈에 38개(2000명)로 집계되었다. 관립학교에서 자퇴한 숫자는 어림하여 총 67만 명의 학생 가운데 약 2만 3000명이 학교를 떠났다.[39]

법정에 대한 비협조는 변호사와 소송 당사자에 의한 재판을 배척하고 모든 분쟁을 중재에 의해 해결책을 찾는 것이었다. 간디는 비협조운동을 시작하기 훨씬 이전에 영국의 법정에 관하여 비판했다. 영국은 법정을 통하여 "법률가들이 인도를 노예화시켜 왔으며, 힌두와 무슬림의 불화를 증폭시키고, 또 영국인의 권위를 확립시켜 왔다." 인도에서 소송의 지연과 비용은 악명이 높았다. 가장 성공적인 변호사의 한 사람인 모틸랄 네루가 소송의 파멸적 결과를 언급하는 것을 인용하면 "법정에서 승리해도 패배이고, 패배하면 죽음뿐이다."[40]

국민회의 지도자들은 기존의 법 집행이 도덕적·경제적으로 유해한

---

38 Sardul S. Caveeshar, *The Noncooperation Movement in Indian Politics*(Delhi: Discovery Publishing House, 1988), p. 68.

39 R. C. Majumdar, *op. cit.*, III, pp. 829~830n; J. Brown, *Gandhi's Rise to Power*, p. 312.

40 B. Nanda, *op. cit.*, pp. 200~201.

것이었다고 비난하면서도 현재로서는 법정이 완전히 배척되어서는 안 되며 법률가들에게 소송 사건에서 빠지도록 요구할 수는 없다는 입장 이었다. 그러나 법정의 배척운동은 관립학교의 배척과 마찬가지로 비 교적 성공적이었다. 법정의 배척과 법률직의 포기는 모틸랄 네루와 다 스의 당당한 자기희생에서 시작했다. 그들은 법조계의 지도자로서 왕 후(王侯) 같은 수입을 올리는 사람들이었지만 이제는 자신들의 모든 시 간과 정력을 조국에 봉사하는 데 바치게 되었다. 그들이 변호사 업무를 포기하자 발라바이 빠텔과 라자고빨라차리(C. Rajagopalachari) 등의 수 많은 변호사들이 행동을 같이했다. 소송 의뢰인들은 소송을 포기했고, 법조인들은 법정을 배척했다. 1921년 3월까지 180여 명의 변호사들이 유나이티드 프로빈시스, 비하르 및 센트럴 프로빈시스에서 사퇴했다. 그 숫자는 가장 많은 벵골을 비롯하여 안드라 프라데시, 펀잡 등을 포 함하여 전국적으로 1000명에 이르렀다는 계산이 나왔다.[41]

분쟁을 법정에 호소하는 것을 단념시키고 국민회의가 설치한 중재 위원회나 빤차야트(Panchayats; 村民會)에서 해결하도록 하는 시도는 쉬 운 일이 아니었다. 부정한 당사자에게 신속하고 공정한 상호 화해의 결 정을 받아들이도록 압력을 가해야만 했다. 범죄자를 용서하라고 하거 나 시민법정인 빤차야트의 결정에 복종하도록 설득하는 것은 국민에게 보다 큰 질서에 따르도록 요구하는 어려운 일이었다. 어떤 지역에서는 빤차야트의 역할이 활발하여 정규 법정의 업무를 앞지르는 놀라운 일 이 일어났으며 관리들도 놀랐다.

국민회의에서 입법의회를 배척하는 문제는 이미 발표된 정치적 개 혁과 관련이 있었다. 자치운동의 열기가 식어 가고 1차 세계대전이 막 바지에 접어들었지만 영국은 인도에서 더 많은 전쟁 협조를 얻기 위해

---

41 J. Brown, *Gandhi's Rise to Power*, p. 310; R. C. Majumdar, *op. cit.*, III, p. 108.

정치 개혁을 발표했다. 영국 내각의 인도상 에드윈 몬터규는, 위에서 잠시 언급한 바 있지만, 인도에 책임 정부를 점차적으로 도입하기 위한 조치라는 점을 강조하면서 이른바 몬터규·첼름스퍼드 보고서를 발표했다. 이는 1919년의 인도통치법으로 공표되었다.

몬터규·첼름스퍼드 개혁은 중앙정부의 지방 정부에 대한 통제 완화를 도모하여 업무 한계를 규정했다. 지방 업무는 '유보'와 '양도'로 행정권을 분리하는 다이아르키(Diarchy) 체제를 형성하여 주지사와 주 입법의회가 책임을 지도록 했다. 또한 양원제를 구성했으나 인도 정부는 중앙 입법의회에 책임을 지는 것이 아니었다. 상원은 관리 및 임명된 의원이 다수를 차지했으며, 하원은 의원의 약 3분의 1이 영국인 관리이거나 그들의 인도인 지명인이었다. 참정권은 10년 전 인도통치법의 성인 남성의 0.2퍼센트에서 8.8퍼센트로 다소 확대되었다. 총독집행위원회의 여섯 명 가운데 세 명을 인도인으로 배정하기로 했다.[42]

국민회의는 이 개혁에 대하여 불만족스럽고 실망스럽다는 견해를 보이며 자결의 원칙에 따라 인도에 완전한 책임 정부를 수립하는 조치를 취하도록 촉구하자는 목소리가 높았다. 온건파는 새로운 정치 개혁을 최대의 선물로 받아들였다. 서구식 교육을 받은 인도의 정치인들은 일찍이 지방자치제의 도입에 따라 중앙 및 각 주의 입법의회에서 활동해 왔다. 정치인들의 목적은 권력과 권위를 확보하는 것일 터인데 새로운 인도통치법은 이들에게 더 많은 기회와 권력을 약속하고 있었다.

1919년 말 암리차르의 국민회의에서는 이 개혁에 대하여 찬반의 의견이 있었으며 개혁을 수행하는 데 있어서 정부와 협조하고 몬터규 인도상에게 감사의 뜻을 표하는 문제를 놓고 격렬한 논쟁이 벌어졌다. 틸락은 상응하는 협조에 호의적이었으며, 다스는 그 개혁을 배척하는 입

---

42 졸저, 『인도사』, 494~497쪽 참조.

　　　　　　　　　　　　　　　3 비폭력비협조운동

장이었다. 반면에 간디는 이들의 견해에 반대하여 개혁법을 지지하면서 자신의 견해를 이렇게 표현했다. 간디가 국민회의에서 주도적으로 결정적인 역할을 한 것은 이번이 처음이었다.

영국 정부의 공표와 결부하여 개혁법은 인도에 정의를 실현하기 위한 영국민의 진지한 의지이므로 이런저런 의심은 불식되어야 한다. 우리의 의무는 그 개혁들을 비판하도록 놓아 둘 것이 아니라 개혁들이 성공하도록 조용히 일하는 데 전념하는 것이다.[43]

간디는 암리차르 국민회의에서 몬터규·첼름스퍼드 개혁에 호의적인 반응을 보였지만 몇 달 동안의 국내외의 사건들이 그의 영국 정부에 대한 신뢰와 합법적 방법으로 자유를 달성할 수 있다는 믿음을 흔들어 버렸다. 정부에 대한 신념이 좌절되었을 때 입법의회는 그에게 인도 민족주의자들의 앞길을 막아선 정부의 선전 도구에 불과했다.

영국 정부는 개혁된 입법의회를 통해 인도의 통치 체제가 인도 국민의 의지에 근거하고 있다는 것을 세계에 선전하려 했다. 비협조운동은 입법의회를 배척함으로써 정부가 내세운 주장의 허구성을 벗기는 것이었다. 물론 입법의회의 배척은 국민회의에서 큰 논쟁을 불러일으켰다. 간디는 입법의회가 자치를 위해 필요한 훈련 도장이라는 반대파의 주장에 동조하지 않았으며 정부를 내부로부터 난파시키기 위해서는 전략적으로 의회에 진입해야 한다는 주장도 거부했다. 입법의회를 배척하는 목적은 정부를 막다른 곳으로 몰아가려는 것이었다. 1920년 11월 선거 기간 동안 국민회의 사람들로 하여금 선거에 입후보하지 말고 유권자들은 투표에 참여하지 않도록 종용했다.

---

43 R. C. Majumdar, *op. cit.*, III, p. 51.

정부에 따르면 선거는 평화적이고 성공적으로 진행되었다. 왜냐하면 637개 선거구 가운데 오직 6개 경우만 입후보자가 없어서 선거가 불가능했을 뿐이며, 당국의 보고로는 인도 전역을 통해 오직 14명의 당선된 후보자만이(예컨대 센트럴 프로빈시스로부터 보고된 재봉사와 작은 가게 주인 등) 적합하지 못한 것으로 판단되었다.

센트럴 프로빈시스에서는 52개 선거구 가운데 7개는 후보자가 없었고, 33개는 단독 출마였으며 평균 투표율은 22퍼센트였다. 봄베이주에서는 평균 투표율이 더 높아 31.5퍼센트였으며 봄베이 시는 8퍼센트, 무슬림 지역은 4.4퍼센트인 곳도 있었다. 펀잡에서는 도시에서는 단 8.5퍼센트였고 라호르는 투표율이 5퍼센트로 떨어졌으며 농촌은 30퍼센트를 웃돌았다. 벵골에서는 힌두의 경우 도시에서 40퍼센트로 높았으나 무슬림은 16.1퍼센트로 낮았다. 비하르에서는 유나이티드 프로빈시스와 마찬가지로 비협조운동의 영향으로 도시가 농촌보다, 무슬림이 힌두보다 투표율이 낮았다. 농촌에서 힌두 투표율은 41.8퍼센트였으나 참파란이 속한 티루트는 단지 13퍼센트에 그쳤다.[44]

전체 유권자의 20퍼센트 정도만이 투표에 참여했다. 정부가 자신들이 국민을 대표해 왔고 국민의 바라는 바에 따라 통치해 왔다는 주장이 무색해졌다. 정부는 참정권을 인색하게 부여했던 소수의 유권자 층에서도 지지를 얻지 못한 것이 증명되었다. 국민회의 대표들이 대부분 선거 경쟁에 나서지 않아 모든 의석은 국민회의 밖의 사람들로 채워졌다. 국민회의가 영향력을 행사했는데도 적어도 유권자의 약 4분의 1은 투표장에 나감으로써 선거를 완전히 무효화시키지는 못했다. 그러면서도 국민회의는 새 헌법에 따라 선출된 입법의회가 인도 국민을 제대로 대표하지 못한다는 것을 세상에 분명하게 증명했다.

---

44 J. Brown, *Gandhi's Rise to Power*, pp. 84~86.

영국 고위 관리도 이를 인정했다. 센트럴 프로빈시스 주지사 슬라이도 고별사에서 "첫 선거에서 비협조운동의 영향으로 다수의 유권자들이 선거에 불참했다. 입법의회에 들어온 의원들은 실제로 여론의 대변자라고 할 수 없고 그들 상당수는 그들의 직무를 수행하는 데 적절치 못한 자들이었다."[45]라고 말했다.

비폭력비협조운동에 스와데시 계획이 포함되어 있었지만 본격적으로 추진된 것은 1921년에 접어들어서였으며 학교와 법정의 배척 운동이 스와데시로 전환했다. 학교와 법정의 배척이 더 이상의 추진력을 이끌어 내기 어렵다고 판단하고 스와데시운동으로 방향 전환을 했다고 볼 수 있다. 민중 투쟁은 간디의 사티아그라하 병기고에 있는 가장 효과적이면서 가장 위험한 무기였다.

제국주의 지배 아래서는 식민지의 심각한 재화 유출이 있게 마련인데 국부 유출을 막기 위해 스와데시운동이 요구되었다. 그러나 이는 단순히 외국인에 대한 증오심에 근거를 둔 것이 아니었다. 간디는 "스와데시에 대한 진정한 신봉자는 결코 외국인에 악의를 품지 않는다. 그는 세상 어느 누구에 대한 적대감에서 움직이지 않는다. 스와데시는 증오의 숭배가 아니다. 그것은 가장 순수한 아힘사와 사랑에 뿌리를 둔 이기심 없는 봉사의 이론이다."[46]라고 말했다.

세계 제일의 면직물 생산국이었던 인도가 영국의 원료 공급지와 상품 시장으로 전락한 현실을 개탄하면서 간디는 손으로 만든 인도인의 옷감 카디의 사용을 강력히 권장했다. 비폭력비협조운동이 시작되기 전에 이미 간디는 "신이 보는 앞에서 나는 인도의 목화와 명주와 양모로 인도에서 만들어진 옷을 입고, 외제 옷을 삼가하며 또 내가 갖고 있는

---

45 R. C. Majumdar, *op. cit.*, III, p. 107.

46 R. Iyer, *Essential Writings*, p. 374.

모든 외제 옷을 파기한 것을 엄숙히 선서한다."라는 스와데시 선언문을 만들어 놓고 스와데시·보이콧운동을 독려했다. "손으로 짠 면사로 만든 수직 옷만을 입는 것이 필요하다. 수입된 면사는 인도의 목화로 실을 잣고 인도에서 짠 것이라고 할지라도 스와데시 옷이 아니다. 우리의 목화를 재래의 물레로 인도에서 실을 자아서 그 면사로 수직기로 천을 짰을 때에만 완벽할 수 있다. 인도인과 동업하지 않고 영국인이 소유한 방직 공장들이 있는데 그러한 공장에서 제작한 직물은 외국 옷으로 생각된다. 더욱이 그러한 옷은 악의에 얼룩져 있다."[47] 화려하고 좋은 옷은 외제 옷이므로 스와데시 맹세가 필요했다. 몇 천 명의 남녀가 솔선하여 맹세를 하면 대중은 따라가게 되어 있었다.

처음에는 물레로 실을 뽑고 베 짜는 일을 할 수 있는 사람을 찾기가 몹시 힘들었다. 그만큼 인도의 면직물 산업이 철저하게 파괴되었다는 증거였다. 아쉬람에서 멀리 떨어진 바로다의 비자뿌르에서 구석방에 버려져 있던 물레로 실을 뽑아 주겠다는 사람을 찾아냈다.[48]

물레를 사용하여 카디를 제작해 입는 것은 농촌 경제에 보탬이 될 수 있었다. 인도 국민의 약 80퍼센트가 농민이었으며 그들 가운데 약 절반은 반년 동안을 할 일 없이 보냈다. 물레질을 하고 베 짜는 일은 농민에게 부업을 만들어 줄 뿐만 아니라 인도의 재화 유출을 막을 수 있다. 물레와 카디의 사용은 인도 국민을 각성시키는 하나의 시험이었다. 간디는 물레는 인도의 자유로 가는 관건이며, 인도가 자신의 의복을 입는 것이 스와라지로 나아가는 길이라고 보았다.

처음에는 이 운동이 물레질을 장려하고 카디의 생산과 사용을 위한 선전에 국한했으나 자연히 외제 옷의 보이콧을 의미하게 되었다. 간디

---

47 *Ibid.*, pp. 363~364.
48 M. Gandhi, *Autobiography*, pp. 371~372.

3 비폭력비협조운동

는 맨체스터 면직물 때문에 인도의 직물 산업이 자립, 자생할 수 없다고 보았다. 외제 옷의 불매 운동이 카디의 사용이나 생산보다 더 큰 중요성을 갖게 되었다. 영국의 면직물에 대한 배척이 나아가 영국 상품 전체에 대한 불매 운동으로 확대되었다.

인도인들은 그들이 필요로 하는 만큼의 옷을 생산할 수 있었는데도 매년 외제 옷과 옷감을 위해 6억 루피를 지불함으로써 심각한 국부 유출의 현상을 보이고 있었다. 1921년 7월 봄베이에서 열린 국민회의 전국위원회는 외제 옷의 불매 운동 결의를 채택하면서 모든 국민회의 단체들에게 외제 옷을 수집하여 불태워 버리거나 터키 군대가 입도록 보내자고 제안했다. 물론 여기에는 반대도 있었지만 간디는 외제옷을 불태워 버리는 것을 강력히 지지했다.

외제 옷을 불태우는 일이 인도 각지에서 일어났으며 이는 스와데시 운동의 가장 두드러진 현상으로 나타났다. 봄베이에 "7월 31일 거대한 불꽃놀이를 보러 2000~3000명이 몰려들었다. 거두어들인 외제 옷 더미가 높이 약 3피트에 약 1마일에 걸쳐 만들어졌다. 화려한 무늬의 여인의 명주옷 사리에서부터 찢어진 모자와 코트에 이르기까지 온갖 외제품들이 옷 더미에 던져졌다. 국민회의 전국위원회에 참석하기 위해 모였던 저명한 지역 대표들과 함께 수백 명의 여인들도 참석했다. 간디도 밤에 나타나 옷 더미에 성냥불을 붙였다. 수천만 루피에 해당하는 옷 더미가 두 시간 동안의 불길 속에서 잿더미로 변했다."[49] 유사한 사건은 다른 도시에서도 일어났다.

구자라트의 사티아그라하운동에서 간디의 충실한 협조자였던 발라바이 빠텔은 외제 옷의 소각에 반대했다. 수백만 명의 동포가 반라(半裸)의 상태에 있는 처참한 현실에서 수억 루피에 해당하는 국가 재산이

---

49 R. C. Majumdar, *op. cit.*, III, p. 104.

소실되는 것을 가슴 아파했다. 타고르를 포함한 저명인사들이 '잔인한 낭비'에 강력하게 반대했다. 8월 타고르는 간디에게 질문을 던졌다.

조국의 헐벗은 사람들의 전율과 부끄러움의 바로 눈앞에서 옷을 쌓아 놓고 불태우는 것을 생각해 보라. 가정의 은둔으로부터 움직일 수 없어 사실상 죄수로 묶여 있는 여인들에게 주어질 수 있는 옷을 강제로 불태워 버리는 죄악을 우리가 어떻게 속죄할 수 있겠는가?

간디는 10월 13일판의《영 인디아》에서 다음과 같이 답변했다.

신은 그의 식량을 위해 일하도록 인간을 창조했으며, 일하지 않는 사람들은 도둑이라고 했다. 인도인의 80퍼센트는 반년 동안은 강제적 도둑이다. 외제 옷을 태우면서 나는 나의 치욕을 불태운다. 나는 그들에게 절실하게 필요로 하는 일은 주지 않고 필요치 않은 옷을 주어서 벗은 자들을 욕되게 하는 것을 단호하게 거부한다. 나는 그들에게 빵 조각이나 벗어 던져진 옷이 아닌 일감을 줄 것이다.[50]

간디는 스와라지로 가는 길에는 외국인 통치를 제거하는 것뿐 아니라 내적으로는 수직(手織)과 그리고 불가촉천민 제도의 철폐와 힌두와 무슬림의 화합이 필수적이라고 확신했으며 이 세 가지는 진정한 스와라지를 위한 기둥이었다.

이즈음 간디의 강연과 글의 주제는 주로 물레질에 관한 것이었다. 그는 심지어 '면사(綿絲) 화폐'를 구상하기도 했다. 간디는 민중 참여의

---

50 Rajmohan Gandhi, *Mohandas; A True Story of a Man, his People and an Empire*(Penguin Books, 2006), p. 257.

3 비폭력비협조운동

전략으로 국민적 심벌을 창조하곤 했다. 물레와 소금이 그런 것들이었다. 그것들은 일반 대중을 독립운동으로 결집하는 정치적 도구일 뿐 아니라, 영국의 제국주의적 수탈에 대한 저항의 상징으로서 의미를 갖고 있었다.

서구 교육을 받은 사람들은 간디의 카디 숭배를 지나친 것으로 생각하기도 했다. 물레를 강조하는 것에 대해 타고르는 "세계가 깨어나는 아침에 만약 우리 민족만이 전 세계적 열망에 대한 반응이 없다면 그것은 우리의 정신의 빈곤을 나타낼 뿐이다. 물레에 우리 국가의 복지를 위한 노력의 첫 번째 우선을 둔다면 이는 우리 자신의 모욕적인 지성을 절망적인 무위(無爲)로 뒷걸음치게 만들어 버리는 길일 뿐이다."[51]라고 비판했다. 그러자 간디는 "나는 시인이 음악을, 농부가 쟁기를, 변호사가 소송 사건을 버리기를 원치 않는다. 그들이 하루에 단 30분만 물레질에 희생하라는 것뿐이다."[52]라고 말했다.

문명권을 단위로 하여 역사를 조망했던 토인비(Arnold J. Toynbee)는 하나의 문화가 다른 문화를 필연적으로 이끌어 가는 것으로 보았다. 이질적인 영국인의 기술력으로 추진된 생활 양식이 '트로이의 목마'로서 인도에 밀려 들어갈 것으로 내다보았다. 이질적 기술은 이질적 정신보다도 쉽게 수용되기 마련이다. 인도는 생소한 서구 문명의 도전에 효과적으로 응전할 수 없는 상태에서 정복자의 희생물이 되고 말 것이다.

한편에서는 약이 된 문명이 다른 편에서는 독이 될 수도 있다. 원래 과학적이고 금욕적이고 근면한 서구 문명은 그 핵심적인 요소에는 흔들림이 없지만, 후진국이 서구의 핵심 문명을 바라보지 않고 그 주변의 향락적인 면을 받아들일 때는 엄청난 독이 될 수 있다. 간디가 집요하

---

51 B. Puri, *op. cit.*, p. 143.
52 B. Nanda, *op. cit.*, p. 263.

게 물레질을 장려하고 토산품애용운동을 추진했던 것은 원대한 안목을 가졌기 때문이라고 토인비는 평가했다. 간디는 문화 교류에 있어서 하나의 사건은 모르는 사이에 다음의 것으로 이끌어 간다는 사실을 분명히 간파했다고 보았다.

간디는 인도에서 재배된 목화로 영국 랭커셔에서 실을 잣고 베를 짜서 인도 국민의 옷으로 되돌아와 제공하고 있는 엄청난 양의 면직물이 인도와 서구 세계를 뒤얽히도록 만들 것이며, 불원간 마치 강철 족쇄와 같이 끊을 수 없는 거미줄로 인도를 위협하게 된다는 것을 간파했다. 힌두가 서구에서 서양 기계로 만든 옷을 계속하여 입게 된다면 힌두는 조만간 같은 목적을 위해 서양 기계를 인도에 도입하여 사용하게 될 것도 간디는 알고 있었다. 인도인들은 우선 영국에서 다축방적기(多軸紡績機)와 역직기(力織機)를 수입할 것이며 다음으로 이들 설비를 스스로 만드는 법을 배울 것이다. 그렇게 된 후에는 인도인들은 농토를 떠나 인도의 새로운 방직 공장과 주물 공장에서 일자리를 찾게 될 것이다. 그들이 서구식 일을 하면서 작업 시간을 보내고, 서구식의 오락 즉 영화, 경마 등으로 여가를 보낼 것이며, 마침내 서구식 혼이 자라나 인도인으로 어떻게 살아야 하는지를 망각하는 자신들을 발견하게 될 것이라고 간디는 예견했다. 간디는 예언자의 통찰력을 가지고 한 알의 목화씨가 커다란 나무로 자라나서 활짝 펼쳐진 가지들이 인도아대륙에 그림자를 드리우게 되는 것을 바라보았다. 그리고 이 힌두 예언자는 동포에게 힌두의 혼을 살리기 위해 도끼로 이 무성한 서구의 나무를 뿌리부터 내려치도록 요구했다. 매일 일정한 시간을 소비하면서 간디는 인도인들이 입을 옷을 위해 인도의 옛 방식대로 손수 인도의 목화로 실을 잣고 천을 짜는 일에 솔선수범했다. 왜냐하면 인도와 서구 사회 사이에 싹트고 있는 초기의 경제적 유대를 이렇게 단절하는 것만이 서구화되어 가는 힌두 사회의 몸과 마음을 모두 구원하는 확실하고 유일한 방도

라고 간디는 보았기 때문이다.[53]

물레의 경제학은 새로운 마을 경제를 수립하기 위한 것이었다. 간디에게 외제 옷의 배척은 단지 영국 정부에 대한 하나의 압력 수단이 아니라 인도의 옛 시골 경제를 부흥하는 수단이었다. 물레는 경제적 독립을 확보하기 위한 가장 기본적인 것이었다. 이것이 없이 고차원적인 자유는 허상에 불과했다. 스와라지의 기본은 빈곤의 퇴치이며 굶주린 사람에게 스와라지는 빵이었다. 물레는 인도 국민이 함께 일하고 뭉치는 가장 눈에 띄는 표현이며 경제적 자급과 자치의 길이었다. 간디의 물레는 국민의 생계에 도움을 준다는 의미 이상을 갖고 있었다. 그것은 모두에게 노동의 신성함을 일깨워 주고 검소한 생활 신념을 심어 주기 위한 정신적 의미를 포함하고 있었다.

물레는 농민 노동자들과 시골의 가난한 과부에게는 경제적 의미가 있었으며, 도시민에게는 도덕적 혹은 정신적 기반에 근거한 호소력이 있었다. 인도의 도시는 농촌을 희생하면서 번영했다. 이제는 도시가 시골에서 실 잣고 베 짜서 만든 옷감을 구매함으로써 과거의 죄업(罪業)을 치유할 수 있고, 도시와 촌락 사이의 연계를 경제적, 정서적으로 다질 수 있는 기회를 갖게 되는 것이었다. 농촌의 만성적인 불완전 고용의 해결책으로서 주창되었던 물레가 오두막 경제의 단순한 도구 이상의 것이 되었다.

간디는 물레를 경제적 병폐에 대한 만병통치약일 뿐만 아니라 국민 통합과 자유를 위한 수단으로 내놓았다. 물레로 자아낸 실로 짠 스와데시 옷감으로 만든 옷은 외국 지배에 대한 저항의 표상이자 자유의 옷차림이 되었다. 간디는 전인도방적공협회를 창설했으며 이후에도 회원의

---

53 Arnold J. Toynbee, *The World and the West*(Oxford University Press, 1953), pp. 79~80.

숫자와 활동은 계속 확대되었다.[54]

직접 손으로 짜 만든 옷감을 사용하는 운동은 가난에 고통 받는 농민의 형편을 크게 개선했으며 나아가 애국심의 문제로 연결되었다. 수제 옷이 인도 민족주의 정치인들의 사실상의 제복이 되었다. 일상적인 물레질은 국민회의 회원의 필수적인 자격 요건이 되고 국민회의 안에서 어떤 직책을 맡는 데 필수 조건이 되어 갔다. 물레에 대한 일종의 종교적 숭배가 일반 대중의 눈에는 인도의 모든 정치, 경제, 사회적 악폐에 대한 만병통치약으로 생각되었다. 그동안 농민의 이익을 저버린 행위는 의무에 대한 범죄적인 태만을 보여 준 것이었다. 외제 옷의 수입량은 줄고 토착 산업의 활성화를 알리는 수치는 상승했다. 약 200만 개의 물레가 사용되었다. 외제 옷의 총 수입량은 가치에 있어서 1920~1921년의 10억 2000만 루피에서 1921~1922년에는 5억 7000만 루피로 급격히 감소했다.[55]

간디는 억압받은 사람들의 지위 향상에 깊은 관심을 보였다. 불가촉천민 제도의 철폐야말로 영국의 제국주의 지배와 함께 청산해야 할 과제였다. 스와라지운동은 사회적 자기정화운동으로 이어져야 하며 최하층 국민에게 자유가 주어져야 했다.

간디는 불가촉천민을 하리잔(Harijans; 신의 자식들)이라고 불렀다. 인도의 하층민에 대한 잔혹한 범죄 행위는 인류가 만든 최악의 학대이며 세계사에서 거의 필적할 곳을 찾을 수 없었다. 이들은 정치적 활동 기능이 정지된 채 사회의 외곽에 내던져 있었다. 간디는 불가촉천민들이 동포에게 학대를 받는 한 인도 국민은 자유인이 될 자격이 없다고 주장했다. 하리잔의 더러운 생활 습관 등의 모든 약점은 강요된 고립

---

54 B. Nanda, *op. cit.*, p. 265.
55 J. Brown, *Gandhi's Rise to Power*, p. 314.

3 비폭력비협조운동

속에서 나왔기 때문이다. 간디는 인도인이 자유와 평등과 독립을 주장하기 전에 하리잔에 대한 참혹한 범죄 행위를 그치도록 촉구했다. 불가촉천민 제도는 당장 철폐되어야 하며 그들을 위해 특별한 교육 시설과 경제적 향상을 위한 평등한 기회가 주어져야 한다고 주장했다. 간디는 비협조운동이 끝난 정치적 휴식 기간에는 보다 적극적인 불가촉천민의 지위 향상에 전념했다.

웨일스(Wales) 공이 1921년 11월 인도를 방문한다고 공식 발표했다. 웨일스 왕자는 왕위 계승자였다. 몬터규·첼름스퍼드 개혁, 다시 말하면 1919년의 인도통치법에 따라 실시된 선거 결과로 구성된 중앙과 지방의 입법의회를 개원하기 위해 인도를 방문하기로 했다. 사실은 인도의 총독부가 그들의 추락한 권위를 만회하기 위해 웨일스 공을 인도로 초청한 것이었다. 그러나 인도는 비협조운동을 완화하려는 계획된 의도로 해석하여 인도 정부가 황실을 정치적 목적에 이용하고 있다고 비난했다. 국민회의 전국위원회는 이미 몇 달 전 봄베이 모임에서 웨일스 공의 인도 방문을 배척하기로 결정했다.

웨일스 공은 11월 17일에 봄베이에 도착해 총독 이하 관리들과 지주 및 부유한 상공인들의 환영을 받았다. 환영 행렬에는 유럽인 거주자들과 인도의 종파로서는 조로아스터교도가 적극적으로 참여했다. 간디의 권고에 따라 국민회의뿐 아니라 킬라파트위원회도 국민으로 하여금 웨일스 공의 방문과 관련된 행사를 배척하도록 종용하고 나섰다.

간디는 이미 10월 말 웨일스 공의 인도 방문 때 인도 국민이 지켜야 할 행동 지침을 발표했다. 영국 왕자에 대한 조직적인 배척을 강조하면서도 그 행동은 어디까지나 질서 있게 이루어져야 하며, 폭력은 어떤 경우에도 배제해야 한다는 점을 강조했다.

우리는 웨일스 공의 입국 환영을 위해 조직된 자선 사업, 축제나 불꽃놀이에 종교적으로 참석하는 것을 자제해야 한다. 우리는 불 밝히는 것을 거부하고 어린이들이 조직화된 점등 행사에 구경 가지 못하도록 해야 한다. 이 목적을 위해 우리는 100만 장의 전단을 만들어 사람들에게 배포하고 그들의 의무가 무엇인지 알려야 한다.

우리는 왕자를 사람들로부터 고립시켜야 한다. 우리는 왕자에게 인간으로서 나쁜 감정을 가지고 있지 않다. 그는 아마도 인도의 정서에 관해 아무것도 알지 못할 것이며 편잡의 상처와 억압 조치에 대해서도 모를 것이다. 왕자 개인에게 어떤 위해를 가하는 것은 죄악일 뿐 아니라 비인간적이다. 우리는 자발적으로 우리 자신에게 비폭력을 맹세했다. 우리들이 왕자를 해친다면 영국인이 우리에게 저지른 것보다 훨씬 더 큰 과오가 될 것이다. 우리는 신과 인간 앞에서 어떤 방식으로든 단 한 사람도 해치지 않기로 약속했다. 따라서 우리가 모든 위해로부터 자신을 지키듯이 그를 보호하기 위한 모든 예비 조치를 취하는 것이 우리들의 의무이다.[56]

간디는 자발적으로 웨일스 공 배척 운동에 참여하는 사람이 있는 것처럼 그 환영 행사에 두려움이나 희망 때문에 혹은 스스로 선택하여 참가할 사람들도 있으니, 그들에게 적대적인 행동을 보여서는 안 된다고 말했다. 우리가 좋아서 하는 것과 마찬가지로 그들에게도 원하는 대로 행동할 권리가 있다. 이 운동은 인도 국민이 향유하고자 하는 자유에 대한 중대한 시험이 될 것이므로 인내심을 가지고 대의를 위해 최대한의 효과적인 방법으로 매진해야 한다고 강조했다.

레딩(Lord Reading) 총독의 신임을 받고 있는 것으로 알려진 말라비야가 간디와 총독 사이에서 중개를 시도했다. 말라비야는 5월에 간디를 총독에게 면담시킨 일이 있었다. 레딩은 그때 비폭력 혁명가 간디의 모

---

56 S. Caveeshar, *op. cit.*, p. 88.

3 비폭력비협조운동

습을 뚜렷하게 묘사했다.

간디의 외모는 특별한 것이 없었다. 그는 물레로 자아 만든 하얀 도티를 입고 맨발로 나를 방문했다. 내 방으로 안내받아 온 그의 첫인상은 그의 외모에서 눈길을 끌 만한 아무것도 없었다. 길거리에서라면 두 번 다시 쳐다보지 않고 지나쳤을 것이다. 그가 말을 할 때의 인상은 달랐다. 간디는 솔직했으며 뛰어난 영어로 자신이 사용한 단어의 참뜻을 잘 식별하면서 자신을 표현했다. 그에게는 주저함이 없었고, 어떤 정치 문제를 논의할 때를 제외하면 그가 주장하는 모든 것에는 진실된 울림이 있었다. 내가 보기에 그는 자신의 종교적 견해를 진심으로 믿고 주장하고 있었으며, 비폭력과 사랑이 인도에 독립을 줄 것이라는 광신을 거의 확신하고 있었다. 그의 종교적, 도덕적 견해는 감탄할 만하지만 고백하건대 그것들을 정치에 실천하기는 어렵다는 것을 알았다.[57]

총독은 간디에게 비협조운동에서 폭력을 조장하는 연설이 있음을 지적했다. 간디는 부인했으나 알리 형제의 연설문을 제시하자 인정했다. 알리가 주도했던 카라치에서의 킬라파트 회의는 결의문에서 "이 순간에 무슬림이 영국군에 계속 남아 있거나 군대에 가담하도록 유인하는 것은 무슬림에게는 종교적 불법이다. 종교적 명령에 따라 군대에 있는 무슬림을 집으로 돌아오도록 하는 것이 전체 무슬림의 의무이다."[58]라는 내용을 강조했었다.

간디와 알리 형제가 함께 말라바르에 가기 위해 남부 지방을 기차 여행하던 중 9월에 알리 형제가 체포되었다. 간디는 "알리 형제는 세포

---

57 J. Brown, *Gandhi's Rise to Power*, p. 308.
58 R. C. Majumdar, *op. cit.*, III, p. 120.

이(인도인 용병)의 충성심에 참견하고 선동을 부추겼다는 혐의를 받고 있다. 그러나 선동은 국민회의의 교조가 되어 왔다. 비협조운동 참여자들은 누구나 정부에 대한 불평을 퍼뜨리도록 서약한다. 이것은 새로운 발견이 아니다. 첼름스퍼드 총독도 알고 후임 레딩 총독도 알고 있다."[59]라고 항변했다. 알리 형제와 다른 네 명은 2년 형을 선고받았다.

웨일스 공이 1921년 말 캘커타를 방문하기로 하자, 총독은 파업과 호전적 시위를 우려했다. 말라비야가 이끄는 대표단이 12월 21일 총독을 방문했다. 인도의 모든 정당을 원탁회의에 초대해 줄 것을 요청했으며 말라비야는 전문으로 간디에게 협조를 부탁했다. 간디는 알리 형제의 석방을 요구하고 나섰다. 레딩은 불법적인 소요가 공공연히 계속된다면 회의의 개최는 불가능하다고 단호하게 말했다.

간디도 결연하게 응수했다. 우선 여러 단체들이 다짐한 결의는 모두 왕자에 대한 나쁜 감정을 표현하거나 모욕하려는 것이 아니라는 점을 분명히 하면서 보이콧은 순전히 원칙의 문제이며 관료 집단의 악랄함에 반대하여 대항하는 것이라고 밝혔다. "공중 집회를 개최할 수 있는 권리와 평화적 목적을 위한 결사의 권리를 주장하기 위해 우리는 단순히 비협조자들만을 대표해서 투쟁하는 것이 아니라 모든 정파를 위한 투쟁을 전개하고 있다. 공중 집회의 개최와 조직의 결성 문제에는 양보가 있을 수 없다. 배를 불태웠으므로 인간의 기본권이 옹호될 때까지 우리에게는 앞으로 나아가는 항해만이 있을 뿐이다."[60]

국민회의 운영위원회의 파업 결정에 따라 전국적으로 대규모 군중집회가 열렸다. 캘커타의 파업이 가장 성공적이었다. 파업으로 도시가 사막같이 보였다. "모든 상점이 문을 내렸고 시장이 철시했다. 모든 교

---

59 Rajmohan Gandhi, *op. cit.*, p. 259.

60 S. Caveeshar, *op. cit.*, p. 90.

통수단도 길거리에서 볼 수 없었고, 모든 공장도 문을 닫았다. 법정도 문을 닫았고, 철도도 기능이 마비되었다. 청소부들도 파업에 참여했으며 평화적 파업의 성공이었다."

파업은 인도 전역에서 성공적으로 보였지만 쇠퇴하면서 점차 폭력화되어 갔다. 아침에 일하던 공장이 파업에 들어갔고 노동자들이 연설 회장에 참석했다. 직공들의 폭력이 난무했고 전차에 올라 조용한 승객들을 끌어내리고 전차의 운행을 중단시키고 불태우기도 했다. 외제 옷과 모자를 착용한 사람은 옷이 찢기고 구타당했다. 유럽인들은 돌멩이를 맞기도 했다. 술집이 습격당하고, 웨일스 공을 환영했던 종파의 조로아스터교 여인이 거칠게 다루어지기도 했다.

간디는 이 패거리들의 난장판을 묘사하여 "군중은 불량배나 청소년만으로 구성된 것이 아니었다. 교육받지 못한 군중만이 아니었다. 그들은 모두 직공들만도 아니었다. 다른 사람에게 귀 기울이려는 생각이 아예 없는 뒤죽박죽의 군중이었다. 허둥거리고 있는 군중은 약 2만 명에 이르렀고 해악과 파괴에 빠져들었다."라고 말했다. 간디는 비협조운동가들이 말로만 비폭력을 외치면서 다른 사람들에게 폭력을 가해 온 것을 인정하면서 자신이 목격해 온 스와라지운동이 역겨운 것이 되어 버렸다고 한탄했다.[61]

레딩 총독은 처음에는 웨일스 공의 방문을 인도 국민이 전폭적으로 환영할 것으로 기대했다. 그러나 기대와 희망이 좌절되자 분노와 오만으로 대처하고 나섰다. 인도인들이 웨일스 공의 방문을 배척하고 전국적인 파업으로 대항하자 당국은 이를 합법적인 정부를 무시하고 불법의 풍조를 만연시키는 행위로 규정하고 탄압으로 맞섰다. 막강한 총독부의 공권력과 인도의 비폭력 비협조 세력 사이의 첫 번째 조우였다.

61 R. C. Majumdar, *op. cit.*, pp.128~130.

봄베이에서 경찰의 발포가 있었고 이번에는 인도인 폭도들의 공격에 대항하여 영국 태생의 인도인과 조로아스터교도의 보복이 뒤따랐다. 닷새 동안 폭동이 계속되었다. 조로아스터교도와 무슬림과 기독교도가 폭도가 되어 직공들과 뒤엉켰다. 조로아스터교도는 자신들의 여인과 어린이가 모욕을 당했다며 총과 곤봉과 죽창으로 무장하고 거리로 나왔다. 조로아스터교의 사원이 불탔다. 공식 집계에 따르면 53명이 사망하고 약 400명이 부상당했다. 간디가 지적한 대로 사상자 가운데 다수가 국민회의 측의 비협조운동 지지자들이었다.[62]

사회적으로 위협적인 행동이나 피케팅이 일어난 곳에는 종종 이른바 자원봉사 대원이라 불리는 집단이 가담하고 있었다. 국민회의 봉사대원협회는 이미 비협조운동이 시작되기 전에 인도 각지에 설립되어 있었다. 그들의 활동은 사회봉사의 형태로서 특별한 종교 행사, 전염병, 기근, 수해 등의 구호 사업에만 국한했다. 그러나 킬라파트운동이 봉사 대원 활동을 더욱 강화함으로써 보다 적극적이고 전투적인 성격을 띠게 되었다. 이들은 입단할 때 신을 증인으로 하여 엄숙히 서약해야 하므로 힌두와 무슬림의 의식이 다를 수 있으나 비폭력과 스와데시를 다짐했다. 국민회의와 킬라파트 지도자들이 이 단체들에게 비협조운동의 지역 조직을 위한 특수 임무를 수행하도록 했다. 이들 자원봉사 대원이 술과 외제품 판매를 금지하기 위한 피케팅을 수행했다. 그들은 비폭력을 다짐했지만 정부가 볼 때는 질서의 파괴 행위였다.

정부의 계산으로는 345개의 자원봉사대가 1만 5186명의 회원을 가지고 있었으며 또 404개의 사회봉사 조직이 1만 5269명의 회원을 가지고 있었다. 봄베이주와 벵골주의 회원이 그 숫자의 약 반을 차지했다. 1922년 초에 캘커타에서는 한때 이들을 통제하기 어려운 지경에

---

62 *Ibid.*, p. 129.

3 비폭력비협조운동

이르기도 했다. 봄베이주에는 약 125개의 자원봉사대가 있었고 각각 10~100명씩을 보유하고 있었다. 유나이티드 프로빈시스는 국민회의 지부가 계산한 바로는 약 8만 명을 헤아리는 자원봉사대 회원이 활동했다. 어떤 자원봉사대는 약식으로 준(準) 군사 훈련을 받았는데도 지방 정부는 그들을 훈련받지 않은 폭도로 보았다. 정치 지도자들도 비협조운동을 강화하기 위해 이들을 불러냈지만 실제로는 자원봉사대를 통제할 수 없는 사람들로 믿고 있었다.[63]

캘커타는 가장 감동적인 '전쟁 무대'가 되었다. 국민회의 자원봉사대 조직이 불법이라는 벵골주지사 로널드셰이의 경고문을 오히려 환영했다. 벵골 국민회의위원회는 1921년 11월 말에 비밀회합을 갖고 시민 불복종을 시작하기로 결의하고 다스에게 전권을 위임했다. 다스는 다섯 명의 자원봉사대원을 파견하여 카디의 판매를 시작함으로써 공식적인 금지 명령을 무시하기로 결정하고, 아들 치라란잔(Chiraranjan)을 자원봉사대원으로 선정했다. 다스의 아들이 체포되자 자원봉사대로 봉사하겠다는 사람들이 몰려들었다. 다스는 다음 날 아내 데비(Basanti Devi)를 두 명의 여인과 함께 자원봉사 대원으로 내보냈다. 이들도 구금되었다는 소식이 캘커타 주민에 열광적인 민심의 동요를 불러왔고 수천 명의 남녀가 자원봉사 대원으로 동참했다. 주 정부는 다스의 아내와 여인들의 석방을 명령했지만 때는 늦었다. 수일 만에 캘커타의 두 개의 큰 감옥이 꽉 차 버렸고, 천막 감옥을 열었지만 이것도 곧 수용 불능이 되었다. 감옥은 그 두려움과 위엄을 상실해 버렸고 이제 구속되는 것은 영예의 표징이 되어 버렸다.

젊은이들의 열광적인 참여에 적극적인 역할을 했던 수바스 찬드라 보스는 이렇게 묘사했다.

---

63 J. Brown, *Gandhi's Rise to Power*, pp. 316~317.

사람들이 구속되면 될수록 감옥 행정은 더욱 다루는 것이 어렵게 되어 버렸다. 수많은 정치범을 석방하라는 명령이 내렸지만 아무도 감옥을 떠나려 하지 않았고 더욱이 신분을 확인하는 것도 불가능했다. 어떤 때는 다른 감옥으로 이송한다든지, 친척과의 면회라고 속여 수감자를 감옥 사무실로 부른 후 석방시키기도 했다. 그러나 이 계교가 알려지자 어느 수감자도 호출되었을 때 감방 밖으로 나오지 않았다. 수감자들은 강제로 감옥 밖으로 끌려 나가 석방되기도 했다. 감옥 밖에서는 체포가 중지되었고, 시위자들을 경찰차에 태우고는 시내에서 30마일 떨어진 곳으로 데리고 가서 석방하기도 했다.[64]

웨일스 공이 12월 24일 캘커타를 방문하기로 예정되었다. 캘커타의 혼란한 정세에 초조해진 로널드셰이 지사는 다스에게 협상을 제의했다. 다스는 소요를 고조시키는 책략을 되풀이하면서 자신이 직접 자원봉사대로 활약했다. 국민회의 의장으로서 아메다바드 정례 회의에 참석하기 위해 떠나려던 날 전야에 체포된 것이다. 킬라파트 지도자들과 국민회의 조직원들도 함께 체포되었다. 라지파트 라이는 집회 선동 혐의로, 자와할랄 네루는 외제품 불매 선동 혐의로 구속되었다. 정부는 무력으로 위압했다. 시민을 압박하기 위한 군대를 시내 곳곳에 배치했다.

레딩 총독은 웨일스 공이 방문하기 하루 전에 뉴델리에서 캘커타에 도착했다. 총독은 어떻게든 캘커타의 질서를 유지해야 했다. 투옥 중인 다스를 대신하여 말라비야가 총독을 면담했다. 총독은 비협조운동을 당장 철회한다면 정부는 국민회의 자원봉사대를 포함한 투옥된 모든 사람들을 석방할 것이고, 또 정부와 국민회의의 원탁회의를 소집하

---

64 S. C. Bose, *op. cit.*, pp. 65~66.

3 비폭력비협조운동

여 인도의 장래 헌법을 논의할 것이라고 했다.

말라비야와 다스와 아자드가 동의한 해결 조건을 간디에게 수용하도록 권고하는 전보를 보냈다. 간디는 해결 조건으로 알리 형제와 동료들의 석방과 또 원탁회의의 날짜와 구성에 관한 공표를 요구하는 답변을 보내 왔다. 투옥 중인 알리 형제는 시민불복종운동과 관련하여 형이 선고된 것이 아니므로 여기에서 고려될 수 없다는 것이 정부 측의 공식적인 입장이었다. 다스는 구속되지 않은 친지들을 동원하여 간디를 설득하려 노력했다. 간디의 아쉬람이 있는 사바르마티와 캘커타 사이에 여러 번 전문이 오갔다. 간디가 마음을 돌리려는 순간 총독이 기다리다 지쳐 태도를 바꿔 버렸다. 다스는 분노했고 평생의 기회를 놓쳤다고 한탄했다.

협상 결렬 직후 1921년 12월 말 아메다바드에서 국민회의 정기 총회가 열렸다. 많은 국민회의 종사자가 투옥되어 있었으므로 참가자 수는 전년도의 3분의 1에 불과한 4726명이었다. 국민회의는 비폭력 비협조의 채택으로 인하여 국민은 겁먹지 않고 자존심을 지키면서 나아가고 있으며, 정부의 권위에 큰 타격을 주었고, 인도는 스와라지로 빠르게 전진하고 있다고 평가했다. 모하니(F. Hasrat Mohani)는 완전 독립이 국민회의의 목표로 채택되어야 한다는 결의안을 제의했다. 그의 열정적인 웅변은 청중을 깊숙이 움직였으며 결의안은 채택되는 듯했다. 그러나 간디가 강력하게 반대함으로써 결의안이 부결되고 말았다.

정부는 대부분의 국민회의 지도자들을 구속했다. 전례 없는 애국 열정의 물결이 전국을 휩쓸었고 1922년 1월까지 한 달 동안 약 2만 5000명이 구속되었다.[65] 말라비야는 중재의 희망을 잃지 않고 진나 등의 도움을 얻어 봄베이에서 모든 정파들의 회의를 소집하기도 했지만 간디는

---

65 H. Dodwell, *The Cambridge History of India*, VI, pp. 771~772.

총독의 양보를 기대하지 않았다. 국민회의 지도자들과 수많은 노동자와 농민이 구속되었으나 정작 비폭력비협조운동의 지도자로서 이 운동을 지휘한 간디는 구속되지 않고 감옥 밖에 있었다.

5 비폭력비협조운동의 한계

간디의 비폭력비협조운동은 국민회의가 수차에 걸친 결의를 통하여 뒷받침해 주고 범국민적인 지지와 참여 아래 추진되어 갔지만 점점 한계가 드러나고 있었다. 반목을 일삼아 온 힌두와 무슬림이 불안한 협력 체제를 유지하면서 멀리 터키의 킬라파트 문제를 놓고 비협조운동을 추진했으나, 웨일스 왕자의 단기간의 인도 방문을 계기로 국민의 애국적 정서에 호소하면서 고조시켰던 국민운동은 한시적이라는 취약점을 갖고 있었다.

작위와 훈장과 관직을 가진 사람들에게는 처음부터 비협조운동이 영향을 줄 것이라고 크게 기대할 수도 없었다. 영예와 관직의 배척은 큰 성과를 거두지 못하고 실패했다. 영국 정부에 대한 충성을 다짐하면서 또는 많은 대가를 지불하면서 얻은 작위와 훈장을 단순한 민족주의 감정과 애국심에 호소하여 포기하도록 하는 것은 힘든 일이었다.

그렇지만 정부의 직함을 얻기 위해 엄청난 돈을 소비하던 한때의 풍조는 비협조운동 이후에 사라져, 자존심 있는 사람이 직함을 얻기 위해 특별히 노력하는 경우를 찾기 힘들게 되었다. 또한 일부 국민의 마음속에 관직을 경멸하는 마음을 불러일으켰다. 정부에 고용된 사람들은 인도 국민에 대한 영향력을 상실했으며 더 이상 국민에게 존경받지 못했다. 대중의 냉담한 적개심에 노출된 그들은 공공연하게 아첨꾼, 기식자, 배신자 등으로 묘사되었다.

관립학교에 대한 배척 운동에서는 열정적인 동원력을 성공적으로 보여 주었다. 간디는 국가적 위기에서 학생들은 교육받을 것이 아니라 스와라지를 생각해야 한다고 말했다. 간디의 호소도 국민의 민족주의적 열정도 기대만큼 큰 반향을 불러오지 못했다. 많은 학생들이 학업을 포기했지만 배척운동은 충분한 힘을 발휘하지 못했고, 어떤 인상을 남기지도 못했다. 기존의 교육 기관에 중대한 영향을 미치지도 못했다. 비협조운동은 민족 교육을 위한 요구를 적절히 충족시킬 수 없었다.

새로운 민족 교육 기관은 소수였고 잘 조직되지도 못했다. 예외도 있었지만, 교사들은 학생들과 함께 파업에 적극적으로 참여하지도 않았다. 1921년 2월 말에 이르면 휴교운동은 사실상 캘커타와 라호르에서 소멸되고 학생들은 점차 교실로 돌아갔다. 다른 지방에서도 관립학교의 배척 운동은 단명했다. 자퇴한 학생들이 새로 시작한 민족학교에서 공부를 계속하기도 했지만 많은 학생들이 원래의 학교로 되돌아갔다. 교육, 특히 영어 교육이 더 많은 수입과 권력과 명예를 가져다 준다는 오랜 믿음은 급조된 민족의식에 의해 크게 흔들리지 않았다.

법정 배척운동은 성공적으로 기록되기도 했지만, 처음부터 법의 지배를 통하여 자유를 고양시키고 있는 법정을 배척하는 것은 잘못된 것이라는 만만찮은 비판이 있었다. 모틸랄 네루와 다스 등 저명인사들이 솔선하여 주도하고 나서자 수많은 변호사들이 뒤따라 사퇴함으로써 고무적인 반향을 일으켰다. 그러나 대다수는 몇 달 동안만 물러났다가 다시 돌아가 버렸다. 상당수가 열성적으로 참여했다고 해도 그들의 전체적인 세력에 비해서는 충분치 못한 소수에 불과했다. 법정을 배척하는 대안으로 제시되었던 국민회의가 설치한 중재위원회나 마을 빤차야트도 기대했던 기능을 발휘하지 못하는 결과로 나타났다.

간디는 캘커타 국민회의에서 1년 안에 스와라지의 약속을 공언했으나 이 약속이 실현될 것으로 믿는 사람은 거의 없었다. 비폭력을 통하여 이 기간에 스와라지를 달성한다는 것은 불가능한 일이었다. 수바스 찬드라 보스는 "1년 안에 스와라지의 약속은 현명하지 못할 뿐만 아니라 어린애 같은 짓이었으며, 또한 국민회의를 모든 사람 앞에서 바보로 만들어 버렸다."[66]라고 비판했다. 간디의 주장은 예언도 아니고 정치적 책략가의 약속도 못되었다고 비난을 받기도 했다.

1922년 초의 정치적 상황은 비협조운동에 참여했던 수만 명의 인도인이 구속되었고 협상은 결렬되었다. 총독은 파업과 피케팅을 포함한 불복종운동이 중단될 기미가 보이지 않는다고 하여 원탁회의의 계획을 거부해 버렸다.

간디는 수라트 지역의 바르돌리를 선정하여 납세 거부의 시민불복종을 선언했다. 8만여 명의 주민이 살고 있는 바르돌리 타실(징세를 위한 지역 단위)을 택했다. 모든 비협조운동의 마지막 귀착점은 세금 불납이었으며 이는 정부를 전복해 버릴 수 있는 것이었다. 극단적인 저항의 납세 거부로 나아가는 데는 우려의 목소리가 있었다. 간디의 답변은 어느 누구도 법률 제정에 참여하지 않았으므로 복종할 수 없다는 것이었다. 정부는 인도인에게 세금을 부과할 권리가 없으며 미국 독립운동의 구호였던 '대표 없이는 세금도 없다'라는 논리였다.

간디의 계획은 한 지역에서 시민불복종을 전개하고 그 지역에서 성공하면 주변 지역으로 확대하여 인도 전체가 자유를 얻을 때까지 계속하는 것이었다. 그러나 한곳에서 어떤 형태의 폭력이 일어나면 그 운동은 평화운동으로서의 성격을 잃는다고 경고했다.

간디는 2월 1일 총독에게 보낸 서한에서 정부의 악랄한 억압으로 "재산을 약탈하고, 선량한 사람들을 공격하고, 투옥된 사람들을 태형

---

66 S. Bose, *op. cit.*, p. 70.

등으로 무자비하게 다루고, 언론 및 집회의 자유를 억압하는 것" 등을 열거하면서 공격적인 시민불복종을 예고했다. 비협조운동의 구금자들을 일주일 내에 석방하도록 촉구했다. 간디의 편지는 총독에게 최후통첩이었다.[67]

간디의 일주일 시한이 오기도 전에 2월 5일 유나이티드 프로빈시스의 고락뿌르 지역의 소촌(小村) 차우리차우라에서 처참한 사건이 일어났다. 흥분한 500명의 폭도들이 경찰과 충돌하여 일으킨 난동이었다. 간디가 묘사한 바로는 "시위 행렬이 지나고 있을 때 경찰이 후미의 부랑자들을 조롱했다. 부랑자들은 도와달라고 소리치고 달아났다가 되돌아왔다. 경찰이 발포했고, 탄약이 떨어지자 경찰은 안전을 위해 관서 안으로 들어가 문을 걸어 잠갔다. 흥분한 폭도들이 그 집을 불질러 버렸다. 스스로 유폐된 경찰들은 필사적으로 뛰어나올 수밖에 없었으며 그들은 난도질당하여 시체가 불속에 던져졌다."[68] 경찰 측에서 22명이 사망했으며 희생자 중에는 경찰관의 어린 아들도 있었다.

경찰의 자극적인 도발이 원인이었다고 하더라도 자원봉사대의 폭도들이 행한 잔인한 행위에는 어떤 변명도 있을 수 없었다. 비협조운동은 과격한 흥분 속에서는 원래의 불살생 혹은 비폭력의 성격을 계속 유지할 수 없으며, 군중이 일단 열광의 광포 속에 휘말리면 그들의 난폭한 행위를 통제할 수 없다는 것을 보여 주었다.

남아프리카에서의 사티아그라하운동은 모범적이었다. 인도에서의 사티아그라하보다 더 순수했다. 영국인 통치자가 인도인 노동자에게 부과한 인종 차별 정책에 맞서 가난하고 무지한 대중이 저항한 것이었다. 그들은 사티아그라하 원칙을 위반한 경우도 없었고 모두 일체가 되

67 R. C. Majumdar, *op. cit.*, III, p.153.
68 L. Fischer, *op. cit.*, p. 252.

어 투쟁함으로써 만족스러운 결과를 얻어 냈다. 인도는 정치적 분위기가 달랐다. 특히 벵골, 봄베이 및 변경 지방에서는 전투적 민족주의가 힘을 얻고 있었고 테러리스트들의 책략에 휘둘리기도 했다.

차우리차우라 사건에 극도의 혐오감을 가진 50명의 유나이티드 프로빈시스의 저명인사들이 자원봉사대의 행동을 비난하는 성명서를 발표했다. 간디는 말라비야와 진나 등과 뜻을 같이 하여 국민회의 운영위원회의 긴급 소집과 시민불복종운동의 중지를 요청했다. 바르돌리에서 열린 운영위원회는 잔학 행위가 재발하지 않는다는 분위기가 형성될 때까지 시민불복종운동은 중단하기로 결정했다.

시민불복종의 중단 소식은 가담자들에게 커다란 충격이었다. 멀리 떨어진 곳에서 일어난 우발적인 사건 때문에 신중하게 계획했고 진지하게 추진했던 불복종 운동을 중단하는 것은 수용할 수 없다는 분위기였다. 다스는 고립적인 소요로 인하여 비협조운동을 중단할 수 없다는 주장이었으며, 투옥되어 있는 라지파트 라이도 역시 장문의 서신으로 간디에게 불만을 표시했다. 모틸랄 네루도 간디에게 이름 모를 벽촌에서 일어난 예외적인 사건 하나 때문에 비협조운동을 중단하지 말도록 촉구했다.

간디의 독단적인 행동에 대한 다수의 반응을 수바스 찬드라 보스는 이렇게 묘사했다.

독재자의 명령은 준수되고 있었지만 국민회의 진영은 일상의 반란 상태에 있었다. 어느 누구도 왜 마하트마가 차우리차우라의 고립된 사건을 전국에 걸친 운동을 질식시키는 데 사용했는지 이해할 수 없었다. 마하트마가 다른 주들의 대표들과 협의하는 성의도 보이지 않았고 또 국내의 상황이 대체로 시민불복종운동의 성공에 압도적으로 호의적이었기 때문에 국민의 분노는 더욱 컸다. 대중적 열광이 폭발점에 이른 바로 그 순간에 퇴

각의 명령을 내리는 것은 국가적 재난이나 다를 바 없었다.[69]

자와할랄 네루도 공격적으로 비판했다.

우리는 우리의 지위를 강화하면서 모든 전선에서 진격하고 있는 그 순간에 투쟁의 중지를 알았을 때 분개했다. 갑작스러운 중단에 간디를 제외한 거의 모든 국민회의 지도자들이 분노를 느꼈다. 나의 아버지는 더욱 당황했다. 그러나 감옥 안에서의 실망과 분노는 어느 누구에게도 도움이 될 수 없었다. 시민의 저항은 중단되었고, 비협조는 시들어 버렸다.[70]

국민회의 운영위원회는 간디의 권고를 반대 없이 받아들였지만 이 문제를 심의하기 위해 2월 24~25일에 델리에 모인 국민회의 전국위원회는 고분고분하지 않았다. 강력한 반대가 있었고 여러 사람이 간디의 행동은 커다란 실책일 뿐만 아니라 국민운동에 심각한 타격이라고 비판했다. 그러나 간디의 결단은 여기에서도 추인되었다.

비협조운동의 중단으로 간디의 열렬한 추종자들 가운데서도 지도자에 대한 충성과 자신의 신념 사이에서 혼란을 겪는 사람이 생겼다. 간디의 선택은 그 후에 나타난 대중의 정치적 무력감의 주요한 원인이었고 울적한 마음은 힌두와 무슬림의 충돌에서 출구를 찾으려는 방향으로 나아갔다. 간디의 행동은 대체로 독립운동의 진행을 크게 저해한 심각한 실책으로 해석되었다. 범국민적 운동으로 돌진해 가는 과정에서 간디가 광대한 인도아대륙의 어느 한곳에서 폭력이 일어날 수 있다는 가능성을 전혀 예견하지 못했다는 것도 이해하기 힘든 일이었다.

69 S. Bose, *op. cit.*, pp. 73~74.
70 J. Nehru, *Autobiography*, pp. 81~82.

이때의 국민운동의 갑작스러운 중단은 정치적 책략의 관점에서 큰 실책이었다고 묘사되기도 했다. 그러나 간디의 행동은 사티아그라하 원칙에 입각하여 이해해야 하며, 그렇게 볼 때 그에게 열려 있는 다른 대안은 있을 수 없었다. 그는 필생의 신념인 아힘사를 버릴 수가 없었다. 간디는 사건 발생 며칠 후 자와할랄 네루에게 보낸 서한에서 "확언하건대 만약 사태가 멈추지 않았다면 우리는 비폭력 투쟁이 아니라 완전한 폭력 투쟁으로 이끌려 가고 말았을 것이다."라고 말했다. 감옥에서 간디의 비협조운동 중단 소식을 듣고 놀라움에 몹시 당황했던 네루는 이에 대한 숙고 끝에 "완전히 다른 견해로 보면 간디의 결정은 잘못된 것일 수 있다. 그러나 그 관점은 비폭력의 방법으로 행해야 하는 것과는 딴판이다. 간디는 부패해 가는 것을 멈추고 새로이 정립해야만 했다."[71]라며 간디의 결정은 옳았다고 결론을 내렸다.

간디는 폭력이 그의 운동을 압도할 만큼 위협으로 다가올 때면 언제나 운동의 중단을 선언했다. 간디의 결정 못지않게 중요한 것은 이럴 때 인도 정부가 취해 온 태도였다. 폭력을 멈추면 인도 정부 역시 무자비하게 탄압하기보다는 헌법적 양보로 나아가는 길을 아주 신중하게 선택했다. 만약 간디가 그의 운동이 폭력으로 빠져드는 것을 허용했다면 그는 자신의 모든 신조에 배반하는 것이 되었을 것이다. 그러나 더 고려할 것은 간디에게 높은 존경심을 보여 온 온건한 견해를 가진 사람들과 아마도 국민회의의 상당수까지도 그를 버렸을 것이라는 사실이다. 그렇게 되면 정부는 원한다면 상당수의 영향력 있는 온건론자들의 지지를 받아 가면서 적극적이고 대대적인 탄압으로 자유롭게 나아갈 수 있었을 것이다. 만약 정부가 비협조운동에 폭력적인 탄압으로 대응했다면 점진적인 헌법적 진전으로 나아가는 길을 봉쇄하는 것이 되어

---

71 *Ibid.*, p. 86.

　　　　　　　　　　　　　　　3 비폭력비협조운동

모든 인도의 여론과 정면충돌을 피할 수 없었을 것이다.[72]

인도 국민 대다수가 간디와 마찬가지로 비폭력에 몰두하지는 않았다. 대다수는 오히려 비폭력보다는 조국의 자유가 더 고귀한 이상이라고 믿고 있었다. 우발적인 사고로 희생당한 소수의 생명보다 인도의 독립이 더욱 소중한 것이었다. 간디의 비폭력은 인도의 자유를 희생하고라도 고수해야 할 이념이라는 것이 강조됨으로써 간디의 '위대한 영혼'으로서의 명성은 재확인될 수 있었다. 그렇지만 비협조운동에서 보여주었던 그의 독보적인 영향력은 저하되고 말았다.

총독부는 그동안 간디의 구속을 면밀히 검토해 오면서 기회를 보고 있었다. 간디를 버마로 유배시키자는 권고도 있었다. 일찍이 틸락을 버마의 만델레이로 6년 동안 귀양을 보내 큰 효과를 보았다. 이때까지 정부가 간디를 구속하지 않았던 것은 인도 국민의 전체적인 반발에 따른 유혈 폭동의 가능성을 우려했기 때문이었다. 정부는 특히 인도 군인과 경찰의 동태를 주시하고 있었다. 정부 안에서도 간디의 구속에 대해 찬반의 주장이 있었다. 당장 구속해야 한다는 측은 무슬림의 알리 형제만을 기소하면서 힌두인 간디를 크게 배려한다는 인상을 주고 있으며, 간디를 방치함으로써 공개적인 선동이 견제 받지 않게 된다고 주장했다. 간디를 구속 기소해서는 안 된다는 측은 1년 안에 스와라지를 이룩하겠다는 간디의 약속은 이미 빗나갔고, 힌두가 킬라파트 문제에 염증을 느끼고 있는 마당에 그를 구속하여 위대한 국민적 영웅으로, 대의를 위한 순교자로 만들 필요는 없다는 주장이었다.

비협조운동의 중단으로 간디의 인기가 추락하자 레딩 총독은 간디 구속의 적절한 기회라고 판단했으며, 1922년 3월 10일 봄베이주 정부

---

72 D. A. Low, "The Government of India and the First NonCooperation Movement 1920~1922", *The Journal of Asian Studies*, Vol. XXV, No. 2(Feb. 1966).

가 간디의 체포를 집행했다. 차우리차우라 사건 후 간디가 비협조운동의 중단을 선언하여 국민 지도자로서의 그의 권위와 명성이 추락하는 기회를 놓치지 않고 구속해 버린 것이다. 한편 수만 명의 비협조운동 참여자들이 투옥되어 있는 상황에서 간디만 감옥 밖에 있는 것은 간디 자신의 표현대로 자존심이 상하는 치욕이었기에 이번에 체포, 구속된 것이 오히려 그의 체면을 살려 주는 면도 있었다.

간디는 곧바로 아메다바드 법원에서 심리를 받았다. 간디는 "나는 폭력을 피하기를 원했으며 비폭력은 나의 신념의 처음이며 마지막이다."라고 주장하면서 "판사 당신이 협조하고 있는 제도와 법이 국민을 위한 선이라고 믿는다면 나에게 가장 가혹한 형벌을 내려 주도록"요청했다. 브룸필드(Broomfield) 판사는 "당신의 수백 만 동포의 눈으로는 당신이 위대한 애국자이며 위대한 지도자라는 사실을 무시하는 것이 불가능하다. 정치적으로 당신과 입장을 달리하는 사람들까지도 당신을 높은 이상을 가진 사람, 고귀한 사람, 심지어 성자의 삶을 사는 사람으로 바라본다. 나는 당신을 하나의 관점에서만 다룰 수밖에 없다. 당신을 법에 복종해야 하는 한 인간으로, 당신이 인정한 바 법을 깨트린 사람으로 심판하는 것이 나의 의무이다. 한편 나는 당신이 끊임없이 폭력에 반대하도록 권고하고 폭력을 방지하기 위해 많은 일을 해 온 것을 잊을 수 없다."라고 말했다. 간디는 6년 징역형을 언도받았다. 간디는 판사에게 "당신의 판결에 관한 한 나는 어느 판사가 나에게 부과할 수 있는 것보다 가벼운 것으로 생각한다."라고 말했다.[73]

간디가 구속된 후 국민회의 안에서는 다가오는 입법의회 선거의 참여 문제를 놓고 견해가 대립되었다. 통치 조직을 내부로부터 난파시키기 위해 입법의회에 들어가야 한다는 주장은 국민회의 지도자들 사이

---

73 B. Nanda, *op. cit.*, pp. 240~241.

에서 심각한 논쟁을 일으켰다. 다스와 모틸랄 네루 등은 입법의회의 참여를 주장하고, 옥중의 간디는 반대하는 입장에 있었다.

1922년 말 가야에서 열린 국민회의의 첨예한 논점은 입법의회 참여문제였다. 의제위원회에서는 열띤 토론 끝에 아양가르(S. Kasturianga Aiyangar)가 제안한 내용의 선거에서는 경쟁하지만 입법의회에는 들어가지 않는다는 발의는 찬성 107표 대 반대 139표로 부결되었으며, 라자고팔라차리가 발의한 모든 유권자가 입법의회 후보자로서 나서지도 않고 투표도 거부한다는 안이 표결에 들어가 찬성 203표에 반대 87표로 통과되었다. 국민회의 전체 회의에서 아양가르의 발의는 1740표 대 894표로 부결되고, 라자고팔라차리의 안이 압도적 다수의 지지로 통과되었다. 국민회의가 폐회된 다음 날, 즉 1923년 1월 1일에 국민회의 전국위원회가 열렸는데 다스는 국민회의에서 통과된 결의를 받아들일 수 없다고 말하고 국민회의 의장 사퇴를 선언했다.

입법의회 참여를 주장했던 사람들은 모든 합법적이고 평화적인 방법에 의한 스와라지의 달성과 비폭력 비협조 원칙의 강령을 내세우면서 국민회의 안에 스와라지당을 구성한다고 선언했다. 다스가 대표로, 모틸랄 네루 외 세 명이 간사로 선출되었다. 스와리지당의 지도자들은 전국 각지에서 적극적인 선전 활동을 전개하면서 새로운 당을 조직했다. 승리에 도취되어 방심하고 있던 입법의회 참여에 반대했던 고수파는 세력을 점차 잃어 가고 있었다.

스와라지파는 국민회의 사람들이 입법의회 안에서 충분한 힘을 결집한다면 정부의 법안을 거부하는 것이 가능하다고 주장하면서 그 역사적 실례를 아일랜드의 자치운동에서 찾았다.

찰스 스튜어트 파넬과 그의 자치연맹은 영국 의회에서 성공적으로 투쟁했다. 파넬과 아일랜드인 의원들은 영국 의회에서 의사 방해 작전을 도모했으며 구호는 "정부의 시간을 축내면서 일하라. 정부의 시간을 허비하는 사람이 있으면 그를 도와주라. 새로운 법안을 볼 때마다 이를 방해하라. 아픈 곳을 보면 아프도록 긁어 버려라."[74]였다. 영국 의회에는 아일랜드에 100명 정도의 의석을 배정해 놓고 있었는데 그들 대부분이 파넬과 행동을 같이 했다. 네 번 집권한 글래드스톤의 자유당과 디즈레일리(Benjamin Disraeli)에서 솔즈베리(Robert Salisbury)로 이어지는 보수당은 영국 의회에서 거의 백중세에 있었으므로 파넬이 주도하는 아일랜드 자치연맹이 결정 투표권의 영향력을 발휘할 수 있었다.

국민회의는 몇 달 동안 유동적이었으나 양쪽의 화해 노력이 있었다. 1923년 9월에 델리에서 열린 국민회의 특별회의에서 아자드 의장은 11월의 입법의회 선거 참여 방침을 밝혔다. 이 모임에서 결정적 역할을 한 인물은 킬라파트운동에서 간디의 동지로서 2년 옥고를 치르고 나온 무하마드 알리였다. 그는 정통적인 비협력 운동가였지만 다스와 모틸랄 네루가 이끄는 스와라지파의 증대해 가는 힘을 간파했으며 현 상황을 타개할 유일한 대책은 스와라지파가 입법의회를 난파시킬 수 있도록 그들의 노선을 따르는 것이라고 느꼈다. 알리는 국민회의에서 자신이 옥중의 마하트마로부터 국민회의는 조국의 변화된 조건에 적합하게 비협조를 자유롭게 수정하라는 메시지를 (정신적으로, 아마도 텔레파시 같은 것으로) 받았다고 고백함으로써[75] 소동을 일으켰다. 어려움 없이 화해의 결의가 채택되어 비협조 원칙을 고수하면서도 국민회의는 다가오는 선거에서 입후보하거나 투표권을 행사하는 것은 자유이며 또 입법의회 참여를 반대하는 모든 선전을 유보한다고 선언했다.

입법의회의 참여를 거부해 온 측은 중립으로 남기로 결정했다. 결과적으로 스와라지파는 선거에 참여할 수 있는 국민회의의 인가를 받은

---

74 Mary Cumpston, "Some Early Indian Nationalists and their Allies in the British Parliament 1851~1906", *The English Historical Review*, No. 299(April, 1961), p. 282.

75 B. Nanda, *op. cit.*, p. 250.

3 비폭력비협조운동

것이다. 스와라지파는 불과 두 달 동안의 준비로 선거전에 뛰어들어 중앙 입법의회와 주 의회에서 기대 이상의 의석을 확보하는 데 성공했다. 모틸랄 네루가 중앙 입법의회에서 스와라지당을 이끌었고, 다스는 벵골 입법의회에서 당의 주도권을 장악했다.

간디는 1924년 1월 맹장 수술 후 석방되었다. 스와라지파는 각지의 입법의회 안에서 확고한 발판을 마련했다. 그들은 간디의 지지를 얻는 데 부심했다. 다스와 모틸랄 네루는 간디가 정양하고 있던 봄베이 교외의 해변 휴양지 주후를 방문했으며 그 후에도 스와라지당의 지지를 요청했으나 간디에게 믿음을 줄 수가 없었다. 국민회의와 킬라파트운동이 수년 전에 수용했던 비협조 계획이 아직도 유효했으며 입법의회의 배척은 비협조운동에서 제외될 수 없는 부분이었다. 간디는 옥중에 있는 동안 정치 풍토가 많이 변했다는 것을 알았다. 힌두와 무슬림의 연합이 산산조각 났다. 이에 간디는 어떻게 해서든지 국민회의의 분열을 피하고자 했다. 그는 입법의회에 참여하는 것에 확신을 갖지 못했지만 스와라지파의 길을 방해하지는 않기로 결심하고 자신을 추종하는 사람들에게 입법의회 문제에 대해서는 중립의 태도를 유지하라고 권고했다. 간디는 스와라지파에게 적의를 보이지 않았으며 양측 사이에 이해가 이루어진 셈이었다. 스와라지파는 간디의 건설적 계획에 동의했고, 간디는 입법의회에서의 그들의 활동을 묵인 내지 동의했다.

킬라파트운동, 나아가 비협조운동도 힌두와 무슬림의 진정한 신뢰와 화합 속에서 추진된 것이 아니었다. 그들의 제휴는 돌발적인 종교적 충돌이 일어나면 언제라도 흔들릴 수 있었다. 간디는 힌두가 킬라파트운동을 도와주면 힌두와 무슬림의 화합은 이루어질 것으로 단순하게 믿었다. 그러나 알리 형제는 인도 국민보다는 무슬림이 먼저라고 공공연히 주장했다.

국민회의와 킬라파트의 동맹 아래 비협조운동이 열성적으로 추진되는 동안에는 힌두와 무슬림의 종파적 반목은 표면화되지 않고 불안한 협력 체제가 유지되고 있었다. 그러나 간디의 영향력이 동요하고 비협조운동이 추진력을 잃게 되자 힌두와 무슬림 사이에 잠복해 있던 오랜 반목의 불씨가 되살아났다. 인도 국민 지도자들은 우려하고, 총독부는 애타게 기다렸던 두 공동체 사이의 불화는 1922년 대규모 시민불복종이 중단된 후에 찾아왔다. 공세적인 비협조운동의 취소는 국민회의에게 타격이었으며 킬라파트운동의 주역들에게는 더 큰 충격이었다.

킬라파트의 대의는 무슬림의 정신적 구심점을 지탱해 주었는데 그 지주(支柱)가 흔들린 것은 인도에서뿐만 아니라 전 세계 무슬림의 명목상의 종주국인 터키에서 일어났다. 터키의 새로운 지도자 케말 파샤 (Kemal Pasha; kemal Atatürk)는 술탄 칼리프를 폐위시켜 추방하고 공화국을 선포했다. 칼리프는 외부 세력이 아닌 무슬림 종주국의 국민들에 의해 사멸된 셈이었다. 간디는 칼리프는 소멸해 가는 제도이며 터키 국민 스스로가 역겨워하고 있다는 것을 간파하지 못했는지도 모른다. 킬라파트운동의 존재 이유가 사라짐으로써 인도 무슬림은 정신적으로 표류하고 있는 자신들을 발견하게 되었다.

힌두와 무슬림의 반목은 이미 시작되었다. 인도 무슬림의 아프가니스탄으로의 대대적인 이주 시도와 그에 따른 비극적인 결말이 있었고 뒤따라 모플라족(Moplahs)의 반란이 일어났다. 말라바르 해안의 가난한 무슬림 경작자들이 힌두 지주와 정부에 대한 불만으로 일으킨 반란이었다. 살상과 약탈로 이어진 반란에서 힌두와 무슬림 그리고 영국군이 수천 명이나 사망한 것으로 알려졌다.

간디의 노력과 호소에도 불구하고 종교적 분규는 계속되었다. 삼바르, 아메시, 굴바르가에서 잇따라 소요가 일어났다. 특히 코하트에서의 폭동은 심각했다. 수백 명의 사상자가 나오고 힌두 주민 전체가 도시 밖으로 밀려났다. 간디는 종교적 폭동을 종식시키기 위해 '죽을 때까지

의 단식'을 시작했다. 모든 종파의 지도자들이 참석하여 이슬람의 『코
란』과 힌두의 『우파니샤드』의 성구(聖句)를 읊조리며, 기독교 찬송가를
부르는 가운데 간디의 단식은 종료되었다. 그러나 그 화해는 불과 수
주일 동안 유지되었을 뿐이었다.

한편 진나는 무슬림연맹과 국민회의에서 설 자리를 잃고 런던에 정
착할 마음으로 인도를 떠났다. 그러나 그의 좌절의 시기는 어쩌면 진나
의 본격적인 파키스탄 분립 운동의 준비기였는지도 모른다.[76]

6 맺음말

간디는 인도에서 범국민적인 첫 사티아그라하운동인 비폭력비협조
운동을 전개했다. 그는 영국군의 편잡 학살 사건을 지나치면서 오히려
멀리 터키의 칼리프 문제를 둘러싼 인도 무슬림의 킬라파트운동에 초
점을 맞추어 국민운동을 추진한 느낌이었다. 이것은 간디가 인도의 무
슬림과 힌두의 종교적 감정에 호소하여 전국적인 투쟁을 전개하겠다는
의지를 보여 준 것이었다. 간디는 역사적으로 인도는 종교가 국가보다
사람들의 마음속에 더 강하게 자리 잡고 있다는 것을 간파했었다.

비폭력비협조운동은 간디 한 사람의 작품이었다. 간디가 창안자였
고 안내자였다. 그는 소박한 성품과 하층민과 격의 없이 어울리는 행동
으로 일반 대중에게 가까이 다가갔다. 간디의 하층민을 위하고 종파적
화합을 강조하는 다양한 실천 계획은 각계각층에 깊은 감명을 주었다.
비폭력이 강조되었지만 때로는 혁명적 집단의 모습을 보여 주기도 했

---

76 이 시기의 힌두와 무슬림의 반목에 관해서는 졸저 『인도와 파키스탄: 그 대립의 역사』 2
장 「진나와 파키스탄 분립 운동」을 참조.

다. 창립 이후 거의 변화를 보여 주지 못했던 국민회의는 간디에 의해 새로운 모습으로 거듭났다.

비폭력비협조운동의 성패에 대해서는 어떻게 평가해야 할 것인가? 간디가 국민에게 약속한 대로 1년 내에 스와라지를 달성하지 못했으므로 실패했다고 볼 수 있다. 1년이라는 짧은 기간 내에 지역, 인종, 언어, 종교가 복잡다양하게 얽힌 3억의 인도 국민을, 그것도 비폭력으로 교화시켜 스와라지를 이룩한다는 것은 처음부터 불가능한 일이었다. 만약 간디가 이를 가능하다고 보았다면 추종자들과 국민의 능력을 과대평가한 것이었다. 간디는 종종 추종자들의 힘을 낙관적으로 과신했다. 간디는 그가 원할 때면 아무 때고 인도인들을 쉽게 규합해서 킬라파트를 위해서, 비협조운동을 위해서 비폭력으로 무장하고 총독부를 공격할 수 있다고 믿었다.

간디의 스와라지 약속은 국민을 규합하기 위한 정치적 책략이었는지도 모른다. 흔히 정치적 운동은 거창한 구호와 목표를 내세우고 출발하기 마련이며 그 이상은 항상 성취 가능한 수준보다 높이 자리하기 때문이다. 사실 간디의 사티아그라하 정신에 진정으로 감화되고, 그 이상을 이해할 수 있었던 사람은 극소수에 불과했다. 대부분의 추종자들과 일반 국민은 간디의 사티아그라하 이념에 진지한 믿음을 갖지 못했으며 이를 단지 유용한 정치적 방편으로 바라보았을 뿐이다. 결국 비협조운동은 추진력이 떨어지고 그 지도력은 지방 분권화되어 통제력이 이완되었다. 대규모 비협조운동은 통제 불능이 되어 갔다. 간디의 확고한 장악력이 흔들리자 지방 정치인들의 충성심과 지역적인 반대 운동을 통제할 수 없었다. 이제 비협조는 총독부를 무력화할 수 있는 위력적인 무기가 아니라 일부 지역 주민의 반항 수단이었으며, 일종의 비폭력 테러리즘이었다.

간디는 무슬림의 킬라파트운동에 힌두를 참여시킴으로써 두 종파의 화합을 도모했으며 조국의 스와라지를 달성한다는 공동 목표를 내세워 연대를 강화했다. 힌두와 무슬림은 애국적 열정에서 제휴했는데, 두 공동체의 연대는 인도 역사상 전례를 찾아볼 수 없는 일이었다. 힌두와 무슬림의 화합의 구조물은 인위적 바탕에 근거하고 있었을 뿐 자발적이고 선명한 국민적 단합으로 실현된 것이 아니었다. 힌두와 무슬림의 동맹은 굳건한 바윗돌 위에 세워진 것이 아니라 파도에 쓸려 나가는 모래 위에 건조된 것이었다. 무슬림 지도자들의 연설은 여전히 화합의 이념보다는 이슬람 정신을 강조하고 있었다. 종교적 호소는 폭력적 반작용을 유발할 위험성을 갖기 마련이며 힌두와 무슬림의 반목은 미구에 수습 불가능한 국가 분열의 씨앗을 배태하고 있었다.

비폭력비협조운동은 지금까지의 민족주의운동 내지 독립운동의 틀을 바꾸어 놓았다. 이 운동에는 전국 각계각층의 국민이 열성적으로 참여했으며, 교육받은 중간 계급의 활동 무대였던 국민회의의 타성에 젖은 성격을 변화시켰다. 간디는 스스로 창안하여 추진한 사티아그라하운동에 정통성을 부여하기 위해 힘겹게 국민회의의 지지를 이끌어 냈다. 또한 전국적으로 농민과 노동자의 참여를 이끌어 낸 최초의 국민 지도자가 간디였다. 이전의 자치운동 지역 조직이 도움을 주었지만 작은 농촌 마을에 이르기까지 국민회의 세력이 조직적으로 침투해 들어간 것은 이번이 처음이었다. 교육받은 지식인과 농민과 노동자의 결속된 지지가 간디를 받쳐 주는 힘이었다. 멀리 터키의 킬라파트 문제를 '100년에 한 번쯤 올 수 있는 기회'로 이용하여 무슬림과 힌두의 유례 없는 연합 운동으로 묶어서 돌진했던 것은 간디의 시기(時機)를 포착하는 비범한 능력을 보여 준 것이었다. 관립학교의 배척과 민족 교육 기관의 수립, 법정의 배척과 중재 기관의 대체, 그리고 물레질의 강조와 외제 옷감의 철저한 배척 등은 무리한 면이 있었지만 국민적 자각을 불러오는 계기가 되었다. 비폭력비협조운동은 간디가 남아프리카에서 계획하고 실험한 그의 사티아그라하 이념이 인도에서 범국민적 운동으로 성공할 수 있다는 실례를 보여 주었으며, 이후 인도 국민이 하나로 뭉쳐 독립운동에 매진할 수 있는 자신감을 갖게 한 국민운동이었다.

4 시민불복종운동

　간디의 시민불복종운동은 그의 인도에서의 첫 번째 범국민적 사티아그라하운동이었던 비폭력 비협조운동 이후 10년 만에 일어난 전국적인 독립운동이었다. 국민회의를 비롯한 인도 정치 지도자들이 계속 정치 개혁을 요구했을 뿐 아니라, 1919년의 인도통치법은 10년 안에 정치 발전이 이루어질 것이라는 약속을 명시해 놓았다. 몬터규·첼름스퍼드 개혁으로 알려진 이 통치법은 개혁들이 잘 운영되는지 위원회를 구성해 검토하고, 책임 정부의 방향을 결정하도록 규정했었다. 따라서 어떤 양상으로든지 한 차례의 정치적 변혁은 예고해 놓은 상태였다.

　일단의 인도 민족주의자들은 러시아 혁명 이후 새로이 국제 사회에 강력하게 대두하고 있던 공산주의에 눈길을 돌렸다. 인도가 소외되고 배우지 못한 하층민에게 경제적, 정치적 기회를 보장하고 나선 공산주의에 남다른 호기심을 갖는 것은 어쩌면 자연스러운 현상이었다. 이 시기에 등장한 인도 공산주의 운동은 힌두 중심의 혁명적 민족주의자들과 킬라파트운동의 범이슬람주의자들의 사이에서 배태했다. 힌두와 무슬림은 종교적으로 대립하면서도 외국인 지배를 청산해야 한다는 눈앞의 목표 아래 쉽게 뭉칠 수 있었으며, 맹목적으로 지녀 온 그들의 혁명

이념을 공산주의로 전환하는 것은 어려운 일이 아니었다. 1920년대 말에 인도 공산당의 세력과 영향력이 크게 증가했으며 봄베이와 캘커타에서 노동자·농민당이 형성되었다. 특히 철도와 섬유 노동자들이 중심이 된 노동조합은 전투적으로 정부와 대치했다. 물론 소련의 희망은 범이슬람주의와 인도 민족주의를 영국 지배를 붕괴시키는 데 이용하는 것이었다.

공산주의는 인도에서 크게 득세할 수 없었다. 인도의 중산층을 대표하는 국민회의와 영국 정부는 국제 공산주의가 인도의 토양에 뿌리내리는 것을 허용하지 않겠다는 결의를 보인 점에서는 생각을 같이했다. 공산주의가 영국의 제국주의와 인도의 자본주의에 다 같이 위협을 주고 있다는 믿음 때문이었다. 공산주의자들은 인도의 전통 사회에서는 알려지지 않은 생소한 사회적, 경제적 생각 위에 그들의 호소력의 근거지를 마련하려고 시도했다. 이는 수천 년 동안 인도를 지배한 것이 계급 전쟁의 원리를 부인하는 카르마(karma; 業) 철학과 윤회 사상이 긴밀하게 연결된 사상이라는 역사적 사실을 간과한 것이었다.

1920년부터 인도 독립운동을 직간접으로 지휘해 온 간디가 공산주의에 대해 어떤 태도를 취할 것인가는 매우 중요했다. 간디가 공산주의 이념을 받아들일 가능성은 전혀 없었다. 인도의 고유한 정신적 문화와 전통에 확고한 신념을 갖고 있는 간디에게 서구에서 탄생한 마르크스주의는 본능적인 거부의 대상일 뿐이었다. 공산주의가 신을 부인하면서 내세운 폭력적 특성은 간디의 필생의 신조인 비폭력의 이념에 배치되는 것으로서 어떤 경우에도 조화될 수 없었다. 그는 폭력적 혁명을 배척했을 뿐 아니라 서양 이념과 철도, 전신 등의 기술도 받아들이기를 거부했다. 간디가 마르크스와 레닌과 스탈린을 읽은 것은 1944년으로, 그가 범국민적 독립운동을 마감한 75세 때였다.

영국인들이 대영제국은 법의 지배에 입각하여 인도 국민에게 평화를 보장해 주었다고 강조하지만 번영은 결코 주지 못했다. 인도 국민의 재화는 대량으로 영국으로 유출되었으며, 제조업자들은 그들의 기업을 잃어 갔고 과중한 세금에 시달리는 농민과 노동자는 최악의 빈곤 상태에서 연명하고 있었다.

인도 농촌 인구의 3분의 1에게는 경작할 토지가 없었으며 나머지도 대부분 임의 소작인, 물납(物納) 소작인, 자작 소농들이었다. 그들은 최소한의 생계를 유지하기도 힘들었으며 재난이 닥쳤을 때를 위한 대비책은 아무것도 없었다. 세계적인 경제 대공황은 인도 농촌의 부자와 가난한 자 모두에게 영향을 미쳤다. 곡물 가격의 하락이 공산품의 가격 하락보다 훨씬 크게 나타났다. 가난한 사람들은 말할 것도 없고 부유한 지주들도 큰 타격을 입었다. 원래 처참한 상태였던 농촌 노동자들은 사실 처지가 더 이상 악화되거나 개선될 가능성도 없었지만 지주와 중간 계층의 농민은 시장과 가격 변동에 큰 영향을 받았다. 곡가의 폭락은 그들에게 심각한 타격을 주어 농촌에서 가장 큰 채무 집단으로 만들어 버렸다.

불황은 이때까지도 인도 자본주의의 주력 산업의 지위를 유지해 온 섬유 산업에서도 심각했다. 상품의 생산은 느릿느릿 증가하고 있었지만 이윤은 심각한 하락세를 보여 주었다. 철강 산업은 크게 위축되었다. 인도의 대외 무역은 크게 감소하고 외국 자본의 유출이 현저하게 나타났다.

노동자들은 주거와 위생 문제, 만성적인 부채 문제와 함께 과도한 노동 시간과 유아 노동, 극도로 열악한 노동 조건에 시달려야 했다. 인도는 많은 숫자의 노동자를 가지고 있었지만 그들은 아직 자신들을 위한 계급을 형성하지 못했다. 소수만이 노동조합을 형성하고 있었으나 긴밀한 연계를 유지하기는커녕 대립하는 양상을 보였다. 노동자들은 극우에서 극좌에 이르는 전체적인 정치 스펙트럼에 고루 퍼져 그들의 지지를 확대해 나갔지만 호전적인 투지는 오직 경제적 요구와 이익에만 한정하여 나타났다. 노동자들은 물가의 폭등과 임금의 고정이 그들의 곤궁한 처지의 원인이라고 생각했으며, 점차 조직의 필요성과 파업의 효과를 깨닫기 시작했다.

1 사이먼위원회와 국민회의의 반응

인도의 평온한 정치적 분위기에 긴장감을 불러온 것은 영국 정부였다. 어윈(Lord Irwin) 총독은 1927년 11월 2일 갑자기 간디, 모틸랄 네루, 안사리, 진나를 포함한 여러 지도자들을 뉴델리의 관저로 초청해 사이먼위원회를 구성한다는 영국 정부의 결정을 발표했다. 사실 이 내용은 이미 신문들이 예보해서 뉴스거리도 아니었다. 정부가 오래전에 약속했던 정치 개혁을 좀 앞당겨 제시한 것뿐이었다. 수천 리 길을 달려온 간디는 허탈감에 빠졌으며 왜 서신을 이용하지 않았는지 이해할 수 없었다. 왕실위원회를 서둘러 구성하려는 의도는 영국 하원이 1929년 봄에 임기 만료를 앞두고 있어서였다. 노동당의 집권 가능성이 높아 보였을 뿐 아니라 노동당이 인도에 훨씬 동정적이었으므로 더 많은 정치적 양보를 할 것이라고 평가하는 분위기였다.

보수당의 볼드윈(Stanley Baldwin) 수상은 위원회가 사이먼(John Simon)을 의장으로 하는 영국 국회의원 7명으로 구성된다고 발표했다. 인도가 자치 능력을 갖추고 있는가를 조사하기 위해 위원단이 인도에 오는 것이었다. 위원회는 사이먼 자신이 묘사한 바와 같이 모두 '2류 인사들'이었다. 미래의 수상 애틀리(Clement Attlee)가 포함되었지만 이때는 하원의 백벤치를 지키고 있던 사람일 뿐이었다.

영국 정부는 당연히 인도 국민 지도자들이 위원회 앞에서 증언하고 건의안의 제의에 만족해 할 것으로 기대했다. 그러나 영국 수상과 인도 총독의 발표는 그 정파에 관계없이 인도의 모든 정치 지도자들에게 깊은 실망과 분노를 일으켰다. 그들은 모두 사이먼위원회를 배척하기로 결정했는데 이들의 감정을 자극했던 것은 인도의 정치 개혁을 논의하는 자리에 인도인은 한 명도 참여하지 않고 백인 일색으로 꾸려진 위원회라는 점이었다. 영국인들끼리 와서 돌아보고 벙어리로 앉아 있는 인도의 운명을 결정하려는 데에 분개했다.

국민회의의 입장은 의장의 성명 등을 통하여 표명되었다. 인도 국민이 인도의 헌법을 정하는 데 당사자가 되지 못한 것은 인도의 자존심이 손상된 것이며, 인도의 스와라지와 책임 정부에 대한 지금까지의 주장은 사이먼위원회의 일방적인 임명으로 완전히 부인되었다는 반응이었다. 온건파 민족주의자들도 부정적인 반응이었다.

온건한 정치인들뿐 아니라 무슬림 지도자들도 일치해 사이먼위원회를 비난했다. 인도상 비컨헤드(Birkenhead)의 성명이 인도의 정파들을 오히려 결속시켜 주었다. 중앙 입법의회가 사이먼위원회의 배척 문제를 논의하고 있던 바로 그날, 인도상은 인도 지도자들이 위원회를 배척하는 것은 단지 영국 의회를 달래기 위한 몸짓일 뿐이라고 말했다. 인도상은 배척 집단으로부터 무슬림을 유리시키려는 책략으로 나갔지만 그의 교만한 언동 때문에 진나를 협력자로 끌어들이지 못했다. 사이먼위원회의 배척은 중앙 입법의회의 결의로 통과되었다.

국민회의의 강경한 분위기는 1927년 말 마드라스에서 열린 국민회의 연례회의에서도 나타났다. 의장 안사리는 사이먼위원회 문제는 예견했던 바로서 놀랄 것도 실망할 것도 없으며, 인도인들이 동의할 수 있는 조건은 민족적 명예와 권위가 지속적으로 보장될 때만 가능하다고 말했다. 간디는 마드라스 국민회의에 참석하지 않았다. 인도의 독립 논의는 자와할랄 네루의 주도로 진지하게 진행되었다. 언뜻 독립운동이 구세대의 손을 떠나 새로운 방향으로 접어든 듯이 보였다.

마드라스 국민회의는 사이먼위원회와 관련하여 구체적인 행동 지침을 제시했다. 위원단이 도착한 날에 그들이 도착한 도시와 인도 전역에서는 민중 시위를 결행할 것, 위원단을 반대하는 여론을 조성할 것, 위원단에 협조하기 위해 또 그들의 조사를 돕기 위해 입법의회가 자체 대표를 선발하는 것을 거부할 것, 위원단과 관련된 보조금 요구를 거부할 것, 위원단과의 사교적 행동을 삼갈 것 등의 내용이었다.[1]

일곱 명의 사이먼위원단이 1928년 2월 3일 봄베이에 도착했을 때 조기(弔旗)와 철시가 그들을 맞이했다. 주요 도시는 완전한 파업에 돌입했으며, 대규모 시위 행진이 조기를 흔들며 "돌아가라 사이먼"이라 쓴 플래카드를 들고 이어졌다. 봄베이에서는 5만여 명이 차우파티 해변에 모였으며 각 정당의 지도자들이 한목소리로 영국 정부를 비난했다. 시위는 경찰에 의해 해산되었다. 러크나우에서는 자와할랄 네루가 시위를 지휘하다가 구타당했다. 라호르에서는 펀잡 지방의 탁월한 지도자 라지파트 라이가 시위를 주도하다가 영국 장교의 곤봉 세례를 받았다. 간디가 '펀잡의 사자'라고 불렀던 라이는 이 부상으로 며칠 후 사망했다. 국민의 분노를 불러일으켰고 몇 주일 후에 라호르의 경찰서장보가 암살당했다. 간디는 이 암살을 비열한 행동이라 비난했지만, 살인 혐의자 바가트 싱(Bhagat Singh)은 영웅적 행동을 한 인물로 인도 국민의 추앙을 받았다. 사이먼위원단에 대한 국민회의의 조직적인 배척 운동은 폭력의 오점은 있었지만 크게 성공적이었다.

사이먼위원회의 활동은 거센 반대에 부딪쳤지만 인도의 정치 지도자들로 하여금 스스로 헌법 제정 논의를 공식화하는 계기를 마련해 주었다. 모틸랄 네루가 중심이 되어 마련한 이른바 '네루 보고서'는 의회

---

1 A. C. Banerjee ed., *Indian Constitutional Documents*, vol. III(Calcutta, 1987), pp. 171~172.

정치 제도, 공동 선거구 및 소수민을 위한 복잡한 정칙(定則)의 밑그림을 그려 놓았다. 네루 보고서는 1928년 8월 러크나우에 모인 인도의 주요 정파의 회합에서 힌두와 무슬림 사이의 대립하는 견해를 넘어서 수용되었다. 이 보고서가 제시한 인도 헌법의 골격은 정부가 국민이 선출한 의회에 책임을 지며, 의회는 상하 양원으로 구성되고 무슬림 대표에 대한 상당한 배려가 명시되었다. 그러나 러크나우 회의가 보여 준 합의는 오래가지 못했다. 곧이어 진나가 네루 보고서에 제시된 것보다 더 많은 의석을 요구하고 나섰기 때문이다. 무슬림연맹을 대표한 진나의 이른바 '14개조'는 중앙 입법의회와 주 입법의회에서 최소한 의석의 3분의 1을 요구했다.[2] 진나는 일찍이 무슬림연맹을 외면하고 국민회의에 참석하면서 온건파의 지도자 고칼레 밑에서 정치를 시작했으나 한참의 방황 끝에 이제 무슬림의 지도자로서 새로이 출현한 것이다.

대부분의 인도 정치 단체들은 네루 보고서가 제시한 헌법을 지지했다. 무슬림 지도자들 가운데 안사리와 이맘(Ali Imam) 등은 이를 지지했지만 다음 해 초, 델리에서 모인 무슬림 당파의 전체 회의는 진나의 수정안을 통과시켰다. 네루 보고서의 헌법에 반대한 사람들은 무슬림만이 아니었다. 시크교도, 힌두 하층민도 반대하고 나섰다. 여러 정파의 이견에도 불구하고 헌법의 핵심 목표인 인도의 완전 책임 정부 수립 원칙에는 당장 완전 독립을 주장하는 일부 젊은 세대를 제외하고는 전체적으로 동의하는 분위기였다.

1928년은 간디가 인도 국민의 지도자로서 당당히 복귀하는 결정적인 해였다. 그것은 첫째 바르돌리 사티아그라하가 보여 준 개가였다. 바르돌리 징세 지구는 137개의 마을과 약 8만 8000명의 주민으로 이루

---

2 네루 보고서와 진나의 14개조에 관해서는 졸저 『인도와 파키스탄: 그 대립의 역사』, 102~105쪽 참조.

어졌다. 바르돌리는 봄베이주 정부로부터 22퍼센트가 인상된 세금 통지서를 받았다. 1928년 2월에 농민은 10년 전 구자라트 사티아그라하 운동을 추진할 때 간디의 충실한 참모였던 발라바이 빠텔의 직접 지휘 아래 사티아그라하운동을 조직하기 시작했다. 이것은 세금저항운동이 었으나 인상분에 한정하여 저항하기로 했다. 몇 주일 동안 주 정부는 산정액을 재고할 필요가 없다는 강경한 태도를 보였으나 운동의 압력에 못이겨 주지사 레슬리 윌슨(Leslie Wilson)이 독자적인 조사위원회를 임명했다. 위원회의 보고서가 농민의 입장을 지지했다. 주지사는 6월 초 어윈 총독과 협의하기 위해 여름 수도 심라로 달려갔다. 바르돌리의 사티아그라하운동은 농민의 승리로 끝났다.

빠텔과 그의 추종자들은 비폭력을 유지했다. 주민에 대한 빠텔의 영향력은 절대적이었다. 바르돌리 농민들은 빠텔에게 '지도자(Sardar)'라는 칭호를 안겨 주었다. 물론 빠텔의 뒤에는 사바르마티 아쉬람에서 긴밀한 연락을 취하고 있는 간디가 있었다. 간디는 빠텔과 함께 바르돌리의 현지를 돌아보고 사티아그라하가 성공적이었음을 확신했다. 바르돌리의 성공이 신문을 통해 전국에 낱낱이 보도되었으며 간디와 빠텔의 권위가 국민회의 안에서 크게 상승했다.

간디는 "바르돌리의 승리는 실로 진리와 비폭력의 승리였으며, 그것은 정치 면에서 비폭력에 대한 신뢰가 흔들리고 있을 때 그것을 회복시켰다."라고 말했다. "폭력의 힘은 비폭력 행동 앞에서 시들었다. 그것이 인도의 모든 독립 투쟁이 어떻게 방향을 잡아야 하는가를 보여 주고 있었다." 한편 어윈은 바르돌리 사티아그라하의 결과에 심하게 흔들렸다. 그것은 정부를 "매우 위협적인 상황"으로 몰아넣었으며 이후 정부는 "토지세 징수 지역에서 위험에 직면하게 되었다."라고 묘사했다. "바르돌리가 간디에게 영감과 용기를 주었다면, 어윈에게는 세금 저항 운동에 대처해야 하는 정부의 조치에 결단을 내리지 못하도록 유보시켜 놓았다."[3] 바르돌리 운동은 비폭력의 정치적 효용에 대한 간디 자신의 신념을 회복시켜 주었다. 국민의 저항이 잘 조직되는 곳이면 어디서나 사티아그라하운동은 성공할 수 있다는 것을 보여 주었다.

국민회의는 이미 1927년 마드라스 연례회의에서 인도의 목표를 독립이라고 정했으며 독립의 요구는 국민적인 정서로 고조되어 갔다. 1928년 말 모틸랄 네루가 의장이었던 국민회의의 캘커타 연례회의는 국민회의 출현 이후 가장 큰 규모의 대회였다. 원로 집단과 청년 집단의 정면 충돌이 불가피해 보였다. 소장파에게는 인도의 자유를 강조했던 러크나우 회의에서의 마음이 아직도 내재하고 있었다. 캘커타 회의에서는 자치령의 정부 형태에 만족하면서 네루 보고서를 수용하려는 세력과 마드라스 국민회의에서 결의된 완전 독립의 요구를 고수하려는 젊은 좌파 세력이 팽팽히 대립했다. 자와할랄 네루와 수바스 찬드라 보스는 국민회의를 탈퇴하겠다고 위협했으며 청년층을 중심으로 완전 독립의 이념을 퍼뜨리기 위해 '독립연맹'을 모색하기도 했다.

자와할랄 네루는 간디의 열렬한 추종자였다. 간디는 자와할랄을 "수정처럼 맑고 의심할 바 없는 진실성을 갖춘 두려움도 없고 비난받을 것도 없는 기사(騎士)"라고 묘사했으며, 자와할랄은 때가 되면 간디의 정치적 후계자가 될 만한 사람이었다. 그들은 오랫동안 깊은 신뢰와 애정으로 뭉쳐 있었다. 그러나 1927년 자와할랄은 볼셰비키 혁명 10주년 행사에 참석하고 돌아온 후 자신을 사회주의자라 부르면서 좌파에 가담했다.

세속적이고 사회주의적인 영향이 국민회의에 침투한 것은 자와할랄 네루를 통해서였다. 그는 유럽에서 국제주의와 공산주의의 결합에

---

3 Dennis Dalton, "The Dandi March", *Essays in Modern Indian History*, edited by B. R. Nanda(Delhi: Oxford University Press, 1980), pp. 86~87, 100.

서 영향을 받고 귀국했다. 그가 간디와 결별하는 일은 결코 없을 테지만 공산주의에 호감을 갖고 돌아온 것은 분명했다. 자와할랄은 영국에 경도되어 부르주아적 사고방식에 젖어 있는 아버지 모틸랄 세대를 얼마간 불신하고 있었다. 정보 보고서에 의하면 이즈음 "네루는 실질적인 공산주의자는 아니었다 하더라도, 아마도 틀림없이 스스로 공산주의에 경도되었던 자요 민중 혁명이 뜻하는 모든 것의 동지였다."[4]라고 지적할 정도였다.(물론 인도에서 네루가 공산주의자로 분류되지는 않는다.)

간디는 자와할랄의 진보적 행동이 못마땅했다. 간디는 그에게 "자네는 너무 빨리 나가고 있네. 생각하고 순응하는 시간이 필요하다네." 또 며칠 후 "자네와 나 사이의 이견은 너무 넓고 근본적이어서 우리 사이에 합류하는 터전이 없어 보이네."라고 말하기도 했다.[5] 그들 사이의 정치적 이견은 때에 따라 넓어지기도 좁아지기도 했다. 간디의 흔들리지 않는 신앙심과 자와할랄의 세속주의적 정치관은 큰 차이가 있었다. 자와할랄은 간디의 물레질도 좋아하지 않았다. 그러나 이러한 차이점들은 이후에도 그들의 심정적 친밀성이나 상호 신뢰에 결정적인 영향을 주지는 못했다. 자와할랄은 국민회의를 뛰쳐나가 젊은 세력을 규합하는 것보다는 엄청난 영향력을 지닌 간디의 후계자를 바라볼 만큼 충분히 현명했다.

간디가 캘커타 국민회의에 제시한 타협안은 영국 의회가 네루 보고서의 헌법을 1년 안에 완전히 수용하면 자치령의 지위를 받아들인다는 것이었다. "전체 정당위원회의가 수용한 네루 보고서가 권유한 헌법을 인도의 정치적, 종파적 문제를 해결하는 데 크게 공헌할 것으로 환영하면서 …… 정치적 분위기의 위급성에 직면하여 국민회의는 만약 1929년

---

4 B. Misra, *Indian Political Parties*, p. 265.

5 B. Nanda, *op. cit.*, p. 286.

말까지 (네루 보고서) 헌법이 영국 의회에 의해 완전히 받아들여진다면 이 헌법을 채택할 것이다. 그러나 그 날짜까지 수용되지 않거나 거부될 경우에는 국민회의는 비폭력 비협조운동을 조직해 세금을 거부하거나 다른 방법을 전국에 권고할 것이다."[6]

간디가 최후통첩을 내걸고 있는데도 수바스 찬드라 보스는 완전 독립 없는 어떤 안에도 만족할 수 없으며 영국과 완전히 단절해야 한다고 주장하고 나섰다. 보스의 수정안은 좌파와 자와할랄 네루의 지지를 받았지만 부결되었다. 간디의 타협안으로 신구 세대의 충돌을 피할 수 있었다. 완전 독립의 결의를 밀어붙이기로 나선 사람들에 맞서 투쟁하고 있는 모틸랄 네루를 간디가 구원했다. 보스는 "간디의 추종자들이 이를 신임 투표로 만들어 패배하면 간디가 국민회의를 탈퇴할 것이라고 인식시킴으로써 자유 투표가 되지 못하게 했다."라고 주장했다. "많은 사람들이 보스 자신의 수정안에 동조적이면서도 간디를 국민회의에서 축출한 일당으로 매도되는 것을 피하기 위해 반대표를 던졌다."[7]

간디는 다시 국민회의 무대에 당당히 돌아왔다. 캘커타 국민회의는 간디에게 정치적으로 국민 앞에 복귀할 수 있는 길을 열어 주었다. 그의 타협안은 네루 보고서를 조건부로 통과시킨 것으로서 1년의 유예 기간을 둔 것이었다. 영국 정부의 양보가 없을 때는 또다시 범국민적인 사티아그라하운동을 일으킬 것을 간디에게 위임하고 있었다.

간디는 영국 정부가 자발적으로 양보하리라고는 결코 믿지 않았다. 영국의 정치적 양보는 그냥 선물로서 다가오는 것이 아니었다. 인도 국민이 자신의 권리를 주장할 준비를 갖출 때까지는 자치령이나 독립 어느 것에도 영국이 양보하지 않을 것을 알고 있었다. 그는 국민운동을

---

6 P. Sitaramayya, *op. cit.*, I, p. 329.
7 S. Bose, *op. cit.*, p. 157.

보다 인도적이고 민족적인 것으로 만들어 자신을 발견해야지, 단순히 서구를 모방하는 것이 되어서는 안 된다고 생각했다. 인도가 정치적 독립을 외치기 전에 자신을 상징하는 혼을 되찾아 민족적 역량을 길러야 한다고 강조했다. 민족적 자긍심이 없는 민족에게 독립의 기회는 주어지지 않는다는 상식적인 진리를 상기시킨 것이었다.

간디는 국민에 대한 실질적인 교육과 훈련이 필요하다고 판단했다. 그는 우선 사바르마티 아쉬람의 훈련과 결속을 강화해 나갔으며, 멀리 여행하는 중에도 보고를 받고 지시를 내렸다. 사티아그라하운동을 결정하면 그들이 전위 역할을 하기 때문이었다. 간디는 전국을 여행하면서 누구나 집 안에서 물레질하고 베 짜는 일을 생활화하면서 외제 옷을 배척하도록 요구했다. 국민회의 지부를 통해 카디를 판매하고, 외제 옷 판매점에는 감시원을 세우는 일을 추진했다. 외제 옷을 수거하여 공개적으로 불태우는 일을 도모했다. 벵골주 정부는 공공장소에서 외제 옷을 불태우는 것은 불법이라고 통고했지만 캘커타에서는 축제를 즐기듯이 화려한 외제 옷들이 불태워졌고 간디는 그 자리에 있었다. 또한 간디는 과부 재가(再嫁)를 인정하고, 결혼 지참금 및 유아 결혼 문제를 비난했다. 그는 지속적으로 불가촉천민 제도의 철폐를 외쳤으며, 진정한 스와라지는 종파 간의 화해, 부자와 가난한 자, 지주와 빈농의 평등 위에서만 수립될 수 있다고 주장했다. 간디의 여행을 통한 주요 활동은 인도 사회를 응집하고 국민 통합을 확고히 하는 것이었다.

1929년 6월에 노동당의 램지 맥도널드(Ramsay MacDonald)가 집권한 후 영국 정부는 인도의 정국을 안정시키기 위해 양국 정치인들의 원탁회의를 도모했다. 정부는 정치적 선동가들이 일으키고 있는 혼란을 수습해야 했다. 이 계획은 영국을 방문하고 되돌아온 어윈 총독의 10월 31일 성명으로 나타났다. 국민회의 최후통첩의 1년 유예 기간의 끝이 다가오자 영국은 원탁회의를 들고 나왔다. 영국은 간디의 절대적인 통솔력은 국민 다수의 맹목적인 추종과 소수 정예 세력의 적극적 협조에 의존하고 있다는 것을 인지하고 회유와 통제를 적절히 바꿔 가면서 제국의 기반을 유지하려 했다. 보수당의 볼드윈 정권 때 임명되었던 어윈 총독은 폭력적 대결보다는 화해의 정책을 추구해 왔던 인물이었다. 그의 목적은 사이먼위원회가 시작한 헌법적 개혁을 추진하면서 인도의 정치 단체들의 적극적인 협조를 구하는 것이었다.

국민회의 지도자들을 비롯한 여러 정파의 대표들이 총독의 원탁회의에 대한 대응을 논의하기 위해 델리에 모였다. 참석자들은 영국의 원탁회의 제안을 최후통첩의 만료일에 즈음하여 노동당 정부가 보인 타협적인 의사 표시로 해석했다. 인도 국민의 여론을 달래려는 영국 정부의 진지함과 노력에 감사를 표하면서 인도 자치령 헌법을 진전시키기 위해 협조하기로 했다. 그들의 이른바 델리 성명은 첫째, 전반적인 화해 정책을 실시할 것, 둘째, 정치범들을 전면 사면할 것, 셋째, 진보적인 정치 조직체들의 대표를 포함하면서도 국민회의의 압도적인 대표권을 인정할 것, 넷째, 언제 자치령의 지위가 수립되느냐를 논의하는 것이 아니라 당장 인도를 자치령으로 인정하고 그 헌법의 틀을 짜기 위한 만남일 것을 핵심으로 하고 있었다. 네 개 조항의 요구는 국민회의가 주장한 원탁회의의 전제 조건이었다.

델리 성명은 단명했다. 당장 수바스 보스는 운영위원회에서 탈퇴했다. 자와할랄도 뒤따라 운영위원회와 또 국민회의 전국위원회의 총무직에서 물러났다. 간디는 자와할랄에게 편지와 전문을 보내 민족적 대의를 따라 사퇴하지 말라고 설득했다. 모틸랄도 끼어들었다. 사퇴를 만류하면서도 완전 독립의 길로 나아가는 아들을 격려하기도 했다.

자와할랄 네루는 처음에는 델리 성명에 서명하는 것을 동의하지 않고 수바스 보스와 함께 반대를 계획했다. 그러나 간디가 자와할랄을 설득하여 결국 서명토록 했다. 자와할랄은 또다시 간디에 굴복한 것으로 보였다. 간디는 결의안의 효력을 라호르 국민회의까지로 수정했다. 델리 성명의 승인은 유효하지만 이 문제에 대한 진지한 논의는 연말의 라호르 국민회의로 넘긴다는 것이었다. 자와할랄은 간디의 설득을 받아들이면서도 마음이 가벼웠다. 그는 "영국 정부는 국민회의가 제시한 정치범들의 전면 석방과 국민회의의 대표권 인정을 수용하지 않을 것이 분명하므로 결국에는 온건한 국민회의 사람이라도 독립에 매달리는 것 외에 대안을 가질 수 없을 것이다."[8]라고 판단했기 때문이다.

어윈은 자와할랄 네루가 간디와 아버지 모틸랄의 설득과 수바스 보스를 중심으로 하는 국민회의의 급진 세력 사이에서 망설이고 있다고 판단했다. 총독은 "자와할랄이 아직도 각각 다른 진영에 한 발씩 들여 놓고자 시도하고 있다."라고 보았다. "그의 마음은 의심할 것도 없이 전체적으로 독립을 주장하는 사람들과 초강경주의자들과 함께했다. 그러나 아무튼 현재로서는 자신의 실질적인 이익과 정치적 미래가 간디와의 연대에 달려 있다고 판단했다는 것을 보여 주고 있다."라고 인도 정부는 평가했다.[9]

인도에서는 어윈 총독의 선언을 호의적으로 받아들였으나 정작 비판의 화살은 영국에서 노동당 정부와 총독에게 쏟아졌다. 영국의 영향력 있는 신문뿐 아니라 보수당과 노동당이 모두 총독의 선언을 비판하고 나섰다. 상하원에서는 자치령이 이상으로서 생각되어야겠지만 지금 이를 발표하는 것은 현명하지 못하다는 분위기였다. 전임 총독 레딩의 의견은 상당한 비중을 가질 수밖에 없었는데, 그는 어윈의 선언이 사이먼위원회의 체면과 권위를 훼손하려는 계산에서 나왔다고 말했다. 자유당 지도자 로이드 조지는 인도상 웨지우드 벤(Wedgwood Benn)을 경

---

8 Sarvepalli Gopal, *Jawaharlal Nehru: A Biography*(Delhi, 2000), p. 129.

9 J. Brown, *Gandhi's Rise to Power*, p. 70.

4 시민불복종운동

멸했다. 어윈이 믿었던 볼드윈도 실제로는 총독을 지지해 주지 않았다. 존 사이먼과 동료들은 노동당 정부에게 무시당했다. 노동당 정부는 하원에서 압도적인 우위를 점하지 못했으므로 방어적이었다. 의회의 비판적 입장 때문에 정부는 당장 인도의 자치령 문제에 대해 조치를 취하기가 어렵게 되었다.

델리 성명은 총독과 간디의 12월 23일 회담을 위한 예비 조치였다. 간디는 원탁회의의 초대장이 진정한 것이라면 인도의 정치 개혁에 관해 영국인과 협상하기 위해 참여할 뜻을 갖고 있었다. 또 자치령 지위가 완전한 자유를 갖는 평등에 근거한 동반자를 의미한다면 인도의 최종적인 정부 형태로 받아들일 마음이었다. 이 회담에는 모틸랄 네루, 진나, 사프루(Tej Bahadur Sapru) 등이 동석했지만 특히 간디와 모틸랄은 자치령에 대한 확실한 보증을 얻으려고 했다. 간디의 입장은 델리 성명의 내용에서 물러설 수 없었다.

어윈 총독은 확답을 줄 수 없었다. 자신의 10월 선언에 대한 영국 내의 강력한 반대 때문이었다. 간디는 인도에 당장 완전한 자치령의 지위를 인정하는 헌법을 기초할 수 있는 원탁회의를 약속할 수 있느냐고 질문했다. 어윈은 "자신은 어떤 특별한 부문에 대한 원탁회의를 전혀 약속할 수 없다."[10]라고 답변했다. 총독이 인도 지도자들을 고무시켰던 것을 본국의 인도상도 외면하는 분위기였다.

국민회의 지도자들은 총독으로부터 영국 정부의 정책 방향에 대한 분명한 답변을 얻어 내려 했다. 그러나 노동당 정부는 인도에 자치령을 수립하려는 용기나 확신도 갖지 못했다. 영국 정부의 성명은 사이먼 위원회의 후유증으로 나타난 소요를 잠재우려는 의도였다는 것이 드러났다. 원탁회의 계획은 속임수 이상의 아무것도 아니라는 소문이 인도

---

10 L. Fischer, *op. cit.*, p. 330.

인뿐 아니라 인도의 영국인들 사이에서도 파다했다. 결국 간디와 어윈의 회담은 총독이 며칠 전 열차 폭탄 테러를 모면한 것을 위로하며 끝났고 정치범 사면과 원탁회의 대표의 비율 등은 건드리지도 못한 채 간디와 모틸랄은 빈손으로 돌아오고 말았다.

국민회의가 선언했던 최후통첩 기한이 다가왔다. 간디에게 시선이 집중되었다. 간디를 국민회의 의장으로 선출하는 것은 불가피한 분위기였으나 간디는 의장의 업무에만 매달릴 수 없다고 고사하면서 40세의 자와할랄 네루를 의장으로 선출토록 했다. 자와할랄은 또다시 간디의 신뢰할 만한 지지자가 되었다. 그는 국민회의의 좌파를 함께 이끌었던 수바스 보스와 갈라졌으며, 보스가 젊은 층과 좌파의 유일한 지도자로 남았다. 벵골에서 보스의 젊은 경쟁자였던 센굽타(Jatindra Mohan Sengupta) 역시 간디의 열렬한 지지자였다. 보스는 혼자서 때때로 간디에 대한 반대 세력을 조직함으로써 국민회의의 좌파 지도자로서의 그의 의무를 계속했다.

2 소금 행진

델리 회담 직후인 1929년 12월 말에 라호르에서 열린 국민회의 연례 회의는 긴장감이 감돌았다. 델리 회담의 허탈감에 따른 새로운 각오는 비장했다. 원탁회의에 대한 기대의 상실과 국민의 독립에 대한 강렬한 의지를 의식하고 있는 장내의 청중이 보여 준 긴박한 열기가 결정적인 독립 선언의 분위기를 예고했다. 자와할랄 네루를 의장으로 선출했다는 사실이 젊은 층을 고무시켰다. 자와할랄은 편협한 민족주의에 머물러 있지 않았다. 그는 의장 연설을 통하여 평소에 주장해 온 그의 세계주의와 사회주의에 대한 신념을 보여 주었다.

4 시민불복종운동

독립은 오늘의 세계에서 행복스러운 단어는 아니다. 독립이란 단어는 배척과 고립을 의미하기 때문이다. 문명은 한정된 민족주의에 충분하지 않고 보다 폭넓은 협조와 상호 의존을 모색한다. 우리는 '독립'이란 단어를 사용하면서 이를 보다 큰 이상에 적대하는 의미로 해석해서는 안 된다. 우리들에게 독립은 영국의 지배와 영국의 제국주의로부터의 완전한 자유를 의미한다. 우리의 자유를 달성하면 나는 의심할 것도 없이 세계적인 협조와 연대를 위한 모든 노력을 환영할 것이다.… 한 나라를 다른 나라가 지배하고, 한 계급이 다른 계급에 의해 수탈당하고 있는 한 거기에는 항상 현존하는 질서를 혁파하려는 시도가 있기 마련이며 어떤 안정된 평온도 지속될 수 없다. 제국주의와 자본주의로부터는 평화는 결코 찾아올 수 없다.… 인도에 적용될 수 있는 어떤 형태의 자치령의 지위도 우리에게 실질적인 힘을 줄 수 있다고 생각지 않는다. 이 힘을 시험할 수 있는 기준은 외국 점령군과 경제적 통제를 완전히 철퇴하는 것이다.[11]

간디가 독립과 시민불복종에 대한 핵심적인 결의를 제안했고, 모틸랄이 찬성하고 나섰다. 양쪽에서 반대의 목소리가 몇 시간 동안 이어졌다. 말라비야 등은 각 정파들의 회담을 통해 원탁회의에 관해 논의할 때까지는 국민회의 결의의 채택과 강령의 변경을 연기하도록 호소했다. 한편 수바스 보스는 간디가 제안한 것보다 훨씬 앞서 나아가 농민, 노동자, 청년 층이 참여하는 시민불복종을 지지하면서 전면 파업에 돌입해야 한다고 주장했다. 센굽타가 간디를 지지하면서 인도를 승리로 이끌어 갈 수 있는 인물이 마하트마 간디 이외에 누가 있단 말인가 하고 외쳤을 때는 환호와 반대의 고함이 교차했다.

국민회의는 인도의 독립을 강령으로 규정한 결의에서 다음과 같이

---

11 A. C. Banerjee, *op. cit.*, pp. 216~218.

선언했다.

국민회의 규약 1조의 '스와라지'라는 단어는 '완전 독립(Purna Swaraj)'을 의미하며, 네루 보고서의 모든 계획은 소멸됨을 선언한다. 앞으로는 모든 국민회의 회원들은 인도의 완전 독립을 이룩하는 데 그들의 전적인 관심을 보일 것을 희망한다. 독립운동을 조직화하기 위해 국민회의는 중앙 및 주 입법의회와 정부가 조직한 위원회를 완전 배척하며, 다음 선거에 직간접으로 참여하지 않을 것과 현재 입법의회에 의석을 가진 국민회의 회원은 사퇴하도록 촉구한다. 국민회의는 필요하다고 생각할 때 국민회의 전국위원회에게 세금 불납을 포함한 시민불복종 계획을 시작하는 권한을 부여한다.[12]

'완전 독립'의 결의는 원로 정치인들에게는 엄청난 충격이었다. 원래 국민회의는 영국과 인도와의 불가분의 정치적 관계를 한층 강화하기 위해 수립되었으며 참석자들은 대영제국의 충성스러운 신민으로 자처했다. 과격파의 출현으로 국민회의가 단순한 충성 집단으로 머무는 것에 비판이 일어났지만 전체적으로는 영국과의 완전 단절을 요구하지는 않았고 대영제국 안에서의 인도의 자치를 요구해 왔다. 대영제국 안에 머무는 것이 인도에 유리할 것인가 혹은 불리할 것인가를 진지하게 논의하기 전에 열띤 감정에 휩쓸려 독립을 결의하는 느낌이었다.

아직 생존한 소수의 원로 정치인들과 이른바 자유주의자들에게는 독립의 결의가 충격으로 다가왔다. 말라비야는 바로 다음 날 국민회의가 채택한 정책과 결의에 대한 항의로서 운영위원회를 사퇴해 버렸다.

---

12 S. Caveeshar, *op. cit.*, p. 167. 'Purna Swaraj'는 자의적으로 해석할 수도 있는 표현이었지만 이때 '완전 독립'이란 의미라고 분명히 규정했다.

또한 국민회의가 라호르에서 정례 회의를 가질 때 사프루 등의 자유주의자들은 마드라스에서 완전 독립의 주장과 시민불복종에 반대하는 성명을 발표했다.

지난 캘커타 국민회의에서는 간디가 자치령의 지위를 주장하면서 수바스 보스의 완전 독립에 대한 수정안을 패배시켰지만 1년 후 라호르 회의에서는 간디 자신이 완전 독립이 인도국민회의의 목표라고 선언하는 결의안을 제안했다. 간디의 이런 동화 과정을 통해 그의 운동은 진보적 성격을 유지할 수 있었고 거대한 좌파가 출현하는 것을 막을 수 있었다.

국민회의가 독립을 인도의 목표로 결의한 것이 간디가 진실로 원한 것이었는지도 의심스럽다. 그의 마음은 궁극적으로는 인도의 독립에 있었지만 당장 영국과 단절하는 것은 그의 본심이 아니었을 수도 있다. 간디의 독립 결의는 단지 다수에 영합하여 채택한 것일 뿐이라고 암시되기도 했다. 처음으로 국민회의의 좌파가 완전 독립의 이상을 내걸고 간디를 압도한 것으로 해석하기도 했다. 네루 보고서의 헌법 개혁은 라호르 국민회의의 완전 독립을 외치는 열기 속에서 이미 반향 없는 메아리로 소멸되고 말았다.

최후통첩의 1년이 지나고 1930년의 새해 아침에 국민회의는 인더스 강의 원류의 하나인 라비 강변에서 독립의 깃발을 올리며 독립이 국민회의가 추진해야 할 신조이며 나아가 인도 국민의 목표라고 선포했다. 10년 전 국민회의 연례 회의가 이웃 도시 암리차르에서 열려 비폭력비협조운동을 결의했고, 이번에 국민회의가 역시 펀잡주의 라호르에서 개최되어 시민불복종운동을 결의했다. 인도의 독립 결의가 가장 마지막으로 영국 지배로 떨어졌던 펀잡주에서, 강인한 민족의식을 보여 주었던 이곳에서 채택된 것은 의미심장한 일이었다.

국민회의는 독립이 목표라고 선포했음에도 그것을 이룩하기 위한 아무런 구체적인 생각도 갖고 있지 못했다. 시민불복종이라 하더라도 그 시작 날짜나 운용의 작전에 관한 어떤 계획도 확정된 것이 없었다. 모든 것을 명의상으로는 국민회의 전국위원회에 넘겼지만 이것은 실질적으로는 간디 한 사람에게 맡겨 버린 것이었다. 지난번의 비폭력비협조운동의 시행착오나 보완점에 대한 정밀 점검이나 반성도 없이 시민불복종운동을 한꺼번에 간디에게 일임해 버렸다. 이는 간디가 승리자로서 이후 국민운동의 독재권력의 소유자로서 복귀한 것을 의미했다. 자와할랄을 끌어들임으로써 간디는 좌파를 크게 약화시켰다. 그는 마드라스의 법률가이며 자유 투사인 아옌가르(Srinivasa Iyengar)와 수바스 보스를 포함한 모든 좌파를 새 운영위원회에서 배제해 버렸다. 적어도 이 두 사람은 남아 있어야 한다는 강한 정서가 있었지만 간디는 완고했다. 국민회의는 간디가 원하는 대로 움직여야 했다.

간디가 준비한 내용을 국민회의 운영위원회가 성명서로 채택하여 발표했다.

조국에 네 겹의 재앙(경제적, 정치적, 문화적, 정신적)을 가져온 원인인 (영국의) 통치에 더 이상 굴복하는 것은 인간과 신에 대한 범죄라고 믿는다. 우리의 자유를 얻는 가장 효과적인 길은 폭력을 통하는 것이 아니라는 것을 우리는 인정한다. 우리는 할 수 있는 한 영국 정부로부터 모든 자발적인 관계를 철회해 버릴 것이며 세금 불납을 포함한 시민불복종을 위한 준비를 할 것이다. 만약 우리가 폭력을 행함이 없이 우리의 자발적인 협조를 철회하고 세금 납부를 중단할 수 있다면 이 비인간적인 지배의 종말은 확보된다. 따라서 우리는 여기에서 완전 독립을 달성하는 목적을 위해 수시로 발표했던 국민회의의 지침을 수행할 것을 엄숙히 선서한다.[13]

---

13 P. Sitaramayya, *op. cit.*, I, p. 364.

국민회의의 이름으로 발표된 간디의 성명은 완전 독립을 선언하면서 성스러운 투쟁에 충성 서약을 다짐했다. 1월 26일의 독립기념일 선언은 전국적인 열광 속에서 엄숙하게 거행되었다. 도시와 농촌에서 영국 지배에 굴복하는 것은 인간과 신에 대한 범죄라는 분위기가 팽배했으며 전국적인 대규모 독립운동이 무르익었다.

성명서의 잉크가 마르기도 전에 간디는 이것과 조화될 수 없는 11개 항을 1월 30일자의 《영 인디아》를 통하여 어윈 총독에게 제안했으며 이들 요구가 받아들여진다면 시민불복종으로 압박하지는 않을 것이라고 말했다. 11개의 항목들이란 전면 금주, 염세(鹽稅) 철폐, 토지세의 50퍼센트 감액, 군사비 삭감, 인도문관의 고액 봉급의 감액, 범죄수사대(CID)의 철폐, 외제 의류에 대한 보호 관세, 살인 혐의가 아닌 모든 정치범의 방면 등을 포함하고 있었다.

간디는 11개 항의 개혁은 "절박한 필요성의 목록은 아니지만 인도에는 매우 절실한 것이므로 인도인들을 만족시킬 것이다. 총독은 시민불복종 논의를 듣지 않게 될 것이며 국민회의는 표현과 요구의 완전한 자유가 있는 어떤 회의에도 참석할 수 있을 것이다."라고 다짐했다. 바꾸어 말하면 단순하면서도 절실한 이들 요구가 이행되지 않으면 시민불복종으로 이어질 수밖에 없다는 의미이다. 의외의 내용에 관해 국민회의 공식 역사서는 11개 항의 관점은 간디가 보만지(Bomanji)라는 자와 연락했던 항목을 포함하고 있다고 말함으로써 의문을 깊게 만들었는데 보만지는 수일 전인 1월에 맥도널드 수상과 회담을 가졌다는 미스테리 인물이었다.[14]

간디가 이즈음 거침없이 나아가는 데는 간디를 통제할 세력이 존재하지 않는다는 이유도 있었다. 그는 10년 만에 범국민운동의 기회를 잡

---

14 *Ibid.*, p. 366.

았다. 간디가 독립운동을 추진하는 과정에서 그의 위력과 국민 지지의 관점에서 볼 때 아마도 이때가 그의 절정기였다. 그의 호소가 국민적 반응을 크게 불러일으키는 것은 국내외의 경제적 요인이 작용한 것도 사실이었다.

중대한 요인 가운데는 시민불복종과 같은 시기에 발생한 세계적 경제 불황의 영향이 있었다. 인도도 대공황의 영향을 비켜갈 수 없었으며 불황의 가장 뚜렷한 현상은 곡물 가격의 파국적인 폭락이었다. 10년 전 비협조운동 때의 전시 인플레이션과는 달리 대공황은 소비자보다는 생산자에게 더욱 타격을 주었다. 소작인 농부들은 그들의 농작물이 지대를 납부하기 위해 현금화할 때는 형편없이 떨어지는 것을 알게 되었으며, 지주는 토지세를 지불하는 데 어려움을 겪어야 했다. 상인들은 재고품이 쌓여 가는 상황에서 상품을 싼값으로 팔 수밖에 없었고, 노동자들은 공장이 문을 닫는 위기에서 일자리를 잃어 갔다. 경제적 곤궁과 사회적 불안감이 일반 대중을 범국민적 독립운동으로 몰아가는 데 영향을 줄 수도 있는 분위기였다.

시민불복종에 가장 적극적이었던 집단은 봄베이의 구자라트 출신의 상인, 무역인 및 회사의 종업원들이었다. 그들은 생동감 넘치는 참여자였고 상인들은 재정적 후원자이기도 했다. 대공황은 그들에게도 타격을 주었다. 가격의 하락은 소비자로서 시민에게 환영할 만한 것이었지만 교역의 퇴조는 파산과 실업의 원인이 되었다. 이러한 상황이 몰고 온 절망적인 상태가 많은 구자라트인들을 시민불복종으로 이끌었다. 구자라트는 간디의 고향이고 그의 세력 근거지였으므로 구자라트 출신들에게 특별한 호소력을 발휘할 수 있었다.

독립에 대한 영국 정부의 확실한 언질이 없이는 원탁회의에 참석하기를 거부했던 간디가 모순된 11개 항을 발표한 것을 누구도 이해할 수 없었다. 완전 독립의 투쟁을 다짐해 놓고 이를 영국 정부 아래서의 행정 개혁들과 맞바꾸려는 것은 아무도 납득할 수 없는 일이었다. 간디의 11개 항과 직전에 발표된 간디 자신이 준비했던 국민회의의 성명 사이에는 이성적 근거에서 볼 때 어떤 일관성도 발견하기 어려웠다. 간디가 델리회담에서 총독을 압박하여 자치령 지위를 요구한 것과도 맞지 않았다. 네루 부자를 비롯한 인도 국민은 당황했다. 간디의 완전한 '재주넘기'에 아연했으며 국민의 사기를 저하시킨 것으로 비난받았다. 국민회의의 공식적 역사서는 다만 간디의 11개 항의 요점을 열거했을 뿐 앞뒤가 맞지 않는 내용에 대해서는 한마디 언급도 없이 넘어가 버렸다. 간디의 11개 항은 국민의 흥분된 분위기 속에서 큰 관심을 불러일으키지 못했다.

간디의 의도대로 새로이 구성했던 운영위원회는 1930년 초에 회합을 가졌다. 그들이 했던 첫 번째 일은 입법의회의 배척에 관한 국민회의 결의를 이행하는 것이었다. 유권자들로 하여금 의원직의 사퇴와 다음 선거에 참여하지 않도록 압력을 넣도록 하는 것이었다. 국민회의 요구의 결과로 총독의 명령을 무시하고 중앙 입법의회의 21명이 국책회의의 9명과 함께 사퇴했다. 또 주 입법의회에서 142명, 즉 벵골 34명, 비하르·오리싸 31명, 센트럴 프로빈시스 20명, 마드라스 20명, 유나이티드 프로빈시스 16명, 아쌈 12명, 봄베이 6명, 펀잡 2명, 버마 1명이 사퇴했다. 한편 정부의 강압 정책으로 수바스 보스를 비롯한 12명이 체포되어 1년형을 선고 받았다.[15]

운영위원회는 2월 사바르마티 아쉬람에서 모여 시민불복종의 결의를 통과시켰다. 시민불복종은 비폭력을 신조로 생각하는 사람들에 의해 관리되며 비폭력을 핵심적인 정책으로 받아들이는 남녀만을 포함시키기로 했다. 운영위원회는 간디에게 시민불복종을 원하는 때에 원하

---

15 R.C. Majumdar, *op. cit.*, III, pp. 330, 335.

는 방법과 규모로 전개하도록 전권을 부여했다. 운영위원회의 결의에서 비폭력을 반복하여 강조하고 있는 것은 10년 전 비폭력비협조운동에서 겪은 폭력의 쓰라린 경험 때문이었을 것이다.

전 국민이 시민불복종 결의에 긴장하면서 아쉬람에 머물고 있는 간디를 주시하고 있었다. 간디만이 시민불복종의 정확한 내용과 시작할 시간과 장소를 결정할 수 있었기 때문이다. 전국이 활기차고 긴박한 분위기 속에서도 간디는 한참 시일이 흘러갈 때까지 침묵으로 일관하고 있었다. 아쉬람을 방문한 라빈드라나드 타고르의 어떻게 된 것이냐는, 보기에 따라서는 냉소적인 물음을 받고 간디는 "나는 밤낮으로 치열하게 생각하는 중이다. 나는 주변을 둘러싸고 있는 어둠으로부터 나오는 어떤 빛도 볼 수가 없다."[16]라고 답변했다. 6주일 후에 드디어 간디에게 빛이 밝아 왔다. '내부의 목소리'를 들은 것이다.

사티아그라하는 수많은 가지를 갖고 있는 번얀나무와 같다. 시민불복종은 그 가지의 하나로서 사티아(진리)와 아힘사(비폭력)의 몸통에서 나온 것이다. 시민불복종운동은 10년 전의 비협조운동보다 훨씬 적극적이었다. 비협조운동이 보다 광범하고 그 적용 범위가 훨씬 넓었다. 간디는 시민불복종의 의미를 비협조의 필요한 일부로 해석하기도 했다. 시민불복종은 중요한 정치적 의미를 가진 좁은 개념으로 생각되었으며, 비협조는 훨씬 넓은 의미에서 사회적 활동의 도구와 같은 것이었다. 시민불복종은 고통을 받는 시민의 권리였다.

비협조가 무저항적 운동이었던 것과는 대조적으로 시민불복종은 적극적인 반항 운동이었다. 전자는 부정한 정치적, 경제적, 사회적, 제도에 대한 저항이었으나, 후자는 부정하다고 생각되는 법에 대한 반항이었다. 전자는 정부에 협조하지 않음으로써 곤경에 처하도록 만든 것

---

16 *Ibid.*, p. 336.

이었으나, 후자는 대규모로 특별한 불법 행위를 감행함으로써 영국의 지배 체제를 마비시키는 것이었다. 비협조는 민중에 의해 안전하게 실행될 수 있으나, 시민불복종은 선발된 소수에 의해서 최후의 수단으로 행할 수 있게 된다. 시민불복종은 비협조보다 훨씬 어려웠다.

간디는 자신의 시민불복종과 전형적인 무정부주의자의 행위 사이의 차이점을 강조했다.

시민불복종은 국가의 비도덕적 법을 위반하는 한계를 넘어 수행되어서는 안 된다. 예의 바른 공민의 법을 위반하는 것은 감옥의 교화에 자발적으로 복종하는 것을 전제한다. 개인이 이 법의 규정과 제재에 맞서 싸운다면 그는 스스로를 혼돈과 무정부 상태로 몰고 간 것이다. 시민 저항자는 박애주의자이고 국가의 친구이다. 무정부주의자는 국가의 적이고 인간을 혐오하는 자이다. 시민불복종은 가장 순수한 형태의 합법적 저항이라는 견해를 분명히 주장한다. 물론 만약 그것의 예의 바른, 즉 비폭력의 성격이 단순한 위장술이라면 시민불복종은 타락하고 비열한 것이 되고 말 것이다.[17]

간디는 시민불복종과 범죄적 불복종을 엄격히 구분했다. 시민불복종은 결코 무정부 상태로 나아가면 안 되지만 범죄적 불복종은 무질서로 이끌리게 되어 있다. 국가가 범죄적 불복종은 제압해야 하지만 시민불복종을 억압하는 것은 양심을 구속하는 것이 된다. 시민불복종은 법을 자발적으로 준수하여 도덕률을 해치지 않고 개인의 양심을 침범하지 않는다는 것을 전제로 한다.

간디는 시민불복종을 국민이 비폭력의 방법으로 법을 위반하는 것으로 규정했다. 법령에 복종하는 것은 정부에 가장 효과적으로 협조하

---

17 R. Iyer, *op. cit.*, p. 276.

는 것이며, 시민의 비폭력적 불복종은 법이 부과한 처벌을 의식적으로 받아들이겠다는 것을 의미했다. 비협조와 달리 시민불복종은 부당하게 부과된 세금과 같은 특수한 불만에 국한했다.

간디는 염세법(鹽稅法)을 공개적이고 전국적인 규모로 위반하는 운동을 전개하기로 결정했다. 염세는 그 영향력의 범위는 비교적 약하지만 국민 모두에게 특히 가장 가난한 사람들에게 타격을 가하고 있기 때문에 간디는 특별히 염세를 선택하고 이렇게 선언했다.

아마도 소금은 공기와 물 다음으로 가장 큰 생활필수품일 것이다. 소금은 가난한 사람들의 유일한 양념이다. 가축들도 소금 없이는 살 수 없다. … 국가가 굶어 죽어 가는 사람들, 병든 자들, 불구자들 및 철저한 무능력자들까지 포함하여 과세할 수 있는 품목을 물을 제외하고는 소금밖에 없다. 따라서 염세는 인간의 기발한 머리가 고안할 수 있는 가장 비인간적인 인두세다. 천연 소금은 공기와 물과 마찬가지로 일반 대중의 재산이므로 정부는 국민의 이익에 반하여 소금을 독점할 권한이 없다. 소금값은 무려 원가의 2400퍼센트에 이른다! … 때가 오면 시민 저항자들은 염세에 대한 저항운동을 가장 효과적인 방법으로 수행할 수 있는 충분한 기회를 갖게 될 것이다. 불법은 국민의 소금을 빼앗고, 도적질한 품목에 대해 과도한 값을 요구하고 있는 정부에 있다. 국민은 그들의 힘을 의식하게 될 때 자신들에게 속한 재산의 모든 권리를 갖게 될 것이다.[18]

염세의 폐지는 이미 11개 항에 포함되어 있었다. 시민불복종은 정부의 소금 전매와 세금에 대한 반대로 시작된다는 소문이 돌고 있었다. 간디가 2월 27일자 《영 인디아》에 가장 가난한 수백만 명에게 염세를

---

18 Dennis Dalton, "The Dandi March", pp. 89~90.

물리는 데 대해 엄중한 공격을 가함으로써 소문은 확인되었다.

소금은 간디가 여러 곤경을 해결할 수 있는 것으로 선택한 뛰어난 착상이었다. 우선 그것은 정부의 재정이나 인도의 기득권 이익에 주요한 위협이 아니었다. 그것은 강력한 억압 조치를 불러오지 않을 것이므로 교육적 전술로 작용할 수 있고 많은 사람들을 커다란 불편이나 가혹한 보복의 두려움 없이 시민불복종운동으로 이끌어 갈 수 있었다.

소금은 광범한 호소력을 지녔으면서도 폭력의 잠재성은 낮았다. 기본적인 공통의 문제에 대한 연대 투쟁이 인도의 다양한 공동체를 규합할 수 있는 길이었다. 간디는 염세에 대한 시민불복종이 종파적 통합을 위한 유일한 방법이라고 생각했다. 외국인의 억압에 반대하는 연합 투쟁에서는 경제적 문제가 쉽게 호소력을 가질 수 있으므로 소금이 10년 전 비폭력비협조운동 때 무슬림을 연합 투쟁으로 이끌었던 킬라파트 문제를 대체했다. 염세에 대한 저항을 국민의 정서적 문제로 만들어 갈 수 있었다. 약탈적인 외국인 정부가 생활필수품에 부과한 세금을 비난함으로써 민중의 절규로서의 역할을 할 수 있으며, 영국과 미국의 동정심을 불러일으켜 전체 운동을 도덕적 단계로 승화시킬 수 있을 것으로 기대했다.[19]

소금은 전국적인 시민불복종운동으로는 적합하지 않아 보일 수도 있었다. 소금 제조는 해안이나 암염갱(巖鹽坑)에 국한되었으므로 전 국민을 규합하기에는 한계가 있을 수 있었다. 염세 반대는 오랜 세월 동안 부분적으로 있어 왔다. 시민불복종이 정치적으로 뒤처진 노동자와 농민 사이에서 조직될 수 있다고 하더라도 성공적인 범국민적 사티아그라하 운동으로 전개되는 전망은 밝지 않은 듯이 보인 것도 사실이었다.

간디는 1930년 3월 2일 총독에게 시민불복종운동의 시작을 알리는

---

19 J. Brown, *op. cit.*, pp. 94~95.

최후통첩의 서한을 보냈다. "나는 정치에서 청원과 대표 파견과 우호적인 협상에 대한 신봉자였다. 그러나 이 모든 것을 청산해 버렸다. 이것들은 이 정부를 설득할 방법이 아님을 깨달았기 때문이다. 선동이 나의 신앙이 되어 버렸다. 비폭력 전쟁만이 우리의 길이다."[20] 그의 11개 항을 강조하는 선에서 정부의 비정(秕政)을 열거한 후에 이들 악폐를 즉각 제거하라고 요구했다. 간디는 "영국의 지배를 재앙이라고 규정하면서 제안된 원탁회의가 인도의 자유를 위해 해결책을 제공해 줄 것이라는 애정 어린 희망을 고집해 왔으나 영국 정부와 총독 자신이 완전한 자치령 지위에 대한 분명한 언질을 거부함으로써 원탁회의를 통한 해결책도 불가능하게 만들었다."라고 비난했다. 원탁회의는 분명히 구제책이 아니므로 결국 인도는 죽음의 포위에서 충분히 자유로울 수 있는 비폭력의 힘을 발전시켜야만 한다고 주장했다.

간디는 인도 정부의 방만한 재정 지출을 지적했다. "총독의 월수입은 다른 많은 간접적인 추가 수입 이외에도 월 2만 1000루피가 넘었는데, 영국 수상은 1년에 5000파운드의 수입, 즉 당시 환율로는 월 5400루피에 상당하는 월급을 받고 있다. 따라서 총독은 인도인의 평균 임금보다 5000배 이상을 받고 있는데, 영국 수상은 영국인 평균 임금의 겨우 90배에 이를 뿐이다." 또 토지세, 염세, 주류세 등의 과중한 국민 세금을 지적하며 제도의 근본적인 개혁을 강조했다. 그렇지만 인도 국민의 과중한 부담에 대한 정부의 태도 변화는 독립 없이는 불가능했다. 따라서 농민과 노동자에게 독립은 죽음으로 몰고 가는 부담으로부터 구원을 의미했다.

내가 보건대 영국의 어느 정당도 인도라는 전리품을 포기할 마음이 없

---

20 G. *Gandhi as a Political Strategist*(Boston: Porter Sargent, 1979), p. 10.

는 것 같다. 인도가 한 나라로서 살아남으려면, 또 서서히 굶어 죽어 가는 것을 막으려면 긴급한 구제책이 강구되어야 한다. (원탁)회의는 분명히 구제책이 아니다. 그것은 논쟁에 의해 설득하는 자리가 아니라 구색을 맞추는 하나의 세력을 결의하는 것이다. 많은 사람들이 비폭력은 적극적인 힘은 아니라고 한다. 나의 경험으로 볼 때 비폭력은 의심할 것도 없이 제한적이기는 하지만 극도로 활력 있는 힘이다. 영국 지배의 조직화된 폭력에 대항하여 이 힘을 가동시키는 것이 나의 목적이다. 가만히 앉아 있는 것은 폭력을 방치하는 것이 된다. 나는 비폭력의 효력에 대한 의심할 수 없고 움직일 수 없는 신념을 가지고 있으므로 더 이상 기다리고 앉아 있는 것은 죄가 된다. 비폭력을 시작함에 있어 나는 사나운 위험이라고 할 만한 것으로 나아갈 수도 있음을 알고 있다. 그러나 진리의 승리란 모험, 때로는 가장 험악한 성격의 모험 없이는 결코 얻어질 수 없다.

만약 당신이 악행들을 개선하지 못한다면, 또 나의 편지가 당신의 마음에 호소하지 못한다면 나는 아쉬람의 동료들과 함께 이 달 11일에 염세법을 무시하기 위해 행진할 것이다. 나는 가난한 사람들의 입장에서 볼 때 이 염세법이 모든 법 가운데 가장 사악한 것이라고 믿는다. 독립운동은 본질적으로 이 땅의 가장 가난한 사람들을 위한 것이므로 그 출발을 이 악폐에 맞서 싸우는 것으로 시작할 것이다. 우리가 오랫동안 (정부의) 잔인한 독점에 순종해 온 것이 놀라운 일이다. 나를 구속함으로써 나의 계획을 좌절시킬 수 있는 길은 당신에게 열려 있다. 나는 나를 뒤따라 수만 명이 훈련된 방법으로 이 과업을 끌어 올릴 준비를 갖추기를 희망한다.[21]

간디는 아쉬람에서 생활했던 영국인 청년을 전달자로 하여 직접 이 편지를 보내는 신중함을 보였다. 만약 총독이 편지를 읽고 토의할 마음

---

21 P. Sitaramayya, *op. cit.*, I, pp. 372~376.

이라면, 또 면담을 위해 이 편지의 공개를 미루어 주기를 원한다면 당장 행동에 옮기는 것을 유보할 것이라고 밝혔다.

어윈 총독은 간디와의 만남을 단호히 거절하면서 냉정하고 간결하게 답했다. 그의 말은 모호하지 않고 분명했다. 총독은 비서의 쪽지를 통해 간디가 "분명히 법을 위반하게 되고 공공의 평화에 위험을 초래할 행동 노선을 마음에 품고 있는 것"에 대해 유감을 표시했다. 총독의 부정적 반응에 대해 간디는 답변을 보냈다.

나는 무릎을 꿇고 빵을 요청했는데 돌려받은 것은 돌멩이뿐이다. 영국 국민은 폭력일 때만 응답한다. 나는 총독의 답변에 놀라지 않는다. 영국민이 알고 있는 유일한 공공의 평화는 감옥의 평화일 뿐이다. 인도는 하나의 거대한 공중 감옥이다. 나는 영국의 법을 거부하며, 자유의 출구를 갈망하는 국민의 숨통을 조이며 국민을 질식시키고 있는 강요된 평화의 음울한 지루함을 깨트리는 것이 나의 신성한 의무라고 생각한다.[22]

1930년 3월 12일이 소금 행진의 개시일이었다. 주사위는 던져졌고 이제 퇴로는 없었다. 소금 사티아그라하는 간디 자신의 독창적인 시민 불복종으로 간디가 신중하게 계획하여 연출한 드라마였다. 그것은 국민의 관심과 지지를 불러올 것이고 언론에게는 대단한 뉴스거리가 될 것이다. 간디는 사티아그라하운동의 대의는 충분한 설득력이 있고, 채택하는 방법은 가장 순수하며 신이 자신들과 함께한다고 확신했다.

사바르마티 아쉬람에는 인도의 각지에서 온 정치 지도자들과 방문객과 국내외 기자들을 포함한 수천 명이 몰려들어 혼잡을 이루었다. 세계에서 가장 강대하고, 가장 부유한 제국에 맞서는 간디의 위험스러운

22 *Ibid.*, p. 377.

4 시민불복종운동

투쟁이 시작되었다. 간디는 행진에 앞서 기자들에게 "우리는 지상에서 지워져 없어지든지 그렇지 않으면 완전한 자유를 향유하는 독립국가로 솟아오를 것이다. 이 투쟁은 사느냐 죽느냐의 싸움이다."[23]라고 말하여 결연한 자세를 보였다.

행진 참여자는 아쉬람에서 체력과 정신력이 뛰어난 사람 가운데서 선발했다. 학자, 기자, 불가촉천민, 직조인(織造人)이 포함되었다. 최고 연장자는 61세의 간디였고 최연소자는 16세 소년이었다. 간디는 『바가바드 기타』를 휴대하고서 엄선된 남녀 78명(79명?)과 함께 아쉬람을 출발했다. 명단은《영 인디아》에 밝혔다. 아쉬람에서 단디 해안 마을까지 241마일의 도보 행진이었다.

간디는 이미 남아프리카에서 유사한 대규모 행진을 실행한 바 있었다. 사실상의 새로운 노예제에 시달리면서 남아프리카에 정착해 있던 인도의 노동자들은 인종 차별적인 3파운드 인두세의 폐지를 요구했다. 그들은 구속과 처벌을 자청하는 행진을 계획했다. 1913년 11월 나탈에서 트란스발까지 2037명의 남자, 127명의 여자, 57명의 어린이가 참여하여 하루 20여 마일씩 8일 동안 나아가는 대규모 행진이었다. 이 행진은 간디가 몇 번 체포되면서 참여자가 모두 특별 열차로 강제 이송될 때까지 닷새 동안 계속되었다.[24]

소금 행진(Dandi March)은 진실로 개선의 행진이었다. 단디 원정 계획은 웅대한 구상이었으며 치밀하게 집행되었다. 마을에서 마을로 이어 가면서 도보로 천천히 행진하는 것은 이웃도 자동적으로 광범하게 참여하도록 하는 하나의 선전이었으며 시골 전체를 국민회의가 독립투쟁의 열정으로 일깨워 가는 것이었다. 마을 사람들이 사방에서 떼를 지

---

23 Stanley Wolpert, *Gandhi's Passion; The Life and Legacy of Mahatma Gandhi*(New York: Oxford University Press, 2001), p. 145.

24 M. K. Gandhi, *Autobiography*, p. 273.

어 몰려나와 도로에 물과 꽃을 뿌리고 간디가 지나갈 때 무릎을 꿇었다. 마을 주민들은 다음 마을까지 간디를 따라갔다.

간디는 부락민에게 풍성한 음식물은 엄격히 금하도록 통고하고 요청했던 모든 것은 식품 재료와 잠자리와 몸을 씻을 수 있는 장소뿐이었다. 300여 개 마을의 촌장들이 그들의 지위를 포기했다. 간디는 새벽 4시에 일어나 아침 기도를 하고, 하루 할당량의 물레질을 하고, 잡지와 신문사에 논설과 편지를 써서 보내고, 지나가는 마을에서 연설을 했다. 하루에도 몇 번씩 행진이 중단되었는데 그것은 간디가 주민들에게 카디를 입고, 술과 마약을 맹세코 끊고, 유아 결혼 풍습을 버리고, 몸을 깨끗이 하고, 순결한 생활을 하며, 신호를 보내면 염세법을 위반하도록 촉구하는 모임 때문이었다. 간디의 행진과 주민이 보여 준 특이한 경의(敬意)의 장면들은 신문을 통해 인도 전역은 물론 세계로 널리 전해졌다. 소금 행진의 이야기는 전국적으로 어느 무엇도 할 수 없는 국민감정을 전체적으로 불러일으켰다.

간디와 발라바이 빠텔은 소금 행진을 위해서는 대규모 소금 생산지인 구자라트 해안 지방보다 더 적합한 장소를 찾을 수 없다고 판단했다. 이곳은 그들의 고향일 뿐만 아니라 간디가 인도에서는 최초로 참파란에 이어 아메다바드와 케다에서 사티아그라하운동을 전개했던 곳으로서 그 기억이 이곳 주민들에게 아직도 생생하게 남아 있는 곳이었다. 또 가까이는 재작년 바르돌리 징세 지구의 사티아그라하운동이 빠텔의 지휘 아래 훌륭한 성공을 거둔 곳이었다. 간디가 행진해 가면서 카이라의 최대 도시인 나디아드에는 봄베이와 아메다바드에서 온 사람들까지 합하여 약 2만 명이, 아난드에는 1만 명이, 브로츠에는 1만 5000명이, 수라트에는 3만 명이 모여들었다. 무슬림은 소수만이 참석했다. 간디가 요구했던 촌장의 사퇴는 행진이 계속되면서 대중의 압력과 사회적 배척이 강화되어 그 숫자가 늘어 갔으며 4월에 들면 760명의 촌장 가운

데 140명이 사퇴했다가 227명으로 늘어났다.[25]

간디는 24일간의 행진 끝에 4월 5일 단디 해안에 도착했다. 다음 날 이른 아침 4000명의 군중이 지켜보는 가운데 간디는 동료들과 함께 바닷물에 몸을 담갔다가 해안에서 한 줌의 소금을 채취했다. 직접 소금을 채취함으로써 의도적으로 법을 위반했다. 자원자들이 삽과 양동이를 들고 명령을 기다리고 있다가 군대식으로 대오를 갖추어 정확하게 행동하여 소금 1000파운드를 채취했다. 경찰이 채취한 소금을 압수하면 경찰이 사라진 뒤 주민들은 다시 소금을 채취하여 가정에 돌렸다. 긴 해안선의 마을 사람들이 바다로 걸어 들어가 냄비를 가지고 소금을 만들었다.

간디는 인도 국민의 애국적 열정의 분기에 호소하면서, 다른 한편으로 영국 정부에 대한 고의적인 불법 행동을 세계를 향하여 선전했다. 그의 불법적인 행동은 국민에게 보낸 하나의 신호였으며 당일로 전국에 염세법을 위반하도록 지시를 내렸다. 모든 국민회의 단체들에게 같은 행동을 하면서 자신들의 지역에서 시민불복종을 전개하도록 촉구했다. 간디는 이제 정부를 조롱하면서 도전했다. "내가 강경한 어조로 연설하고 법을 위반하고 있는데도 정부는 감히 나를 구속하지 못한다. 당신들은 왜 그러한 정부를 두려워하는가? 나는 단 80명의 자원자들과 함께하고 있는데도 정부는 나를 체포하지 못한다. 만약 8만 명의 자원자라면 그때는 어떠하겠느냐? … 나에게 '마하트마' 대신에 '소금 도둑'이라는 칭호를 주었다. 나는 그것을 좋아한다. 나와 함께 우리 즐겁게 소금 도둑에 참여하자."[26]라고 외쳤다.

아메다바드에서는 소금 행진 후 일주일 동안에 1만 명이 국민회의

25 Thomas Weber, "Historiography and the Dandi March: The Other Myths of Gandhi's Salt March", *Gandhi Marg*, vol. 8, No. 8(1986), pp. 65~69; J. Brown, *Rise to Power*, p. 104.
26 S. Wolpert, *Gandhi's Passion*, pp. 146, 150.

로부터 불법 소금을 구입했다. 그들은 능력껏 대금을 지불했고 돈이 없는 사람들은 그냥 가져갔다. 간디가 해안에서 집어 올렸던 소금은 최고입찰자 카눙가(Dr Kanunga)에게 1600루피에 팔렸으며 그 돈은 운동 지원금으로 쓰였다. 각지에서 염세법을 위반하여 소금을 채취하고 냄비로 소금을 제조했다. 국민회의 봉사대원들은 수라트를 비롯한 도시에서 불법 소금을 판매했다. 아메다바드에서는 소금 상점이 불법적으로 문을 열어 한 주일 동안 1만 1000루피 상당액의 소금을 판매했다. 카라치에서는 해수로 소금을 만드는 데 5만 명이 참여했다. 국민회의 의장 자와할랄 네루는 염세법 위반으로 체포되어 6개월 징역형을 언도받았다. 간디의 부름에 따라 참여하지 않은 사회적 계급이나 집단은 없었다. 간디가 소금을 채취한 바로 그날 인도 전역에 걸쳐 5000회의 모임에서 적어도 500만 명이 참여하여 범법 행위를 자행함으로써 염세법은 무너지고 말았다.[27] 소금 행진은 전 세계에 비폭력의 이념이 실행되고 있음을 과시했다. 폭력이 없이도 전쟁을 실험하는 것을 목격했다. 비폭력의 자발적인 불복종운동이 폭풍우와도 같이 몰아치는 엄청난 시민운동의 위력을 보여 주었다.

간디는 염세법의 위반을 주된 목표로 삼았다. 소금을 제조할 수 있는 곳이 어디에나 있는 것이 아니지만 소금 저장고는 여러 곳에 있었다. "소금 작업장의 소유를 주장하려는 나의 의도는 신의 뜻이다. 우리는 저장고를 점령할 수 있다. 이것은 약탈 아닌가라고 질문할 수도 있다. 아니다. 당신은 당신 자신을 위해서는 한 알의 곡식도 원하지 않았다. 소금은 생명을 위한 필수품이다. 우리의 의무는 민중의 행동을 선동하는 것이 아니다. 만약 민중행동이 시작되면 우리는 그것을 통제하

---

27 Gene Sharp, *Gandhi Wields the Weapon of Moral Power*(Ahmedabad, 1960), pp. 95~99; Louis Fischer, *op. cit.*, p. 338.

고 규제할 것이다."[28] 간디는 주위에 폭력이 난무하고 있지만 우리의 의무는 비폭력을 행함으로써 폭력에 저항해야 한다고 주장했다.

간디는 수라트 지역의 다라사나 소금 저장소를 습격하여 일반 대중이 사용하도록 하겠다는 의도를 밝혔다. 간디는 총독에게 보낸 서한에서 그의 결정을 전했다. 만약 염세를 철폐하고 사사로운 소금 제조에 대한 금지를 철회하지 않는다면 자신은 부득이 추종자들과 함께 다라사나로 나아가서 소금 작업장의 점유를 요구할 것이라고 말했다.

3 정부의 탄압 정책과 시민불복종

인도 총독부는 소금 행진을 처음에는 비웃음과 경멸로서 바라보았다. 웃음거리로 보았던 정부의 냉소적인 태도는 바로 신경과민으로 변했다. 당국은 우려와 당황한 마음으로 사태의 추이를 주시했다. 정부는 곤경에 빠졌다. 《뉴욕 타임스》는 인도 정부가 "간디를 순교자로 만들어 버리거나 그렇지 않으면 그로 하여금 계속하여 국민에게 법을 위반하도록 충동하게 내버려 두는 진퇴양난에 빠져 있다."라고 보도했다.[29]

당국이 시위를 막으면 엄청난 국민의 저항을 불러일으켜 물리적 충돌은 불가피할 것이며 이는 오히려 국민회의가 원하는 바로서 명령을 위반하는 기회를 제공할 것 같았다. 반대로 정부가 방관만 하고 있다면 간디의 위력과 지지자들의 힘이 뒷받침되어 국민회의에 대한 국민의 신망은 고양될 것이고 다른 한편 정부에 충성적인 사람들과 이른바 자

---

28 S. Caveeshar, *op. cit.*, pp. 201, 205.

29 *The New York Times*, April 3, 1930; Quoted in Gene Sharp, *op. cit.*, p. 84.

유주의자들은 사기 저하를 맛보게 될 것이었다. 간디의 위력과 지지자들의 힘이 뒷받침이 되어 위력적으로 다가올 것으로 보였다.

인도 정부는 주 정부에 현지의 상황 보고와 의견을 제시하도록 지시했다. 봄베이주 정부는 평화적 행동을 하는 한 행진을 금지할 법 규정이 없다고 전해 왔다. 중앙정부도 같은 견해를 갖고 있었으며 모두 간디의 소금 행진이 웃음거리로 끝날 가능성을 믿었다. 간디의 행진이 향하는 지역의 행정관들은 시시각각으로 뉴델리의 중앙정부와 봄베이주 정부로 동시에 상황을 전문으로 보고하도록 지시를 받았다. 지역 행정관은 간디의 명성에도 불구하고 참여 군중은 미미하며 환영 군중의 다과(多寡)는 촌장의 관심과 영향력에 달려 있다고 보고했다. 다수의 군중이 참여했던 수라트에서의 행진을 보고하면서 무슬림의 불참을 고무적으로 지적했다. 펀잡과 유나이티드 프로빈시스의 주지사도 간디의 영향력은 유념할 필요가 없다는 견해였다. 버마 주지사와 같이 행진이 시작되기 전에 간디를 즉시 구속해야 한다는 주장도 있었으나, 여러 지역에서 보내 온 대부분의 보고는 간디를 구속하지 않는 것이 상책이라는 것이었다. 소금 행진이 끝날 때까지 총독부는 상황을 만족스럽게 낙관하고 있었다.

시민불복종을 시작한 지 한 달이 지나지 않아 정부는 광범한 국민운동으로 확대될 수 있다는 사태의 심각성을 깨닫고 무자비한 탄압 정책으로 돌아섰다. 페샤와르를 중심으로 급속도로 사퇴가 악화됨에 따라 어윈 총독은 4월 27일 페샤와르와 솔라뿌르에 계엄령을 선포하고 군대를 진주시켰다. 국민회의와 시민불복종을 분쇄하기 위해 11개의 포고령을 잇따라 발포했다. 발라바이 빠텔은 이미 3월 초에 구속되었고, 자와할랄 네루도 4월 중순에 알라하바드에서 구속되었다. 정부는 간디를 구속하지 않고 참모들을 구속했다. 총독이 간디를 구속하지 못했던 것은 간디가 폭력을 성심껏 피하고 있었기 때문이다. 또한 총독은 엄청난 국민적 저항에 직면해야 할 것이며 간디의 예상할 수 있는 감옥에서의 단식 투쟁에 대해 공포심을 갖고 있었다.

간디는 1930년 5월 4일 밤에 구속되었다. 정부의 탄압 정책은 계속되었고 이어서 6만 명이 구속되었다. 구타 당하고 투옥되면서도 인도인들은 비폭력을 고수했다. 인도인들은 처벌을 두려워하지 않았다. 이전의 사티아그라하운동의 경험에서 두려워할 필요가 없다는 것을 터득했다. 제국주의 정부라도 비폭력운동의 단순한 참여에 중벌을 내릴 수는 없었다. 비폭력운동의 장점이었다. 이것을 간디도 알고 참여자들도 잘 알고 있었다.

국민회의는 공공연하게 시민불복종을 지휘했으며, 간디 모자가 거리에 물결치고, 자원봉사자들은 질서 정연하게 피케팅을 위해 배치되었다. 시민불복종 기간에 구속된 사람의 수를 보통 6만 명으로 말하지만 국민회의 운영위원회는 그 수치는 잘못되었다고 주장했다. 이것은 정치범의 직접 혐의를 받았던 사람들만의 숫자를 말한 것일 뿐 많은 시민불복종 참여자들은 절도, 협박, 소요 등의 혐의로 실형을 받았는데 그들은 이 숫자에 포함되지 않았다. 운영위원회는 구속된 사람을 알려진 숫자보다 높여 총 7만 5000명으로 계산했다.

간디의 소금 행진과 뒤이은 그의 구속은 인도 전역에 걸쳐 커다란 영향과 충격을 주었다. 어떤 형태로든지 간디의 소금 사티아그라하에 반응을 보여 주지 않은 주는 없었다. 간디의 시민불복종을 따라가겠다는 결연한 의지를 보여 주고 있었다. 그의 고향 구자라트가 속해 있는 봄베이주가 가장 큰 영향을 받았다. 소금의 주요 공급원은 해염(海鹽)을 만드는 정부 소유의 작업장이었으므로 이곳들을 공격하는 계획은 구체화되어 있었다.

간디는 구속되기 열흘 전에 다라사나의 염전과 소금 저장소에 대한 공격을 지휘할 것이라고 발표했다. 구속될 경우 간디 다음으로 80세의 무슬림 원로 티야브지(Abbas Tyabji)로, 또 시인 나이두(Sarojini Naidu)가 이어 가면서 지휘하기로 계획되었다. 간디는 다라사나로 출발하기 전에 단디 부근에서 체포되어 멀리 뿌나의 예라브다 감옥으로 이송되었다. 곧 티야브지가 소금 사티아그라하운동의 지도자로 간디의 지위를 이어받았으나 그 또한 구속되었다. 이번에는 인도 정치의 나이팅게일인 나이두가 다라사나로 달려가 소금 저장소의 공격을 지휘했다. 구자라트 여러 지역에서 모인 2500명의 자원봉사 대원들이 여기에 가담했다. 남아프리카에서 간디의 옛 동료였던 이맘 사히브(Imam Shaheb)와 간디의 차남 마닐랄이 소금 더미를 공격하는 데 함께했다.

다라사나의 소금 저장소에 대한 습격 사건은 미국 UP통신사의 밀러(Webb Miller) 특파원이 목격하고 생생하게 전했다. 밀러는 하루 전 봄베이에서 150마일 떨어진 다라사나로 가는데, 당국의 방해로 기차에서 강제로 하차당하고 화물차로 접근하다가 마지막에는 6마일을 걸어서 현장에 도착했다. 밀러 특파원은 목격한 바를 이렇게 묘사했다.

나이두가 행진을 시작하기 전에 군중에게 '간디의 몸은 감옥에 있지만 그의 영혼은 당신들과 함께 있다. 인도의 권위는 당신들의 손에 달려 있다. 당신들은 어떤 상황에서도 폭력을 사용해서는 안 된다. 얻어맞더라도 저항해서는 안 되며 맞지 않으려고 손을 들어서도 안 된다.'라고 강조했다. 마닐랄이 앞장서서 반 마일 거리의 소금 저장소로 행진했다. 저장소는 물이 찬 해자로 둘러싸여 있고 수백 명의 경찰이 지키고 있었다. 일단의 정선된 사람들이 앞으로 나아가 도랑을 건너 경찰이 에워싸고 있는 철조망 방책에 접근했다. 경찰관이 행진한 사람들에게 어느 장소에서나 다섯 명 이상이 모이는 것을 금지하고 있는 최근의 규정에 따라 해산을 명령했다. 그들은 명령을 무시하고 천천히 나아갔다. 갑자기 경찰이 덤벼들어 그들의 머리를 쇠로 씌운 곤봉으로 내리쳤다. 단 한 명도 곤봉을 피하기 위해 손을 올리지 않았으며 볼링의 핀이 넘어지듯 주저앉았다. 핏자국이 그들의 하얀 옷에 번져 나갔다. 나머지 사람들도 얻어맞아 넘어질 때까지 앞으로 나아갔다. 거기에는 말다툼도 난투극도 없었다. 들것을 갖고 온 동료들은 경찰의 저지를 받지 않고 부상자들을 초가지붕의 임시 병원으로 옮겼다. 시민불복종 참여자들을 지휘하고 있던 나이두를 체포해 갔으며 구금형을 선고받았다. 마닐랄도 체포되었다.[30]

밀러 기자는 18년 동안 22개국을 취재하면서 수많은 시민불복종, 폭동, 반란, 시가의 충돌을 보아 왔지만 다라사나의 경우처럼 소름끼치는 광경은 본 일이 없다고 기술했다. 폭도로 변한 시민들의 공세는 경찰을 격노케 하여 야만적인 잔인한 행동으로 몰아갔다. 밀러는 임시 병원에서 320명의 부상자를 보았는데 많은 사람들이 머리를 얻어맞아 인사불성이었으며, 다른 사람들은 하복부 등을 발로 채여서 고통에 몸을 구부리고 신음하고 있었다. 몇 명의 민간 의사들이 부상자를 돌보고 있었는데 여러 시간 치료를 받지 못하다가 두 명은 사망했다.

밀러 특파원은 이곳에서 또 봄베이에서 전보 송고를 시도했으나 검열관으로 임명되어 왔던 교회 담당관에 의해 저지당했다. 밀러는 페르시아로 넘어가 발송하겠다면서 그렇게 되면 세계 독자들은 인도 정부가 전송문을 검열하여 삭제한다는 것을 알게 될 것이고 그들은 영국의 공식 성명을 한마디도 믿지 않게 될 것이라고 압박했다. 결국 담당관이 몇 개의 문제점을 제외한 후에 송고가 허용되었다. 밀러는 "UP통신사가 전 세계에 제공하여 1350개 신문에 나의 다라사나에 관한 기사가 게재되었을 때 흥분을 불러일으켰다. 미국 상원 의원 블레인(Blaine)은

---

30 W. Miller, "I found no Peace", *The Journal of a Foreign Correspondent*(New York, 1936), pp. 192~197; Quoted in R. C. Majumdar, *op. cit.*, III, pp. 360~365.

의사당에서 나의 기사를 읽었다. 미국에 있는 간디 운동의 대표부는 그것을 인쇄하여 수십 만 부를 배포했다."라고 술회했다.

봄베이에서는 간디의 구속에 항거하여 10만여 명이 기차역 광장에 모였다. 행진을 막는 경찰과 맞서서 간디 추종자 한 사람이 시민을 향하여 "당신들이 죽을 각오가 되어 있다면 움직이지 마라! 그렇지 않으면 집으로 돌아가라."라고 외쳤다. 네 시간이 지난 후 당국은 자리를 지키고 있던 시민들에게 행진을 허용했다. "무장 세력에 대한 비폭력의 승리는 간디의 비폭력 사티아그라하의 눈부신 승리를 의미한다."라고 밀러는 기술했다.[31]

비폭력이 계속 유지될 수는 없었다. 봄베이 교외 와달라 소금 저장고의 습격에서는 경찰과의 충돌이 일어났다. 5월 22일에 습격이 시작되었으며 188명의 자원봉사 대원들이 체포되었다. 25일에는 100명의 봉사 대원들이 습격에 나설 때 2000명의 군중이 지켜보고 있었다. 군중과 경찰 사이에 돌멩이와 곤봉을 날리는 충돌이 일어났다. 폭력 행사는 비폭력의 훈련을 받은 자원봉사대가 일으킨 것이 아니고 구경꾼들에 의해 일어났다. 험악한 충돌은 6월 1일에 일어났다. 약 100명의 국민회의 자원봉사대원들이 약 4만 명을 이끌고 대규모로 소금작업장을 공격했다. 3시간이나 계속했고 간디의 비폭력은 무시되었다. 시간이 지나자 폭도들은 경찰 차단선을 부수고 염전을 공격하여 소금을 휩쓸어 갔다. 정부 전매품인 소금을 약탈한 것이다. 폭도들이 경찰에 돌을 던지자 경찰이 그들을 곤봉으로 내리쳤다. 1000명이 구속되고 수백 명이 부상당했다.[32] 해염을 제조할 수 없는 내륙의 뿌나와 나시크에서는 강탈한 불법 소금을 판매했다.

---

31 *Ibid.*

32 P. Sitaramayya, *op. cit.*, I, pp. 399~400; W. Miller, *op. cit.*, p. 197.

벵골주에서는 24개 촌락 지구와 미드나포르에서 소금 제조가 활발했으나 외제품 배척과 금주 운동을 함께 추진함으로써 참여자들의 힘이 분산된 느낌이었다. 캘커타의 힌두 중산층에서는 시민불복종에 대해 상당한 지지가 있었다. 외제 상품에 대한 배척과 피케팅이 활발했다. 수천 명의 학생과 교사들이 국민회의 자원봉사대가 되었다. 캘커타 대학교에서는 피케팅으로 인해 시험을 실시하지 못했고 대학 출석률은 소수였다. 동벵골의 치타공에서는 소금 사티아그라하 지도자들을 구속한 결과 경찰과 시민이 충돌했으며 폭력파가 무기고를 습격하기도 했다. 10여 명이 사형 선고를 받았다.

유나이티드 브로빈시스에서는 아그라, 카운뿌르, 바라나시, 알라하바드 및 러크나우에서 불법 소금을 판매함으로써 염세법은 무너지고 말았다. 네루 부자는 알라하바드에서 매일 소금을 판매했다. 자와할랄 네루는 이때 국민회의 의장이면서도 자신의 근거지인 알라하바드에서 활동하다가 4월 14일 구속되었다. 그는 구속될 경우 마하트마 간디를 국민회의 의장으로 지명해 놓고, 간디가 거부할 경우에는 다음으로 부친 모틸랄을 지명했다. 예상대로 간디가 거부하자 부친이 의장직을 대리했다. 부친은 건강 상태가 아주 좋지 않았지만 의장직까지 수행했으며 부인 등이 외제 상품점 앞에서의 피케팅을 행하는 등 시민불복종을 선도했다. 6월 말에 가면 모틸랄 네루도 구속됨으로써 소금 사티아그라하는 쇠퇴할 수밖에 없었다. 이 운동은 당장 농촌에 크게 이익을 주지도 못하고 농민들은 추수하느라 너무 바빴다.

마드라스에서는 국민회의 지도자인 라자고팔라차리가 인도했지만 소금 제조가 대규모로 오래 지속하지 못했다. 카라치에서는 사티아그라하 지도자들을 심리하는 치안판사의 법원 건물을 7000~8000명의 군중이 습격했고 경찰이 발포하여 사망자가 나왔다.

인도 정부는 1930년 4월 27일 비상포고령을 통과시켜 탄압 정책으로 전환했는데 이 법령은 신문에게는 재갈법이었다. 신문을 효과적으로 통제하기 위해 공탁금을 요구했다. 공식 발표에 의하면 곧 24만 루피에 달하는 공탁금이 131개 신문으로부터 들어왔으며, 9개 신문은 납부하기를 거부하고 발행을 중단했다. 또한 국민회의 산하 단체들이 불법으로 선포되고 정부가 그 소유물을 몰수할 수 있는 권한을 가졌다. 그러나 이 법령은 국민회의 단체들의 활동을 마비시키지는 못했다. 집회와 시위는 법을 위반하면서 열렸고, 전단은 공식적인 금지에도 인쇄되어 배포했다.

페샤와르에서는 4월 23일에 지역 지도자들이 연행될 때 시위가 있었다. 비폭력이었다. 군중이 되돌아갈 때 장갑차가 경고도 없이 군중으로 돌진하여 세 명이 현장에서 사망하고 다수가 부상했다. 정부 측은 군중이 먼저 군용차에 불을 질렀으므로 발포했다고 주장했다. 군중은 도주하지 않고 맞섰다. 기관총 앞에서 훈련된 평화적 용기를 훌륭하게 보여 주었다. 변경 주(邊境州)의 파탄족은 원래 끈기 있고 용감한 기질을 갖고 있었으며 페샤와르는 변경 주민이 모여든 이주민의 중심지로서 잠재적으로 거친 도시였다. 파탄족의 압둘 칸(Abdul Ghaffar Khan)은 이곳에서 영향력 있는 완고한 무슬림 근본주의자였다. 그는 간디의 비폭력을 신봉하는 국민회의 사람으로서 국민회의 조직을 페샤와르 소요와 연결시킨 인물로 지목받았다. 주민들은 평화적인 자제의 모습을 보여 주었다. 군인들은 무장하지 않은 군중에게 발포했다. 정부의 보고서에 따르면 30명이 사망하고 33명이 부상했지만 시민의 주장에 따르면 희생자가 몇 배나 많았다.

변경 주의 가르왈에서는 군인들이 무장하지 않은 군중에게 발포하라는 명령을 거부했다. 사병들이 영국 지배는 곧 붕괴된다는 소문에 따랐다는 주장도 있지만 군중에 대한 동정심에서 장교의 명령을 거부한 것으로 보는 것이 타당할 것이다. 군인들은 당장 무장 해제되었고 계엄

법정은 그들에게 10년에서 15년까지의 장기형을 선고했다.[33]

페샤와르에서는 5월 31에도 끔찍한 사건이 일어났다. 캄보즈(Ganga Singh Kamboj)라는 사람이 시민불복종이 진행되고 있을 때 두 자녀와 함께 마차를 타고 가다가 총격을 받아 굴러떨어졌다. 수천 명의 군중이 시체를 앞세우고 행진하자 군인이 발포했다. 9명이 사망하고 18명이 부상했다. 국민회의는 인도 입법의회 의장직을 사퇴한 비탈바이 빠텔을 단장으로 하여 조사위원회를 파견했으나 당국은 페샤와르에 진입하는 것을 허용하지 않았다.

페샤와르와 함께 처음 계엄령 선포 지역이 된 봄베이주의 면직물 주산지 솔라뿌르에서 시위대와 경찰이 충돌했다. 4~5명의 경찰이 사망함으로써 계엄 선포의 직접적 계기가 되었다. 경찰의 여섯 번에 걸친 발포로 12명이 사망하고 28명이 부상했다. 4명이 교수형에 처해지고 다수가 장기 형량의 선고를 받았다.[34]

간디의 구속 직후 국민회의 운영위원회는 알라하바드에 모여 다라사나의 공격뿐만 아니라 금지된 소금 제조를 확대할 것이며, 간디가 투옥 중에는 배전(倍前)의 열정으로 투쟁에 임할 것을 다짐했다.

이들 시민불복종 가운데서도 국민회의가 계획한 가장 주요한 항목은 영국 상품, 특히 영국산 의류의 배척과, 술의 배척 및 토지세 불납 등이었다. 가장 성공적인 시민불복종은 영국산 옷에 대한 배척이었다. 인도 전체의 면제품 수입량은 1929~1930년의 5억 9000만 루피에서 1930~1931년에는 2억 5000만 루피로 떨어졌으며, 면 피류의 수입량은 5억 루피 가격의 19억 1천 900만 야드에서 2억 루피어치의 8억 9000만 야드로 감소했다. 이것도 대부분 시민불복종이 시작되기 전에 주문을

---

33 R. C. Majumdar, *op. cit.*, III, pp. 344~345; J. Nehru, *Autobiography*, p. 214.
34 R. C. Majumdar, *op. cit.*, III, pp. 344~346; P. Sitaramayya, *op. cit.*, I, pp. 411~412.

받았던 것이었다.

피륙의 수입량은 1930년 9월에는 4천 800만 야드로 급감했다. 전년도 9월의 수입량은 1억 6000만 야드였으며, 외국 담배는 지난해의 130만 갑에 비해 20만 갑으로 크게 감소했다. 세계적인 물가의 폭락과 인도 대외 무역의 전반적인 퇴조에도 원인이 있었지만 피륙 수입량의 위축은 다른 생활용품의 수입 감소보다 더 크게 나타났고 영국 제품이 더크게 영향을 받았다. 대부분의 외국 상품이 수입되는 봄베이뿐만 아니라 캘커타, 바갈뿌르, 델리, 암리차르 등의 외제 옷 거래의 중심지에서는 1930년은 상인들이 파업, 피케팅, 자발적인 폐쇄로 외제옷 판매가 사실상 정지 상태에 빠져들어 갔다.[35]

금주 운동은 상당한 성과를 올렸다. 몇몇 주 정부에서는 주류세에서 20퍼센트 정도의 손실을 보았다. 간디의 술에 대한 부정적 견해는 단호했다. 그는 술은 인류의 적이며 문명에 있어서의 엄청난 폐해를 가져온다고 확신했다. 간디의 생각으로 술은 자신과 가정의 파멸을 가져오는 주범이었다. 술이 아내와 자식을 부양해야 한다는 의무감을 떨쳐 버리게 만들어 가난과 굶주림으로 몰아가기 때문이었다. 금주 운동은 여성을 시민불복종에 끌어넣을 수 있는 좋은 수단이기도 했다.

토지세 불납 운동은 실질적으로 구자라트에서만 영향을 미쳤을 뿐이었다. 정부의 생각으로는 경제적 어려움의 구실이 될 수 없다고 보았지만 구자라트 농민은 토지세의 납부를 거부하고 나섰다. 토지세의 연체 비율이 가장 높은 징세 지구 단위로는 카이라(케다) 지역에서는 보르사드(12.5%), 나디아드(11.0%), 브로츠 지역에서는 잡부사르(47.0%), 수라트 지역에서는 바르돌리(57.0%), 발로드(31.0%), 초라시(20.0%) 순

---

35 S. Gopal, *The Viceroyalty of Lord Irwin 1926~1931*(Oxford University Press, 1957), p. 86; J. Brown, *op. cit.*, pp. 128~129.

으로 나타났다. 겨울철의 세금 징수는 농민이 팔 수 있기 전에 세금 대신 관리로 하여금 입도압류(立稻押留)할 수 있도록 10월로 옮겨 놓았다. 5월 10일 바르돌리 아쉬람에서 1000여 명의 농민이 회합을 갖고 간디나 발라바이 빠텔의 지시가 없이도 세금 불납을 결의했다. 이 운동은 구자라트 전역으로 확대되었다.

또한 구자라트에서는 간디의 소금 행진 시작과 함께 정부 관리에 대한 사회적 배척과 그들에 대한 사퇴 압력이 있었다. 카이라 지역 치안판사의 보고에 따르면 보르사드와 바로다 주변 지역의 22개 파티다르 카스트 마을의 빤차야트(村民會)의 결의에 따라 세리들이 사퇴의 압력을 받고 있었다. 나디아드의 파티다르 세리는 자신이 사퇴하지 않으면 1100루피의 벌금을 지불할 판이라고 말했다. 구자라트에서는 촌장 2783명 가운데 사퇴했다가 철회한 것을 제외한다면 순수하게 사퇴한 사람은 591명으로서 20퍼센트를 상회했다. 그렇지만 세리 823명 가운데 순수한 사퇴자는 겨우 28명으로 3퍼센트를 넘었을 뿐이며 마을의 보조 관리는 6187명에서 사퇴자는 약 10퍼센트인 617명에 불과하여 결과는 만족할 정도는 못 되었다.[36]

사이크스(Frederick Sykes) 봄베이주지사는 소금 행진이 끝난 3주일 후인 4월 말에 어윈 총독에게 보낸 보고서에서 "시민불복종운동이 평판을 잃어 갈 것이라는 희망과는 달리 지금까지 분별력 있고 합리적인 개인과 집단들이 나날이 이 운동에 참여하고 있다."라고 밝혔다. 비폭력이란 단어는 속임수일 뿐이며 봄베이는 지금 공공연한 반란에 직면해 있다고 주장했다. 시민불복종은 7월에 최고점에 달했다.

어윈 총독은 인도상 웨즈우드 벤에게 보낸 보고서에서 "모든 사려 깊은 인도인들도 시민불복종을 한탄하면서도 영국의 여론이 융통성 있

---

36 J. Brown, *op. cit.*, pp. 133~134 도표 참고.

게 변하여 인도인에게 인도 자신들의 문제를 관리할 수 있는 권한을 주어야 한다."라고 밝혔다. 학생들이 적극적으로 활동했다. 총독은 구체적으로 지원 세력을 분석하여 "공산주의자 및 혁명주의자들이 5퍼센트, 국민회의 동조자들이 30퍼센트, 중하층민 중심의 동조자들이 50퍼센트, 그리고 경제적 불만자들이 15퍼센트"라고 밝혔다.[37]

1930~1931년의 시민불복종운동은 10년 전의 비협조운동에서와 같이 간디와 국민회의 운영위원회에서 일사불란하게 통제하고 지시를 내리는 것이 아니었다. 운영위원회는 지역의 사정에 따른 융통성을 허용했다. 전쟁터의 전략은 지역의 상황에 따라 지휘관이 적절하게 결정하고 대처하는 것이었다. 그렇더라도 간디의 시민불복종의 원칙과 국민회의가 마련해 놓은 행동 계획을 크게 이탈한 것은 아니었다.

전인도노동조합회의는 이미 1920년에 결성되어 있었지만 노동자 집단 혹은 좌파 세력이 결집하여 시민불복종을 전개하지는 못했다. 노동자 계급의 활동은 농민과 마찬가지로 독자적인 세력 집단으로서가 아니라 간디와 국민회의가 주도하는 거대한 범국민적 운동의 조류에 흡수되어 활동했을 뿐이다.

세계적 경제 위기가 다양한 지역적 영향을 미침에 따라 시민불복종도 지역에 따라 다른 형태로 나타났다. 예컨대 간디가 소금 사티아그라하를 추진하는 동안 센트럴 프로빈시스와 비하르와 같은 내륙 지방에서는 삼림법과 초키다르 세금(Chaukidari Tax)의 반대로 시민불복종이 표현되기도 했다.

인도 동북부에서는 초키다르 세금을 거부하는 세금불납운동이 있었다. 초키다르는 농촌 지역에서 경찰 병력을 보조하기 위한 경비들이었다. 그들은 농민의 미움과 경계의 대상이었다. 초키다르는 정부를 돕

---

37 D. Dalton, *op. cit.*, p. 94.

4 시민불복종운동

는 스파이 역할을 하기도 하고 또 가끔 지주의 가신(마름) 역할을 해 왔기 때문이었다.

정부는 초키다르 세금을 불납하는 농민을 탄압했다. 불과 몇 루피의 세금 불납 때문에 수백 혹은 수천 루피에 상당하는 재산을 몰수당하거나 혹은 태형이나 고문의 형벌을 받아야 했다. 바갈뿌르의 한 지역에서는 경찰이 그 지역의 민족주의 활동의 본부인 국민회의 아쉬람을 점령했다. 당연히 아쉬람 밖에서는 시위가 일어났다. 간디와 참파란 사티아그라하운동을 함께했던 비하르주의 지도자 라젠드라 프라사드와 압둘 바리가 이곳을 방문했고 프라사드가 경찰의 곤봉을 맞아 부상을 당하자 주민의 저항은 대규모 시위로 번져 나갔다. 벵골에서도 장마철의 시작으로 제염(製鹽)이 어렵게 되자 초키다르 세금 반대운동으로 나갔다. 정부의 가혹한 억압에 단호히 맞섰다. 재물의 몰수와 파괴로 수천 루피의 재산 피해를 보게 되었다. 주민은 경찰의 모진 탄압을 모면하기 위해 숲으로 피신하기도 했다.[38]

벵골주지사와 총독이 인도 여성의 적극적인 참여에 놀라움을 표시했다. 교육받은 상층 여성들이 피케팅과 제염 활동에 적극적인 점이 '새롭고 심각한 양상'이었다. 정부뿐 아니라 인도인 자신들도 놀랐다. 여성들은 남성들과 같은 개방된 회의장에서 함께 시민불복종을 진지하게 논의하는 등의 지금까지 상상하기 어려웠던 모습을 보여 주었다. 여성들이 보인 갑작스러운 적극적인 변화가 남성들의 시민불복종을 크게 자극했다. 국민회의 자원봉사자들의 참여가 위축될 때 억압이 최악으로 치닫고, 운동이 의기소침할 때 그들에게 활기를 불어넣었던 사람이 젊은 여성들이었다. 여성들의 적극적인 시민불복종 특히 피케팅 활동으로 델리에서만 1600명의 여성이 구속되기도 했다.

---

38 Bipan Chandra, *India's Struggle for Independence*(Penguin Books, 1989), pp. 276~277.

많은 사람들을 투옥함으로써 주 정부는 감옥 관리를 위해 엄청난 재정적 부담을 안게 되었다. 수용 시설이 수감자의 수를 따라가지 못했으며 불황 속에서 세수는 감소했는데 오히려 재정 부담의 압박을 받게 되었다. 벵골은 1930년의 감옥 관리에 전년도보다 75만 루피를 더 소비했으며 이 액수의 반은 7000명의 초과 죄수들을 위한 공간을 마련하는 데 지출되었다. 비하르의 감옥 경비도 100만 루피가 증가했다. 봄베이는 감옥 관리로 1929~1930년간의 243만 7000루피와 1928~1929년간의 236만 9000루피에 비하여 시민불복종의 영향으로 1930~1931년간에는 274만 7000루피를 지출했다. 늘어나는 죄수의 관리를 위해 경찰의 동원과 배치에 따른 경찰 비용이 크게 증가할 수밖에 없었다.[39]

국민회의의 재정에 관한 정확한 기록은 없었다. 국민회의 전국위원회의 수입은 성금과 회비 등이었다. 각 주지사들도 국민회의의 모금에 대한 분명한 정보를 갖고 있지 못했다. 상공인들의 성금이 주종을 이루고 있으며 대부분은 마지못해 납부하는 성금이며 사회적 압력의 결과라고 보고했다. 간디가 비폭력비협조운동 때 모금했던 틸락 기금이 1929년에 약 9만 루피가 남아 있었으며 카디 운동과 같은 특수 목적을 위해 사용되었다. 그러나 국민회의 전국위원회는 시민불복종운동이 시작되는 1930년에만 일반 경비로 3만 2000루피, 또 이어서 2만 8000루피를 지출하는 등 많은 비용이 계속하여 소요되었다. 간디가 카디 기금으로 모금했던 액수는 76만 루피에 이르렀다. 간디의 시민불복종운동과 관련하여 무슬림 친구 라자브 알리(Dr. Rajab Ali)가 5만 루피, 데사이(B. Desai)가 50만 루피, 모틸랄 네루가 20만 루피, 비를라(G. D. Birla)는 정확한 액수는 알려지지 않았지만 소문으로는 10만 루피 내지는 최

---

39 J. Brown, *op. cit.*, p. 125.

4 시민불복종운동

고 50만 루피를 헌납한 것으로 알려졌다.[40]

1930년 9월에 가면 지방에서는 국민회의 기금이 고갈되어 갔다. 벵골을 비롯한 각지에서는 시민불복종을 수행하는 데 필요한 자금 지원을 국민회의 전국위원회에 절박하게 요청해 오고 있었다. 전국위원회는 이들 청구서를 감당할 수가 없었다. 이것은 시민불복종 활동이 끝나가는 것을 의미하기도 했다.

4 간디·어윈 협정과 원탁회의

국민회의 지도자들이 거의 구속된 상황에서 사프루와 자야카르(M. R. Jayakar)가 평화 중재자로서 부지런히 활동했다. 간디를 방문하고 네루 부자와 접촉했다. 사프루가 알라하바드 부근의 나이니 감옥으로 네루 부자를 찾아가 그들이 간디를 만나기 위해 뿌나의 예라브다 감옥으로 가는 것을 총독이 반대하지 않는다고 전했다. 모틸랄이 병세가 악화되어 기차 여행에 어려움이 있었으나 네루 부자는 특별 열차로 수천 리 떨어진 예라브다로 보내졌다. 소문이 앞질러 갔으므로 군중이 몰려나와 있어서 큰 도시의 정거장은 그냥 지나쳤다.

8월 13일부터 사흘 동안 간디 측의 요구로 이곳에 오게 된 발라바이 빠텔과 또 예라브다에 수감되어 있던 사로지니 나이두도 합석하여 논의했다. 국민회의 측은 시민불복종을 철회하고 정부에 협조할 수 있는 조건을 제시했다. 헌법 제정이라는 기본적 전제가 받아들여지고, 억압 정책이 수정되어 정치범을 석방하고, 몰수한 재산을 돌려주고 또 시민불복종에 참여하여 해직된 관리들을 복직시키면 국민회의는 시민불

---

40 *Ibid.*, p. 120.

복종을 철회할 준비가 되어 있다고 밝혔다. 국민회의와 정부 사이에는 합의의 여지가 없었다. 사프루와 자야카르 등의 평화 조정자들의 시도는 실패로 끝나고 말았다.

한편 시민불복종운동이 인도 전체를 휩쓸고 있을 때 사이먼위원회는 1930년 6월 7일 보고서를 발표했다. 주요한 권고 항목은 인도의 연방 헌법, 주의 입법의회의 확대와 완전 자치, 중앙 입법의회의 확대 등이었다. 중앙 입법의원은 주 의회에서 선출하며 중앙에서 책임 정부는 인정하지 않았다.

권고안은 음조(音調)가 낮아서 인도의 보수적 견해에도 감동을 일으키지 못했다. 인도 입법의회는 그 제안을 거부했다. 국민회의 지도자들은 감옥에 있었지만 온건론자들인 이른바 자유주의자들이 권고 사항을 함께 논의하는 것이 허용되었다. 8월 15일에 공동 성명이 발표되었다. 국민회의는 인도가 대영제국으로부터 분리할 수 있는 권리와 그리고 국방과 재정의 통제를 포함하여 국민에 책임지는 국민 정부가 보증되지 않는 어떤 해결책도 국민회의와 자유주의자들에 의해 받아들여지지 않을 것이라고 밝혔다.

제1차 원탁회의는 1930년 11월 12일 런던에서 조지 5세(George V)가 개회했으며 해를 넘겨 1월 19일까지 수상 맥도널드를 의장으로 하여 계속되었다. 회의에는 총 89명이 참석했으며 영국 측에서는 정당 대표로서 16명과 인도 측에서는 인도 토후국(Indian States)에서 16명, 영령인도(British India)에서 57명이었다. 국민회의는 원탁회의의 참여를 거부했지만 어윈 총독이 임명할 때는 참석하겠다고 동의한 사람들이었다. 회의에는 몇 명의 저명한 인사들인 사프루, 진나, 무함마드 알리 등이 참석했다. 초대받은 인도인들은 어느 단체를 대표하지도 않았고 모두 총독의 지명인이었다.

국민회의 정치인들은 원탁회의의 주요한 목적이, 사이먼위원회가 의도했던 것도 마찬가지였지만, 인도인들은 자기들 스스로 분열되어 있어서 민주주의 정부 형태에 적합하지 않다는 것을 세계에 보여 주려는 것이라는 것을 잘 알고 있었다.

인도 대표들 사이에서는 영령인도와 토후국의 대표들이 의회 정치 제도에 의해 다스려지는 연방국가를 구성할 수 있다는 전체적인 동의가 있었다. 회담은 영국 정부의 뜻대로 원활하게 진행되었다. 문제를 복잡하게 만든 것은 암베드카(B. R. Ambedkar)가 억압받는 계급은 분리된 공동체로 취급되어야 한다고 주장한 점과 무슬림이 그들에 대한 적절한 보장 조항 없이는 어떠한 헌법적 진전도 가능하지 않다고 주장한 점이었다. 무슬림은 힌두에 반감을 가지고 있고, 시크교도는 무슬림에, 또 계층 간에 서로 모두에게 맞서 있는 형국이었다.

영국 수상은 폐회사에서 연방의 기초에 근거하여 인도 정부는 중앙과 주의 입법의회에 책임을 져야 하며, 중앙정부는 양원제에서 토후국들과 영령인도를 포용하는 하나의 인도연방이 되어야 한다고 언급하였다. 그러면서 국방과 대외 문제는 총독에게 종속되어야 한다고 분명히 했다. 자치령 지위와 전 인도의 연방에 대한 양해로 회의장은 기쁨의 환호가 울렸으며 미해결의 무슬림 및 불가촉천민 문제 등은 환희의 물결에 묻혀 버리는 분위기였다.

간디와 국민회의 운영위원들이 1931년 1월 25일 독립기념일 전야에 석방되었다. 인도상공회의소 의장 비를라와 봄베이의 유력한 면방직 상인이며 입법의회 의원인 타쿠르다스(P. Thakurdas)는 화해의 입장을 주장했고, 네루 부자는 이에 맞서 단호한 입장을 보였다. 간디는 네루 부자와 국민회의 밖에서 평화의 압력을 가하는 사람들 중간에 위치한 형국이었다.

운영위원회는 알라하바드에서 원탁회의를 평가하면서 수상이 밝힌 영국 정부의 정책은 너무 모호하고 일반적이어서 국민회의의 정책을 변화시킬 수 없다는 분위기였다. 귀국 중에 있는 사프루와 사스트리로부터 전문이 도착했는데 그들이 도착할 때까지는 영국 수상의 공표에 대해 어떤 결정도 내리지 말 것을 요청했다. 모틸랄 네루가 2월 6일 사망했으며 그날 원탁회의에 참석했던 사람들이 봄베이에 도착했다. 사프루, 자야카르 및 사스트리는 곧바로 알라하바드로 가서 운영위원회에 합석했다. 그들은 자신들의 입지를 강화하기 위해서 화해를 주장했으며, 모틸랄의 사망이 화해의 분위기로 기울게 하는 계기가 되었다.

간디는 어윈에게 면담을 요청했다. 총독이 국민회의 운영위원들을 석방한 데 대한 도덕적 예의의 성격이었다. 어윈은 곧 동의했는데 영국인들의 진지성을 간디에게 납득시키기 위해서도 절실했다.

간디·어윈 회담은 1931년 2월 17일 시작하여 여덟 번 만남을 연장해 갔다. 간디는 무슬림 의사로서 국민회의 지도자의 한 사람인 안사리의 집에 머물면서 다리아간지로부터 총독 관저까지 걸어 다니며 총독과 회담했다. 회담은 날마다 길어졌고 그날그날의 논의 내용은 안사리의 집에서 대기하고 있던 운영위원들에게 보고되었다. 간디는 총독 관저에서 3월 5일 새벽에 돌아와 실질적인 협상 내용을 기다리고 있던 운영위원들에게 알렸다. 간디는 협상 내용을 수용할지 거부할지를 전원일치로 결정해 달라고 요구했다.

간디와 어윈 사이에 3월 5일 협정이 조인되었다. 협정의 앞부분 세 개의 조항은 첫째, 시민불복종운동은 중지되며, 총독의 인가에 따라 신뢰할 만한 (상응)조치가 인도 정부와 지방 정부에 의해 취해질 것이다. 둘째, 인도의 합헌 정부의 계획에는 연방이 핵심이며 따라서 인도를 위하여 국방, 대외 문제, 소수인들의 지위, 인도의 금융 신용 등의 문제들은 유보된다. 셋째, 헌법 개혁을 계획하는 미래의 논의 자리에는 국민회의 대표가 참석할 수 있는 조치가 취해질 것이다.

델리 협정이라고도 불렀던 이 회담의 결과로 국민회의 측에서 시민불복종을 중단하는 대신 정부 측에서는 포고령의 철회와 시민불복종운동과 관련된 수감자들을 석방하기로 했다. 사면은 정치범과 반란 혐의자에게는 적용되지 않았다. 비무장의 군중에게 발포를 거부했던 가르왈 군인들에게도 적용되지 않았으며 비협조운동 때 직업을 잃은 사람들의 복직도 포함되지 않았다. 평화적인 피케팅과 소금 생산 지역에 사는 주민에게는 가정용으로 소금을 취득하는 것을 허용하기로 정부가 양보했다. 민감한 문제였던 경찰의 지나친 행위에 대한 조사는 간디의 양보로 더 이상 요구하지 않았다.

간디·어윈 협정은 장문의 문서였는데 특히 국민회의 지도자들에게 충격을 주었던 것은 제2항이었다. 제2항은 '완전 독립'을 포기한 것을 의미했다. 델리에서 운영위원들은 날마다 회의의 진행을 통보받았음에도 불구하고 간디가 이전에 동의를 구할 때는 말해 주지 않았으며 위원들에게 알리지 않고 동의해 버렸다.

자와할랄 네루는 당시의 진행 과정을 이렇게 묘사했다.

우리는 자정이 넘도록 간디가 총독과의 회담에서 돌아오기를 기다렸다. 간디는 3월 5일 새벽 2시쯤 돌아와 아직까지 깨어 있던 우리에게 합의에 도달했다고 말했다. 우리는 그 초안을 보았다. 나는 조항의 내용을 모두 잘 알고 있었는데 그것들은 자주 논의되어 왔기 때문이다. 제2조항은 나에게 엄청난 충격을 주었다. 나는 그때 아무 말도 하지 않았다. 우리 모두는 지쳐 있었다. 나는 제2조항은 위험을 무릅쓸 만큼 중대하다고 보았다. 우리 국민이 1년 동안 그렇게 용감하게 행동했던 것이 고작 이것을 위해서였던가? 우리 모두의 용감한 말과 행동이 여기에서 끝난다는 말인가? 국민회의의 독립 결의, 즉 1월 26일의 약속은 그렇게 자주 반복하여 다짐하지 않았던가?

아침에 간디는 네루와 장시간 대화를 가졌다.

간디는 제2조항에 대한 그 자신의 해석을 해 주었는데 그 해석이란 나를 윽박지르는 것이었다. 나는 확신을 가질 수가 없었다. 그러나 나는 그의 말에 의해 얼마간 누그러져 갔다. 그 협약의 장점은 제쳐 놓고 나는 우리에게 갑작스러운 놀라움을 안겨 준 그의 방법이 나를 두렵게 한다고 말했다. 14년 동안 가장 가까운 친밀한 관계를 가져 왔음에도 불구하고 내가 전혀 이해할 수 없었던 모르는 그 무엇이 그에게 있었던 것이다. 나는 내가 알지 못한 그 무엇이 그에게 존재하고 있는 것을 인정했으며, 그는 스스로 그것에 대해 대답할 수 없거나 또는 무엇이 그렇게 이끌어 가는지 예견할 수 없다고 말했다. 하루이틀 동안 나는 어떻게 되어 가는지 알지 못하고 불안해하고 있었다. 그때 협약을 반대하거나 막거나 할 문제가 아니었다. … 그래서 나는 큰 정신적 갈등과 신체적 고통이 없는 것이 아니었지만 그 협약을 받아들여 그것을 위해 성심껏 일하기로 결심했다. 나에게 중도는 없는 듯이 보였다.”[41]

네루뿐 아니라 국민회의 지도자들은 충격을 받았다. 국민회의가 몇 번이고 다짐했던 완전 독립 혹은 자치령의 지위에 대한 요구를 포기했을 뿐 아니라 간디 자신이 1년 전에 발표했던 11개조에 대한 언급도 없었다. 원탁회의의 거부로 이끌었던 입장에서도 후퇴하여 이제 영국 수상이 발표한 원칙을 숙고하기로 동의한 것이다.

간디는 독립운동 과정에서 자신의 주장을 번복한 경우가 한두 번이 아니었다. 비폭력비협조운동 말기에도 비극적인 차우리차우라 사건 후 간디는 비협조운동을 갑자기 중단시킨 일이 있었다. 언젠가 타고르의

---

41 R. C. Majumdar, *op. cit.*, III, pp. 377~378.

유럽인 친구가 간디의 장점과 단점을 물었을 때 타고르는 '일관성이 없는 것'이 그의 장단점의 모든 것이라고 답변했다. 여러 사람들이 간디의 일관성 없는 주장과 행동을 비판했다

간디의 입장을 이해하는 사람들은 그의 생각의 진행 과정은 시기에 따라 적절하게 변화했다는 주장이다. 40여 년 동안 간디가 밝혀 온 생각들은 변화를 보여 주기 마련이지만 그러나 오랜 기간 상황의 필요성에 적응해 갔던 그의 생각에는 놀랄 만한 일관성이 있다. 이 일관성은 간디가 진리에 집착하는 데서 설명될 수 있다. "나는 일관성이 있는 것 같이 보이는 데 관심이 없다. 진리를 추구함에 있어서 나는 나의 생각들을 버려 왔고 많은 새로운 것들을 배웠다. 내가 관심을 갖는 것은 운동을 거듭하면서 진리, 즉 나의 신(神)의 부름에 복종할 준비를 갖추는 것이다. 따라서 누가 나의 두 개의 글에서 불일치를 발견했을 때, 만약 그가 아직도 나의 정신에 대한 신뢰를 갖고 있다면 그는 같은 주제에 있어서는 후자를 택하는 것이 옳을 것이다."[42] 간디 사상은 자신의 신앙심뿐만 아니라 인도와 서구의 사상, 남아프리카에서의 경험 등이 더해져 형성되었으며 이런 도구들에 새로운 의미를 부여하면서 근대 민중 운동의 요구에 따라 적절히 이용했다.

간디·어윈 협정은 많은 사람들에게 큰 실망을 안겨 주었다. 시민불복종을 중단하려는 정부의 속임수에 빠졌다는 느낌이었다. 수바스 찬드라 보스의 태도는 강경했다. 그의 주장에 따르면 대공황에 휩쓸려 있던 국제 정세가 경제적으로 정치적으로 인도에 유리한 상황에서 이 협정에 근거하여 작전을 중단한 것은 실책이었다. 지도자들이 타협을 원했더라도 보다 적절한 시기를 기다려야 했으며 그러한 때는 분명히 반

---

42 Amba Prasad, "The Gandhian Model of Democratic Socialism", *Gandhi Marg*, Vol. 4, No. 9(1982), p. 786.

년 혹은 1년 내에 오게 되어 있었다.[43] 보스는 국민회의의 중추부에서 밀려났지만 젊은 층으로부터 전국적인 지지를 받고 있었다. 그의 추종 자들은 간디의 양보에 공개적으로 불만을 표시했다. 보스는 간디를 찾아가 논쟁을 벌였지만 간디의 태도를 바꿀 수는 없었다.

인도 국민은 대체적으로 협정을 간디와 국민회의의 승리로 보면서 안도하는 분위기였다. 일반 대중은 간디에 대해 열광적이었고 거의 무조건적이었다. 아마도 이때 간디의 영향력과 명성은 절정에 있었으며 그의 독단적인 결정은 거칠 것이 없었다. 간디 자신은 협정이 어느 한쪽의 승리를 의미하는 것은 아니라고 설명했다. 간디가 왜 그러한 방향 전환을 결정했는지는 의문이다. 아마도 정부와의 불평등한 싸움에서 독립의 가능성은 요원하고 유리한 시기에 타협하는 것이 실패를 인정하거나 자발적인 퇴각을 하는 것보다 낫다고 판단했을 수도 있다.

영국도 간디·어윈 협정을 그들의 승리로 평가하지는 않았다. 야당인 보수당의 윈스턴 처칠은 어윈 총독이 완전히 굴복했고 영국의 권위는 패배를 경험했다며 "런던에서 수학한 선동적인 변호사가 지금은 탁발승의 모습을 하고서 황제 폐하의 대표와 동등한 위치에서 회담하기 위해 총독 관저의 계단을 반쯤 벗은 모습으로 성큼성큼 걷고 있는 것을 보는 것은 구역질 나는 일이다."라고 혹평했다. 보수당의 볼드윈 내각에서 재무상을 지냈던 처칠은 인도의 자치 문제에 대해서는 강한 거부감을 보여 왔다. "어윈의 양보로 불법적인 행동이 이제 합법화되었으며, 간디와 국민회의는 탑만큼 높은 대좌(臺座)에 오르게 되었고, 영국인들이 처음으로 인도 땅을 밟은 이래 아직까지 알려지지 않은 굴욕과 저항을 가해 왔던 자들에게 유화책이 주어져 버렸다."라고 한탄했다. 그는 "터놓고 말하면 간디주의나 그것이 의미하는 모든 것은 맞붙

---

43 S. C. Bose, *op. cit.*, p. 362.

어 싸워서 최종적으로는 박멸해 버려야만 한다."라고 덧붙였다.[44]

간디·어윈 협정은 영국 정부와 국민회의의 어느 한쪽에 일방적인 승리나 패배를 안겨 준 것은 아니었다. 정부는 헌법적 실험과 개혁을 추진함에 있어서 국민회의의 협조는 필수적이었다. 인도 국내의 평화를 확보하기 위해서는 간디의 범국민적 시민불복종운동은 어떻게 해서든지 종료시켜야만 했다.

협정은 총독과 간디가 '평화 조약'에 그들의 서명을 나란히 올려놓았다는 바로 그 사실이 국민회의의 권위와 위상을 높여 주었다. 국민회의는 정부와 동등한 협상 대상자로 인정받음으로써 인도의 독립 투쟁에 있어서 거대한 국민기구로서의 특허를 부여받은 셈이었다. 정부는 미래의 정치 협상에서 인도 국민을 대변하는 국민회의의 주장을 경청하겠다는 그 권리를 인정한 것이었다. 헌법적 개혁을 논의하는 자리에 국민회의 대표의 참석을 명시함으로써 원탁회의도 국민회의 대표의 참석을 전제로 하고 있음을 보여 주었다.

간디가 델리 협정 직후 국민회의에 참석하기 위해 카라치에 도착했을 때 수일 전 바가트 싱과 그의 동료들이 처형되어 분위기가 무거웠다. 과격파 지도자 라지파트 라이의 사망 원인이었던 구타에 대한 보복으로 경찰 간부를 살해한 바가트 싱은 23세의 나이로 처형당했다.

간디·어윈 협정은 카라치 국민회의에서 압도적인 지지를 얻어 인가되었다. 발라바이 빠텔이 의장이었다. 빠텔은 원래 협정에 불만이었지만 간디의 승리를 외치는 분위기 속에서 민감한 부분은 비켜 갔다. 국민회의는 협정을 보증한 결의를 채택하면서 기이한 자기기만을 보여주었다. 협정은 분명히 인도의 국방, 대외 문제 등의 문제들은 유보 조항으로 남겨 두면서 정치적 발전의 원칙을 언급하고 있었다. 그러나 국

---

44 Rajmohan Gandhi, *op. cit.*, pp. 347, 349.

민회의의 결의는 협정을 보증하면서 한편으로 완전 독립에 대한 목표는 그대로 유효하다는 것이었다. 어느 누구도 델리 협정과 카라치 결의를 조화시켜 받아들이는 것은 매우 어려운 일이었다. 네루는 간디의 요구를 받았으면서도 처음에는 국민회의 공개 회의에 결의안을 발의하는 것을 거부했지만 다른 때와 마찬가지로 마지막 순간에 그 일을 직접 수행하기로 결심하는 모습을 보였다.

카라치 국민회의는 간디에게 큰 승리를 안겨 주었다. 회의가 끝나고 국민회의 전국위원회는 간디의 뜻에 따라 빠텔과 네루와 협의하여 운영위원을 선출했다. 새 운영위원회가 취한 첫 행동이 간디를 원탁회의에 참석하는 국민회의의 유일한 대표로 결정한 것이었다. 이 결정은 현명치 못한 것으로 지적되기도 했고 위원회 안에서도 당황하는 반응이 있었으나 간디 같은 인도주의자가 국민회의를 대표하는 것 자체가 도덕적인 면에서 신선한 느낌을 줄 수 있다는 주장이었다.

카라치 국민회의를 전후하여 간디의 인기는 절정에 이른 느낌이었다. 국민회의가 열리기 직전 4안나의 입장권을 구입하면 간디를 볼 수 있고 그의 연설을 들을 수 있는 모임에는 수입금이 1만 루피에 이르렀다. 그가 "간디는 죽더라도 간디주의는 영원히 살아 있을 것"이라고 말한 것이 이 모임에서였다.[45] 수바스 보스는 며칠 동안 간디와 여행하면서 가는 곳마다 정치적 투쟁의 영웅으로서의 간디를 환영하는 전례 없는 인파를 목격했다. 간디에게 카라치 국민회의는 의심할 것도 없이 인기와 권위의 정점을 보여 주었다.

델리 협정 후 1931년 4월 어윈은 임기 만료로 귀국하고 새 총독 윌링던(Willingdon)이 부임했다. 윌링던은 인도의 민족적 열망을 탄압하는 인물로 예고되어 있었으며 어윈 총독과는 대조적인 사람이었다. 어

---

45 R. C. Majumdar, *op. cit.*, III, p. 382.

원은 귀족이고 보수당 당원이었으면서도 인도인들의 정치적 자유주의 열망에 동정적이었으며 광범한 동의와 협조에 근거할 수 있다면 제국은 존속할 수 있다고 믿었다. 독실한 영국 국교도인 어윈은 종교적 신념에 투철한 간디에게 흥미를 갖고 있었다. 어윈은 폭넓은 통찰력을 지닌 정치인으로서 간디의 협조에 마음이 끌렸던 인물이었다. "어윈은 간디가 단순히 수백만 국민의 말하지 않는 불만을 목소리로 표현하는 강력한 지도자만이 아니라 또 영국에 대한 정신적 가치와 진정한 우정을 품게 된 정치인이라는 것을 알고 있었다. 총독은 신뢰감을 가지고 협상을 시작할 수 있었다. 어윈의 정책은 단연코 옳았고 그는 당시의 대부분의 다른 사람들보다 두 나라 국민의 신뢰를 유지하려고 더 많은 일을 한 사람이었다."[46]

월링던은 캐나다 총독으로 있다가 인도 총독으로 부임했지만 이미 봄베이 지사와 마드라스 지사를 지내면서 보인 그의 폭압적인 행태는 인도에 널리 알려져 있었다. 그는 자신이 어윈의 자리에 있다면 한 달 안에 시민불복종운동을 짓밟아 버리겠다고 공언한 일이 있었다. 협상과 조정의 역할을 보여 줄 인물이 아니었다.

월링던은 간디·어윈 협정에서 합의한 협조와 평화의 정신을 존중하지 않았다. 간디는 바르돌리 지방의 고통받는 농민으로부터 토지세를 강제로 현금화하고 있는 약정 위반의 무도한 행동을 시정해 주도록 총독에게 요구했으나 거부당했다. 총독은 공정한 조사위원회의 구성도 거부했다. 그러나 영국 정부가 간디를 영국으로 불러오는 것을 간절히 원했으므로 월링던은 내키지 않지만 바르돌리 농민의 불만을 조사하는 데 동의하고 간디에게 영국을 방문하도록 설득했다.

간디는 인도를 떠나 보름 만에 9월 12일 런던에 도착했다. 17년 만

46 S. Gopal, *The Viceroyalty of Lord Irwin 1926~1931*, p. 139.

의 영국 방문이었다. 가는 도중에 영국 노동당 정부는 보수당이 지배하는 거국 내각으로 바뀌었다. 맥도널드는 수상으로 남아 있었지만, 보수당의 호어(Samuel Hoare)가 신임 인도상이 되어 회의에서 가장 주요한 자리에 앉게 되었다. 새 인도상은 기본적으로 인도인은 완전한 자치에 적합하지 않다고 믿는 인물이었다. 전통적으로 제국주의적 성향이 강한 보수당의 진출은 원탁회의에 어두운 전망을 주었다. 인도의 정치적 열망에 동정적이었던 대표들은 뒤로 밀리고 인도에 적대적인 인물들이 전면에 배치되었다. 사실상 영국 정부와 의회는 인도의 정치적 개혁보다는 세계 경제 불황에 따른 영국의 심각한 재정적 위기에 관심을 집중하고 있을 뿐이었다.

맥도널드가 영국 수상이 되었을 때 인도는 희망에 부풀었다. 그가 한때 노동당 의원으로서 인도의 민족주의운동이 영국인들에 의해 억압받고 있는 점과 영국 관료들의 행태를 비난했던 것을 인도의 많은 사람들이 기억하고 있었기 때문이다. 그러나 원탁회의에서 영국이 인도 지배를 계속해야 한다는 데 대해서는 영국의 자유주의자나 보수주의자나 노동당 사이에 의견의 차이가 없었다.

간디가 도착하기 전 이미 9월 7일에 시작된 원탁회의는 점차 과격화되어 가는 종파적 문제에 직면해 있었다. 간디는 원탁회의의 첫 연설에서 국민회의는 인도에서 가장 오래된 정치 조직이며 반세기 동안 중단됨이 없이 연례회의를 가져 오고 있다는 점을 언급하면서 '국민'이란 단어가 뜻하는 바와 같이 이 단체는 특정의 공동체나 특정 계급, 특수한 이익을 대표하지 않는다고 말했다. 국민회의는 처음부터 무슬림, 조로아스터교도, 기독교도, 영국계 인도인까지, 다시 말하면 모든 종파와 공동체를 대표해 왔다고 강조했다. 창립 대회부터 제3회까지 기독교도, 조로아스터교도, 무슬림이 국민회의 의장으로 선출되었고 수명의 영국인과 인도인 및 영국인 여성이 의장을 역임한 점을 지적했다.

국민회의는 본질적으로 전국의 70만 개 마을에 흩어져 살고 있는, 그들이 영령인도에 살든 토후국에 살든, 기아 상태에 있는 수백만 명을 대표한다. 국민회의는 이들 말없는 수백만 명의 이익을 위해 모든 희생을 다할 것이라는 점을 국민회의를 대표하여 나는 주저 없이 말한다. 국민회의는 본질적으로 농민의 단체이며 점차 그렇게 되어 가고 있다. 오늘날 국민회의는 약 2000개 마을에 약 5만 명의 여성이 활동하고 있으며 그 가운데 절반은 무슬림 여성일 것이다. 활동 여성 가운데 수천 명은 불가촉천민에 속한다. 국민회의가 이들 마을에 침투해 들어가 물레질의 취지를 호소하고 있다.

국민회의의 카라치 대회의 결의는 국민회의의 '완전 독립'의 목표가 변치 않는다는 것을 분명히 했다. 국민회의 대표는 이 목표를 위해 일할 것이며 특히 인도에 군사 대외 문제, 재정 경제 정책에 대한 통제권을 부여하는 문제를 위해 노력할 것이다. 국민회의는 동반자 관계를 심사숙고한다. 영국 국민과의 관계는 양측의 절대적인 평등에서 존재할 수 있다. 나는 여러 해 동안 자신을 영국 백성이라고 부르지 않아 왔다. 나는 신민이 아니라 오히려 반도라고 불러 왔다. 그러나 이제 나는 대영제국 안에서의 시민이 아니라 영연방 안에서 동반자로서 시민이 될 수 있다는 포부를 갖게 된다. 나는 영국과 인도 사이에 영예로운 평등한 동반자 관계가 있을 것을 확신하면서 사랑하는 마음으로 영국 해안을 떠날 것이다.[47]

간디는 원탁회의에서 국민회의의 단일 대표였지만 다른 대표들은 모두 정부의 지명인이었다. 그들은 토후, 지주, 종파와 이익 집단을 대변하고 있었다. 영국의 언론과 정치인들은 간디를 인도 대표의 한 사람으로 취급했고, 국민회의도 여러 당파들 가운데 하나로 취급했다. 신문

---

47 S. Caveeshar, *op. cit.*, pp. 237~239.

은 간디의 특이한 모습과 생활 습관에 더 많은 관심을 보였다.

종파 문제로 끝없는 토론이 이어졌다. 회의는 영국과 인도 사이의 이견을 해결하기 위해 소집되었으나 무대 뒤에서 종파와 이익 집단의 싸움터로 변해 있었다. 영국 측의 방관 내지 부추김 속에 진행되었다. 대표들은 종파와 이해 문제를 놓고 흥정과 반대 흥정으로 바쁘게 돌아 갔다. 힌두, 억압받는 계급, 무슬림, 시크교도, 영국계 인도인, 인도 기독교도, 유럽인 상공인 집단 등은 몇몇 분파적인 의견 접근을 보여 이른바 소수자 협정이란 이름으로 발표하기도 했다. 간디는 소수파의 협정을 '생체 해부'라고 비난하면서 그들의 목표는 책임정부의 수립에 있는 것이 아니라 관료층과 권력을 나누어 가지려는 데 있다고 단호히 배격했다.

무슬림의 태도는 더욱 완고해서 무슬림 다수인 주에서는 완전 자치를 시행하고 소수인 주에서는 분리선거제가 유지되어야 한다고 주장했다. 간디는 총독이 약속했던 안사리가 없는 무슬림 대표를 인정할 수 없다면서 그의 참석을 요구했고, 간디는 결국 무슬림에게 '백지 수표'를 넘겨주라고 말하기도 했다. 그러나 불가촉천민의 탁월한 지도자 암베드카가 분리선거제의 요구로 압박하고 뒤따라 소수파들도 분리선거제를 요구하고 나서자 간디는 완전한 상실감에 빠지고 말았다.

특히 힌두와 무슬림의 첨예한 의견 대립은 영국 국민과 세계에 그대로 비쳐졌다. 인도가 자치로 나아가지 못한 것은 인도인들의 불화 때문이지 영국인이 방해한 것이 아니라는 것을 보여 준 셈이었다. 토후 세력들도 분열되어 있었다. 토후 세력의 일부는 첫 원탁회의에서는 연방 계획을 지지했으나 이제는 토후국의 유지를 주장하기도 했다. 연방 수립에 부정적이거나 연방을 아주 힘없는 기구로 만들어 버리려는 태도는 실정(失政)과 신민에 대한 억압으로 평판이 나쁜 토후국에서 더욱 그러했으며 빠티알라(Patiala) 토후가 대표적 인물이었다.

간디는 헌법 제정의 실질적인 진전을 위해 영국 정치인들과 인도의 여러 계파에 대항하여 고군분투해야만 했다. 불가촉천민에 대하여 간디 자신이 그들을 대표한다고 주장했다. 모두들 보석을 던져 박살내고 있다고 말하면서 간디는 '우리는 독립을 원한다.'라는 소박한 한마디에 뭉칠 수 있는 것 아니냐고 즉흥 연설에서 안타깝게 절규했다. 소수파들의 응집력 있는 반대 세력을 과소평가했다. 인도의 입헌 제도의 발전에 관한 핵심 문제에 관해서 실질적인 진전을 보이지 못했다. 간디의 정치적 사명은 실패했음이 명백해졌다. 수상은 12월 11일 그가 연초에 공표했던 정책을 되풀이 언급하면서 회의를 종료했다.

간디는 그의 마지막 원탁회의 연설에서 또다시 국민회의는 인도 인구의 85퍼센트 이상, 즉 기아 상태에 있는 사람부터 토후와 지주 그리고 교육받은 계층까지도 대표한다고 강조했다. 이 회의에 참석한 다른 모든 정파들은 파벌의 이익을 대표할 뿐이며, 인도 전체의 모든 이익을 대표하는 것은 국민회의뿐이라고 주장했다. 국민회의는 종파적 집단이 아니고 어떤 형태로는 종파주의의 결연한 적이며 인종과 피부색과 교조의 차별을 인정하지 않고, 그 정강은 보편적이라고도 말했다. 그는 종파적 편견을 잠재울 수 있는 유일한 국민 집단인 국민회의가 정당의 하나로 취급당하고 있는 것을 개탄했다.

당신들은 국민회의를 초청해 놓고 신뢰하지 않는다. 당신들은 국민회의가 인도 전체를 대표한다는 주장을 거부한다. 국민회의는 '반란'의 정신을 표상한다. 역사책은 자유를 위해 투쟁한 사람들의 피로 붉게 얼룩져 있다. 어느 국가도 엄청난 고난의 길을 걷지 않고 목표를 달성했다는 경우를 알지 못한다.

국민회의는 역사상 알려지지 않았던 새로운 방법, 즉 시민불복종을 고안했으며 그 방법을 따라가고 있다. 어느 정부도 시민불복종을 너그럽게 보아 주지 않을 것이다. 그러나 정부는 이 세력들에게 굴복해야만 한다. 항상 협상이 존재할 것이다. 나는 협상에 들어가기 위해 수천 마일을 왔다. 어윈은 포고령을 통해 우리를 충분히 시험해 보았으며, 인도의 수천 명의 남녀와 어린이들이 고통을 겪은 충분한 증거를 가지고 있다. 포고령이든 방망이든 어느 것도 돌진해 오는 격랑을 저지하거나, 또 자유에 목말라하는 인도인 남녀의 가슴속에서 일어나는 열정을 막는 데 아무 쓸모가 없다는 것을 알고 있다.

나는 영국과 인도의 유대를 끊기를 원치 않지만 그 유대를 변형시키기를 원한다. 나는 조국을 위해 노예 제도를 완전한 자유로 바꾸기를 원한다. 그것을 완전 독립이나 혹은 당신들이 좋아하는 무엇이라 부르든지 나는 그 단어를 가지고 말싸움하지 않을 것이다. 나는 시민불복종을 부활하기를 원치 않는다. 나는 델리에서 도달했던 휴전을 영속적인 해결책으로 바꾸기를 원한다.[48]

간디는 원탁회의 밖에서 바쁜 일정을 보냈다. 그의 가장 중요한 과업은 공식적인 회의의 밖에 있다고 주장하기도 했다. 그의 여행에는 인도 문제를 영국과 서구 세계의 여론에 호소하려는 목적이 포함되어 있었다. 그의 개인적인 역할과 국민회의의 주장을 대중에게 알릴 기회를 잡는 것이었다. 수상, 인도상, 어윈 전 총독 그리고 대법관 산케이(John Sankey)와 개별적인 면담을 가졌고, 또 아일랜드 출신 노벨 문학상 수상자 버나드 쇼(George Bernard Shaw)를 만났다. 간디는 전혀 모르고 있었지만 희극 배우 찰리 채플린(Charlie Chaplin)이 찾아와 만났다. 여야 의원들에게 연설하고, 캔터베리 대주교를 비롯한 많은 성직자들과 면담했다. 이튼, 옥스퍼드, 케임브리지 및 런던 대학교를 방문하여 교수들

---

48 S. Caveeshar, *op. cit.*, pp. 262~271.

과 대담하고 학생들에게 강연했다. 자신의 시민불복종, 스와데시운동이 그들에게 피해를 주고 있다고 생각하여 랭커셔 면직 공장의 노동자들을 방문했다. 보수당의 로이드 조지 전 수상을 만났으나, 처칠에게는 만남의 요청을 거절당했다.

간디가 만난 영국인들은 대체로 간디가 자치로 나아가는 도정에서 너무 빨리 걷고 있다고 보는 듯했다. 그러나 신문들이 초기에 간디의 특이한 허리만 걸친 옷차림이나 영국으로 오는 도중 갑판 위의 마루판에서 아무렇게나 잠을 자는 모습을 즐겁게 다루며 공상가나 광신자로 보아 넘기는 자세는 사라졌다. 꾸밈없는 인간으로서의 솔직하고 명료한 논리와 진지함은 많은 사람들에게 지울 수 없는 인상을 남겼다. 영국인들은 생각을 같이하지는 않았으면서도 간디의 특이한 개성과 사상의 창의성에서 그의 '위대한 영혼'을 느낄 수 있었다.

간디는 인도의 자치령 지위도 보장받지 못하고, 또 자신의 대표성과 영향력도 보장받지 못한 상태로 원탁회의에 참석했다. 노동당이 선거에서 패배한 불리한 상황에서 종파적 계열로 선발된 인도 대표들을 상대로 하여 간디는 손발이 묶이고 말았다. 결국 간디가 종파적 문제의 교착 상태를 타개하지 못한 것은 그의 정치적 지위와 능력의 취약성을 보여 준 것이라고 비판받을 수도 있었다. 그는 인도 대표들을 하나의 화합된 동의로 이끌어 갈 수 없다는 것을 보여 주었다. 간디는 원탁회의에서 비참하게 실패했다.

간디는 마하데브 데사이(Mahadev Desai)를 포함한 세 명의 비서와 넷째 아들 데브다스를 대동하고 로망 롤랑(Romain Rolland)을 만나기 위해 스위스로 갔다. 로마에서는 성 시스티나 성당의 벽화에서 깊은 감동을 받았다. 교황은 간디의 면담 요청을 거절했다.

간디는 면담을 희망한 무솔리니(Benito Mussolini)를 만났다. 집무실 밖에 진열된 무기들이 혐오감을 주었다. 간디는 그의 애국 애족에 대한 열의에서 감화를 받았으면서도 동시에 그의 교활한 눈빛에서 총칼로 지배하는 사형 집행자의 인상을 간파했다. 간디는 무솔리니를 만나 그에게서 '수수께끼'를 발견했다. 간디는 "이 지도자의 철권을 슬퍼하면서도 그의 수많은 개혁들은 나에게 매력적이다. 내 마음을 울리는 것은 무솔리니의 고집불통의 이면에는 그의 국민에 봉사하려는 열정이 있다는 것이다. 그의 단호한 연설 뒤에는 진지함과 그의 국민에 대한 열정적인 사랑이라는 핵심이 있다. 이것이 대다수의 이탈리아 국민으로 하여금 무솔리니의 철권 정부를 사랑하도록 만드는 것으로 보인다."라고 노벨 문학상 수상자이며 간디의 전기를 썼던 마음의 벗 로망 롤랑에게 편지를 썼다.[49]

간디는 이탈리아 정부가 숙소를 마련해 주었는데도 사양하고 인도에서 살았던 로망 롤랑의 친구 모리스(Moris) 장군의 집에 머물렀다. 무솔리니와의 짧은 10~20분간의 면담에서도 간디는 무솔리니에 대한 심리적 느낌을 가질 수 있었다. "무솔리니는 고양이의 눈을 가지고 있다. 그의 눈은 쉴 새 없이 회전하는 것같이 사방으로 움직였다." 간디는 무솔리니가 잘 배려해 주었으므로 당황하지는 않았지만 "방문자는 그가 응시하는 두려움 앞에서 마치 고양이의 입으로 곧장 들어가는 쥐와 같이 아주 겁을 먹고 완전히 압도된다."라고 말했다.[50]

간디는 12월 28일에 무거운 마음으로 귀국했으나 국민들로부터는 인도의 대의를 당당히 알렸다고 하여 대단한 환영을 받았다. 국내의 정세는 평온하지 못했고 간디를 기다리고 있는 것은 윌링던의 전례 없는 탄압 정책이었다. 윌링던은 국민회의 반세기 역사상 어느 총독도 보이지 않았던 가장 혹독한 타격을 준비하고 있었다.

---

49 Sugata Bose, *His Majesty's Opponent: Subhas Chandra Bose and India's Struggle against Empire*(Harvard University Press, 2011), p. 94.

50 L. Fischer, *op. cit.*, pp. 369~370.

4 시민불복종운동

5 시민불복종의 재개

월링던 총독은 강경하게 탄압 정책을 시행했다. 간디의 귀국에 맞추어 봄베이로 가고 있던 네루와 북서변경 주의 '붉은 셔츠단'의 지도자 압둘 칸을 구속했다. 간디는 총독에게 '조건 없이 친구로서' 만나자고 서한을 보내 요청했으나 오히려 1932년 1월 4일에 4개의 포고령이 발표됨과 동시에 구속되고 말았다. 빠텔도 체포되었다. 운영위원회 위원들과 국민회의 지역 지도자들도 투옥되었다. 국민회의 산하의 단체들은 불법 단체로 규정되었고 다섯 명 이상의 모임은 금지되었다. 신문 검열이 강화되었다.

간디가 귀국한 지 일주일도 못되어 투옥되고 국민회의는 실질적으로 불능화되면서 사태가 급전직하로 악화된 데는 휴전 기간의 사태 발전에 유의할 필요가 있다. 간디·어윈 협정에도 불구하고 정부와 국민회의 사이의 대결 의식은 해소되지 않았다. 양측에 불신의 장벽이 제거된 것으로 해석하기도 했지만 총독은 국민회의에 크게 양보한 것이 아니었다. 우선 시민불복종운동을 중지시키고 헌법적 논의에 참여시키는 것을 의도했을 뿐이며 영국 정치인들로부터도 많은 비판을 받았다. 델리 협정 후 곧 강경파인 월링던 총독으로 교체되었다.

델리 협정을 체결하고부터 간디가 영국으로 출발하는 약 반년 동안에도 계속하여 양측은 대결의 벼랑으로 나아갔다.

특히 북서변경 주와 유나이티드 프로빈시스에서 당국과 주민 사이에 첨예한 대립이 있었다. 북서변경 주는 주 정부와 국민회의가 모두 민감하게 관심을 갖는 곳이었다. 양측 모두 예측할 수도 없고 통제할 수도 없는 지역이었다. 변경 주는 압둘 칸의 지도 아래 '붉은 셔츠단'으로 널리 알려진 자원봉사대(Khudai Khidmatgars; 신의 종들)의 투쟁이 활발한 곳이었다. 붉은 셔츠단은 이곳의 시민불복종운동에서 가장 활동적인 역할을 담당하고 있었다. 아마도 일찍이 이탈리아의 통일 운동에서 영향을 받았던 이곳의 급진주의자들이 이탈리아 통일의 영웅 가리발디(Giuseppe Garibaldi)의 의용군 '1000명의 붉은 셔츠대'의 이름을 원용한 듯한 변경 주의 붉은 셔츠단은 비폭력 혁명가들이었다. 압둘 칸은 10년 전 비폭력비협조운동 때부터 간디와 인연을 맺어 오면서 사티아그라하에 깊은 감화를 받은 인물이었다. 그는 '변방의 간디'라고 불리기도 했다. 네루가 영국에서 함께 유학했던 그의 형 칸 사힙(Dr Khan Sahib)을 통하여 간디에게 압둘 칸을 소개했었다. 기술한 바와 같이 붉은 셔츠단은 페샤와르에서 기관총과 기마병과 곤봉에 비폭력으로 맞섰다. 인도인 병사들은 비무장 군중에 대한 발포 명령을 거부하고 비폭력 행동을 결행함으로써 페샤와르는 5일 동안 영국인이 아닌 붉은 셔츠단의 통제 아래 있었다.[51]

간디는 변경 주가 무슬림 다수 지역인데도 사티아그라하를 신봉하는 추종자들이 활동하는 곳이었으므로 당연히 이 지역에 특별한 관심을 보였다. 간디는 영국으로 출발하기 전에 아들 데브다스를 변경 주에 보냈는데 데브다스는 힌두와 무슬림의 대립 감정을 우려하면서 국민회의가 화해를 위해 특히 노력할 필요성을 강조했다. 완고한 무슬림인 압둘 칸이 간디의 사티아그라하를 신봉하면서 비폭력 민족주의를 내세우고 있었지만 파탄족의 호전적인 총검 숭배의 기질은 치유되기 어려웠다. 붉은 셔츠단은 국민회의의 정규 세력의 일부로서 변경 주에서 국민회의를 대표했다. 네루는 압둘 칸을 "인도에서 가장 용감하고 가장 공명정대한 인물 가운데 하나"[52]로 묘사했으며 압둘 칸이 지역 국민회의를 지휘하면서 그의 붉은 셔츠단을 국민회의 통제 아래 두는 것을 모

---

51 Rajmohan Gandhi, *op. cit.*, p. 335.

52 J. Nehru, *Autobiography*, p. 556.

색했으나 주민들은 헌법 같은 것에 대해서는 거의 관심이 없었다. 압둘 칸의 추종자들과 붉은 셔츠단의 잠재적인 폭력성을 우려하고 있던 힌두 국민회의 사람들 사이에 마찰은 계속되었다.

간디가 영국으로 떠난 후 인도 전체의 평화에 대해 위협적인 곳이 변경 주였다. 압둘 칸은 휴전 동안 전투를 준비하기 위해, 또 소요를 원주민 지역으로 확대하기 위해 계속 붉은 셔츠단을 모집했다. 붉은 셔츠단 단원의 숫자는 1만 3000명으로 추산되었다.

네루와 국민회의는 붉은 셔츠단이 지역 국민회의 사람들 및 전국 국민회의와도 분열을 자행하면서 정부와도 대결로 나가고 있는 점을 우려했다. 국민회의는 붉은 셔츠단에 대하여 애증의 감정을 동시에 갖고 있었다. 1931년 9월 말부터 그들은 페샤와르의 외제 옷 상점에서 피케팅을 강화했는데 이것이 힌두 국민회의 사람들과 불화의 한 요인이 되었다. 300명씩 한꺼번에 피케팅 당번을 서고, 50개 집단이 시가를 행진하면서 상점 주인과 시민을 위협했다. 그들은 페샤와르 지역에서 토지세 불납을 조장하기 시작했다. 징세 문제를 토의하기 위한 관리들의 면담 제의를 압둘 칸은 거절했다. 그의 격려에 따라 토지세 납부를 거부하고 어떤 지역에서는 납세가 완전히 중단되기도 했다. 압둘 칸의 조카들이 불납운동으로 투옥되었다. 네루와 국민회의는 이 운동을 운영위원회에 알리지 않고 자행한 데 대해 불만이 있었다. 12월 압둘 칸 형제가 주에 대한 헌법적 개혁이 공포될 것으로 알려진 행정관의 취임식 초청을 거부함으로써 정부와의 대립은 절정에 달했다. 취임식 이틀 전에 붉은 셔츠단의 목표는 완전 독립이라고 공표했다.

주 정부는 총독에게 압둘 칸의 구속을 늦추는 것은 위험을 자초할 뿐이라고 강조해 왔다. 압둘 칸이 귀국하는 간디를 만나러 봄베이로 떠날 때 정부는 변경 주에 포고령을 적용하여 압둘 칸 형제를 구속하고 군대가 페샤와르를 점령했다.

유나이티드 프로빈시스에서는 곡가의 급격한 하락이 경작자와 지주에게 파멸적 영향을 입혔다. 고통을 겪은 농민을 위해 정부는 구제책으로 토지세를 감면해 주기도 했다. 그렇지만 지주는 지대를 내리지 않았다. 정부의 태도는 영국 통치에 충성적인 지주 계급의 마음이 떠나는 것을 우려하여 미온적이었다. 간디는 주지사와 총독을 통하여 농민을 위한 더 많은 구제책을 확보하려고 했지만 실패했다.

당시 영국인 엘윈(Verrier Elwin)은 이 지역을 방문하고 농민의 참상을 묘사했다. 그는 옥스퍼드 출신의 저명한 인류학자로서 선교단에 참여하고 있었다.

> 이곳을 방문한 것은 숨이 막히고 가슴이 찢어지는 경험이다. 먹을 것이 거의 아무것도 없다. 굶주린 마을 사람들에게 지대의 요구는 무자비하게 규칙적으로 다가온다. 납부할 능력이 없는 그들은 얻어맞고, 욕설을 듣고, 그들의 거처로부터 끌어 내쳐지고, 가지고 있는 것의 절반을 빼앗긴다. 그들의 소득은 절반으로 떨어졌는데 지대와 세금의 요구는 점점 올라간다. 정부와 국민회의 사이에 협상이 진행되는 동안에도 농민들은 만약 지대를 한 달 안에 납부하지 않으면 감면액마저도 철회해 버린다는 말을 듣게 된다. 지대를 납부하지 않고는 어떤 이의도 제기할 수 없다.[53]

이 기록은 농촌의 위기를 보여 주는 것으로서 소작인들의 생산량으로는 현재의 지대를 충당하는 것이 불가능하므로 그들의 소작지를 양도해 달라는 청원이 급증했다. 1931년 9월로 끝나는 한 해 동안에 청원은 아그라에서 전해의 2만 860건에서 7만 1430건으로, 오우드에서

---

[53] Verrier Elwin, *Truth about India: Can We Get It?*(G. Allen & Unwin, 1932), p. 87; Quoted in R. C. Majumdar, *op. cit.*, III, pp. 402~403.

5204건에서 1만 7609건으로 수직 상승한 것으로 보고되었다. 입법의회가 지대를 조정하여 이 상황을 타개하기 위해 위원회를 임명했으며 곡가가 1901년 수준으로 하락했으므로 지대도 그에 상응하여 감면하도록 하는 방식을 제시했다. 유나이티드 프로빈시스 주 정부는 이 권고를 대체로 받아들여 1931년 여름부터 시작되는 회계 연도에 세입에서 1109만 루피와 지대에서 4260만 루피를 감면한다고 발표했다.[54]

간디가 런던으로 떠난 후에도 네루는 현지 상황의 전개를 그에게 보고했다. 국민회의가 가장 관심을 보인 것은 지대와 세금을 납부하지 못함으로써 소작인이 토지에서 축출되는 것을 막는 것이었다. 지난 수확기에 많은 소작인들이 정부와 지주의 요구액 전부를 지불하기 위해 그들의 보잘것없는 가재(家財)와 가축을 팔아 버렸다. 소작인들은 다시 같은 요구에 직면하자 조상으로부터 여러 세대 동안 경작해 왔던 토지에서 쫓겨날 위기에 처하게 되었다. 네루의 지휘 아래 있던 알라하바드 지역 국민회의위원회는 사티아그라하운동을 결정했는데, 그것은 네루의 표현대로 곡가의 하락에 상응하여 가난한 농민들에게 세금과 지대를 감면해 주기 위한 것이므로 '세금불납운동'이 아니라 '공정한 세금운동'이었다.[55]

지대의 불납으로 소작인의 축출이 계속되어 수천 명이 경작권을 빼앗겼다. 지역 국민회의는 알라하바드와 카운뿌르에 이어 다른 네 곳도 추가하여 토지세 불납 운동에 참가한다고 선언했다. 자원봉사자들이 알라하바드와 카운뿌르에서 이들 지역으로 퍼져 나아갔다. 알라하바드에서는 세금 징수가 완전히 중단되고 몇 개 지역에서도 불납 운동이 진행되었다.

---

54 J. Brown, *op. cit.*, p. 267.
55 B. Nanda, *op. cit.*, p. 326.

간디와 윌링던은 상대방의 과격한 행동을 비난하는 내용의 전문을 수차례 교환했다. 그동안 일어났던 사건들의 성격과 과정을 두고 상대방이 협정을 위반했다고 서로 비난하는 양상을 보였다. 네루와 압둘 칸의 구속과 유나이티드 프로빈시스와 북서변경 주에 내려진 포고령이 국민회의를 자극했다. 만족할 만한 답변을 받지 못한 국민회의 운영위원회는 1932년 1월 1일 세금 불납을 포함한 시민불복종을 재개하기로 결의했다. 특히 철도, 우편, 전신, 관세 등을 통해 국가에 수천 만 루피의 간접세가 납부되고 있음을 강조하면서 편의 시설을 가급적 최소한으로 이용하도록 호소했다.

간디와 국민회의 운영위원들이 1월 4일 체포되기 몇 시간 전에 포고령이 공포되었다. 국민회의의 중앙 및 지역위원회가 모두 불법으로 선포되고,[56] 국민회의에 동조적인 청년연맹, 민족학교 등도 불법 단체로 선언되었다. 당국은 집단 처벌, 친척과 이웃을 희생물로 삼는 것, 토지와 가축의 몰수, 사회봉사를 방해하는 행위 등의 억압을 이어 갔다. 국민회의 기금이 몰수되고 산하 건물들이 점령당했다. 서적 검열이 이루어지고, 국민회의에 적극적으로 협조해 왔던 구자라트협회 등은 기금 330만 루피를 몰수당했다.

저돌적이고 냉혹한 행정가로 알려진 윌링던은 13개의 포고령을 잇따라 발표하면서 거침없이 탄압 정책으로 몰아갔다. 총독으로 부임할 때 몇 주일 안에 모든 국민운동을 분쇄해 버리겠다고 공언했던 바를 실현하려는 기세였다. 국민회의는 응집력을 갖춘 정당과는 달리 확고한 통합 이념이나 정체성도 확립하지 못하고 간디의 카리스마에 크게 의존해 왔다. 정부와 대결 상태의 어려움에 빠지거나 범국민적 투쟁이 절

---

56 국민회의는 영국에 대한 충성 집단으로 출발하여 한 세대가 지난 후 독립운동의 구심점으로 변모했지만 시민불복종운동 기간에도 국민회의 자체가 전체로서 총독부에 의해 불법 단체로 선포된 일은 지금껏 없었다.

4 시민불복종운동

실할 때면 국민회의는 아쉬람에 머물고 있는 간디를 불러내곤 했다. 간디와 국민회의 지도자들이 체포되고 나면 인도 국민의 사기가 떨어져 독립운동의 열기는 크게 위축된다는 것을 총독부는 간파하고 있었다.

봄베이주지사 사이크스도 윌링던 못지않은 강경론자였다. 간디의 활동 영역이 주로 봄베이주였으므로 주지사의 건의 사항은 상당한 비중으로 작용할 수밖에 없었다. 주지사는 이전부터 윌링던 총독에게 "시민불복종이 재개되면 실질적으로 신속하고 견디기 힘들게 다루도록" 촉구했다. 그는 "가담자들에게는 모두 벌금을 부과해야 하며 재범일 경우는 최고형으로 다스리고, 여성도 구금 이상의 형으로 응징해야 한다. 무엇보다도 적이 예상할 수 없는 무기를 가지고 국민회의와 싸울 준비를 해야 한다. 국민회의는 국제적 비판을 우려하는 영국인의 전통적인 인간애에 의지하여 격렬한 행동으로부터 자신들을 보호한다."라고 주장하여 시민불복종운동의 재개에 가혹하게 대처하도록 거듭 강조했다. 심지어 사이크스는 간디를 안다만 군도나 아덴으로 유배하자고 건의했다.[57]

시민불복종의 활동은 주로 경찰의 금지 명령을 위반하며 행진을 계속해 나가는 것, 공중 집회와 회의를 개최하는 것, 영국 상품, 은행, 보험, 환전소 등을 배척하고 금지된 회보를 발간하고 전단을 배포하는 것, 민족 깃발을 공공건물에 게양하고 공공연히 경의를 표하는 것, 토지세의 납부를 유보하고 가출옥을 거부하는 것, 경찰이 점유한 국민회의 사무실을 다시 점령하는 것, 소금을 제조하는 것 등이었다. 봄베이, 벵골, 유나이티드 프로빈스, 비하르 및 변경 주가 다시 투쟁의 전면에 나섰다.

시민불복종의 관심은 영국 상품, 특히 의류의 배척에 있었으며 북인

---

57 B. Nanda, *op. cit.*, pp. 332~333.

도를 중심으로 큰 성과를 거두었다. 1차 세계대전 이전에는 영국에서 약 10억 루피 상당의 의류를 수입했으나 그 수입량의 총액이 2~3억 루피로 떨어졌다. 불경기 때문만이 아니었다. 이 시기에 인도 공장의 생산량은 약 300퍼센트 증가했으며, 일본 미국 스위스 중국 네덜란드로부터의 의류 수입량은 각각 200~400퍼센트가 상승했다. 그러나 영국 수입량의 비중은 1913년의 66퍼센트에서 1932년에는 42퍼센트로 감소했다.[58]

정부가 집회를 금지했지만 국민회의는 4월 24일 델리에서 개최된다고 공고했다. 의장 말라비야는 델리 진입을 시도하다가 체포되었다. 경찰의 단속에도 1500명의 대표들이 델리에 도착했다. 검문을 피해 짠드니쪽에 모인 500명의 대표들은 독립에 대한 결의와 시민불복종 계획을 확인했다. 임시 의장과 대표들은 체포되었다.

세금불납운동은 유나이티드 프로빈시스, 봄베이, 벵골, 비하르 및 북서변경 주에서 광범하게 일어났다. 권위 있고 독립적이고 불편부당한 단체라고 할 수 있는 인도연맹(India League)이 대표단을 목격하고 당시의 전체적인 상황을 자세하게 기록했다. 인도연맹은 영국인의 양심을 일깨워 인도 독립에 도움을 주기 위해 런던에 설립된 단체였다. 대표단은 전 의원 윌킨슨(Miss Ellen Wilkinson)을 포함하여 영국인 세 명과 인도인 한 명으로 구성되었으며 1932년 8월 17일 봄베이에 도착해서 11월 7일 인도를 떠났다. 그들은 여러 도시와 마을을 방문하고 각계각층의 인도인과 영국인 및 관리들을 만나고 보고서를 발표했다.

보고서의 서문은 철학자 버트란드 러셀(Bertrand Russell)이 썼다. 러셀의 서문은 영국의 인도 지배에 대한 신랄한 고발이며, 실상을 알기 원하고 정의에 대한 관심이 있다면 반드시 이 글을 읽고 또 읽어야 한

---

58 S. Caveeshar, *op. cit.*, p. 301.

다고 강조했다. 그는 아일랜드의 슬픈 역사를 회상하면서 썼다.

누가 지금 아일랜드에서 블랙 앤드 탄스(The Black and Tans)[59] 학정의 시기를 정당화하려고 시도한단 말인가? 반세기 후에 누가 오늘날 인도에서의 학정을 좋은 말로 표현할 수 있겠는가? 누구도 할 수 없다. 많은 불행, 어쩌면 많은 도덕적 타락의 원인은 우리의 지배력 안에서 있었던 일이다. 폭력으로 인도를 영원히 장악하는 것은 우리의 힘으로 할 수 없다.

영국인들은 독일의 나치스 만행에 대해서는 관심이 많으며, 그것들은 신문에 충분히 보도되고 있다. 또한 모두들 비분강개하는 마음으로 평가해 오고 있다. 그러나 영국 국민은 아주 처참한 만행이 인도에서 영국인에 의해 저질러지고 있다는 것을 거의 깨닫지 못하고 있다.[60]

인도연맹 대표단이 인도 여러 지역을 돌아보고 기록한 바에 따르면 유나이티드 프로빈시스의 한 타실에서만 209명에게 소환장이 발부되었고, 298건의 차압이 있었고, 44건이 경매에 부쳐졌다. 봄베이주에서는 간디의 사바르마티 아쉬람의 동산이 차압당했다. 라스 마을에서는 무장 경찰관들을 포함한 16개의 야영 초소가 경작지 전체를 포위하고 총 2600에이커 가운데 500에이커는 몰수당하여 팔렸고, 900에이커는 압류되어 매각을 기다리고 있는 것을 대표단이 보았다. 부락민이 세금을 납부하지 못하는 곳에는 징벌권을 갖고 있는 경찰을 주민의 비용으로 주둔시켰다. 경찰 막사가 농민이 작물을 수확하지 못하도록 곡식 옆에 세워졌다. 어떤 곳에서는 경찰이 직접 곡식을 베어 수확했다. 어떤

---

59 아일랜드 신페인 자치운동 과정에서 아일랜드공화군(IRA)에 맞서 이른바 블랙 앤드 탄스라 불린 의용병이 일어났다. 대부분 전직 영국군 장교들로서 카키복에 황갈색 혁대를 착용한 그들은 폭력으로 IRA에 보복했다.

60 R. C. Majumdar, *op. cit.*, III, p. 423; B. Nanda, *op. cit.*, p. 344

소작인은 남이 곡식을 거두는 것을 보기보다는 불태우기도 했다. 세금을 불납한 농민의 가축과 가재를 압류하여 액면 가격으로 매각하여 처벌하기도 했다.[61]

인도연맹 보고서는 총독이 간디의 면담을 거절한 것은 잘못이었으며 윌링던의 탄압 정책은 이미 계획적이었다는 평가였다. 정부의 억압적인 행동을 두 계열로 분류했는데 하나는 인도 국민의 생명과 재산과 개인적 자유를 보장하는 모든 법을 실질적으로 유보시키고 일련의 포고령으로 대체한 것이며, 다른 하나는 시민불복종을 탄압하기 위해 개인과 집단에게 가한 가혹한 조치였다. 사절단이 인도를 방문하는 동안 적용되고 있던 열 개의 포고령을 언급하면서 특히 법을 행정관의 재량권으로 대체, 질서 유지를 위한 군대의 동원, 보급품 징발, 통행금지, 불심 검문, 거주 이동의 제한, 특별 재판 등을 지적했다. 정부가 취한 조치로 국민회의 산하의 조직을 불법적인 단체로 선언, 국민회의 및 다른 단체들의 기금 몰수, 전국적 혹은 지역의 지도자들을 체포, 집단 처벌과 친척 이웃의 희생, 토지와 가축 등의 몰수, 깃발 게양과 행진 등에 대한 규제, 신문 검열, 즉결 재판 혹은 재판 없이 구금, 정당한 이유 없이 수색, 5명 이상의 모임 금지 등을 예시했다.[62]

경찰이 시민불복종을 다루는 수법은 무자비했다. 특히 시위대를 무차별 구타했는데 구타가 구속보다 효과적이고 비용이 적게 든다는 판단에서였다. 여성들을 다루는 데도 예외가 아니어서 자와할랄 네루의 어머니, 즉 모틸랄 네루의 부인이 알라하바드에서 국민회의의 시위를 지켜보다가 곤봉에 맞아 피를 흘리고 실신했다. 감옥 안에서 소년 수감자들이 책임량의 노동을 못 채우면 매질을 당하고, 밤에 다른 사람들과

---

61 *Ibid.*, p. 335.

62 R. C. Majumdar, *op. cit.*, III, pp. 424~425.

4 시민불복종운동

함께 족쇄를 채워 놓기도 하고, 불결하고 모자란 음식은 빈번했다.

소금불법운동이 전국적인 지지로 나타날 수 있었던 것은 신문이 신속하게 소식을 전달할 수 있었기 때문이다. 이번에는 철저한 언론 통제가 실시되면서 기자들에 대한 기소와는 별개로 신문의 공탁금 몰수가 억제책으로 사용되었다. 시민불복종이 재개된 후 인도상은 영국 하원에서 신문규제법에 따라 109명의 언론인과 98개의 신문에 대해 조처가 취해졌다고 밝혔다. 인도의 200여 개의 신문과 잡지에 공탁금을 요구했다. 봄베이의 한 잡지인《프리 프레스 저널(Free Press Journal)》은 공탁금 1만 루피를 몰수당했으며 다시 2만 루피를 공탁해야만 했다. 위법행위란 2년 전의《영 인디아》로부터 논설을 옮겨 게재한 것이었다. 주정부는 신문이 간디의 사진을 실으면 범죄라고 규정했다. 경찰 당국은 상점에 간디의 초상화를 붙여 놓거나 사진이 들어 있는 달력을 걸지 못하도록 지시했다. 간디 사진의 철거를 거부한 상점 주인이 2년 징역과 벌금형을 받았다. 소년들이 간디의 초상화를 팔다가 구속되었다.[63]

1932년초부터 시작된 정부와 시민불복종의 정면 대결로 투옥된 사람은 헤아릴 수 없었다. 그 절정에 이르렀던 4월 한 달에만 3만 2458명이 투옥되었다. 처음 9개월 동안 유죄 판결을 받은 사람이 6만 1551명이었으며 이번 시민불복종운동에서 모두 약 9만 명이 유죄 선고를 받은 것으로 추산되었다. 당시의 실태를 직접 살펴보았던 윌킨슨은 "구속은 하지 않고 때리기만 했기 때문에" 구속된 사람의 숫자는 축소된 것이라고 말했다. 1933년 3월 말에 캘커타에서 국민회의가 열렸을 때 말라비야는 지난 15개월 동안 수천 명의 여자와 어린이를 포함하여 약 12만 명이 구속되었다고 의장 연설에서 밝혔다.[64]

---

63 *Ibid.*, p. 463.

64 *Ibid.*, pp. 409, 477; B. Nanda, *op. cit.*, p. 338; J. Brown, *op. cit.*, p. 282.

월링던 총독과 그의 정부는 탄압 조치의 효과에 만족했다. 대대적인 탄압이 자행되었던 1932년의 전반이 지나자 시민불복종은 크게 약화되었다. 정부는 시민불복종은 박멸되었고 국민회의의 사기가 꺾이고 분열되었다고 판단했다. 사프루와 자야카르 등의 온건론자들은 런던의 제3차 원탁회의에서 헌법 논의를 하고 있었다. 총독은 인도상에게 간디의 지도력은 좌우 양측으로부터 공격을 받고 있으며 14년 동안 끊임없이 투쟁해 온 국민회의는 궤멸 상태에 빠졌다고 보고했다. 인도의 중앙정부와 주 정부는 승리를 자축하고 서로 축하를 교환했다.

간디는 발라바이 빠텔과 마하데브 데사이 등과 뿌나의 형무소에 함께 구속되었다. 국민회의 지도자들도 모두 뿔뿔이 흩어져 투옥되어 있었다. 간디는 밖에서와 다름없이 바쁘게 생활했다. 고통은 자신을 정화시키기 위한 사티아그라하의 핵심적 부분이기도 했다. 물레질하고 빨래하고 기도하고 편지를 썼다. 어떤 날은 하루에 49통의 편지를 쓰기도 했다. 편지의 대부분은 그의 아쉬람으로 보낸 것이었다. 시민불복종은 각지에서 산발적으로 미미하게 그러나 끊임없이 진행되고 있었다. 결코 평화가 온 것은 아니었다.

6 맺음말

간디는 구속된 지 두 달 후인 1932년 3월 인도상 호어에게 서한을 보내 불가촉천민에게 분리선거제를 인정한다면 목숨을 걸고 저항할 것이라고 경고했다. 간디는 모든 면에서 낙후되어 있고 억압받고 가난한 불가촉천민에 대해 특별한 관심을 가졌으며 불쌍한 그들을 하리잔이라 불렀다. 불가촉천민은 분리할 수 없는 힌두 가족이었다. 분리선거제는 불가촉천민에게 어떤 좋은 것도 주지 못하면서 힌두 공동체를 분열시킬 뿐이었다. 영국 의회에서 다수를 차지하고 있던 보수당은 간디의 말에 개의치 않았다. 8월 17일 맥도널드 거국 내각은 종파적 특혜를 발표하여 간디가 우려했던 최악의 것을 인정해 버렸다. 간디는 영국 수상에게 9월 20일부터 '죽을 때까지의 단식'을 시작하겠다고 선언했다. 정부가 정책을 수정할 수 있는 한 달의 여유를 주었다.

간디가 단식을 시작한 날은 인도에서 단식과 기도의 날이 되었다. 말라비야는 국민회의를 처음에는 봄베이에서 다음에 뿌나에서 소집했다. 불가촉천민의 지도자 암베드카를 출석하도록 설득했다. 간디의 단식 닷새 만에 모든 힌두의 공동선거제에 합의했다. 여러 주의 의회에서 그간 주어졌던 71개 의석 대신 148개의 의석이 불가촉천민 계급에 주어졌다. 영령인도의 일반 선거구에 할당된 중앙 입법의회 의석의 18퍼센트가 똑같이 그들에게 배려되었다. 따라서 불가촉천민은 종파적 특혜에서 그들에게 보류되었던 의석의 두 배를 확보한 셈이었다.

간디가 하리잔 문제에 전념하고 나선 데 대해서 네루를 비롯한 국민회의는 극도로 현명하지 못한 행동이라고 비판했다. 이때의 간디는 시민불복종은 마음에 없고 완전히 불가촉천민 제도의 반대에 사로잡혀 있었다. 간디는 1933년 5월 8일에 '하리잔의 대의를 환기시키고' 자신의 정화의 필요성에서 21일 동안의 단식을 시작할 것이라고 선언했다. 정부는 당일로 그를 석방했다. 간디는 국민회의 의장에게 시민불복종운동을 한 달 혹은 6주일 동안 중단할 것을 권고하는 장문의 성명을 발표했다. 인도 국민은 충격을 받았다. 간디가 하리잔 문제를 들고 나온 것은 엄청난 희생을 요했던 싸움터의 진지를 떠나는 쉬운 구실이라는 비판도 있었다. 간디가 그동안의 투쟁으로 치른 값비싼 희생을 사실상 무위로 돌려 버린 데 대해 허탈감을 가졌으면서도 그의 건강을 염려하여 공개적인 비판이 크게 일어나지 않았다.

간디는 간디·어윈 협정으로 시민불복종운동을 중단시켜 버리더니,

이번에는 불가촉천민 문제를 전면에 내세움으로써 독립운동으로 나아가는 본류의 방향을 흐리게 만들었다. 하리잔 문제라는 지엽적인 문제를 부각시킴으로써 영국 제국주의를 향한 자유 투쟁이 움츠러드는 분위기였다. 그렇게도 많은 희생을 무릅쓰고도 용기를 잃지 않고 달려왔던 범국민운동이 어떻게 보면 하찮은 힌두의 계급 문제로 축소되는 느낌이었다.

시민불복종의 재개를 선언한 지 1년쯤 지나면서 이 운동은 활력이 최저로 떨어지는 쇠퇴기에 접어들었다. 인도의 민족주의 세력은 전체적으로 심한 피로를 느꼈고 휴식이 필요했다. 사실상 대규모 시민불복종은 중단된 상태였다. 포고령이 가져온 삼엄한 정세 아래서는, 할 수 있고 할 마음이 있는 사람들만 개별적으로 시민불복종을 수행하는 것이 오히려 효율적이라는 주장이 있었다. 간디와 운영위원회는 민중의 시민불복종을 개인적 시민불복종으로 대체하기로 결정했다. 국민회의 전국위원회가 운영위원회의 결정을 통과시켰다.

시민불복종운동은 당장 목적한 바를 달성하는 데는 실패했지만 인도 독립으로 나아가는 데 있어서 커다란 도약이었다. 거의 간디 단독으로 계획했고 그의 호소에 따라 고통과 희생을 감수하며 추진되었던 시민불복종운동은 인도 국민이 꿈도 꾸지 못했던 정도로 정치적 의식을 일깨워 주고 불굴의 용기를 증명해 주었다. 인도 국민이 두려워했던 정부와 통치 제도의 취약성이 드러남으로써 그들은 자유 투쟁의 성공을 확신케 되었다.

간디가 불가촉천민 제도에 맞서 투쟁한 것은 시민불복종운동을 벗어나려는 구실이 아니었다. 힌두의 사지 절단을 목숨을 걸고 저항한 것은 자신의 필생의 신념에 대한 의무에서 비롯되었다. 간디는 "불가촉천민 제도가 살아 있을 바에는 차라리 힌두교가 죽는 편이 더 낫다."라고 말하곤 했다. 어느 누구도 불가촉천민의 지위 향상을 위해 간디만큼 노력한 사람은 없었다. 무슬림과 불가촉천민에 대한 동정심과 배려는 간디의 변치 않는 일관된 의지였다. 간디에게는 무슬림과 불가촉천민에 대한 인간애와 동포애가 인도의 정치적 독립보다도 더욱 고귀하고 긴요한 것이었다.

5 인도철퇴(撤退)운동

간디의 두 번째 범국민적 사티아그라하운동, 즉 시민불복종운동 이후 윌링던 총독의 탄압 정치가 진행되는 가운데서도 인도에는 상당한 정치적 진전이 있었다. 영국 정부가 추진했던 마지막 개혁 입법이 1935년의 인도통치법으로 나타났다. 영국 정부가 정치적 개혁을 강조하면서 19세기 후반 이래 대체로 10여 년 간격으로 일관성 있게 추진했던 통치 개혁의 일환이었다. 이는 세 차례의 원탁회의가 끝난 후 공포한 법으로서 인도를 독립 국가로 이끌어 가는 방향이 뚜렷이 설정되면서 영국 통치의 건설적인 마지막 업적으로 평가하기도 했다.

1935년의 인도통치법은 연방제의 도입이 특징이었으며 모든 주와 토후국들은 하나의 연방 단위로 통합되어 총독 밑에 양원을 구성하기로 했다. 연방의회는 재산 자격을 갖춘 인도인 유권자들이 직접 선출한 의원들이 다수를 점하게 되었다. 인도통치법의 또 다른 특징은 각 주에 책임 대의정부를 도입하는 것이었다. 몬터규·첼름스퍼드 개혁으로 알려진 1919년의 인도통치법이 지방 업무를 '유보'와 '양도'로 구분하여 전자는 주지사의 정부에 의해 다스려지며, 후자는 주 입법의회에 부여하여 이른바 다이아르키를 형성했었는데, 1935년의 인도통치법은 지방에서의 다이아르키를 폐지하고 모든 부문의 행정은 주지사가 임명한 주 장관이 수행토록 했다. 주 정부는 주민이 선출한 주 의회에 책임을 지는 대의정부가 되었다.

인도 국민의 참정권은 지난번 통치법하의 530만 명에서 크게 확대되어 이제는 3500만 명이 투표권을 갖게 되었다. 아직 재산 자격의 요건이 있었지만 성년 인구의 약 6분의 1이 투표할 수 있는 자격을 얻게되었다. 여성에게도 남성과 똑같은 참정권이 부여되었다.

1935년의 인도통치법은 인도가 자치령의 지위로 나아가는 방향을 제시했으면서도 여러 요건이 결여되어 있었다. 총독의 권력은 아직도 막강하여 국가의 우두머리와 수상의 기능을 계속하여 겸하고 있으면서 연방의회에서의 반대 투표에도 불구하고 법률을 재가할 수 있었고, 6개월 한정이긴 하지만 법률과 똑같은 효력의 명령을 공포할 수 있었다. 인도의 연방의회가 만든 법률을 인도상이 건의하여 영국 왕실이 인가하지 않을 수도 있었다. 국방과 외교 문제에 있어서 총독부는 영국 의회에 책임을 질 뿐 인도 국민이 정부에 제약을 가할 수 없었다.

영국 정부는 지방 분권에 근거한 책임 정부의 원칙을 수용했다. 국민회의는 연방제도를 민족주의 세력을 제어하기 위한 계산으로 보았으며 '새로운 구속 헌장'이라고 비난했다. 무슬림연맹도 연방 계획을 가장 반동적인 제도라고 표현하면서 완전한 책임 정치의 실현을 방해하고 지연시키려는 술책이라고 규탄했다.

1 2차 세계대전과 인도의 정세

간디는 범국민적인 독립운동이 소강 상태에 있을 때는 인도의 사회적 경제적 문제의 개선에 몰두했다. 비폭력저항운동을 건설적 생활 운동으로 전환하는 것이었다. 제국주의와 전체주의의 위기, 공산주의 이념의 경직성 및 자본주의의 심리적 불안감 등이 사회적 정의와 평등 문제에 유리한 여건을 마련해 주고 있다고 믿었다. 간디에게는 비폭력 저항인 사티아그라하와 건설적 계획인 사르보다야(Sarvodaya; 모든 사람의 복리 계몽)의 구현은 모순됨이 없이 똑같은 철학적 시각으로 연결되었다. 건설적 계획은 비폭력을 지키면서 타락한 사회를 재건하는 데 집중하는 것이었다. 특히 종파적 화합, 불가촉천민 제도의 철폐, 교육과 여성의 지위 향상 및 농촌 마을의 개혁 등은 간디가 바라보는 통일 인도를 위한 필수적인 관심사였다.

폭력 없이 사회적 변혁의 난제를 해결하는 간디의 처방은 재산 신탁 이론이었다. 재산 신탁 이론은 서구에서 전개되었던 '과학적' 사회주의와 공산주의에 대한 대안이었다. 인간 평등주의에 입각하여 비폭력에 의한 사회경제적 변혁을 제시했다. 그 주장은 여러 곳에 흩어져 있고 사망할 때까지 분명히 정립되지 않았으나, 부유한 사람과 특권층은 자신들을 취득한 재부의 수탁자라 생각하고 소박한 생활에 필요한 최소의 부분만 취하고 나머지는 사회의 좋은 일을 위해 사용해야 한다는 이론이었다. 간디는 그러한 유토피아적 혁명을 실행하는 어려움을 잘 알고 있었다. 만약 부를 자발적으로 양도하지 않으면 유혈 혁명은 필연적이다. 간디의 사회적 혁명의 힘은 정당이나 국가가 아니라 비정치적인 자발적 연합체들이었다. 그는 만약 부자들이 잉여의 부를 자발적으로 처분하지 않는다면 부유한 자들에 대한 비폭력 비협조운동을 제안했다. 부자는 가난한 사람들의 협력 없이는 부를 축적할 수 없기 때문이었다.[1]

간디는 2차 세계대전의 발발과 함께 다시 정치적 소용돌이에 휩쓸

---

1 O. P. Gautam, *op. cit.*, pp. 156~157.

렸다. 세계대전은 대영제국과 인도의 존립 자체를 위협하고 있었으나 한편으로는 인도 독립의 기회가 빨리 올 수도 있다는 가능성을 보여 주었다. 1939년 9월 세계대전이 발발하여 영국과 독일이 교전 상황으로 몰리자 총독 린리스고(Lord Linlithgow)는 인도 국민은 독일과 전쟁 상태에 들어갔다고 선포했다. 영국의 독일에 대한 선전 포고는 인도를 자동적으로 1차 세계대전 때와 같이 교전국으로 만들었다. 한마디 상의도 없이 4억의 인도 국민을 전쟁으로 몰고 가는 총독의 일방적인 선언에 국민회의는 굴욕감과 배신감을 느꼈다. 1차 세계대전 후에 보인 인색한 정치적 양보와 억압 정책에 대한 쓰라린 기억이 간디와 국민회의 지도자들의 마음속에 아직도 생생하게 남아 있었기 때문이다. 인도 통치의 실질적인 최고 책임자인 총독의 선언은 헌법적 관점에서 볼 때는 문제 없을지 모르나 전술적으로는 커다란 실책이었다.

총독은 자신의 소홀함을 만회하려고 간디에게 면담을 요청했고, 간디는 여름철의 임시 수도 심라로 갔다. 간디는 영국과 프랑스에 대한 동정심을 표현했고 비폭력으로 외세의 침입에 대항해야 한다는 견해를 보였다. "우리는 영국의 패망으로부터 우리의 독립을 추구하지는 않는다. 그것은 비폭력의 길이 아니다."라고 말하며 어떤 경우에도 비폭력에 대한 신념을 포기할 수는 없다는 의지를 보였다. 간디에게는 인도의 자유보다는 비폭력과 평화의 신념이 더욱 중요했다. 그러나 대부분의 국민회의 지도자에게는 비폭력은 신조가 아니며 독립투쟁을 위한 편법이었다. 국민회의 의장 아자드도 국민회의는 평화 기구가 아니라 인도의 자유를 쟁취하려는 국민의 대표 기구라는 입장이었다.

네루도 간디와 비슷한 생각이었지만 전시에는 영국에 더 깊은 동정심과 무조건적인 지원을 보내야 한다는 입장이었다. 2차 세계대전은 자유 민주주의와 파시즘 사이의 싸움이므로 나치즘과 파시즘의 침략 행위에 맞서야 하며, 인도는 불가피하게 민주주의 편에 서서 충분한 역할을 해야만 했다. 네루는 자유와 민주주의를 수호하는 정의로운 전쟁에 인도가 적극적으로 참여하여 모든 자원을 새로운 질서를 위한 투쟁을 위해 지원해야 한다고 주장했다. 그는 1940년 5월 20일 "영국이 생사의 투쟁에 몰려 있는 때에 시민불복종운동을 시작하는 것은 인도의 명예를 손상시키는 행동이 될 것"이라고 놀라운 성명을 발표했다. 급진파의 견해로는 간디 진영이 영국과 타협에 이르기 위해 가능한 모든 일을 도모하고 있는 것으로 생각되었다.[2]

국민회의 운영위원회는 간디와 네루의 전쟁 협조에 거부하는 방향으로 나아갔으며 사실상 네루는 그들의 의견에 따라가고 있었다. 1939년 9월 15일 운영위가 채택한 장문의 결의는 인도 국민의 동의 없는 총독의 선전포고에 대해 침통한 견해를 표명하면서 제국주의적 목적을 위해 인도의 자원을 이용하는 것에 반대하며 전쟁에 협조할 수 없다고 선언했다. 국민회의 전국위원회는 10월 10일 이 견해를 인가하면서 인도는 독립국가로 선포되어야 한다고 주장했다. 운영위는 1940년 6월과 7월에 와르다와 델리에서 모임을 가졌을 때도 간디의 견해에 반대했다. 그들은 인도의 완전 독립에 대한 즉각적이고 분명한 선언을 새롭게 했고 필요한 조치로서 중앙에 임시 국민정부가 수립되어야 한다고 제의했다.

린리스고 총독은 국민회의와 무슬림연맹의 협조를 얻기 위해 일방적인 선언이긴 하지만 두 번의 노력을 시도했다. 1939년 10월 17일에 발표한 총독의 첫 번째 선언은 이미 영국 수상이 표명했던 바로서 자치령의 지위를 부여하는 것이 영국 정책의 목표이며, 1935년의 인도통치법의 재검토가 전후에 착수될 것이다, 또 전쟁 수행에 있어서 인도의 유용한 견해를 듣기 위해 자문위원회를 설치한다는 등의 내용이었다.

---

2 R. C. Majumdar, *op. cit.*, III. p. 601.

린리스고는 영국 정책의 궁극적 목표는 인도에 자치령의 지위를 인정하는 것이라고 되풀이했으나 언제 실현된다는 것은 언급하지 않았다. 오직 1935년 인도통치법의 수정은 전쟁이 끝난 후에 원탁회의의 형식으로 약속했을 뿐, 제헌의회에 대한 언급은 없었다. 이 선언에서 새로운 것이라면 미래의 어떤 헌법적 개혁에 있어서 무슬림의 견해에 큰 비중을 둘 것이라는 약속이었다. 전쟁 중에 정부는 협력 단체를 조직할 것이라고 선포했으며 모든 주요한 정당들과 토후국의 대표들로 구성될 것이라고 밝혔다.

총독이 애써 밝힌 정치적 양보는 인도 국민에게 아무런 감동도 주지 못했다. 총독은 자신이 밝힌 내용 이상으로 언급할 위치에 있지 않다고 끝을 맺었다. 인도 국민의 견해를 경청한다면서 토후들과 유럽인 집단까지 포함하여 소수자의 견해와 이익이 충분히 고려될 것이라고 언급한 것은 오히려 국민회의를 격노케 만들었다.

국민회의는 총독의 성명에 크게 실망하면서, 1935년 인도통치법의 연방 계획에서 아무 진전이 없다는 이유로 거부했다. 국민회의 운영위원회는 총독의 성명을 옛 제국주의 정책의 분명한 되풀이로 보고 영국에 대한 어떤 전쟁 지원도 제공할 수 없다고 선언했다. 국민회의는 단호한 의지의 표현으로 국민회의가 지배하고 있는 주 내각들에게 사퇴를 요구했다. 이에 따라 모든 국민회의 주 정부 내각들이 1939년 10월 27일에서 11월 15일 사이에 사퇴했다.

무슬림연맹 역시 미래에 대한 약속을 환영하면서도 지난번의 연방 계획에서 새로운 것이 없다는 이유로 거부했다. 진나는 제헌의회에 관한 어떤 생각도 분명히 거부했는데 그것은 국민회의가 제헌의회를 지배할 것이라고 믿었기 때문이다. 총독은 국민회의 주 내각들의 사퇴를 내심 반겼다. 국민회의가 11개 주 가운데 8개 주를 지배하고 있었으므로 정부의 전쟁 노력을 방해할 수 있었다. 내각이 사퇴한 8개 주는 주지사가 지배하게 되었으므로 총독은 더 이상 국민회의를 회유할 필요가 없게 되었고 이제 무슬림연맹의 협조를 기대했다. 무슬림연맹은 국민회의의 주 내각 사퇴를 '구원과 감사의 날'로 경축했으며 연맹의 지위를 크게 강화할 수 있는 기회로 잡았다. 무슬림연맹은 1940년 3월 23일 라호르 대회에서 '파키스탄 선언'을 공표하고 분리된 독립 국가를 공식적으로 요구하기에 이르렀다.[3]

린리스고의 두 번째 성명은 영국 정부를 대신하여 1940년 8월 8일에 발표되었다. 지난번의 선언에 비해 눈에 띄는 진전도 없었고 양보도 없었다. 린시스고는 제헌의회라는 표현을 피해 가면서 전시자문위원회의 설립을 제의했다. 전시자문위원회는 주요 집단의 대표 기구가 충분한 권한을 갖는 제헌의회인지 혹은 단순한 또 다른 원탁회의인지도 불분명했다. 총독집행위원회가 확대될 것이며 소수 집단의 의견과 권리가 강화될 것이라고 밝혔다. 소수 집단의 의견에 귀 기울인다는 약속은 보기에 따라서는 무슬림연맹이 인도의 어떤 정치적 발전도 당사자들의 동의 없이는 나아갈 수 없다고 주장해 온 바를 수용한 것이었다. 무슬림연맹은 수용하지도 거부하지도 않는 태도를 보였다. 총독의 선언은 무슬림연맹을 고무시켰으며 진나는 총독집행위원회에서 국민회의와 무슬림연맹의 동수를 요구하고 나섰다.

총독의 두 번에 걸친 성명이 간디와 국민회의를 자극했다. 국민회의는 영국 정부의 성의 있는 정치적 조치를 기대했었다. 많은 정치 지도자들이 국가가 직면한 위급한 상황에서 정부에 진정으로 협조할 마음을 가지고 있었다. 국민회의 지도자들은 전체주의에 맞서 민주주의의 대의를 지키려는 연합국의 전쟁 노력을 동정하고 있었으므로 이 단계에서 대중운동은 고려하지 않았다. 영국 정부는 그들의 전쟁 노력이

---

3 졸저, 『인도와 파키스탄: 그 대립의 역사』, 152~163쪽 참조.

5 인도철퇴(撤退)운동

방해받지 않고 무슬림연맹을 소외시키지 않으면서 명확한 약속은 종전 후로 미루고 있었다. 국민회의는 총독의 두 번째 성명에 실망하고 분노했다. 영국의 전쟁 수행에 협조적이었던 라자고팔라차리나 네루도 반대하고 나섰다. 네루의 표현 대로 정부의 선언은 국민의 마음을 묶고 있는 가느다란 연결 끈을 끊어 버리는 것이었다. 국민회의 전국위원회는 다음 달 봄베이에서 만나 정부의 제의를 전면 거부했으며, 간디에게 다시 시민불복종운동의 권한을 부여했다.

간디는 전시에도 그의 필생의 신념인 비폭력과 평화주의를 고수했다. 간디는 폭력은 항상 비폭력에 의해 무력화될 수 있다고 믿었다. 그의 비폭력에 대한 깊은 신념에는 어린애 같은 순진함이 내포되어 있었다. 간디는 대전 발발 직전 히틀러에게 서한을 보내 전쟁을 그만두라고 호소했으며, 영국 국민에게도 두 번의 서신을 보내 히틀러와 싸워서는 안 되며 정신적 힘으로 압도해야 한다고 주장했다. 간디가 총독을 만나 영국민은 무기를 포기하고 히틀러에게 정신력으로 맞서야 한다고 말했을 때 린리스고는 황당한 제언에 크게 당황하여 간디에게 통상의 예의를 보이는 것도 잊고 말없이 앉아 어리둥절해했다.[4]

간디는 정부의 성명 후 1940년 9월 말에 총독을 면담하고 전국적인 반전(反戰) 운동을 시작할 것이라고 전했다. 그러나 간디는 국민회의 일부와 급진파들이 내세운 대중운동은 반대했다. 그는 시민불복종을 선발된 개인들에게만 한정했다. 사티아그라하를 개인적으로 제시했지만 집단 시위는 없어야 했다. 간디는 대중을 자극하는 것과 당국을 난처하게 하는 일은 못하도록 했다. 연설이나 활동에서 친파시즘 혹은 친나치즘을 보여서는 안 되었다. 영국의 전쟁 노력을 인력이나 재력으로 돕는 것은 잘못된 것이며 가치 있는 노력은 오직 모든 전쟁을, 특히 영

---

4 Abul Kalam Azad, *India Wins Freedom*(New York: Longman, 1990), p. 42.

국 제국주의를 대신하여 행하는 전쟁을 비폭력 저항으로 반대하는 것이 강조되었다. 개인적 시민불복종은 정부를 심각하게 괴롭히지 않고 명목상의 반대의 목적을 달성하기 위해 고안한 것이었다. 간디는 농민과 노동자와 학생들을 정치적 목적을 위해 이용하는 것을 반대하며 경고했다.

간디는 1940년 10월 17일 아쉬람의 절친한 동지이며 사회 개혁가인 비노바 바베(Acharya Vinoba Bhave)에게 와르다 부근의 거리에서 연설을 한 후 반전 구호를 외치면서 걸어가도록 했다. 기이하면서도 우스꽝스럽기도 한 개인 사티아그라하운동이 시작되었다. 그는 체포되었다. 다음은 네루가 이어 가기로 되어 있었으나 그는 이미 일주일 전부터 구속되어 있었다. 물론 개인 사티아그라하운동은 인도 국민에게 강한 정치적 열정을 불러일으키고 정부로 하여금 인도의 요구를 받아들이도록 압력을 가하려는 목적이었다.

간디는 개인 사티아그라하를 이른바 대표 사티아그라하로 대체했다. 참여자들은 국민회의 운영위원회, 국민회의 전국위원회, 중앙 및 주의 대표들 또는 주 내각의 각료를 지낸 사람들 가운데서 선발되었다. 그들은 1년 동안 거리에 나타나서 구호를 외치다가 체포되어 구속되었다. 그 숫자는 약 600명이었으며 그 가운데는 국민회의 의장 아자드와 마드라스의 지도자 라자고팔라차리도 포함되었다. 주 정부 각료를 지낸 사람도 29명이나 있었다. 선발된 개인은 자신을 구속해 달라고 주장하면서 나아갔다. 1년 동안에 2만여 명이 체포되어 기소되었으며 그 절정기에는 한 달에 7000명이 구속되기에 이르렀다.[5]

간디는 개인 사티아그라하운동을 잠시 중단했다가 재개했다. 국민

---

5 Y. B. Mathur, *Quit India Movement*(Delhi: Pragati, 2001), p. 12; R. C. Majumdar, *op. cit.*, III, p. 608.

5 인도철퇴(撤退)운동

의 사기는 저하되어 있었으며 이와 같은 소극적인 운동에 대체로 불만
스러워 했다. 그러나 간디는 대규모의 민중운동으로 전환하지 않았다.
그는 전쟁 중에 민중운동은 정부를 곤경에 빠트릴 수 있다고 믿었기 때
문이다.

2 일본군의 침공 위협과 크립스 사절단

영국의 견고하고 안전한 동양 요새인 싱가포르를 1942년 2월 일본
군이 장악했고 말라야에 이어 3월 7일에는 랑군이 함락되었다. 영국의
통치 아래 있던 버마의 랑군이 함락되자 나흘 후에 처칠 수상이 하원에
서 크립스 사절단을 발표하기에 이르렀다. 전시내각은 침략자의 위협
으로부터 인도를 지키기 위해서는 인도의 모든 세력을 규합하는 것이
절실하므로 사절단의 파견을 결정했다고 밝혔다.

영국 정부가 크립스 사절단을 인도에 파견키로 결정한 것은 일본군
의 위협이 직접적인 원인이었지만 미국 대통령 루스벨트(Roosevelt)와
중국 국민정부 주석 장제스(蔣介石)의 설득 노력이 어느 정도 작용했다
고도 볼 수 있다. 처칠은 인도 문제에 관하여 많은 말을 하지 않았지만
말을 했다 하면 인도와 세계의 여론을 외면하는 강경한 내용의 발언이
었다. 처칠은 1935년 인도통치법에 반대했다. 또 그가 대서양헌장을 인
도에 적용하는 것과 관련하여 1941년 9월 9일 하원에서 행한 연설은
인도와 미국에서 거센 반발을 불러일으켰으며, 영국 내에서도 비판이
일었다. 헌장 제3조에는 "모든 국민이 정부 형태를 선택할 권리를 존중
하며, 자치의 주권이 강제로 박탈되어 왔던 사람들에게 회복되는 것을
희망한다."라고 명시했지만 처칠 수상은 여기에서 인도와 버마는 제외
된다고 말했다.

미국 정부는 위넌트(Winant) 주영 대사로 하여금 수상의 연설에서 인도와 버마를 제외시킨다는 문제의 구절을 삭제하도록 설득을 시도했지만 처칠은 거절했다. 그것은 영국의 국내 문제이며 내각에서 가결되었다는 입장을 분명히 했다. 루스벨트는 인도인들이 독립을 보장받게 되면 영국에게 보다 적극적으로 협력할 것이라고 권고했으며 처칠이 1941년 말 워싱턴을 방문했을 때도 같은 내용을 권고했다. 인도의 자유와 전쟁 협조에 대한 문제를 놓고 루스벨트와 처칠은 뚜렷한 견해 차이를 보였다. 루스벨트는 완전한 자유만이 인도 국민을 자발적으로 우러나는 나치즘 대항 투쟁으로 이끌어 갈 수 있다고 믿은 데 반하여, 처칠은 자유가 없이도 인도의 방대한 자원과 인력을 적절하게 동원할 수 있다는 믿음을 갖고 있었다.

1942년 초에는 미국 상원 외교위원회가 인도 문제를 논의했다. 그들은 군사력의 공급원으로서의 인도의 인력에 특별한 관심을 보이면서 미국 의회와 정부는 현재 인도 국민의 반영 감정이 심각함을 지적했다. 인도인들이 영국의 지배를 연장하도록 싸워 줄 마음은 없을 것이므로 인도에 자치가 부여되어야 한다고 주장했다. 인도 국민을 싸움터로 이끌 수 있는 유일한 길은 그들로 하여금 인도 자신을 위해 싸우도록 하는 것이라는 견해였다. 미국 상원의 보고서는 루스벨트 대통령이 런던에 가 있던 특별 대표 해리먼(W. A. Harriman)을 통해 영국 정부에 전달했다. 루스벨트의 권고는 처칠이 크립스 사절단을 발표한 하루 전까지도 이어졌다. 미국은 이후에도 인도에 동정적이었지만 영국의 동맹국이었으므로 외교적 언사에 머무는 수준을 이어 갔다.

중국은 인도의 전쟁 협조 문제가 해결되기를 간절히 바랐다. 장제스는 그동안 영국 정부가 인도에 가능한 한 신속하게 실질적인 정권을 넘겨주어 인도의 도덕적 물질적 지원을 확보하도록 촉구했다. 장제스와 부인 쑹메이링(宋美齡)이 1942년 2월에 인도를 방문했다. 장제스의 인도 방문은 영국 정부의 권유에 의한 것으로 알려졌으며 국민회의 지도자들을 설득하여 영국 정부에 협력하도록 유인하기 위한 것이었다. 장제스는 와르다에서 간디를 만나기를 원했지만 처칠은 그의 요구를 묵살했다. 장제스와 간디의 개별적인 만남은 캘커타에서 이루어졌다.

처칠의 영국 정부는 루스벨트와 장제스의 압력과 권고를 무시해 오다가 랑군이 함락된 긴박한 상황에서야 크립스 사절단을 들고 나왔다. 전시내각이 인도와의 화해로 돌아선 것은 노동당의 태도에서 영향을 받은 것도 사실이었다. 그동안에 영국 정부의 인도 정치 발전에 대한 약간의 양보 조치가 있었다. 비록 총독 집행위원회가 입법의회와 정당에 책임을 지는 기구는 아니었지만 1941년 7월 6명의 인도인을 추가하여 위원 13명 가운데 8명이 인도인이 차지하도록 확대했다. 또한 12월에는 일본군의 진주만 공습 이전에 국민회의 의장 아자드와 네루를 비롯한 사티아그라하 참여자들을 석방했다.

크립스 사절단은 크립스(Stafford Cripps)를 단장으로 구성되었으며 처칠 수상이 인도 문제의 해결책을 제시하도록 전시내각의 소위원회를 임명한 결과였다. 연구위원은 전시 내각에 참여했던 노동당의 애틀리를 의장으로 하여 사이먼과 크립스, 인도상 아메리(Leopold Amery)와 인도에서 고위 관직을 지낸 두 사람으로 구성되었다. 크립스는 노동당 소속이었지만 처칠의 전시내각에 참여하고 있었다. 네루를 비롯한 정치 지도자들과 친분이 두터웠고 인도 자유주의 운동의 친구로 신망이 높은 인물이었다. 일찍이 1931년에 의회의 토론에서 처칠이 인도에 자치령 지위를 인정하는 것은 '총체적인 재난'이 될 뿐이라고 말했을 때 크립스는 인도의 자치를 강조했었다.

크립스 사절단은 1942년 3월 22일 델리에 도착했다. 크립스가 가져온 제안은 아래와 같이 요약할 수 있다.

① 인도 자치를 조기에 실현하고 인도연방을 창설하기 위한 조치가 취해질 것이며 완전한 자치령의 지위를 얻게 될 것이다. 영연방에서 탈퇴할 수 있는 권리도 갖게 될 것이다. ② 종전 직후 제헌 기구가 모든 주 입법의 회 의원으로 구성되는 선거인단에 의해 선출될 것이며 토후국들은 이 기구에 대표를 임명하게 될 것이고, 헌법을 만드는 책임을 함께할 것이다. ③ 영국 정부는 골격이 잡힌 헌법을 수용하여 보완하는 일을 수행할 것이다. ④ 영국 정부와 제헌기구는 정권 이양에서 야기되는 모든 문제들, 특히 소수 인종 및 종파 집단의 보호와 관련하여 협의한 약정에 서명할 것이다. ⑤ 새 헌법이 짜일 때까지는 영국 정부가 세계 전쟁 노력의 일환으로 인도의 방위를 위한 통치권을 유지해야만 한다.[6]

크립스 제안은 린리스고 총독의 8월 성명에 비해 실질적인 진전을 보였다. 자치령의 지위로 나아가는 시한도 정해졌고, 영연방으로부터의 탈퇴의 자유도 선언되었다. 헌법을 제정하는 책임은 전적으로 인도인의 것이었다. 임시정부의 구성원은 총독이 임명하지 않고 정당들이 선출한 정당 대표라는 점에서 '국민정부'가 될 수 있었다. 소수자들의 문제를 해결하는 구체적 방법도 마련되었다. 문제는 제헌기구에서 토후국들을 대표하는 방법과 인도연합 밖에 남게 되는 권리가 그들에게 주어진 것이었다.

크립스 제안은 세계대전의 위급한 상황에서 볼 때 영국 정부가 할 수 있는 가능한 모든 양보를 보였다고 할 수 있었다. 제안은 본질적으로 타협의 성격으로서 무슬림연맹의 파키스탄 창설 요구와 국민회의의 제헌의회 요구 및 영연방으로부터의 탈퇴의 권리를 충족했다. 토후국

---

6 P. Sitaramayya, *History of Indian National Congress*, Vol. II(New Delhi: S. Chand & Co. 1989), pp. 312~318.

들에 대한 통제권도 해제했으며, 소수 집단의 권익도 보장한다고 언급했다.

그러나 크립스 제안은 국민회의를 설득할 수 없었다. 인도의 장래를 결정하는 것은 인도 국민이 아닌 영국인 지배자들이라는 기본적인 불신이 깊이 자리하고 있었다. 국민회의는 인도의 동쪽과 서쪽의 무슬림 다수 주들이 인도연합에 가입하지 않을 것이라는 전망과 함께 토후국들에도 같은 권리가 인정되는 것에 당황했다.

간디는 크립스 제안의 형식과 정신과 내용에 즉흥적으로 반발을 보였다. 그는 특히 인도의 분할 계획에 부정적이었다. 크립스의 전보를 받고 와르다 부근의 세바그람 아쉬람에서 델리로 가면서 간디는 특히 인도의 발칸화(化)의 잠재성을 우려했다. 간디는 토후의 대표 지명권과 전쟁 중에는 인도의 국방을 완전히 영국인의 수중에 남겨 두어야 한다는 조항 등을 받아들일 수 없었다. 제안서를 읽은 후 간디는 처칠이 자발적으로 인도를 포기하지 않겠다는 마음을 갖고 있으면서도 반제국주의자인 노동당의 크립스를 희생물로 삼아 조종하며, 간디 자신을 영국 제국주의의 도구로 이용하고 있다고 느꼈다. 간디는 크립스에게 "만약 이것이 인도에 대한 당신의 전체 제안이라면 다음 귀국하는 첫 비행기를 타라."라고 충고하고 델리를 떠나 세바그람으로 돌아가 버렸다.[7] 간디가 이때 크립스의 제안을 '도산한 은행의 연수표(延手票)'라고 부른 것으로 전해졌다.

크립스와의 협상을 위해 국민회의 의장 아자드와 빠텔 그리고 네루 등은 뉴델리에 남아 있었다. 네루는 "제안을 맨 처음 읽었을 때 깊은 우울감을 느꼈으며 그 침울한 마음은 위급한 정세뿐만이 아니고 크게는 스테포드 크립스로부터 실질적인 무엇을 내가 기대했다는 사실 때

---

7 Rajmohan Gandhi, *op. cit.*, pp. 471~472.

문이었다. 내가 그 제안들을 읽고 그것들이 지닌 의미를 숙고하면 할수록 나의 우울한 마음은 커져만 갔다."[8]라고 회고했다.

아자드와 네루는 4월 2일 크립스를 방문하고 그의 제안을 거부하는 운영위의 결의를 넘겼다. 국민회의 지도자들은 완전 독립이 아닌 자치령의 지위에 대한 조항에 만족할 수 없었다. 또 파키스탄의 분리 가능성뿐만 아니라, 제헌의회에서 토후국들의 주민이 선출한 대표가 아닌 토후의 지명인이 대표로 참여한다는 데 거부감을 보였다. 그들은 제헌기구에 국민의 대표가 아닌 임명직이 들어옴으로써 국민의 자결권이 훼손된다고 지적하면서 미래의 독립은 암시적일 뿐 부수적인 제약들이 자유가 환상일 것이라고 인식하게 만든다고 지적했다.

영국 정부는 처음으로 인도의 분할을 종파적 난제의 해결책으로 생각하고 있음을 보여 주었다. 인도의 생체 해부도 가능하다는 것을 암시하는 크립스 제안의 이 부분이 국민회의를 비롯한 인도 국민을 한층 더 분개하게 만든 원인 가운데 하나였다. 네루는 《뉴욕 타임스》의 기고문에서 "30년 전에 영국 정부는 인도에 종교적 분리선거제의 원칙을 도입하여 정파의 반목을 증폭시키는 길로 나아가는 운명을 만들어 놓고, 이제는 그들이 인도를 두 개 혹은 더 많은 독립된 부분으로 분리하려는 생각을 도입했다."[9]라고 비난했다. 크립스 제안이 인도를 수많은 '독립국들'이 할거하는 장기판으로 만들어 버릴 것으로 해석했다.

크립스 제안은 무슬림을 만족시키지 못했다. 진나는 무슬림연맹과 다른 정당들이 철저히 무시된 채 오직 국민회의와 협상이 진행되었다고 불평했다. 무슬림연맹은 분립의 가능성에는 호의적이었다. 진나는 '파키스탄'으로 이해될 수 있는 의미를 함축하는 탈퇴 조항을 환영하면

---

8 J. Nehru, *The Discovery of India*(New Delh: Teen Murti House, 1988), p. 454.

9 Y. B. Mathur, *op. cit.*, p.19.

서도 자신의 무슬림 국가가 아닌 주들에게도 분립의 권리를 부여하는 계획을 반대했다. 또 단순 다수결로 채택되는 제헌 기구에는 무슬림은 참여하지 않는다고 주장했지만 크립스 제의는 린리스고의 제의보다 한 걸음 더 나아가 진나를 고무시켰다. 1940년 라호르에서 파키스탄을 선언할 때는 인도의 분리가 하나의 환상으로 보였으나 이제는 하나의 정치적 가능성이 되어 버렸다.[10]

국수주의적인 힌두 마하사바(Hindu Mahasabha)는 '인도는 하나이며 분리할 수 없다.'라고 통일 인도를 선언했으며, 어떤 형태의 인도 분할에도 반대했다. 시크교도도 마하사바와 마찬가지로 주가 인도연합에서 탈퇴할 수 있는 권리를 가지는 데 반대했다. 토후국들의 태도는 크립스 제의에 호의적인 중립으로 볼 수 있었다. 불가촉천민의 지도자 암베드카는 제안을 힌두 지배 아래 있는 자신들에 대한 필수적인 보장책이 결여되었다는 이유로 반대했다. 자유주의파도 인도 분할 계획에는 단호하게 반대했다. 영향력은 없었지만 인도공산당과 급진민주당의 로이(M. N. Roy)만이 영국 정부의 제의를 적극 환영했다.

실질적인 크립스와의 협상은 주로 아자드와 네루가 대표하고 있던 국민회의와 이루어졌으며 무슬림연맹은 방관자로서 사태 발전을 지켜보고 있었다. 국민회의 협상자들은 인도의 국방을 전적으로 총사령관 와벨(Wavell: 후에 총독)에게 남겨 놓는 것에 반대했다.(와벨은 군대의 효율성을 높이는 데 집착했던 인물이지만 벵골 기근 구호 사업에서는 상당한 성과를 올렸다. 인도의 소요는 힘으로 진압하든지 그렇지 못하면 독립을 인정해 버려야 한다는 것이 이때 그의 입장이었다.)

총독위원회의 인도인 위원에게 주어지는 행정 특히 국방에 관한 권한과 책임을 조정하는 일은 합의를 이루기가 어려웠다. 인도군 최고사

---

10 졸저, 『인도와 파키스탄: 그 대립의 역사』, 163~167쪽 참조.

령관으로 계속하여 활동할 영국인 총사령관 외에 한 명의 인도인 국방위원을 두어야 한다는 문제였다. 인도인 국방위원은 합당한 지위를 갖고 실질적인 권한을 행사할 수 있어야 했다. 오랜 논의 끝에 루스벨트 대통령의 개인 특사인 루이스 존슨(Louis Johnson) 대령과 크립스는 인도인 국방위원에게 적극적인 역할을 할 수 있도록 하는 데 동의했다. 한편에서는 존슨과 국민회의 대표 사이에, 다른 한편에서는 크립스와 총독과 총사령관 사이에 논의가 더 있었다. 4월 8일 크립스는 인도인 국방위원에게 실질적인 역할을 부여하는 정칙(定則)에 도달하여 총독과 논의했으나 총독은 여기에 반대했다.

크립스는 영국 정부에 전문을 보내 이 정칙을 수용하도록 간곡하게 권유했다. 여기에 근거하지 않고는 국민회의와 합의에 도달할 수 있는 가능성이 무망하다고 주장했다. 동시에 린리스고 총독도 자신의 견해를 본국 정부에 보내 특히 전시에 총사령관의 권한을 약화시키는 것에 동의할 수 없다고 주장했다. 크립스는 국민회의의 요구를 포용하려 했으나 처칠 수상이 그에게 전문을 보내 국방에 대한 어떤 조정도 거부한다고 말함으로써 수포로 돌아가고 말았다.[11]

사실 크립스는 헌법적 진전에 대해 계속 약간씩 다른 의견을 보여 애매했다. 인도에 도착한 직후 기자 회견에서 "어떤 진정한 근본적 변화도 전시내각의 결정에서 만들어질 수 없다."라고 말했다가, 3월 25일 두 번째 회견에서는 "의심할 것도 없이 근본적으로 상이한 계획을 협상한다."라고 말을 바꾸었다. 닷새 후의 방송에서는 "이 어려운 시기에는 우리가 여기에서 당장 새 헌법을 안출하는 것을 시작할 수 없다는 것에 누구나 동의한다."라고 말했다. 다시 4월 7일에 그는 "전시에는 현행 헌법에 어떤 변화를 가져온다는 것은 불가능하다."라는 분명한 입

---

11 Bhim Sen Singh, *The Cripps Mission*(Delhi: USHA, 1999), pp. 65~77.

5 인도철퇴(撤退)운동

장을 보였다. 다른 보도에서도 "인도의 장래를 위해 헌법 문제는 너무나 중대하므로 서둘러 개정할 수는 없다."라고 말했다.[12]

아자드는 4월 10일 크립스에게 보낸 장문의 서한에서 "우리는 당신이 내놓은 제안을 수용할 수 없지만 진정한 국민정부가 구성된다면 그 책임을 맡을 준비가 되어 있다. 국민정부는 모든 권한을 가지고 있는 내각이 되어야 하며 단지 총독집행위원회의 연장이 되어서는 안 된다."라고 말했다. 결국 국민회의가 관심을 갖는 것은 내각이 어떻게 구성되며 그 기능은 무엇인가, 즉 영국 정부가 인도 국민에게 포기할 권력의 정도라는 것이다.[13] 아울러 크립스가 사용한 '내각'이란 표현에 대해 분명한 답변을 요구했으나 크립스는 답변이 없었다.

결국 협상은 더 이상 이루어질 수 없었으므로 크립스 사절단은 아무 성과 없이 4월 11일에 인도를 떠났다. 협상 과정에서 크립스가 고위 관리와 거의 모든 공동체, 정당들과 개별적인 접촉을 가졌으나 그들 사이의 전체적인 절충이 부재했다는 점에서 크립스에게 실패의 책임을 돌리기도 했다. 그러나 크립스의 책임을 강조하는 것은 옳지 않았다. 상이한 공동체와 정당의 지도자들의 의견을 모을 충분한 시간도 없었다. 다만 크립스의 예의 바른 행동과 기자 회견과 방송에서 보인 진지한 태도는 인도에 좋은 인상을 남겼다. 결국 크립스 사절단의 사명은 성공할 수 없는 운명이었는데 그것은 그의 책임이 아니었다.

크립스 사절단의 실패는 처칠의 반동적인 태도 때문이었다는 것이 당시 일반적인 생각이었다. 원래 영국 정부는 인도에 자치권을 양보할 마음이 없었고 사절단을 파견한 것은 오직 미국이 보인 압력의 결과였다는 해석이었다. 세계 여론, 특히 미국 여론을 비켜 가면서 이미 예정

---

12 Amba Prasad, *The Indian Revolt of 1942*(Delhi: S. Chand, 1958), pp. 29~30.

13 V. P. Menon, *The Transfer of Power in India*(New Delhi: Orient Longman, 1968), pp. 130~131.

된 실패를 인도에 뒤집어씌우기 위한 술책이었다는 주장이었다.

영국의 공식 견해는 간디의 평화주의가 크립스 사절단을 실패로 몰아갔다는 것이었다. 영국은 간디의 영향력 아래 있는 국민회의의 평화주의를 경멸했다. 처칠은 일찍이 "간디주의와 그것이 의미하는 모든 것은 결국 맞잡고 싸워서 종국적으로 분쇄해 버려야만 한다."[14]라고 매도했었다. 처칠 정부는 네루만이 거의 유일하게 일본과 싸우기를 원했을 뿐 대다수의 국민회의 지도자들은 평화주의자라고 보았다.

크립스도 영국으로 돌아간 후 사절단의 실패를 간디의 책임으로 돌렸다. 국민회의 운영위원회가 사절단의 제안을 수용할 마음이었으나 간디가 개입하여 뒤엎었다고 암시했다. 간디는 크립스의 요청에 따라 마지못해 델리로 갔으나 협상 초기에 델리를 떠나고 말았다. 크립스는 간디가 세바그람에서 전화로 크립스의 제의를 배척하도록 지시했다고 주장했다.

크립스와의 협상에서 중심 역할을 했던 국민회의 의장 아자드와 네루는 운영위가 간디의 영향을 받지 않았다고 수차 밝혔다. 델리를 떠난 후 간디와는 어떤 협의도 없었다는 것이 그들의 주장이었다. 그러나 독립운동 과정에서 간디가 감옥에 있었던 것도 아니고 보면, 인도의 운명이 걸린 결정적인 한 순간을 오불관언(吾不關焉)으로 좌시했다고 보기는 어렵다. 설령 간디가 초연한 태도로 멀리 떨어져 있었다고 해도 그가 협상 장소를 박차고 델리를 떠나 버렸던 태도 자체가 운영위의 결정에 암암리에 작용했을 것은 충분히 추측할 수 있다. 결국 최종 결정은 운영위에서 내렸지만 운영위원들은 간디의 크립스 제의에 대한 호의적이지 않은 반응을 알고 있었다는 것이다.

정부와 국민회의 사이의 이견은 조정 불가능한 것은 아니었다. 국민

---

14 Louis Fischer, *op. cit.*, p. 452.

　　　　　　　　　　　　5 인도철퇴(撤退)운동

회의는 정부에 참여하기를 원한다고 선언했고 새 정부는 자유로운 정부로 기능해야 한다는 것을 다짐받기를 원했다. 사절단의 실패에 대한 책임은 처칠 정부와 총독의 완고한 태도가 큰 원인이었다. 영국 내각과 크립스 사이에, 또 크립스와 총독 사이에 진정한 논의와 이해가 없었던 것이 분명했다. 영국 정부와 국민회의 사이에는 상호 불신이 깊이 자리 잡고 있었다. 영국 정부는 간디와 국민회의를 의심했고, 국민회의는 크립스를 제국주의자 처칠의 앞잡이로 보았다. 인도인들은 거미줄에 걸려들고 있다는 소문이 널리 퍼졌다. 상호 불신과 감정적인 이견을 이해하고 이를 해소하려는 노력이 없었던 것이 사절단의 실패 요인이었다.

3 인도철퇴운동의 결의

2차 세계대전의 초기에 많은 국민회의 지도자들의 비판적인 태도와는 달리 영국 정부의 전쟁 수행에 동정적이고 협조적이었던 간디가 결정적으로 영국 정부와 대척점에 서게 된 것은 크립스 협상의 결렬이 계기였다. 크립스 제안은 영국 정부의 인도에 대한 정책에는 아무런 변화가 없고 영국의 인도 지배는 결코 완화되지 않았다는 것을 보여 주었다. 영국 정부가 적어도 전쟁 중에는 실질적인 정권 이양을 거부한다는 것을 간파한 간디는 또 한 번 직접 행동의 길로 나아갔다. 그는 생애의 마지막 사티아그라하운동을 계획하고 있었다. 간디는 영국 정부에 당장 '인도를 떠나라.', '인도에서 철퇴하라(Quit India.)'라는 결의에 찬 선언을 준비하고 있었다. 많은 국민과 국민회의 지도자들이 경악할 사건이었다.

크립스 사절단이 인도에 머문 3주일 동안에도 인도 국경 부근에서의 전세는 악화되었다. 일본군의 승승장구는 멈추지 않았다. 버마 중남부 도시 타웅우가 함락되었고, 곧 실론의 콜롬보가 공습을 당했다. 인도의 벵골 만이 일본군의 공격에 노출된 상황이었다.

크립스가 떠난 직후 '영국인들은 인도를 떠나라'라는 구호가 간디의 마음을 사로잡았다. 간디는 영국과 인도 두 나라의 안전과 이익을 위해서 "영국인들이 인도에서 질서 있게 또 때를 맞추어 철수해야 한다."라고 제안했다. 이는 간디가 처음으로 영국과 인도 사이의 협력과 우호적인 이해에 대한 모든 생각에 종지부를 찍는다는 것을 공개적으로 선언한 것이었다.

크립스의 역할이 실패로 돌아간 후 네루와 간디의 견해가 두 달 동안 국민회의 전국위원회와 운영위원회에서 대립했다. 특히 운영위는 그 기능이 내각에 비유되기도 하는 국민회의의 중추 기관이었다. 국민회의는 국민이 선출한 입법 기관은 못되었지만 오랜 전통과 권위와 국민의 신뢰를 바탕으로 국가에 전체적으로 영향을 미치는 문제들을 논의하는 국회와 같은 성격으로서, 의장을 국가의 수장으로 인정하려는 경향이 있었다. 연례회의 때 의장은 위엄을 보이기 위해 화려하게 꾸민 코끼리를 타고 입장했고 인도인들은 총독보다 의장에게 더 큰 관심을 보였다. 마침내 국민회의 전국위원회가 간디와 네루 사이의 이견에 대하여 최종적으로 채택한 결의는 두 견해를 절충한 것이었다.

인도의 이익뿐 아니라 영국의 안전 및 세계 평화와 자유를 위해 영국이 인도에서 그 지배를 포기할 것을 요구한다. 오직 독립의 근거에서만 인도는 영국이나 다른 나라와 상대할 수 있을 뿐이다. 외국군의 침공이 있을 경우에는 반드시 저항해야 한다. 그러한 저항은 영국 정부가 국민의 조국에 대한 방어 조직을 방해하여 왔을 때와 마찬가지로 오직 비폭력 비협조의 형태를 취할 것이다. 운영위원회는 침입해 오는 세력에 인도 국민이 완전한 비폭력 비협조를 보여 주면서 어떤 협력도 제공하지 않을 것을 기대

한다.[15]

결의문은 네루가 굴복한 것을 보여 주고 있는데 네루 등이 영국에
무조건적으로 협력하고 일본 침략군에게 폭력적 저항을 주장했던 견해
를 버렸기 때문이다. 대신에 결의문에는 간디의 초안에 있었던 "영국은
인도를 방어할 능력이 없다. 일본은 인도와 싸우고 있는 것이 아니다.
인도가 자유화된다면 첫 번째 조치는 아마도 일본과 협상하는 것이 될
것이다."라는 부분도 빠져 있었다.

간디는 5월에 계속하여 발표한 논설에서 다음과 같이 주장했다.

기회는 전후가 아니라 전쟁 중에 왔다. 왜냐하면 영국인과 인도인은 서
로 완전히 헤어지기로 조정될 것이기 때문이다. 나는 모든 힘을 다 바쳐
이 숭고한 결의를 실천할 것이다. 인도에 영국인들이 머물고 있는 것은 일
본이 인도를 침략하도록 초대하고 있는 것이다. 영국인들의 철수가 미끼
를 제거하는 일이다. 자유를 얻은 인도가 침입 세력과 훨씬 잘 싸울 수 있
을 것이다. 순수한 비협조가 완전한 지배권을 가져올 것이다.

아자드는 위급한 전시에 당장 영국의 철수를 주장하는 간디에 동의
할 수 없었다. 아자드는 간디와 오랜 토론을 가졌지만 합의된 결론에
이를 수 없었다. 크립스 제의가 결렬된 후 간디의 생각과 행동 방식에
서 커다란 변화가 일어나고 있음을 보았다. 아자드는 간디의 마음이 행
동하지 않던 쪽에서 완전히 반대로 나아가 조직된 민중운동으로 방향
을 잡아 가고 있음을 목격했다. 간디는 논설을 통하여, 또 아자드에게
전한 말에서 다음과 같이 밝혔다.

---

15 R. C. Majumdar, *op. cit.*, III, p. 634.

일본군이 인도에 들어온다면 우리들의 적으로서가 아니라 영국인의 적으로서 올 것이다. 영국인들이 당장 떠난다면 일본인들은 인도를 공격할 이유가 없을 것이다. 나는 외국인의 속박을 끊어 버리기 위해 필요한 비폭력의 힘을 기를 때까지 기다리고 또 기다렸다. 그러나 나의 태도는 지금 변화를 경험하고 있다. 나는 더 이상 기다릴 수 없다. 계속 기다린다면 죽을 때까지 기다려야 할 것 같다. 내가 기도하고 준비를 위해 일해 왔던 그 날은 결코 올 것 같지 않으며, 그동안에 우리 모두를 위협하는 화염에 포위되어 휩싸일지도 모르겠다. 그것이 내가 어떤 위험을 무릅쓰고라도 국민으로 하여금 노예제에 저항하도록 요구해야 하는 이유이다.[16]

국민회의 의장 아자드는 1942년 7월 초 운영위원회를 주재하기 위해 인도의 중심부에 위치한 와르다에 갔을 때 처음으로 간디의 인도철퇴운동에 관한 말을 들었다. 아자드는 극도의 혼란을 느꼈다. 아자드와 대부분의 지도자들은 연합국에 동정적이었지만 영국 정부는 국민회의가 협조할 수 없는 태도를 보이고 있었다. 인도는 오직 자유 국가로서만 영국 편에 설 수 있었지만 영국은 단순한 군부대 지원자로서 인도를 원했다. 한편 일본군은 버마를 점령한 후 이제 아쌈으로 진격하여 인도 영내로 들어올 기세였다. 일본군을 고무시킬 수 있는 어떤 언행도 삼가야 한다고 아자드와 국민회의는 느꼈다.

간디는 동의하지 않았다. 그는 일본군이 인도의 문턱에 밀려온 전쟁의 소용돌이 속에서 민중운동에 내재하고 있는 위험성을 알고 있었다. 만약 영국인들이 떠나는 것에 동의한다면 인도는 일본에게 더 이상 진격해서는 안 된다고 말할 수 있다. 그럼에도 불구하고 그들이 진격한다

---

16 *Ibid.*, p. 636; A. K. Azad, *op. cit.*, p. 86.

5 인도철퇴(撤退)운동

면 그것은 영국이 아닌 인도에 대한 공격이 될 것이다. 그러한 상황이 전개된다면 인도는 국민의 모든 힘을 다하여 일본에 맞서야만 한다는 것이 간디의 주장이었다.

아자드는 자신의 견해와 간디의 생각이 뒤바뀌고 있는 것을 느꼈다. 세계대전 초기에 아자드가 자신은 영국인들에 대한 반대편이라고 말했을 때 간디는 동의하지 않았으며 영국에 대한 지지의 태도를 보였었다. 간디의 태도가 변한 것을 본 아자드는 충격을 받았으며 자신이 미묘한 처지에 있음을 발견했다.

간디는 영국인들이 자신의 의도대로 따라올 수밖에 없다는 이상한 믿음을 갖고 있었다. 그는 전쟁이 인도의 국경에서 일어나고 있기 때문에 운동을 시작하기만 하면 영국인들은 국민회의와 타협에 응할 것이라고 믿었다. 토의는 며칠간 계속되었다. 간디가 그 운동을 국민회의가 주도하기를 원한다면 아자드는 국민회의 의장직에서 물러나고 운영위원회에서도 사퇴할 수밖에 없다고 생각했다. 네루도 마찬가지였다. 간디는 다른 운동과 같이 이 운동도 비폭력에 근거할 것을 분명히 했다. 논의 중에 네루는 간디가 생각하고 있는 것은 비록 그것이 비폭력이라 말하지만 사실상 공개적인 반란이라고 말했다. 간디는 그 말을 좋아하여 공개적인 비폭력 혁명을 몇 번이고 언급했다.[17]

세계대전의 와중에서 영국인들의 완전 철수는 분명히 충격적인 제안이었다. 흔히 전쟁에서 느끼는 충일된 애국심의 열기도 인도 국민에게서 느낄 수 없었다. 국민의 분위기는 결의에 찬 저항이 아니라 당황, 좌절, 무기력함이었다. 일본군은 라디오 방송을 통해 인도를 영국의 속박으로부터 구하기 위해 진격하고 있다고 선전했다. 인도인들은 일본 제국주의자들이 한국과 중국에서 저지른 만행의 역사를 잘 알지 못했

---

17 A. K. Azad, *op. cit.*, pp. 87~88.

지만 대체로 친일적인 분위기는 아니었다. 물론 친영적인 분위기도 아니었고 영국인에 대해서는 불신만이 팽배해 있었다.

간디는 진주만 공습 전까지는 시간은 자기 편이라고 생각해 왔다. 독일이 패배하든 말든 영국은 자원을 불태우고 있었다. 미국의 부가 전쟁에 투입됨으로써 영국의 내구력은 몇 배로 늘어났다. 간디는 "미국이 동맹국으로 참전함으로써 영국은 무진장의 물질적 자원과 과학적 기술을 갖게 되었다."라고 말했다. 영국 정부는 인도보다는 자국민 우선 대책을 취할 것으로 판단했다. 간디는 영국이 일본에 압도당하면 인도가 그들의 고국이 아니므로 말라야, 싱가포르 및 버마에서와 같이 철수해 버릴 수도 있다고 보았다.

간디는 인도의 독립은 힌두와 무슬림의 통합 없이는 불가능하다고 주장해 왔는데 무슬림연맹의 파키스탄 선언 등 종파적 민족주의가 그 추악한 머리를 드러내고 있는 것을 누구보다도 가슴 아프게 보아 왔다. 간디는 외세의 지배에서 벗어난 자유의 풍토에서만 각 공동체의 적대적인 주장들이 조화와 화해에 이를 수 있다고 보았다. 인도철퇴운동은 영국인을 떠나게 함으로써 일본의 침입 구실을 불식시키고 국내의 불화를 해결하는 방책이 될 수 있었다.

영국의 여야 정당들과 무슬림연맹을 비롯한 인도의 정치 단체들의 비판은 말할 것도 없거니와 국민회의의 라자고팔라차리도 영국인들이 당장 짐을 싸서 떠나겠는가 하고 반문했다. 그도 아자드와 네루 및 국민회의 지도자들과 함께 인도철퇴운동에 회의를 나타냈다. 그는 "영국인들이 단순히 국민회의의 구호에 반응하여 인도를 떠날 것이라는 순진한 기대"에 반대했다. 간디의 오랜 친구이고 사돈 사이인 라자고팔라차리는 간디에게 편지를 보내 "영국인들은 그동안의 죄과에다가 혼란스러운 국가를 또 다른 야망에 찬 외국의 먹이가 되도록 방치하고 떠나는 최악의 범죄를 보탤 수는 없는 일"이라면서 영국인들의 당장 철수도 반대했다.[18] 영국인 정부가 당장 떠나는 것은 인도의 국가와 사회 그 자체의 사멸을 수반할 것임에 틀림없다고 비판했다.

간디는 인도철퇴운동에 지나칠 정도로 집착했다. 운영위원들은 간디의 무리한 주장을 완화하려고 했다. 간디의 표현대로 "네루는 표현할 말을 찾을 수 없을 정도의 열정으로 내(간디) 입장에 맞섰다."[19] 상당수의 운영위원들이 반대하고 나섰을 때 간디는 "당신들은 이 도박을 하지 않을 수도 있다. 그러나 나는 전 생애를 도박에 걸어 왔으며 그 일을 혼자만이라도 단행할 것이다."라고 단호한 의지를 보였다. 그는 또 "만약 세계의 모든 국가가 나를 반대하고 인도 전체가 내가 하는 일이 잘못이라고 나를 설득하려 하더라도 나는 인도만이 아니라 세계를 위해 전진할 것이다."라고 천명했다. 결국 운영위원회의 반대파는 총검으로 제압당할 수밖에 없었는데 간디가 국민회의를 부숴 버리고 인도의 모래판으로부터 뛰쳐나가 국민회의보다 더 큰 운동 단체를 창설하겠다고 위협했기 때문이었다.[20]

영국인들이 인도 통치를 그만두고 철수한다면 어떤 정부와 통치 체제가 수립될 것인가에 앞서 당장 혼란 상태가 찾아올 것은 당연히 예측할 수 있는 일이었다. 간디는 이러한 상태를 쉽게 해결할 수 있을 것으로 낙관하며 "영국인들이 떠나면 무정부 상태가 뒤따라 당분간 서로 죽이고 죽는 싸움과 통제되지 않는 약탈로 이어질 수 있다. 여기로부터 우리가 보고 있는 허상을 대신하여 진정한 인도가 일어날 것이다. 비폭력 노선에 따라 인도를 교육시켜 온 계속된 노력이 계속된 지난 20년이 헛되이 흘러간 것은 아닐 것이며 국민은 혼돈으로부터 진정한 국민적

18 Rajmohan Gandhi, *op. cit.*, p. 478.

19 B. Misra, *The Indian Political Parties*, p. 391.

20 S. K. Majumdar, *Jinnah and Gandhi; Their Role in India's Quest for Freedom* (Calcutta, 1966), pp. 194~195.

질서를 펼쳐 나갈 것이다."[21] 간디는 힌두와 무슬림의 반목은 영국인들이 존재했기 때문에 비롯된 것이므로 그들이 철수하자마자 당사자들이 화합으로 움직이게 될 것이라고 너무도 쉽게 믿었다.

간디는 인도의 방어력이 견고하지 못하여 영국으로서는 일본군을 막아 내기가 어렵다는 것을 알고 있으면서도 연합국의 궁극적인 승리를 의심하지 않았다. 당시 약 20만 명이 라디오를 소유하고 있었으며 그들 가운데는 베를린, 동경, 로마 및 방콕으로부터의 방송을 수신하는 사람이 있었다. 후술하겠지만, 수바스 보스의 베를린 방송에서 영향을 받은 소수는 마음이 흔들리고 있었던 것이 사실이지만 인도 지식인들의 대부분은 반파시스트, 반나치, 반일본의 감정을 갖고 있었다.

간디는 민주주의자이고 평화주의자였다. 그는 나치즘을 제국주의와 똑같이 나쁘게 보았다. 간디가 일본과 추축국에 동정적이라는 잘못된 주장은 영국 정부가 그렇게 선전한 데서 비롯되었다. 간디는 일본군이 인도를 침공한다면 강렬한 저항에 직면할 것이라고 경고하면서도 그가 내심 염려했던 바는 인도 국민이 무기력하게 일본군에게 항복해 버리는 것이었다. "국민이 결코 해서는 안 될 일은 일본군에게 자발적으로 항복하는 것이며, 나는 일본이나 다른 세력에 항복할 바에는 차라리 자결할 것이다."[22]라고 말하기도 했다.

간디는 지배자를 바꾸는 것에 반대한다고 선언했다. 그는 영국의 제국주의를 증오하면서도 한편으로 점진적이고 합법적인 영국의 정치적 전통이 전체주의 국가들의 그것보다 우월하다는 믿음을 가져 왔는데, 이것은 대부분의 인도 국민 지도자들이 갖고 있던 신념이기도 했다. "나는 어느 다른 지배를 위해 영국인을 교체하기를 원치 않는다. 모르

---

21 Amba Prasad, *The Indian Revolt of 1942*, p. 42.
22 *Ibid.*, p. 44.

5 인도철퇴(撤退)운동

는 적보다는 알고 있는 적이 더 낫다. 나는 추축국들의 우호적인 선언에 대해 눈곱만큼의 중요성이나 비중을 주어 온 일은 결코 없었다. 만약 그들이 인도로 온다면 그들은 구원자로서가 아니라 전리품을 챙기기 위해 올 것이다."[23] 간디는 처음부터 일본인 혹은 파시스트들을 해방자로 보지는 않았다. 만약 그들이 지배하기 위해 인도에 남는다면 영국이 경험했던 것보다 더 큰 어려움에 직면할 것이라고 경고했다.

간디는 7월 중순 '모든 일본인에게'라는 선언을 발표했고 이는 일본의 몇 개 신문에 보도되었다. 간디는 남아프리카에 있을 때 러일전쟁에서의 일본의 승리에 감동했고 귀국 후에도 아쉬람에서 함께 생활한 일본인 스님과 가까운 관계를 유지해 온 점을 밝혔다. 그러면서도 간디는 일본의 헛된 제국주의적 야망에 경고를 보냈다.

그러나 당신들이 중국에 대한 침략과 추축국과의 동맹은 분명히 부당한 야망의 지나친 표현이었다. 만약 당신들이 인도로부터 자발적인 환영을 기대한다면 당신들은 서글픈 환멸을 느끼게 될 것이다. 영국인의 철수를 위한 우리들의 운동의 목표는 인도로 하여금 그것이 이른바 영국 제국주의든, 독일 나치즘이든, 당신들 일본식이든 모든 군국주의적 제국주의적 야망에 저항하도록 준비하는 것이다. 영국이 비우고 떠난 인도에 당신들이 발을 들여놓겠다는 잘못된 감상에 빠져들지 말라. 만약 당신들이 그러한 생각을 품고 수행하려 한다면 우리는 동원할 수 있는 모든 힘으로 결연히 저항할 것이다.[24]

간디는 국민정부의 수립을 당연한 것으로 생각하면서 첫 번째 할

---

23 B. Nanda, *Mahatma Gandhi*, p. 460.
24 Rajmohan Gandhi, *op. cit.*, p. 485.

일은 침략 세력에 대한 공동 방어를 위해서 (설립을 논의하고 있는) 유엔과 조약을 맺을 것이라고 언급했다. 인도는 파시스트 세력과 함께할 일이 없으며 유엔을 돕는 것이 공동의 대의라고 천명했다. 독립한 인도가 우호적으로 할 수 있는 일에는 제한이 있을 수 없으며 유엔군은 인도 영토에 주둔하는 것이 허용될 것이다. 인도인들은 영국군에 입대할 수 있지만 곧 해산되어 새로운 인도 국민정부가 그 모든 병력과 권위와 자원을 사용하여 세계 평화를 가져오는 데 공헌할 것이다.[25] 간디는 연합국 군대는 추축국 세력에 대한 방어 작전을 위해 인도를 작전기지로 사용할 수 있으며 보급품 수송을 위해 철도와 항만을 이용할 수 있다고 말했다. 간디는 연합국이 승리하기를 희망하면서 민주주의가 승리한다면 더 좋은 기회가 올 것이라고 믿었다.

인도철퇴운동의 목표는 1942년 7월 14일 와르다에서 통과된 국민회의 운영위의 결의에 표명되었다. 네루가 말한 바와 같이 이 결의는 간디 자신이 보증했고 그의 모든 생각을 담고 있었다. 와르다 결의에는 요약하면 세 개의 목적이 언급되었다.

모든 외국인의 지배를 배제한다는 것이 첫째 목적이고 둘째, 인도인 사이에 침략에 대한 저항 정신을 불러일으키고 인도 국민에게 자유가 인정됨으로써 힘과 열정이 자국을 방어하는 데 효과적인 역할을 하도록 한다는 것이었다. 셋째는 종파적 통합을 이룩하기 위해 임시정부가 인도 국민의 모든 분야의 대표로 구성될 것이며 제헌의회는 국민의 모든 계파가 받아들일 수 있는 헌법을 제정한다는 내용이었다.

아울러 인도의 자유는 "인도의 이익을 위해서뿐만 아니라 세계의 안전을 위해서 또 나치즘, 파시즘, 군국주의 및 다른 형태의 제국주의가 다른 나라를 침범하는 것을 끝내기 위해서도 필요하다."라고 주장

---

25 L. Fischer, *op. cit.*, 476~477쪽.

5 인도철퇴(撤退)운동

했다. 또 국민회의는 연합국의 군대가 일본군을 격퇴하기 위해서라면 인도에 주둔하는 것에 동의할 것이며 "사태의 악화와 침입에 저항하는 인도의 의지와 힘이 약화될 것을 우려하여 어쩔 수 없이 1920년에 채택했던 모든 비폭력의 힘을 사용할 것이다. 광범한 투쟁은 불가피하게 간디의 지도력 아래 놓일 것이다."라고 선언했다.[26]

와르다 결의는 국민의 열광적인 동요를 불러일으켰다. 인도인들은 모두 영국인으로 하여금 인도를 떠나도록 만들기 위한 민중운동, 즉 철퇴운동의 결의로 받아들였고 정부도 그렇게 해석했다. 국민회의 운영위는 정부의 반응을 기다리기로 했다. 정부가 요구를 수용한다면 협상의 문은 열려 있지만, 거부한다면 간디 주도의 사티아그라하운동이 시작된다. 간디는 국내외 기자들에게 운동이 시작되면 그것은 영국 세력에 대한 비폭력 혁명이 될 것이라고 말했다. 국민은 간디의 지도력을 맹신하고 있었다. 간디가 마음속에 정부를 마비시켜 협상에 나올 수밖에 없게 할 현명한 방안을 가지고 있다고 믿었다. 간디가 어떤 마술이나 초인적인 행동으로 인도에 자유를 가져다줄 것이라고 생각하는 사람들도 많았다.

7월 17일 간디는 미라 벤(Mira Ben, Slade)을 총독에게 보내 와르다 결의의 취지를 설명하도록 했다. 미라 벤은 영국 제독의 딸로서 아쉬람에서 헌신적인 생활을 해 오고 있었다. 미라 벤은 총독과의 면담을 신청했으나 총독 비서 라이스와이트(Gilbert Laithwaite)는 간디가 반란에 관해 생각하고 있으므로 거부한다고 답변했다. 총독은 전시에는 그것이 폭력적이든 비폭력적이든 어떤 반란도 관용할 수 없다는 단호한 태도를 보였다.[27]

총독이 미라 벤의 면담을 거부하자 간디는 정부가 쉽게 양보하지

---

26 P. Sitaramayya, *op. cit.*, II. pp. 341~342; A. Azad, *op. cit.*, pp. 278~281.

27 A. Azad, *op. cit.*, pp. 94~95.

않겠다고 느꼈다. 그렇지만 정부가 당장 급진적 행동을 취하리라고는 생각지 않았다. 정부와 국민회의의 충돌은 피할 수 없는 국면으로 나아갔다. 인도철퇴운동은 간디의 말대로 '무장하지 않는 폭동'을 예고하고 있었다. 네루는 "한두 달 안에 무시무시한 지진과 같은 격랑이 밀려올 것이며 강한 자만이 살아남을 것이다. 우리는 운명과의 도박을 원하며 그것을 용감하게 해낼 것이다. 우리는 불속에 뛰어들었다. 이제 우리는 거기에서 성공적으로 탈출하느냐 그렇지 않으면 몽땅 산화하느냐만 남아 있을 뿐이다."라고 결연한 의지를 보였다.

발라바이 빠텔도 끝장을 볼 때까지 강인한 투쟁을 촉구했다. "노예제와 무정부 상태 사이에서 선택해야 한다면 나는 국민이 무정부 상태를 선호하기를 희망한다. 후자는 결국은 사라질 것이고 자유의 인도는 무정부 상태에서 탄생할 것이기 때문이다. 지금까지 국민회의의 투쟁은 제한적 성격의 것이었으나 이번에는 제한을 받지 않는 투쟁이 될 것이다. 투쟁하는 중에 내란이나 무정부 상태가 일어날 수도 있지만 투쟁운동은 중단되지 않을 것이다."

아자드는 국민회의 전국위원회의 개회사에서 "사태는 위협할 수도 약속할 시간도 없는 길목에 이르렀다. 우리는 이성적으로 사실에 직면하고 즉각적으로 행동해야 한다. 국민회의는 약속을 원치도 않고 약속을 해 주는 것도 원치 않는다. 행동, 당장 행동을 요하는 시간이다."라고 전의를 북돋았다.

라젠드라 프라사드는 운동이 가능한 가장 광범한 투쟁으로 전개되어야 한다고 강조하면서, 간디의 견해를 인용하여 "이 운동은 전국에 걸쳐 불을 붙일 것이며 조국의 독립을 쟁취하거나 그렇지 않으면 국민회의 조직이 다 함께 박멸된 후에만 불이 꺼질 것이다."라고 말했다.[28]

---

28 Y. B. Mathur, *op. cit.*, pp. 24~26.

라젠드라는 철퇴 운동에 대해 어떤 이견도 제시하지 않고 간디를 묵묵히 따랐던 참파란 사티아그라하운동의 충직한 제자였다.

간디를 비롯한 그들은 무기력한 상태에 빠져 있는 인도 국민의 저항 의식을 분기시키는 것이 가장 절실하다고 느꼈다. 저항 의식은 처음에는 영국인을 축출하고 다음으로 일본인을 표적으로 삼아 애국심으로 승화시키는 것이었다. 국민의 저항 의식을 고취하기 위해 감히 전쟁 중에 모험을 단행하기로 결심했다. 간디에게는 국민의 저항 의식을 배양하는 일이라면 그 대상이 영국인이면 어떻고 일본인이면 어떻겠느냐는 생각이었다. 간디는 일종의 비폭력 폭동, 무장하지 않는 폭동을 생각했던 듯하다. 간디는 그것이 폭력이든 비폭력이든 간에 끝장을 보는 싸움을 의미한다는 인상을 주었다. 와르다 결의 후 간디는 "철수냐 혹은 협상이냐의 제안으로 이제 남겨진 여지는 없다. 한 번 더 기회를 보는 문제가 아니다. 결국 공개된 반란이다."[29]라고 말했다. 간디 등은 이 운동이 단기간에 전격적으로 추진되어 국민정부가 수립된다면 무정부 상태는 곧 완화될 것으로 믿었다.

봄베이에서 8월 8일에 열린 국민회의 전국위원회는 운영위의 인도 철퇴 결의를 압도적 다수의 지지로 통과시켰다. 아자드가 사회를 보고, 네루가 인도 철퇴 결의를 발의하고, 빠텔이 재청했다. 전국위원회에는 300명의 위원 가운데 250여 명이 참석했고 8000명의 군중이 참관했다. 대부분의 수정안은 공산주의자들에 의해 발의되었고 그것들은 철회되거나 기각되었다.

봄베이 결의는 와르다 결의에 세 개의 목표를 추가했다. 첫째는 자유로운 인도는 거대한 모든 자원을 자유를 위한 투쟁과 나치즘과 파시즘 및 제국주의의 공격에 대항하는 싸움에 투입한다는 것으로 이는

---

29 R. C. Majumdar, *op. cit.*, III. p. 644.

모든 억압받고 있는 인류의 도덕적 지지를 얻을 것이라고 했다. 둘째는 인도의 자유는 외국 지배 아래 있는 아시아 여러 나라들이 전개하는 자유 투쟁의 모범이 되고 서막이 되어야 하며 또 그들이 다시는 제국주의 세력의 지배 아래 떨어지지 않도록 보장할 것이라는 것이었다. 셋째는 세계연방을 수립함에 있어서 모든 국가에 군비 감축이 실행되고, 국민군과 해군과 공군은 더 이상 불필요하게 되어 세계연방 방위군이 세계 평화를 유지하고 침략을 방지할 것이라는 것이었다.[30]

국민회의는 다시 한번 범국민적 운동을 선언하면서 간디에게 전권을 부여했다. 간디는 참석자들 앞에서 비장한 각오의 연설을 했다.

실질적인 투쟁은 이 순간에도 시작되지 않았다. 여러분은 단지 어떤 권한을 내 손에 주었을 뿐이다. 나의 첫 행동은 총독에게 예의를 표하고 국민회의의 요구를 수용해 줄 것을 탄원하는 것이다. 2~3주일이 걸릴 것이다. 당신들은 그동안 무엇을 할 것인가? 물레가 있다. 당신들에게는 할 일이 있다. 각자는 이 순간부터 마치 당신들은 자유롭고 더 이상 제국주의의 굴레 아래 있지 않은 것처럼 스스로 한 사람의 자유인 남녀로서 생각하고 행동하는 것이다. 우리는 공명정대한 투쟁으로 나아가고 있으며 잘못이 있을 수 없다. 우리의 투쟁은 지금 시작이다. 더 이상 흥정의 여지는 없다. 자유를 요구하는 데 타협은 없다. 나는 완전한 자유가 결여된 어떤 것에도 만족하지 않을 것이다. 우리는 행동 아니면 죽음을 택할 것이다. 인도를 자유롭게 하든지 그렇지 않으면 그것을 시도하다 죽을 것이다.[31]

간디는 닥쳐올 정부의 반격을 예측하지 못했고, 봄베이에서 국민회

---

30 P. Sitaramayya, *op. cit.*, pp. 343~344.
31 B. Nanda, *op. cit.*, p. 462; R. C. Majumdar, *op. cit.*, III, p. 644.

5 인도철퇴(撤退)운동

의 전국위원회는 인도철퇴운동을 결의했다. 봄베이 결의는 비폭력과 평화적 투쟁의 용어를 되풀이하여 강조했다. 그동안 인도의 적극적인 참전에 대해서는 언급이 없었으나 봄베이 결의에서는 도덕적 지원은 말할 것도 없거니와 물질적 자원의 지원도 약속했다. 그러나 당장 영국인들에게 물러가라는 결의는 새 인도 정부가 합법적 권위도 없이 헌법적 공백에서 운영될 수도 있다는 것을 의미했다. 봄베이 결의는 사티아그라하운동을 명시하지 않았으며 오직 평화적 정권 이양이 이루어지지 않으면 국민회의는 운동을 시작할 수밖에 없다고 언명했을 뿐이었다. 간디는 구체적인 대규모 운동의 계획도 제시하지 않았으며 다만 우월한 입장에서 협상을 통한 해결책을 찾으려 했던 듯하다.

4 폭동

국민회의 전국위원회가 인도 철퇴 결의를 통과시키고 폐회한 것이 1942년 8월 8일 밤 10시였다. 인도 정부는 날이 밝기 전에 인도국방령 26조에 의해 간디와 운영위원들을 일거에 모두 체포해 버렸다. 그들은 느긋하게 방심하고 있다가 급습 당했다. 일본군 침공의 위기에서 국민을 지키는 것이 정부의 의무라는 이유였다. 정부의 조치는 법과 질서를 고양시키고, 징벌보다는 예방책이라는 것을 강조했다.

어느 정부도 외국군 침략의 위협을 받으면서 국내의 반란을 관용으로 대하지는 않을 것이다. 인도 총독부는 전광석화처럼 대처했다. 지난번 시민불복종운동 때처럼 미온적으로 대처하다가 시기를 놓치지 않겠다는 자세였다. 국민회의가 공개적인 폭동을 선언하는 과오를 범할 때까지 예의 추적하다가 어떤 반란의 행동도 싹부터 잘라 내기로 작정하고 단호한 태도를 취하고 나섰다.

국민회의 지도자들이 대부분 구속되어 이들과의 접촉이 단절되자 자유 투쟁의 주도권은 구속을 피한 국민회의 사람들과 학생들에게 넘어갔다. 비폭력의 숭배는 더 이상 인도의 독립운동에서 유효한 힘이 못 되는 듯이 보였다. 통제되지도 않고 지도자도 없는 민중은 파도처럼 밀리고 동요했다. 간디의 사티아그라하 이념에 깊숙이 훈련받지 못한 그들은 무엇을 해야 할지도 몰랐고 쉽게 폭력의 유혹을 느꼈다. 국민은 간디의 사티아그라하운동 시작 이후 그렇게도 강조되었던 비폭력의 교훈을 망각해 버렸다. 간디의 교훈은 국민의 귀에는 들렸지만 그들의 가슴속 깊이 침투하지는 못했다. 간디의 구속이 그의 신념인 비폭력의 실종으로 나타나고 있었다.

정부는 폭력으로 줄달음치는 전국적인 운동이 간디의 지시에 따른 것이라고 주장했으나 간디가 구속 전에 발표한 분명한 훈령은 없었다. 총독과의 협상을 기대했던 간디가 잠시의 틈도 없이 전격적으로 체포됨에 따라 직접적인 지시를 내릴 시간적 여유가 없었다. 다만 간디가 체포될 당시 국민회의 봄베이 사무실에 남겨 놓았던 권고문은 국민회의와 4억 인도 국민에게 보낸 비장한 다짐이고 호소였다.

당신들이 가슴에 새겨야 할 만트라(眞言)를 제시하노니 '행동하느냐 죽느냐'이다. 우리는 인도를 자유화시키든지 그렇지 않으면 그 과정에서 죽을 것이다. 우리는 노예 제도의 영속화를 바라보면서 살아가지는 않을 것이다. 진정한 국민회의 사람이라면 남녀 모두 조국이 예속과 노예제에 묶여 있는 것을 살아서 보지 않기 위해 불퇴전의 결의로 이 투쟁에 참여해야 할 것이다. 감옥의 두려움을 머리에서 지워 버려라. 자유가 이루어질 때까지는 더 이상 쉬지 말고 자유를 쟁취하는 노력에 당신들의 생명을 던질 준비를 신과 양심에 맹세하라. 생명을 버리는 사람은 그것을 얻게 될 것이요, 생명을 유지하려고 하는 자는 잃을 것이다. 자유는 겁쟁이와 심약한 자를

위해 있는 것이 아니다.[32]

최후의 결전에 임하여 다시 밝힌 간디의 다짐은 결연했다. 독립운동에서 그동안 외쳐 왔던 수많은 표어에 새로이 '인도에서 물러가라.' '행동 아니면 죽음을.'이라는 구호들이 추가되었다. 이것들은 혁명적인 구호였으며 젊은 층에 설득력을 줄 수 있었다. 죽음을 불사하는 각오 앞에 수단과 방법이 있을 수 없었다. 그러나 비폭력은 어떤 경우에도 고수해야 할 불변의 기본 신념이었다. 사티아그라하 참여자들은 죽음을 향해 나아가는 것이지 노예인의 삶을 추구하는 것이 아니었다. 조국이 사는 길은 개인이 죽음에 맞서 나아갈 때뿐이었다. 죽음을 무릅쓴 행동만이 영원토록 조국이 살고 개인이 사는 길이었다.

간디를 비롯한 1000여 명의 국민회의 관련자들을 전격적으로 체포하자 즉각적으로 자연 발생적인 저항이 일어났다. 국민 지도자들의 검거가 대중운동의 수문을 열어 놓은 것이다. 거의 전국에 걸쳐 일어난 저항은 처음에는 평화적이고 비폭력적인 국민운동인 듯 보였으나 금방 폭력적인 성격으로 돌변했다. 저항은 지도자들의 구속에 대한 국민의 자발적인 반응이었다. 폭동은 정부가 취한 성급한 조치의 직접적 결과였다. 정부는 국민회의 지도자들을 구속함으로써 오히려 국민의 폭력적 열광을 제어할 수 있는 장치를 제거해 버린 셈이었다.

간디와 지도자들이 체포된 8월 9일 당일부터 봄베이, 아메다바드, 뿌나 등지에서 소요가 시작되었고, 10일에는 델리와 유나이티드 프로빈시스의 몇 개 도시에서 일어났다. 그다음에는 파업 집회 시위가 격화되면서 전국적으로 확대되는 양상이었다.

인도철퇴운동은 몇 단계를 거치면서 그 양상이 변했다. 간디는 구체

---

32 Amba Prasad, *The Indian Revolt of 1942*, pp. 57~58.

적 계획을 밝히기 전에 체포되었지만 8월 7일 운영위원들과 함께 정부
와의 협상이 실패할 경우의 사티아그라하운동에 대한 행동 지침을 논
의했다. 하루 파업이 구상되었으며 이는 24시간을 금식과 기도로 보내
는 것이다. 집회는 도시보다 혼란의 우려가 적은 농촌에서만 계획했다.
관리와 철도 우편 업무 등에 종사하는 사람들은 파업에 참여하지 않도
록 했다. 투쟁의 성격과 참여자의 성격에 대한 중요한 언급이 있었는
데 국민회의의 범위를 넘어 확대하면서도 간디의 이념에 투철한 사람
만으로 제한하는 것이었다. "인도의 자유를 갈망하고 투쟁의 목적을 위
해 진리와 비폭력의 무기를 전적으로 믿는 모든 인도인은 스스로를 국
민회의 사람으로 생각하고 또 그렇게 행동하자. 만약 어느 누가 종파적
민족주의 정신을 갖거나 혹은 어떤 인도인이나 영국인에 대해 마음속
에 증오심이나 악의를 숨기고 있는 사람이 있다면 초연해 있는 것이 이
투쟁을 최대한으로 돕는 것이 될 것이다."[33]

정부는 국민회의가 작성하여 각 주에 돌렸다는 12개 항목의 행동
수칙을 보여 주였는데 요약하면, "전국의 도시와 촌락에서 파업을 전개
할 것, 생활필수품인 소금을 제조하며 저항할 것, 투쟁은 가능한 최대
규모로 비폭력 비협조로 전개할 것, 70만 개의 마을에 거주하는 수천만
주민이 우리의 투쟁의 중추라는 것, 지도자들이 구속된 빈자리를 지식
인인 학생들이 매워야 한다는 것, 군경은 스스로 국민회의의 일원으로
자임하고 시위대를 대할 것, 국민의 열정을 고양시키기 위해 여성이 적
극적으로 참여할 것, 자유의 투쟁에는 종파와 인종 차별이 없다는 것,
각 주들은 자율적으로 비폭력에 입각하여 투쟁을 전개할 것, 간디가 강
조한 물레질을 잊지 말 것" 등이었다.[34]

---

33 B. Nanda, *op. cit.*, p. 466.

34 Y. B. Mathur, *op. cit.*, pp. 162~163.

5 인도철퇴(撤退)운동

간디와 국민회의 지도자들의 체포 소식이 알려진 후 2~3일 동안의 투쟁 양상은 이전의 사티아그라하운동과 같은 전통적인 비폭력 시민불복종운동이었다. 하르탈, 행진, 집회 등의 저항운동은 도시와 공장 지구에 국한했다. 공장 노동자들이 벌인 파업이었다.

특히 구자라트에서는 크게 성공적이었는데 이곳은 간디에게 특별한 곳이기도 하지만 발라바이 빠텔이 평소에 활약한 결과에 크게 영향을 받고 있었다. 빠텔은 아메다바드의 학생 모임에서 "1919년 이후 투쟁해 온 어떤 항목이든지 채택하여 영국인들에게 당장 인도를 떠나라고 말하라. 국민회의는 무엇을 하라든지 혹은 하지 말라고 더 이상 말하지 않을 것이며 학생들이 주도권을 갖고 상황에 따라 적절하다고 생각한 것을 행해야 한다. 학생들은 스스로를 자유인으로 생각하고 정부의 명령에 복종하지 말아야 한다."[35]라고 요구했던 것으로 전해졌다. 빠텔은 특별한 열정을 가지고 수많은 공중 집회와 사적인 모임을 가져 왔으며 봄베이에서도 역시 마찬가지였다. 약 10만 명이 참석했던 봄베이의 대규모 집회 이후 분위기가 표면적으로는 완전히 혁명적으로 변하여 시민불복종의 긴장감은 이미 무르익어 있었다.

국민회의 지도자들의 체포로 혼란은 곧 인도 각지로 확대되었다. 아메다바드의 방직 공장 노동자들은 파업을 계속하면서 고향 마을로 가서 저항운동을 조장했다. 간디의 아쉬람의 본고장이고 국민회의 노동운동의 본부인 아메다바드에서는 완전한 파업 동조가 있었다. 80개의 공장 모두가 노동조합의 특별한 지시가 없었는데도 석 달 동안 완전 파업에 들어갔다. 도시의 일상생활이 심각하게 영향을 받았다. 옷가게를 포함한 시장이 철시했고 학교와 대학이 문을 닫았다.

봄베이에서는 모든 공장들이 작업을 멈추었다. 노동자들은 평상시

---

35 R. C. Majumdar, *op. cit.*, III, p. 663.

와 다름없이 작업장에 갔으나 감시원에 의해 직조기에서 밀려났고 감독자들이 실제로 자물쇠를 채워 버렸다. 감독들은 정부의 경고와 위협을 받았다. 봄베이의 일상생활도 목화, 증권, 귀금속, 면직물 시장이 문을 닫음으로써 크게 영향을 받았다.

마드라스의 군수품 생산 방직 공장(Buckingham Carnatic Mill)은 군수청이 요구한 1000만 야드의 카키복지 가운데 450만 야드를 생산했으나 여러 날 동안 파업으로 문을 닫았다. 바로다, 인도어, 나그뿌르 및 델리의 방직 공장은 오랫동안 파업에 휘말렸으며 파업의 첫 달에 2500만 야드의 생산 손실을 보였다. 모직의 생산 손실도 큰 규모였다.

잠세드뿌르의 타타(Tata)철강공장은 8월 15일 이후 영향권에 들어갔다. 약 2만 명이 파업에 들어갔으며 국민 정부가 수립될 때까지 작업장으로 돌아가지 않을 것이라고 선언했다. 노동자들은 전국 각지에서 온 다양한 카스트를 포함한 숙련공들이었다. 그들은 보름 동안 조업을 완전히 중단했다. 근로자들은 작업을 재개하지 않으면 군대가 접수할 것이라는 위협을 받았다. 그들의 표어는 "발포를 중단하라. 그렇지 않으면 우리가 잠세드뿌르를 영원히 떠날 것이다."였다. 철강 공장의 용광로는 식어 버렸다. 강철 생산의 중단은 전쟁 수행에 심대한 타격을 불러옴으로써 정부를 극도로 긴장시켰다.

다음 단계는 심각한 범죄 행위였다. 폭동은 개인적이고 무정부적이었다. 각 개인과 집단은 다양한 동기와 다양한 이념에 고무되어 지역에 따라 자체적으로 행동했다. 비폭력의 신조는 무시되었고, 폭도들은 분별없이 광포했다. 폭력이 먼저였는지 정부의 강경 진압이 시위자들의 폭력을 불렀는지 그 선후가 분명치 않았다. 시위 해산을 위해 경찰은 곤봉을 사용했다. 상점과 식당을 임의로 문 닫는 것은 국방법에 따라 금지 사항이었다.

투쟁 운동은 도시에 국한하지 않고 농촌 마을로 확대되었다. 파업에 참여했던 시민과 학생들이 혁명적 불길을 다른 도시와 농촌으로 옮겼다. 학생들이 피케팅에 적극적으로 가담했다. 지난번 범국민 운동 때보다 참여 학생들의 나이가 더 어린 느낌이었다. 대학과 교육 기관들이 동서로는 다카에서 델리까지, 남북으로는 마드라스에서 라호르까지 텅 비어 문을 닫을 형편에 이르렀다.

유나이티드 프로빈시스에서는 소요가 학생들의 시위에서 비롯되었다. 유서 깊은 이슬람 문화 운동의 근거지인 알리가르는 제외되었지만, 가장 극렬한 도시는 바라나시와 알라하바드였다. 바라나시에서의 조직화된 소요의 중심지는 힌두대학교였다. 학생들은 철퇴운동의 메시지를 농촌에 전하면서 경찰서와 기차역을 불태우라는 구호를 외치기도 했다. 대학교는 치안판사에게도 문을 열지 않았다. 학생들은 자유인도를 선포하고 인도국민군의 대학훈련대를 교수 한 사람의 지휘 아래 두었다. 알라하바드에서는 바라나시 힌두대학교의 학생 대표들이 알라하바드 대학교를 방문한 후에 적극적인 투쟁을 시작했다. 공격할 때는 여학생들을 행진의 전면에 내세웠다. 학생들은 주변 지역에 영향을 주어 바라나시, 알라하바드, 러크나우 대학교들이 긴밀하게 행동했다.

외국 기자들의 눈에도 처음 사나흘 동안의 시민불복종은 시위 형태였고 파괴적이 아니었으나[36] 경찰과 군대와 충돌함으로써 폭력으로 변질되었다. 간디가 강조해 왔던 비폭력의 권고는 국민의 격분과 군경의 탄압의 와중에서 폭도들의 마음에 와닿지 않았다. 전국의 지역을 가릴 것 없이 파괴 행위가 이어졌다. 불량배들의 난폭한 행동이 나타났으며 정부의 시설을 파괴하는 데 그치지 않았다.

학생과 농민이 투쟁 운동에서 그 중심에 섰다. 어디서나 힌두 학생들이 무질서한 행동을 이끌어 가는 전위였다. 빈부에 관계없이 모든 계

---

36 *The New York Times*, Aug. 12, 1942 Quoted in R. C. Majumdar, *op. cit.*, III. p. 659.

층의 농민이 유나이티드 프로빈시스와 비하르 및 벵골주에서 특히 적극적인 역할을 했다. 소지주들도 이 운동에 참여했으며, 대표적인 대지주의 하나인 다르방가 토후(Raja of Darbhanga)는 자신의 무장 하인들을 정부가 동원하려는 것을 거절하고 오히려 구속된 소작인들을 돕는 데 노력했다. 농민들은 정부 기관 공격의 그 전위에 있었다.

정부 측의 주장에 따르면 폭도들이 자행한 범죄 가운데는 비하르주 정부의 각료를 지낸 자글랄 초우두리(Jaglal Chaudhury)가 사란 지구의 경찰서를 불태우고 군중들에게 서장을 자루에 묶어 강물에 던지도록 충동한 사건이 있었다. 그는 10년 징역형에 처해졌다. 25년 동안 교육과 의료 업무를 수행해 온 호주 선교사가 공격을 받기도 했다. 비하르주의 미나뿌르 경찰서를 공격할 때 부서장이 소사(燒死)하기도 했다. 센트럴 프로빈시스의 아스티에서는 서장과 4명의 경찰관이 살해되었으며, 치무르에서는 경찰관과 치안판사보가 국민회의에 가담하기를 거부하다가 무자비하게 살해당했다.[37]

또 다른 성격의 혁명적 폭동은 감옥을 외부 혹은 내부로부터 파괴하는 것이었다. 비하르와 벵골에서 수차례 시도되었다. 많게는 1만 명을 헤아리는 폭도들이 하지뿌르, 시따마리, 아라곤다의 감옥을 공격하여 옥문을 부수고 모든 정치범과 일반 죄수들을 석방했다. 다카의 감옥에서는 심각한 폭동이 일어나 29명이 사망하고 136명이 부상하는 결과를 가져왔다.[38]

비하르, 유나이티드 프로빈시스, 벵골 및 봄베이주에서는 격노한 주민이 폭도로 변했다. 파업, 전선 절단, 폭탄 투척, 집단 약탈, 방화 등의 폭력이 다반사로 일어났다. 그들은 어디에서고 영국 지배의 상징인 정

---

37 *Ibid.*
38 Amba Prasad, *The Indian Revolt of 1942*, p. 70.

5 인도철퇴(撤退)운동

부의 건물과 시설물에 공격을 가했다. 경찰관서와 법원이 불타고 교통 통신 시설이 절단되었다. 철도역, 경찰관서, 우체국, 철도 차량, 통신 시설 등이 폭도들의 표적이었다. 철도와 통신 시설의 피해가 매우 심각했다. 정부로서는 전쟁 노력이 방해를 받고 지방 정부가 고립될 수도 있기 때문에 가장 큰 관심을 가질 수밖에 없는 시설이었다.

기차의 탈선과 통신 시설의 파괴는 전국적으로 일어났으며 가장 피해가 심했던 곳은 유나이티드 프로빈시스, 비하르, 마드라스 및 벵골주 등이었다. 철도 혼란은 비하르주에서 심각한 상태였으며 몽기르는 두 주일 동안이나 외부와 고립되었다. 마드라스 우편 열차가 며칠 동안 출발하지 못했으며 군사 물자의 수송에 큰 차질을 빚었다. 벵골은 북인도와 완전히 단절되었으며 캘커타와 마드라스의 연락망도 끊기고 말았다. 교통 수단의 단절은 생필품 공급을 방해했다. 식량 위기가 심각하게 나타났으며 곡물상을 약탈하는 사건이 빈번했다.

정부가 가장 우려했던 전국적인 철도 파업은 없었다. 정부가 수당을 지금까지의 연간 2000만 루피를 5000만 루피로 파격적으로 인상함으로써 철도 노동자들의 충성심을 산 것이 주효했기 때문이다. 이들 노동자 집단은 소련에 이념적으로 동조하는 사람들이었다.

투쟁 운동 과정에서 국민의 주목을 끌었던 인물이 자야프라카스 나라얀(Jayaprakash Narayan)이었으며 그는 전국적인 지도자로 부상했다. 간디의 사랑을 받았던 자야프라카스는 간디가 사회주의 사상을 국민회의 이념에 많이 도입하지 않고 또 경제 정책을 중시하지 않는 데 불만이었다. 원래 간디의 정치적 식솔이었던 그가 이제 마르크스의 제자가 되었다. 그는 젊은이들과 함께 국민회의의 좌파로 활동했다. 자야프라카스의 사회주의당은 비폭력을 부인하고 폭력 언어를 사용하면서 혁명의 길을 모색했다. 그는 체포와 탈옥을 반복하면서 더욱 유명해졌다. 자야프라카스의 활동은 지하로 잠입할 수밖에 없었는데 1942년 10월 경찰은 테러리스트 음모를 계획했다는 혐의로 14명을 체포했고 연발 권총과 탄약통과 수류탄을 압수했다.

11월 9일 비하르주의 하자리박 감옥에서 자야프라카스와 6명의 정치범이 탈출하여 많은 사람의 갈채를 받았다. 자야프라카스는 조직을 위해 전국을 돌면서 노력한 결과 델리에서 중앙행동위원회를 결성했다. "국민회의 운영위원회는 행동 계획은 준비하지 않고 단지 간디만 바라보았으며 간디는 행동 계획을 갖고 있지 않았다."라고 비난하면서 "비폭력으로 성스럽게 위장한 겁쟁이가 혁명의 진행을 저해하여 실패로 이끌어 가는 것을 결코 허용하지 않을 것이다."라고 선언했다.[39]

자야프라카스와 동료들이 간디에게서 멀리 떠나 혁명주의 원칙으로 나아갔던 것은 분명하다. 국민회의의 사회주의파가 정신과 행동에서 혁명가들이라는 것은 그 일원이 가야에서 체포되었을 때 경찰이 무기를 압수했던 사실에서 드러났다. 자야프라카스는 네팔에서 혁명가들과 합세하여 활동하다가 1943년 5월 동료들과 함께 체포되었다. 그러나 정부 보고서에 따르면 50명으로 추산되는 혁명주의자들이 감옥을 습격하여 자야프라카스와 다른 6명을 탈출시켰다. 그는 캘커타로 도주하여 혁명주의자들과 접촉하려다가 12월 다시 체포되었다.

독립적이고 자주적이고 고립된 이른바 유사(類似) 정부가 몇 곳에 수립되었다. 벵골주의 미드나뿌르 주민은 투쟁에서 가장 성공적이고 영웅적인 역할을 한 것으로 기록되었다. 탐루크에서는 이른바 국민정부, 독립정부를 수립했다. 이것은 혁명주의자들의 궁극적 목표이기도 했다. 국민정부의 독재관이 몇 명의 각료의 보좌를 받았다. 이 기구는 재판을 실시하고, 평화와 치안을 유지하고, 가난하고 억압받은 자를 도와주는 시민정부였다. 이곳은 초기 민중운동이 활발히 일어났으며 간

---

39 R. C. Majumdar, *op. cit.*, III, p. 669.

디의 건설적 운동이 모범적으로 추진되었다. 탐루크 시민정부는 1년 반 동안 지속되었으며 간디의 지시에 따라 해체되었다.

탐루크 주민의 투쟁은 성격상 폭력적이면서 또한 비폭력적이었다. 1942년 9월 30개의 매설 전선 시설이 파괴되었고, 27마일의 전화선이 절단되었고, 194개의 전신주가 파괴되었다. 경찰관서 세 곳이 동시에 습격당했고 법정이 불탔으며 정미소의 약탈이 있었다. 수천 명의 시위대의 공격으로 우체국의 기록과 비품이 불태워졌다. 탐루크와 이웃 콘타이 지구에서는 군중에 의해 불탄 모든 관공서 건물과 민간 가옥은 각각 43채와 38채였으며, 한편 국민회의 가옥과 시설물은 193채가 정부군에 의해 불탔다. 간디는 나중에 미드나쁘르의 폭동에 관하여 듣고 이것은 비폭력 행동의 수법이 아니라면서 살생만을 폭력으로 생각하는 것은 잘못이라고 개탄했다.

한편 73세의 존경받는 여인 마탕기니 하즈라(Matangini Hazra)가 이끈 시위가 있었다. 정부군은 발포를 계속했다. 마탕기니는 국기를 손에 꼭 쥐고 전진했다. 손이 총에 맞았으면서도 국기를 놓지 않고 인도인 병사들에게 발포를 중지하도록 외쳤다. 병사들은 총을 거두고 자유 투쟁에 합류해 버렸다. 한 발이 마탕기니의 머리를 명중했고 그녀는 절명하면서도 국기를 놓지 않았다. 2만 명의 비무장 주민이 정부군에 대항하여 압도해 버렸다.[40]

유나이티드 프로빈시스의 발리아 주민도 교통 통신을 마비시키고 관청을 장악했다. 시위대가 전화선을 절단하고, 철로를 거두어 내고, 다리를 파괴했다. 그들은 발리아를 주 정부와 완전히 단절시켰다. 혁명 폭도들이 수세 관청(收稅官廳)과 금고를 장악하기 위해 또 감옥을 부수고 국민회의 지도자들을 석방하기 위해 공격할 것이라는 정보가 있었

---

40 *Ibid.*, pp. 654, 658.

다. 당황한 행정관은 감옥으로 국민회의 지도들을 찾아가서 협조를 구했다. 지도자 판데이(Chitoo Pandey)는 이에 동의했고 100여 명의 수감자들과 함께 석방되었다. 시 공회당에서 대규모 환영회가 있었고 이어 8월 20일에 그들은 발리아의 독립을 선포해 버렸다. 자신을 간디주의자라고 부른 판데이는 정부를 구성하여 영국 관리를 구속했고 금고와 무기고를 장악했으며 법과 질서의 유지를 위한 조치를 취했다.

주민의 승리는 단명했다. 영국 군대가 22일 밤에 발리아로 진입했으며 시민정부는 붕괴되었다. 군대가 들어왔을 때 시민정부를 수립했던 사람들은 도망가고 없었다. 영국 경찰과 군대가 발리아 주민을 공포로 몰아넣었으며 약탈, 성폭행, 구타, 발포, 방화의 광란이 뒤따랐다.[41]

인도철퇴운동에는 학생과 농민 이외에도 여성들이 눈에 띄게 참여했다. 운동 초기에 봄베이의 여성 게릴라들이 전통 의상 사리를 입고 수백 명씩 시가를 행진했고 수많은 군중이 여성 전사들을 뒤따랐다. 여성 게릴라들의 시위는 경찰의 발포로 수십 명의 사상자를 낼만큼 격렬했다. 이들 가운데 일부는 주의 치안법정을 습격하여 치안판사에 도전함으로써 전범으로 다루어지기도 했다. 다른 곳에서도 여성 게릴라들이 법정을 공격하여 군경과의 충돌로 희생자를 보냈다. 일단의 여성 게릴라들은 기업인들을 방문하고 영국으로 보내는 전쟁 물자의 생산을 중단하도록 요구했다.

1942년 9월 말쯤에 접어들면 그동안 군경의 무차별적인 탄압의 결과로 정부는 대중운동을 거의 진압하는 단계에 이르렀다. 혁명주의자들의 활동은 패퇴하여 지역에 따라 산발적으로 일어나고 있었다. 전반적인 폭력은 사라지면서도 더욱 격렬한 형태로 나타났다. 인도 정부도

---

41 Bipan Chandra, *India's Struggle for Independence*(Penguin Books, 1989), p. 466; R. C. Majumdar, *op. cit.*, III, pp. 656~657.

x

저항운동이 대중운동으로서는 그쳤지만 범죄적 운동이 되어 버려 수많은 폭력배들과 지하 조직에 의해 자행되고 있다고 발표할 정도였다.

9~12월간에 대략 50회의 폭탄 테러가 정부 관리와 때로는 선량한 사람들의 사상자를 낳는 결과를 가져왔다. 봄베이에서 가장 많은 폭탄 투척이 있었다. 그러나 1943년에 들어서면 폭탄 테러가 눈에 띄게 감소했다. 군경이 데칸 고원에 위치한 혁명가들의 산악 근거지를 장악하고 봄베이주 파괴 분자들의 본부를 일망타진함으로써 상황은 정부의 통제 아래 들어갔다.

인도철퇴운동을 전개하고 있을 때 다른 단체들은 어떤 태도를 보였을까? 우선 무슬림은 철퇴운동에서 초연한 태도를 보였다. 오히려 비난했다. 진나는 이 운동 자체를 "가장 위험스러운 민중운동"으로 규정하면서 "절망적인 정신 상태의 표현"이라고 부정적으로 묘사했다. 그는 "국민회의의 영국 정부에 대한 선전포고"를 규탄하면서 이는 곧 '힌두 지배'로 나아가는 술책이라고 비난했다. 그는 무슬림으로 하여금 이 운동으로부터 완전히 초연하도록 성명을 발표했는데 무슬림연맹도 1942년 8월 20일 이 견해를 공식적으로 인가했다. 무슬림연맹은 무슬림을 대변하는 유일한 조직체로서 연맹의 동의 없이는 인도의 어떤 헌법적 진전도 이루어져서는 안 된다는 조건에서 영국 정부에 대한 지지를 결의했다. 진나와 무슬림연맹은 철퇴운동 기간을 자신들의 입지와 발언권을 크게 신장시키는 계기로 삼았다.[42] 무슬림연맹은 정부가 취한 억압 조치에 대해서는 비난했다.

국민회의가 활동 불능인 상태에서 힌두 마하사바가 힌두 정치를 지배하는 세력처럼 보이기도 했다. 마하사바는 종파적 관점에서 보면 무슬림연맹에 대칭하는 편협한 힌두 세력이었으며, 사회적으로는 이질적

---

42 졸저, 『인도와 파키스탄: 그 대립의 역사』, 170~177쪽 참조.

인 대중, 지주, 전문직, 교사, 관리 등을 대표하고 있었다. 마하사바는 전쟁 시작부터 정부에 협조하는 길을 따랐으며 국민회의의 운동에 지지를 보내지 않았다. 전시에는 모든 힘을 승전의 목적을 위해 집중해야 한다고 주장했다. 마하사바는 완전 독립을 요구하는 데 있어서는 국민회의와 견해를 같이하면서도 일본군의 침입에 대한 방어를 준비하는 데 있어서는 정부와 협조하겠다는 마음이었다.

힌두 마하사바의 지도자 사바르카르(Vinayak Damodar Savarkar)는 인도 민족주의가 아닌 힌두 종파적 민족주의를 외쳤다. 인도의 독립보다 종파적 이익을 앞세운 느낌이었다. 영국 정부와 싸우는 전략보다는 정부와 함께 일하는 정책을 추구했다. 마하사바는 혼란 속에 나타난 군중의 폭력 행동을 비난하면서 한편으로 국민회의 지도자들을 체포한 정부의 경솔한 행동이 폭력적 사태 발전에 책임이 있다고 주장했다. 결국 해결 방법은 영국 정부가 인도에 독립을 인정하고 국민 정부를 수립하는 것이라는 결론을 내렸다. 마하사바는 무슬림연맹에 맞서 인도는 분리될 수 없으며 어떤 경우에도 인도의 생체 해부, 파키스탄의 분립은 인도 전체의 이익을 위해 단호히 배격한다는 굳은 신념을 보였다. 무슬림연맹은 마하사바가 국민회의의 위장이며 국민회의의 예비군이라고 비난했다.

노동자 층의 지지를 받고 있던 좌파의 인도공산당과 급진민주당은 철퇴운동의 이념에 반대했다. 공산당은 간디가 주도하는 범국민적 운동의 주류에서 소외됨으로써 간디와 국민회의를 부르주아 집단으로 규정하고 줄곧 공격을 계속해 왔다. 인도공산당의 깃발 아래 노동자, 농민, 군인들은 혁명적 무장 투쟁을 전개하여 영국 정부, 관리, 지주 및 대금업자들의 재산을 몰수하여 땀 흘려 일하는 노동자와 농민에게 넘기는 인민 전쟁을 수행해야 했다. 전쟁 발발 후에도 인도 국민은 제국주의의 굴레로부터 자신을 해방시키기 위해 전력을 다해 용감하게 싸위야 한다고 선언했다.

인도공산당은 독일이 소련을 침공한 후에는 태도를 바꾸어 영국의 전쟁 수행을 지지하고 나섰다. 국제공산당은 인도공산당이 영국의 전쟁 노력을 지원하여 공산주의 모국인 소련의 방어를 도와야 한다고 요구했다. 인도공산당은 국민회의의 8월 철퇴 결의에 반대했다. 그러자 정부의 공산당에 대한 태도가 일변했다. 공산당 지도자들이 석방되었으며 그동안 불법 정당으로 선언되었던 공산당이 합법적 정당으로 인정받았다. 정부는 공산주의자들을 국민회의의 견제 세력으로 이용했다.

급진민주당도 국민회의 활동에 반대했다. 지도자 M. N. 로이는 원래 인도 및 멕시코 공산당의 창설자로서 국제공산당의 모스크바 대회 (1920년) 때 대표로 참석했다. 네루에게 상당한 영향을 미친 것으로 알려진 그는 국제공산당의 지지는 받았지만 인도에서는 노동조합도 전체적으로 포용할 수 없었다. 1940년 급진민주당을 창설한 로이는 추축국의 승리는 세계 민주주의의 종말을 가져온다고 믿었으면서도 국민회의의 정책과 활동에 대해서는 비판적인 태도에 머물렀다. 철퇴운동과 국민회의에는 반대하면서 소수 집단까지를 대표하는 국민 정부의 수립에 집착하여 오히려 무슬림연맹의 결의를 지지했다.

시크교도, 인도 기독교도를 비롯한 소수 집단들은 대체로 국가적 위기에서 민중운동을 반대하고 정부의 무차별적인 탄압을 비난하면서도 당장의 정권 이양은 찬성하는 분위기였다. 불가촉천민의 지도자 암베드카르는 적군이 문 앞에 와 있는 상황에서 법과 질서를 파괴하는 대중운동을 강력히 비난했다. 그는 영국 정부에 무한한 신뢰를 보였으며 불가촉천민이 무슬림과 마찬가지로 분리된 민족으로서의 권리와 대우를 받아야 한다고 주장했다. 그는 국민회의가 불가촉천민을 대변한다는 것도 부인했다. 그러나 불가촉천민 다수가 국민회의와 뜻을 함께하며 철퇴운동에 참여했던 것도 사실이었다.

5 정부의 탄압

정부가 위급한 전시에 폭동을 관용할 리가 없었다. 정부의 행동은 처음에는 예방적 차원이라고 말했지만 실상 징벌적이었다. 간디를 비롯한 국민회의 지도자들을 구속해 버리면 이 운동은 수일 내로 종료될 것으로 예측했으나 예상이 빗나가자 정부는 강력한 조치를 취하고 나섰다. 국민회의가 철퇴운동의 결의를 통과시킨 사실 자체를 범죄 행위로 간주했다. 아메리 인도상은 국민회의가 인도 철퇴의 결의를 철회하고 사과하지 않는 한 국민회의와 협상할 수 없다고 분명한 선을 그었다. 영국 정부는 간디가 오랫동안 이론적으로 가르쳐 왔던 비폭력 정책을 국민회의가 포기하고 혁명 운동으로 모습을 드러냈다고 보았다.

나중에 정부가 발행한 '1942~1943년의 소요에 대한 국민회의의 책임'이란 책자는 모든 폭력적인 행위를 간디와 국민회의의 책임으로 돌렸다. 민중 봉기뿐 아니라 개인적 범죄도 간디 지도하의 국민회의의 책임이라고 주장했다. 이 팸플릿에서 인도 정부는 가능한 최대 규모의 민중운동을 인가한 8월 8일의 국민회의 전국위원회의 결의, 그 이전의 라젠드라 프라사드, 발라바이 빠텔, 네루 및 아자드 등의 학생과 민중을 향한 선동적 연설, 간디가 《하리잔》에서 다가오는 투쟁을 어떤 위험에도 주저치 않을 '끝장내는 싸움'으로 언급한 것 등을 열거했다.

간디와 국민회의에 대해 매우 비판적 태도를 견지해 왔던 윈스턴 처칠은 인도 시민불복종운동과 대결하는 것이 수상으로서는 이번이 처음이었다. 그는 1942년의 폭동을 결코 좌시할 수 없었다. 처칠의 전시 내각은 대화와 토의보다는 억압 정책을 선호했다. 처칠은 9월 10일 연설에서 호전적이고 폭력적인 정책의 국민회의를 비난했다.

인도국민회의당은 인도 전체를 대표하지 못한다. 인도 국민의 다수를 대표하지도 못한다. 힌두 대중을 대표하지도 못한다. 국민회의란 하나의 정당 기구를 중심으로 만들어지고 또 제조업과 금융업의 이익 단체들에 의해 유지되고 있는 하나의 정치 집단일 뿐이다. 이 당파의 밖에서 근본적으로 반대하고 있는 9000만 명의 무슬림이 영령인도 내에 있다. 또 5000만 명의 억압받고 있는 계급, 불가촉천민이 있다. 9500만 명의 토후국 신민이 있다. 이들 세 집단이 인도의 전체 인구 약 3억 9000만 명 가운데 2억 3500만 명을 차지하고 있다. 이 계산은 국민회의당의 현재 정책을 개탄하고 있는 일부 힌두와 시크교도 기독교인들의 상당수는 포함하지 않았다.

국민회의당은 여러 면에서 간디의 비폭력 정책을 포기하고 공개적인 혁명 운동으로 나아가 철도와 전신 시설을 마비시켜 전체적인 무질서를 조장하고 상점을 약탈하고 폭력적 만행을 동반하여 경찰을 공격하는 일을 도모하고 있다. 이러한 상황 아래서 인도 총독이 주 정부와 협력하여 인도 국민의 애국적이고 현명한 대다수를 위하여 억압 정책을 실행하는 것은 당연하고 필요한 조치이다.[43]

처칠 수상은 인도에 강제적인 군대 징집은 없으며 100만 명 이상의 인도인이 세계대전에서 유엔의 대의를 위해 봉사하기 위해 자원했다고 밝혔다. 지난 두 달 동안에 14만여 명의 지원병이 조국을 지키기 위해 나선 것은 만족스러운 일이라고 주장했다.[44]

처칠의 주장대로 국민회의가 인도 국민의 대표성과 지배력을 갖지 못하고 오직 한 줌의 힌두만을 대표한다면, 왜 크립스 사절단이 보잘 것 없는 집단과 교섭하기 위해 인도에 왔느냐는 반문이 나올 수 있다.

---

43 Y. B. Mathur, *op. cit.*, pp. 115~116.

44 인도군은 전전(戰前) 18만 2000의 병력이었으나 대전 동안 지원병 체제였음에도 200여 만 명으로 증가했다. 인도인들은 영국군에 편입되어 주로 아프리카, 중동 및 유럽에서 싸웠으며 사상자는 18만 명에 이르렀다.(R. C. Majumdar & K. Datta, *op. cit.*, p. 965)

크립스는 분명히 국민회의를 "인도에서 가장 크고 가장 많은 대표성을 지닌 정당으로서 시크교도와 하리잔을 포함한 수많은 사람들의 대변자"로 표현했었다.

인도의 폭력 운동에 대한 단호한 발본책은 처칠의 보수당만의 생각이 아니었다. 국민회의에 대한 철저한 공세를 최종적으로 인정한 것은 카이로에 있던 수상 처칠이 아닌 노동당 소속의 애틀리였다는 사실은 주목할 만하다. 인도의 폭동에 대한 탄압책에 대해서는 보수당과 노동당이 의견 일치를 보였다. 폭동에 대한 방책을 결정했던 것은 영국 정부였으며, 인도 정부는 다만 대처하는 행동 전략을 주도했을 뿐이다.

간디와 국민회의 지도자들을 대대적으로 검거함으로써 그에 대한 반발로 폭동이 야기되었다는 일반적인 견해와는 달리 린리스고 총독은 그 책임을 간디와 국민회의에 돌려 비난했다. 총독은 국민회의와 그 전권을 위임받은 대변인 간디를 폭력 사태와 관련하여 규탄했다. 총독은 간디와 그의 동료들이 난동으로 이끌어 갈 것을 예측하면서도 이에 관용의 태도를 보였다는 주장이었다. 총독은 간디의 혐의에 대한 구체적인 내용을 적시하지는 못하면서도 분명히 폭동의 가장 큰 책임을 간디에게 돌렸다.

간디는 명확한 행동 계획을 구체화하기 전에 체포되었다. 그동안 간디가 행한 일련의 연설을 통해 미루어 보면 간디가 묵시적으로 인도 국민에게 요구했던 행동 방향은 다음과 같았다. 관리는 사퇴하라고 요구하지는 않겠지만 국민회의에 대한 지지를 공개적으로 선언해야만 한다. 병사는 근무지를 이탈하라고 요구하지는 않지만 국민에 대한 발포는 거부해야 한다. 토후는 외국 세력에 충성심을 표하는 대신에 국민의 주권을 받아들여야 한다. 토후국의 주민은, 만약 토후가 주민과 운명을 같이한다면, 인도 국민의 일부로서 토후의 지도력을 수용할 것이다. 학생들은 독립이 성취될 때까지 계속하여 흔들리지 않는 태도를 견지할

5 인도철퇴(撤退)운동

수 있다면 학업을 포기할 수 있다. 용기를 갖고 모든 위험을 무릅쓴 농민들은 토지세 납부를 거부해야 한다. 자민다르 제도가 우세한 곳에서는 자민다르와 소작인 사이의 상호 합의에 따라 토지세의 비율을 결정하며, 자민다르가 정부의 편에 선다면 세금을 그에게 납부해서는 안 된다. 물론 이러한 지침은 사전 구속으로 발표되지는 못했지만 간디의 의중을 분명히 나타낸 것이었다.[45]

린리스고 총독은 오래전부터 국민회의의 '선전포고'에 대한 유일한 답변은 현재의 전시 상황에서는 국민회의 조직을 전체적으로 분쇄해 버리는 공공연한 결의를 보이는 것뿐이라고 말해 왔다. 간디가 개별적인 시민불복종운동을 신중하게 전개함으로써 총독의 덫을 피해 갈 수 있었다. 린리스고는 시민운동을 제압하는 효과적인 방법은 초반에 적극적인 타격을 가하는 것이라는 사실을 알고 있었다. 이것은 전임 윌링던 총독의 탄압 정책이 계속되는 동안 인도의 독립운동이 특기할 사항 없이 소강 상태에 빠져 있었던 사실로서 증명이 된 셈이었다.

구속하기 전에 간디와 국민회의 운영위원들을 유배시키는 방안을 구체적으로 계획했다. 린리스고는 처칠 수상과 아메리 인도상과 모색한 강경책으로서 간디를 영국 식민지 아덴으로, 운영위원들을 아프리카의 영국 보호령 나이야사랜드로 유배시키는 것을 고려했으며 이들을 수송할 전함이 봄베이항에 대기하고 있었다. 유배 조치는 인도 국민을 격분케 할 것이고 특히 군대 동원에 어려움을 줄 것이라는 판단에서 취소되었다. 대신에 이들 모두에 대한 구속으로 계획이 바뀌었으며 이전에 국사범을 수용했던 적교(弔橋)로 접근이 가능하고 해자로 둘러싸여 있는 뿌나 부근의 유폐 장소면 충분하다고 판단했다.[46]

---

45 Bipan Chandra, *India's Struggle for Independence*, p. 460; 자민다르 제도에 관해서는 이 책 5장 「인도 농민운동」의 1절을 참조.

46 Sarvepalli Gopal, *op. cit.*, II, p. 295; Rajmohan Gandhi, *op. cit.*, p. 493.

간디를 비롯한 운영위원 및 봄베이의 국민회의 지도자들도 함께 체포되어 감옥으로 이송되었다. 간디는 나이두와 함께 뿌나에서 하차시켜 정부가 아가칸(Aga Khan)으로부터 손에 넣었던 '아가칸 궁전'에 억류했다. 간디의 비서 마하데브 데사이와 미라 벤도 함께 투옥되었다. 아자드, 네루, 빠텔, 라젠드라 프라사드 등 9명은 계속 달려서 16세기의 아메드나가르 성(城) 감옥에 감금되었다.

간디는 이송 기차에서 아자드에게 투옥 중에도 국민회의 의장의 권한을 계속하여 행사하도록 요구했다. 아자드는 마지못해 인도 철퇴로 전향한 사람이었다. 아메드나가르에 유폐되어 있던 국민회의 운영위원 12명 가운데 빠텔을 포함한 과반수는 철퇴운동은 불가피하다는 생각을 가지고 있었지만, 네루는 이 운동에 의문점을 제기하다가 간디의 설득에 따라 유보적인 태도를 취했었다. 아자드 등의 소수는 인도 철퇴를 실책으로 판단했으면서도 어떤 행동으로 나아갈지는 간디만이 알 수 있을 뿐이라는 입장이었다.

간디는 "사티아그라하 법칙은 패배를 모른다. 감옥은 메시지를 전파하는 많은 수단 가운데 하나이다."라고 말하면서 투옥을 조금도 개의치 않았다. 그러나 감옥의 제한된 한계성을 인정하면서도 사티아그라하 법칙은 시련의 순간에서 해결책을 처방해 준다고 믿었다.[47] "먼지투성이고 수리하지 않은 황량한 궁전"이지만 아메드나가르 감옥보다는 나았던지 간디는 몸이 불편한 빠텔을 널찍한 '궁전'으로 옮겨 달라고 요청하기도 했다. 신문도 허용되지 않았으니 간디는 감옥 밖에서 일어난 일에 대해서는 아무것도 알 수 없었다.

정부는 군대와 경찰력의 과잉 대응을 개인의 생명과 재산을 보호하기 위해서 또 정부를 전복하려는 폭력적 반란을 막기 위해서 법적인

---

47 Rajmohan Gandhi, *op. cit.*, pp. 495, 500.

5 인도철퇴(撤退)운동

의무를 이행하는 것이라고 정당화했다. 정부의 군사력은 이 목적을 위해 유지하는 것이며, 힘을 사용하는 자들에게는 힘으로 대처해야 한다고 주장했다. 인도 정부는 주 정부로 보내는 지시문에서 군경의 대응은 징벌이 아니라 예방적이란 점을 되풀이하면서 국민회의에 대한 조치는 한 정당에 대한 탄압이 아니라 전쟁 수행을 불능케 하려는 의도가 틀림없는 운동을 분쇄하는 것이라고 주장했다.

시위, 탄압, 파괴, 보복이 이어졌다. 어느 편의 범죄 행위로 단정하기도 어려운 개인 재산에 대한 무자비한 파괴와 약탈이 끊임없이 일어났다. 인도에 거주한 많은 영국인 관리와 민간인들은 1857~1858년의 대폭동을 떠올렸다. 1942년의 폭동은 마치 자살 충동과 같이 자발적인 폭력이 분출한 결과였다. 정부는 모든 힘을 동원하여 되받아쳤고 응징했다. 군경의 진압 과정에서 곤봉, 매질, 구금, 발포, 약탈, 방화, 고문 등은 일상화되었으며 정부의 폭력적 공세는 '사자와 같았다.'

소요를 진압하기 위해 기관총 발사와 공습까지 있었다. 폭도들은 1942년 8월 15~16일에 처음으로 공중 기관총 사격을 받았다. 시민방위본부는 다음 해 2월까지 캘커타, 치타공, 페니 등에 대한 공습의 시일과 횟수 등을 세세히 제시했다. 정부는 6회에 걸친 공중 기관포 사격으로 인한 총 사상자 숫자를 348명 사망, 459명 부상으로 밝혔다.

사회주의자 로히아(Rammanohar Lohia)는 정부 당국의 고문 사례를 영국 라스키(Harold Laski) 교수에게 보낸 편지를 통해 고발했다. "나는 4개월 넘게 온갖 학대를 받았다. 밤낮으로 잠을 재우지 않고 서 있도록 했으며, 수갑을 채운 채 널판 위에 올려놓고 돌렸다. 죽을 만큼 매질을 당하고 사람의 입을 하수구에 밀어 넣는 악독한 짓을 거침없이 자행했다. 한 사람은 봄베이주의 경찰 초소에서 독을 마셨고, 또 한 사람은 감옥에서 우물에 몸을 던졌다. 체포된 후 매질과 학대로 죽은 사람이 오리싸주의 한 감옥에서만 29명 혹은 39명이었으며 국내의 300여 개의 감옥에서의 사망자 숫자는 조사되지도 않았다."[48]

영국과 미국의 여론은 전쟁 기간에 민중운동을 전개하는 인도의 정세에 대체로 우려를 표명했지만 지식인들과 좌파는 인도의 대의에 동정심을 보이기도 했다. 버나드 쇼는 간디의 구속을 "가장 바보 같은 실책"이라고 썼고, 라스키와 버트란드 러셀, 헉슬리(Julian Huxley)는 인도의 즉각적인 자유의 요구와 영국의 억압적인 대응책 사이에 타협안의 모색을 위해 협상위원회를 제안했으며 이미 설립 예정인 유엔이 중재에 나서도록 요청했다. 미국에서도 지식인들, 특히 펄 벅(Pearl Buck), 에드거 스노(Edgar Snow), 루이스 피셔 등은 인도인들의 자유에 동정적이었다. 미국은 동맹국으로서의 영국에 대한 지지와 다른 한편으로 독립투쟁을 전개하는 인도 국민의 대의를 외면할 수 없는 처지에서 입장이 모호했다.

인도 정부는 국민회의 전국위원회와 모든 주의 국민회의 위원회를 불법 단체로 선언했다. 신문이 통제되었고, 알라하바드의 국민회의 지부는 기금을 몰수당했다. 정부는 주민의 폭력 활동에 참여하는 것을 차단하기 위해 집단적 징벌 정책을 고안했다. 소수의 행동에 대해서도 공동체 전체가 책임을 지는 것이었다. 집단 벌금의 경고는 질서를 회복하는 데 큰 효과를 보았다. 불법 집회를 갖거나 공공건물 및 시설을 훼손할 경우 마을 전체가 보상해야 한다는 경고의 전단 살포와 공중 방송은 소요를 진정시키는 데 큰 역할을 했다.

미드나뽀르 치안판사는 주민의 정치적 죄과에 대한 응징으로서 정부의 구호 활동을 철회해 버렸다. 비공식 단체의 피해 지역에 대한 구호 활동도 한 달 동안 허용하지 않았다. 이 지역은 태풍과 해일 피해로 약 3만 명이 사망했다. 벵골과 오리싸주의 해안 지역에서는 계절적 태

---

48 R. C. Majumdar, *op. cit.*, III, pp. 657. 660.

풍의 심각한 피해가 주민의 폭력 활동을 자극하는 느낌이 있었다. 미드 나뿌르에 정부는 구호 활동을 강구하지 않았을 뿐만 아니라 다른 사람들의 도움도 허용하지 않았다. 군대가 31개의 국민회의 막사와 104채의 개인 주택을 불태워 버렸다.[49]

센트럴 프로빈시스에서는 치안판사를 파견하고 체포 권한을 강화한 인도국방령을 확대하여 소요에 대처하는 데 충분한 효과를 보았다. 집단 벌금을 부과하고 현장에서 신속하게 징수하는 조치로 효과가 나타났다. 유나이티드 프로빈시스에서는 벌금형을 처음 카운뿌르에 적용하여 뚜렷한 효과가 증명되자 알라하바드, 바라나시, 아그라, 메루트로, 결국에는 주 전체로 확대했다. 비하르주에서는 집단적 벌금 포고령을 적용했는데 8개 지역의 170개 마을에 걸친 23개 사건이었다. 벌금액의 총액은 97만 8200루피에 이르렀다.[50]

소요는 두 달 내에 잦아들었고 고립된 지역에서 산발적으로 계속되는 정도였다. 처칠 수상은 하원에서 당당하게 "소요는 정부가 전력을 다한 결과 분쇄되었다."라고 선언했다. 그는 "용감한 인도 경찰과 관리들이 보여 준 확고부동한 충성심은 최고의 찬사를 받을 만하다."라고 극찬했다.[51] 정부의 경찰과 관리는 충성심을 버리지 않았다. 지방에서는 봉기의 성패가 경찰이 초반에 어떤 행동을 취하느냐에 달려 있기 마련이었다. 경찰은 폭도에게 강경하게 몰아붙이면 자신들은 안전하지만 유순함을 보이면 압도되어 희생된다는 것을 알고 있었다. 처칠이 대규모의 증원군을 인도에 보냈으며 비무장의 인도 농민과의 전투에서 승리하여 폭도들을 박멸했다고 공언한 것을 보면 수개월 동안에 정부에 의해 자행된 야만적인 탄압 행위에 한계가 없었음을 상상할 수 있다.

---

49 Amba Prasad, *The Indian Revolt of 1942*, p. 91.

50 Y. B. Mathur, *op. cit.*, p. 106.

51 J. Nehru, *The Discovery of India*, p. 485.

두 달 동안 영국은 소요를 진압하기 위해 112개 대대를 동원했다.

간디와 국민회의 지도자들의 체포에서 시작하여 1942년 말까지 대대적인 검거 선풍이 불었다. 일망타진의 형태로 6만 229명이 체포되고, 약 2만 6000명이 기소되었다. 정부가 집계한 전국적인 재산 피해 상황은 철도역 소실(燒失)이 318건, 우체국 파괴가 312건이고 공격받은 것은 945건, 철도 차량의 파손액은 180만 루피였다. 철도 탈선 건수는 59회이고, 전신 전화의 피해 건수는 1만 1285건에 이르렀다. 경찰서와 정부 건물은 각각 70개와 85개가 불탄 것으로 집계되었다. 소요를 일으킨 주민에 대한 징벌의 형태로 부과했던 집단적 벌금 액수는 900만 루피에 이르렀다.

연말까지 538회의 군경의 발포가 있었으며 사망자 940명, 부상자 1630명이었다. 군경 측의 사망자와 부상자 숫자는 각각 60명과 648명이었다. 사상자의 숫자는 제각각 너무나 큰 차이를 보였다. 네루는 1942년의 소요 때 군경의 발포에 의한 사상자의 공식 집계가 사망 1028명에, 부상 3200명으로 보았다.

'유나이티드 프로빈시스에서는 폭력이 몹시 격렬하여 16명의 경찰이 피살되고 332명이 부상했다. 소요와 관련하여 1만 6089명이 체포되었다. 벌금 총액은 283만 2000루피에 이르렀다.[52]

'인도 국민의 비폭력 운동의 사령관'인 간디는 옥중에서 평화롭게 지낼 수 없었다. 정부는 악의적인 소문을 퍼트렸다. 총독은 폭동과 범죄의 책임을 국민회의와 전권을 위임받은 간디에게 돌렸다. 간디에게는 재갈이 물려 있는 상황이었다. 당국은 답변할 자유도 주지 않고 비난을 퍼부었다. 간디는 마지막 호소인 '단식을 통하여 육신을 괴롭히는' 불가피한 수단을 사용하기로 결심했다. 단식을 시작하면 소식은 세

---

52 P. Sitaramayya, *op. cit.*, pp. 374~376; J. Nehru, *The Discovery of India*, p. 488.

5 인도철퇴(撤退)운동

상에 전해지게 되었다. 간디는 전에도 도약판으로서 계기로 삼기 위해 단식을 행했었다. 총독은 간디의 단식을 "아무런 도덕적 정당성도 없는 정치적 공갈"로 무시했다.[53] 비록 정치적 공갈로 폄하당했지만 간디로서는 정의를 위해 무구(無垢)한 신념을 가지고 신의 심판에 호소하는 것이었다.

간디는 다른 때의 죽을 때까지의 단식 대신에 3주일의 단식을 선언했다. 영국 정부는 간디가 단식을 시작하면 죽도록 놔두기로 결정했다. 처칠 수상은 간디를 "공갈과 테러의 사악한 방식에 종사하는 천하에 가장 성공적인 협잡꾼"이라고 칭하며 그에게 양보하는 것을 거부했다.[54] 단식 시작 이틀 전에 총독은 옥중에서의 사망을 우려하여 간디에게 단식 기간 동안의 석방을 제의했다. 간디는 거절했다. 간디는 선언한 날짜보다 하루 늦게 1943년 2월 10일부터 단식을 시작했다. 국민의 격앙된 정서가 전국적으로 팽배했다. 다양한 모든 정당과 단체들이 연합하여 정부에 간디를 석방하여 생명을 구하도록 요구했다. 총독은 냉정한 반응을 보였다. 총독집행위원회의 인도인 위원 세 명이 사퇴를 선언한 것은 총독에게 큰 타격이었다.

간디는 구속되어 있는 동안 개인적인 슬픔을 겪었다. 함께 투옥된 비서 마하데브 데사이가 갑자기 사망했다. 그는 25년 동안 간디의 곁을 지켰으며 간디의 일상적인 업무를 조정하는 단순한 비서 이상의 사람이었다. 수많은 사람과 접촉하고 간디의 가르침을 보완했다. 간디가 단식을 결행할 때는 누구보다도 괴로워하고 초조해했다. 간디는 마하데브의 시신을 붙잡고 오열했다. 의사는 할 일을 다 했지만 신의 뜻이 달랐다고 했다. 간디는 『바가바드 기타』를 암송했다.

---

53 L. Fischer, *op. cit.*, pp 482~485.

54 Sugata Bose, *op. cit.*, p. 233.

간디는 또한 아내 카스투르바를 잃었다. 카스투르바는 남편 곁에 있기를 원했으며 당국이 이를 존중했다. 그녀가 위독할 때 아들 데브다스는 새로운 약 페니실린을 투약하려 했으나 간디가 거부했다. 남아프리카에서 일하는 마닐랄을 제외하고 하릴랄, 람다스 등 세 아들은 어머니를 찾았다. 평생 부모의 애를 태워 의절했던 장남 하릴랄은 역시 술에 취한 병든 몸이었다. 카스투르바는 1944년 2월 22일 사망했다. 그녀는 글을 읽고 쓰는 것을 배우는 데도 간디의 마음을 괴롭혔지만 남아프리카에서 또 인도에서 스스로 감옥행을 택했던 투사였다. 간디와 평생 함께한 동지였고, 희생적이고 용감한 내조자였다. 간디가 소년 시절을 보낸 라즈콧에서 일어난 소요 때 투옥되었다가 임종을 맞으면서 간디에게 "내가 가장 원하는 것은 당신이 짠 천으로 만든 사리를 입고 화장되는 것"이라고 말했다.

간디는 옥중에서 말라리아에 감염되었다. 그는 동료들과 함께 1944년 5월 6일 석방되어 봄베이의 주후 해안으로 옮겨졌다. 처칠 수상은 와벨 총독의 간디 석방을 몹시 싫어했다. 두 달 후에 수상은 총독에게 신경질적인 전문을 보내 왜 아직도 간디가 죽었다는 소식이 없느냐고 물었다.

6 맺음말

1942년의 사태는 학생과 농민이 중심이 된 가공할 민중 폭동이었다. 국민회의 지도자들이 대부분 구속된 상황에서 학생들과 정치적 의식이 가장 앞서 있었던 교육받은 중간 계급이 지도력을 보여 주었다. 농민들은 투쟁력을 제공했다. 순박한 농민들은 사심 없이 독립운동에 뛰어들었고 가장 큰 규모의 희생을 치렀다. 특히 농민에게 집단적으로

5 인도철퇴(撤退)운동

부과된 엄청난 액수의 벌금은 가난한 그들에게 너무 큰 부담이었다.

상층 계급은 본래 혁명적 민중운동에 본능적 거부감을 갖기 마련이었다. 토후, 지주, 기업인들은 대체로 이 투쟁을 외면했다. 그들은 스스로 민족주의자라 자처하고 자신들을 그렇게 불러 주기를 원했으면서도 범국민적 투쟁을 좋아하지 않았다. 그들은 오히려 정부에 충성스러운 태도를 보였는데 인도 정부의 전시 공채(戰時公債)를 대대적으로 예약함으로써 화려한 칭호를 부여받은 사실이 이를 증명했다.

노동자들의 참여에 대해서는 한마디로 평가하기 어렵다. 노동자들은 독립운동의 대의와 경제적 이해관계의 충돌에서 분열되어 있었다. 노동자들은 정치적 집단과 이념적으로 밀접한 연대가 형성되어 있었다. 국민회의를 신뢰하고 추종한 노동자들은 투쟁에 가담했고, 급진적 정파의 영향 아래 있던 노동 집단은 참여를 거부했다. 인도노동자연맹은 노동자들로 하여금 투쟁 운동에 반대하도록 촉구했다. 철도 노동자들에게는 수당을 대폭 인상한다는 발표가 투쟁의 참여를 외면하도록 작용했다고 알려졌다.

인도철퇴운동은 성공하지 못했다. 당장 영국 지배를 종식시키고 독립을 이룩하겠다는 그들의 목표는 달성하지 못했다. 지도자도 없고 뚜렷한 행동 계획도 없는 폭동이었다. 조직이 없는 상태에서 몰려다니는 군중은 자신들이 무엇을 하고 있는지 알지 못했다. 폭동은 무분별한 고립된 시도로 나타났으며 거기에는 전략도 없었다. 정부 조직을 마비시키겠다고 일어섰지만 운동은 정부의 우월한 물리적 힘 앞에서 석 달이 못 가 무너지고 말았다.

폭력적으로 진행된 운동은 간디의 신념인 비폭력의 실패이기도 했다. 폭도들에게는 다가올 자유와 독립만 떠올랐을 뿐 비폭력의 이념은 실종되었다. 간디에게는 진리, 즉 비폭력은 세상의 무엇과도 바꿀 수 없는 필생의 신념이었다. 그의 행동은 항상 이 단어에 머물러 있었다.

간디는 누구와도 비교할 수 없을 만큼 용기 있고 저돌적인 사람이었지만 폭력을 통한 혁명가는 아니었다. 그의 운동에서 폭력은 어떤 경우에도 배제되어야 했다. 철퇴운동이 폭력으로 얼룩진 데 대해 간디는 깊은 좌절감에 빠져들었다. 폭력을 견제할 수 있는 어떤 수단도 없었다. 비폭력과 평화의 편에 서 있던 간디를 비롯한 영향력 있는 사람들이 무대에서 제거되었기 때문이다. 간디가 구속되지 않았다면 그는 폭력을 온몸으로 막았을 것이다. 간디는 폭력의 조짐이 보일 때 수차례 이를 가라앉혔으며 폭도를 진정시키는 방법을 알고 있었다. 목숨을 내걸고 호소하는 단식은 인도 국민에게 큰 설득력을 발휘하곤 했다.

1942년 8월 이후 인도의 정세는 전례 없이 혼란스럽고 혁명적이었다. 폭력이 지역적으로 난무했으면서도 종교적 충돌은 없었다. 국경까지 넘어온 일본군의 위협이 종파적 분쟁을 완화시킨 역할로 작용했을 것이다. 긴박한 침공의 위협 앞에서 인도 국민의 절박한 긴장감이 적어도 당분간은 내부의 알력을 잠재웠을 것이다. 그렇지만 이번 민중운동에서 통제할 수 없는 폭동으로 내몰렸던 선례는 후일의 불길한 종교적 충돌과 폭동을 예고했다. 폭동은 좋지 않은 유산이었다. 간디가 독립운동을 주도한 이래 가장 큰 폭동이었으며 폭력과 약탈과 방화가 오도된 애국심으로 빠져 들어갔다. 이 폭동은 잠재된 종파적 폭력성이 잘못된 애국심으로 표출된 전례를 만들었다.

인도철퇴운동은 폭력으로 얼룩졌지만 닥쳐올 독립을 위한 기반을 마련했다. 인도의 독립운동은 인도 국민만의 관심사에 머무를 수 없었다. 지금까지 영국의 국내 문제였던 인도의 독립이 미국을 비롯한 세계 여론이 주시하는 바가 되었다. 영국에서도 도덕적 여론의 압력 때문에 전후에는 인도의 독립을 계속 유보하기는 어려웠다. 세계 여론은 시기가 적절치 못한 폭동에는 반대했으나 인도의 독립에 대한 열망에 대해서는 동정적이었다.

철퇴운동은 독립을 국민운동의 당장의 목표로 내세웠다. 독립을 위해서는 국민이 목숨을 던질 수도 있다는 것을 보여 주었다. 인도 국민을 영국인 지배자들로부터 떼어 내어 국민회의와 결합시켰으며 외국 세력이 그들의 의지를 계속 강요하는 것을 더 이상 불가능하게 만들었다. 국민회의가 철퇴운동을 결의한 1942년 8월부터는 영국인들은 떠날수밖에 없다는 것이 분명해졌고 정권 이양의 시기만이 남은 문제였다. 이후부터는 어떤 후퇴도 있을 수 없었다. 영국 정부와의 협상도 정권이양의 문제에만 한정되었으며 독립은 더 이상 흥정거리가 아니었다. 이것은 세계대전 끝나면서 더욱 분명해졌다.

4장

수바스 찬드라 보스와
인도국민군

1 수바스 찬드라 보스와 인도국민군

인도 민족주의운동 내지 독립운동의 주류는 국민회의의 전통과 간디의 비폭력운동으로 이어졌다. 원래 인도국민회의가 영국의 합법적이고 점진적인 정치 전통을 인도에 도입하는 것을 의도했고, 과격파의 출현도 이 노선에서 크게 벗어난 것은 아니었다. 종래의 영국 정부에 대한 청원이나 권고의 '탁발 행각'에서 벗어나 스와데시운동에서 보여 주었던 바와 같이 인도 국민의 힘을 결집하여 정부 측에 압력을 가함으로써 영국으로부터 양보를 얻어 내겠다는 것이 과격파의 행동 목표였다. 과격파의 전체적인 주장은 당장 인도의 독립을 요구한 것도 아니었고 기껏해야 대영제국 안에서의 자치의 획득이 목표였다.

온건파는 물론 과격파도 국민회의 안에서 활동한 집단이었다. 20세기에 접어들면서 스와데시운동에 즈음하여 테러리스트들이 출현했다. 그들은 합법적인 투쟁 방법을 버렸다. 영국의 제국주의적 지배 체제를 폭력으로 파괴하려는 혁명 세력이었다. 그들의 목표는 무자비한 방법으로 고위 관리를 살해함으로써 영국인 관리 집단의 사기를 저하시키고 그들 통치 조직의 취약성을 폭로하려는 것이었다. 테러리스트들의 기세는 영국인 정부와 관리들을 긴장시킬 만큼 충분히 공격적이었다.

테러 활동은 대체로 어린 소년들에 의해 대담하게 걷잡을 수 없이 자행되었다. 테러 조직이 전혀 없었던 것은 아니지만 활동의 성격상 그들에게는 지지자도 후원자도 없었으며 일반 국민의 시선도 그들을 외면했다. 국민회의는 테러리스트의 행동에 동정심을 보인 것이 아니라 오히려 비난하고 경멸했다. 애국심의 강도(強度)에서 본다면 목숨을 걸고 투쟁하는 테러리스트의 구국 활동이야말로 국민회의 안에서 안주했던 온건파와 과격파의 애국심을 훨씬 압도했을 것이다.

수바스 찬드라 보스(Subhas Chandra Bose, 1897~1945)는 테러리스트의 계승자가 아니다. 그는 이전의 테러리스트의 활동을 찬양하지도 않았고 그들의 계승자로 자처하지도 않았다. 테러리스트들도 그를 자신들의 지도자로 생각하지 않았다. 수바스 보스는 국민회의 안에서 활동하며 성장했고 젊은 나이에 최고의 영예인 국민회의 의장으로 두 번이나 선출된 인물이었다. 그러나 그는 국민회의의 이단아이며 혁명가였다. 간디는 어떤 상황에서도 비폭력을 포기하지 않았고, 국민회의가 간디와 함께했던 독립운동의 과정에서 수바스 보스의 입지는 젊은 층의 지지에도 불구하고 좁아질 수밖에 없었다. 보스의 활동은 우리에게 간디와 국민회의보다는 언뜻 테러리스트의 활동이 연상된다. 그는 국민회의에서 성장했지만 무장 투쟁을 강조함으로써 간디가 주도한 국민회의 노선보다는 오히려 테러리스트의 활동과 닮은 길을 걸었다고도 느껴진다. 보기에 따라서는 다소 낭만적이고 모험적인 그의 생애를 주로 인도국민군의 활동과 관련하여 고찰해 보고자 한다.

1 인도문관직을 버리고 독립운동의 길로

뱅골 지방은 영국동인도회사가 인도에서 맨 처음 지배권을 확립한 곳으로서, 인도의 정치적 중심지가 되었다. 벵골은 서구식 교육이 앞서 도입된 지방이었다. 캘커타는 영국이 인도를 다스리는 대부분 기간 동안 영령인도의 수도였고 벵골주의 주도였다. 캘커타는 번영한 도시로서 서구의 영향을 받은 새로운 중산층 사회가 형성되고 있었다. 그들은 순수한 인도인도 아니고 서구인도 아닌 새로운 생활 습관을 가진 계층이었다.

수바스 찬드라 보스는 이런 가정에서 태어났다. 아버지 자나키나드 보스(Janakinath Bose)는 광범한 사회 문제와 민족의식에 눈을 뜬 변호사였다. 자나키나드 보스는 캘커타에서 커탁(Cuttack)으로 옮겨 갔고 수바스는 이곳에서 태어났다.(커탁은 1935년 인도통치법에 따라 신설 오리싸주에 편입되었다.) 부친 자나키나드는 주민 2만 명의 커탁에서 명성이 높은 변호사였다. 커탁 시로 옮겼지만 캘커타와의 유대 관계는 계속 이어 갔으며 나중에 검사로 또 벵골주의 입법의회 의원으로 활동했다.

보스는 카야스타(Kayastha) 출신으로 카야스타는 벵골에서는 브라만 및 바이댜(Baidya)와 함께 최고의 카스트로 인식되었다. 보스는 카스트보다는 보통 바드라록으로 알려진 특징적인 집단에 속해 있었다. 바드라록은 '존경받는 사람들'이라는 의미이지만 벵골 지방의 부유한 교육받은 사람들을 지칭한 말이었다. 바드라록은 적어도 이론적으로는 비교적 개방적이었으므로 무슬림까지도 포함될 수 있는 계층이었다. 바드라록의 신분에 가입할 수 있는 요건은 카스트보다는 교육, 특히 영어교육이었다. 주로 상층 힌두 카스트로 구성된 신흥 중간 계급은 1835년 영어 교육의 도입에 따라 영어를 관청 용어로 채택하는 영국 정부의 정책에 민감하게 반응하여 좋은 직업을 얻게 된 사람들이었다. 벵골인들은 인도에서 영어 교육과 영국식 매너를 첫 번째로 습득한 사람들이었으며, 특히 바드라록은 식민지의 특수한 정치 사회 및 문화적 변화 속에 새로이 부상한 존경받는 벵골인들이었다.

1 수바스 찬드라 보스와 인도국민군

수바스 보스는 부친의 뜻에 따라 침례교 선교회가 운영하는 초등학교에 입학했다. 부친은 자식들의 장래가 오직 영어 교육에 달려 있다고 생각한 사람이었다. 섬세한 감수성을 지닌 수바스는 자신 안에 두 개의 상충하는 마음, 즉 하나는 서구적이고, 다른 하나는 인도적인 마음이 있음을 느꼈다. 수바스는 영어 교습을 위하여 영국 선교사와 지속적으로 접촉했으며 그가 속한 벵골 중산층은 영국 상류층의 기질을 많이 닮아 가고 있었다.

수바스에게는 어머니의 가르침이 더 크게 작용했다. 수바스는 어머니의 영향을 크게 받았음을 두고두고 강조했는데, 어머니는 어린 수바스에게 인도의 역사와 문화에 대한 자긍심을 심어 주었다. 또한 수바스는 그가 진학했던 대학 예비 학교 레이븐쇼(Ravenshaw) 기숙학교에서 마다브 다스(Beni Madhav Das) 교장의 민족주의 사상에 영향을 받았으며 그를 평생의 스승으로 여겼다. 어머니와 교장 선생님이 깊이 각인시켜 준 인도의 위대한 문화유산에 대한 긍지는 수바스가 계속 서구식 교육과 문화를 접하면서도 결코 민족의식이 결여된 뿌리 없는 인간으로 방황하지 않도록 만들었다.

수바스 보스는 탁월한 성적으로 엘리트 교육 기관인 캘커타의 프레지던시 칼리지(Presidency College)로 옮겨 갔다. 인도의 교육과 지성의 중심인 캘커타에서 그는 자신과 조국과 세계를 바라보는 시야를 넓혀 갔다. 부모와 집을 떠나 있는 분위기가 그에게 자유를 주었고 국내외 정세에 눈을 뜨게 만들었다. 그는 종파 문제에는 비교적 초연했고 종교적 소수 집단에 동정심을 보였다. 인도의 절박한 문제는 종교나 종파 문제가 아니라 이민족의 제국주의적 압제 아래 있는 정치적 현실이라고 그는 인식했다.

수바스는 학교생활에 몰두했다. 학생운동에서 뛰어난 리더십을 보여 주기도 했다. 그러나 인종 차별의 부적절한 언행을 보인 영국인 교수를 학생들이 비방 공격하는 사건에 휘말려 보스는 프레지던시에서 출교(黜校)당했다. 이 사건은 역사학 교수 오튼(E. F. Oaten)이 알렉산 더 대왕 이후 그리스인들에 의한 중동의 그리스화(Hellenization)와 영국 교육 계급에 의한 인도의 영국화(Anglicization)의 유사성을 언급하며 일 어났다. 그는 그리스인들이 우월감에서 자신들은 헬레네스(Hellenes)라 부르면서 페르시아인들과 다른 속주민들을 그리스어가 아닌 듣기 싫은 말을 지껄이는 사람들이라는 뜻으로 '바르바로이(barbaroi; 야만인)'라고 불렀다고 언급했다. 학생들은 "이 역사적 사건의 언급을 마치 인도인을 야만인으로 부른 것처럼 왜곡하여 이해"했다. 학생들이 교수를 모욕하 여 양측이 충돌했다.[1] 수바스 보스가 이 사건의 주동자로 지목되어 학 교 당국에 의해 퇴학당했다. 다음 해 복학한 보스는 1919년 철학 전공 으로 캘커타대학교를 우등 졸업했다.

부친은 수바스에게 영국으로 가서 인도문관(ICS) 시험에 응시하도 록 권유했다. 당시 벵골은 민족주의운동의 소용돌이에 휩쓸리고 있었 으므로 정치적 혼란에서 수바스를 격리시키려는 의도도 깔려 있었다. 인도문관은 영어 교육을 받은 인도 젊은이들의 선망의 대상이었다. 영 국의 식민 지배 아래 있는 인도 젊은이들이 시험을 통해 오를 수 있는 최고의 관직이었다. '하늘이 내린 관직'이지만 한편 '영국 통치의 강철 구조'를 구축하고 있는 충성 집단의 윗자리에 앉아있는 직위였다. 인도 인들은 인도문관 시험을 신분 상승의 발판으로 바라보았다. 인도문관 시험에 합격하는 것은 출세와 명예와 부가 보장되는 길이었다.

수바스는 난처한 입장이었다. 인도문관으로 성공하는 것은 마음속 에 간직하고 있는 인생의 목표를 포기하는 것을 의미했다. 수바스는 처

---

1 Bidyut Chakrabarty, *Subhas Chandra Bose and Middle Class Radicalism; A Study in Indian Nationalism 1928~1940*(Oxford University Press, 1990), pp. 23~24.

1 수바스 찬드라 보스와 인도국민군

음에는 부친의 제의를 반대했으나 "영국인에게 인도인의 우월을 증명하기 위해" 응시하기로 결심했다. 수바스는 1919년 9월 인도를 떠나 케임브리지대학교에서 시험 준비에 몰두했다.

인도문관 시험은 영국동인도회사가 폐지되고 영국 정부가 인도를 직접 통치하게 되는 1858년 영국통치법 제32항에 따라 영국인과 동등한 조건에서 런던에서만 실시되어 왔다. 시험 과목이 만만치 않았다. 영국 및 유럽 역사, 고전어, 경제학, 지리, 정치학, 영국법, 철학, 산스크리트어 등의 대부분의 과목들은 깊이 배우지도 못하고 잘 알지도 못한 것들이었다.

수바스 보스는 두문불출하고 8개월 동안 노력한 끝에 놀랍게도 4등의 성적으로 합격했다.[2] 특출한 두뇌와 비범한 집중력이 빚어 낸 놀라운 결과였다. 수바스보다 앞선 세 사람은 그리스어와 라틴어 및 수학에서 좋은 성적을 올렸다. 수바스는 역사, 철학 및 경제학에서 탁월한 실력을 보였을 뿐만 아니라 영작문은 영국인을 포함하여 최우수 점수를 받았다.

영국과 특히 인도의 교육받은 젊은이들이 인생의 목표로 우러러보았던 인도문관 시험에 합격했지만 수바스 보스는 그 순간 고민에 빠졌다. 영광스럽지만 썩어 빠진 관직을 팽개쳐 버릴 것이냐 그렇지 않으면 관직을 받아들이면서 마음속으로 우러러 왔던 대의(大義)와 결별해 버릴 것이냐 하는 문제였다. 케임브리지에 머무른 기간은 짧았지만 수바스는 다양한 국제 문제에 대해 시야를 넓힐 수 있었다. 세계 각국에서 온 학생들과의 접촉을 통해 인도의 현실을 새로이 바라보게 되었다. 영국에서는 인도의 정치적 사정을 많이 보도하지 않았지만 수바스는 편

---

2 1863년 Satyendranath Tagore(라빈드라나드 타고르의 형)가 인도문관 시험에 처음 합격한 이후 겨우 18번째로 수바스 보스가 합격했다. 4등 성적은 인도인 합격생으로서는 그때까지 가장 우수한 성적이었다.

잡 학살 사건 후에 떠나왔으므로 인도의 대중운동의 기운을 감지하고 있었다. 그는 인도문관직을 포기하고 그의 생애를 조국의 대의를 위해 봉사하기로 마음을 정해 갔다.

수바스는 벵골에서 광범한 봉사활동으로 높은 명성을 얻고 있는 정치적 지도자 C.R. 다스와 상의했다. 수바스는 다스에게 보낸 1921년 2월 16일자 서한에서 자신의 포부를 밝혔다.

조국의 거대한 봉사 계획에서 당신이 나에게 어떤 과업을 부여할 수 있는지 알고 싶다. …… 조국으로 돌아가면 나는 두 종류의 일, 즉 대학에서 가르치는 일과 신문을 위해 글 쓰는 일을 할 수 있을 것 같다. …… 국민회의에 관해서는 몇 가지 생각을 갖고 있다. 국민회의를 위해 상설 회의장 등 만남의 장소가 필요하며 상주 직원을 두어 유지해야 한다. …… 각자는 최근의 사실과 통계를 수집함으로써 국민회의는 개별적인 문제의 해결뿐만 아니라 정책을 수립할 수 있다. 국민회의는 국가의 많은 문제들에 대해 뚜렷한 정책을 갖고 있지 않다. 국민회의는 정보국을 열어 최신의 뉴스와 사실과 통계가 가능하도록 수집하고 조정해야 한다. 선전부에서는 우리 국민 생활의 문제들에 관해 지방어로 책자를 발간해야 한다. 국민회의와 관련해 헤아릴 수 없는 과업이 우리 앞에 놓여 있다. 내가 아마도 이런 방면에서 얼마간 도움이 될 것이다."

수바스는 며칠 후 다시 보낸 서신에서 자신의 생각과 계획을 보다 구체적으로 밝혔다.

어떤 아이디어가 떠올라 다시 당신에게 서신을 보낸다. 나는 민족대학에서 가르칠 수 있을 듯하다. 서양 철학에 관해 좀 읽고 있다. 당신이 영자신문을 발행한다면 내가 편집인의 한 사람으로 일할 수 있을 것이다. 국민회의의 연구부를 연다면 그곳에서 일할 수 있을 것 같다. 국민회의는 위원회를 임명하고 위원회는 모든 사실을 고려하여 국민회의의 정책을 계획할 수 있을 것이다. 서민에게 교육을 확대하기 위한 많은 작업 분야가 있다. 그러한 활동과 함께 협동은행의 설립도 필요할 것이다. 사회봉사 활동 등에도 참여할 수 있을 것이다.[3]

수바스 자신이 가장 마음에 드는 분야는 가르치는 일과 신문 일을 하는 것이라고 다시 밝혔으며 한두 명의 벵골 출신 친구들도 함께 일했으면 좋겠다는 의사를 밝혔다. 수바스는 두 통의 편지에서 민족주의운동에 헌신하겠다는 그의 인생 방향을 분명히 제시했으며 결의에 찬 자신에게 봉사의 기회가 마련되기를 기대한다고 마무리했다.

가족이 만류했지만 수바스의 인도문관직 사퇴의 결심은 굳어졌다. 수바스는 자신에게 화려하게 다가온 명리(名利)를 초개같이 내던지기로 결심했다. 특히 부친이 낙망했다. 다스가 가족에게 수바스의 사퇴를 종용했다. 케임브리지에서는 수바스의 이야기가 널리 회자되었으며 그의 결심은 재고되어야 한다는 주장이 팽배했다. 수바스는 1921년 4월 22일 영국 정부의 몬터규 인도상에게 사직서를 보냈다. 사직원을 제출하는 날 수바스는 대학 친구에게 편지를 보내 자신의 소회를 밝혔다.

당신이 알고 있듯이 이전에 한 번 나는 의무의 부름에 따라 인생의 바다로 항해를 떠났었다. 이 배는 이제 막 권력과 재부가 나의 수중에 들어올 수 있는 황홀한 유혹이 손짓하는 항구에 도착했다. 그러나 나의 가슴속 깊숙한 구석으로부터의 대답은 '너는 여기에서 행복을 찾지 못한다. 너의 행복의 길은 네가 대양의 굽이치는 파도에 휩쓸리면서 흔들리는 곳에 놓

---

3 Girija K. Mookerjee, *Subhas Chandra Bose*(Government of India, 1975), pp. 11~13.

여 있다.'라고 말한다. 이 부름에 대답하여 오늘 나는 다시 신의 수중에 키를 맡기고 항해를 떠난다. 이 배가 어디에 닿을지는 신만이 알 뿐이다.[4]

2 벵골 투사에서 국민회의 의장으로

수바스 찬드라 보스는 1921년 7월 16일 봄베이에 도착했다. 간디가 그의 첫 범국민적 사티아그라하운동이었던 비폭력비협조운동을 시작한 지 1년이 되어 가고 있었다. 수바스 보스는 곧바로 봄베이에 머물고 있는 간디를 찾아갔다. 수바스는 장시간 면담한 후 간디에 실망했다. 간디의 신비주의적 카리스마는 그에게 감동을 주지 못했다. 수바스는 간디에게서 혁명적 계획은 찾을 수 없고 오직 비폭력만을 발견했다. 간디는 자신의 방법으로 영국인들을 변화시킬 수 있다는 희망을 갖고 있었다. 수바스는 간디가 다음 단계의 국민운동에 대한 뚜렷한 생각이 없다고 믿고 자신의 고향인 벵골 지방의 지도자 다스를 찾아갔다.

다스는 엄청난 수입이 보장된 유명한 변호사였지만 독립운동과 빈곤퇴치운동에 전념하고 나섰다. 간디의 비폭력비협조운동 때 벵골 지방의 적극적인 민중의 참여 활동은 사실상 다스가 주도했고, 부인도 적극적으로 참여했다. 다스는 스와데시운동을 적극적으로 전개해 영국산 의류를 불태우고 인도의 전통 의상 도티를 착용하는 데 열성적이었다. 그는 벵골 노동조합을 창설했으며 1923년에는 인도전국노동조합회의의 의장이 되었다. 당시 노동조합과 농민운동이 지역의 사회주의 운동의 기간 요원을 제공했는데 수바스 보스는 이에 크게 매혹되었다.

---

4 Sugata Bose, *His Majesty's Opponent: Subhas Chandra Bose and India's Struggle against Empire*(Harvard University Press, 2011), p. 44.

1 수바스 찬드라 보스와 인도국민군

다스는 간디보다 공격적인 민족주의자였다. 수바스 보스는 다스에게서 고대했던 스승을 발견했다. 다스는 자신의 역할을 정확히 인식하고 있는 현실 정치인으로 보였다. 두 해 동안 수바스 보스는 다스의 정치적 도제였고, 다스는 수바스에게 많은 것을 가르치는 정치적 멘토였다. 수바스는 민족주의 신문《포워드(*Forward*)》의 일을 도왔다.

수바스 보스가 국민회의에 합류한 후 첫 활동은 1921년 12월 웨일스 공의 캘커타 방문에 대한 보이콧을 조직화하는 것이었다. 수바스 보스가 주도했던 캘커타에서의 하르탈은 성공적이었다. 벵골에서는 다스와 수바스를 비롯한 수백 명이 구속되었다. 수바스는 불법 시위로 6개월 구금 선고를 받았으며 이후 1941년 인도를 탈출할 때까지 20년 동안 무려 11번이나 구속되었다.

다스는 국민회의의 입법의회 배척 운동에 불만을 보였다. 국민회의는 비폭력 비협조운동에서 입법의회 선거를 배척하기로 결의했지만 위력적인 힘을 보여 주었음에도 완전히 성공적인 결과를 가져오지는 못했다. 다스를 비롯한 국민회의의 일부는 차라리 입법의회에 들어가 내부에서 난파시켜 버리는 것이 보다 효과적이라고 생각했다. 다스는 국민회의 의장으로서 1922년 12월 입법의회에 들어가는 계획을 추진했다. 간디는 옥중에 있으면서도 영향력을 발휘하여 다스의 제안을 기각시켜 버렸다. 그러나 가야에서 개최된 국민회의 때 수바스 보스는 다스의 비서로 활동하면서 전국적인 국민회의 지도자들과 접촉할 수 있는 첫 기회를 가질 수 있었다.

다스는 가장 효과적인 전략이 입법의회에 들어가는 것이라고 주장하는 개혁파의 지도자였다. 수바스 보스는 자치당의 간사로서 봉사하기로 했으며 또한 자치당이 시작한 벵골어 일간지《방글라 카타(*Banglar Katha*)(벵골 소식)》의 편집인이 되었다.

국민회의는 입법의회 선거에 참여하여 승리했다. 자치당이 1924년

4월 캘커타 시 자치체를 장악했다. 다스는 캘커타의 시장이 되었고, 수바스 보스는 수석 집행관에 선출되었다. 새 법규에 따라 캘커타 시 자치체는 상당히 독립적이었다. 수바스는 자신이 상당한 권력과 함께 인도 문관 이상의 봉급을 받는 특권을 가진 관리라는 것을 알게 되었다. 이는 수바스에게 자신감을 심어 주었다. 새 민간 행정관들은 카디를 입고, 자신들의 봉급을 줄이고, 민족주의 영웅들의 이름을 따라 도로 이름과 공공장소를 개명하고, 교육과 사회 복지 및 공중 보건을 개선했다.[5]

다스는 '테러리스트'라 불리는 사람들과 벵골 국민회의와의 유대를 강화했다. 당연히 수바스도 자신의 정치적 스승 다스와 마찬가지로 혁명주의 급진주의자들과 긴밀한 관계를 유지했다. 이 때문에 수바스는 당국의 의심의 대상이 되었다. 수바스 보스는 유럽인을 살해한 혐의로 교수형을 당한 고피나드 사하(Gopinath Saha)를 칭송하는 시 의회의 결의를 이끌어 내는 데 주도 역할을 한 것으로 보도되었다. 수바스는 1924년 10월 비상법령에 따라 체포되었으며 재판도 없이 다음 해 1월에는 버마 만달레이 감옥으로 이송되었다.

감옥 생활은 많은 문제를 생각할 수 있는 기회이기도 했다. 수바스는 구도자의 길을 걷는 명상의 생활과 독립운동에 헌신하는 행동의 삶 사이에서 고민했다. 감옥은 고난이 연속하는 배움의 학교이기도 했다. 그는 케임브리지에서 인도문관 시험을 준비한 때처럼 쉬지 않고 공부했다. 철학, 역사, 문학, 종교, 정치 등 다방면의 책들을 가족과 친지들에게서 구해 탐독했다. 철학에 대한 관심은 변하지 않아, 특히 니체와 러셀의 저서에 집중했고 러시아 문학도 즐겨 읽었다.

1925년 6월 다스의 갑작스러운 사망은 수바스 보스에게 매우 충격

---

5 Eric A. Vas, *Subhas Chandra Bose; the Man and his Times*(New Delhi: Lancer Pub, 2005), p. 32.

1 수바스 찬드라 보스와 인도국민군

적인 사건이었다. 게다가 2년 반 동안의 투옥으로 건강이 악화된 수바스는 1927년 5월 16일 갑자기 자유인이 되었다.

수바스 보스는 다시 열정적인 정치 활동을 시작할 기회로 잡았다. 수바스는 탁월한 웅변가는 못되었다. 웅변가로서 그는 정치적 스승 다스와 비교될 수 없었다. 말은 너무 느리고, 언어 선택은 역동적인 것과는 거리가 멀었다. 그럼에도 그의 웅변은 인상적인 감명을 주어 사람들의 마음을 움직였다. 그의 성공적인 웅변의 비결은 오직 꾸밈없이 청중에게 직접 호소하여 소박한 마음을 전하는 것이었다. 수바스는 복귀하자마자 벵골주 국민회의위원회 의장에 선출되었다. 그는 "인도를 구속 상태에 묶어 둘 수 있는 세력은 지상에 없다. 인도는 자유를 얻을 것이며 문제는 다만 시기일 뿐이다."라고 역설했다. 지도자는 때로는 당대인들보다 멀리 내다보면서 치유책을 제시하는 자세가 필요하다. "모든 경우에 민중에 영합하는 조류를 따라 헤엄치기를 원하는 사람은 그때의 영웅은 될 수 있으나 역사에 살아남을 수는 없다."[6]라는 것이 수바스의 생각이었다.

수바스 보스는 마드라스에서 열린 1927년 12월의 국민회의 연례대회에서 자와할랄 네루와 함께 국민회의 전국위원회의 총간사로 임명됨으로써 국민회의에 적극 참여할 수 있는 기회를 얻었다. 1928년 5월 간디는 보스를 아쉬람으로 불러 카스트와 종교를 초월한 새로운 민중운동을 선도하도록 요청했다. 국민회의가 수개월 후 캘커타에서 열렸을 때 보스는 국민회의 자발대를 결성하여 적극적으로 봉사했는데, 질서와 기율을 유지하여 국민회의가 원활히 진행될 수 있었다. 이들은 평화적 봉사단이었지만 기마대와 모터사이클을 갖추고 여성 대원도 참여했으며 모두 훈련을 받고 제복을 입었다. 보스는 화려한 군인 복장을 하

6 *Ibid.*, pp. 33~34.

고 대원들을 지휘했다. 정부 측의 신문들은 보스가 군복을 입고 군대 훈련을 시킨 것을 비난했지만 국민회의 의장 모틸랄 네루는 자발대가 국민회의 안팎에서 질서와 규율을 유지한 것을 높이 치하했다.

모틸랄 네루 의장과 간디가 중심이 된 캘커타 국민회의에서 인도의 정치적 목표는 대영제국 안에서의 자치령의 지위를 확보하는 것이었다. 보스는 간디에 반대하여 자치령의 지위 대신에 완전 독립을 요구하는 수정안을 제출했다. 그는 자치령의 지위에 대한 시한부의 조건도 믿지 않았다. 보스의 수정안은 1350 대 973으로 부결되었다. 간디는 1년 내에 자치를 가져오지 못한다면 자신이 독립을 외치는 데 앞장에 설 것이라고 약속했다. 보스는 자와할랄 네루와 연대하여 젊은 급진주의자들과 함께 완전 독립을 목표로 하는 인도독립연맹을 결성했다. 정부에 대항하여 보다 급진적인 조치를 요구하도록 촉구하기 위해 국민회의 안에 좌파를 결성한 것이다.

보스는 인도가 자치령 지위로 만족할 경우 영국의 자본주의적 이익은 존속하게 된다고 우려했다. 독립국가의 민주 공화정 아래서 부와 계급과 카스트의 장벽은 사라져야 하며, 여성은 남성과 동등한 지위가 보장되어야 했다. 인도의 발전을 위해서는 무엇보다 종파적 반목을 불식시키는 일이 우선이었다. 인도에 종교적 배타성과 광신주의가 만연한 현실을 개탄했다. 보스는 민족주의운동에서 세속주의를 주장했는데 그에게 세속주의란 탈종교적 통일인도보다는 다양한 종교 공동체의 문화적 친밀감을 조장함으로써 종파적 상처를 치유하여 인도의 발전을 도모하는 것이었다. 그에게는 입법의회 선거에서 분리선거제는 인정되지 않았어야 할 제도였다. 선거에서 힌두와 무슬림의 구별은 없어야 하며 종파적 대표제야말로 인도를 구분하고 영국의 지배를 존속시키는 방안이라고 보았다. 그의 신념은 끝까지 변치 않았는데 분리선거제가 종국에는 인도와 파키스탄의 분립으로 나아가는 한 원인이었다는 점을 고려하면 사려 깊은 주장으로 볼 수 있다.

1928년 10월 30일 사이먼위원회의 라호르 방문에 맞추어 평화적 시위를 하던 중 국민 지도자 라지파트 라이가 경찰에게 심한 폭행을 당하여 며칠 후 사망했다. 이에 대한 보복으로 시크교도 청년 바가트 싱이 노상에서 경찰서장보를 살해했다. 정부는 형벌을 강화하는 조치로 맞섰다. 진나까지 포함한 인도의 지도자들이 정부의 억압 조치에 강하게 반발했다. 벵골 청년 자틴 다스(Jatin Das)는 결연한 단식을 단행하여 63일 만에 사망했다. 그는 수바스 보스의 휘하에서 국민회의 자발대로 활동했던 청년이었다. 타고르는 "영생을 얻게 될" 젊은이에게 애절한 조시(弔詩)를 보냈으며, 보스는 자유의 대의를 위한 자틴 다스의 희생을 애도하며 찬양했다. "자틴은 오늘 죽은 것이 아니라 그는 후손들에게 횃불로서 봉사하기 위해 가장 순결한 빛을 발하는 하나의 별로서 하늘에 살아 있다."[7]

보스는 학생 및 청년 조직, 노동조합에도 깊은 관심을 보였으며 급진적 젊은이들과의 깊은 유대 관계를 계속 가졌다. 그는 캘커타에서 열린 전인도청년회의의 의장으로, 다음 해인 1929년에는 인도노동조합회의의 의장으로 선출되었다. 보스는 노동자를 중심으로 강력한 독립 운동단체를 조직하면서 나아가 올바른 노동 운동의 방향을 정립하려고 생각했다. 그는 사회주의의 방향을 탐색하면서 노동조합회의의 우파와 소련을 추종하는 공산주의자들 사이에 중간 기반을 개척하려 했다. 그는 순수한 사회주의 이념을 강조하면서도 인도는 자신에게 알맞은 형태의 사회주의와 방법을 개발해야 한다고 생각했다.

전국노동조합의 의장으로 선출된 것은 보스에게 큰 의미가 있었다. 다스의 사망은 도제로서 경력을 쌓아가려 했던 수바스 보스에게 깊은

7 Sugata Bose, *op. cit.*, pp. 76~77.

좌절감을 안겨 주었을 뿐 아니라 보스를 존경받는 지도자의 2인자로만 일할 수 있는 사람으로 보이게 했다. 이제 수바스 보스는 스스로 다스가 남겨 놓고 떠나 버린 공백을 채울 수 있을 만큼 성장했다는 것을 보여 주었다. 전국노동조합회의의 의장에 당선됨으로써 더 이상 남에게 의존하지 않는 전국적인 지도자로 성장했다. 급진적인 젊은이들, 특히 전국의 좌익 분자들이 보스의 주위에 규합되었다. 이를 통해 보스는 마음속으로 그려 왔던 노동자 계급을 급진적인 자유투쟁운동으로 결집시킬 수 있는 길로 한걸음 나아갈 수 있었다. 보스는 분명히 네루와 함께 인도 젊은 층의 정치 지도자로서의 자리를 굳혀 가고 있었다.

어윈 총독은 1929년 10월 31일 자치령의 지위가 인도에서 영국 정책의 목표가 될 것이라고 선언하면서 다수의 인도 대표들이 참석하는 원탁회의를 제의했다. 당연히 보스는 완전 독립을 주장해 왔으므로 원탁회의를 거부했다. 연말에 라호르에서 열린 국민회의 연례회의에서 간디는 1년 전의 약속을 되살려 완전 독립이 국민회의의 정치적 목표라고 명시한 중대한 결의안을 제시했다.

그러나 보스는 수정안을 제안하는데, 그것은 간디의 결의안이 규정한 계획이 완전 독립을 목표로 하지 않았다고 믿었기 때문이다.

나의 수정안은 우리의 목표와 일치하며 시대정신과 보조를 맞추는 것이다. 나의 계획은 전면적 보이콧이다. 내가 이 단계에서 제의하고자 하는 것은 만약 당신들이 전면적 보이콧으로 나아갈 마음이 없다면 입법의회만을 보이콧하는 것은 쓸모없다는 것이다. 완전 보이콧이냐 아니면 전무(全無)냐. 나는 극단주의자이며 나의 원칙은 전부 아니면 전무이다.[8]

---

8 G. K. Mookerjee, *op. cit.*, p. 113.

1 수바스 찬드라 보스와 인도국민군

보스는 당장 총파업에 돌입할 것을 주장하면서 국민회의의 목표는 노동자와 농민과 청년 조직의 협조를 얻으며 평등하게 나아가는 정부의 수립이 되어야 한다고 제의했다. 간디의 결의안이 채택되고 보스의 제의는 폐기되었지만 보스는 당대인들보다 한 발 앞서 가고 있었다.

보스는 1930년 1월 23일 노동자와 농민을 민족 세력으로 규합하는 작업이 문제가 되어 선동과 '독립' 행진을 주도한 혐의로 체포되어 1년 형을 선고받았다. 간디가 제2차 사티아그라하운동인 시민불복종운동을 시작할 때 보스는 구속되어 있었다. 출옥했을 때 보스는 캘커타 시장으로 옥중 당선되어 있었다. 비록 짧은 기간이었지만 교육, 보건, 도시, 실업, 노동 문제 등을 광범하게 계획했으며, 시민불복종 수감자들을 돌보는 문제에도 골몰했다.

다스가 사망한 후 벵골주 국민회의는 분열되어 있었다. 센굽타와 수바스 찬드라 보스가 두 축이었다. 센굽타는 수바스 보스보다 10여 년 연상이었으나 같은 캘커타대학교에서 수학했다. 동벵골의 치타공에서 이름난 지주의 아들로 태어난 센굽타는 다른 부유층의 자제들처럼 영국에서 변호사 수업 과정을 밟았다. 그는 수입이 좋은 변호사 직업을 버리고 정치를 택했다. 벵골주 입법의회에 진출해 수바스 보스보다 앞서 벵골주 국민회의위원회 의장이 되었다. 또한 캘커타 시장에 당선되었다.

캘커타는 시 자치법에 따라 시장을 선출했다. 시 자치체를 장악하려는 경쟁이 반목의 원인이었으며 캘커타 시 자치체는 "부정한 권력과 금전의 꿀단지"였다. 시 자치체를 장악하면 실제로 연 30만 루피의 시 예산에 접근할 수 있었다. 보스는 국민회의 중앙회에 보낸 보고서에 벵골의 파벌 싸움의 성격을 설명하면서 벵골 국민회의 사람들의 파벌 경쟁은 시 자치체의 예산을 장악하려는 데 있다고 지적했다.[9]

---

9 B. Chakrabarty, *op. cit.*, pp. 112~113.

센굽타와 보스는 둘 다 국민회의 소속이었으므로 선거에서의 대립
은 내부의 심각한 반목을 불렀다. 85명의 의원으로 구성된 시 자치체의
대립으로 국민회의의 위상이 흔들릴 정도는 아니었지만 양측의 대립은
벵골 국민회의의 단순한 파벌 싸움 이상의 것이었다. 센굽타와 보스의
반목은 중앙지도부와 벵골주 국민회의의 복잡한 관계를 반영했다. 센
굽타는 지역 국민회의에 탄탄한 조직력을 가지고 상위의 벵골주 국민
회의에 맞섰다. 그는 국민회의 중앙지도부의 지시에 대체로 순종해 왔
으며 그의 직책들은 간디에 의해 지명되어 왔다. 보스는 벵골의 반항적
인 경향을 대표했는데 그들은 국민회의 중앙지도부에 저항했다.

1932년 1월 4일부터 시작된 새 총독 윌링던의 전국적인 검거 열풍
으로 1930년 시민불복종운동 때보다 더 많은 약 10만 명을 헤아리는
사람들이 구속되었다. 보스와 센굽타도 구속되었다. 그들은 국사범으
로 취급되어 고향에서 멀리 떨어진 감옥을 전전했다. 보스는 병 치료를
위해 유럽으로 간다는 조건으로 1933년 2월 22일 석방되었고, 센굽타
는 쇠약해진 몸을 회복하지 못하고 같은 해 7월 23일 란치 감옥에서 사
망하고 말았다. 벵골 지방의 격렬했던 정치적 대립 풍토도 자연히 소강
상태에 접어들었다.

보스는 빈의 요양원에서 지병을 치료하고 있던 비탈바이 빠텔을 만
났다. 비탈바이는 발라바이 빠텔의 형이다. 구자라트의 사티아그라하
운동 때부터 간디를 헌신적으로 도왔고 독립 후에는 네루와 함께 양두
정치를 수립했던 동생 발라바이의 명성에는 크게 미치지 못했지만 형
비탈바이 역시 독립운동에 참여하여 모틸랄 네루와 다스가 세운 자치
당의 지도자 가운데 한 사람이었으며 델리의 중앙 입법의회의 의장을
지낸 인물이었다.

보스와 비탈바이 빠텔은 국내의 정치적 현실에 대해 의견을 같이
했다. 간디의 활동을 영국에 대한 비굴한 항복이라고 비난한 보스 · 빠

텔 성명은 국내의 민족주의자들에게 반성의 기회를 주었다. 성명서를 요약하여 인용하면 다음과 같다.

> 지배자를 사랑함으로써 지배자의 마음을 변화시킬 수 있다고 기대했던 지난 13년 동안의 노력은 쓸모없는 짓이었다. 마하트마 간디가 시민불복종운동을 중단한 최근의 행동은 국민회의의 현재의 방법과 관련해 볼 때 실패의 고백일 뿐이다. 새로운 원칙과 방법에 따라 국민회의를 급진적으로 재편할 때가 왔다. 마하트마의 계획과 방법에서는 더 이상 기대할 것이 없다. 비협조는 버릴 수 없지만 비협조의 형태는 보다 전투적인 모습으로 변해야 하며 자유 투쟁은 모든 전선에서 수행되어야 한다.[10]

비탈바이 빠텔은 그해 10월 사망했지만 보스에게 개인 돈을 넘겨주어 외국에서의 반영(反英)운동에 사용하도록 했다.

수바스 보스가 신병 치료차 유럽에 머물 수 있었던 것은 성공적인 변호사로 활동하던 형 사라트 찬드라 보스(Sarat Chandra Bose)의 도움으로 가능했다. 사라트는 평생 동생 수바스의 경제적 후원자였으며 자신도 국민회의 활동을 하고 간디의 인도철퇴운동에 적극적으로 참여하는 등 벵골 지방의 열렬한 독립운동가였다.

수바스 보스는 병약한 가운데서도 유럽의 10여 개 나라를 방문하면서 인도인 유학생들을 격려하여 조국의 자유투쟁운동에 일익을 담당하도록 촉구했다. 나아가 인도와 유럽 국가들 사이의 우호를 증진할 수 있는 단체를 조직하고 우호적인 여론을 조성하여 영국의 악의적인 반(反)인도 선전에 대항하려고 했다.

보스는 1933년 12월 로마의 동양학연구소로부터 개소식의 공식 초

---

10 G. K. Mookerjee, *op. cit.*, p. 107.

청장을 받았다. 무솔리니는 세계의 구원은 동양과 서양의 친선에 달려 있다고 말했다. 총통은 로마가 과거에 유럽을 식민지화했지만 아시아와는 우호적인 협력 관계였다고 강조했다. 보스는 무솔리니의 연설을 긍정적으로 평했다. 무솔리니가 초청한 자리에 보스가 참석한 것은 그의 이념에 공감해서가 아니라 무솔리니가 지중해에서 영국과 이해관계가 충돌하는 주요 국가의 지도자였기 때문이다.

보스가 무솔리니를 만난 인도의 첫 번째 유명인은 아니었다. 보스에 앞서 타고르와 간디가 그를 면담했다. 간디가 런던 원탁회의에 참석했다가 귀국하는 길에 무솔리니를 면담한 내용은 이미 서술했지만, 라빈드라나드 타고르 일행도 1926년 나폴리를 여행할 때 무솔리니의 배려로 특별 열차로 로마로 안내되었다. 타고르에게 무솔리니는 "미켈란젤로의 조각도(彫刻刀)가 모델로 삼을 만한 인물로 보였으며 그의 하나하나의 행동은 지성과 힘을" 보여 주는 것처럼 보였다. 방명록을 써 달라는 부탁을 받고 타고르는 "이탈리아의 불멸의 영혼이 불길 속으로부터 꺼지지 않는 불빛의 옷을 입고 나올 것을 기대한다."라고 썼다.[11] 그러나 타고르는 다음에 이탈리아의 관영 언론이 자신의 언급을 이탈리아 파시즘을 정당화하려고 과장하여 이용하자 분노를 느꼈으며 찬사를 취소하려고 했다.

보스는 부친이 위중하다는 통보를 받고 1934년 12월 급히 귀국했다. 부친은 보스의 도착 이틀 전에 이미 사망했고 보스는 정부의 허락 없이 귀국했으므로 연금 상태에 있다가 한 달 만에 다시 유럽으로 떠났다.

전년도 11월에 탈고했던 그의 저서 『인도의 투쟁 1920~1934(*The Indian Struggle 1920~1934*)』, 후에 증보)이 1935년 1월 런던에서 출판되었

---

11 Krishna Kripalani, *Rabindranath Tagore: A Biography*(Oxford University Press, 1962), p. 327.

1 수바스 찬드라 보스와 인도국민군

다. 보스는 영국 정부가 제의하는 헌법적 발전에 협력하거나 또는 추락하고 있는 간디의 사티아그라하운동에 타협하는 것을 모두 거부했다. 그는 새로운 중도의 길을 모색했는데 자신이 로마와 이스탄불에서 목격한 일들에 감화를 받았다. 이탈리아의 무솔리니 총통의 강력한 정당과 터키의 무스타파 케말 아타튀르크 대통령의 급속한 근대화 정책이 보스의 마음을 끌었다. 케말 아타튀르크라는 독재자를 통해 터키는 모든 적폐를 과감히 개혁했으며 칼리프 제도를 폐지했다. 그것은 개혁이라기보다 혁명이었다. 보스는 인도가 당분간은 전권을 가진 강력한 중앙정부의 주도 아래 물질적 사회적 재건을 이룩할 필요가 있다고 보았다. 보스의 책은 물론 인도에서 금서였다.

보스는 간디의 정치적 출현에 관해 기록했다. 마하트마 간디가 러시아, 독일, 이탈리아와 같은 나라에서라면 무슨 일을 할 수 있었을까? 그의 비폭력 이론은 그를 십자가로 혹은 정신병원으로 보냈을 것이다. 인도에서는 달랐다. 간디의 소박한 생활, 채식, 의자가 아닌 마루에 쭈그리고 앉는 습관, 허리만 두르는 간소한 옷차림, 삼등 기차 여행 등은 그를 일반 대중과 더 가까워지게 했다. 그가 어디를 가든지, 가장 가난한 사람들까지도 그를 인도의 흙에서 태어난 촌사람으로 느꼈다. 토론의 재주와 연설의 능변이 핵심적인 재능으로 평가받던 19세기 말까지만 거슬러 올라가면, 당시 인도의 정치 풍토에서 간디는 탁월함을 성취하지 못했을 것이다.

20세기가 열리면서 합법적 방식이 신뢰를 잃었다. 스와데시와 보이콧 같은 새로운 무기들이 나타났으며, 동시에 혁명적 운동이 배태되었다. 1920년 인도는 변혁의 십자로에 섰다. 입헌주의는 죽고 무력 혁명이 완전한 광기를 보였다. 침묵의 묵종은 불가능했다. 인도는 새 지도자를 찾고 있었는데 그때 운명의 인간, 마하트마 간디가 나타난 것이다. 간디는 자신을 알고, 국가가 필요로 하는 것을 알고, 또한 다음의 투쟁 단계에서는 지도력의 왕관이 그의 머리 위로 올 것을 알았다. 그는 거짓된 겸양을 애써 보일 필요도 없었다. 그가 단호한 목소리로 말하면 국민은 복종했다.

지금의 국민회의는 간디가 만든 것이며 국민회의 규약은 그의 수작업이었다. 그는 국민회의를 토론의 기구에서 살아 있는 투쟁 집단으로 변모시켰다. 국민회의는 인도의 모든 도시와 농촌 마을에 그 지부를 가지고 있으며, 온 나라가 한 목소리만 듣도록 훈련 받아 오고 있다. 간디는 국민에게 혁명가는 아니었다. 만약 그렇게 보였다면 간디는 사람들을 고무시키는 것이 아니라 두렵게 만들었을 것이며, 그들을 끌어모으는 대신에 내쫓아 버렸을 것이다. 그의 정책은 통합이었다. 그는 힌두와 무슬림, 높은 카스트와 낮은 카스트, 자본가와 노동자, 지주와 농민을 통합하려 했다. 이런 인도주의적 모습으로 그는 심지어 적의 진영에서도 동정심을 불러일으킬 수 있었다.[12]

보스는 인도와 영국 사이의 평등하고 진정한 화합은 불가능하다고 보았다. 정치적 타협은 어떤 이해관계를 공유한 공동체가 있을 때만 가능하다. 그러나 영국과 인도의 경우는 두 나라 사이의 타협을 가능하도록 이끌어 갈 수 있는 공통의 이해관계가 존재하지 않는다. 인도 지도자들이 근본적인 차이점을 무시하고 영국 정부와 타협한다면 그 조정은 오래갈 수 없다.

인도와 영국 사이에 공통된 이해가 존재하지 않는 이유를 열거하면 첫째, 두 나라 사이에는 사회적 친족 관계가 존재하지 않는다. 둘째, 두 나라 문화 사이에는 공통적인 것이 거의 없다. 셋째, 인도는 영국의 원료 공급지이며 가장 큰 상품 시장이므로 인도의 물질적 진보는 영국의 경제적 이익에 위배된다. 넷째, 인도는 군대와 공직에서 영국의 젊은이

---

12 Subhas Chandra Bose, *The Indian Struggle 1920~1942*(Calcutta, 1967), pp. 293~295.

1 수바스 찬드라 보스와 인도국민군

들에게 직장을 주고 있으므로 이는 인도의 이익에 반하는 것이며 자국의 자녀들이 그들 자리를 차지해야 한다. 다섯째, 인도는 영국의 도움과 후원 없이도 자립할 수 있을 만큼 충분한 힘과 자원을 지니고 있으므로 인도의 지위는 다른 자치령과 다르다. 여섯째, 인도는 영국에 의해 착취당하고 지배당해 왔으므로 열등감에 젖어 왔다. 일곱째, 인도는 자유 국가의 지위를 원한다. 인도에게 독립은 심리적, 윤리적, 문화적, 경제적, 정치적 필연이다. 독립은 자치령의 자치가 아니라 완전한 국민 주권이다. 여덟째, 영국의 비중은 항상 인도인에 반하여 백인에게 주어져 왔고 앞으로도 그러할 것이다.[13]

보스는 시대는 항상 필요한 사람들을 탄생시키는데 인도에서도 이런 일이 일어날 것이라고 낙관적으로 기대했다. 영국에 대항하는 국민 운동에서 독립을 쟁취하면서 모든 특권, 영예, 기존의 이권이 철폐되어 인도에는 사회적 경제적 정치적으로 완벽한 평등의 사회가 확립될 것으로 보았다. 자유를 얻은 인도는 자본가와 지주와 상층 카스트가 지배하는 나라가 아니라 모든 국민의 진정한 민주주의의 나라가 될 것이며 인도는 가까운 장래에 세계사에서 중대한 역할을 수행하는 사명을 띠고 있다고 예견했다.

17세기에는 영국이 합법적이고 민주주의적인 정부의 이념을 통해 세계 문명에 괄목할 공헌을 했다. 18세기에는 프랑스가 자유, 평등, 우애의 이념을 통해 세계 문화에 가장 놀라운 공헌을 했다. 19세기에는 독일이 마르크스 철학을 통하여 가장 주목할 선물을 했다. 20세기에는 러시아가 프롤레타리아 혁명, 프롤레타리아 정부와 프롤레타리아 문화에서의 업적을 통해 세계 문명을 풍요롭게 했다. 다음으로는 인도가 세계 문화에 공헌하도록

---

13 *Ibid.*, pp. 365~366.

부름을 받을 것이다.[14]

보스는 1936년 초 아일랜드를 방문하여 자치운동 단체 신페인의 지도자 이몬 데 발레라(Eamon De Valera)를 만났다. 데 발레라는 아서 그리피스(Arthur Griffith)와 마이클 콜린스(Michael Collins)가 영국의 로이드 조지 수상과 대좌하고 아일랜드의 독립을 인정하는 협약을 체결하면서 북아일랜드(Ulster)를 제외해 버린 데 분개했던 급진파의 대표였지만 후일 아일랜드 공화국의 대통령이 된 인물이었다. 보스는 두 나라 사이의 무역 관계의 확립을 강조했다. 보스는 세 차례의 면담을 통하여 데 발레라에게서 "매력적인 인간성을 발견했으며 핵심을 재빨리 파악하는 결의에 찬 인물"[15]이라는 인상을 받았다.

파리에서는 게르뉘(M. Guernut) 교육장관뿐만 아니라 앙드레 지드(Andre Gide)와 앙드레 말로(Andre Malraux) 등의 지식인들과도 만났다. 보스는 1936년 2월 스위스 로잔에서 네루의 부인(Kamala Nehru)의 장례식에 참석해 네루와 그의 딸 인디라(Indira)를 만났다. 네루는 보스에게 건강이 회복되었으므로 귀국하도록 종용했다.

보스는 유럽에 전운이 깔리고 있음을 분명히 감지했다. 그는 다가오는 영국과 독일의 전쟁이 인도 독립에 좋은 기회가 되리라고 확신했다. 제국주의 열강인 영국과 독일의 싸움은 두 나라에겐 아무런 이득도 안겨 주지 못하고 그들이 지배하고 있는 식민지에 혜택이 돌아갈 것이라고 믿었다. 인도는 국민회의를 중심으로 비폭력적 투쟁 방법을 버리고 세계대전을 최대한으로 이용할 준비를 갖추어야 한다고 생각했다.

보스는 귀국을 발표했고, 인도 정부는 귀국 즉시 체포될 것임을 경

14 *Ibid.*, p. 372.

15 Ravindra Kumar ed., *The Selected Works of Subhas Chandra Bose*, Vol. I(New Delhi: Atlantic Publishers, 1992), pp. 10, 14~15.

고했다. "일생의 가장 좋은 가장 창조적인 시절을 감옥의 벽에 갇혀 보내야 하는 것은 비극이지만 그것은 노예가 된 국민이 지불해야만 할 대가"라며 보스는 받아들였다. 보스는 1936년 4월 8일, 봄베이 도착 즉시 체포되었고 며칠 후 간디가 구금되곤 했던 뿌나의 예라브다 형무소로 이감되었다. 국민회의 의장 네루는 5월 10일을 수바스 찬드라 보스의 날로 전국적으로 기념하자고 호소했다. 보스는 다시 히말라야 휴양지 다질링으로 오르는 쿠르숭 지역에 한정하여 머물도록 조치되었다. 머무는 곳이 형의 집이었으므로 큰 불편 없이 보냈다. 건강 악화로 캘커타 대학병원에서 치료를 받던 중 1937년 선거 때 갑자기 귀가가 허용되었다. 보스는 그해 11월에 다시 유럽으로 떠났다.

보스는 잘스부르크 부근의 휴양지 바트가슈타인에서 2년 전부터 사랑에 빠진 오스트리아 여성 에밀리 솅클(Emilie Schenkl)과 함께 지냈다. 1937년 12월 26일 보스는 에밀리와 비밀리에 결혼했다. 그들의 사랑과 결혼은 비밀로 유지해 왔다. 이에 대한 에밀리의 설명은 간단했다. "수바스에게는 조국이 먼저였으며 그 단계에서 어떤 공식적인 성명도 '쓸데없는 소동'의 원인이 될 것이기 때문이었다."

보스는 곧 런던으로 갔다. 16년 만에 영국에 입국할 수 있었다. 그는 인도인 단체들의 열렬한 환영을 받았다. 여기서 보스의 공산주의와 파시즘에 대한 입장은 무엇인가 하는 질문이 있었다. 보스는 공산주의와 파시즘의 절충을 주장해 왔다. 그는 "세계사의 다음 장은 공산주의와 파시즘 사이에서 종합을 이룰 것이며, 이 종합이 인도에서 일어난다면 경이로운 일이 될 것"이라고 말했다. 그러나 보스는 공산주의자는 아니었다. 스탈린 식의 공산주의는 결함이 많아 인도에서는 결코 효과적일 수 없었다. 공산주의가 그대로 인도에서 채택될 수는 없다고 본 이유는 공산주의의 민족주의에 대한 동정심 결여와, 소련의 내부 지향적인 성격에 있었다. 그리고 결정적으로, 공산주의의 반종교적 무신론적 이념

등은 인도인들에게 호소력을 가질 수 없기 때문이었다. "확신하건대 인도가 소련의 신판이 될 수는 없다고 예견할 수 있다."[16]

보스는 자신의 책에서도 공산주의와 파시즘의 종합에 관해 언급했으므로 런던에 도착했을 때에도 분명한 입장을 알고 싶다는 질문이 있었다. 여기에서 보스는 인도는 곧장 사회주의 방향으로 가야 한다고 주장했다. 다만 마르크스와 레닌의 글과 세계 공산주의 선언이 민족 독립투쟁에 전폭적인 지지를 보내는 데 만족하고 환영할 뿐이라고 말했다. 인도의 독립 과정에서 공산주의와 소련의 역할에 대한 보스의 견해는 분명치 않았다. 인도 공산주의자들과의 소원한 관계도 보스의 생각에 영향을 미쳤을 것이다. 보스는 공산주의보다는 오히려 파시즘을 수용하는 것을 암시했다. 물론 보스는 유럽에 혜성과 같이 출현한 히틀러와 무솔리니의 강력한 정권을 찬탄의 눈으로 바라보았다. 그러나 보스는 파시즘을 반제국주의로 칭송했을 뿐 결코 파시즘을 신봉하지는 않았다. 그의 연설이나 글 어디에서도 보스가 나치 혹은 파시스트 이념을 찬양하거나 지지한 것을 찾을 수 없다. 그는 특히 인도의 경제적 부흥과 관련하여 파시스트와는 대조되는 열렬한 사회주의자였다.

벵골 지사를 거쳐 당시 영국 내각의 인도상이었던 제틀랜드는 보스의 각종 모임에서 공산주의에 관한 견해를 추적했다. 보스는 공산주의 정부의 가능성을 부인했으며 제틀랜드에게 "인도에서 실제 공산주의자는 소수"라고 말했다. "보스 자신은 사회주의자이며 공산주의자와는 매우 다르다."라고 인도상은 평했다. 보스의 제틀랜드와의 만남은 꽤 진심 어린 것이었으며, 국민회의 지도자(보스)가 영국 내각의 인도 책임 장관에게 우호적인 인상을 준 것으로 보였다.[17] 보스는 어원 전 인도

---

16 Sugata Bose, *op. cit.*, p. 98.
17 *Ibid.*, pp. 98, 132~133.

1 수바스 찬드라 보스와 인도국민군

총독과 애틀리와 크립스, 정치학자 라스키와도 회담을 가졌다. 케임브리지와 옥스퍼드를 방문하여 교수들과 면담하고 강연을 가졌으며 1935년의 인도통치법의 결함과 인도 독립의 당위성을 강조했다.

인도국민회의의 총간사 크리팔라니는 1938년 1월 18일 수바스 보스가 국민회의 의장으로 적법하게 선출되었다고 발표했다. 보스는 항공편으로 일주일 후 캘커타에 도착했다. 국민회의 의장은 인도의 정치 원로에게 부여하는 경의의 표시였는데, 41세의 보스가 국민회의 의장에 지명되었다. 이것은 보스가 인도 정치의 중심인물로 부상했음을 보여 주었다. 여기에는 말할 것도 없이 국민회의 안에 성장하고 있는 좌파 청년 층을 포용하려는 간디의 의도가 숨어 있었다. 보스도 국민회의의 통합이 절실하다는 것을 이해했지만 그는 할 수만 있다면 국민회의의 정책을 새로운 틀로 짜려는 야심을 갖고 있었다.

제51차 국민회의는 수라트에서 멀지 않는 한적한 하리푸라에서 1938년 2월 19일부터 나흘 동안 열렸다. 의장 수바스 보스는 열정이 넘치는 젊고 급진적인 지도자로서 갈채를 받았다. 또한 국민회의의 통합의 상징으로 보스를 내세운 간디의 포용성도 존경을 받았다.

보스는 장문의 의장 연설을 통해 독립을 위한 자유 투쟁과 독립 이후의 사회 경제적 재건에 대한 비전을 제시했다. 그는 영국 제국주의의 힘과 취약성을 분석하면서 인도가 자치를 얻고 나면 영국 국민과 우정 어린 관계에 들어가지 못할 이유가 없다고 말했다. 반식민주의 운동을 분열시켜 비켜 나가도록 고안된 식민주의적 헌법의 계략에 대해 보스는 분리 통치 정책은 단지 "지배 세력을 위한 축복일 뿐"이라고 간파했다. "분립의 원리는 전제 군주(토후)들과 민주적으로 선출된 영령인도의 대표들을 병렬해 놓는 데" 깃들어 있으므로 그는 1935년 인도통치법의 연방 부분에 대하여 단호하게 반대했다. 토후국은 당장 폐지되어야 할 시대착오적인 것이다. 영국인들이 인도의 통일을 방해하기 위해

토후들을 유지하지 않았더라면 오래전에 사라졌을 유물이며 대부분의
토후들은 영국 정부에 대한 적극적 지지자들이라고 비난했다.

나의 국민회의 의장 직무는 모든 반민주적이고 반민족적인 성격을 가진
연방 계획에 반대하는 데 바칠 것이다. 필요하다면 비폭력 비협조를 포함
한 모든 평화적이고 정통적인 힘을 동원할 것이며 국가의 결의를 강화하
여 이 계획에 저항할 것이다. 1년 동안 영국 정부로 하여금 연방 계획을 인
도 국민의 목구멍에 강제로 집어넣으려는 생각을 포기하도록 인도 국민의
저항력을 개발하는 데 전력을 다할 것이다. 이 노력을 하는 데 있어서 인
도인들은 국제 정세를 예의 주시하면서 최대한 유리하도록 전략을 맞추어
갈 것이다.[18]

보스는 종교 문제에 있어서는 '나도 살고 남도 사는 공생 공존'의
정책을 촉구했다. 종교적 차이의 문제에는 열린 마음으로 접근했다. 그
는 종교가 대부분의 인도인들에게 매우 중요하다는 것을 알고, 종교와
정치에 있어서는 완고한 분리보다는 모든 공동체를 위한 상호 존중을
제창했다. 불가촉천민의 차별 대우를 비판했다. 언어의 통일을 위해 힌
디와 우르두의 혼합인 힌두스타니(Hindustani)의 채택을 제창했다. 보스
는 처음부터 인도의 미래는 모든 소수 민족들의 권위를 존중해 주는 데
있다고 믿었으며 다양한 주체성은 국민 통합을 이룩하는 데 장애물이
아니라고 보았다.

보스는 독립을 쟁취하고 나면 국가 재건에 가장 시급한 문제는 빈
곤 퇴치라고 보았다. 그는 국민회의 의장 연설에서 산아 제한을 처음
으로 거론한 지도자였다. 보스는 이전에 젊은 의사 다르마비르(Sita

---

18 P. Sitaramayya, *op. cit.*, II. p. 73.

1 수바스 찬드라 보스와 인도국민군

Dharmavir)가 주장한 산아 제한에 감명 받았음을 시인하면서 '인도가 과밀 인구냐 아니냐 하는 논제'로 끌고 가기를 원치 않지만 "우리가 이미 태어난 아이들을 먹이고 입히고 교육시킬 수 있을 때까지 인구를 제한하는 것이 바람직하다."라고 주장했다.

식민 지배가 끝난 후의 재건과 관련해서도 인도의 가장 중요한 문제인 빈곤 퇴치에 집중해야 한다고 강조했다. 보스는 이 점에서 간디를 넌지시 빗대어서 비판하기도 했다.

지주제의 철폐를 포함한 토지 제도의 급진적인 개혁이 요구된다. 농업 부채는 청산되어야 하며 농촌 인구를 위해 저리로 신용 대출해 주는 대책을 취해야 한다. 농업에 집중하는 데는 한계가 있다. 경제 문제를 해결하기 위해서는 농업의 개혁만으로 충분하지 않고 국가가 주도하는 공업의 발전을 위한 야심찬 계획이 정교하게 수립되어야 한다. 우리는 근대 공업화를 싫어하고 그 여파로 나타난 악폐를 비난할 수도 있다. 우리는 설령 그렇게 되기를 원하더라도 산업화 이전으로 되돌아갈 수는 없다. 독립된 인도는 우리의 전반적인 농업 및 공업의 체제를 생산과 분배의 분야에서 점진적으로 사회주의화하는 포괄적인 계획을 채택해야 한다.[19]

특히 네루는 만족했다. 1927년 소련을 여행하고 돌아온 네루는 소련의 새로운 정부와 신경제 정책을 목격하고, 그것을 자유화된 인도의 정부가 가야 할 표본으로 생각할 정도였다. 당시 유나이티드 프로빈시스를 중심으로 농민운동을 적극적으로 선도하고 있던 네루는 사회주의 혁명과 토지개혁이 국민을 구할 수 있을 것으로 확신하고 있었다.

보스는 의장 연설에서 인도가 자유를 얻었을 때 국민회의가 권력을

---

19 Sugata Bose, *op. cit.*, p. 141.

유지해야 한다고 주장했다. 그는 강력한 정부의 필요성을 역설했다.

인도는 산업혁명을 피할 수 없다. 이는 영국에서와 같이 점진적인 발전이 될 수는 없으며 러시아에서와 같이 강요된 행진이 되어야 한다. 이를 위해 강력한 정부가 요구된다. 그렇지 않으면 유럽에서 일어난 것과 마찬가지로 혼돈과 혁명이 뒤따를 것이다. 국민회의당은 권력을 장악하고, 행정의 책임을 맡고, 재건의 계획을 밀고 나가야 한다. 이것은 파시즘으로 되는 것이 아니다. 권력은 올바르게 운영될 것이며, 야당이 금지되지 않을 것이며, 국민회의의 구조는 민주주의적으로 남을 것이다.[20]

국민회의를 가장 광범한 반제국주의 전선 위에 조직하며 독립 후 사회주의 정권을 수립하는 것이 보스의 목표였다. 발라바이 빠텔이 주도하는 국민회의 운영위원들은 보스가 너무 공격적이고 교만하다고 생각했다. 보스는 1935년 인도통치법의 연방 부분에 어떤 타협의 여지도 없이 반대하면서 공공연히 운영위원들을 연방 문제에서 정부와 타협하고 있다고 비난했다. 타협론자로 낙인찍힌 국민회의 지도자들은 보스의 비난에 분개했고, 그의 좌파에 우호적인 태도 때문에 국민회의 우파와의 대립 관계가 심화되었다.

임기 만료가 다가오자 보스는 다시 국민회의 의장에 입후보할 희망을 표시했는데 의장직의 1년 임기는 너무 짧아 의장이 뜻있는 계획을 수행할 수 없기 때문이라고 말했다. 좌파 가운데 어느 인물도 추대될 가능성이 없자 보스 자신이 다시 출마했다. 이번에는 전투적 정치와 급진적 당파의 대변인으로서 나섰다. 국민회의 우파는 보스의 재선을 완강하게 반대했다. 빠텔과 라젠드라 프라사드 등의 운영위원들은 반대

---

20 Eric Vas, *op. cit.*, p. 62.

성명을 발표하고 이념이나 정책은 국민회의 전체위원회와 운영위원회에서 개발하는 것이며 의장은 국민의 통합과 연대를 상징하는 헌법적 수장과 같은 자리라고 주장했다.

이때 타고르는 보스를 지지했다. 타고르는 1938년 12월 캘커타의 한 모임에서 보스에게 재출마를 권고했고 보스는 조용히 산티니케탄의 거처로 시인을 방문했다. 타고르는 간디와 네루에게 서한을 보내 보스를 재선시키도록 촉구했다. 시인이 본 바로는 국민회의에는 오직 두 사람의 '근대적 사상을 가진 사람'이 있을 뿐인데 말할 것도 없이 그들은 네루와 보스였다. 간디는 시인의 권고를 무시하고 안드라 프라데시의 정치 지도자인 시타라마이야(Pattabhi Sitaramayya)를 의장 후보로 지명했다. 그는 국민회의가 공인한 인도국민회의 역사의 집필자였다.

수바스 보스가 1939년 1월 29일 운영위의 투표에서 1580표를 얻어 1375표의 시타라마이야에게 승리했다. 시타라마이야가 "나는 간디주의의 열렬한 신봉자이다."라고 선언했음에도 패배했다. 20년 만에 처음으로 국민회의에서 간디의 권위가 흔들렸다. 간디는 "패배한 것은 시타라마이야라기보다는 나 자신이다."라고 말했다.[21] 간디의 세력은 아직 건재했다. 간디에게 도전하는 것은 정치적 자살을 의미했다. 보스는 간디에게 책략으로 압도당했다. 보스는 간디와 그의 참모들의 변덕스럽고 조직적인 정치적 책략에 대적할 수 없었다. 보스는 의장 선거에서 자신에 대한 지지의 의미를 잘못 판단했다. 국민회의 대표들은 다양한 이유에서 보스를 지지했으며 특히 젊은 층은 그의 전투적 성향에 갈채를 보냈을 뿐, 그를 독립운동의 최고 지도자로 바라보지는 않았다.

간디는 국민회의의 지도부에 보스와 함께할 공간은 없다고 분명히

---

21 Leonard A. Gordon, *Bengal; The Nationalist Movement 1876~1940*(New Delhi: Manohar, 1979), pp.269~270

했다. 좌파의 M. N. 로이마저도 간디의 마음을 간파하고 "불합리에 대한 논리적 해결책은 보스가 대의, 즉 간디 지도력 아래서의 국민회의 통합을 위해 자신을 희생하는 것"[22]이라고 말했다. 빠뗄을 중심으로 하는 간디의 참모들은 보스를 반대했다. 보스는 와르다 아쉬람으로 가서 간디를 만났으나 돌파구는 없었다. 빠뗄은 네루와 보스를 제외한 다른 12명의 운영위원들을 사퇴하도록 이끌었다.

네루는 모호한 태도를 보였다. 네루는 12명의 운영위원들과 함께 사퇴하지도 않았고 보스에 동의하지도 않았다. 그는 두 가지 이유에서 보스의 재선에 반대했다. 첫째는 간디와의 단절을 원치 않았기 때문이며, 둘째는 국민회의가 양극화로 치달을 경우 좌파가 짊어져야 할 부담과 그에 따른 패배를 예견했기 때문이었다.[23] 네루는 2월 4일자 서신에서 보스를 비판했다. 네루는 선거 때 어떤 원칙이나 계획이 문제가 될 수 없다고 보았으며 보스가 동료들을 비난하는 것도 좋아하지 않았다. 네루는 좌파와 우파 사이의 싸움에 동조하지 않았다.

당신이 생각하는 좌파가 누구이고 우파가 누구인지 나는 알 수 없다. 의장 선거전에서 당신이 사용한 말은 간디와 그의 집단이 우파 지도자들이고 그에 반대하는 사람들은 누구이든지 좌파를 의미하는 것으로 보이는데, 나에게는 전적으로 잘못된 묘사로 보인다. 나에게는 이른바 좌파라는 많은 사람이 이른바 우파들보다 더 우측에 있는 것으로 보인다. 좌우라는 단어를 사용하는 것은 전적으로 잘못된 것이고 혼란을 가져올 뿐이라고 나는 믿는다. 이런 말을 사용하는 대신에 우리가 정책을 논한다면 훨씬 좋을 것이다. 당신은 무슨 정책에 찬성하는가? 연방 반대. 좋다. 운영위의 다수가 연방 반대에 동조하고 있으며 이 면에서 그들의 약점이 있다고 암시

---

22 Sugata Bose, *op. cit.,* p. 157.

23 B. Misra, *The Indian Political Parties*, pp. 482~483.

하는 것은 옳지 않다.[24]

네루는 보스에 동조하지 않으면서도 공개적으로 비판하거나 대립하는 것은 피해 갔다. 그는 여전히 좌파와 청년층의 지도자로 남아 있으면서 동시에 간디를 배신하지 않았다.

고열에 시달린 보스는 의사의 만류에도 불구하고 1939년 3월 10(8?)~12일에 센트럴 프로빈시스의 트리뿌리에서 열리는 국민회의에 참석하기 위해 캘커타를 떠났다. 역에서 내려 앰뷸런스로 이동했고 의장 연설은 형 사라트가 대독할 수밖에 없었다. 간디는 불참했다. 연설문에서 보스는 내부적으로 혁명이 무르익었으며 다가오는 국제적 위기, 즉 세계대전이 인도에 해방의 기회를 줄 것이라고 확신했다. 그는 유럽에서 6개월 내에 전쟁이 일어날 것을 정확히 예견했다. 예속국은 국제 정세의 이점을 기민하게 파악하고 이용해서 외교 정책을 펼쳐야 한다고 주장했다.

특히 국제 정세가 우리에게 유리한 이때, 우리 민족사에서 '스와라지' 방향으로 마지막 발걸음을 내딛기 위해 이보다 더 시의적절한 순간이 있었던가? 냉정한 현실주의자로서 말하건대 현재 상황의 모든 사실은 우리에게 아주 유리하므로 우리는 최고도의 낙관론을 받아들여야 한다고 말할 수 있다.[25]

트리뿌리에서의 연설은 인도 독립을 성취하기 위해 영국의 곤경을 충분히 이용해야 한다는 것을 암시했다. 보스는 당장 영국 정부에 인도

---

24 Bipan Chandra, *India's Struggle for Independence*, p. 445.
25 G. K. Mookerjee, *op. cit.*, p. 27.

독립을 압박하는 6개월 시한의 최후통첩을 보내고 받아들여지지 않을 경우 대규모 시민불복종운동을 시작하자고 주장했다.

간디의 인식은 달랐다. 그는 최후통첩의 시기가 무르익지 않았다고 판단했다. 간디와 국민회의 지도부는 당장 국민운동을 시작할 수 없는 이유로 연합국의 대의는 정당하므로 전쟁을 수행하는 데 방해를 해서는 안 되며, 힌두와 무슬림의 화합이 결여된 현실에서는 어떤 시민불복종운동도 종파적 분규나 내란으로 발전할 수 있다는 것이었다. 국민회의도 민중도 투쟁의 준비가 되어 있지 않았다. 특히 국민회의 내부가 심각하게 분열되어 있어서 싸울 힘이 없으므로 먼저 집안의 질서부터 바로잡아야 한다는 주장이었다.

사회주의자들에게 온건한 태도를 보여 온 간디가 강경한 행동으로 나간 것은 보스의 재선 문제가 논란이 되었던 1939년 초부터였다. 4월 말 네루가 주선하여 캘커타 부근 소데뿌르에서 간디와 보스와 함께 세 사람이 만났다. 간디가 빠텔은 캘커타에서 멀리 떨어져 있도록 했다. 보스는 당장 캘커타의 국민회의 전국위원회회의에서 국민회의 의장의 사퇴서를 제출하겠다고 말했다.

보스는 의장 선거에서 예측하지 못했던 결과로 자신이 당선된 것은 일반 대중과 특히 국민회의 정서가 작용한 것으로 보았다. 자신은 두 가지 원칙, 즉 국민회의 내의 민주주의와 연방 계획에 대한 저항에 전력을 다할 것이라고 강조했을 뿐 마하트마 간디 혹은 그의 원칙이나 정책을 비난하지는 않았다. 그럼에도 마하트마는 투표 결과를 자신의 패배로 선언해 버렸다. 이는 모든 사람들에게 엄청난 놀라움으로 다가왔다. 대부분의 국민회의 사람들은 마하트마를 단념하지 않았다. 보스는 꼭두각시 의장으로 또는 희생을 감수하면서 그 자리에 매달리고 싶지 않았다. 사표를 제출하는 것이 올바른 길이라고 판단했다.

보스의 사퇴가 이루어지고, 간디의 참모인 라젠드라 프라사드가 임시의장직을 맡았다. 사퇴한 보스에게는 타고르가 보내 준 전문이 위안이 되었다. "최고로 악화되어 가는 상황에서 당신이 보여 준 긍지와 자제심은 나로 하여금 당신의 지도력에 찬탄과 신뢰를 보내게 한다. 더할나위 없이 예의 바른 행동은 벵골인의 자존심을 위해 벵골에서 유지될 것이며 그렇게 함으로써 당신의 외견상의 패배를 영원한 승리로 승화시키는 데 도움을 줄 것이다."[26]

라젠드라 프라사드는 13명의 새 운영위원을 임명했다. 물론 '국민회의의 선언하지 않은 독재자'인 간디의 재가를 얻었다. 네루는 현명하게 운영위원을 사양하면서도 모든 면에서 협력하겠다는 뜻을 표했으며, 보스는 운영위원 자리를 제의받았으나 거절하면서 독자적인 길을 모색했다.

3 국외 탈출에서 잠수함 밀항까지

간디는 보스의 입지를 약화시키기 위해 그의 정치적 참여를 중단하도록 강요했다. 그러나 역설적으로 주요 직책을 갖지 않는 것이 보스로 하여금 극단주의를 추구할 수 있는 자유를 주었다. 우선 그는 좌파의 결집을 모색했다. 이는 자신의 추락을 막기 위한 몸부림이기도 했다. 보스는 국민회의 의장직을 사퇴한 직후인 1939년 5월 3일 진보연합(Forward Bloc)의 조직을 제안했다. 진보연합의 목적은 "인도의 모든 급진적이고 반제국주의적인 진보 분자들을 최소한의 계획을 근거로 하여 규합하면서 모든 드러나지 않는 급진주의자들 사이에 최대한의 공통적

---

26 B. Misra, *The Indian Political Parties*, p. 489.

인 합의를 도출해 내는 것"[27]이라고 규정했다.

보스는 국민회의 안에 거짓된 종류의 '권력 정치'가 팽배해 있다고 비판했다. 권력 정치의 원천은 간디의 아쉬람이 있는 와르다이다. 권력 정치의 목표는 국민회의 내의 모든 반대자들을 타도하여 간디주의자들이 보금자리를 편안하게 지배하려는 것이다. 안전한 입헌주의의 길만을 따라간다면 실질적인 권력은 다가오지 않을 것이다. 그들이 모든 시끄러운 분자들을 축출하고 국민회의를 하나의 닫힌 영역으로 만드는 것은 분명히 가능하지만, 그것으로 인도의 자유를 쟁취할 수 있다는 것을 의미하지는 않는다. 보스는 간디주의자들이 혁명 세력이었다면 권력을 독점하더라도 용인할 수 있었지만 불행하게도 간디주의는 혁명적이기를 포기했다.[28]

보스는 진보연합의 미래에 대해 첫째, 국민회의에 대한 좌파의 지배권을 성공적으로 확립할 것이다. 둘째, 국민운동의 결실을 맺어 국가재건의 과업을 수행할 것이다. 셋째, 인도가 자유 국가들의 예의 바른 사회에서 적절하고 정통성 있는 지위를 회복할 것이다. 넷째, 인도가 현재의 위치를 넘어 인류의 진보를 위해 역사적 역할을 수행할 것이라고 희망적으로 전망했다.[29]

보스는 진보연합을 국민회의 밖에서 조직하려는 생각은 없었으며 오직 국민회의를 급진적 모임으로 전환시키려는 것이었다. 현재의 무기력한 지도부 아래의 국민회의를 보다 급진적인 토론장으로 대체하려는 계획이었다. 진보연합은 보스의 신념인 타협 없는 반제국주의와, 자유가 쟁취된 후의 계획인 경직되지 않는 사회주의 수립에 전념하는 것

---

27 Ravindra Kumar, *op. cit.*, II. p. 98.

28 Sisir Bose & Sugata Bose ed., *Azad Hind Subhas Chandra Bose, Writings and Speeches 1941~1943*(London: Anthem Press, 2004), p. 19.

29 S. C. Bose, *The Indian Struggle 1920~1942*, p. 413.

을 전제로 했다. 또한 생산과 분배에 있어서 사회적 소유와 통제, 그리고 종교적 신앙에서 개인의 자유를 강조했다. 보스는 혁명적 행동주의를 천명했으며 벵골의 극단적 열광을 여기에 집결했다.

보스의 희망은 젊은층과 좌파의 지지를 얻어 모든 좌파 집단을 진보연합의 우산 아래 규합하는 것이었다. 원래 좌파 정당들이 선언한 목표란 영국 지배의 타도와 함께 사회주의 형태의 국가를 건설하는 것이었다. 그들은 원칙적으로 입헌주의와 영국 정부와의 타협에도 반대했다. 완전한 정치적 독립만이 새로운 사회 질서를 구축할 수 있는 필수조건이기 때문이었다. 국민회의 사회주의당도 국민회의 내의 활동이라는 제약이 있었지만 생각은 좌파 정당들과 다를 바가 없었다.

보스의 진보연합은 자야프라카시 나라얀이 이끄는 국민회의 사회당과 최초의 인도공산당 지도자였던 로이의 급진연맹 및 공산주의자들까지 포함하는 것이었다. 진보연합은 국민회의 안에 존재하는 입헌주의와 독재주의의 경향에 반대했다. 운동의 주류가 활기를 잃기 시작했을 때, 좌파의 기능이 위험에 직면했을 때, 진보를 자극하는 노력은 반드시 필요한 것이다. 보스는 진보연합을 시대정신(Zeitgeist)으로 보았다.

진보연합의 계획은 간디의 신비주의를 척결하는 것으로 이해되었다. 그것은 역사적 필연이다. 간디주의자들이 자신들을 강화해 나가는 노력은 결국 국민회의 안에서 우파의 결집 이상의 것이 아니다. 철학적으로 말하면 우파 결집은 변증법의 '정립(定立; 正)'이고 이어서 필연적으로 좌파 결집이 '반정립(反定立; 反)'으로 출현해야 한다. 간디주의의 무위(無爲)와 정체(停滯)의 정립에 대한 행동과 진보의 반정립으로 나타난 것이다.[30] 반정립과 그에 뒤따른 충돌이 없으면 더 이상의 진보는

---

30 Jagdish S. Sharma ed., *India's Struggle for Freedom; Selected Documents and Sources*, Vol. II(New Delhi: S.Chand & Co. 1965), p. 763.

불가능하다. 진보를 믿고 원하는 모든 사람들은 좌파 결집의 역사적 과업을 적극 지원해야 하며 거기에서 시작되는 투쟁을 준비해야 한다.

보스는 진보연합의 성격을 더욱 분명히 했다. 첫째, 한 개의 정당을 결성하여 좌파 분자들을 규합하는 것은 불가능하다. 왜냐하면 몇 개의 정당들은 이미 좌파라고 주장하면서 존재하고 있으며 그들은 한 개의 정당을 위해 자신들을 정리하지 않을 것이기 때문이다. 둘째, 새로운 연합을 형성하여 각 정당들이 별개의 주체성을 유지하면서 모든 좌파와 기존의 좌파 정당들이 여기에 가담할 수 있도록 한다. 셋째, 좌파 정당들과 진보연합은 좌파결집위원회라 부르는 새로운 위원회 결성에 동의하여 위원회에게 모든 좌파의 대변 기관으로서 직분을 맡긴다. 그러나 좌파결집위원회는 구성 분자들의 전체 동의가 있을 때에만 활동할 것이다.[31] 좌파결집위원회는 6월 봄베이에서 결성되었다.

보스는 좌익주의를 언급했다. 좌익주의는 반제국주의를 뜻한다. 진정한 반제국주의자는 간디주의자들과는 달리 색이 바래지 않은 순수한 독립을 정치적 목적으로 믿는 사람들이다. 그들은 타협 없는 국민투쟁을 독립 달성의 수단으로 신뢰하는 사람들이다. 정치적 목적이 달성되면 좌익주의는 사회주의를 의미할 것이며, 국민 앞에 놓인 과업은 사회주의 기반 위에 국민 생활을 재건하는 일이 될 것이다. 인도의 진정한 반제국주의자, 즉 좌파는 항상 두 개의 전선에서 투쟁해야 한다. 그들은 한편으로 제국주의 및 거기에 동조하는 인도인들과 싸우고, 다른 한편으로는 제국주의와 거래하려는 술에 물 탄 듯한 민족주의자들, 즉 우파와 싸워야 한다.

진보연합은 좌익운동 편이고 간디주의자들은 우익운동 편이다. 철학적으로 말하면 전자는 후자에 대한 '반정립'이다. 진보연합은 반제국

---

31 S. C. Bose, *op. cit.*, pp. 403~404.

1 수바스 찬드라 보스와 인도국민군

주의 전선에서 간디주의자들과 긴밀한 타협을 원했지만 그들 사이의 차이는 깊었다. 간디주의는 간디의 사티아그라하를 위해 제국주의와 타협을 상상했지만 진보연합은 제국주의와 거래하지 않을 것이다. 사회적으로 간디주의는 '가진 자들(haves)', 기득권 세력과 긴밀하게 연결되어 있다. '갖지 못한 자들(have-nots)'이 불가피하게 계급의식을 갖게 됨에 따라 그들과 간디주의자들 사이의 틈은 넓어진다. 지난 20년 동안의 상황과는 달리 오늘날 간디주의는 농민과 공장 노동자 대중에게 호소력을 갖지 못하고, 가난한 대중에게 동정적인 중산층의 청년 학생들에게도 마음을 얻지 못한다. 투쟁 이후의 재건에 관한 간디의 생각은 부분적으로 중세적이고 반사회주의적이므로 철저한 근대적 견해를 갖고 사회주의적 재건을 지지하는 진보연합의 견해와는 대조적이다.[32]

좌파합동위원회에 첫 번째로 타격을 가한 사람은 로이였다. 위원회는 좌파에 대한 제재에 반대하여 7월 9일을 전국적인 저항의 날로 정해 행사를 갖기로 결정했다. 국민회의 의장 라젠드라 프라사드가 좌파 세력들에게 기념식을 포기하도록 경고했다. 이미 운영위원회는 보스에게 징계 조치를 취해 그의 벵골주 국민회의 의장직을 박탈하고 3년 동안 어떤 국민회의 직책도 갖지 못하도록 결정해 버렸다. 라젠드라 프라사드의 협박에 굴복하여 로이가 그의 급진연맹은 기념식에 불참하겠다고 선언했다. 로이의 행동은 좌파에게는 대의를 배신한 것으로 해석되었지만 우파는 갈채를 보냈다. 이어서 10월에 국민회의 사회주의당이 앞으로 독자적인 행동을 할 것이며 좌파결집위원회의 지시에 따르지 않을 것이라고 발표했다. 또한 진보연합을 반혁명 조직으로 비판했다. 연말에 이르면 좌파결집위원회에는 진보연합과 농민협회(Kishan Sabha)만 남게 되었다.

---

32 Sisir Bose & Sugata Bose *op. cit.*, p. 28.

진보연합은 전국적인 모임을 미미하게 이어 갔지만 가시적 성과를 보이지 못했다. 그러나 진보연합은 국민회의가 합헌주의와 비폭력 시민불복종에서 표류하고 있을 때 일반 국민에게 혁명적 투쟁의 이념을 심어 주었다. 벵골주에서는 혁명가들과 테러리스트 집단이 지지를 보내고 있었다. 보스는 유럽에 체재할 때 이미 피할 수 없이 다가오는 열강의 무력 충돌을 감지했고 그의 진보연합이 예견했던 2차 세계대전이 현실화됨에 따라 보스는 국제 관계에 정통한 통찰력을 갖춘 지도자로서의 면모를 보여 주었다.

극단적인 정파들이 보스를 추종했던 것도 아니다. 특히 공산주의자들은 언제나 보스의 교활한 강적이었다. 인도 공산주의자들은 독립 이상의 것을 원했으며 보스는 공산주의와 소련의 역할에 대해 분명한 입장을 표시해 오지 않았다. 보스가 국민회의 의장을 사퇴했을 때 공산주의자들은 그에게 "영국의 첩자 역할을 하고 있다."라고 비난했다. 인도에서는 공산주의자들이 영향력을 거의 갖지 못했던 것도 사실이다. 그러나 진보연합이 역사적 필연이며, 철학적 정당성을 갖고 있을진대 인도와 인류의 진보를 위해 그들은 살아남아 성장할 것이라고 스스로 위안을 얻는 수밖에 없었다.

2차 세계대전의 와중에 인도에서는 진보 세력을 대대적으로 검거했다. 보스는 1940년 7월 3일 체포되었는데 홀웰 기념비(Holwell Monument)를 파괴하는 운동을 주도했다는 이유였다. 영국의 인도 지배는 벵골 지방의 병합으로 시작되었는데 영국동인도회사에 병합되기 직전 벵골주의 토후 시라지 웃 다울라(Siraj ud Daullah)가 1756년 여름 영국인 포로 홀웰(J. Z. Holwell)을 포함한 146명을 '블랙홀(Black Hole)'에 감금해 놓았다. 홀웰이 전하는 바에 따르면 토후가 만취하여 잠든 밤사이에 123명이 질식사했다. 홀웰 기념비 사건은 캘커타 중심부에 세워 놓았던 홀웰의 비석을 다른 곳으로 옮겨 버리는 운동으로서 무슬림 토후였던 시라지 웃 다울라의 추도식도 대대적으로 계획함으로써 힌두와 무슬림의 단합을 도모했던 사건이었다.

보스는 재판에 회부되지도 않고 계속 감옥에 갇혀 있었다. 그는 세계사의 결정적인 시기에 감옥에서 하는 일도 없이 보낼 수는 없었다. 보스는 벵골주지사 허버트(John Herbert)에게 석방을 요구하면서 11월 29일 정부를 압박하기 위해 '죽을 때까지의 단식'을 시작했다. 그리고 국민에게 호소문을 발표했다.

인간에게 가장 큰 저주는 노예로 남아 있는 것이며, 가장 못된 죄악은 부정과 타협하는 것이다. 영원의 법을 기억하라. 당신이 원한다면 그 불변의 법을 얻기 위해 목숨을 바쳐야 한다. 최고의 덕목은 그 대가가 얼마이든지 간에 불공정에 대항하여 투쟁하는 것임을 기억하라. …… 개인이 죽어야 조국이 살 수 있다. 오늘 내가 죽어야 인도가 살아서 자유와 영광을 쟁취할 것이다.[33]

옥중에 있던 보스는 다카 선거구에서 중앙 입법의회 의원에 당선되었다. 단식 일주일 만인 12월 5일 벵골주지사가 보스를 순교자로 만들지 않기 위해 석방했다. 그러나 보스를 찾아가는 방문객과 서신은 모두 검문 검열했다.

보스는 40일 동안 가택 연금 상태에 있다가 1941년 1월 17일 밤에 어머니와 형들도 모르게 집을 빠져나갔다. 조카 시시르 보스(Sisir K. Bose)가 운전한 차로 캘커타에서 210마일 떨어진 고모까지 가서 기차를 탔다. 델리에서 급행 우편열차로 바꿔 타고 페샤와르에 도착했다. 아직 인도 국경을 넘지 못했지만 오늘날로 보면 파키스탄 수도 이슬라

---

33 Sugata Bose, *op. cit.*, p. 182.

마바드 부근까지 도피했다. 무함마드 지아우딘(Muhammad Ziauddin)이란 이름의 파탄족 귀머거리 무슬림으로 변장한 보스는 1월 26일에 영국의 인도제국의 영토 경계선을 넘었다. 레흐마트 칸(Rehmat Khan)이 아프가니스탄의 카불까지 버스로, 노새로, 혹은 걸어서 하루 20마일씩 이동하는 여정에 동행했다.

집에서 탈출한 지 열흘 후에 보스가 사라졌다는 뉴스가 보도되었으며 로이터 통신을 통해 세계로 전파되었다. 종교적 은둔을 택하여 남인도의 프랑스령(領) 퐁디체리로 잠입했다는 설, 비행기를 이용하여 러시아로 탈출했다는 설, 위조 여권으로 일본으로 갔다는 설, 페낭과 싱가포르를 거쳐 홍콩으로 갔다는 설 등이 난무했다.

보스는 1월 31일 카불에 도착하여 소련 대사관과 접촉했으나 무시를 당했고, 독일 대사관은 보스를 영국의 첩자로 의심했다. 3주 동안 아무 일도 하지 않고 칩거했다. 레흐마트를 보내 이탈리아 공관과 접촉하여 도움을 요청하자 보스의 이름을 듣고 반기면서 유럽을 여행할 수 있는 이탈리아 여권을 약속했다. 이탈리아 대사 콰로니(Pietro Quaroni)는 보스를 "지성적이고 유능하고 열정에 가득 차 있으며 의심할 것도 없이 가장 현실적이라는 인상을 받았으며 인도 민족 지도자들 가운데 유일한 현실주의자"[34]라고 묘사하여 본국에 보고했다. 보스가 오를란도 마소타(Orlando Massotta)라는 이름의 여권을 얻을 때까지 인도인 상인이며 민족주의자 우탐 말호트라(Uttam Chand Malhotra)의 집에 3주 동안 머물렀다. 상인으로 변장한 보스는 두 명의 유럽인 안내인이 도착할 때까지 기다렸다. 세 사람은 3월 18일 카불을 출발했다. 힌두쿠시 산맥을 넘어 옥수스 강을 건너 소련의 중앙아시아로 들어가 대초원을 지나 사마르칸트에 도착했다. 기차로 카라쿰 사막을 지나 보카라, 메르브, 아

---

34 *Ibid.*, p. 196.

　　　　　　　　　　1 수바스 찬드라 보스와 인도국민군

슈카바드를 통과하여 카스피 해의 크라스노보스츠 종착역에 이르렀다. 배로 건너 바쿠에서 모스크바행 기차를 탔다. 모스크바에서 4월 2일 베를린행 비행기에 올랐다.

보스는 나치 정부로부터 생활하고 활동할 수 있는 편의를 제공받았다. 보스는 1941년 4월 9일자 독일 정부에 보낸 각서에서 추축국과 '자유인도 정부' 사이의 협력 계획을 밝혔다. 유럽과 인도 사이의 소통을 유지하기 위해 카불에 선전 시설과 라디오 방송 기지국을 설치하여 인도 국민에게 호소하는 선전 활동을 강화한다, 민간에 납세를 거부하고 정부의 법과 질서를 준수하지 않도록 선전한다, 인도 군인들 사이에 폭동을 선동하는 비밀 활동을 전개한다, 영국의 전쟁 물자를 생산하는 공장에서 파업을 조직화한다, 전략적인 철도, 교량, 공장을 파괴한다, 전체 민중운동의 디딤돌로서 각지에서 폭동을 조직화한다 등의 과업을 계획했다. 이 일을 위해 필요한 자금은 추축국이 마련하며 종전되면 독립한 인도 정부가 반제할 것이다.

인도의 총 군사력은 전투 경찰과 지역 수비대를 포함하여 대략 25만 명이다. 전쟁이 시작된 이후 약 10만 명의 병사가 해외, 즉 중동, 근동, 극동 지역으로 파병되었다. 부족한 병사는 영국 정부가 15개월에 걸쳐 추가로 10만 명의 병사를 모아 보충했다. 정부의 계획은 매우 어려운 일이지만 전시에 봉사하도록 50만 명의 추가 병력을 모집하는 것이다. 총 병력 25만 명 가운데서 영국인 병사는 보조원을 포함하여 약 7만 명이다. 인도인 병사의 숫자는 18만 명이고 영국인 장교들의 지휘 아래 있다. 인도인 병사들에 비해 장교는 소수다. 이 병력은 인도를 복속시키는 데는 충분했지만 현대 병기로 무장한 군대와 싸우는 데는 부족하다. 인도군의 영국인 병사 7만 명만이 영국 정부가 완전히 의지할 수 있는 유일한 충성 군인이다. 많은 인도인 병사들은 반영 분자들이며 영국에 충성할 유일한 집단은 아마도 편잡 출신의 무슬림뿐일 것이다.

인도 군대에서 최고의 전사인 펀잡의 시크교도는 현재는 가장 반영국적이며 이는 보스 자신이 1940년 7월~12월까지 구속되었던 감옥에서 확인한 바라고 주장했다.[35]

보스는 독일, 이탈리아와 협상과 제휴를 모색했다. 보스는 1941년 4월 말 히틀러의 오른팔 리벤트로프(Joachim von Ribbentrop) 외상을 면담하고 반영 선전을 베를린으로부터 방송하는 것, 독일이 억류하고 있는 인도군 포로로 '인도 자유군'을 일으키는 것, 추축국이 공동으로 인도의 독립을 선포하는 것 등을 제의했다. 인도와 추축국 사이의 동맹을 제의하면서 보스는 인도의 무진장의 자원과 인력의 잠재력 가치를 나열했다. 특히 잠세드뿌르와 마이소르의 엄청난 철광석과 철강 공장을 거론했다. 그는 독일이 인도를 공격할 경우는 우려하지 않았으며 나치스는 식민지 혹은 해상 세력 대신에 대륙의 세력으로서 뿌리를 내렸다고 믿었다.

독일 외상 리벤트로프는 앞의 두 개 항목은 긍정적으로 수용하면서도 세 번째 제의에는 동의하지 않았다. 이탈리아 외상 치아노(Count Ciano)도 만찬가지였다. 히틀러는 뚜렷한 언질을 주지 않기 위해 보스를 접견하지 않았는데 사실 이러한 태도는 1940년 말 독일과 소련의 비밀 협상에서 영국이 붕괴되면 인도는 러시아권에 포함된다는 양해 때문이었다. 그러나 상황은 곧 달라졌다. 왜냐하면 발칸 일대가 독일의 지배 아래 들어가자 독일과 소련의 관계에 균열이 생겼으며 대전이 장기화됨에 따라 독일이 우크라이나의 곡창 지대와 코카서스의 유전을 확보하기 위해 1941년 6월 22일, 돌연 소련을 공격하고 나섰기 때문이다. 히틀러는 동시에 두 개의 전선에서 싸우지 말라는 독일 통일의 주역 비스마르크(Otto von Bismarck)의 충고를 무시하고 있었다.

---

35 Sisir Bose & Sugata Bose, *op. cit.*, pp. 45~46.

1 수바스 찬드라 보스와 인도국민군

2차 세계대전이 급박하게 돌아가자 이상한 동맹 관계가 일어났다. 보수당의 전통에 철저했던 대표적인 제국주의자 처칠이 제국주의를 비난해 온 스탈린과 공동의 대의를 내세우며 제휴했고, 타협 없는 반제국주의자 보스가 다만 영국과 싸우고 있다는 이유만으로 제국주의의 후발 주자 나치 독일과 협력 관계를 모색했다.

1930~1940년대의 세계사의 방향은 역행하고 있었다. 자유 민주 시대로 흘러가야 할 세계사의 주류가 파시즘과 나치즘이라는 반동의 방향으로 치닫고 있었다. 일반 국민은 물론 세계의 지성이라는 사람들까지도 여기에 현혹되어 반동 세력과 타협했다. 오직 제국주의 지배로부터의 인도 독립만을 바라보고 있던 보스에게는 반동 세력과의 연대가 자신의 필생의 목표와 모순된 것이 아니었는지도 모른다.

보스는 독일의 승리를 확신했고 독일군이 러시아를 지나 중앙아시아로 진군하여 자신의 군단과 함께 인도로 진입하는 것을 마음속으로 그려 보았다. 보스는 아프가니스탄 국경 지역을 첩보 지역으로 활용하고, 또 독립군이 인도를 공격할 수 있는 전초 기지로 이용할 수 있다고 보았다. 인도에 혁명의 기운이 무르익었으며 단 5만 명의 추축국의 군인과 독립군이 인도 국경에 도달하기만 하면 인도 병사들은 탈영하고, 민중은 봉기하여 영국 지배는 단시일 내에 붕괴된다고 믿었다.

롬멜(Erwin Rommel) 장군은 날마다 북아프리카에서 인도 군인 수백 명을 붙잡아 독일 포로수용소로 보내고 있었다. 인도국민군의 편성을 계획하고 보스가 포로수용소를 방문했을 때 인도인 병사들의 일부는 호응했지만 대부분 뚜렷한 적개심을 보였다. 보스의 대중 연설은 중단되고 그의 말은 전달되지 않았다. 그들은 독일군에 붙잡힌 포로였지만 아직도 영국과 영령인도군에 충성심을 버리지 않고 있었다. 그들은 원래 영국군에 충성 맹세를 했고 또 인도에 살고 있는 가족들의 안위를 걱정하고 있었다.

독일의 인도인 사회는 보스를 '네타지(Netaji; 존경받는 지도자)로 칭하면서 갈채를 보냈으며 자유인도센터(Free India Centre)가 1941년 11월 2일 베를린에서 정식으로 출범했다. 국민회의의 삼색기〔黃白綠〕를 국기로 채택하고 중앙에 호랑이 상이 차크라(chakra; 물레)로 바뀌었다.(독립 후에는 차크라와 호랑이는 아소카 대왕의 4면 사자상의 차크라(수레바퀴)로 변경됨) 타고르가 만든 노래를 보스가 국가로 정했다.

보스는 충실한 참모들을 두고 있었다. 이 센터의 책임을 맡게 된 남비아르(A. C. N. Nambiar)와 특수 유격 훈련을 받은 정예 청년들의 지도자인 스와미(G. Swami), 그리고 포로수용소의 인도인 병사들의 충성심을 자유인도의 대의로 돌리는 임무가 주어진 하싼(Abid Hassan) 등이 측근으로 활약하고 있었다. 보스와 참모들은 포로들과 각개 면담을 추진함으로써 모병을 추진하여 1942년 1월 자유인도의 독일 군단을 결성할 수 있었다. 결국 독일과 이탈리아의 수용소에 있는 약 1만 7000명의 인도인 포로들 가운데 4000명 정도가 가담하기로 동의했다.

독일 장교들이 2000명의 인도 군단을 프랑크푸르트의 주요 산업 시설인 레겐부름에서 훈련시켰다. 이들 가운데 약 100명의 포로들에게 인도 특공대 훈련 과정에 입소할 자격이 부여되었는데 여기에는 사보타주, 첩보, 산악 작전 및 낙하산 훈련 등이 포함되었다. 보스는 인도 군인들이 독일군과는 분리되어 운영되어야 한다고 주장했다. 인도 군단에게 독일인과 같은 권리와 특혜가 인정되어야 하며, 무엇보다 자유인도군(Azad Hind Fauz)이 독일의 전쟁을 수행하는 데 이용되지 않아야 한다는 것이었다.[36] 그러나 독일은 인도군이 인도로 가기 전에 유럽과 북아프리카에서 봉사할 것을 요구했다. 보스의 병사들은 독일에 의해 급료가 지급되었고 독일군의 한 부대로 편입되었다. 마음에 들지 않

---

[36] J. Getz, *Subhas Chandra Bose: A Biography*(Jefferson: USA, 2002), p. 71.

았지만 보스에게는 다른 선택이 없었다. 그들은 독일군 총사령관 히틀러에게 복종할 것을 맹세했고, 인도의 자유를 위해 투쟁할 때는 수바스 보스가 그들의 지도자였다. 보스는 인도의 국기와 국가를 고집함으로써 독일식의 의식(儀式)을 약화시켰다.

일본이 1941년 12월 7일 진주만을 공격한 뉴스는 보스에게도 충격적이었다. 보스가 만나 본 독일 관리들의 견해는 한결같이 일본의 엄청난 정치적 실책으로 해석했다. 영국에 대한 무기와 탄약을 제공하는 것까지도 국내의 강력한 반대에 부딪쳐 온 루스벨트 대통령에게 참전할 수 있는 계기를 만들어 주었다. 보스에게는 1942년 2월 15일 일본군의 싱가포르 함락이 인도의 독립에 희망의 빛으로 보였다. 2월 19일에 보스는 베를린의 '자유인도 라디오(Azad Hind Radio)'를 통하여 인도로 그의 첫 방송을 보냈다. 인도 국민은 보스가 탈출한 후 그의 생사를 모르고 있다가 1년여 만에 그의 목소리를 들을 수 있었다. 당시 인도에는 라디오 수신기가 대략 12만(혹은 20만) 개가 있었다.

나는 1년 동안 침묵과 인내로서 사태의 진행을 보아 왔다. 싱가포르의 함락은 대영제국의 붕괴를 의미하며, 인도사에서 새 시대의 여명을 알리는 것이다. 오랫동안 외국의 속박의 굴욕을 겪으며 정신적으로, 문화적, 정치적, 경제적으로 파괴되어 온 인도 국민은 이제 인도에 생명과 자유를 약속하는 상서로운 사태로 보아 신에게 겸손한 고마움을 표해야 한다.

영국 제국주의는 근대사에서 자유에 대한 가장 극악무도한 적이었으며 진보에 대한 가장 감당할 수 없는 방해물이었다. 그 때문에 수많은 인류가 노예화되었고, 인류의 약 5분의 1을 차지하는 인도인은 유독 무자비하게 억압받고 학대를 받아 왔다. 다른 국가들에는 영국 제국주의가 오늘만의 적일 수 있지만 인도에게는 영원한 원수이다. 양자 간에는 평화도 화해도 있을 수 없다. 영국 제국주의의 적들은 인도의 자연스러운 우방이며, 오늘 영국의 동맹자들은 당연히 우리의 적이다.

　세계사의 교차로에서 나는 인도 국내외의 모든 자유를 애호하는 국민을 대표하여 인도가 자신의 운명의 주인이 될 때까지 영국 제국주의와 계속하여 투쟁할 것을 엄숙히 선언한다. 이 투쟁과 뒤따를 재건에 있어서 우리는 공동의 적을 붕괴시키기 위해 우리를 돕는 모든 사람들과 협력할 것이다. 인도 구원의 기회는 우리의 수중에 있다. 인도는 지금 일어나 그토록 오래 얽어매어 온 노예의 사슬을 끊어 버리자. 인도의 자유를 통하여 아시아와 세계는 인류 해방의 더 큰 목표를 향하여 나아갈 것이다.[37]

　수바스 보스의 방송은 인도 국민에게 놀라움과 깊은 감동을 주었다. 간디의 변치 않는 조언자이며 국민회의 정례회의가 중단된 대전 기간 동안 사실상 국민회의 의장이었던 아자드는 보스의 탈출이 간디에게 큰 인상을 심어 주었다는 것을 느꼈다. 간디는 보스의 행동들을 공식적으로 인정하지 않았지만 이제 그의 견해에 변화가 생겼다. 아자드는 보스가 탈출할 때 보인 용기와 지략을 간디가 찬양하고 있다는 인상을 받았다. 보스에 대한 간디의 찬사는 무의식적으로 전쟁 상황 전체에 대한 간디의 견해를 변화시키고 있었다.[38]

　독일은 보스의 방송으로 영국인들의 사기에 손상을 주려는 의도가 있었지만 보스의 방송은 영국 BBC의 선전 계획에 경쟁자가 될 수 없었다. BBC는 1941년 말 인도 데스크를 관리하기 위해 38세의 에릭 블레어(Eric Arthur Blair)라는 사람을 초청했다. 그는 출생지가 인도이지만 여러 나라에서 근무했던 작가이며 사회 비평가이고 스페인 내전의 왕당파 군인이었다. 그가 바로 세상에 조지 오웰(George Orwell)로 널리

37　Sisir Bose & Sugata Bose, *op. cit.*, pp. 63~64.

38　Abul Kalam Azad, *India Wins Freedom*(New York: Longman, 1990), p. 48.

알려진 인물이었다. 파시스트가 후원하는 인도의 해방이 임박했다는 보스의 열정적인 공세에 맞서서 오웰은 인도 국민에게 영국 지배 아래서 인내하면서 남아 있기를 호소했다. 영국 지배하의 생활이 파시스트의 자유 이념을 훨씬 능가한다는 자신의 주장을 뒷받침하기 위해 오웰은 독일의 소련에서의 야만적인 작전과 동남아에서의 일본의 만행을 크게 강조했다. 오웰은 인도인들로 하여금 추축국과의 동맹을 결성할 생각을 버리도록 촉구했다. 이상하게도 오웰은 BBC에 15개월 근무하는 동안 보스와 그의 자유인도 운동을 결코 이름으로 지적하여 공격하지 않았다. 오웰은 인도의 국내 변화를 결코 약속하지 않았으며 절망적인 추축국이 전진하는 과정에서 인민을 학대하는 사건을 뉴스화했다. 증거를 제시함으로써 자유인도 라디오가 인도에서 신뢰를 잃도록 했다.

일본군이 파죽지세로 동남아를 석권해 나가면서 일본 정부는 정복한 버마와 필리핀에 자유를 인정할 것이라고 약속했다. 조지 오웰은 BBC를 통하여 필리핀의 상황을 해방이 아니라 일본인에 대항하는 국민의 투쟁으로 묘사했으며, 버마에서의 일본군의 야만적인 행동을 강하게 비난했다. 오웰은 대동아공영권 아래서 일본의 식민지에 대한 무자비한 수탈의 실상과 그에 따른 비극적인 경제적 참상을 고발했다. 버마는 번영이나 자유가 아니라 기아에 직면해 있다는 점을 강조했다. 1942년 5월 오웰은 일본의 인도 침공을 예상했다. 그는 나치의 소련 침공과 일본이 중국에서 자행한 학살에 맞먹는 유혈 작전을 일본군이 인도에서 전개할 것이라고 예견하면서 전쟁에 대비하지 않았던 인도의 참상은 훨씬 크게 나타날 수밖에 없다고 경고했다.[39]

보스는 주로 오스트리아에서 에밀리와 함께 머물렀고 딸 아니타 (Anita)가 태어났다. 아니타란 이름은 우연히 지은 것이 아니었다. 보스

---

39 J. Getz, *op. cit.*, pp. 67, 88.

는 평소 이탈리아의 통일 영웅 가리발디를 존경했다. 오직 조국의 통일만을 바라보고 헌신한 우직한 애국자였던 가리발디는 나폴리와 시칠리아의 해방자로 추앙받았지만 통일된 이탈리아의 완성을 위해 모든 것을 포기했다. 이 위대한 민족주의자의 사심 없는 행동은 보스가 이상으로 했던 바였다. 보스가 외동딸의 이름을 가리발디의 평생의 동반자 아니타에게서 따온 이유를 이해할 수 있다. 보스의 결혼 생활을 알고 있는 사람은 거의 없었으며 많은 인도인들은 유럽인과의 결혼을 부정적으로 볼 수 있기 때문이었다.

보스는 로마로 가서 끈질긴 노력 끝에 1942년 5월 5일 무솔리니를 면담하고 인도의 독립 선언을 설득했다. 이탈리아의 독재자는 독일에 전문을 보내 자신은 보스의 제의에 호의적이라고 밝혔다.

독일의 반응은 미온적이었다. 보스가 인도에 정치적 세력을 갖고 있지 못한 상황에서 어떤 대리 정권도 '진공'에서는 결코 생존할 수 없다는 관점이었다. 보스는 5월 29일 히틀러와 면담했다. 보스는 히틀러에게 경험 있는 혁명가로서의 조언을 부탁했다. 히틀러는 영국과 미국과 러시아가 비열한 게임을 하고 있다고 말했다. 미국은 영국의 유산을 취하려 하고, 러시아는 두 나라의 후계자가 되려고 노리고 있다는 것이었다. 히틀러는 인도와의 거리는 아득하므로 당장 인도에 선전포고를 하고 자유인도의 독립을 선언하는 것은 어리석은 일이라고 보았다. 그는 롬멜이 이집트의 독립을 곧 선포할 것이지만 인도에 관한 선언은 시기상조라고 보고 있었다. 독일이 인도에 직접적인 영향을 주기 위해선 적어도 1~2년이 걸릴 것이므로 일본과 협의하도록 권고했다. 히틀러는 기본적으로 인도인들은 자신의 나라를 다스릴 가능성이 없다고 믿었으며 영국인들이 인도를 유지하고 있는 것도 무방하게 생각했다. 히틀러와 나치스는 인도를 일본의 영향권으로 보는 듯했다. 영국의 영향력을 제거하고 러시아의 영향력을 피해 인도 동부의 국경에 대한 일본

1 수바스 찬드라 보스와 인도국민군

과의 협약에 도달하는 노력에 이어 마지막으로 인도가 통일을 완수하는 과업 등은 히틀러에게는 요원한 일로 보였다. 그는 이것들은 시간이 소요되는 과업이 될 것이며 독일 통일의 경험을 유추해 보면 아마도 100~200년은 걸릴 일이라고 아득하게 바라보고 있었다.

히틀러는 인도를 독일의 식민지로 원하지는 않은 듯 보였으며 그와의 면담은 보스를 실망시켰다. 히틀러와 단 몇 분간이라도 논리적으로 대화하는 것은 불가능했다. 히틀러는 보스에게 재정적 지원은 약속했으며, 보스가 근거지를 동남아로 옮기는 것을 제의하자 일본 정부가 원하는 대로 수송편을 마련해 주겠다고 말했다. 히틀러는 비행기 이용은 위험성이 크다면서 독일 잠수함이나 유럽에 오는 일본 잠수함을 이용토록 권고하면서 항해는 대략 6주일이 걸릴 것이라고 말했다.[40]

보스가 자신의 근거지를 동남아로 옮기려 한 의도는 투쟁을 고조시키고 원활히 하기 위해서였다. 아무래도 인도에 가까운 곳으로 이동하는 것이 유리하다고 생각했다. 동남아에는 유럽과 달리 인도인 공동체가 광범하게 형성되어 있으므로 동포의 물질적 혹은 정신적 지지를 얻는 것도 기대되었다. 또한 보스가 독일에 체재하면서 독일 정부의 꼭두각시로 활동하고 있다고 선전하는 영국의 주장을 불식시킬 수 있다고 믿었기 때문이다.

수송편이 간단치 않았다. 많은 위험이 뒤따랐으므로 독일 정부는 몹시 망설였다. 보스는 이탈리아 혹은 독일 정부와 동양행을 여러 차례 논의했고 항공편도 모색하면서 8개월이 지나갔다. 결국 수송편은 독일 잠수함으로 결정되었다. 영국군의 감시를 피할 수 있는 유일한 방법은 잠수함으로 항해하는 것이었다. 보스의 출발은 극비로 진행되었다. 그는 러시아 전선의 방문을 원한다고 수차 밝혔고 보스가 떠난 후에도 두

---

40 Subhas Chandra Bose, *Azad Hind; Writings and Speeches 1941~1943*, pp. 98~102.

번의 연설이 방송되었다. 보스는 스와미와 하싼을 동반하고자 했으나 한 사람만 대동할 수 있다는 통보를 받고 하싼을 택했다.

보스는 1943년 2월 8일 밤에 독일 유보트(U-Boat)로 키일 군항을 출발했다. 잠수함 U-180의 선장 무젠베르크(Werner Musenberg)와 선원들은 보스에게 친절했다. 배는 영국 함정을 피하기 위해 멀리 대서양으로 우회했다. 북해 쪽으로 방향을 잡아 스코틀랜드 북쪽과 아이슬란드 남쪽을 지나 대서양으로 멀리 나아갔다가 급유를 위해 스페인에 정박한 후 희망봉으로 향했다. 배터리 충전을 위해 가끔 수면 위로 부상했으며 17노트의 속도로 가다가 잠수하면 반으로 감속했다. 망망대해에는 낭만적인 감회보다는 곳곳에 위험이 도사리고 있는 긴장의 항해였다. 항해 중에 영국 선박을 만나면 거침없이 격침시키며 나아갔다.

보스는 4월 28일 마다가스카르 부근에서 기다리고 있던 일본 잠수함에 인계되었다. 일본 잠수함은 공간이 더 넓어 편안했으며 선장 주이치 이주(Juichi Izu)는 예의를 갖추고 축하연을 마련해 주었다. 보스는 하루에 4번의 식사를 제공받으며 고국에 온 느낌을 받았다. 그들은 인도 남쪽 바다를 항해하여 5월 6일 수마트라 북쪽 끝 사방 항에 도착했다. 보스는 그의 무력 투쟁에 대한 지지와 인도 독립에 대한 일본의 승인을 얻기 위해 곧장 도쿄로 날아갔다. 일본 비행기로 페낭, 사이공, 마닐라, 타이베이를 거쳐 5월 13일 도쿄에 도착했다. 일본 외무상 및 군 지휘관들을 면담했을 뿐 도조 히데키(東條英機) 수상은 6월 10일에야 만날 수 있었다. 보스가 싱가포르에 도착한 것은 7월 2일이었다.

4 인도국민군 사령관

수바스 찬드라 보스가 동남아로 밀항하기 전에 이미 인도국민군이 조직되어 있었다. 수바스 보스가 도착하기 전 이 지역의 투쟁 활동을 고취시킨 인물은 라슈 베하리 보스(Rash Behari Bose(Basu))였다. 라슈 베하리는 1912년 하딘즈(Hardinge) 총독의 행차에 폭탄을 던졌으나 실패하고 일본으로 탈출했다. 라슈 베하리는 일본 여인과 결혼한 후 일본의 민족주의자 토야마(Toyama Mitsuru)의 수하에 들어갔다. 일본군이 동남아를 석권하자 그는 인도로 진격하여 영국 지배를 타도할 때가 왔다고 생각했다. 그러나 그는 일찍이 인도를 떠났으므로 간디의 세 번에 걸친 범국민적 사티아그라하운동도 경험하지 못했고 인도에 대한 그의 생각은 1차 세계대전 이전에 머물러 있었다. 그의 젊은 세대와의 간격은 너무도 컸다.

라슈 베하리 보스의 노력으로 1942년 3월 도쿄회의가 열렸다. 인도의 삼색기를 게양하고 인도독립연맹이 공식적으로 출범했다. 연맹의 목적은 인도의 즉각적이고 완전한 독립의 완성이라고 규정했다. 인도군 장교가 직접 지휘하는 인도국민군(Indian National Army)의 창설을 결의했으며 또한 수바스 찬드라 보스를 동아시아로 초청한다는 것을 포함한 35개 결의안을 통과시켰다.

혁명가 라슈 베하리는 오래전부터 수바스 찬드라 보스에게 우호적인 호감을 가지고 있었던 듯하다. 라슈 베하리는 수바스 보스가 국민회의 의장에 선출되었을 때 축하를 보냈다. 1938년 1월 25일자 서신에서 라슈 베하리는 수바스 보스가 자유의 전선에서 인도를 이끌어 주기를 희망했다. "나는 벵골인으로서 당신을 자랑스럽게 생각한다. 벵골인들은 영국인들이 인도를 맨 먼저 점령하도록 한 데 부분적인 책임이 있다. 나는 인도의 자유를 되찾기 위해 더 많은 희생을 하는 것이 벵골인들의 첫 번째 의무라고 생각한다."[41]

---

41 B. Misra, *The Indian Political Parties*, p. 356.

도쿄회의에 이어 1942년 6월에는 방콕에서 동남아 대표자회의가 열렸다. 방콕회의에는 버마, 말라야, 태국, 인도차이나, 필리핀, 일본, 중국, 보르네오, 자바, 수마트라, 홍콩 등에서 온 약 100명의 대표가 참석했으며 라스 베하리 보스를 의장으로 선출했다. 방콕회의는 "영국 제국주의에 대항하여 싸우는 모든 세력들에게 축하를 보내면서, 특히 일본의 전쟁 정책에 특별히 감사를 보내며 일본 군대의 승승장구를 기원한다."[42]라는 뜻을 강조했다.

인도국민군은 전쟁 포로 모한 싱(Mohan Singh) 대위가 시작했다. 모한 싱은 1941년 12월 영국군(영령인도군)의 패배로 태국과 말라야 국경 부근에서 일본군의 포로가 되었다. 1942년 2월 15일 싱가포르 함락으로 영국군 4만 5000여 명의 인도인 병사가 포로로 잡혔다. 일본군 사령부의 허락을 얻어 모한 싱이 포로들과 접촉했으나 그들은 일본군에 편입되는 것은 반대했다. 중국 등지에서 자행한 일본군의 극악한 만행을 알고 있었기 때문이다.

모한 싱이 도쿄회의에서 돌아와 장교들의 모임을 갖고 인도국민군의 결성을 처음으로 제의했으며, 방콕회의에서 인도국민군은 동아시아의 인도 군인과 민간인으로 구성하고 모한 싱이 총사령관이 되며 인도독립연맹은 국민군을 후원하기로 결의했다. 약 4만 명의 포로들이 국민군에 가담하기로 서약했다. 인도국민군은 1942년 9월 1일 제1사단 1만 6300명으로 공식 결성되었다. 일본군은 지금까지는 인도 침공을 구체화하고 있었기 때문에 인도인 무장 군대의 계획에 긍정적이었으나 12월에 가면 모한 싱과 국민군의 역할을 놓고 심각한 의견 차가 일어났다. 일본군은 단 2000명의 상징적 병력만 원했다.[43]

---

42 J. S. Sharma, *op. cit.*, p. 323.

43 Bipan Chandra, *India's Struggle for Independence*, p. 471.

1 수바스 찬드라 보스와 인도국민군

인도국민군은 순조롭게 진행된 것은 아니었다. 일본은 태국과 보르네오 섬에 비행장을 건설하는 노동력으로 인도국민군을 투입할 계획이었다. 독립연맹은 인도인들이 버마에 남겨 둔 재산은 국민군의 것이 되어야 한다고 주장했으나 일본군은 이에 동의하지 않고 미루었다. 모한 싱은 일본 정부가 국민군에 대한 공식적인 발표를 지연시키는 행동을 참지 못하고 "12월 23일까지 답변을 요구하는" 서한을 보내면서 독자적인 행동에 들어갈 것이라고 압박했다. 국민군 활동위원회 의장이기도 한 라슈 베하리 보스는 의장의 권한을 넘어 강경한 태도를 보이면서 모한 싱을 체포했고, 모한 싱은 국민군의 해산을 명령했다. 인도인들 사이에서는 라슈 베하리가 일본에 너무 기울어져 있어서 동남아 인도인들의 정서를 파악하지 못하고 있다고 느꼈다. 어떤 인도인들은 그를 일본의 앞잡이로 규정했으며 모한 싱과 상당수의 병사들도 같은 생각이었다.

수바스 찬드라 보스가 도착함으로써 인도국민군 내의 불화 문제는 해결될 수 있었다. 수바스 찬드라 보스는 도쿄로 직행했을 때 도조 수상을 두 번 면담했다. 면담은 우호적이었지만 대동아공영권이 거론되었을 때 수바스 보스는 자신은 인도가 대동아공영권의 일부가 되는 것을 확약할 수 없다고 분명히 했다. 또 국민군의 관리와 훈련은 전적으로 보스 자신에게 맡긴다는 확답을 받았다. 도조는 수바스 보스의 인도 독립과 국민군에 대한 일관된 신념과 진지한 열의에 감명을 받았다. 일본은 인도까지 영토 확장 계획은 없으며 일본 정부의 간섭은 없을 것이라고 다짐했다. 그는 보스가 방청객으로 초대된 의회에서 "영국의 압제에 시달리고 있는 인도의 독립을 위한 결사적 투쟁에 깊은 동정심을 보내며 일본은 인도 독립의 대의를 돕기 위해 가능한 모든 일을 다할 것이다."라고 선언했다.[44]

---

44 Eric Vas, *op. cit.*, p. 117.

도조의 다짐에 수바스 보스는 만족했으며 일본군이 진격함에 따라 인도 영토를 통제할 임시정부에 대한 자신의 계획을 상상했다. 그의 일본 도착을 미리 알렸던 도쿄 라디오를 통해 수바스 보스가 인도의 동부 국경에서부터 영국인에 대항하여 무장 투쟁을 전개하겠다는 결의를 표명함으로써 해외의 인도인들은 거대한 모험에 참여한다는 기대에 고무되었다. 수바스 보스는 지난 두 해 동안 유럽의 독재자들에게 헛되게 매달렸던 자신의 행동이 후회스럽기까지 했다.

수바스 보스가 라슈 베하리 보스와 함께 도쿄에서 싱가포르에 도착했을 때 인도 교민들의 열광적인 환영을 받았다. 드디어 조국을 해방시킬 운명을 지닌 인물이 왔다는 느낌의 격앙된 환영이었다. 동남아의 인도인들은 가난하고 부유한 사람들 할 것 없이 모두 수바스 보스를 두 팔을 벌려 환영했다. 그들은 그의 도착으로 인도의 독립운동이 새로운 단계로 도약할 것으로 믿었다. 7월 4일에는 동아시아에 흩어져 있는 300만 인도인들을 대표하는 5000명이 바라보는 가운데 라슈 베하리는 동아시아의 인도독립운동의 지도권을 수바스 보스에게 넘겼고 수바스는 인도독립연맹의 의장직을 수락했다.(라슈 베하리 보스는 최고고문에 지명되었으나 은퇴 후 고뇌를 이기지 못하고 1945년 1월 사망)

수바스 보스는 독일에서와 마찬가지로 '네타지'로 갈채를 받았으며 이후 그의 명예로운 칭호가 되었다. 수바스는 자유인도의 임시정부를 수립하고 인도국민군의 결성을 세계에 선포하고 국민군을 인도로 진입하는 결의를 다짐했다. 그는 "비폭력과 시민불복종의 원칙에 입각했던 독립운동은 다음 단계로 넘어왔다. 영국 제국주의에 대항하여 무기를 들고 일어서는 것이 우리의 새로운 조직의 목표"라고 선언했다.

다음 날 보스는 군복 차림으로 약 1만 2000명의 병사들 앞에서 연설하면서 '델리로 향하여(Chalo Delhi)'를 외쳤다. 보스는 1857년의 대폭동 때 인도 군인들(Sepoys)이 '델리로 가자'고 외쳤던 그 표어로 인도

국민군을 열광시켰다.

자유 투사들은 영국의 굴레에서 인도를 해방시킬 군대일 뿐만 아니라 장래 자유인도가 창설할 국군이 될 것이다. 한때 해가 지지 않는 대영제국은 영원한 제국이라고 생각한 사람들이 있었다. 그러한 생각이 나를 결코 괴롭히지는 못했다. 역사는 나에게 모든 제국은 불가피하게 쇠망한다는 것을 가르쳐 주었다. 노예의 국민에게는 자유 투쟁의 군대에 첫 전사가 되는 것보다 더 큰 자존심과 더 높은 명예가 있을 수 없다. 나는 어둠 속에서나 햇볕 아래서나, 슬플 때나 기쁠 때나 고통 속에서나 승리의 환희 속에서나 여러분과 함께할 것이다. 우리들 가운데 얼마나 많은 사람들이 자유의 전쟁터에서 살아남을지 나는 모른다. 그러나 나는 우리가 궁극적으로 승리하며 우리의 과업은 우리의 살아남은 영웅들이 델리의 레드포트(Lal Qila)에서 승리의 행진을 할 때까지 끝나지 않을 것을 알고 있다. 나는 지금으로서는 여러분에게 굶주림과 갈증과 가난과 강행군과 죽음밖에는 줄 것이 없다. 그러나 여러분이 생사 간에 나를 따른다면 나는 여러분을 승리와 자유로 안내할 것이다. 델리로 향하여. 전진![45]

국민군과 관중은 간디와 보스의 이름을 연호했다. 보스는 결코 군사전문가는 아니었지만 질서와 청결함을 보인 독일 군대에 매력을 느꼈고 독일식의 군사 훈련을 좋아했다. 독일 군대와 같이 효율적이고 잘 훈련된 국민군을 조직하는 것이 그의 목표였다. 국민군의 분열식에는 싱가포르에 와 있던 도조가 참석하여 경의를 표했다.

보스는 임시정부의 수립을 위해 차터지(A. C. Chatterji) 중령에게 기존의 독립연맹을 개편토록 했다. 차터지는 편제에 탁월한 능력을 보

---

45 G. K. Mookerjee, *op. cit.*, p. 137; Sugata Bose, *op. cit.*, p. 245.

여 민간 부문을 보완했다. 이미 활동 중이었던 총무, 재정, 광고, 선전, 정보, 모병 및 훈련 분야를 강화했을 뿐만 아니라 보건, 사회 복지, 여성 문제, 민족적 교육과 문화, 재건, 보급, 대외, 주택과 교통 분야를 추가했다. 보스는 국방 부문을 네 개의 부서, 즉 군대 관리, 모병, 훈련 및 보급 부서로 나누었다. 그 외에 국외 홍보를 강화하기 위한 국제부와 독립 후 인도의 운영을 계획하여 재건부를 만들었다. 일본 당국과의 관계를 원활히 유지하기 위해 독립연맹의 비서실을 보강했다.

보스는 1943년 10월 21일 캐세이 홀(Cathay Hall)에서 공중 집회를 갖고 열광하는 인도 교민들과 일본군 장교 및 외교관들 앞에서 자유인도 임시정부의 수립을 선언했다. 보스는 임시정부를 계획하면서 가능한 한 인도에 가까운 버마에 위치하기를 원했다. 그러나 버마 정부가 반대 의견을 표시했으므로 싱가포르를 선택할 수밖에 없었다. 일본군 사령부와 가까이 접촉할 수 있다는 이점도 있었다. 인도를 향한 공격이 개시되면 지휘부를 버마로 옮길 수 있을 것으로 생각했다.

보스는 임시정부의 대통령이고 인도국민군의 총사령관이며 외무장관이었다. 그는 "임시정부의 과업은 자유를 위해 끝까지 투쟁하며, 인도 땅에서 영국인과 미국인을 축출하고, 그 후 인도에 평화와 질서를 회복하고, 인도 국민의 뜻에 따라 영원한 자유인도 국민 정부를 수립하기 위한 길을 닦기 위한 것"이라고 분명히 했다. 보스는 "신의 이름으로, 인도인들을 하나의 민족으로 결합시킨 지난 세대의 이름으로, 우리에게 영웅주의와 자기희생을 물려준 영웅들의 이름으로 우리는 인도 국민으로 하여금 우리의 깃발 아래 뭉쳐 인도의 자유를 위해 투쟁하도록 촉구하며, 인도 국민에게 인도의 영국인과 그 협력자들에게 대항하여 최후의 투쟁을 시작하고, 적이 인도로부터 축출되어 인도인이 다시한번 자유 국민이 될 때까지 불굴의 용기와 최후의 승리에 대한 확신을 가지고 투쟁을 계속할 것을 호소했다."[46]

임시정부는 이틀 후 영국과 미국에 선전포고했다. 아홉 개의 나라, 즉 일본, 독일, 이탈리아, 크로아티아, 버마, 태국, 국민당의 중국, 필리핀 및 만주가 자유인도 임시정부를 승인했다.

보스는 10월 28일에는 도쿄로 날아가 동아시아 확대 회의에 참가했으며, 일왕 히로히토(裕仁)로부터 국가 수뇌에 준하는 따뜻한 예우를 받았다. 보스는 회의에 참관인으로 참석했다. 인도가 대동아공영권의 일부라는 언질을 주지 않았으므로 정식 대표가 될 수 없었다. 보스는 연설에서 인도의 운명은 일본의 승리에 달려 있다는 점을 강조했다. 그는 도조에게 기존의 1개 사단 외에 2개 사단을 더 일으킬 것을 주장했고 간첩 양성 학교를 자신의 통제 아래 두기를 원했다.

도조는 의회에서 일본이 점령한 인도의 안다만 섬(Andaman & Nicobar Islands)을 자유인도 임시정부에 넘기기로 결정했다고 선언했다. 임시정부는 자유인도의 첫 영토를 획득했다. 중국과 필리핀을 거쳐 수마트라로 가서 와병 중인 모한 싱을 만났다. 모한 싱은 그의 밑에서 어떤 역할을 맡기를 원했지만 보스는 1942년의 사건을 용서할 마음은 없었다. 보스는 안다만 섬을 방문하고 '순교자와 자치(Shahid & Swaraj)' 섬으로 개명했다.

국내의 간디와 국민회의는 수바스 보스가 해외에 임시정부를 수립하고 국민군으로 일본군과 합세하여 인도로 진격하려는 무장 독립운동을 대체로 비판적으로 보았다. 간디는 이미 "우리는 영국의 파멸로부터 우리의 독립을 추구하지는 않는다. 이것은 비폭력의 길이 아니다."라고 선언했고, 네루는 "영국이 생사의 싸움에 휘말려 있는 때에 시민불복종 운동을 시작하는 것은 인도의 명예를 손상시키는 행동이 될 것이다."라

---

46 J. S. Sharma, *op. cit.*, p. 337.

고 공개적으로 주장해 왔기 때문이다. 간디와 네루는 보스의 무력 투쟁이 비폭력운동의 이념에 위배되기도 했지만 일본 제국주의 세력과 제휴한다는 사실 자체를 받아들일 수 없었다.

좌파와 젊은층의 지도자로서 수바스 보스와 생각을 공유하기도 했던 네루였지만 보스와 국민군을 비난했다. 네루가 볼 때 보스의 군대는 실질적으로 "일본군이 통솔하는 꼭두각시 군대"에 지나지 않았다.[47] 간디와 네루 등은 세계대전 중에 독립운동을 중단할 생각은 없었으면서도 보스가 일본군에 협력하는 한 국민군의 투쟁 활동을 동정적으로 바라볼 수 없었다.

독립연맹이 임시정부로 확대되고 독립군을 보강하는 과정에서 필요한 자금의 조달이 절실했다. 자금과 인력의 원천은 결국 동남아에 살고 있는 교민이었다. 가장 중요한 지역이 말라야, 버마 및 태국이었다. 말라야에는 비교적 잘사는 80만 인도인이, 버마에는 부유한 편은 아니지만 인도인 60만 명이 살고 있었으며, 5만 5000명이 살고 있는 태국이 두 지역을 연결해 주고 있었다.[48]

처음에는 말라야, 싱가포르, 태국 및 버마로부터 자발적인 기부가 만족스럽게 답지했다. 기부 품목은 금전, 금은괴, 보석, 가축, 심지어 토지까지도 있었다. 어떤 사람들은 국민군이 직접 사용할 수 있는 음식과 장비를 가져오기도 했다. 랑군의 한 단체는 가가호호 방문하여 인도인 가구당 1야드씩 면포를 갹출하도록 다짐을 받았다. 나룰라(Iqbal Singh Narula)는 보스의 몸무게만큼의 은을 기부하기로 약속하고 200파운드의 은괴를 넘겼다.[49]

보스가 투쟁을 추진하는 데 항상 그의 마음을 압박하고 있었던 것은

---

47 S. Gopal, *op. cit.*, I, p. 289.

48 Eric Vas, *op. cit.*, p. 150.

49 J. Getz, *op. cit.*, p. 96.

민족적 자원으로 재정을 감당할 수 없고 외국에 의존해야 한다는 점이었다. 돈 문제에 있어서는 빈틈없이 정확했던 보스는 그의 과업에 대한 재정적 지원이 독일과 일본에 의해 이루어지고 있다는 사실이 괴로웠다. 보스가 독일을 떠나기로 마음먹었던 것은 동남아에 머물게 되면, 동포들 사이에서 활동하게 되어 물질적 혹은 정신적 지지를 외국인들에게 의존하지 않아도 된다고 믿었기 때문이기도 했다. 동남아에서 인도인들로부터 모금하자마자 보스는, 독일 외무부에 지불 기록이 남아 있는 바와 같이, 독일인들에게 졌던 빚을 되갚았다. 그는 적어도 돈 문제에서는 어느 나라에게도 빚진 상태로 남아 있기를 원치 않았다. 일본군 당국이 보내 준 현금과 물품은 우방국에서 온 차관으로 기입되어 후일 자유인도 정부가 경의를 표하고 반제할 것이라고 다짐했다.[50]

처음에는 동남아의 인도 교민들로부터 기부금이 자유롭게 흘러 들어 왔으나 그 열성은 점점 식어 갔다. 보스는 청중에게 돈을 요구했다. 설득은 협박으로 바뀌었다. 말라야 상인들에게 한 연설에서 "나는 한두 주일 기다리며 볼 것이다. 그런 후에는 인도의 이름으로 모든 조치를 취할 것이다. 법적으로 말하면 국가가 전시에 있을 때 사유 재산은 없다. 만약 당신들이 당신들의 재산과 소유물이 자신의 것이라고 생각한다면 당신은 망상 속에서 살고 있는 것이다. 당신의 삶과 재산은 당신의 것이 아니며 그것들은 인도, 오직 인도에 소속된 것이다."[51]라고 말했다. 돈과 물자를 조달하기 위해 각 지부에 독립연맹의 기금위원회를 설립하고 중앙관리위원회가 통제했으며 기부자에게 영수증을 발부했다. 그러나 성과는 기대만큼 크게 나타나지 않았다.

국민군 규모에는 논란이 있었다. 인도인 포로와 민간인 지원자의 총

50 G. K. Mookerjee, *op. cit.*, pp. 78~80.
51 R. C. Majumdar, *op. cit.*, III, p. 714.

23만 명 가운데 4만 명의 포로들이 공식적으로 서약했으나 실제로 국민군에 가담한 숫자는 2만 5000명이었다. 모금운동과 일본의 지원에도 불구하고 보스는 단 1만 2000명의 군대를 수용할 수 있는 시설과 장비를 갖추었을 뿐이었다. 한편 뉴스통신사는 동남아에 걸친 인도인 포로의 숫자를 3만~6만 명으로 계산했다. 보스는 포로 모두가 국민군에 가담했다고 세계가 믿어 주기를 원했다.

영국 정부 측은 극단적으로 국민군은 오직 3000명뿐이라고 언론에 말하기도 했다. 상반된 정보를 감안하여 유럽 신문들은 2만 5000~3만 명을 합리적인 숫자라고 추정했다. 그러나 이 숫자도 실제로 전투에 투입될 준비를 갖춘 병사들 숫자의 두 배 이상이었다.[52] 국민군의 실제 전투 병력에 대해서는 또 다른 비슷한 주장도 있다. 국민군에 원래 모병되어 있던 1만 6000명 가운데 1만 2000명이 명단에 남아 있었다. 여기에다 보스는 전쟁 포로에서 또 다른 1만 명과 인도인 민간 공동체에서 2만 명을 일으켰다. 그러나 실제로 활동했던 것은 단지 1만 4000명 정도의 1개 전투 사단뿐이었다.[53]

인도국민군에는 말라야와 버마에서 자원한 1000여 명의 여군 잔시 왕비(Rani Jhansi) 부대가 편성되어 있었다. 북인도의 중앙에 위치했던 토후국 잔시는 후사가 없을 경우 그 영토는 영국동인도회사에 귀속된다는 실권 원칙이라는 괴상한 이론에 따라 영령인도에 병합되었다. 나라를 잃은 왕비 락슈미 바이(Lakshmi Bai)는 1857년의 대폭동(세포이 반란) 때 남장을 하고 반도들을 지휘하며 용감하게 싸우다가 영국군에 의해 마상(馬上)에서 피살된 인물이었다. 보스는 왕비를 프랑스의 잔 다르크에 비유하여 인도 여걸의 표본으로 삼아 왔으므로 여군 부대를 잔

52 J. Getz, *op. cit.*, pp. 97, 103.

53 H. V. Hodson, *The Great Divide; Britain·India·Pakistan*(Oxford University Press, 1985), pp. 248~249.

1 수바스 찬드라 보스와 인도국민군

시 왕비 부대로 명명했다. 여군들은 부상병을 치료하는 것이 임무였지만 정규 군사 훈련을 받았으며 국민군이 인도로 진격할 때 그들도 조국의 해방 전쟁에 함께 참여할 수 있도록 요구하는 혈서를 국민군 총사령관 보스에게 보내기도 했다.

보스는 국민군에 활력을 불어넣기 위해 정보 활동의 개혁을 시도했다. 그때까지 국민군의 정보 활동은 실패로 끝났었다. 1942년에 130명의 첩보원을 버마의 일본군 전초 기지를 통하여 인도에 잠입시켰으나 한 명도 돌아오지 않았다. 다음 해 3월에는 낙하산 첩보단을 침투시켰으나 아무것도 얻지 못했다. 엄격한 통제 아래 국경 지역에서 활동한 단거리 첩보 조직망은 성과가 있었다.[54]

보스는 첩보단이 랑군과 페낭의 첩보 학교에서 특수 훈련을 받도록 했다. 첩보단은 세 개의 팀으로 구성하여 두 개는 적진의 후방 혹은 전선에서 방해 활동과 첩보 및 영령인도군 병사들의 충성심을 되돌리는 것이었으며, 다른 한 팀은 인도군 포로들을 설득하여 국민군으로 보내는 정치적 교육을 담당했다.

5 인도 국내로 진격 그러나 철수

보스는 인도 국내로 진격하는 일본군의 작전에 국민군이 참여하는 것은 당연한 일이며 마땅히 임시정부의 과업이라고 생각했다. 그러나 동남아 일본군 총사령관 데라우치 히사이치(寺內壽一)는 보스의 계획을 받아들일 마음이 아니었다. 인도 병사들은 일본군만큼 싸울 능력이 없으므로 오히려 일본군의 사기를 저하시킬 뿐이라고 생각했다. 인도

---

54 Eric. Vas, *op. cit.*, p.152.

를 해방시키는 일은 일본군이 전담할 것이며 인도국민군의 역할은 오직 첩보와 선전 요원으로 활동해 주기만을 원했다. 보스는 국민군이 단지 제5열(列)의 역할만을 담당해야 한다는 데라우치의 무례한 제의에 충격을 받았다. 보스는 "일본인의 희생을 통해 얻은 인도의 어떤 자유화도 노예제만 못하다."라고 당당하게 반격했다. 보스는 국민군이 조국의 해방 전쟁에 돌격대의 선두로 참가해야 한다고 강력히 주장했다. 데라우치는 결국 인도국민군의 한 개 연대를 능력과 사기를 시험하기 위해 편입시키기로 동의했으며 만약 이 부대가 일본군 수준을 따라온다면 나머지 인도군도 작전에 투입될 것이라고 말했다.

인도국민군으로 편성되었던 제1사단은 인도 국민 지도자들의 이름을 따서 간디, 아자드, 네루 연대로 구성되었다. 보스는 이들 세 개 부대에서 정선한 병사들을 작전에 투입하기로 결정했다. 이 부대는 1943년 9월 말라야의 타이핑에서 결성되었으며 나와즈 칸(Shah Nawaz Khan)을 사령관으로 임명했다. 병사들은 스스로를 수바스 여단이라고 불렀으며 인도 공격에 임박하여 힘든 훈련에 들어갔다. 보스는 그들이 시험받고 있으며 일본군 정예 연대와 경쟁 상태에 있다는 것을 계속 상기시켰다. 수바스 여단의 제1진이 1943년 11월 9일 타이핑을 떠났고 마지막 부대가 24일 떠났다. 여단의 본진이 1944년 1월 초 랑군에 도착했고 병사들은 하루 평균 25마일로 약 400마일의 도보 행군을 강행했다.

1886년에 영령인도에 병합된 버마는 1937년에 자치권을 얻었다고 하지만 영국령으로 남아 있었다. 랑군을 점령하고 영국 정부를 붕괴시킨 일본군은 버마에 괴뢰 정부(1942년 8월~1945년 7월)를 수립해 놓고 있었다.

인도 임시정부의 전진사령부를 1944년 1월 7일 랑군으로 옮겼다. 사실은 두 개의 사령부가 싱가포르와 랑군에 존재하게 된 것이다. 버마 현지에서 시민군을 모집하고 부유한 인도인들로부터 전쟁 비용을 모금했다. 인도로의 진격이 성공적으로 수행되면 포로들을 중심으로 모병하여 몇 개 사단을 일으킨다는 계획까지 그려 보았다. 보스의 호소에 호응하여 버마에 거주한 많은 벵골 여성들이 잔시 왕비 부대에 자원하여 참여했다.

보스는 버마 일본군 사령관 가와베(Kawabe)와 인도 진격 작전을 논의했다. 일본군과 인도국민군의 전략적 목적은 꽤 달랐다. 일본은 영국군의 버마 회복 작전을 방해하려는 선제공격으로 계획했지만 국민군은 이 작전을 영국 지배에 항거한 민간 봉기의 기폭제로 의도했다. 가와베가 국민군은 소집단으로 분산되어 일본군에 편입할 것을 제의했으나 보스는 동의하지 않았다. 합의된 사항은 ① 제1국민군은 사단 규모보다는 작게 분류된다. ② 인도국민군의 지휘는 인도군 장교들이 맡는다. ③ 일본군과 인도국민군은 공동 전략을 따른다. ④ 인도국민군은 전선의 독립 지구에 배치된다. ⑤ 자유화된 인도 영토는 단 한 뼘이라도 인도국민군에 넘겨 다스리도록 한다. ⑥ 인도 영토에 게양하는 깃발은 오직 인도 삼색기여야 한다[55] 등이었다. 또한 일본군은 지상군이 진격하면서 동시에 캘커타에 대한 맹렬한 공중 폭격을 가하겠다고 알려 왔으나 보스가 완강히 반대하여 이를 철회했다.

일본군의 계획은 인도와 버마 남쪽 국경 지역 아라칸을 공격하여 동벵골의 관문인 치타공을 위협하는 것이었다. 목표는 영국군으로 하여금 치타공의 방어를 위해 전선을 후퇴하도록 한 후 임팔과 코히마를 공격하여 장악하는 것이었다. 영국군은 브라마뿌트라 강 동쪽에는 방어선이 없었으므로 아쌈 전역과 벵골이 일본군과 인도국민군에게 열리게 되는 것이었다.

수바스 여단의 미스라(L. S. Misra) 소령이 지휘한 부대는 2월 초 공

---

55 R. C. Majumdar, *op. cit.*, III, p. 719.

격이 시작된 남쪽의 아라칸 전선에 배치되었다. 미스라 부대의 첩보와
파괴 활동으로 일본군 제55사단이 영령인도군 제7사단을 마유산록에
묶어 놓아 영국군 제5사단과 완전히 단절시키고 영국군 제15군 사령부
와도 통신을 불통으로 만들어 버렸다. 일본군은 이를 성공적으로 활용
하지는 못했다고 하더라도 국민군의 명성을 얻는 계기가 되었다.

영국군과의 첫 교전이 1944년 2월 4일 남쪽의 아라칸에서 일어났다.
수바스 여단은 해변에 가까운 캬욱토에 도달하여 서아프리카에서 온
영국군 흑인 병사들과 접전했다. 영국군은 250명이 사망했고, 국민군은
14명이 사망하고 2명이 부상당했다. 라투리(P. S. Raturi) 소령의 대대가
칼라단 계곡까지 진격하여 칼라단, 팔레트와, 달레트메를 장악하고 콕
스 바자르의 동쪽으로 인도·버마 국경선상에 위치한 모독을 야간 기습
공격으로 장악하고 근거지를 구축했다. 인도국민군은 감격하여 조국의
국기를 게양하고 국가를 불렀다.

인도국민군은 보급의 어려움과 영국군의 반격으로 고전했다. 국민
군 병사들은 옛 영국군 카키복을 입고 있었으며, 작전하는 국민군은 무
전기, 전화 및 수송 수단도 없었고 경기관총 이상의 중무기도 갖고 있
지 않았다. 일본군의 속전속결 전략은 성공하지 못했다. 일본군은 아라
칸 고지에서의 공격에서 더 이상 나아가지 못하고 정글전의 훈련을 쌓
은 영령인도군에 포위되어 많은 희생자를 보였다.

일본군은 모독으로부터 철수하기로 결정하고 인도국민군도 이에
따르도록 설득했다. 국민군은 철수하기를 거부했다. 국민군은 수라지
말(Suraj Mal) 대위의 지휘 아래 한 중대를 모독에 남겨 놓기로 고집함
에 따라 일본군도 감격하여 한 개 소대를 남겨 놓았다. 일본 군인들은
수라즈 말 대위의 명령 아래 놓였다. 아마도 일본군이 외국인 장교의
명령 아래 놓였던 것은 일본 군대의 역사상 처음이었을 것이다. 인도국
민군과 영국군 사이에 수차례 공방이 있었고 국민군은 1944년 5월부터

9월까지 모독에 머물렀다.[56]

국민군의 이나야트 키아니(Inayat Kiani)가 이끄는 간디 연대의 세 개 대대는 말라야로부터 버마로 향했다. 간디의 부인 카스투르바가 뿌나의 옥중에서 사망했다는 소식을 듣고 보스는 랑군 방송을 통하여 "인도 국민의 어머니인 위대한 여성"에게 깊은 애도를 표시하며 "마하트마 간디가 영국인들에게 인도를 떠나라고 요구하자 영국은 무자비한 대답으로 그를 일반 범죄자와 마찬가지로 감옥으로 보냈다. 그와 그의 고결한 동료들은 예속된 인도에서 자유를 찾는 것보다는 차라리 감옥 속에서 죽음을 맞이할 것이다."라고 말했다. 보스는 대영제국을 인도에서 완전히 궤멸시킴으로써 국민의 어머니 카스투르바의 죽음에 복수하자고 인도의 아들딸들에게 촉구했다.[57]

인도의 마니뿌르주도인 임팔에 대한 공격이 1944년 3월 8일에 시작됨에 따라 보스는 국민군에게 이관될 점령지의 민간 행정을 미리 준비했다. 싱가포르에서 문관의 교육을 시작했으며 보스는 임시정부의 재무장관 차터지를 점령 지역의 수석행정관으로 임명했다. 약 70명의 행정팀이 3월 8일 랑군을 떠나 국경 지방으로 갔다. 그들의 과업은 피난민을 구호하고, 점령지에 생필품을 제공하고, 치안을 유지하는 일 등을 우선적으로 수행하는 것이었다.

인도국민군은 3월 18일 임팔과 코히마로 '델리로 향하여'를 외치며 진군했다. 보스는 진격하는 국민군에게 감상적인 표현으로 호소했다.

저 멀리 강 너머, 정글 너머, 언덕 너머로 약속의 땅, 우리가 태어났고 이제 우리가 돌아갈 땅이 있다. 인도가 부르고 있다. 인도의 수도 델리가 부르고 있다. 조국의 3억 8000만 명이 부르고 있다. 피는 피를 부른다. 일

---

56 *Ibid.*, pp. 721~722.
57 Sugata Bose, *op. cit.*, p. 270.

어서자. 우리는 시간을 낭비할 수 없다. 총을 잡아라. 당신들 앞에는 우리의 개척자들이 닦아 놓은 길이 있다. 우리는 그 길을 따라 진격할 것이다. 우리는 적의 병사들을 헤치고 우리의 길을 개척할 것이다. 그렇지 않고 신의 뜻이라면 우리는 순교자의 죽음을 택할 것이다. 우리는 생의 마지막 죽음에서는 우리 군대를 델리로 인도해 줄 길바닥에 입맞춤할 것이다. 델리로 가는 길은 자유로 가는 길이다. 델리로 가자![58]

보스는 4월 작전 상황을 신속하게 파악하기 위해 전진사령부를 랑군에서 전선에 가까운 만달레이 교외로 옮겼다. 보스는 북부 버마의 일본군 사령관 무다구치 렌야(牟田口廉也)에게 임팔·코히마 도로를 차단하지 말고 영국군이 퇴각하도록 열어 주라고 요구했다. 보스는 영국군이 임팔에서 한 번 퇴각하면 아쌈과 벵골의 평원은 국민군에게 열리게 된다고 보았다. 임팔이 함락되면 인도에서는 벵골과 비하르에서 1942년의 봉기 때보다 더욱 광범한 규모로 영국에 대항하는 폭동이 일어날 것이라고 예측했다. 보스의 전략과는 달리 무다구치는 임팔을 포위하는 작전을 택했다. 그는 임팔·코히마 도로를 차단하여 영국군이 도주할 기회를 주지 않으려는 것이었다. 그는 큰 고기가 자신의 그물에 걸렸다고 확신했다.

영국군 사령관 슬림(William Slim)은 임팔로 진격해 올 일본군의 공격 루트를 정확하게 예측했는데, 일본군은 영국군의 전투 능력을 과소평가했다. 또한 일본군은 원거리의 보급과 험악한 지형의 어려움을 고려치 않았다. 오직 신속한 승리만이 눈에 보일 뿐이었다. 랑군과 만달레이를 잇는 전선의 보급 상황은 매우 좋지 않았다.

임팔·코히마의 90마일 전선에는 약 8만 4000명의 일본군과 1만

---

58 Sugata Bose, *op. cit.*, p. 271.

2000명의 인도국민군이 약 15만 5000명의 영국군(영령인도군) 및 미국군과 대치하고 있었다. 일본군에 맞선 영국군 사령관 슬림은 인도인 병사 중심의 4개 보병 사단으로 구성된 제14군단을 지휘하고 있었는데 일부가 임팔과 코히마를 지키고 있었다. 스틸웰(Joe Stillwell) 장군 휘하의 중국군 2개 사단이 북버마에서 중국으로 길을 열어 놓기 위해 군사 행동을 하고 있었다. 슬림은 실론의 캔디에 본부가 있던 동남아 연합군 총사령관 마운트배튼(Mountbatten, 후일 인도 총독)의 직접 지휘 아래 있었다. 일본군 및 인도국민군과 대치하고 있는 영국군은 퇴주로가 막힌 상태였다. 미국군은 3개월 반 동안 포위된 임팔에 보급품을 공중에서 투하해 오고 있었다. 연합군의 공군력은 이곳에서 일본군에 비해 10대 1로 우세했다.[59]

수바스 여단과 일본군 3개 사단은 영국군의 요새인 임팔의 외곽을 공격했다. 자유인도의 공보장관 아예르는 임팔에서의 국민군의 승리는 영국 지배의 장송곡이 될 것이라고 단언했다. 국민군이 인도·버마 국경을 넘어서 처음으로 인도 땅에 섰으며 삼색 국기를 자유화된 인도 영토에 휘날렸다. 보스는 1944년 3월 21일을 국경일로 선포했다. 인도국민군이 처음으로 영국인들의 수중에 있는 인도 영토의 한 구획을 정복한 것을 기념한 것이다. 보스는 "자유인도군은 인도의 동쪽 국경을 넘어 인도의 신성한 영토에서 싸우고 있다고 전 세계에 천명했다." 같은 날 도조도 일본 의회에서 인도 임시정부가 점령 영토를 다스리고 있다고 발표했다.[60]

보스는 싱가포르에 도착한 지 9개월 만에 인도국민군을 성공적으로 재편하여 영국군과 싸워 인도 영토로 공격해 들어가는 데 일단 성공했

---

59 Eric Vas, *op. cit.*, p. 168; Sugata Bose, *op. cit.*, pp. 274~276.

60 R. C. Majumdar, *op. cit.*, III, p. 729.

다. 말라야, 태국 그리고 버마를 넘어 이동하는 험악한 지형과 원시적인 수송 수단을 고려하면 놀라운 군사적 공적이었다. 인도국민군은 인도 영토로 진격하여 약 200제곱마일을 점령한 상태였다. 밀림의 아쌈을 넘어 기름진 벵골 평야가 열리고 델리까지는 머나먼 길이지만 탄탄대로로 이어지는 행군은 거칠 것이 없어 보였다.

국민군 제1사단장 키아니(Mohammad Zaman Kiani)는 4월 17일 임팔 동쪽 35마일 지점인 차몰에 그의 기지를 수립했다. 수바스 여단의 사령관 나와즈 칸은 본진을 우크룰로 방향을 바꾸어 카라솜과 코히마로 진격했다. 5월 중순까지 수바스 여단은 코히마 주변의 산꼭대기에 인도국기를 올리고 있었지만 코히마 시를 장악할 수 있는 순간은 지나가 버렸다.

만약 일본군이 코히마를 우회하여 디마뿌르의 철도의 시발점을 장악해 버렸다면 사태는 달라졌을 것이다. 적절한 때에 무다구치가 그렇게 하도록 명령을 내렸으나 그의 상관 가와베가 취소해 버렸다. 영국군의 사령관이었던 슬림은 그의 회고록에서 코히마 지구 일본군 사령관 사토(佐藤幸德)가 임팔의 영국군에게 참사를 불러올 수 있었던 이 선택을 취하지 않은 것에 고마워했다.[61]

일본군과 국민군은 임팔 시의 외곽 3마일 지점에서 제지당했다. 그들은 공중 지원이 없이는 인도의 아쌈으로 더 이상 진격할 수 없었다. 영국군은 공습으로 일본군의 통신선을 끊어 놓고 전투를 시작했다. 마운트배튼 휘하의 영국군은 압도적으로 우세한 공군력의 도움을 받아 일본군의 진격을 막았다. 일본군과 국민군은 보급품 조달의 어려움과 함께 영국군 및 미국군의 공군력에 대적할 수 없었다.[62] 원래 열세였던

---

61 Sugata Bose, *op. cit.*, p. 276.

62 Ravindra Kumar, *op. cit.*, III, pp. 96~107.

1 수바스 찬드라 보스와 인도국민군

일본 공군은 그나마 태평양으로 많이 이동해 간 상황이었다.

일본군은 장마 시작 전에 임팔을 점령해 버리면 우기에 접어들어 영국군의 반격이 불가능할 것으로 판단했다. 그러나 임팔 함락 이전에 장마가 시작되었다. 국민군의 기세에 눌려 있던 영국군을 구한 것은 예년보다 일찍, 5월 셋째 주에 찾아온 장마의 폭우였다. 폭우가 모든 수송로를 휩쓸어 버리고 인도·버마 국경을 진흙탕으로 만들어 버렸다.

인도국민군의 수바스 여단이 임팔·코히마 전선에서 교착 상태에 빠졌을 때 국민군의 또 다른 두 개 연대, 즉 이나야트 키아니가 지휘하는 간디 연대와 싱(Gulzara Singh)의 아자드 연대도 버마로 이동했다. 간디 연대는 1944년 3월 초 버마로 이동하여 4월 초 임팔로 나아갔다. 일본군의 권고에 따라 기관총과 탄약과 식량 등 무거운 것은 뒤에 남겨 놓고 진격해 있었다. 곧 임팔에서 모두 조달할 수 있다는 것이었지만 보급품의 부족은 당장 심각하게 나타났다. 간디 연대는 전투 희생자와 병자, 아사자로 인해 2000명에서 1000명으로 줄었다. 아자드 연대도 간디 연대를 뒤따라 말라야를 떠나 랑군을 거쳐 5월 중순에는 타무에 도착했다. 게릴라 활동을 전개하는 임무가 주어졌으나 공격을 개시하기도 전에 간디 연대와 같은 상황에 처하고 말았다. 영국군은 포병과 전폭기의 도움을 받으면서 식량과 군수품 부족에 시달리는 국민군을 공격했다.

인도국민군에게는 휴대 식량과 무기가 제대로 지급되지 않았고 일본 군대의 심부름을 해야 하는 등의 차별 대우가 국민군 병사들의 사기를 완전히 떨어뜨렸다. 작전 내내 국민군은 수송과 보급품의 부족이라는 어려운 문제에 시달렸다. 국민군이 하카와 팔람을 지키고 있을 때 식품을 그곳에서 조달할 수 없어 각각 50마일, 85마일 떨어진 연대 본부에서 가져와야 했다. 일본군은 쿨리와 동물을 이용해 공급받았으나 국민군은 그렇지 못했다. 하카·팔람은 6000피트의 산악 지대로서 국민군은 전방에 나가 있는 전우들의 식량을 매일 16마일 이상씩 날라야 했다. 식품은 쌀과 소금이었으며 설탕, 우유, 차, 육류 등은 거의 볼 수 없었다. 나와즈 칸은 형편을 다음과 같이 묘사했다. "지독하게 추운 가운데 우리 병사들은 한 벌의 두툼한 셔츠와 면 담요 한 장으로 버텼다. 그들은 밤새 불 옆에 앉아서 보냈으며 추위 때문에 잠을 잘 수 없었다. 수많은 초병들이 쓰러지고 의약품과 의료진은 부족했다. 부대의 의료진은 기껏해야 위생병 한 명과 간호병 두 명뿐이었다."[63]

수바스 여단장 나와즈 칸은 일본군 고위 지휘부가 의도적으로 인도군의 사기를 떨어뜨리기 위해 보급품의 규칙적인 공급을 억제했다고 비난했다. 보급품의 공급을 억제했던 것은 처음부터 일본군 당국의 정책이기도 했다. 나와즈 칸은 "나는 분명히 양심을 가지고 말하건대 일본군은 임팔을 공격하는 동안 국민군에게 전폭적인 지원과 협조를 보여 주지 않았다. 나는 일본인들이 국민군을 신뢰하지 않는다고 느꼈다. 그들은 인도국민군이 어떤 형태로든 일본의 지배를 수용하지 않을 것과 또 일본인들이 영국인을 대체하여 새로운 지배자가 되려 할 경우 일본인들과 싸울 것이라는 것을 연락 장교들을 통해 알고 있었다. 일본인들은 국민군이 너무 강력해지는 것을 두려워했다. 일본군은 스스로를 과신했고 국민군의 도움 없이도 큰 어려움 없이 임팔을 공략할 수 있다고 믿었다."[64]라고 말했다.

일본군의 인도국민군에 대한 소극적인 지원은 지역의 지휘관에게 국한된 것이 아니었다. 동남아 일본군 총사령관 데라우치 히사이치도 개인적으로 보스와 국민군을 싫어했다. 데라우치 사령관의 독립군에 대한 혐오증은 대물림된 것으로서 그는 태생적으로 피지배 국민의 항쟁과 독립운동에 경멸감을 가지고 있었다. 그의 아버지 데라우치 마사

63 R. C. Majumdar, *op. cit.*, III, p. 731.

64 Bipan Chandra, *India's Struggle for Independence*, p. 472; R. C. Majumdar, *op. cit.*, III, pp. 734~735.

다케(寺內正毅)는 조선 총독으로서 포악한 무단 정치를 자행하면서 아들이 독립운동을 경멸하도록 가르친 자였다. 데라우치 히사이치는 마지못해 인도국민군 병사들을 일본군의 공격 작전에 포함시켜 주기로 동의했지만 불행하게도 아라칸에서 국민군 병사의 25퍼센트가 열대 다우림으로 도망쳐 버리고 또 상당수는 연합군으로 되돌아가 버림으로써 데라우치의 편견을 더욱 뒷받침하고 말았다.[65]

인도국민군이 코히마에 접근했을 때 식량은 바닥났다. 보급선이 끊긴 국민군은 영국군이 안전하게 철수하기 위해 버리고 간 휴대 식량을 거두어 먹었다. 나갈랜드인들(Nagas)이 버리고 떠난 마을에서 모은 소량의 벼를 정글의 풀과 함께 끓여 먹으며 몇 주일 동안 버티고, 개울에서 모기장으로 잡은 물고기로 연명했다. 코히마로부터 철수는 모든 면에서 재난이었다. 나와즈 칸은 "폭우가 보급로를 잠기게 했으며 모든 길을 휩쓸어 버렸다. 새 길을 만들면서 나아갔으며 진흙 속으로 무릎까지 빠졌다. 많은 사람이 빠져 죽었다. 어떤 종류의 교통수단도 없었다. 거의 모든 사람들이 이질과 말라리아에 시달렸다. 남의 도움을 요청할 힘도 남아 있지 않았다. 며칠 전에 죽은 말을 뜯어먹는 사람을 보았다. 수백 명의 일본군과 인도군의 시체가 길바닥에 널려 있는 것을 보았다." 라고 당시 상황을 묘사했다. 영국군은 유리한 정세를 이용해 갖은 유혹의 글을 담은 전단을 공중에서 국민군에게 뿌려 댔다. 효과는 없었다. 그들은 끝없이 쏟아지는 포탄과 기관총탄 아래서 무릎까지 빠지는 진창길을 수백 마일을 걸었다. 이윽고 도착한 타무에서 그들은 일본군과 국민군이 이미 친드윈 동안(東岸)으로 철수했다는 것을 알고 절망했다.

랑군에 머물고 있던 보스는 작전 지역에 파견했던 점령 지역의 수석 행정관 차터지로부터 거의 한 달이 지난 7월 10일에 첫 보고서를 받

---

65 J. Getz, *op. cit.*, p. 106.

왔다. 국민군에게는 식량 운송이 단절되고 탄약이 부족했다. 국민군에 지급될 물품이 가끔 일본군에 돌아갔다. 차터지는 모든 노력을 다했으며 현지에서 물품을 구매하기 위해 2만 달러를 지불했다. 보스는 국민군이 도저히 지탱할 수 없어서 임팔로부터 철수할 수밖에 없는 상황이라는 통보를 받았다. 국민군 제1사단장 키아니에게서 애절한 호소문이 왔다. 폭우에 휩쓸려 앓고 있는 수백 명의 병사들을 구해 달라는 것이었다. 보스는 속수무책이었다. 키아니 사단장은 7월 18일 철수를 명령했다. 일본군이 임팔 작전의 중단을 공식 발표한 것은 7월 26일로서 도조가 수상직에서 물러난 날이었다.

수바스 여단장 나와즈 칸은 일본군이 인도국민군을 방치했고 국민군이 역시 일본군에게 등 돌림으로써 임팔 작전은 실패했다고 보았다. 영국 측의 평가는 "인도국민군을 실패하게 만든 것은 일본군이었으며, 일본군이 자신들의 목적을 달성할 수 없게 되자 국민군으로 하여금 그들의 역할을 수행할 수 없도록 방해했다."[66]라는 것이었다.

보스는 수많은 국민군이 탈영했다는 것을 알고 분노했다. 임팔 전선으로 보냈던 선발된 6000명 가운데 사망자와 탈영병 등을 제외하면 단 2600명만이 살아 돌아왔으며 그 가운데 약 2000명은 즉시 병원으로 보내져야 했다. 처음의 6000명 가운데 715명은 작전 중에 탈영했고, 약 800명은 항복해 버렸으며, 약 400명은 전쟁터에서 사망했고, 약 1500명은 질병과 굶주림으로 사망했다. 간디 연대의 부연대장 가레월(B. J. S. Garewal) 소령은 영국군으로 도망하여 국민군이 처한 어려운 상황을 알려 주었다. 보스와 함께 잠수함으로 밀항했던 하쌘이 가레월의 자리에 들어가 군대의 전열을 가다듬어 위급한 상황에서 간디 부대를 구출했다.(종전 후 시크 장교였던 가레월은 라호르의 노상에서 피살되었다.)

---

66 Sugata Bose, *op. cit.*, p. 283.

1 수바스 찬드라 보스와 인도국민군

보스는 국민군의 탈영과 관련하여 장교들을 비난했다. 랑군의 국민군 장교들에게 통렬한 말로 연설했다. 장교들의 수준이 낮다고 지적하며 임팔 참사의 상당 부분을 장교들의 책임으로 돌렸다. 대대 지휘관 가운데는 전쟁 전에 인도 사관학교를 나온 사람들도 있었지만, 국민군 제1사단의 소대와 중대의 지휘관 중에는 장교로서 훈련을 받은 사람들이 거의 없었으며 대부분 모한 싱이 사병에서 장교로 승진시킨 사람들이었다. 소수만이 국민군 장교훈련원에서 3개월 교육을 받았을 뿐이었다.[67]

임팔·코히마 전선에 참전한 수바스 여단의 사령관 나와즈 칸은 전체 상황을 요약하여 "1944년 3월 시작된 인도국민군과 일본군의 공격은 끝났다. 그동안 국민군은 열세의 군비와 극도로 열악한 보급에도 인도 영토로 150마일까지 진격했다. 국민군이 공격하는 동안에는 일본군이 전쟁터에서 패배한 적이 한 번도 없었으며, 영국군은 인력과 장비 면에서 압도적으로 우위였는데도 국민군이 장악한 초소 하나도 탈취할 수 없었다. 한편 국민군이 영국 초소를 공격하여 탈취하는 데 실패한 경우는 거의 없었다. 이들 작전에서 국민군은 사망자만 약 4000명에 이르렀다."라고 기술했다.[68]

1944년 10월 2일자 영국의 3월부터 9월까지의 비밀 정보 개요는 인도국민군의 활동에 시사한 바가 있었다. 3월까지 버마에는 약 1만 2000명의 국민군 병사들이 있었으며 그 가운데 약 4000명이 전방에 있었다. 7000명은 말라야에서 버마로 이동 중이었으며, 사단의 3분의 1은 말라야에서 훈련을 받고 있었다. 임팔과 코히마를 포함한 마니뿌르주에서 국민군은 엄청난 손실을 보았으며, "질병과 극심한 생사의 기로에 얽힌

67 Eric Vas, *op. cit.*, pp. 184~186, 190~191; Sugata Bose, *op. cit.*, p. 280.

68 R. C. Majumdar, *op. cit.*, pp. 730, 732.

충격은 곧 알려졌다. 장교를 포함한 일부는 항복했고, 대다수는 붙잡혀 있었다. 아라칸의 경우 탈영 문제는 거의 없었다. 국민군의 700명 정도가 1944년 2월 이후 우리 영국군으로 넘어 왔으며, 나머지는 일본군과 함께 퇴각했다. 9월에도 버마의 국민군 병사의 숫자는 '아직도 상당수'였으며, 3월 이후 말라야로부터의 증원군은 총 2만 명으로 증가했다."[69] 라는 것이 그 내용이었다.

보스는 1944년 10월 9일 일본의 새 수상 고이소 구니아키(小磯國昭)로부터 도쿄를 방문해 달라는 요청을 받았으며 그는 29일 일본으로 떠났다. 일본의 새 정부는 보스와 세 명의 동료들을 환대했으며, 보스는 다시 델리로의 진격을 원한다고 주장했다.

영국군의 공격은 계속되었다. 임팔에서 철수 명령을 받은 일본군과 인도국민군은 후퇴를 거듭했다. 영국군은 사실상 버려진 국민군에게 쉽게 올가미를 채울 수 있었다. 영국군은 1944년의 겨울에 공세를 강화하여 후퇴하는 일본군과 인도국민군을 압박했다. 국민군 병사들은 만달레이로, 또 랑군으로 계속해서 철수했다. 일본군은 버마에서 철군을 준비했다. 1945년 3월 25일 아웅 산(Aung San) 휘하의 버마 국민군이 일본인들에 대항하여 반기를 들었다. 일본군은 인도국민군으로 하여금 버마인들의 봉기를 진압하도록 유도했으나 보스는 거부했다.

보스는 1945년 4월 23일 랑군의 사수를 다짐하던 일본군이 버마에서 철수한다는 공식 통보를 받았다. 일본군은 철수해 버리고 인도국민군은 또 한 번 운명에 내맡긴 신세가 되었다. 보스의 임시정부도 4월 버마로부터 철수를 시작했다. 보스는 수바스 부대의 정예 병사들을 태국과 말라야 방면으로 철수토록 명령했다. 다른 5000명의 병사들은 로가나단(A. D. Loganathan)의 지휘 아래 랑군에 남겨졌는데 그는 영국군

---

69 Sugata Bose, *op. cit.*, p. 282.

1 수바스 찬드라 보스와 인도국민군

이 들어오면 전쟁 포로로서 항복을 협상하도록 지시받았다.

보스는 몇 명의 임시정부 장관과 고위 장교들 및 50명의 독립연맹 사람들과 함께 다시 시작한다는 막연한 희망을 간직한 채 육로로 랑군을 떠났다. 잔시 여군을 포함한 보스 일행의 버마에서 태국으로의 21일 간 300마일의 이동은 영국군의 추격으로 위험천만한 후퇴였다. 연합군의 공군기가 하늘을 지배한 상황에서 주로 밤에만 종렬로 행군했다. 트럭이 공습으로 파괴되고 진흙 속에 빠졌다. 차량이 폭격을 맞아 임시성부의 기록과 소지품을 잃었다. 보스 일행은 도보로 행군할 수밖에 없었다. 총과 탄약과 비상식량을 넣은 35파운드의 배낭을 지고 보스는 종렬의 맨 앞에서 전진했다. 보스는 철수하는 동안 키아니 사단장에게 모든 지휘를 일임하고 자신도 그의 명령에 따랐다. 몰먀잉에 도착하여 기차로 방콕으로 떠났다. 정글과 험로를 지나 보스는 독일이 연합국에 항복한 지 며칠 후인 1945년 5월 15일에 방콕에 도착했다.

한편 일본군은 철수해 버리고 인도국민군이 지키고 있던 랑군은 1945년 5월 초 영국군이 장악했다. 국민군은 무장 해제되고 포로가 되었다. 보스의 군사고문 사갈(Prem Kumar Sahgal)이 포로가 되었고 피구로 옮겨 가 저항하던 나와즈 칸 소장과 용맹스러운 시크 지휘관 딜론(Gurbaksh Singh Dhillon) 소장 등 약 50명의 국민군도 5월 18일 포로가 되었다. 버마에서의 인도 독립운동은 끝났다.

임팔 작전의 실패와 일본군의 후퇴로 인도국민군의 조국을 해방시키겠다는 희망은 좌절되었다. 보스는 방콕에 도착한 후 5월 21일 첫 공중 연설에서 "우리는 임팔을 경유하여 델리로 가지는 않을 것이다. 델리로 가는 길은 로마로 가는 길과 마찬가지로 많이 있다. 그 가운데 하나의 길을 찾아 궁극적으로 델리에 도달할 것이다."[70]라고 강조하면서

---

70 Sugata Bose, *op. cit.*, pp. 293~294.

그의 필생의 꿈인 인도 독립을 한 번 더 다짐했다.

보스는 만주에 임시정부를 유지하는 생각을 했지만 일본이 망하는 마당에 어려운 일이었으며 러시아에 가능성을 남겨 두었다. 영국 노동 당의 집권으로 영국인들은 인도를 떠날 것이다. 영국인이 떠나는 상황 에서 보스의 '델리로 진군' 표어는 더 이상 의미가 없다. 영국인들이 떠 날 때 보스의 필생의 야망도 함께 끝난다. 자유를 찾은 인도에서 그의 존재는 오직 국민회의를 난처하게 만들고 자신과 네루와의 의견 대립 만을 불러일으킬 것이다. 그는 망명을 생각했다. 영국의 포로가 되어 쇠고랑을 차고 델리로 압송되는 치욕만은 피하고 싶었다.

보스는 싱가포르의 국민군 훈련소를 방문했다. 일본의 항복이 임박 했다. 보스는 "우리만이 항복하지 않는 유일한 사람들이다."라고 말했 다. 8월 14일 싱가포르에서 임시정부는 국민군이 항복하고 모든 문서 는 파기한다는 데에 이견이 거의 없었다. 그러나 지도자는 어찌할 것인 가? 내각은 보스를 어딘가로 보내기를 원했다. 그러나 어디로 가야 할 지, 러시아 영토 어딘가로 가야 할지의 문제도 의견 일치를 볼 수 없었 다. 보스는 밤에는 잠시 여군의 부대원들이 공연한 연극을 관람했다.

보스는 지금까지 그의 생활이 그러했던 바와 같이 또다시 '미지의 모험'을 결심했다. 8월 16일 아침 보스는 "자신이 싱가포르를 떠나 있 는 동안에는 키아니 사령관이 자유인도 임시정부를 대표할 것"이라고 서명하여 발표했다. 자유인도 은행에 예치되어 있는 약 50만 달러의 금 괴는 비상시의 사용을 위해 남겨 두기로 했다.[71]

보스는 임시정부 요원들과 작별을 고하고 일본 비행기에 올랐다. 그는 방콕을 거쳐 사이공에 도착했다. 힌두, 무슬림, 시크교도 한 명씩 대동하기로 했으나 좌석에 여유가 없어 보스는 국민군의 참모장 라만

---

71 Eric Vas, *op. cit.*, pp. 218~219; Sugata Bose, *op. cit.*, p. 301.

1 수바스 찬드라 보스와 인도국민군

(Habibur Rahman) 한 사람만을 동행하기로 했다. 데라우치는 다른 일행을 위한 항공편을 가능한 한 속히 마련하겠다고 약속했다.

보스가 탑승한 비행기는 쌍발 중폭격기 모델 97-2-Sally로서 일본 제3공군 소속이었다. 탑승자는 조종사 2명을 포함한 승무원 5명과 보스, 일본군 고위 장교 8명 등 총 13명이었다. 조종사는 너무 많이 태웠다고 불평했다. 비행기는 18일 타이베이 공항에서 급유하고 이륙하다가 추락하여 화염에 휩싸였다. 보스는 불길에 갇혔고 난몬 군병원으로 옮겼으나 세 시간 후 사망했다. 라만은 생존했고 일본인 생존자도 여섯 명이 있었다. 보스의 마지막은 요시미 등 의사 두 명과 몇 명의 간호사 그리고 통역 나카무라와 라만이 지켰다. 사인은 3도 화상이었다.

보스는 라만 등이 지켜보는 가운데 화장되어 병원 부근의 사원에 안치되었다가 도쿄로 갔다. 보스의 유골은 인도독립연맹 도쿄지회 라마병사(兵舍, Rama Murti House)로 옮겼다가, 인도 상인 사하이(A. M. Sahay)의 집으로, 다시 불교 사원에 안치되었다.

국민군 병사들에 대한 재판은 총독부 측과 국민회의 측 사이에 가장 민감하고 첨예하게 대립된 문제였다. 포로로 잡혔던 국민군 병사들은 대부분 인도로 송환되었지만 군법회의에 간첩 및 파괴 활동으로 기소된 9명의 장교는 처형되었다. 이들 외에도 1945년 이전에 처형된 국민군 병사 22명의 명단은 남아 있다.[72]

와벨 총독은 전임 인도군 총사령관으로서 버마 전선에서 인도국민군과 싸웠던 전력으로 보아 그에게도 국민군의 재판은 매우 민감한 사안이었다. 인도국민군 총사령관 수바스 찬드라 보스가 사망함으로써 가장 예민한 결정은 피해 갈 수 있었지만 지금 잡혀 있는 수천 명의 국

---

72 H. V. Hodson, *op. cit.*, p. 249; Manmath Nath Gupta, *History of the Indian Revolutionary Movement*(Bombay: Somaiya, 1972), pp. 343~344.

민군 병사들을 처리해야 하는 문제가 남아 있었다. 와벨 총독은 보스의 비행기 사고 소식을 처음 들었을 때 믿지 않았으나 비서에게 "보스의 사망이 사실이라면 그것은 큰 구원이 되겠다. 그의 처리야말로 가장 골치 아픈 문제가 되었을 터인데."[73]라고 말했다.

버마에서 영령인도군에게 항복한 국민군 병사들은 재판을 받기 위해 델리로 송환되었다. 국민회의는 재판의 공개를 요구했다. 무굴제국의 궁전이었던 델리의 레드포트를 재판 장소로 선택한 것은 영령인도군 총사령관 오친레크(Claude Auchinleck)였다. 정부 관리들은 언론과 군중의 접근이 어렵도록 원격지의 도시에서 재판할 것을 강력히 권고했다. 오친레크는 비밀주의가 낡은 전통이라고 여겼고 장교들을 공개 재판에 세워 본보기로 삼으려는 의도에서 레드포트로 결정했다. 영국군은 의기소침해 있는 인도 국민에게 경각심을 주기 위해 국민군의 지휘관 가운데 힌두, 무슬림 및 시크교도인 세 명의 지휘관, 즉 사갈, 나와즈 칸, 딜론 등을 공개 재판에 세웠다.

군법회의에 '살인 및 왕(영국 왕)에 대항하여 전쟁을 수행했다는 죄목'으로 회부된 세 지휘관의 재판은 총독부의 의도와 예상과는 반대의 분위기로 흘렀다. 인도 국민은 그들의 헌신적인 애국 활동을 알고 있었다. 국민적 영웅들을 환영하기 위해 대규모 모임이 열렸고 그들을 변호할 성금이 모였다.

국민회의 전국위원회는 1945년 9월 "인도의 자유를 위해 일한 죄과로 처벌받는다면 비극"이라는 입장을 보였으며 국민회의 측 최고의 법률두뇌인 불라바이 데사이(Bhulabhai Desai)를 비롯하여 자유주의파 지도자 사프루와 네루 등으로 변호인단을 구성했다. 네루는 국민 감정을 "법의 뒤에는 더 깊고 더 활력 있는 무엇, 인도 국민의 잠재적 마음을

---

73 Eric Vas, *op. cit.*, p. 229.

         1 수바스 찬드라 보스와 인도국민군

분기시키는 무엇이 존재하고 있다. 세 명의 장교와 국민군은 독립을 위해 투쟁하는 인도의 표상이 되었다."[74]라고 표현했다.

변호인단은 재판을 연기해 주도록 총독에게 건의했으나 오친레크 장군은 법의 집행이 정치적 이유로 연기될 수 없다는 근거로 거절했다. 재판은 11월 5일부터 12월 31일까지 계속되었다. 세 명의 지휘관들에게 종신유배형이 선고되었고 최종 확인을 위해 총사령관 오친레크에게 보내졌다. 오친레크 장군은 사흘 후에 형을 면제하여 석방함으로써 지휘관들은 인도 국민의 열광적인 환영을 받았다.

국민군 지휘관들의 석방은 군중의 동요의 결과로 이루어졌다는 것이 일반적인 생각이었지만 이것은 절반의 진실일 뿐이라는 주장도 있다. 사실 그들의 석방을 압박했던 것은 인도군이었다는 것이다. 신문 보도에 의하면 "군대가 국민군의 세 영웅의 석방을 요구하고 나섰다. 인도군 총사령관은 자유의사에 따른 군대의 약 80퍼센트가 그들의 석방을 요구한다는 점을 총독집행위원회에 보고했으며 그들은 오직 인도 국민에 대한 충성심을 보였을 뿐이라고 강조하여 석방토록 했다."라고 전하고 있다.[75] 오친레크 사령관도 며칠 후 고위 장교들에게 "선고된 형을 집행하려는 어떤 시도도 국가를 걷잡을 수 없는 혼란으로, 아마도 군대의 폭동과 알력을 불러와 결국은 군대 해산으로 갈 수밖에 없었을 것"이라고[76] 설명했다.

국민군 병사 2만 3188명이 인도로 송환되었으며, 현지에서 국민군에 가담했던 수천 명의 민간인들은 지역 당국에 일임했다. 레드포트에서의 공개 재판은 오히려 국민군의 무용담을 민족주의 신문과 잡지들을 통하여 광범하게 유포하는 기회가 되었다. 1946년 2월까지 정부는

---

74 *Ibid.*, p. 234.
75 *The Hindustan Standard*, Jan 4, 1946; Cited in Manmath Gupta, *op. cit.*, p. 239.
76 Sugata Bose, *op. cit.*, p. 10.

약 1만 1000명의 국민군 포로들을 석방해야 했는데 그들은 고향 마을로 돌아가 그들의 무용담을 이야기했다. 소수의 국민군 병사들을 재판에 회부한 것은 영국군 측에서 실책을 범한 것으로 드러났다.[77]

국민회의는 '국민군 조사 및 구조위원회'를 구성하고 네루를 의장으로 지명했다. 구조 계획을 세우기 위해 1946년 3월에 네루를 버마, 말라야 등지에 보내 정보를 얻도록 했다. 네루는 싱가포르의 동남아 연합군 총사령관 마운트배튼에게 민간인 자격으로 방문한다는 것을 통보했으나 사령관은 참모들의 반대에도 불구하고 네루를 국민회의의 중심인물로, 미래의 인도 수상으로 대우했다. 사령관은 국민군 위령비를 방문하는 네루에게 화환을 가지고 가는 것을 만류했고 네루도 이를 따랐다. 그는 네루에게 국민군은 조국을 위해 싸운 영웅들이 아니라 충성스러운 전우들을 배신한 겁쟁이이며 변절자들이라고 말했다. "장차(독립후) 인도 군대에서 당신에게 봉사하고 충성할 사람들은 맹세에 변심하지 않고 충실했던 사람들이지, 그렇지 않았던 군인들은 만약 당신이 인기가 없어지면 당신들 정치인들에게 배신하여 돌아설 것이다."[78] 그럼에도 네루는 정치적 이유로 재판은 연기되어야 한다고 주장했다. 오친레크 사령관은 1946년 4월 말 국민군 피의자들에 대한 더 이상의 소송절차를 생략하기로 결정했고, 네루는 그에게 감사의 서신을 보냈다. 그러나 전쟁을 수행한 것 이외의 중죄 혐의로 기소되었던 병사들(15~16명)에 대한 재판은 진행되어 징역형이 내려졌으며 이에 대해 전면 사면을 요구하는 저항이 계속되었다. 인도 독립에 임박하여 퇴임하는 와벨 총독이 후임 마운트배튼 총독에게 해결해야 할 까다로운 문제 가운데 하나가 국민군 장교들에 대한 재판이라고 말했을 정도였다.

---

77 *Ibid.*, p. 7.
78 H. V. Hodson, *op. cit.*, p. 254.

1 수바스 찬드라 보스와 인도국민군

6 맺음말

인도 국민 가운데 많은 사람들은 보스의 사망 소식을 믿지 않았다. 보스의 인생 역정이 일반인들의 상상을 초월한 모험의 연속이었기 때문이다. 영국 정부도 의심하기는 마찬가지였다. 이전에도 보스의 사망에 대한 오보가 있었으므로 더욱 의심했다. 1942년 3월 24일 BBC를 비롯한 영국 언론들은 수바스 보스가 도쿄의 주요 회의에 참석하기 위해 가는 도중에 비행기 사고로 사망했다고 보도했다. 간디는 보스의 어머니에게 "전 국민이 용감한 아드님의 서거에 애도를 표하며 신이 불의의 상심을 이겨 내도록 용기를 주실 것"[79]이라고 조전을 보내 위로한 일도 있었다.

인도 정부는 사고 다음 달 피니(T. S. Finney) 총경 등의 조사팀을 현지에 파견했다. 방콕과 사이공을 방문한 조사팀이 타이베이로 가려고 계획했으나 맥아더 장군이 허락하지 않았다. 자신의 관할 지역에는 어떤 외부 정보팀의 활동도 허용하지 않는다는 것이었다. 맥아더 장군은 독자적인 미국 조사팀을 구성하여 보스와 함께 탑승했던 하비부르 라만 등을 면담하고 일본 정부가 제시한 사진 등을 근거로 보스의 사망을 결론지었다.

간디는 1946년 1월 보스는 살아 있어서 결정적인 시기에 나타날 것이라는 믿음을 갖고 있다고 말했다. 간디는 보스와 투쟁 방법이 달랐으므로 그의 국외 활동을 공개적으로 찬양한 일은 없는 것으로 알려졌지만 간디 역시 목숨을 내던지면서 투쟁하는 보스의 애국심은 인정하고 있었다. 간디의 보스가 살아 있을 것이라는 발표는 누구보다도 그의 생존을 갈망하는 간디 자신의 간절한 희망의 표시였을지도 모른다. 아무

---

79 R. Kumar, *op. cit.*, I, p, 134.

튼 간디가 보스의 생존 가능성을 말했을 때 영국 측은 민감하게 받아들였고 더욱 의심하게 되었다. 간디와 네루는 보스로부터 비밀 연락을 받고 있다는 소문도 돌았다. 그러나 3월 간디는 그의 《하리잔》을 통해 보스의 사망 사실을 분명하게 보도했다. 간디는 라만의 증언도 직접 들었고 보스의 생존을 증명할 아무것도 없다고 강조하면서 보스의 생존을 말했던 자신의 말을 잊어 달라고 호소했다. 그 후 네루도 "수바스 찬드라 보스가 살아 있다는 믿음에 대한 실낱같은 정당성(증거)도 없다."[80] 라고 기자 회견을 했다.

보스가 살아 있다는 끊임없는 소문과 인도 국민의 믿음은 수그러들지 않았다. 마운드배튼의 연합군 동남아 총사령부가 자체 조사 후 1946년 7월 25일 보스의 사망 사실을 공식 발표했지만 보스의 죽음을 믿지 않는 갖가지 소문이 끊임없이 떠돌아다녔다. 보스는 아직도 러시아에서 활동하고 있다느니, 죄수로 감금되었다느니, 혹은 히말라야나 인도 내에서 수도승으로 은거하고 있다고도 했다. 또는 일본의 미군이 보스를 처형했을 것이라는 소문 등도 있었다.

10년이 지난 후 수바스 여단의 사령관이었던 나와즈 칸을 중심으로 한 조사위원회가 대만과 일본을 방문 조사한 후, 보스는 비행기 사고로 사망했다는 결과를 발표했다. 보스가 살아 있다는 소문은 그치지 않았으며 당시 타이베이에서 비행기 충돌 사고 자체가 없었다는 주장도 있었다. 의회의 결의에 따라 1970년 인디라 간디(Indira Gandhi) 수상이 편잡 고등법원 판사를 지낸 콜사(G. D. Kholsa)에게 다시 조사토록 했으며, 그 후에도 대법원 판사 무커지(M. K. Mukherjee)를 위원장으로 하는 조사위원회(1999~2005)가 최근까지 활동했으나 결과는 나와즈 칸위원회의 보고서와 같이 보스의 사망 사실을 확인하는 내용이었다.

---

80 *Ibid.*, II, p. 90.

수바스 찬드라 보스는 정치적 모험가이고 행동으로 모범을 보여 준 실천적인 애국자였다. 식민지에서 태어난 사람으로서 자신이 할 수 있는 가장 숭고하고 험난한 고난의 길을 택했다. 보스는 예속에서 벗어난 자유로운 인도의 건설이라는 대의를 위해 자신의 모든 것을 희생했다. 교육받은 인도 젊은이들의 소망이기도 했던 인도문관직을 미련 없이 버리고 그의 필생의 사명으로 독립운동의 길을 택했다. 보스는 인도문관이 부와 명예를 얻는 순탄한 길이며 반면에 조국의 독립을 쟁취하는 과업은 험난한 가시밭길의 연속이라는 것을 충분히 예견하고도 여기에 뛰어들었다.

인도국민회의는 태생적으로 영어 교육을 받은 중간 계급의 활동 무대였다. 국민회의는 간디에 의해 농민과 노동자의 참여와 지지 속에 변화된 모습으로 국민에게 다가가고 있었지만 여전히 일반 대중과 또 지역 국민회의와는 거리감이 있었다. 보스는 영국의 제국주의 지배가 맨 먼저 발붙인 벵골 지방에서 특이하게 나타난 성공한 계층의 출신이었지만 그의 정치적 활동은 하층민과 청년층과 함께 했다. 그는 이와 같은 활동을 기반으로 중앙의 국민회의와 벵골주 국민회의 지회 및 청년층과 노동자 농민을 연결시키는 성공적인 역할을 수행했다.

국민회의에서 젊은 좌파를 대표하는 지도자는 네루와 보스였다. 네루의 진보적인 생각은 가끔 간디를 난처하게 만들기도 했지만 네루는 간디의 비폭력 사상을 포기하지 않았다. 네루는 결정적인 단계에서 간디의 후계자를 바라보면서 결코 배신하지 않을 만큼 현명한 정치적 현실주의자였다. 보스는 간디의 비폭력을 독립운동을 위한 투쟁 도구로 신뢰하지 않았을 뿐만 아니라 신랄하게 비난했다. 보스는 인도의 독립을 위한 길이라면 당시 유럽에서 급부상하고 있던 히틀러의 나치즘이나 무솔리니의 파시즘과도 연대할 수 있다는 급진주의 정치가였다. 간디의 입장에서는 결코 받아들일 수 없는 생각이었다. 보스는 분명히 좌파와 청년층의 지도자로서, 우상으로서 성장하고 있었다. 간디가 젊은 나이의 보스를 국민회의 의장으로 내세웠던 것은 보스의 위상과 세력이 무시 못할 단계에 이르렀음을 보여 준 것이었다. 그러나 간디에 대한 무모한 도전은 보스 자신의 정치적 추락으로 돌아왔을 뿐이다.

인도국민군은 국내에서는 활동이 불가능한 국외의 무장독립군이었다. 외국에서 인도 테러리스트들의 산발적인 활동이 없었던 것은 아니지만 조직적으로 영국군(영령인도군)에게 선전포고를 하고 전쟁을 수행했던 대규모의 군대는 보스의 인도국민군뿐이었다. 보스의 국민군은 그들의 지상 목표였던 무력 전쟁을 통한 독립을 이룩하지 못했다. 동남아 교민들의 헌신적인 후원이 있었지만 국민군은 일본군의 무기와 보급에 힘입어 작전을 수행했다. 일본군의 패전과 지원이 중단된 시점에서 인도국민군의 활동은 더 이상 불가능했다.

군사적인 실패에도 불구하고 국민군의 투쟁은 인도 자유 투쟁의 역사에서 중요한 한 장을 차지할 것이며, 국민군은 인도 국민의 가슴속에 불충한 전범이 아니라 목숨을 걸고 구국의 전쟁터에 섰던 진정한 애국투사로 기억될 것이다. 그것은 국민군의 재판 때 레드포트에 운집한 인도 국민의 뜨거운 환호에서 증명되었다.

인도의 독립운동은 수많은 애국 투사를 배출했다. 국민회의 밖에서 혹은 테러리스트로 활동하다가 이름도 없이 사라진 사람들도 다수 있었다. 보스의 모험적이고 돌출적인 독자적 행동은 때로는 정치 지도자들을 당황하게 만들기도 했지만 국민으로부터는 대체로 긍정적인 지지를 받았고, 젊은층은 그를 자신들의 우상으로 삼아 갈채를 보냈다. 보스는 국민군의 지도자로서 민감하게 반응할 수도 있는 종파적 배려에 신중함으로써 장병들 사이에서 종교의 차별을 느끼지 않았다. 이것은 간디가 종교적 소수자들에게 계속하여 양보함으로써 끝까지 통일인도를 유지하려고 했던 마음과 통하는 것이었다.

자유인도를 창설한 위대한 지도자 가운데 수바스 보스를 제외하고
는 외국에 망명하여 불행을 겪은 사람은 없다. 보스는 인도에 있을 때
나 외국에 있을 때나 인도만을 생각했다. 다른 나라의 경우 대부분 외
국에서 활동했던 지도자들은 조국이 자유를 쟁취하면 국민적 영웅으로
환영받으며 금의환향했다. 보스는 국민 지도자들이 국내에서 비교적
안전하게 활동했던 것과는 달리 전쟁터에서 싸우다가 전사한 셈이다.
애국심의 강도(強度)에서 본다면 전선에 나가 싸운 전사와 안일하게 투
쟁한 사람을 어떻게 비교할 수 있겠는가? 수바스 찬드라 보스야말로
죽어서 영광된 자리에 앉아 영원히 사는 길을 택한 용사였다. 반세기가
지나서도 그의 분명한 죽음을 받아들이지 않는 인도 국민의 심리 상태
가 인도인의 마음속에 수바스 보스가 영원히 살아 있음을 보여 주는 것
이다.

5장

인도 농민운동

1 인도 농민운동의 성격

인도는 정치적으로 민주주의가 선진화되었지만 경제적으로는 후진성을 면치 못하고 있다. 인도는 가난한 나라이면서도 민주 정치의 모범을 보여 주고 있다. 인구 면에서 볼 때 세계에서 가장 큰 민주주의 국가로서의 자부심에도 경제적 빈곤 속에서 헤매는 데에 현대 인도의 고민이 있다. 오늘날 인도가 훌륭한 민주 정치를 영위하게 된 것을 지방자치제의 도입 등 영국 정부의 오랜 정치 교육의 결과로 인정한다 하더라도 빈곤의 참상이 현존하고 있는 점은 오랜 영국 통치의 결과에 따른 부정적인 면이라 할 수 있다. 영국의 인도 통치에 대한 공과는 끊임없이 첨예하게 대립되어 온 논쟁이므로 여기에서 결론적으로 언급할 일은 아니다.

문제는 영국인 통치자들이 인도에 법의 지배를 가져와 이른바 '영국의 평화'를 구가하면서 질서를 유지하고 새로운 조세 제도 등을 도입했는데도 인도 농민의 어려운 처지는 전혀 개선되지 않았다는 데에 있다. 과중한 세금 부담을 강요한 무슬림 왕조인 무굴제국의 조세 제도 아래서 지주와 고리대금업자에게 시달려 온 인도 농민에게는 새로운 지배자인 영국인도 결국 또 다른 수탈자에 지나지 않았다. 영국인 지배자는 실제적인 생산자인 경작자를 도외시하고 지주이면서 동시에 징세 청부업자인 농촌 지배 계급에게 의존하는 정책을 펴 나갔으므로 가난한 농민의 형편은 호전될 수가 없었다.

최근 들어 인도사에서 사회경제적 운동에 관한 연구가 큰 비중을 차지해 왔으며 농업과 농민 문제가 당연히 중요하게 대두되었다. 인도는 예로부터 농업 국가였으며, 한마디로 농업적인 성격이 인도 역사를 규정하고 있었으므로 농민운동에 대한 관심이 고조될 수밖에 없다. 인도의 농업 구조와 계급 관계의 발전에 관한 최근의 학술적 연구와 논의는 무굴제국의 토지 제도에 집중되는 경향이 있었다. 토지 제도와 농민의 토지에 대한 권리의 문제는 광대한 무굴제국의 서로 다른 지역적 구조적 환경을 하나의 범주에 포함시켜 설명하기는 어려운 점이 있다. 또 농민운동에 있어서 지주 계급과 부유한 농민들을 항상 가난한 농민들의 적대 세력으로 단정해 버리는 것도 성급한 일이 될 수 있다. 많은 농토를 소유한 상층 계급의 이기적 행동이 농민 폭동을 야기한 원인이었지만, 이민족의 지배 아래 놓인 비참한 현실의 조국을 구하겠다는 애국 운동에서는 모두가 연합하여 투쟁을 전개하기도 했다.

인도의 근대사 서술에서 농민운동은 영국 지배에 대한 인도 국민의 반제국주의 투쟁의 과정에서 나타난 부산물로 보는 경향이 있다. 농민 대중이 독립운동, 특히 간디가 주도하는 범국민적 구국 운동에서 중대한 역할을 담당한 사실은 부인할 수 없다. 농민 투쟁이 간디와 국민회의가 이끌어 가는 독립운동의 과정에서 대중적 기반을 넓힐 수 있는 단순한 계기를 마련해 주었는지 혹은 민족주의운동에서 지배 계층의 주도권이 나타나기 전에 이미 농민운동이 일어나고 있었는지가 구명되어야 할 문제이다.

여기에서는 우선 무굴제국의 지배에서 영국 통치로 넘어가는 과정에서의 토지 및 조세 제도와 농민의 지위를 살펴보고, 농민 폭동의 실상과 농민협회의 성격 및 활동상을 고찰하고자 한다. 광대한 인도 전역의 농촌과 농민을 모두 논거의 대상으로 삼을 수는 없어서 고대로부터 인도 역사의 중심 무대인 북인도의 경우를 주로 살펴보려고 한다.

1 조세 제도

정부가 수행하는 가장 중요한 임무의 하나인 세금 징수 업무는 무굴 황제의 중앙 권력을 통해 이중으로 견제하고 있었으며 관료의 구성도 매우 특이하게 이루어졌다. 무굴 황제의 종주권을 인정하는 지방의 우두머리들은 조공을 하면서 황제를 대신해 세금을 거두었다. 그들이 중앙 권력에 대해 봉건적 군사적 의무를 이행하고 있는 한에 있어서는 자신의 지배 영역 안에서 외부의 제약을 받지 않았다. 이러한 지방의 우두머리들이 자민다르이며 그들의 토지는 면세되거나 수금한 세금의 일정액이 주어졌다. 자민다르가 갖고 있는 명성과 궁정에서 볼 때의 정치적 중요성에 따라 그들의 특권의 정도가 결정되었다.

자민다르는 무굴시대의 사적인 토지 소유자의 성격을 띠고 있었다. 원래 Zamin은 페르시아어로 "토지의 소유자" 혹은 "보유자"라는 의미이며, dar는 "통제의 정도" 혹은 "부속물"이라는 뜻이며 반드시 소유권을 의미하지는 않았다. 자민다르가 14~15세기에는 "지역의 장(長)"이라는 의미로 보통 사용되었는데 상당히 넓은 범위의 지역을 뜻했다.[1] 자민다르는 아크바르(Akbar) 대제 이후에는 농민의 생산물에 직접 분배를 요구할 수 있는 세습적인 권한을 갖는 사람을 지칭했다. 아크바르는

---

1 Tapan Raychaudhuri, *The Cambridge Economic History of India,* vol. I(Cambridge University Press, 1990), p. 244.

1 인도 농민운동의 성격

자기가 제압했던 군주들을 자민다르로 임명해 주기도 했다. 물론 이 경우는 이들 군주들이 무굴제국의 종주권을 인정하고 조공을 바치는 것을 확약한 후에 가능했다. 조공의 규모는 복속될 당시의 실제적인 힘의 균형에 의존했다. 무굴제국은 자민다르와 농민 사이의 관계에는 간여하지 않았다. 지대(地代)의 액수와 징수 방법은 그 지방의 관례에 따랐고 자민다르의 지위는 세습되었다.

토지세는 대리인이 징수했는데 그는 정부와 경작자 사이에 서 있었으며 여러 지역에 토지를 갖고 있었다. 이들 세습적인 대리인을 자민다르라 불렀고 실제로 토지를 경작하는 사람은 농민이었다. 자민다르는 토지 귀족과 같은 것이었다. 처음에는 어떤 지역에 세습적인 특권을 가지고 있는 단순한 세무 관리로 생각되었으나 나중에는 세습적으로 토지를 소유할 수 있었다. 자민다르는 원래 토지를 소유하고 세습할 수 없었음에도 단순한 세리에 머무르지 않고 그가 자민다르로서 관계하는 토지와 세습적인 연관을 맺고 있었으므로, 그가 자신의 의무를 이행하는 한 토지를 소유할 수 없도록 배제하는 것은 불가능했다. 각 부락에는 촌장이 있어서 자민다르의 대리인으로 활동하면서 토지세를 징수하기 위해 고용된 사람들을 감독했다.[2]

토지는 가끔 국가에 의해, 또는 지주(자민다르)에 의해, 때로는 경작자에 의해 소유권이 주장되어 토지 소유권의 소재가 오랫동안 매우 모호했다. 국가는 지주라고 생각되지는 않으면서도 토지세를 받아들이는 권한을 갖고 있었다. 자민다르는 그들의 토지를 소유하고 세습해 실제로 민형사적 권한을 갖고 있는 봉건 영주였으며, 경작자로부터 관례에 따라 지대를 받아들일 권한을 갖고 있었다. 경작자는 단순한 노동자

2　H. Dodwell, ed., *The Cambridge History of the British Empire*, vol. V; *British India 1497~1858*(Cambridge University Press, 1978), pp. 409~410.

가 아니고 자자손손 계승된 토지를 보유하고 있으면서 관례적인 지대를 지주에게 지불했다. 때때로 벵골 토후는 토지를 다시 측량하여 세금을 인상했고, 자민다르도 지대를 올려 받았다. 이 토지 제도는 수 세기 동안 성격이 변하지 않았는데 국가는 세금에 대한 권리를 갖고 있었고, 자민다르는 국가에 세금을 지불하면서 관례적인 지대를 받았다. 농민은 정기적으로 지대를 지주에게 납부한다는 점에서는 예속되어 있다고 볼 수 있지만 그들의 토지에 세습적인 권한을 소유하고 있었다.[3]

자민다르의 주된 임무는 말할 것도 없이 토지세의 징수였다. 농민은 소득 가운데 고정액을 자민다르에게 납부해 왔는데 그 액수는 전통적으로 총 소출의 3분의 1 정도였다. 자민다르는 농민에게서 갹출한 액수 가운데 9할을 국가에 납부하고 나머지 1할은 자신의 수고에 대한 몫으로 남겨 놓았다. 그러나 자민다르가 농민에게 강요하는 액수는 항상 규정된 수치를 초과했으므로 자민다르의 총수입은 지대의 10퍼센트를 넘는 것으로 평가되었다. 자민다르의 권한은 전체적으로 혹은 부분적으로 자유로이 매매될 수 있었다.

자민다르의 권한은 종족 혹은 카스트와 깊은 관련을 맺고 있었다. 가끔 정치적 영향력에 따라 부족이나 카스트의 우두머리에게 자민다르의 권한이 부여되었다. 영국동인도회사가 사법권을 다루기 전에 벵골 지방에 존재했던 재판 제도는 즉결 심판이었는데 형사 재판을 다루는 장은 자민다르였다. 자민다르는 사형까지도 내릴 수 있었지만 집행만은 벵골주의 주도인 무르시다바드 당국의 명령에 따라야 했다. 따라서 자민다르는 세무에 관한 권리와 의무 이외에도 지방 정부가 부과한 임시세를 징수해야 하며 지방의 공공질서에 대한 책임을 지고 있었다. 그러므로 벵골의 자민다르는 그 지방의 귀족이었으며 징세관이었고, 치

---

3 R. Dutt, *The Economic History of India under Early British Rule*, pp. 37~38.

　　　　　　　　　　　　　　　　　1 인도 농민운동의 성격

안판사이며 지방 유지이고 동시에 자산가였다.[4]

1757년의 플라시 전투를 계기로 벵골주, 즉 오늘날의 벵골(방글라데시 포함)과 비하르 및 오리싸 지방을 사실상 장악했던 영국동인도회사는 1765년에 이 지방의 디와니(Diwani)의 권한을 확보했다. 디와니는 징세 업무와 민사 재판에 관한 권한을 말했다. 무굴 황제로부터 디와니를 양도받음으로써 동인도회사는 벵골 지방을 직접 통치할 수 있는 계기를 마련했고 그들의 세수(稅收)를 확대하기 위해 토지 정책에 깊은 관심을 보였다. 초기 총독정치 시대의 획기적인 세제 개혁으로 평가되는 영구정액제(永久定額制; Permanent Settlement)가 1793년부터 실시되었지만 그 과정에 이르는 길이 평탄하지는 않았다. 그때마다 농민의 희생 속에 1년 보유제, 5년간 보유제 및 10년간 보유제를 교체하면서 시행착오를 거쳤다.

콘월리스 총독(Lord Cornwallis)이 영구정액제의 실시를 공포했다. 총독은 10년간 보유제에 의해 징수했던 세금 액수의 평균액을 고정 징수액으로 규정했다.

영구정액제의 실시에 대한 공과는 한마디로 단언할 수는 없다. 영구정액제의 도입으로 벵골 지방의 토지세가 안정되었으며, 농촌의 질서가 회복됨에 따라 경작 가능한 토지를 이용할 수 있게 되어 인구와 경작지가 증가했다.[5] 경작자는 징세관의 압력으로부터 보호받게 되었고 징수액이 고정됨에 따라 납세액을 지불하지 않거나 재산을 은닉하는 등의 습관은 없어지게 되었다. 흉작이 들면 어려움에 처하지만 노력 여하에 따라 많은 소출을 올렸을 경우에는 경작자 자신의 수입이 그만큼 증가하는 것이므로 증산 의욕을 크게 자극했다. 농민들은 경작 가능

4 V. Smith, *The Oxford History of India*(Oxford University Press, 1978), p. 534.
5 *Ibid.*, p. 536.

한 토지를 개발하고 지력(地力)을 북돋워 생산 증대에 힘썼으며, 세제가 안정되어 농촌의 질서가 확립되었다.

　인도국민회의 지도자의 한 사람이자 영령인도의 경제사 분야에서 고전으로 평가되는 저서를 남긴 로메스 더트(Romesh C. Dutt)는 영구정액제의 도입을 매우 긍정적으로 평가했다. 그는 "영구정액제야말로 영국이 인도를 지배하기 시작한 이후 국민의 경제적 번영을 가장 효과적으로 보호한 영국민의 행동이었다. 만약 국민의 번영과 행복이 성공적인 통치의 표본이라면 콘월리스의 영구정액제는 영국이 지금껏 인도에서 채택한 조치 가운데서 가장 현명하고 성공적인 것이었다."[6]라고 말했다. 영구정액제가 도입된 지 1세기가 지난 후에도 인도 민족주의자들이 국민회의의 활동을 통해 거의 해마다 이 제도의 확대 실시를 총독부에 청원했던 점에 유의할 필요가 있다.

　한편 영구정액제의 실시는 콘월리스 총독의 커다란 실책이었다는 비판도 만만치 않다. 영구정액제의 그 산정액이 10년간 보유제를 실시한 과정에서 사실상 가장 높은 세수를 올렸던 액수에 근거했기 때문에 농민들에게 관대한 조치가 될 수 없었다. 농민의 부담액은 지금까지 벵골 지방을 황폐화시켰던 과중하고 파괴적인 토지세를 기준으로 하여 규정되었다.[7] 자민다르의 임무가 징세에만 국한되자 그때부터 그는 오직 세금 징수관이었고 농민은 단지 소작인이었을 따름이다. 봉건 사회에서 볼 수 있던 두 계급 사이의 인정 어린 유기적 유대는 비인간적인 현금 거래 관계에 의해 대체되고 두 계급은 반목하게 되었다. 질서와 진보는 확보되었지만 사회 정의는 실현되지 않았다. 영구정액제는 자민다르에 의해 지불되는 액수만 고정되었을 뿐 이들이 농민에게 과세

6　R. Dutt, *op. cit.*, p. 64.

7　G. Sanderson, *India and British Imperialism*(New York, 1951), p. 105.

1 인도 농민운동의 성격

하는 권한을 그대로 두었으므로 완전한 개혁이라고 할 수 없었다.

영구정액제가 도입된 벵골 지방에서 자민다르는 토지에 대한 절대권을 갖는 완전한 소유주로 선포되었다. 그들은 농촌 사회의 지배 계급을 이루었다. 기능상으로는 단순히 세금을 징수하는 중간층이었으나 시일이 흐름에 따라 자민다르는 실제적인 경제적 힘과 정치적 중요성을 얻게 되었다. 그들은 중앙 권력과 농민을 연결시켜 주는 핵심 세력이었다. 영국인들이 자민다르를 '토지의 소유자'로 인정해 준 것은 효과적인 세금 징수의 관점에서뿐 아니라 정치사회적인 효과도 기대했기 때문이다.

어떤 경제사가는 자민다르를 지주로 인정한 것은 동인도회사가 특정인들에게 절대적 토지 소유권을 인정해 줌으로써 영국의 지주층에 해당하는 계급을 인도에서 찾으려는 순진한 생각에서였다고 보았다. 또 다른 사회학자는 영국인들이 자민다르에게서 마치 기업적인 영국 지주들이 수행했던 상업적 혁명을 인도 농업에 가져올 수도 있는 잠재력을 보았으며, 토지 상층 계급을 새로이 일어나고 있는 연약한 도시 지도자들로부터 유리시킴으로써 영국 통치 반대 세력의 연대 형성을 막았다고 해석했다.[8] 또 어떤 학자들은 영구정액제가 새로운 인도제국을 수립하려는 의도에서 충성적인 협력 계층을 창조하기 위해 계획되었다고 주장했으며, 자민다르를 토지 소유자로 인정해 준 의도가 어디에 있었던지 간에 경작자인 농민에게는 그들의 점유권이 무시당하고 그들의 경작지에서 아무런 예고 없이 축출될 수 있는 소작인의 지위로 전락하게 된 매우 부당하고 불행한 일이었다고 주장했다.[9]

8 Barrington Moore Jr., *Social Origins of Dictatorship and Democracy: Lord and Peasant in the Making of the Modern World*(Boston, 1993), p. 354; Vera Anstey, *The Economic Development of India*(London, 1957), p. 98.

9 Bhowani Sen, *The Evolution of Agrarian Relations in India*(New Delhi, 1962), p. 63.

유나이티드 프로빈시스 가운데 12개 지역으로 구성되었던 오우드에서는 토지세 징수와 관련하여 탈루크다르(Taluqdar)제도가 확립되어 있었다. 무굴제국 시대에는 이 지역을 토후가 지배하고 있었으며 토지관리가 반봉건적 구조로 되어 있었으므로 무굴제국의 붕괴 전후에 토지 귀족이 정치적으로 중대한 역할을 했다. 이 지역은 18세기 말부터 19세기 중엽까지 영국동인도회사에 양도되거나 정복되어 갔다.

탈루크다르는 영국이 지배하기 이전에는 국가와 경작자 사이에서 지대를 거두어들이는 중간인의 역할을 해 왔다. 탈루크다르의 어의는 taluqa(부락들의 한 집단)의 소유자를 의미하며 정부에 의해 토지세를 징수하는 업무가 주어진 사람이었다. 이때에는 탈루크다르가 두 개의 범주로 구분될 수 있었다. 즉 원래는 힌두의 전사 계급인 라지푸트족에 속한 봉건적 족장이었으나 무슬림의 침입으로 그들의 고장에서 쫓겨나 오우드에 자리 잡은 사람들과, 다른 하나는 부패하고 부정한 방법으로 벼락치기로 득세하여 세력을 잡은 사람들이었다.[10]

탈루크다르의 전통적 세력은 영국동인도회사가 1856년 오우드를 병합함으로써 위협받게 되었다. 영국인들은 처음에 그들을 영국 지배에 비협조적이고 농민에게 억압을 가하는 반동적인 계급으로 생각했으므로 영국의 농업 정책은 탈루크다르의 세력을 약화시키는 데 목표를 두었다. 총독 달하우지(Marquess Dalhousie)는 오우드 지방의 토지세 해결책은 탈루크다르나 징세 청부인 등의 중간층의 개입 없이 실제적인 토지 점유자와 직접적으로 이루어져야 한다고 선언했다. 오우드를 병합하기 전에는 2만 3543개 마을이 탈루크다르에 의해 장악되어 있었으나 총독은 그 가운데서 1만 3640개 마을에만 탈루크다르가 토지세를

---

10 Kapil Kumar, *Peasants in Revolt; Tenants, Landlords, Congress and the Rajin Oudh 1886~1922*(New Delhi, 1991), p. 2.

1 인도 농민운동의 성격

징수하도록 해결을 보았고 나머지 9903개 마을은 탈루크다르가 아닌 사람들과 해결했다.[11]

대폭동에 오우드의 탈루크다르가 대규모로 가담함에 따라 영국은 위협을 느꼈으며 그들이 많은 추종자들을 가진 만만치 않은 세력이라는 것을 알게 되었다. 총독부는 그 후부터 탈루크다르를 '국민의 자연적인 지도자'로 인정하기에 이르렀다. 정부는 그들에게 토지의 소유권뿐만 아니라 소작인을 임의로 교체할 수 있는 권한까지 부여했다. 탈루크다르는 그들의 지위와 이익이 확보됨에 따라 영국인 통치자에게 충성심을 보였다.

오우드의 농촌 계급 구조는 이제 대지주인 탈루크다르, 중간 규모의 지주인 자민다르, 소지주인 푸크타다르(Pukhtadars), 점유 소작인, 임의 소작인 및 농촌 노동자로 구성되었다. 점유 소작인은 세율이 고정되어 있는 경작자로서 지대를 제대로 납부하는 한 토지에서 축출당하지 않았다. 임의 소작인은 경작하고 있는 그해에만 토지에 대한 권리가 있을 뿐, 예고 없이 축출될 수 있다는 점에서는 농촌 노동자와 크게 다를 바 없었다. 임의 소작인이 경작하던 토지에서 축출되었을 때 그에게 남겨진 유일한 길은 농촌 노동자가 되는 것뿐이었다.

탈루크다르는 그들의 세력을 이용하여 최대의 수입을 올리는 데 혈안이 되었다. 영국 통치에 대항했던 힘을 소작인들을 압박하는 데 사용했다. 지대의 인상과 경작지로부터의 축출이 다반사가 되었다. 그들이 가장 단순하고 손쉽게 또 효과적으로 소작인을 다루는 방법이 축출이라는 편리한 도구를 사용하는 것이었다. 그러나 축출은 지주들이 의도했던 목표는 아니었고 소작인을 꼼짝 못하게 굴복시키는 방편이었다. 지주들이 목표로 한 것은 축출이 아니라 지대의 인상이었다. 소작인에

---

11 *Ibid.*

게 축출을 선언했어도 실제로 경작자가 토지를 떠나는 경우는 많지 않았기 때문이다.

북인도 특히 오우드의 세제는 1849년에 준비가 완료되어 2년 후 영국동인도회사 이사회가 승인했지만 토지세는 불확정적이고 과중한 것이었다. 정부의 요구는 인도 무슬림 왕조의 전통적인 세율인 소출의 3분의 1로 기대되었으나 이 경우는 농민의 입장에서 볼 때 지나친 부담이 아니라 오히려 관대한 편에 속했다. 실제로 동인도회사는 1822년에는 소출의 83퍼센트까지 요구했으며, 1833년에는 75퍼센트로 다소 낮추었다. 1855년에는 다시 토지세가 소출의 3분의 2에서 50퍼센트로 감세되었다.[12] 그러나 대폭동 이후 동인도회사를 폐지하고 영국 정부가 인도를 직접 통치하면서부터 지대는 다시 크게 인상되었다. 1858~1882년간에 오우드에서는 지대가 평균 28.6퍼센트 인상되었으며 가장 적은 인상율을 보인 곤다는 13.9퍼센트였으나 많게는 프라탑가르의 경우 무려 49.4퍼센트나 인상되었다.[13]

마드라스를 중심으로 남인도에서는 북인도와는 다른 형태의 소작 제도가 실시되었다. 18세기 말 동인도회사가 마드라스 지역을 장악했을 때 토지 세율은 매우 가혹하여 예상 수확량의 2분의 1을 요구하고 있었다. 새로운 소작 제도는 동인도회사가 북인도의 조세 제도를 개선하려는 마음에서, 또 당시 영국을 풍미했던 공리주의의 영향을 받아서 도입한 제도였다.

티푸 술탄(Tipu Sultan)의 마이소르가 함락된 후 카나라에 행정관으로 부임했던 토머스 먼로(Thomas Munro)는 소작 제도가 남인도의 토착적인 제도이므로 징세 제도로서는 이 제도가 이 지역에 적합할 것이

---

12 R. Dutt, *The Economic History of India under the Victorian Age*(London, 1985), p. 33.

13 K. Kumar, *op. cit.*, p. 19 도표 참조.

1 인도 농민운동의 성격

라고 생각했다. 그는 이곳에 토지에 대한 사유권의 관념이 강하게 남아 있는 것을 알았으며, 이 사유권의 관념을 개발하면 지역을 발전시키는 길이 될 것이라고 믿었다. 19세기 초에 마드라스 지방에서 소작 제도가 실시될 수 있었던 또 다른 중요한 이유는 징세 업무를 담당하는 자민다르와 같은 계층이 부재했기 때문이다.

마드라스 지사 토머스 먼로가 중심이 되어 추진했던 소작 제도는 세율을 소출의 3분의 1로 경감했다. 먼로는 인도인들에게 신뢰감을 준 최초의 영국인으로 알려진 인물이었다. 새로운 제도는 중간인 없이 경작자에게서 직접 세금을 징수했다. 세금 액수의 산정은 고정되었다. 마드라스 주 농민은 세액 증가 없이 영구적으로 토지를 소유할 수 있었다. 봄베이주에서는 일찍이 소작 제도가 도입되었을 때 실제적인 세액으로 30년 동안 고정하고 그 후에 조절하도록 되었는데 봄베이주에서 실험한 지혜를 마드라스 주가 따랐다. 마드라스 주의 세액은 고정적으로 25~60퍼센트를 표준으로 삼았는데 토질, 소출, 농토의 개량 작업 등에 따라 차이가 있었다.[14] 토지를 점유한 농민은 그 토지의 소유자로 인정되었는데, 상속뿐 아니라 매매, 증여, 저당에 의해서도 양도할 수 있는 사실상의 소유권이 인정되었다. 농민은 이론적으로는 국가의 소작인으로서 세금을 국고에 납부하는 책임을 졌으며 그가 세금을 납부하는 한 토지에서 축출될 수 없었다.

2 농민의 지위

무굴시대에는 농민이 인도 국민의 압도적 다수인 85퍼센트를 차지

---

14 R. Dutt, *op. cit.*, pp. 372~376.

했으며 농촌 사회의 구조는 지역에 따라 매우 다양했다. 토지를 경작하고 통제하는 형태와 계급 관계가 너무나 복잡하고 다양하여 인도의 농촌 사회를 하나의 구도로 설명할 수는 없다.

그러나 토지의 사용과 통제의 정도라는 극히 일반적인 기준에 따라 인도 농촌의 계급 구조를 구분해 볼 수 있다. 그 기준은 우선 토지로부터 얻은 수입이 지대나 임금 또는 자신이 경작한 수확물인지를 살펴야 한다. 또 토지에 대한 권리의 정도가 소유권 혹은 소작권을 보유하고 있는지 또는 전혀 아무런 권리를 갖지 못하고 있는지도 검토해야 한다. 그 외에도 농사일을 하는 정도가 가족이 함께 경작하거나 또는 임금을 얻기 위해 남의 일을 도와주는지도 유의해야 한다.

이와 같은 생산과 생산 수단에 관련된 기준에 따라 인도 농촌의 계급 구조를 나누어 보면 상층에는 토지에 대한 재산권에서 수입을 얻는 지주(Maliks)가 자리 잡고 있었는데 그들은 소작인의 임금 수준을 낮게 한 반면 지대는 높은 수준으로 유지하여 소득을 얻었다. 대지주가 대표적인 사람들로서 그들은 대개 부재 지주로서 몇 개 마을에 걸친 광대한 토지에 대한 소유권을 가졌지만 토지 관리나 경작지 개선에는 전혀 관심이 없었다. 대지주에는 못 미치지만 부유한 지주들도 이 계급에 포함되었는데 그들은 꽤 큰 토지를 소유하고 있었으며 보통 마을에 거주했지만 농사일은 하지 않았으며 경작을 감독하고 토지의 관리나 개선을 통해 이익을 높여 나갔다.

중간층의 농민(Kisans)은 법적이건 관습에 의한 것이건 간에 사실상의 토지 소유권을 갖고 있었다. 이들 가운데는 가족을 부양하기에는 충분한 토지를 소유하고서 가족 모두가 농사일을 하는 사람들이 다수로서 지대를 받는 형편은 아니며 추수 때에만 노동자를 고용했다. 중간층에는 형편이 나은 소작인을 포함시킬 수 있는데 그들은 지주에게서 토지를 임차했으며 보유권은 보장되었고 보유 토지는 소지주에 버금갈

　　　　　　　　　　　　　　1 인도 농민운동의 성격

정도였다.

하층에는 농업 노동자(Mazdoors)가 있었다. 이들은 다른 사람들의 토지에서 일해 생계를 유지했다. 가족을 부양하기에도 부족한 토지에 매어 있는 가난한 소작인도 여기에 포함되었다. 토지 임차권을 갖고 있었지만 확고하게 보장받지 못했으며 토지에서 얻은 수입은 가끔 임금 노동자들의 수입보다 적었다. 토지 보유권이 확보되지 못한 잠정적인 소득 분배 농민들도 있었는데 남의 농토를 경작했지만 토지와 농사의 개선에 따른 수입은 어느 정도 인정되었다. 이 계층의 맨 밑에는 토지 없는 노동자들이 있었는데 농촌 사회에서 가장 생활이 어려운 사람들이었다.

무굴제국 국민 대부분은 부락 공동체라는 조그마한 세계 안에서 생활했다. 이 공동체는 자급자족이었지만 민주적이라는 의미보다는 조세 문제와 밀접하게 관련된 것으로 해석해야 한다. 농민은 토지세를 국가에 납부했다. 국가는 소출의 3분의 1을 요구했는데 이는 인도에서 무슬림 왕조들의 일반적인 조세 징수액이었다. 이 액수는 힌두 왕조에서의 표준인 6분의 1세에 비하면 매우 가혹한 것이었지만 모든 잡세가 면제되었으므로 두 배만큼 무거운 세금은 아니었다. 무굴 왕조는 이 세율을 아주 정당하고 공정한 것으로 평가하면서 때로는 징세를 위해 군대의 힘을 빌리기도 했다.

무굴시대 농민의 위치와 국가 조직 내에서 농민이 이행해야 할 역할에 대해서는 아래의 서술이 진실에 가까웠다. "무슬림 지배 아래서 인도의 정치 조직은 오직 세 구성원을 가졌다. 즉 지배 군주, 왕위를 지탱하여 주는 군대 그리고 위의 둘을 받들어 공양하는 농민이다."[15] 또 "군대와 농민은 왕국의 두 팔이다."라는 풍자적인 말은 농민의 위치와

---

15 W. H. Moreland, *Agrarian System of Moslem India*(Delhi, 1968), p. XI.

농민의 세금에 의존하는 국가와 농민과의 관계를 요점적으로 표현하고 있다. 국고가 풍족해지는 것은 농민으로부터 세금을 많이 거두어들이는 데에 따라 결정되었다. 세금 징수의 방법은 가혹했으며 세금을 납부하지 않으면 반역죄로 다스려졌다. 촌장을 구금하여 고문하기도 하고 심한 경우는 성인 남자들은 죽이고 여자와 어린애를 노예로 만들기도 했다. 촌장은 마을을 대표할 뿐만 아니라 국가의 일을 도왔다. 촌장은 경작지의 세금을 할당하고 징수하는 책임을 맡았다. 그가 세금의 전액을 징수한다는 조건 아래서 촌장은 마을 전체 경작지 가운데 40분의 1의 보유지를 갖게 되며, 이 땅은 면세되었다.[16]

토지 경작은 국가를 위해 농민에게 부하된 의무였으며 모든 가경지(可耕地)는 반드시 파종해야만 했다. 무굴제국의 전성기인 17세기 초의 경작지는 20세기 초에 비해 60퍼센트의 넓이에 불과했지만 경작지를 만들 땅은 충분했다. 문제는 농민을 광범한 경작으로 유도하는 것이었다. 지배자가 거두어들이는 세금은 경작지의 넓이에 비례했으므로 토지의 경작은 법적인 권리의 문제이기보다는 농민이 어떤 경우에도 지켜야 할 의무였다. 생산 양식과 생산 관계에 비추어 볼 때 인도의 농업은 아직 자본주의 전 단계 혹은 반봉건적 단계에 있었고, 경작은 농민이 받아들일 수밖에 없는 불가피한 생활 방편이었다.

16~17세기 인도를 여행한 유럽인들은 "왕이 인도 전국의 소유자"[17]라고 기술하여 인도의 전 국토는 왕토(王土)라는 관념으로 표현했다. 무굴시대에는 두 가지 형태의 국유지, 즉 칼리사(Khalisa)와 자기르(Jagir)가 있었다. 모든 정복된 땅은 국유지가 되었는데 왕은 이 땅을 자기르로 분배할 수 있었다. 자기르 소유지는 조건부 토지였다. 토지세와

---

16 T. Raychaudhuri, *op. cit.*, p. 240.

17 *Ibid.*, p. 235.

1 인도 농민운동의 성격

기타 세금을 요구할 수 있는 사람은 이론적으로는 오직 왕뿐이지만 사실은 특수 지역에 대한 수조권(收租權)을 잠정적으로 개인에게 양도하는 경우가 있었는데 이것이 자기르였다. 자기르는 인정된 토지세에만 국한되었으며 제국의 규정에 의해 인정된 액수만 징수해야 했다.

자기르 토지를 부여받은 사람은 일정한 군대를 유지할 의무가 있었으며 군대의 규모는 토지의 크기에 비례했다. 대체로 징수한 지대의 3분의 1을 군대 유지비로 사용했지만 토지가 작은 경우 2분의 1까지 부담하기도 했다. 이러한 분견대가 왕이 거느리는 군대의 근간이 되었다. 자기르 토지는 세습될 수 없었으며 국가에 귀속되었다. 물론 자기르에 지정되지 않은 토지가 칼리사였으며 이 칼리사는 수시로 변동될 수밖에 없었지만 전적으로 국가 소유였다.

무굴제국의 전성기에 인도를 방문한 유럽인 여행자들이 남긴 기록들에 따르면 그 내용이 일치하는 것은 아니지만 대체로 상층 계급의 호사스러운 생활과 일반 서민의 비참한 생활을 대조적으로 묘사했다. 지배 계급인 토후와 귀족 그리고 부유한 도시 상인의 생활 형태는 호화와 사치의 극치였다.

대조적으로 농민 생활의 실상은 언제나 처참한 지경이었다. 대부분의 농민들은 풀잎으로 지붕을 엮고 진흙으로 만든 단칸의 집에서 생활하며 심한 경우에는 사람들이 양과 같은 방을 쓰기도 했다. 너무 가난해 옷도 제대로 입지 못하고 맨발로 걸어다니는 모습이 유럽인들의 기록에 생생하게 묘사되어 있으며, 아크바르 대제 시대의 작가이며 역사가인 아불 파즐(Abul Fazl)도 "벵골 지방의 서민들은 거의 벗고 다니며 허리 부분만 겨우 가린 옷을 입었을 뿐이다."라고 기록했다.[18] 당시 인도는 면직업이 크게 발달했지만 가난한 사람들은 옷도 제대로 입지 못

---

18 *Ibid.*, pp. 458f.

하고 지냈다.

비가 풍족하게 내려 주면 농민들은 최저의 생활이나마 이어 갈 수 있었지만 기근이 엄습하면 수백만 명씩 아사했다.[19] 기근과 전염병이 농민의 생명을 앗아 가는 주범이었다. 기근이 광범하게 확산되고 전염병이 겹치면 농촌은 아주 붕괴되어 대대적인 이주를 불러왔다.

농민들은 여러 종류의 곡식 예컨대 밀, 보리, 쌀, 콩, 기장 등을 생산했다. 주식인 밀은 오늘날만큼 많이 먹지 않았으며 벵골, 오리싸 및 남부 지방에서는 벼농사가 많이 이루어졌다. 17세기에 이미 담배와 옥수수가 신대륙에서 도입되어 재배되었지만 아직 차(茶) 재배는 알려지지 않았다. 경작법으로는 윤작의 방법이 중요시되었으며 비료의 사용은 거의 몰랐다. 다만 해안 지방에서 물고기를 거름으로 사용하는 경우는 있었다. 홍수를 조절하고 저수를 관리하기 위해 관개 시설의 필요성은 강조되었지만 우물을 파거나 조그마한 물탱크를 만드는 일이 고작이었다.

3 농민 폭동

징세 업무를 수행하는 정부 측과 토지를 경작하며 지대를 납부하는 농민들 사이의 관계는 점차 적대적이 되어 갔다. 모든 농민층이 정부의 높은 조세 정책으로 고통을 받았으며 낮은 계층의 농민일수록 어려움은 더욱 컸다. 정부의 징세 방법은 매우 가혹하여 때로는 군사력을 동원하면서까지 농민에게 많은 부담을 강요했으며, 농민들은 이를 피하여 벽 속에 곡식을 숨기기도 했다. 그러나 이러한 경우에 농민들이 보여 준 일반적인 대응 방법은 경작의 조건이 보다 유리한 다른 지역으로

---

19 졸저, 『영국의 인도 통치 정책』, 73~75쪽: 『인도사』, 244, 300, 476쪽 참조.

1 인도 농민운동의 성격

도망쳐 버리는 것이었다.

이것이 농민 반란이 전혀 없었다는 의미는 아니다. 경작자들은 지주에게 항거하여 일어났으며 때로는 모든 농민층이 연합하여 국가의 가혹한 요구에 맞서 폭동을 일으켰다. 19세기 중엽에 일어난 농민 봉기에서는 축출된 자민다르가 농민 반란의 구심점이 되기도 했다. 자민다르의 지위를 유지하고 있던 부족의 족장들이 국가에서 규정해 놓은 세금의 요구를 충족시키지 못할 때 족장은 그 지위를 잃고 부족의 토지는 몰수되어 경매에 붙여졌다. 새로운 자민다르는 지대를 올려 받을 수 있는 권한이 주어졌으며 그들의 농민에 대한 억압이 반란을 부추겼다. 반란은 정치적 성격을 띠기도 했지만 대개는 가혹한 조세 제도에서 비롯된 농촌의 참담한 현실이 원인으로 작용했다.

영국이 인도를 지배한 이후 처음으로 눈에 띄는 농민 반란은 비하르주에서 일어난 산탈(Santal)족의 반란이었다. 라즈마할 고원에 자리 잡았던 이 종족은 원시적이지만 매우 근면하여 삼림을 제거하고 생활 터전을 마련했다. 그들에게 높은 이자로 돈을 빌려 준 대금업자와 벵골에서 온 상인들의 압박, 세리의 횡포, 자민다르에 의한 경작지의 박탈, 영국인으로부터의 모욕 등이 그들을 폭동으로 이끌었다.[20]

농민 반란이 일어났을 때 처음에는 반영(反英)감정은 없었다. 산탈족의 저항감은 그곳으로 몰려들고 있는 벵골의 '문명인'들에 대한 적개심이었다. 영국인의 정부 당국은 산탈족의 불만을 치유해 주기는커녕 대금업자의 집을 공격했던 산탈족 주민들을 처벌했으므로 그들의 분노가 폭발했다. 산탈족은 신의 계시를 받았다는 시두(Sidhu)와 카누(Kanhu) 형제의 지휘 아래 1855년 6월 약 1만 명의 주민들이 봉기하여 영국동인도회사의 지배를 종식시키고 자신들의 독립 정부를 세우겠다

---

20 K. Datta, *The Santal Insurrection of 1855~1856*(Patna, 1978), pp. 5f.

고 선포했다. 농민들은 전신 시설과 철도를 단절하여 외부와 차단하고 그들이 살고 있는 지역을 완전히 고립시켜 장악했다. 도끼와 독화살로 무장하고 유럽인의 거주 지역을 공격하여 영국인 재배업자, 철도 종사자, 경찰의 가족들을 살해했다. 무장한 3만 명의 반도들은 영국군에게 공개적으로 전쟁을 선포하고[21] 그들의 지도자들이 체포된 다음 해 2월까지 밀림과 산악 지역을 적절히 이용하면서 항거했다.

산탈족의 반란은 지나친 조세 제도에 시달리면서 그들의 토지가 도시의 대금업자들에게 넘어가는 참담한 현실에서 비롯되었지만, 이는 주민의 순수한 원시적 종족 감정이 공개적이고 조직적으로 영국 지배에 대한 적대 감정으로 표출된 사건이었다. 영국 군대의 무자비한 반란 진압에서 수천 명의 원주민이 학살되었으나, 이 농민 반란에서 인도인들은 이민족의 통치에 대한 조직적인 저항의 가능성을 보여 주었다. 부족의 강력한 동질성이 농민 반란에 하나의 자극제가 되었다.

대폭동이 진압된 이후의 인도는 "지주의 천국"[22]이었다. 동인도회사를 폐지하고 영국 정부가 인도를 직접 다스리게 되면서 총독부는 폭동이 진행되는 과정에서 만만치 않은 반영 세력의 위세를 보여 주었던 탈루크다르에게 지주의 지위를 회복시켜 주었다. '영국의 평화' 속에서 영국인 지배자와 지주 및 대금업자들이 협력 체제를 구축했다. 새로운 철도와 통신 시설을 통해 인도의 시골 농촌이 멀리 항도로 연결되었으며 깊숙한 내륙 지방의 농산물이 세계 시장으로 나아갔다. 여기에서 상업적 농업, 즉 바로 현금으로 바꿀 수 있는 곡물 생산이 점차 증가하게 되었다.

가난한 농민들은 19세기 후반에 점증하는 세금 요구에 더욱 시달려

---

21 R. C. Majumdar, *op. cit.*, I, pp.126~127.

22 T. R. Metcalf, "Struggle over Land Tenure in India 1860-1868", *Journal of Asian Studies*, Vol. XXI. 3(May, 1962), p. 295.

1 인도 농민운동의 성격

야 했다. 이 요구를 충당하기 위해서는 현금이 필요했으며 농민들은 자연히 대금업자에게 의지했다. 대금업자들은 농민으로부터 엄청난 이자를 챙겼으므로 농촌에서 생산된 경제적 잉여금은 대금업자들의 수중으로 들어갔다. 때때로 농산물의 시장 가격이 하락하면 농민들은 또 대금업자에게 의지할 수밖에 없었다. 이러한 현상은 농민의 부채를 가중시키고 대금업자와 지주의 지위를 강화시켜 주었다.

1875년의 데칸 폭동은 19세기 후반에 일어난 대표적인 농민 반란이었다. 영국동인도회사가 농민이 토지를 소유하는 이른바 소작 제도를 도입한 후에 나타난 농촌의 참담한 현상의 표현이었다. 지금까지의 부락 공동체 혹은 카스트를 한데 묶어 토지세를 지불해 왔던 전통적인 조세 제도 대신에 토지 경작자는 개인이 직접적으로 국가에 책임을 지게 되었다. 공동체라는 방어벽이 없어진 가난한 농민들은 개인적으로 돈을 빌리는 길을 찾을 수밖에 없었고 여기에 손을 뻗치는 사람들이 상인 대금업자 카스트인 바니아 층이었다. 늘어만 가는 지대의 요구에 대처하기 위해 경작자들은 유일한 금전 대부의 원천인 바니아에게 의존할 수밖에 없었다. 채무를 이행하지 못했을 때는 토지 압류와 저당권 행사가 예사였다.

예전에는 부락에서의 모든 문제는 자발적 자치 기구인 빤차야트에서 해결해 주었지만 이제는 새로운 민사 및 형사 재판소에서 그 일을 맡았다. 1835~1839년간에 농민의 채무와 관련된 사건이 두 배로 증가했으며, 지가가 상승함에 따라 돈에 혈안이 된 바니아는 민사 소송을 통해 가난한 농민들의 토지를 탈취했다. 1851~1865년간에는 그러한 민사 소송이 아주 불균형적으로 증가했다.[23]

바니아 계급의 관심은 오직 농민을 압박하여 수탈하는 것이었을 뿐

---

[23] R. Kumar, *Western India in the Nineteenth Century*(London, 1968), pp. 151~88.

실제적인 경작과는 거리가 멀었다. 바니아가 빼앗은 토지도 결국 이전의 소유자들이 경작했는데, 그들은 이제 토지의 주인이 아니라 전차인(轉借人)으로서 일하는 신세가 되었다. 그것으로 겨우 생계를 유지해 가는 정도였지만 1836~1866년의 곡가 하락은 농민 생활을 더욱 어렵게 만들었다. 또 1871~1872년에는 한발이 겹쳐 데칸 지방의 농민에게 가해진 부담은 엄청났다. 언제나 기근의 경계선에서 살아가던 가난한 농민들은 생활비의 인상, 세금의 증가, 낮은 노임 및 흉작 때문에 최저의 비참한 생활을 유지해 갈 뿐이었다.

같은 바이샤 카스트에 속하면서도 농민들이 토지를 빼앗기고 참담하게 몰락한 것과는 대조적으로 바니아는 경제사회적 지위가 크게 상승했다. 그러자 농민과 바니아의 반목이 점점 첨예해졌다. 데칸 폭동은 농민의 자발적인 폭동이었다. 가난한 농민들은 뚜렷한 목적이나 조직도 없이 충동적으로 행동했다. 폭동은 뿌나, 아메드나가르, 사따라 및 솔라뿌르 지역의 여러 마을로 광범하게 전파되었다. 폭동에 가담한 사람들은 대개 가난한 농민, 마을 장인들 그리고 토지 없는 농업 노동자들이었다. 농민들이 바니아의 집과 상점을 불태우고 바니아가 보관하고 있는 계약서, 동의서 및 다른 법률 문서를 빼앗아 파기해 버렸다. 신체적인 폭력은 거의 없었지만 농민을 수탈하기 위해 사용했던 법률 문서의 양도를 거부할 때는 폭력을 행사했다. 당국은 물론 탄압 조치를 선택했으며, 폭도의 마을에는 공동의 벌금을 부과하고 약 1000여 명을 체포했다. 폭동을 진압하는 데 3주일이나 걸렸다.[24]

데칸 폭동의 결과로 나타난 농민에 대한 회유책이 데칸 농업구제법(1879년)이었다. 이 법은 모든 대부 계약 서류는 부락 서기나 또는 필요할 경우 법원의 감독을 받도록 요구했다. 이 조치는 바니아의 협잡을

---

24 L. Natarajan, *Peasant Uprisings in India 1850~1900*(Bombay, 1953), pp. 60~61.

1 인도 농민운동의 성격

줄이는 데는 다소 도움을 주었지만 현금의 위력을 손에 쥐고 휘두르는 '새로운 폭군'인 대금업자들의 자의적인 횡포를 꺾지는 못했다. 가난한 농민이 돈을 빌릴 수 있는 또 다른 원천이 없었기 때문이다.

데칸과 마찬가지로 펀잡에서도 심각한 농민 소요를 경험했다. 펀잡 지방의 토지 제도는 이론적으로는 농민 소유를 강조하고 있었지만 실제로는 경작지의 약 2분의 1이 아무 때고 축출해 버릴 수 있는 임의 소작인에 의해 경작되고 있었으며, 그들은 소출의 50퍼센트를 지대로 지불해야만 했다. 가난한 농민들은 엄청난 경제적 부담에 직면했는데 1874년에는 펀잡에서 저당잡힌 땅이 100만 에이커였지만 1891년에 가면 400만 에이커에 이르렀다.[25] 가난한 경작자들의 채무 압박으로 토지가 대금업자들에게 넘어감에 따라 농촌 사회의 형편이 크게 악화되었으며 이러한 불안은 곧 영국 지배의 정치적 안정을 위협했다.

농촌의 계급 대립이 악화하고 있는 것을 우려한 영국 관리가 정부 당국에 산탈 소요나 데칸 폭동의 위험성을 경고했으나 당장의 예비 조치는 없었다. 총독부가 뒤늦게야 위험성을 인지하고 대책을 마련한 것이 1900년의 펀잡 토지양도법안의 통과였다. 이 법의 의도는 토지가 대금업자와 같은 농민 아닌 계층에게로 넘어가는 것을 방지함으로써 농업용 토지의 가격을 올려 경작자들의 경제적 형편을 호전시키려는 데 있었다.

펀잡 지방의 민족 지도자들은 토지양도법의 목표가 성공할 가능성이 없다며 반대했다. 농촌 지역에서 대금업자들이 돈을 제공해 주는 유일한 원천인 현실에서 대부를 축소하는 것은 궁극적으로 지가를 하락시킬 것이라는 생각에서였다. 펀잡 토지양도법의 효과는 데칸 농업구제법의 결과와 유사하게 나타났다. 펀잡 토지양도법은 농민에게 아무

25 S. Patel, *Agricultural Labourers in Modern India and Pakistan*(Bombay, 1982). p. 58.

런 이익을 가져다 주지 못했을 뿐 아니라 대금업자들이 대부금을 제한하여 지가를 떨어뜨릴 수 있었으므로 대금업자들의 경제적 힘을 축소할 수도 없었다. 이 법률적 보장책도 경작자들로부터 토지가 비경작자에게로 넘어가는 것을 막을 수 없었다. 직업적인 대금업자들이 이제 농업대금업자들에 의해 대체되었는데, 새로운 농업대금업자들이란 사람들은 많은 토지를 가지고 있으면서 가난한 소작인들에게 경작하도록 임대하는 사람들이었다. 그들은 돈도 빌려 주면서 더 많은 토지를 사기 위하여 잉여 자본을 투자할 수 있었으므로 더욱 부유해져 갔다. 데칸 지방에서와 마찬가지로 농민구제법이 또 한 번 편잡의 가난한 농민들을 고리대금업과 토지 수탈의 독수(毒手)에 걸려들게 만들어 버렸다.

편잡 지방에서는 특히 라왈핀디의 주민들이 지대의 인상으로 큰 영향을 받고 있었다. 이 지역 민족주의운동의 지도자인 아지트 싱(Ajit Singh)은 토지세가 다시 인하될 때까지 농민들에게 경작을 중단하라고 호소하면서 폭력적 소요를 촉구했다. 1907년 봄에 일어난 소요에는 정부와 개인 업체에 고용된 노동자들까지 참여해 대규모 농민운동으로 확대되었다. 군중은 폭력에 호소하여 기독교회와 선교사 건물을 파괴하고 유럽인들의 가옥을 습격했다. 정부 당국도 강경 진압책으로 맞서 저명한 변호사 3명을 포함하여 60명을 구속했으며 그 가운데 5명은 기소되어 3~7년형을 받았다.[26]

편잡 지방의 소요는 단순한 농민 폭동이 아니라 과격한 민족주의운동과 밀접하게 관련되어 있었다. 당시 호전적인 민족주의운동 내지 폭력파의 활동이 가장 두드러진 곳은 영령인도의 중심지인 벵골 지방과 데칸 지방의 뿌나, 그리고 편잡 지방이었다. 벵골 지방에서는 스와데시 운동이 일어났고, 뿌나와 편잡 지방의 소요는 그곳 출신의 탁월한 민족

---

26 R. C. Majumdar, *op. cit.*, pp. 253~254.

지도자의 영향을 받고 있었다. 뿌나는 과격파의 대표적 인물인 틸락의 활동 무대였으며, 편잡은 역시 과격파 지도자인 라지파트 라이의 세력 근거지였다.

총독부도 영국 정부의 인도상에게 보낸 보고서에서 편잡 지방에 조직적인 선동 단체가 활동하고 있다며 "편잡주민들은 정부의 세금, 수세(水稅) 등의 납부를 유예하고, 정부 관리들의 여행에 마차 등의 편의를 제공하지 않도록 요구받고 있으며, 원주민의 군인과 경찰은 반역자로 조롱받고 있다."[27]라고 지적했다. 라호르와 암리차르 등지에서는 고위 관리의 살해와 영국인에 대한 공격이 공공연하게 촉구되고 있었는데 이러한 선전은 종교개혁 단체로서 과격한 민족의식을 고취하고 있던 아리아 사마자가 인도한다고 보았던 것이 총독부의 견해였다. 정부는 라지파트 라이를 이 과격한 운동의 중심인물로, 아지트 싱을 그의 대리인으로 지목했다.

4 맺음말

인도의 농민운동은 과격한 혁명적인 농민 폭동과는 거리가 있었다. 물론 인도에서도 간헐적으로 농민 폭동이 있었지만 과격한 형태로 나타났을 때는 농민의 불만과 어려운 처지를 개선해 보겠다는 생각보다는 종교적 요인과 결부된 경우가 대부분이었다. 대폭동에서도 상당수의 농민이 가담했지만 그들은 농민의 비참한 현실을 타개하겠다는 절박한 이유보다는 영국의 대인도 정책이 인도인들의 종교와 전통적인 사회적 관습을 더럽힐 것이라는 우려에서 나온 것이었다.

---

27 *Ibid.*, p. 255.

영국의 점진적이고 합법적인 개혁이라는 정치적 전통이 인도의 농민운동이 과격한 형태로 줄달음치는 것을 억제하는 효과를 가져왔을 가능성을 배제할 수 없다. 영국 정부의 인도에 대한 제국주의 정책에서도 지방자치제의 도입과 인도통치법의 개혁 등을 통해 볼 수 있는 바와 같이 영국의 정치적 전통을 반영했다. 영어 교육 정책의 산물이었던 인도국민회의가 신흥 교육 중간 계급으로 구성되어 있었고, 이들이 인도의 민족주의운동이나 독립운동을 추진해 나가는 마당에 농민운동이 과격한 형태로 표출되는 것은 기대하기 어려웠다. 국민회의 자체가 인도 국민 대중의 반영 감정이 거세게 폭발하는 것을 막아 주는 안전판으로 계획되어 영국 정부에 대한 충성 집단으로 출발했으며 나중에 국민회의의 성격이 크게 변질된 것은 사실이지만 그러나 결코 혁명적인 압력 단체는 못 되었기 때문이다.

1 인도 농민운동의 성격

2 농민운동과 독립운동 단체들과의 관계

인도는 예로부터 농업 국가였으며 인도 국민은 농작물을 제대로 거둘 때는 생계를 유지할 수 있었지만 강우의 부족으로 흉작이 오면 수백만 명이 아사하는 일이 예사였다. '영국의 평화'가 지속되는 통치 기간에도 농민의 처지는 전혀 개선되지 않았으며 새로운 지배자인 영국인도 결국은 또 다른 수탈자에 지나지 않았다. 어려운 환경 속에서도 농민은 자신들의 비참한 처지를 개선하려는 부단한 노력을 보였으며 헌신적인 지도자가 나타나 농민운동을 활발하게 추진하기도 했다. 농민운동의 형태는 점진적이고 온건한 노선을 견지하기도 했지만 어떤 때는 폭동으로 나타나기도 했다.

간디가 주도하는 인도 독립운동은 범국민적 애국운동으로 전개되었으며 농민들의 참여는 특히 열성적이었다. 국민 다수가 참여하는 반제국주의 투쟁의 대중적 기반은 농민이었으며, 따라서 농민의 역할은 더욱 눈에 띄게 나타났다. 간디와 인도국민회의의 노선이 다를 바 없었지만 이들이 이끌어 가는 인도 독립운동의 주류에서 볼 때 농민운동은 어떤 역할을 했으며 그 관계는 어떠했는가? 또 농민운동과 급진주의 세력, 더 나아가 인도공산당과의 관계는 어떠했는가?

1 농민협회의 성립과 그 활동

국민회의는 교육받은 중간 계급의 모임이었다. 국민회의 대표들은 일반 대중의 어려움이 무엇이고 그들이 원하는 것은 무엇인가는 크게 관심을 보이지 않았다. 국민회의의 활동은 간디의 출현으로 전국적 대중운동으로 변모했다. 간디가 남아프리카의 인도인 노동자들이 겪는 비참한 인종 차별에 항거하여 투쟁하다가 귀국한 것은 1915년이었다. 간디는 자신이 남아프리카에서 터득한 사티아그라하운동을 직접 인도의 농민 및 노동자 문제에 적용했다.

간디는 인도 민족주의와 사회 재건 문제를 처음으로 일반 대중의 관점에서 바라본 인물이었다. 또한 그는 지금까지 국민회의가 무시해 왔던 수백만 수천만의 농민들을 참여시키지 않고는 어떠한 반제국주의 투쟁도 성공할 수 없다는 점을 간파했다. 간디는 지금까지 정치 세력권 밖에 존재해 왔던 농민 대중을 효과적으로 동원하여 엘리트 주도의 민족주의운동에 접목시켰다.

1920년에 간디의 대규모 사티아그라하운동인 비폭력 비협조운동이 일어나기 전에도 여러 곳에서 농민의 불만이 표출되었다. 구자라트에서 발라바이 빠텔의 주도 아래 농민운동이 시작되었지만 보다 적극적인 활동을 보인 곳은 유나이티드 프로빈시스(우따르 프라데시)와 비하르주였다.

말라비야가 알라하바드에서 농촌 문제의 대의를 내세우면서 농민협회를 조직했다. 말라비야가 농촌 문제에 관심을 갖게 된 것은 자치운동에 참여했던 것이 계기가 되었지만 이는 농민에 대해 냉담했던 국민회의가 농민과 접촉하는 것이 정치적으로 매우 중요하다는 것을 깨달은 결과이기도 했다. 유나이티드 프로빈시스에서 더욱 적극적으로 농민운동을 추진한 인물은 라가브 다스(Baba Raghav Das)와 람찬드라(Baba

Ramchandra) 그리고 자와할랄 네루 등이었다.

특히 네루는 1916년 이후 유나이티드 프로빈시스의 국민회의와 자치연맹에서 활동해 왔다. 네루가 농민들과 효과적인 접촉을 갖기 시작한 것은 1920년 여름이었다. 이때 자치운동을 적극적으로 추진하기 위해 또 비폭력 비협조운동을 추진하는 국민회의를 돕기 위해, 농민 대중의 협조를 확보하려는 두 개의 농민협회가 설립되었다. 탄돈 (Purushottamdas Tandon)이 이끄는 유나이티드 프로빈시스 농민협회와 자와할랄 네루가 주도하는 오우드 농민협회가 그것이었다. 다음 해에 유나이티드 프로빈시스 국민회의는 자와할랄의 부친인 모틸랄 네루를 의장으로 하는 또 하나의 새로운 유나이티드 프로빈시스 농민협회를 조직했다. 이는 말할 것도 없이 탄돈파를 의도적으로 약화시켜 하나로 통합하려는 시도였다.

오우드 농민협회는 적극적이며 구체적인 활동 목표를 다짐했다. 자와할랄 네루의 도움을 얻어 작성된 이 농민협회의 규약은 회원으로 하여금 다음 네 개 항을 엄숙하게 지키도록 지시했다. 첫째, 동료 소작인이 축출된 토지는 경작하지 않는다. 둘째, 지대 이외의 어떤 다른 불법적 징수금도 납부하지 않으며 임금을 받지 않는 강제 노역을 하지 않는다. 셋째, 위의 사항을 위반하는 농민은 사회적으로 따돌려서 배척한다. 넷째, 농민의 불화 반목은 빤차야트를 통하여 해결한다.[1]

오우드 농민협회의 성립은 국민회의에게는 하나의 성공이었다. 불과 한 달의 짧은 기간에 오우드 농민협회에 흡수되어 온 조그마한 농민협회의 수효는 330개에 이르렀다.[2] 따라서 유나이티드 프로빈시스의 국민회의는 간디의 비협조운동의 노선으로 농민들을 규합할 수 있는

---

1 Kapil Kumar, *Peasants in Revolt*, p. 106.
2 *Ibid.*

하나의 조직체를 갖게 되었다. 국민회의는 지방 입법의회 선거에서 특정 후보자들을 지지하기도 하고 혹은 선거를 배척하기도 했다. 투표장에 나갔던 농민들이 투표하지 말라는 간디의 명령에 따라 발길을 돌리기도 했다.

1921~1922년의 오우드 농민 소요에 참여한 농민들은 두 개의 집단으로 분류할 수 있었다. 첫 번째 경우는 소작인들이 지주들의 부당한 요구에 대항하면서 정부에 적절한 개혁을 추진하도록 압력을 가함으로써 토지 점유권을 확보하려고 하였다. 유나이티드 프로빈시스 입법의회가 이 요구를 지지하고 나섰다. 다른 경우의 농민 소요는 매우 적극적인 성격으로 폭력으로 지주들을 공격했다. 꽤 많은 토지를 보유한 소작인들은 시장에 내다 팔 만큼 곡물을 생산했지만 잉여 생산물은 지대가 급격히 상승함에 따라 상쇄되어 버렸으므로 이들도 불만 세력으로 활동했다.

농민 소요에는 3000명에서 1만 명에 이르는 농민들이 가담했는데 그들은 탈루크다르의 곡식을 망쳐 버리고 재산을 파괴했으며 시장, 특히 악덕의 상인과 대금업자들이 소유하고 있는 상점을 약탈했다. 어떤 경우는 구속된 농민 지도자들을 석방하려고 시도하자 경찰이 발포했고, 10명의 농민들이 사망했다. 농민협회가 효과적으로 활동하고 있었던 지역에서는 농민들이 빤차야트를 조직하여 약탈에 가담했던 사람들을 재판하기도 했다.[3]

인도의 지주들이 농민을 억압하고 정부에 적극적인 지지를 보내고 있는데도 농민들이 이 지주들에 대항하여 거칠게 투쟁하는 것은 간디의 투쟁 논리에 위배되는 것이었다. 오우드를 방문했던 간디는 그곳을

---

3 D. N. Dhangare, *Peasant Movements in India 1920~1950*(Oxford University Press, 1983), p. 118.

2 농민운동과 독립운동 단체들과의 관계

떠나기 전에 농민에게 서면으로 된 지시문을 발표했는데 그 내용은 비폭력을 철저히 고수할 것, 지주에 대한 봉사를 계속할 것, 정부와 지주로부터 부과된 세금과 지대를 거부하지 말 것, 네루 부자의 충고를 따를 것, 정부의 모든 명령을 따를 것, 기차 운행을 중단시키거나 차표 없이 억지를 부리면서 승차하지 말 것, 농민 지도자들의 체포를 방해하지 말 것, 힌두와 무슬림 사이의 화합을 증진할 것 등을 포함하고 있었다.[4]

간디의 이와 같은 지시는 분명히 농민들의 활동을 제약하려는 의도를 보이고 있었다. 간디는 때가 왔을 때는 주저 없이 정부에 대한 세금을 불납하도록 권고했지만 그는 비협조운동의 어느 단계에서도 농민이 자민다르에게 지대를 납부하지 않는 것을 원치 않았다. 국민회의 활동에 참여했던 나렌드라 데바(Acharya Narendra Deva)는 "국민회의는 투쟁할 때 농민들의 협조를 간절히 원하면서도 농민의 경제적 요구를 위해 투쟁할 마음은 갖고 있지 않다."라고 한탄했으며, 모틸랄 네루도 농민운동이 지지부진한 것은 "그들을 장악하고 있는 비협조운동가들의 부단한 행동 때문이다."라고 실토했다.[5] 비협조운동가들이 농민운동에 매우 깊숙이 침투해 들어갔기 때문에 농민협회와 국민회의 사이를 뚜렷이 구별하는 것이 쉽지 않게 되어 버렸다.

비하르주에서도 지주에 대항하는 농민운동의 지도자로 비드야난드(Swami Vidyanand)가 활동했는데, 그는 간디의 행동을 모델로 하는 듯이 보였다. 간디는 공개적으로 그와의 연관성을 인정한 일이 없지만 비드야난드는 간디를 거명하면서 1920년의 비하르주의회 선거에서 농민후보자를 내세워 4개의 선거구에서 승리했다. 비하르주의 농민들은 튼튼한 정당을 구성하고 76석의 주의회에서 45석을 차지함으로써 분명한

---

4 Kapil Kumar, *Peasants in Revolt*, p. 164.

5 *Ibid*, pp. 164~165.

농민 정당의 실체로 떠올랐다. 비드야난드가 중심인 이 농민 정당은 북 (北)바갈푸르와 북동 다르방가 등지에서는 3분의 2 이상의 득표율을 올려 농민들의 정치의식이 급신장하고 있음을 보여 주었다.[6]

농민협회의 활동은 비하르주에서 가장 모범적이었다. 지역 농민 조직 가운데서 단연코 가장 중요한 집단은 비하르 농민협회였으며 이는 인도 전국농민협회의 출현을 가능케 했다. 비하르주의 열정적인 농민 지도자는 사하자난드 사라스와티(Swami Sahajanand Saraswati)였다. 사하자난드는 1927년 말에 빠트나의 비흐타에 농민협회를 비공식적으로 조직했고, 이 단체는 다음 해 초부터 공식적으로 출범했다. 비흐타 부근의 마사우라 마을은 자민다르의 횡포가 혹심한 곳으로 알려져 있었다. 자민다르들은 해마다 소출과 지대를 자의적으로 결정했을 뿐만 아니라 법정에 설 때는 기록들을 위조했다. 결과적으로 소작인들은 점차 토지를 빼앗겼으며 지대의 요구액을 충당하기 위해 그들의 가축을 팔아야 했다. 심지어 최악의 경우에는 딸까지 팔아야 했다.

사하자난드는 이곳 농민들의 형편을 살펴보고 "마사우라 마을의 상황은 폭약 창고를 폭파해 버릴 수 있는 조그마한 점화 장치"[7]라고 결론지었다. 그는 지주와 농민 사이의 불화를 조정할 수 있는 조직으로 농민협회를 설립키로 결심했는데, 그 농민협회의 활동 범위는 빠트나에만 국한하기로 했다. 그의 표현을 빌리면 "농민협회의 설립 목적은 농민의 어려움을 오직 항의나 선전을 통하여 구제하고, 절박한 농민과 자민다르 사이의 충돌의 가능성을 제거하기 위한 것"[8]이었다. 따라서 농민협회는 시골에 팽배한 긴장이 폭발하는 것을 예방하기 위해 조직

---

6 A. N. Das, *Agrarian Unrest and Socio-Economic Change in Bihar 1900~1980*(New Delhi, 1993), p. 82.

7 *Ibid.,* p. 89.

8 *Ibid.,* p. 90.

되었으며, 사하자난드가 규정한 대로 이 조직은 지주의 적대 세력이 아니라 계급 사이의 철두철미한 조정자를 자처하고 출발했다.

사하자난드는 인도가 낳은 가장 훌륭한 농민운동가 가운데 한 사람이었다. 그는 브라만 계급 출신이었으나 빈곤한 가세 때문에 고등교육은 받지 못했다. 할아버지 때만 해도 자민다르의 수입이 조금 있었으나 아버지 때부터 소작 경작이 생계 수단이 되었다. 사하자난드는 국민회의에서 간디의 추종자로 출발했다. 그는 간디가 비폭력 비협조운동을 추진하고 나섰을 때 독립운동에 뛰어들었다. 사하자난드는 처음에는 농민 문제를 개혁을 통해서만 해결하려 했으므로 1920년대까지는 충실한 간디의 추종자로 남아 있었다.

지역 국민회의 지도자들이 사하자난드의 이념에 동조하여 비하르주 농민협회(BPKS)를 설립하였다. 사하자난드가 회장이었고 사무총장은 나중에 비하르주의 내각 수반이 된 크리슈나 싱(Krishna Singh)이 맡았다. 눈에 띈 것은 간디의 충직한 추종자인 라젠드라 프라사드가 핵심 인물로 활동하고 있다는 점인데 그는 인도가 독립한 후 초대 대통령이 된 사람이다. 그렇지만 간디가 인도에서는 처음으로 비하르주의 참파란에서 보여 준 사티아그라하운동에서 주요한 역할을 했던 키쇼르 프라사드(Braj Kishore Prasad)는 이 농민협회를 매우 의심스러운 눈초리로 바라보면서 이 농민운동 단체의 지도부에 참여하기를 거부했다. 그의 사위인 유명한 독립운동가 자야프라카스 나라얀도 농민협회의 설립을 반대했다. 농민협회의 성립이 국민회의의 활동을 약화시킬 것이라는 우려 때문이었다. 국민회의에서 활동하는 대부분의 사람들이 농민이므로 국민회의야말로 진정한 농민협회라는 것이 그들의 주장이었으며, 농민협회의 성립은 반드시 언젠가는 국민회의를 위협할 것이라고 그들은 예견했다.

비하르주 농민협회라는 대규모 단체가 공식적으로 출범한 것은

1929년이었지만 사실은 하나의 강력한 조직이기보다는 하나의 운동이었다고 말하는 것이 적절한 표현이다. 이 농민협회는 적어도 그 초기에는 이념, 강령, 선전 구호 등 모든 것이 모호하기 이를 데 없었다. 이 농민협회가 조직되자마자 곧 시민불복종운동에 휘말려 들어갔다. 물론 시민불복종운동이 인도 농민 대중의 전체적인 민족의식 내지 투쟁 의식을 크게 고취시켰지만 다른 한편 농민협회의 지도자들이 조직을 견고하게 공식화할 기회를 빼앗아 버린 것도 사실이다. 시민불복종운동에 참여한 사람들을 중심으로 농민협회와 국민회의에서 불화의 기운이 나타나기도 했다.

사하자난드는 농민협회와 국민회의 사이의 불화의 기운에 환멸을 느끼고 몇 년 동안 소극적인 태도를 보였으나, 지주들이 권익을 옹호하기 위해 연대 움직임을 보이자 다시 농민운동에 뛰어들었다. 수많은 집회와 시위를 계속하던 비하르주 농민협회가 조직화된 것은 1934년 이후였다. 2년이 지나 보완된 농민협회의 규약은 농민의 기본권을 획득한다는 내용을 담고 있었다. '농민은 경작지의 주인이다', '토지는 경작자에게'라는 문구가 있었다.

농민협회가 규정한 농민의 성격에도 혼란이 있었다. 농민협회의 성립 당시에는 농민을 생계의 제1원천이 농업인 사람으로 규정했으며, 1936년에 사하자난드가 작성한 선언에서는 "농민은 그리하스타 (grihastha), 즉 그의 생계를 경작과 농업에 의해 유지하는 사람으로서 소지주, 소작인 및 밭을 갈아 임금을 얻는 노동자들"[9]이라고 규정했다. 농민의 성격이 다른 의미로 규정된 것은 아니었다. 다만 농민협회가 노동자를 특별히 언급한 것은 농업 노동자들이 분리된 조직을 창설함으로써 노동자와 소작인 사이에 반목이 일어나는 것과 소작인들이 농업

---

9 *Ibid*, pp. 136~137.

2 농민운동과 독립운동 단체들과의 관계

노동자들을 억압하는 것을 원치 않았기 때문이다. 사하자난드는 가난한 농민과 농업 노동자는 처지가 비슷하여 경계선을 그을 수 없으므로 그들은 함께 투쟁할 수 있다고 보았다.

인도의 농민운동가들이 농민 세력을 규합하여 효과적인 투쟁 활동을 전개할 때, 산업노동자 세력과의 연대를 모색했을 개연성은 충분히 있다. 농민이나 산업노동자가 지주나 자본가에 대항하여 투쟁을 전개할 때는 농민과 노동자가 서로 잠정적인 협력자가 될 수 있다고 기대할 만하다. 농민과 노동자는 착취당하고 소외된 계층이라는 면에서 동류로 생각될 수 있으며, 농민이 토지를 잃으면 농촌 노동자나 도시의 산업 노동자로 전락하기 때문이다. 그러나 역사적으로 볼 때 농민과 노동자가 공통적인 이해관계와 정치적 동질성을 가지고 일사불란하게 연대하여 투쟁한 경우는 흔치 않았다.

비하르주 농민협회가 보여 준 대표적인 농민 투쟁은 바라히야 마을에서의 바카스트(Bakasht)운동이었다. 바라히야 마을은 때로는 홍수로 인해 황량한 벌판으로 변하기도 하지만 갠지스 강의 범람이 가져온 비옥한 검은 충적토는 봄 작물을 위해서는 좋은 땅이었다. 수천 에이커에 이르는 이 땅이 농민들의 생활 터전이었다. 지대를 납부하지 못할 때 농민들의 토지는 자민다르의 소유로 넘어갔는데, 이것이 바카스트 토지로 알려진 것이었다. 원래의 토지 소유자였던 농민들은 자신의 토지에서 이제 반타작 소작인으로 전락하거나 그러한 지위도 확보하지 못했다. 임차법은 바카스트 토지에 대한 점유권을 자신이 직접 경작하고 있다는 것을 증명할 수 있는 농민에게만 부여했으므로 이를 피하기 위해 자민다르들은 해마다 소작인을 이 땅에서 저 땅으로 바꿔 보내기가 일쑤였다. 자민다르들은 소출의 반 이상과 밀짚까지 차지했으면서도 농민들이 점유권을 주장하는 문서로 사용할까 봐 어떠한 영수증도 남기지 않았다.

1930년대 중엽부터 카르야난드 샤르마(Karyanand Sharma) 등이 중심이 되어 농민들을 규합했으며 그 조직은 8개 마을에서 40개 마을로 확대되었다. 농민들은 원래의 그들의 토지에 새로운 지주의 눈치를 보지 않고 마구 씨앗을 뿌려 나갔다. 곧 자민다르들이 당국의 간섭을 요청함으로써 군경이 파견되었다. 농민들은 농민회(Sammelon)를 조직했으며 여러 지역에서 모여든 농민들이 지주의 동의 없이 스스로 곡식을 거두었다. 오랜 투쟁 과정에서 많은 충돌이 있었으며 수십 명의 농민이 사망하고 많은 사람들이 부상했다. 카르야난드를 비롯한 약 500명의 농민들이 구속되었지만 농민운동의 열의는 식지 않았다.

바카스트운동에는 국민회의의 급진주의자 및 사회주의자와 공산주의자들이 적극적으로 참여했다. 그들은 비하르주 농민협회의 이름 아래 연합하여 활동했다. 1940년대에 가면 그들 사이에 분열이 일어나기도 하지만 바카스트운동에서는 특히 공산주의자들의 활동이 두드러졌다. 공산주의자들은 바카스트 토지에 붉은 깃발을 꽂기도 하고 실제 경작자가 토지의 주인이라는 것을 강조했다. 바카스트운동에 적극 참여한 공산주의 지도자 아자드(B. K. Azad) 등은 소작 농민들로 하여금 소출의 4분의 1만 자민다르에게 납부하고 4분의 3은 경작자가 차지하라고 선동하기도 했다.[10]

자민다르들은 정부의 미온적인 태도에 불만을 갖고 라젠드라 프라사드 등의 국민회의 지도자들에게 해결책을 호소했다. 지역 국민회의 지도자들은 자의적으로 5인 위원회를 조직했는데 3명이 자민다르였다. 그러나 이 위원회도 토지의 일부는 농민에게 주어져야 한다는 의견을 보였다.[11]

---

10 C. Palit ed., *Revolt Studies*, II(Calcutta, 1993), pp.188~189.

11 A. N. Das, *op. cit.*, p. 133.

2 농민운동과 독립운동 단체들과의 관계

카르야난드 등은 복역하면서도 굴복하지 않았으며 농민들은 토지를 점령하고 투쟁을 계속했다. 농민들의 우격다짐의 경작과 지주·농민 사이의 충돌 그리고 경찰의 간섭이 계속되었다. 농민 투쟁은 2차 세계 대전 이후까지 계속되었지만 자민다르 제도가 철폐됨으로써 문제는 해결되었다. 옛날의 경작자들이 바라히야 마을의 주인이 되었으며 어떤 사람들은 부유한 농민이 되었다. 바카스트운동은 비하르주 공산당의 토대를 마련했으며 그들 농민들이 인도공산당(CPI)의 무시 못할 세력을 형성해 오고 있는 것도 사실이다.

2 농민운동과 국민회의와의 관계

유나이티드 프로빈시스의 국민회의는 효율적인 힘을 가진 조직체가 못되었다. 이 지역의 국민회의는 도시 중산층과 토지를 소유한 엘리트들로 구성되어 있었다. 연례 국민회의의 전국 대회에 참석하는 상당수의 대표들은 지주와 상공인과 자유직에 속한 사람들이었다. 그러나 입법의회에 참여하는 사람들 대부분은 대지주인 탈루크다르였다.[12] 그들은 이 지역의 전통적인 징세 청부업자이며 대지주로서의 권세를 누려 왔으며, 대폭동이 일어났을 때는 원주민에 대한 막강한 영향력에 놀라 영국 정부가 오히려 그들을 '주민의 지도자'로 인정해 주고 말았다. 유나이티드 프로빈시스의 국민회의는 입법의회에 실제적인 힘을 갖지 못했으므로 그들 자신에게는 말할 것도 없거니와 농민을 보호하는 영향력도 전혀 보여 주지 못했다.

네루 부자의 유나이티드 프로빈시스와 오우드의 농민협회 활동은 성

---

12 D. N. Dhanagare, *op. cit.*, p. 116.

공적이었다. 네루 이전에 말라비야가 농민의 정치적 관심을 고조시키기 위해 농민협회를 설립했지만 그 활동 영역은 알라하바드 주변에 국한했으며 실제적인 관심은 상층 카스트인 브라만과 라지푸트 소작인과 소(小)자민다르에 한정되었을 뿐이었다.[13] 따라서 네루의 농민운동과 함께 유나이티드 프로빈시스의 국민회의는 간디의 비협조운동의 노선으로 농민들을 규합해 나갈 수 있는 하나의 조직을 갖게 되었다.

자와할랄 네루가 농민 문제에 직접적으로 접한 것은 1920년 6월이었다. 프라탑가르 지역에서 약 200명의 농민들이 그들의 어려운 처지에 대해 국민회의의 관심을 불러오기 위하여 알라하바드까지 행진하는 사건이 있었는데 이는 다음 해의 라에바레리와 파이자바드 지역의 농민 소요로 이어졌다.

간디가 국민회의 활동을 시작하면서부터 국민회의가 주도한 자유 투쟁 운동에는 농민들이 대거 가담했다. 간디는 네루가 이끄는 젊은 급진주의자들의 행동을 완화시키면서 온건한 개혁주의자로서의 인상을 보여 주었다. 간디는 보수적인 농지 보호자로서 지주 계층의 이익을 대변하는 듯이 보였다. 간디가 인도에서의 첫 번째 사티아그라하운동을 전개했고 농민운동이 가장 활발했던 비하르주에서는 국민회의는 말할 것도 없거니와 농민운동은 완전히 간디주의자들의 수중에 놓여 있었다. 그들은 농민들이 지대 불납 운동과 같은 적극적인 농민운동을 전개하려 했을 때 이를 반대했다. 비하르주에서의 간디의 대변자 라젠드라 프라사드는 "농민들이 그들의 비참한 현실을 논의하는 것은 나쁠 것이 없지만 그래도 농민은 자신들의 오늘을 있게 만든 지주와의 관계를 유지해야만 한다. 농민들은 지대를 납부하지 말도록 이야기하는 사람들에게 귀를 기울여서는 안 되며, 그들의 지주들과 어떠한 마찰도 불러

---

13 *Ibid.*, p. 117.

일으켜서는 안 된다."[14]라고 강조했다.

유나이티드 프로빈시스 주 정부는 임차법을 개정하여 농민 보유의 법정 기한을 10년으로 정하는 등 약간의 개혁을 이루었으나 근본적인 농촌 구조와 계급 관계에는 전혀 변함이 없었다. 세계적인 대공황은 인도의 농촌에도 영향을 미쳤지만 그 파급 효과는 다양하게 나타났다. 부재 지주와 상당한 토지를 소유하고 있는 사람들은 처음에는 심각한 타격을 받지 않은 듯 보였지만 농민들이 지대를 납부하지 못하자 곤경에 빠져들었다. 농촌 노동자들은 극도로 처참한 상태에 있었으므로 그들의 처지가 더 이상 악화되거나 개선될 가능성도 없었다. 가장 심하게 타격을 받은 계층이 잘사는 농민, 즉 중간 계층의 농민들이었다. 그들은 시장과 연결되어 있었으므로 가격 변동에 가장 민감하게 영향을 받는 사람들이었다. 가격 하락은 그들에게 가장 큰 영향을 주어 그들을 농촌에서 가장 큰 채무 집단으로 만들어 버렸다. 지대의 체납 때문에 농토에서 축출되는 사례가 빈번했는데 이에 관련된 소송 사건이 오우드 지방에서만 1926~1927년에는 2만 4061건이었던 것이 1930~1931년에는 3만 1383건으로 급증했다.[15]

자와할랄 네루는 1927~1928년에 소련을 잠시 방문한 후 농촌 문제에 훨씬 급진적인 태도를 보였다. 불경기에 따른 가격의 하락으로 농민이 겪는 불만을 적절히 이용하려고 계획했다. 농민들을 분기시켜 대중운동으로 몰아가는 것이었다. 네루는 국민회의 내에 좌파를 규합하여 1930년 초에 오우드에서 지대불납운동을 시작했는데, 오우드는 자민다르 제도가 확고하게 자리 잡고 있는 지역으로서 봉건적이고 수탈 형태가 가장 심한 농촌 구조를 갖고 있었다. 지주 계급이 정부와 연대하고

---

14 A. N. Das, *op. cit.*, p. 146.
15 D. N. Dhanagare, *op. cit.*, p. 120.

있었으므로 네루로서는 침묵을 지킬 수도 없는 입장이었다. 이곳의 농민운동은 국민회의가 중심이 되었던 간디의 전국적인 규모의 시민불복종운동보다 2~3개월 앞섰다.

모틸랄 네루의 영향을 받아 라에바레리에서 시작되었던 지대불납운동은 아들 자와할랄에 의해 활성화되었다. 자와할랄은 일련의 농민집회에서 소작인들로 하여금 인상된 지대를 지주에게 납부하지 말도록 촉구했다. 유나이티드 프로빈시스 국민회의위원회는 네루의 행동을 지지하여 자민다르와 그들의 소작인에게 각각 세금 수금액과 인상된 지대의 납부를 유보하도록 설득하고 나섰다. 국민회의는 두 계급에게 호소했지만 농민들은 지대를 납부하지 않았고, 자민다르는 징수액을 정부에 납부함으로써 네루의 농민운동에 동조하지 않았다. 따라서 이 지역의 지대불납운동은 하층민에게만 영향을 주었다.

2차 원탁회의에 참석하고 귀국한 후 간디가 구속되었을 때 시민불복종운동이 재연되었다. 영국 상품에 대한 불매운동이 확산되고 농민들의 지대불납운동이 또 일어났다. 유나이티드 프로빈시스에서도 도시와 농촌에서 국민회의의 주도 아래 저항운동이 활발히 전개되었다. 반년 동안에 국민회의 지원자들이 유나이티드 프로빈시스에서만 1만여 명이 유죄 판결을 받았다. 1932년 3월에 역시 정치적 행위로 유죄판결을 받은 2004명 가운데 약 70퍼센트인 1397명이 소작인과 토지가 없는 노동자들이었다.[16]

국민회의 지도부에서는 농민들의 정치적 권리는 인정하면서도 네루 등이 환영했던 바의 농민운동을 계급 문제화 혹은 사회 문제화하는 것은 좋아하지 않았다. 이와 같은 분위기 속에서 지주나 정부 당국은 농민들의 감정이 격렬하게 폭발할 가능성은 없다고 안심할 수 있었다.

---

16 *Ibid.*, p. 122.

2 농민운동과 독립운동 단체들과의 관계

국민회의의 온건한 입장 때문만이 아니라 국민회의 지도자들이 지주 계급이었으므로 계급 반목이 일어날 수 없었으며 라젠드라 프라사드 등의 지도자들은 젊은이들에게 결정적인 영향력을 행사하고 있었다.

당시 시골에서 농민운동을 이끌고 있던 지도층 인사들은 두 계열로 나눌 수 있었다. 첫째는 미스라(Gauri Shankar Misra)와 같은 사람들로서 대개는 도시 중산층 출신이었다. 미스라는 변호사로서 농민들의 비참한 현실에 직업적인 관심을 가지고 있었다. 미스라 등의 농민 지도자들은 간디의 정치적 이념에 영향을 받은 사람들로서 농민들이 반란에 휩쓸리지 말도록 강력하게 촉구하고 나섰던 사람들이었다.

둘째 유형의 농민 지도자들은 농촌에 근거를 두고 있는 사람들로서 농촌 현실에 정통한 사람들이었다. 람찬드라가 대표적인 인물로서 자신을 억압받고 불만에 가득한 농민과 동일시했으며 종교적 감정을 분기시키기도 하고 카스트의 응집력을 이용하기도 했다. 간디의 지역 분신(分身)으로 행세하기도 했는데 간디의 범국민적 운동이 활발하게 전개되는 기회를 이용하여 1만 5000명의 농민들을 규합하기도 했다.[17] 람찬드라와 같은 유형의 농민 지도자들은 계급 전쟁을 강조하고 지주를 공격하도록 공공연히 주장하는 급진주의자들로서 불만에 가득한 농민들을 대규모의 소요로 이끌어 가려고 시도했던 사람들이었다.

간디의 비폭력 비협조운동에는 농민들의 참여가 적극적이었으며 또 간디의 추종자들이 농민운동에 깊숙이 침투해 들어갔기 때문에 농민협회와 국민회의의 사이를 뚜렷이 구별하는 것이 쉽지 않았다. 선구적인 농민운동 지도자들이 처음에는 거의 예외 없이 간디의 추종자로 자처하고 나섰기 때문이다. 비드야난드와 가장 탁월한 농민운동가로 알려진 사하자난드 사라스와티도 그러한 경우였다.

---

17 D. N. Dhanagare, *op. cit.*, pp. 119, 128.

인도의 농민협회는 1930년대 내내 국민회의를 지지한 셈이었다. 사실 국민회의를 지지하는 일 이외의 대안이 없었다. 반(反)지주의 이념을 갖고 있으면서도 지주가 선거에서 국민회의 후보로 출마하면 농민협회는 그를 지지하고 나섰다. 국민회의는 농민협회가 따를 수밖에 없는 최고 기구로 생각되었기 때문이다. 심지어 국민회의의 우익이 지주계급과 손을 잡고 농민협회를 무시하더라도 농민 지도자들은 국민회의에 대항하는 것이 아니라 농민들을 모아 국민회의가 농민에게 약속한 바를 일깨워 주는 일을 했을 뿐이었다.[18]

선거 제도가 확대되어 감에 따라 국민회의는 농민의 목소리에 귀를 기울였으며 국민회의 안에는 네루가 이끄는 국민회의 좌파의 사회주의 세력뿐 아니라 전쟁을 주장하는 수바스 찬드라 보스의 추종자들이 세력을 구축하기도 했다. 국민회의는 계급 단체로서의 모습을 보이기 시작하는 농민협회의 도전을 외면할 수 없었다.

국민회의 내의 사회주의자들은 1934년에 전보다 훨씬 급진적인 강령을 발표했는데 거기에는 토지에 관한 모든 권리는 농민의 생산 대중에게 넘겨야 하며, 토후와 지주와 모든 착취 계급을 보상 없이 축출하고, 토지를 농민에게 다시 분배해야 하며, 국가에 의해 협동 집단 농장을 장려해야 한다는 점을 강조했다.[19]

농민협회와 각 정치 집단과의 관계는 시간이 지나감에 따라 매우 가변적이었다. 농민협회가 다분히 국내 상황의 변화에 민감한 정치적인 단체였기 때문이다. 인도 최초의 정당으로 발전하게 되는 국민회의와 농민 단체의 주축인 전인도농민협회 사이에는 1937년경부터 심각한 불화의 기운이 나타났다. 이러한 징조는 농민운동이 가장 활발하게 일

---

18 Kapil Kumar ed., *Congress and Classes: Nationalism, Workers and Peasants*(New Delhi, 1988), p. 250.

19 N. Mitra ed., *The Indian Register*, Vol. I(Calcutta, 1934), p. 243.

2 농민운동과 독립운동 단체들과의 관계

어났던 비하르주에서 분명하게 나타났다.

국민회의의 비하르 지부는 라젠드라 프라사드가 이끌고 있었으며, 비하르 농민협회는 사하자난드 사라스와티가 주도하고 있었다. 국민회의의 비하르 지부는 다른 지역의 국민회의보다는 그 격이 높아 보였는데 그것은 이곳에서 활약하고 있는 간디의 대변인인 라젠드라 프라사드의 위상 덕분이었다. 라젠드라 프라사드는 물론 농민협회의 활동에도 참여하고 있었지만 여러 집단들의 상충하는 이해관계를 조정하는 역할로 그의 지위는 더욱 확고해졌다.

인도 농민운동의 대표적인 인물로 꼽히는 사하자난드는 세월이 흐름에 따라 급격한 이념적 변화를 경험했다. 그는 처음에는 간디를 추종하는 국민회의 사람으로 출발했으나, 1930년대 중반에 가면 국민회의 내의 사회주의자들에게 기울었으며 곧 다시 수바스 보스의 진보연합과 뜻을 같이했다. 그러나 2차 세계대전 기간과 그 이후에는 인도공산당과 함께 하면서 좌파 연합을 위해 노력한 인물이었다.

사하자난드는 1937년부터 새로이 집권한 국민회의 주 정부에 압력을 가하는 대규모 시위를 추진했다. 선거 때 농민에게 약속한 토지세 인하와 토지 개혁 등을 외면한 데 대한 반발이었다. 다음 해 여름까지만 1년 동안 빠트나를 중심으로 전개되었던 시위가 농민을 폭력으로 이끌었으며 특히 수십 개의 마을에서 자민다르와 충돌한 바카스트 운동에는 사회주의자와 공산주의자들이 다수 참여하기도 했다.[20] 국민회의당이 집권하자 자민다르 대표들이 주 정부에 접근하여 "농민의 생활을 개선하는 데 협조해 줄 것을 요구하므로" 라젠드라 프라사드가 자민다르와 농민의 대표들과 회담을 추진했다.[21]

---

20 C. Palit, *op, cit*, pp.188~189.
21 Rajendra Prasad, *Autobiography*(Bombay, 1987), pp. 455~458.

처음에는 농민협회가 농민의 대표가 될 수 없다고 하여 농민협회는 협상의 당사자가 되지 못했으나 빠트나에서 대규모 농민 시위가 일어나자 사하자난드를 농민 대표로 초청하기에 이르렀다. 사하자난드는 "국민회의가 농민 계급의 적에게 굴복하는 자리에 함께할 수 없어서" 참석하기를 거부했는데 국민회의와 자민다르 사이의 협약 내용은 공표되지 않았지만 자민다르 측은 협상의 결과에 매우 만족하는 표정이었다고 그는 술회했다.[22]

농민협회와 국민회의의 관계 악화는 국민회의가 선거에서 주민에게 약속했던 지대의 인하와 다른 농업 개혁을 머뭇거린 데 있었지만 또한 국민회의의 농민협회에 대한 태도가 결코 협조적이 아니었기 때문이다. 자민다르와 농민협회의 회담을 매우 우호적이었다고 평했던 간디의 비서 데사이가 양측의 이해관계가 상충하고 있는 점을 인정하면서 만약 농민협회가 반목을 조장하기 위해 국민회의의 이름을 사용할 경우 그들의 공권을 박탈하겠다고 경고하자 농민협회의 불만은 격화되었다. 사란 지방에서는 22회의 농민 집회가 열렸으며 사하자난드도 여기에 참가했다. 국민회의 지부는 이들 모임을 방해함으로써 시위하는 가운데 충돌이 일어나기도 했다.

비하르주의 농민운동가들은 행동 노선을 정하지 못하고 방황했다. 그들은 충직하고 헌신적인 국민회의 사람들이었으므로 국민회의 지역 운영위원회의 결정을 따라야 했기 때문이다. 다른 한편 그들은 농민협회의 활동을 포기할 수도 없었는데 그들은 자신들의 활동이 국민회의를 강화시키고 있다고 확신하고 있었기 때문이다.

마두바니 지방의 국민회의 간사인 람(Ramautar Ram)은 혼란에 빠져 결론을 내리지 못하고 네루에게 서한을 보내 행동 방향을 지시해 달

---

22 Sahajananda Saraswati, *History of the Kisan Movement*(Madras, 1969), p. 96.

2 농민운동과 독립운동 단체들과의 관계

라고 부탁했다. 네루는 회신에서 "아는 바와 같이 비하르에서는 국민회의와 농민협회 사이에는 약간의 충돌이 있으므로, 그 지역의 특수한 사정을 고려할 때 내가 충고할 수가 없다. 그 지역 지도자들의 충고를 따라야만 할 것이다."[23]라고 답변했다. 충돌을 일으킨 사람들이 그 지역의 국민회의 지도자들이었으므로 사하자난드는 비하르 국민회의 운영위원회에서 탈퇴하고 말았다.

라젠드라 프라사드는 농민협회의 지도자가 폭력에 호소하고 있다고 판단했다. 네루가 직접 작성한 결의문에서 "국민회의는 이미 농민과 산업 노동자들이 농민조합이나 노동조합을 결성할 수 있는 권리를 갖는다고 인정했다. 그럼에도 불구하고 국민회의 자체가 주로 농민으로 구성된 조직체라는 것을 기억해야 한다. 국민회의는 국민회의 사람이면서 동시에 농민협회의 일원으로서 국민회의의 원칙과 행동에 위배되는 폭력으로 인도하는 분위기를 조성하는 사람들의 활동과는 연합할 수 없다."[24]라고 분명히 밝혔다. 또 같은 해인 1938년의 9월에는 델리에서 모인 국민회의 전국위원회가 비하르 농민협회를 빗대어 폭력과 방화와 살인을 주장하는 일부 국민회의 사람들을 비난하는 결의문을 채택하자 사하자난드와 지도적인 사회주의자들은 탈퇴하고 말았다.

3 농민협회와 급진 세력과의 관계

1930년대 초의 인도 급진주의자들은 국민회의의 급진주의와 공산주의의 호전성에 영향을 받았다. 국민회의의 좌파와 공산주의를 연결

---

23 A. Das, *op. cit.*, pp. 155~156.

24 *Ibid.*, p. 157.

하고 있었던 공통적 요인은 그들이 마르크스주의를 신봉한다는 점과 한편으로 인도의 독립과 사회 정의를 성취하기 위한 최선의 방법으로 민중운동을 강조한다는 점이었다. 또 두 집단을 이념적으로 단결시켰던 점은 그들의 공통적인 적대 세력인 영국의 제국주의 세력이 인도에 존재하고 있다는 사실이었다.

간디를 포함한 국민회의 우파들도 사회주의를 논의하고 영국 정부에 대한 민중운동을 주장했지만 국민회의 좌우파의 연합은 영국 정부의 정책에 의해 붕괴되었다. 간디가 1933년 여름에 시민불복종운동을 연기하자 국민회의의 급진주의자들은 혼란에 빠졌으며 또 다음 해 선거에 대비하여 국민회의 선거준비위원회를 결성함으로써 혁명주의자들을 국민회의에서 고립시켜 버렸다. 이러한 결과는 영국 정부가 의도한 정책이 성공을 거둔 것이었다. 그 정책의 목표는 우파로 하여금 합헌적인 노선을 회복하도록 허용하고 또 조장함으로써 혁명론자들을 유리시킨 것이었다.[25]

국민회의 사회주의당(CSP)은 일부 사회주의자들과 국민회의 좌파가 1934년 10월에 출범시켰지만 이러한 필요성은 간디가 시민불복종운동의 연기를 선언하고 나섰을 때 이미 제기되었다. 사회주의를 동경하면서도 그들은 국민회의를 떠나지 않았다. 그들은 국민회의보다는 분명히 더 과격했으며 연합 전선을 편다든지 혹은 농민을 동원한다든지 하는 일에서 공산주의자들과 이해가 일치했다. 국민회의 사회주의당은 비하르, 유나이티드 프로빈시스 등 북인도에서 적극적인 운동을 전개했는데 농민협회를 결성하거나 국민회의의 기치 아래서 활약하는 것이었다. 지도자들은 대부분 간디의 영향을 크게 받고 있었으므로 공산주의자들은 이들을 아직은 '반동 분자' 혹은 '부르주아 세력에 종속된 무

---

25 B. B. Misra, *The Indian Political Parties*, pp. 283~284.

　　　　　　　　　　　　　　　2 농민운동과 독립운동 단체들과의 관계

리'라고 비난했다.[26]

사하자난드가 주도하는 농민협회와 자야프라카스 나라얀 등이 설립한 국민회의 사회주의당과는 밀접한 협조 체제가 이루어지지 못했다. 농민협회가 설립될 때 이들 사회주의자들은 국민회의 세력의 약화를 우려하여 반대했으며, 심지어 자민다르 제도의 철폐를 농민협회의 정책으로 내세웠을 때도 사회주의자들은 같은 보조를 취하지 않았다. 사하자난드는 시일이 지날수록 국민회의는 유산 계급을 대변할 뿐만 아니라 자민다르 세력을 비호하고 있으며 이는 간디가 주도하고 있는 국민회의의 정책 방향이라고 확신하게 되었다. 간디를 철저히 추종하고 있는 국민회의 사회주의당의 온건한 노선에 실망한 사하자난드는 "혁명적 사회 변혁을 준비하는 어떠한 진지한 과업도 땀 흘리는 민중이 마지못해 따라가는 집단을 이끌고 있는 의지력 약한 지도자들의 권능을 극복할 때만 가능하다."[27]라고 생각하고 간디의 지도력에 맞설 수 있는 좌파의 연합 전선을 모색했다.

사하자난드는 자신이 취할 수 있는 방법은 국민회의 사회주의당을 국민회의에서 유리시키는 일이었지만 쉽지 않았다. 사회주의자들의 우유부단한 태도로 보아 국민회의와 탯줄을 끊는 것은 지극히 어려웠다. 사하자난드는 좌파통합위원회를 결성하고 2차 세계대전이 발발하자 반제국주의 모임을 조직하려고 시도하면서 자야프라카스 나라얀으로 하여금 사회주의자들의 참여를 부탁했지만 반응은 냉담했다.

사하자난드의 가장 뚜렷한 모습은 끊임없이 갈망하는 행동이었다. 그의 행동은 항상 경제적 사회적 정치적인 면에서의 현상을 타파하는 것이었다. 그래도 경제적 사회적인 면에서는 농민협회를 업고서 그는

---

26 D. N. Dhanagare, *op. cit.*, p. 139.

27 A. Das, *op. cit.*, p. 162.

다소의 파문을 일으켰지만. 정치적인 면에서는 그가 보여 준 호전성도 국민회의라는 거대한 조직 속에 함몰되고 말았다.

사하자난드가 쉴 새 없이 찾아 헤매다 잠시 동안 머물렀던 곳이 수바스 찬드라 보스의 진보연합이었다. 기존의 좌파 단체들은 진보연합에 가담하지 않으면서 각자의 개체성만을 강조했으므로 보스의 계획은 순조롭지 못했다. 진보연합은 하나의 정당으로 발돋움하려고 시도했지만 인도공산당이나 국민회의 사회주의당마저도 냉담했다.

사하자난드는 철옹성 같은 간디의 확고한 체제를 거부하고 맞서는 수바스 보스를 동정심을 가지고 바라보았으며, 한편 보스에게는 행동파의 성격인 사하자난드가 정치적 중심지인 벵골 이외의 지역에서 활약하는 모습이 인상적으로 다가왔을 것이다. 두 사람은 "민족적 자유를 위한 투쟁의 나팔"[28]을 울리면서 세계대전 중 영국을 지원하거나 제국주의 세력과 제휴하는 등의 타협을 단연코 거부한다는 분명한 입장을 보였다. 사하자난드는 처음부터 쉴 새 없이 행동하면서 급진주의로 돌진하는 보스가 마음에 들었을 것이다. 보스는 영국에 의해 "벵골 지방의 무솔리니"[29]로 명명되었던 인물이었다. 사하자난드에게는 매우 투쟁적이고 급진적인 행동의 수바스 보스가 오히려 믿음직한 동지로 생각될 수 있었다.

국민회의는 인도의 참전을 거부하고 나섰지만 사하자난드의 판단으로는 국민회의가 결국은 세계대전 후에 권력을 국민회의에 이양한다는 어렴풋한 약속을 받은 대가로 연합국을 지원할 것으로 보았다. 사하자난드는 국민회의에 대립하는 단체의 필요성을 느꼈는데 그는 함께 행동할 수 있는 기구를 수바스 보스의 진보연합에서 찾았다. 사하자난

---

28 A. Das, *op. cit.*, p. 168.

29 Kapil Kumar, *Congress and Classes*, p. 110.

드는 자신이 진보연합과 손잡는 것을 시대적인 부름으로 해석했다. "우리가 수바스 보스를 지지하는 현명한 행동을 망설인다면 조국의 장래는 적어도 얼마동안은 암담할 뿐이며 다음 세대는 우리에게 주어진 황금의 기회를 놓친 데 대해 우리를 저주할 것이다."[30]

사하자난드는 진보연합에 정식 구성원으로 가입하지는 않았지만 그와 가까운 농민협회의 동지들인 샤르마(Dhanraj Sharma)와 미스라(M. P. Mishra) 등은 여기에 가입하여 활동했다. 전인도농민협회에서 제국주의 세력과의 타협을 거부하는 결의를 채택한 직후에 사하자난드는 구속되었다. 사하자난드는 감옥에서 농민협회에서 활약한 공산주의자들과 접촉했으며 그들의 영향을 받아 소련을 지지하게 되었다.

독일이 소련을 공격하자 인도공산당은 파시즘에 대항해 싸우기로 선언했으며 사하자난드도 여기에 가담했다. 제국주의 전쟁이 인민 전쟁의 성격으로 바뀌었다. 소련이 연합국 측에 가담함에 따라 반제국주의를 부르짖던 농민협회는 영국을 지지해야만 하는 미묘한 입장에 빠졌다. 수바스 보스가 독일로 탈출하여 추축국 편에 가담하자 사하자난드와 보스 사이의 짧은 제휴 관계는 끝났다. 진보연합에 가담했던 일부 농민운동 지도자들이 그곳에 그대로 남아 있었으므로 농민협회는 사실상 분열되고 말았다.

농민협회가 처음 결성될 때부터 거기에는 러시아 혁명에 영향을 받은 많은 사람들이 참여했다. 인도공산당의 출발점을 언제로 볼 것이냐하는 문제는 하나의 정치적 논쟁거리이기도 하지만, 대체로 인도 공산주의운동의 근거는 모스크바에서 1920년 7~8월에 열린 제2차 국제공산당대회에 두고 있다. 인도공산당 대회가 공식적으로 처음 열린 것은 1924년이었으며 캘커타, 봄베이, 마드라스 및 카운뿌르 등지에 지회가

---

30 A. Das *op. cit.*, pp. 166~167.

설치되었다.[31]

투철한 마르크스주의자이고 인도공산당의 지도자인 M. N. 로이는 "인도의 혁명은 노동자와 농민에게서 유래하는 러시아의 유형이 되어야 한다."라고 구상했다. 이 목표를 위해서는 "민중을 조직하여 계급 투쟁으로 이끌고, 유럽 자본주의를 붕괴시키는 것과 함께 영국 제국주의를 종식시키고 다음으로 인도 혁명을 완수해야 한다."[32]라고 주장했다. 로이는 마르크스와 레닌을 철저히 신봉했으면서도 인도의 혁명 전략에 있어서는 약간의 차이를 보여 주었다. 레닌은 혁명을 추진하기 위해서는 부르주아적 민족주의운동과도 연대할 필요성을 강조했지만, 로이는 노동자와 농민의 연대는 당연히 인정하면서도 인도의 프롤레타리아트는 비록 연약할지 모르지만 억압받은 광범한 농민층은 항상 강력한 혁명 정당을 결성하는 데 이용될 수 있다고 생각했다.

인도 최초의 좌익 농민 단체는 노동자농민당(WPP)이었으며 당이 스스로 정체를 분명히 밝히지는 않았지만 인도공산당이 조직한 것이었다. 따라서 노동자농민당의 구조 안에서 공산주의자들은 그들의 '전위 정당'을 결성하려고 했었다. 그들은 노동조합을 결성함으로써 도시의 산업 노동자들을 규합하려고 노력했다. 노동자농민당의 전국적인 첫 회합은 1928년 3월에 캘커타에서 열렸는데 황마(黃麻) 노동자연합, 면 직공장 노동자연합 등 벵골 지방의 44개 노동조합의 대표 등을 비롯하여 전국에서 1000여 명의 대표들이 참석했다. 그러나 여기에 참석한 대표의 명단에는 단 하나의 농민 단체의 이름도 보이지 않았다.

노동자농민당이 항상 유념한 계층은 농민이었다. 당이 내세운 주요 과업은 "진정한 민중 조직인 농민 단체에 침투하고, 노동자계층의 수준

---

31 H. Williamson ed., *Communism and India*(London, 1985), pp. 110~111.

32 D. N. Dhanagare, *op. cit.*, p. 130.

에서 정확하게 농업 문제를 공식화하고, 농민에게 혁명에서의 결정적인 역할의 중요성을 설명하고, 또 농민 사이에 선동 선전 및 조직적 활동의 방법을 가르쳐 주는 것들"이라고 강조했다. 노동자농민당은 농민을 "자신의 손으로 농사일을 하는 사람과 또 토지가 20에이커를 넘지 않은 사람"으로 규정했지만 농장 노동자와 마을의 장인과 하인 그리고 어부는 농민과 연대할 수 있다고 보았다.[33]

1930년대 전반에 접어들어서도 인도의 정치적 운동은 간디와 네루에 의해 주도되었고 인도 독립운동의 구심점인 국민회의에 대한 영향력은 여전히 절대적이었다. 인도 공산주의 세력의 활동 영역이 극히 한정적일 수밖에 없는 상황에서 코민테른 집행위원회는 인도 공산주의자들에게 내린 지령에서 그 태도가 급격히 수정되고 있음을 볼 수 있다. 1932년 8월에는 혁명운동을 강조하여 인도 공산주의자들로 하여금 "공산당을 정치적으로 조직적으로 강화하고, 파업을 획책하고, 세금 및 지대 불납을 위한 농민운동에 최대의 지원을 보내며, 인도 농민 혁명의 표어와 사명을 민중에게 널리 알리도록"[34] 촉구했다.

그러나 불과 3년 후에 코민테른이 수정해서 지시한 새로운 정책은 인도 공산주의자들로 하여금 급진적 행동을 자제하고, 그 대신에 국민회의에 가담해 있든 밖에 있든 가릴 것 없이 노동자, 농민, 중산층을 포함하는 모든 좌파 성향의 광범한 반제국주의 민중운동세력을 결성하도록 제의했다. 이는 공산주의자들로 하여금 민족주의운동의 주도권 아래에 들어가 활동하도록 하는 '연합전선' 전략이었다.

물론 새로운 전략 차원에서 비롯되었지만 국민회의에 대한 태도 변화는 중대한 의미를 내포했다. 왜냐하면 이제 국민회의는 더 이상 부르

---

33 *Ibid.*, pp. 133~135.
34 V. B. Sinha, *The Red Rebel in India*(New Delhi, 1968), p. 20.

주아적 정치 세력이 아니라 '인도 국민의 혁명당'이 되는 것이며, 간디와 네루 같은 지도자들도 더 이상 반동 분자로서가 아니라 민중운동의 인기 있는 지도자로 인식되어야 하기 때문이었다. 특히 국민회의 사회주의당은 부르주아 세력에 종속된 집단이 아니라 친근한 '마르크스주의 자매당'이 되었다.

인도공산당의 화해 태도는 국민회의와 국민회의 사회주의당에 문호를 개방하는 계기를 마련했다. 일부 공산주의자들이 여기에 가담했으며 국민회의와 국민회의 사회주의당이 주도하고 있던 농민협회에 침투했다. 공산주의자들은 풀뿌리 서민에 접근하여 국민회의와 국민회의 사회주의당과 농민협회의 지도부를 유리시키고 있었다. 공산주의자들은 이 시기를 그들 자신의 농민 조직인 전인도농민협회의 기초를 마련하는 준비 기간으로 이용했다.[35]

공산주의 이론에 경도된 사람들은 증가했고 사하자난드도 마르크스와 엥겔스 및 레닌을 탐독했다. 전인도농민협회 결성에 농민 단체 가운데서는 비하르농민협회의 활약이 가장 컸으며 비하르농민협회의 창설자는 말할 것도 없이 20세기 인도 농민운동의 가장 탁월한 지도자인 사하자난드였다. 전인도농민협회에는 국민회의 사회주의당과 인도공산당 그리고 일부 농민협회에 동조하는 국민회의 사람들이 가담했으며 그들은 다양한 성분의 사람들이었으면서도 인도 전체의 단일 농민정당으로 통합되기를 희망했다. 전인도농민협회의 결성이야말로 연합 전선의 전략이 성공을 거둔 것이었다. 그러나 예상만큼 단합하는 것이 쉽지 않았으며 그들이 공유하고 있었던 감정이란 기껏해야 간디와 네루와 국민회의가 급진적인 농업 개혁을 충분히 추진하지 못한 데 대한 환멸

---

35 V. B. Karnik ed., *Indian Communist Party Documents 1936~1956*(Bombay, 1957), pp. 36~45.

2 농민운동과 독립운동 단체들과의 관계

같은 것뿐이었다.

전인도농민협회는 1936년 4월 러크나우에서 첫 회합을 가졌다. 의장에는 남인도 안드라 지방의 농민운동가 랑가(N. G. Ranga) 교수가, 사무총장에는 사하자난드가 선출되었다. 이때 러크나우에서는 국민회의가 열리고 있었는데 전인도농민협회가 회합 장소를 의도적으로 이곳으로 택한 것은 이 지역에서 농민운동을 추진했던 네루에게 압력을 넣어 국민회의가 분명한 농업 정책을 채택하도록 시도한 것이었다. 연말의 국민회의 정기 대회에서는 농업 개혁을 위해 노력하려는 태도를 보였다. 그러나 자민다르 제도의 철폐 등을 포함시키지 않아 급진적인 개혁 의지를 보여 주지 못해 농민협회 측은 실망했다.

세계대전이 점차 격화되고 있을 때 공산주의자들은 그들의 확고한 기반을 전인도농민협회에 다지고 있었다. 인도공산당이 세계대전 동안 보인 태도는 분명했다. 처음에는 국민회의나 국민회의 사회주의당과 마찬가지로 제국주의 전쟁을 반대했으나 소련이 독일의 공격을 받자 '인민전쟁'을 지지하고 나섰다. 1942년 초 나그뿌르에서 전인도농민협회는 인민전쟁 노선을 분명히 확인했다. 여기에서 채택된 결의문은 소련의 참전을 세계 시민의 자유와 복리를 추구하기 위한 전쟁으로 묘사했다. "민주주의와 사회주의의 위대한 보루인 소련의 영토를 공격한 세력에 맞선 붉은 군대의 빛나는 저항은 새로운 세계 질서를 창조하려는 전 세계적인 희망을 불러일으켰다. 전체주의적 파시스트 국가들에 대항하는 전례 없는 규모의 이 전쟁은 각계각층의 국민이 그들의 자유와 복리를 위해 자발적이고 마음에서 우러나는 협조를 통해 성공적으로 수행될 수 있다. 영국과 미국과 연합국에서도 현재의 전쟁은 자유를 위한 인민전쟁의 형태로 급격히 나아가고 있다. 그러나 동시에 이 전쟁은 국민 정부의 주도 아래서 또 인도 국민의 자발적이고 진심에서 나오는 협조 아래서 수행될 때에만 효과적인 인도 국민 전쟁으로 자리 잡을 수 있다."[36] 사하자난드가 투옥되어 있을 때 채택된 결의문이었지만 그는 출옥 후 이를 지지했다.

2차 세계대전이 인도공산당과 전인도농민협회에게는 세력을 확장할 수 있는 좋은 기회였다. 그들이 보인 전쟁 지지의 태도가 정부로 하여금 이들 단체들에 대한 억압 정책을 완화하도록 만들었다. 구속되었던 좌파 인물들이 석방되었으며, 공산당이 농민협회에 적극적인 세력 확장을 추진하여 전시에는 두 집단이 거의 동일시되는 느낌이었다. 인도공산당의 당원은 벵골에서만 1943년 4월에 3000명이었던 것이 2년 후에는 3배로 급증했다. 펀잡이 농민협회의 활발한 근거지였는데 같은 기간에 당원이 3만 명에서 2배로 증가했다. 전인도농민협회의 전국적인 가입자 수는 비하르주에서 급격히 감소했지만 전체적으로 1941년에서 1944년 초까지 22만 5781명에서 55만 3427명으로 145퍼센트나 증가했음을 볼 수 있다.[37]

전인도농민협회는 독일의 위협에 대처하고 일본의 침략으로부터 조국 인도를 구하는 것이 인도 국민에게 부여된 의무라고 생각했다. 그것은 영국 정부에 대한 충성 때문이 아니라 소련에 대한 막연한 동경 때문이었으며, 국민회의에 대한 애정은 이미 식어 있었다. 나그뿌르에서 결의문을 채택한 지 불과 한 달 만에 농민협회에서 나온 목소리는 인도 독립운동의 주류 세력으로부터는 한참 빗나가 있었다. "인도 국민, 특히 농민은 이상적이지만 아무 쓸모없는 국민회의의 비폭력 비협조 이론을 단연코 버려야만 한다. 그것은 지난 20년 동안 인도로부터 영국 세력을 축출하는 데 철저하게 부적절하다는 것이 증명되었기 때문이다. 농민은 스스로 반파시스트 전선에서 뭉쳐야만 한다."[38]

---

36 A. Das, *op. cit.*, p. 171.

37 D. N. Dhanagare, *op. cit.*, pp. 146~147.

38 A. Das, *op. cit.*, p. 173.

2 농민운동과 독립운동 단체들과의 관계

1942년 후반에 접어들면 특히 비하르주에서 농민들이 과격한 행동으로 나아가기 시작했다. 비하르주는 남부를 제외하고 심각한 혼란에 빠졌다. 도시와 농촌에서는 수천 명의 폭도들이, 군대와 경찰력이 대부분 버마의 전선에 투입되어 거의 공백 상태에 빠져 있는 상황에서, 관공서를 습격하고 국가 시설물을 파괴했다. 비하르와 동북 지방의 철도는 불능 상태에 빠졌다. 제국주의 세력에 대한 농민들의 분노는 수습할 수 없는 상태에서 경찰서가 파괴되고 경찰이 무참히 살해되기도 했다. 다수의 사회주의자들과 일부의 국민회의 사람들이 이에 가담하여 선동했다.

국민회의 사회주의당의 중심인물 가운데 한 사람인 자야프라카스 나라얀은 탈옥하여 폭도들의 행동을 찬양하며 선동했다. "혼란을 일으키는 것은 노예와 굴종의 상태에 있는 국민에게는 결코 잘못이 될 수 없는 하나의 무기이다. 통신 시설을 절단하는 것, 철로를 철거해 버리는 것, 교량을 폭파하는 것, 공장 가동을 중단하는 것, 기름 탱크에 불지르는 것, 정부의 문서들을 파기해 버리는 것 등, 혼란을 일으키는 행동의 범주에 속하는 이러한 행동을 수행하는 것이야말로 국민에게는 완전히 정당한 것이다."[39] 자야프라카스는 다시 구속되었지만 국민회의 사회주의당 지도부가 소요를 조직적으로 계획하고 추진하지는 않았던 듯하다.

영국인들은 농민들이 보인 불만의 진정한 원인은 영국의 제국주의 정책에 있는 것이 아니라 인도 자체 내에 있다고 보았다. 다만 무지한 농민들이 자신들을 억압하고 있는 실체를 재대로 바라보지 못하고 있을 뿐이므로 그것을 깨닫도록 만드는 것이 중요하다고 믿었다.

영국 전시 내각의 각료였던 크립스, 즉 전쟁 협조를 구하기 위해 이

---

39 *Ibid.,* p. 175.

른바 크립스사절단을 이끌고 인도에 왔던 그도 인도의 노동자들과 소작인들의 형편이 다른 나라에 비해 열악함을 인식하면서도 농민들의 억압자는 인도 국민의 지도층이라고 주장했다. "농민들의 처지를 개선하는 데 가장 큰 장애는 인도인 공장주, 지주, 대금업자들인데 그들 대부분은 국민회의의 재정적 후원자들이다. 만약 영국 정부가 당장 행동을 개시하여 노동자들과 농민들에게 동정심을 보인다면 인도 내에서의 투쟁은 더 이상 민족주의적 근거에 입각한 인도인과 영국인 사이의 싸움이 아니라 경제적 근거에 입각한 인도의 계급 사이의 싸움이 되고 말 것이다. 인도 민중의 여론을 영국 편으로 규합할 수 있는 좋은 기회가 있다. 가장 중요한 것은 인도인 압제자들에게 대항하여 솔선하여 제재를 가하고 있는 것이 영국인이라는 것을 인도인 노동자들과 농민들이 깨닫도록 하는 일이다."[40]

인도인 대부분은 이러한 영국인들의 논리를 '통치' 원리의 숨은 의도로 해석했다. 그러면서도 대전에서 영국과 소련이 연합하여 공동 전선을 형성하고 있는 마당에 영국을 공격 목표로 삼기도 어려웠다. 사하자난드는 파시즘에 대항하여 싸우는 연합국을 지지하면서도 소요에 참여한 학생들과 노동자들에게 지나치게 대처하는 영국의 경찰과 군인들의 잔인성을 비난하기도 했다.

사하자난드의 농민협회와 인도공산당은 파시즘에 대항하는 전쟁을 계기로 손을 잡을 수 있었지만 제휴 기간이 오래 지속될 수는 없었다. 사하자난드는 합리적 생각을 가지고 있었다. 농민협회는 정당과 함께할 일이 없으며 오직 경제적 어려움을 타개하는 데 전념해야 한다고 생각했다. 공산주의자들도 사하자난드를 전인도농민협회에서 축출해야 한다고 판단했으면서도 그가 다른 경쟁 세력에 가담하는 것을 우려

---

40 *Ibid.*, p. 178.

2 농민운동과 독립운동 단체들과의 관계

하여 그를 묶어 놓기로 했다. 따라서 그를 전인도농민협회의 의장으로 추대하면서 동시에 농민협회의 본부 사무실을 그의 비하르의 근거지에서 멀리 봄베이로 옮겨 공산당 사무총장을 겸하고 있는 무커지(Bankim Mukherjee)에게 위임함으로써 사하자난드의 날개를 꺾었다.[41]

사하자난드와 공산당은 1945년의 여름에 결별하고 말았다. 사하자난드는 정치적으로 다시 한번 국민회의의 좌파 및 사회주의자와 제휴를 모색했다. 이와 같은 그의 노력은 미구에 또 다른 농민협회의 설립으로 이어진다. 그러나 새로운 농민협회의 목표도 이전의 농민협회의 근본 목표와 크게 다를 바가 없었다.

사하자난드는 좌파연합을 위해 노력한 결과 종전 후에 전인도통합농민협회를 결성했지만 단명으로 끝나고 말았다. 이 단체는 여러 분파집단의 단순한 결합에 불과했으며 강력한 세력으로 성장할 수 있는 협력체는 못되었다. 그는 국민회의와의 관계 개선을 모색했지만 뜻을 이루지 못했으며, 인도가 독립한 다음 해인 1948년 말에는 인도국민회의 전국위원회의 위원에서 물러났다. 농민협회가 여러 갈래로 나뉘었지만 공산당이 이끌어 가는 농민협회가 응집력을 가지고 오래 존속했다. 따라서 한때 강력하고 통합된 세력으로서의 인도의 농민운동은 국민회의 사람들, 사회주의자들, 진보연합 사람들, 공산주의자들에 의해 분열되는 운명의 역사를 이어 갔다.

4 맺음말

인도 농민운동의 성격을 일률적으로 규정할 수는 없다. 대체로 거대

---

[41] B. Misra, *op. cit.*, p. 533.

한 독립운동의 흐름과 함께 나아갔을 뿐 농민운동은 지역적으로나 또 시기적으로 일치하지 않았다. 과중한 지대에 대한 불만 속에서 농민들은 자민다르 제도의 폐지를 주장하고 경작지에서의 임의적인 축출과 대금업자들의 횡포로부터의 해방을 외쳤지만 그렇게 조직적이지 못했다. 인도 북부 지방을 중심으로 농민운동이 비교적 활발하게 일어났지만 그것들은 구조적 기능적 면에서 볼 때 당이나 조직이기보다는 농민 소요에 불과했다. 농민단체들의 활동은 일시적인 현상으로 보인 경우가 많았으며 농민 생활에 고통의 압력이 가해지면 그에 따라 농민운동도 부침을 거듭했다.

농민운동 단체들은 항상 그들의 정체성의 위기에서 고심해 왔다. 그들은 하나의 계급이 중심이 되는 응집력 있는 농민운동 단체를 조직하려고 시도했지만 강력하게 훈련된 혁명 조직체를 결성하지는 못했다. 농민 단체들의 지도부는 특히 그 초기에 있어서는 거의 한결같이 교육받은 중간 계급이거나 도시 중산층 아니면 중산층 농민 출신이었다. 농민운동 단체들은 홀로 설 자리를 찾지 못했다. 그들은 국민회의나 심지어 공산당과 같은 기존의 정치 단체로부터 인정받기를 희망했으며 혹은 이들 단체와 제휴하는 길을 모색했다. 농민운동 단체들이 스스로 독립 정당으로 발돋움할 수 있는 힘을 갖추지 못함으로써 다른 정치 단체들이 이들을 철저히 이용했으며 때로는 자체의 위성 농민 단체를 만들어 기존의 농민 단체들을 병합해 버리는 수법을 동원하기도 했다.

국민회의는 농민운동을 지도하고 고무시켜 왔다. 국민회의는 농민운동의 훈련을 통해 농민에게 민족적 자각 의식을 불어넣어 주고 독립운동의 대의로 이끌어 갔다. 국민회의는 농민의 엄청난 힘을 동원하여 반제국주의 민족 투쟁으로 몰고 갔다. 사실 농민 단체들에게는 국민회의를 지지하는 일 이외에 별다른 정치적 선택이 남아 있지 않았다. 농민들로서는 친영국적이고 친정부적인 자유주의자들을 지지할 수는 없

        2 농민운동과 독립운동 단체들과의 관계

었으며 그렇다고 지주 계급의 위장된 정치 단체나 농민 단체를 지지할 입장도 아니었다.

　인도 농민 단체들의 이념은 간디주의와 마르크스주의에서 오락가락한 느낌이었다. 농민 단체들이 결성되고 적극적인 활동을 전개한 것은 간디의 비폭력 비협조운동 및 시민불복종운동과 시기적으로 일치했으며, 인도공산당과 적극적인 연대를 도모했던 것은 2차 세계대전 동안의 소련의 동향과 밀접한 관계를 갖고 있었다. 인도 농민운동이 과격한 행동과 폭력을 수반한 혁명 운동으로 돌진하지 못했던 것은 간디의 위력적인 사티아그라하운동의 벽을 넘을 수 없었기 때문이다.

　지역 국민회의 대표들이 농민들을 반제국주의 운동에 가담하도록 이끌었거나 혹은 농민들 스스로 간디의 애국적인 농민운동에 적극 참여하고 나섰다. 간디는 항상 농민을 강조하고 농민에게 무한한 동정심을 보였지만 그는 인도 농민만의 지도자는 아니었다. 간디는 전통적 지배층인 토후, 영어 교육을 받은 교육 중간 계급, 산업화의 과정에서 떠오른 상공인 그리고 가난한 농민까지 포함한 각계각층으로부터 추앙받는 독보적인 지도자가 되었다. 간디는 인도 사회의 기득권을 위협하지 않음으로써 보수 세력까지도 포함한 인도 국민 전체의 지도자가 되었다. 간디는 인도에서 '국부(國父)'로 떠오르고 있었다. 어느 운동 집단이 폭력에 호소한다면 그것은 어떠한 상황에서도 폭력을 거부하는 간디의 철학에 위배되는 행동이었다. 인도의 농민운동이 과격한 행동으로 돌진하지 못한 큰 이유를 여기에서 찾을 수 있다. 농민운동은 말할 것도 없거니와 공산주의 운동도 인도에서는 무력할 수밖에 없었으며 모두가 간디가 이끌어 가는 위력적인 애국운동에 흡수되고 말았다.

독립의 영광과
분립의 비극

결론: 독립의 영광과 분립의 비극

우리는 제국주의 국가하면 자연스럽게 영국을 연상하고 표본적인 식민지로는 광대하고 인구가 많은 인도를 떠올린다. 대영제국은 이른바 '영국의 평화'를 구가하면서 인도에 평화와 질서와 선정(善政)을 베풀었다고 자부했다. 인도는 역사상 세 번의 통일제국을 수립했지만 영국 지배 아래에서의 일사불란한 정치적 통일은 전례 없는 일이었다. 위엄 있는 통치 구조 아래에서 법의 지배를 부여하고 근대적 과학 기술을 도입했다.

영국인들은 그들의 인도 통치의 역사를 온통 장밋빛으로 묘사했다. 영국 통치의 이념은 신탁 통치의 정신에 근거했다. 처음에는 자애로운 전제 정치로 시작했지만 점차 세계에 의회정치의 모범을 보여 주고 있는 영국 정치 형태를 이식하여 인도에 책임 정부의 기반을 튼튼히 마련해 주었다. 영국의 인도 통치는 정치적으로 인도를 민주주의로 이끌어 가는 교육 과정이었다. 또한 영국 지배는 인도의 물질적 경제적 발전에 큰 도움을 주었다. 정체되고 후진적인 인도 사회에 새로운 활력을 불어넣어 근대화의 토대를 마련했다. 경제적 자유방임 정책을 서서히 침투시킴으로써 인도는 경제적 근대화 과정을 착실히 밟아 갈 수 있었다.

인도의 빈곤은 후진적 사회 관습과 높은 출생률의 불가피한 결과일 뿐이었다.

영국의 인도 통치는 부분적으로는 인도 국민 상당수의 지지 혹은 묵인 아래에서 유지되었던 점을 부인할 수 없다. 제국주의 정권의 근거는 그들의 지지 위에 확고히 자리 잡을 수 있었다. 기득권을 보장받은 자민다르와 상층 계급 등 '왕당파'와 새로이 관직을 부여받은 사람들이 튼튼한 지지 기반을 이루고 있었다. 영국 의회는 대개 10여 년 간격으로 정치적 개혁을 단행하여 입법 및 행정 분야에 인도인들의 참여를 확대해 나갔다. 이는 지방자치 교육과 함께 '분리 통치' 정책도 적절히 배합한 것이었다. 관직을 부여받은 인도인들이 영국 통치의 '강철 구조'를 이루고 있었다.

영국인들은 인도에 은전(恩典)을 베풀기 위해 온 것이 아니었다. 영국의 인도 통치는 크게 볼 때 영국의 이익을 우선하는 원대하고 치밀한 제국주의적 구도 속에서 추진되었다. 영국동인도회사가 처음 벵골 지방으로 진출하여 10여 년 동안 자행한 수탈 행태의 결과는(졸저, 『영국의 인도 통치정책』, 1장 참조), 그 직접적 원인이 강우의 부족에 따른 흉작에 있었다고 하더라도 인도 역사상 가장 참혹한 재난, 즉 벵골주민의 3분의 1인 약 1000만 명이 아사 혹은 병사하는 참상으로 나타났다. 미증유의 기근은 동인도회사의 무자비한 수탈로 주민이 만성적인 빈곤에 처해 있었으므로 그 피해가 증폭될 수밖에 없었다.

인도는 영국의 원료 공급지와 상품 시장으로서의 충실한 고전적 식민지의 전형으로 추락했다. 수 세기 동안 세계 최고의 지위를 자랑하던 전통적인 면직물 산업은 비참하게 몰락했다. 상업 자본주의와 산업 자본주의 시대에 동인도회사가 보인 집요한 상업적 이익의 추구와 수탈 행태는 영국 정부의 직접 통치 아래 들어선 금융 자본주의 단계에서도 계속되었다. 일례로 1차 세계대전이 발발하기 전 20년 동안 영국은 관료 봉급, 인도에서 활동한 영국인들의 급료, 그들이 투자한 자본의 이자 수입에서만 해마다 1억 3500만~1억 5000만 파운드를 인도에서 영국으로 송금했다.[1] 인도 민족주의자들의 눈으로는 인도의 처참한 빈곤과 모든 어두운 문제들은 영국의 제국주의 통치와 그 정책에서 파생된 것들이었다.

이 책은 제국주의 지배에서 벗어나려는 인도 국민의 애국적인, 보기에 따라서는 감동적인 독립운동의 과정을 서술했다. 어떤 제국주의 열강도 자유와 자치와 독립의 시혜를 식민지에 그냥 준 일은 없으며, 어떤 예속된 국민도 고난의 투쟁이 없이는 자유를 얻은 일이 없었다. 자유는 고귀한 투쟁을 대가로 하여 주어지며 희생정신이 없이는 독립의 희망은 바라볼 수 없는 것이다.

인도 독립운동을 편의상 20세기가 시작되는 때부터 고찰했다. 19세기 말까지의 인도 민족주의운동은 이미 다른 곳에서 서술했다. 폭력파 계열에서는 대폭동(세포이 반란; 1857~1858)을 '제1차 독립전쟁'이라고 부른 경우도 있지만 대폭동의 성격에 대한 논란은 계속되고 있을 뿐 아니라 본격적인 독립운동을 간디의 활동을 연상하여 생각한다면 60여 년의 간격이 있어서 직접 연결하는 것은 무리가 있다.

제국주의와 내셔널리즘은 근대적인 용어이다. 강대국이 약소국을 경제적으로 정치적으로 지배하는 소박한 의미의 제국주의와, 마찬가지로 한 지역의 주민이 동류 의식으로 뭉쳐 잘살아보겠다는 의미의 민족주의는 어느 시대에도 나타날 수 있고 존재했다. 그러나 대체로 자유주의와 민족주의는 프랑스 혁명과 나폴레옹 전쟁의 산물로 보는 것이 지배적 견해이다. 제국주의도 견해가 분분하지만 대개 1880년대에 시작된 것으로 보는 경향이다. 국민주의가 19세기 초에 유럽에서 나타난 산

---

1 R. Palme Dutt, "The Exploitation of India", *The British in India*, p. 52.

결론: 독립의 영광과 분립의 비극

물이라고 하더라도 유럽 역사의 거센 물결로 일어난 것은 19세기 후반이었다. 이탈리아와 독일의 통일운동이 국민주의의 주류를 이루었다.

이탈리아의 통일운동은 인도 국민 지도자들이 큰 관심을 가지고 지켜보았다. 그들은 감동적인 이탈리아 통일 운동의 지도자들인 마치니와 가리발디의 활약상을 번역하여 인도 국민에게 소개했다. 1870년에 이탈리아 통일이 완성되자 인도 민족주의자들의 관심은 아일랜드의 자치운동과 신페인운동으로 옮겨 갈 수밖에 없었다.

인도 민족주의운동은 분명히 당시 유럽 사조의 영향을 받았지만 한편 이는 영국 통치의 산물이며 그것에 대한 반항으로 나타났다. 다양한 언어와 인종과 종교로 분열된 인도에는 사실상 근대적인 민족의식이나 독립 사상 같은 것은 존재하지 않았다고 볼 수 있다. 영어 교육을 통해 인도인들은 유럽의 정치 사조에 쉽게 접할 수 있었다. 교육이란 읽고 쓰는 것을 배우는 데 그치지 않고 자연히 민족의식을 싹트게 만드는 법이다. 언어가 통일되어 있지 않고 수많은 언어가 혼용되는 인도에서, 영어 교육을 받은 사람들이 영어를 매개어로 하여 한자리에 모여 조국의 현실과 인도의 공통적인 문제를 논의할 수 있게 되었다. 그것이 인도국민회의의 출발이었다.

스와데시운동은 처음으로 인도의 일반 대중이 다수 참여한 애국운동이었다. 커즌 총독의 행정적 능률을 위한 벵골주 분할이 스와데시운동의 직접적인 원인이었다. 벵골주민이 분기(奮起)한 것은 벵골 지방의 민족주의 세력을 양분하려는 책략에 대한 정치적 항거일 뿐 아니라 인도의 전통적인 세계 제1의 면직물 산업이 붕괴된 데 대한 경제적 항거이기도 했다.

국민회의가 인도의 지식층에게 조국에 대한 고상한 애국심을 심어 주었다면 다수의 신세대에게 민족적 자각의 씨앗을 심었던 것은 스와데시운동이었다. 인도인들은 스와데시운동이 청원이나 권고보다 훨씬 효과적이고 위력적인 무기라는 것을 증명해 보였다. 스와데시운동은 인도인들에게 조국의 비참한 현실을 올바로 바라보고 자기희생을 통하여 협동으로 치유할 수 있는 길이 무엇인가를 가르쳐 주었다.

스와데시운동은 인도의 새로운 민족주의 세력인 과격파와 테러리스트를 출현케 했다. 국민회의 안에서 과격파라는 새로운 집단의 실체가 분명히 나타난 것은 스와데시운동이 계기가 되었으며, 지하에서 외롭게 활동하면서 영국인 지배자들을 무차별 살해하겠다고 다짐했던 테러리스트가 출현한 것도 이때였다. 물론 테러리스트의 출현에는 국내외의 여러 요인이 작용했지만, 테러리스트의 활동 무대가 봄베이주에서 벵골 지방으로 이동하고 있는 것은 스와데시운동과 관련이 있다.

인도의 자치운동은 틸락과 애니 베산트에 의해 1차 세계대전 중에 출범했다. 6년의 옥고를 치르고 나온 틸락과 스스로 아일랜드인으로 자처했던 영국인 애니 베산트가 동시에 자치운동을 시작했다. 두 사람 모두 자치연맹의 목표를 합법적 방법을 통하여 인도에 자치를 실현하는 것으로 정했다. 인도의 자치는 결코 대영제국 밖에서의 완전 독립을 의미하지 않았다. 대영제국 안에서 자치를 누리면서 현재의 영국과의 관계는 유지하는 것이었다.

사실 틸락과 애니의 주장은 국민회의 온건파의 주장과 별로 다를 바가 없었다. 영국 정부와 그 통치 조직을 배척한 것이 아니고 다만 관료들의 교체를 요구했을 뿐이다. 오히려 더 과격한 행동으로 비쳤던 애니의 자치운동도 합법적이고 점진적인 개혁의 영국 정치 전통에 대한 신념에서 결코 벗어나지 않았다. 대담한 용기와 불굴의 열의를 가지고 돌진한 애니는 영국 정부의 몬터규 인도상이 영국 통치의 궁극적 목표는 인도의 자치에 있다고 선언한 후 친정부적 태도로 변했다. 물론 애니는 몬터규 선언을 영국과의 협조 아래 인도의 자치는 실현될 수 있다는 가능성으로 해석했지만 그를 추종한 인도인들은 배신으로 여길 수밖에 없었다.

틸락과 애니 베산트의 자치운동은 다가오는 독립운동의 밑거름이 되었다. 두 사람, 특히 애니는 신지학회의 종교적 기반을 중심으로 전국적인 자치운동의 지부를 광범하게 결성했다. 간디는 도회와 농촌에 국민회의의 세력 기반을 구축하고 지역 깊숙이 침투하여 대중운동을 전개하는데 이 조직은 자치연맹의 조직망을 되살린 것이기도 했다.

간디는 스스로 온건파의 고칼레를 자신의 정치적 스승으로 불렀고 또 자신의 투쟁 방법은 과격파 지도자 틸락의 방법과는 다르다고 분명히 말했다. 인도주의를 부르짖고 어떤 경우에도 비폭력을 고집하는 간디의 투쟁 방법은 외견상으로는 온화해 보일지 모르지만 실상은 고칼레의 방법보다는 틸락의 그것을 더욱 닮았다. 간디의 투쟁 방법은 항상 합법적이고 점진적인 개혁만을 주장하는 고칼레의 투쟁보다는 분명히 국민 대중의 힘을 빌려 영국인 지배자를 굴복시키려는 틸락의 강렬한 의지를 닮고 있었다. 비폭력의 수단에 의해 '전쟁'을 수행하는 방법인 간디의 사티아그라하는 틸락의 투쟁 방법보다 한층 과격하고 격렬한 것이었다. 매우 적극적이며 때로는 호전적이기도 한 간디의 사티아그라하운동은 틸락의 '상응하는 협조'의 이론을 체계화하고 훌륭하게 행동으로 옮긴 것으로 볼 수도 있다.

틸락과 간디는 그들 자신의 열정과 노력으로 국민적 지도력을 얻은 인물이었다. 틸락과 간디의 정치적 활동에서는 유사점과 상이점을 동시에 발견할 수 있지만 그들 자신은 각자 자기 자신의 빛을 좇아 조국을 위해 헌신했을 뿐이다. 틸락은 영국 지배로부터의 자유를 위해 자신의 뛰어난 재능과 열정을 바쳤다. 영국이 틸락에게 붙인 평화와 질서의 파괴자라는 의미의 "인도 불안의 아버지"라는 불명예스러운 칭호는 오히려 인도 국민에게는 영광된 칭호로 받아들여졌다. 틸락의 고난에 찬 인생 역정과 그의 투쟁 방법은 간디의 사티아그라하운동에 날개를 달아 주어 약 200년에 걸친 제국주의 지배를 청산하고 영광스러운 독립을 쟁취하는 선도 역할을 했다. 간디에 의해 기적으로 나타난 정치적 분야에 있어서의 민중운동을 처음 시작했던 사람이 틸락이었다. 틸락은 인도 독립의 기초를 마련한 셈이며 이를 기초로 하여 간디가 자유로운 인도의 위대한 건조물을 세울 수 있었다. 마하트마 간디가 '인도의 아버지'라면, 로카마니야 틸락은 '인도 민족주의의 아버지'였다.

간디는 굳은 의지의 인간이요 시기(時機)를 예민하게 포착한 결단력의 소유자였다. 그의 비폭력에 대한 확고한 집념, 그리고 정의와 평화에 대한 불변의 신념과 하층민에 대한 동정심은 그의 신앙심의 소산이었다. 간디의 생애를 지배한 것은 그의 힌두교 신앙심이었다. 그의 마음을 지배한 것은 종교의 의식(儀式)이 아니라 정신이었다. 간디 자신을 평생 수호해 주었던 것이 종교였고 원래 소심했던 그에게 불퇴전의 용기로 대영제국에 맞설 수 있도록 강인한 용기를 부여했던 것 또한 종교적 신앙심이었다. 물론 불굴의 독립운동으로 도약한 것은 그의 신앙심에 근거한 확고한 역사의식의 표현이었다. 역사적 사건은 확고한 인격적 의지가 하나의 목적을 향해 돌진할 때 숭고한 생명력으로 표출되기 때문이다.

간디의 사상과 투쟁 방법은 모두 남아프리카에서 이루어졌다. 그는 1년 계약으로 그곳에 갔다가 인도인 노동자들이 겪는 비참한 차별 대우를 외면할 수 없어 20년간 머무르게 되었다. 간디의 사상과 투쟁 방법은 사티아그라하였다. 그가 강조한 진리는 한마디로 비폭력이었다. 비폭력은 약자의 피난처가 아니라 가장 용감한 사람에 의해 행해질 수 있는 무기였다. 비폭력으로 저항하고 폭력이 없이 전쟁을 수행하는 것이었다. 증오에 의한 싸움이 아니므로 상대방이 잘못을 깨닫는다면 사랑으로 합의에 도달할 수 있는 것이었다.

간디는 남아프리카에서 성공적으로 실험했던 사티아그라하운동을 거대한 인도에서 재현했다. 간디의 정치적 현실에 대한 깊은 이해력과 통찰력은 그의 끊임없는 '실험'과 직관에 의한 것이었다. 참파란과 아메다바드에서 그가 수행한 운동은 인도 국민이 대대적으로 참여하는 독립운동의 예행연습이었다. 간디의 첫 번째 범국민적 사티아그라하운동인 이른바 비폭력 비협조운동은 한마디로 펀잡 지방의 영국군의 학살과 연합국의 터키에 대한 응징에 반항한 것이었다. 수백 명의 학살 사건보다도 간디가 오히려 무슬림의 킬라파트운동에 초점을 맞춘 듯한 느낌은 무슬림과의 협력, 즉 '100년에 한 번쯤 올 수 있는 기회'를 놓칠 수 없었기 때문이다.

간디가 국민회의로부터 비폭력 비협조운동을 인준받은 것은 사실상 그가 국민회의를 장악한 것을 의미했다. 불과 9개월 전에 국민회의는 영국 정부의 몬터규·첼름스퍼드 개혁을 지지하는 결의를 통과시켜 놓고 1920년 9월 국민회의 특별회의에서는 영국에 맞서는 범국민운동을 결의한 것이다. 온건한 노선의 사람들은 말할 것도 없거니와 틸락을 추종했던 사람들과 진나, 다스를 포함한 대부분의 지도자들이 반대 입장을 보인 상황에서 간디는 국민회의의 지지 결의를 이끌어 냈다. 간디는 남아프리카에서 귀국한 지 불과 5년 만에 인도의 정치적 중심인물이 되었다. 대부분의 유력한 정치인들은 그의 기치 아래 가담했으므로 이는 화려하고 완벽한 정치적 성공을 의미했다. 국민회의의 결의는 인도 독립운동이 범국민운동으로 나아가는 신호였을 뿐 아니라 간디 개인의 승리이기도 했다.

비폭력 비협조운동은 정부를 마비시키는 것이었다. 행정부와 법원 및 학교 등을 배척하고 이것들을 새로이 민족적 근거 위에 재건하는 것이었다. 힌두와 무슬림이 함께 참여했으며 스와데시운동과 보이콧운동이 전개되었다. 민족 교육 기관이 설립되고, 법정 대신에 중재 노력이 모색되었으며, 면직물 산업이 부흥하는 모습을 보였다. 비협조운동은 일반 대중을 인도 전역의 시민 광장으로 집결시켰으며 새로운 단계의 독립 투쟁의 가능성과 자신감을 일으켜 준 범국민적 운동이었다.

비폭력 비협조운동은 사실상 간디가 단독으로 창안하여 지휘했다. 일반 대중은 그저 따라가는 단순한 추종자들이고 한낱 도구에 지나지 않았다. 간디는 국민과 자신을 철저히 일체화했다. 그의 소박한 생활 태도와 성자와 같은 풍모로 일반 국민에게 쉽게 다가갈 수 있었고, 그들에게는 간디가 해방자로 보였다. 간디의 권위는 국민에 대한 사랑과 봉사에서 나왔다. 그는 평생을 조국과 국민을, 가난하고 억압받은 사람들을 위해 싸웠을 뿐 사리(私利)를 추구하지 않았다. 정부의 억압 정책에 맞서 군중 심리는 폭력의 형태를 보인 경우도 있었지만 간디가 고수한 비폭력의 원리에 따르면서 인내심을 보여 주려고 노력했다.

비폭력 비협조운동을 시작한 지 꼭 10년 만인 1930년에 2차 사티아그라하운동인 시민불복종운동이 일어났다. 전해 연말 캘커타에서 열렸던 국민회의는 긴장된 분위기였다. 그동안 영국 정부가 주장해왔던 인도 통치의 목표는 자치령의 지위를 부여하는 것이었고 간디와 국민회의는 그 지위를 받아들이겠다는 뜻을 공표했었다. 단 1년 내에 이루어야 한다는 조건이었다. 1년의 최후통첩의 기간이 끝나는 시점의 캘커타 국민회의를 인도 국민과 영국 정부는 예민하게 주시할 수밖에 없었다. 결국 국민회의는 인도의 목표를 자치령이 아닌 완전 독립이라고 공표했고 범국민적 운동을 모두 간디에게 일임했다.

시민불복종운동은 간디의 권위와 영향력이 최고조에 달했을 때 추진되었다. 간디는 자신이 앞장서서 법을 위반하는 행동, 즉 염세를 전국적인 규모로 위반하는 운동을 전개했다. 소금은 국가 전매품이므로 어느 누구도 제조하거나 판매할 수 없었다. 해변에서 천연 소금을 채취하는 것도 당연히 범법 행위였다. 불복종운동의 대상으로 소금은 공기와 물 다음으로 인간이 살아가는 데 필수적이므로 간디는 국민 모두에

결론: 독립의 영광과 분립의 비극

게, 특히 가장 가난한 사람들에게 타격을 주고 있는 염세를 선택했다. 비폭력적 시민불복종은 법이 규정한 처벌을 의도적으로 받아들이겠다는 것을 의미했다.

염세 반대는 오래전부터 있어 왔지만 간디는 가장 특징적이고 극적인 행동으로 인도 국민을 정치적으로 고무시켰다. 당장 독립을 쟁취하는 것이 아니라 목적에 이를 수 있도록 힘으로 국민을 무장하는 것이었다. 시민불복종운동은 이전의 어느 운동보다 훨씬 적극적이었다. 지난번의 비폭력 비협조운동이 무저항적이었던 것과는 대조적으로 이번의 시민불복종운동은 훨씬 과격한 조직적인 반항 운동이었다. 전자는 정부에 협조하지 않음으로써 곤경에 처하도록 하려는 의도였지만, 후자는 대대적인 불법 행위를 감행하여 영국의 지배 체제를 혼란에 빠뜨리는 것이었다. 비협조운동이 보다 광범하고 그 적용 범위가 훨씬 넓었지만, 시민불복종은 특정의 불만 사항에 국한하여 집중적인 효과를 기대할 수 있는 적극적이고 과격한 국민운동이었다.

간디는 사티아그라하운동을 통해 오랫동안 두려움에 사로잡혀 온 국민에게서 공포심을 제거하고 억압자에게 저항하는 용기와 힘을 심어 주려 했다. 이는 나아가 인도의 사회적 개혁 내지 혁명으로 연결하는 길이었다. 불가촉천민 문제와 여성의 해방 문제를 인도 정치의 전면으로 끌어냈다. 국민운동을 통하여 간디는 불가촉천민과 여성들을 직접 어울려 행동하는 협력자로 만들었다. 학대받는 사람의 편에 서서 그들의 지위를 향상시키는 것이 간디의 필생의 사명이었다.

2차 세계대전이 발발하자 인도 총독은 인도가 독일과의 전쟁 상태에 들어갔다고 일방적으로 선언했다. 인도 국민은 영국이 한마디의 상의도 없이 인도를 세계대전에 끌어넣은 것에 대해 배신감과 굴욕감을 느꼈다. 또한 총독이 잇따라 발표한 성명들과 크립스사절단의 인도 방문에서 획기적인 정치적 양보를 제시하지 않음으로써 간디와 국민회의를 자극했다. 간디는 영국인들은 당장 인도를 떠나라는 '인도 철퇴'운동을 선언하고 나섰다. 국민회의 전국위원회가 1942년 8월 8일 철퇴 운동을 결의하자마자 당국은 다음 날 해가 밝기도 전에 간디를 비롯한 약 1000명의 지도자들을 체포했다.

간디는 총독부의 기습적인 의도를 전혀 간파하지 못했다. 방심하고 있다가 당국의 전광석화와 같은 대처에 허를 찔렸다. 처음에 간디는 영국의 존망이 걸려 있는 전쟁의 위기를 이용하여 범국민적 운동을 시작하는 것은 인도의 명예에 관련된 문제라고 하여 반대했다. 국민운동의 압력을 받아 위기에 몰리면 정부는 협상의 자세로 나올 것으로 간디는 기대했으며 지난번과 마찬가지로 당장 구속은 없을 것으로 생각했다. 간디를 구속하지 않아야 시민운동이 비폭력의 범위 안에 묶인다는 점을 고려할 것으로 예측했다. 그러나 이번에는 정부가 협상도 시도하지 않고 간디와 지도자들을 구속해 버렸다.

간디의 인도철퇴운동은 처음부터 무리라는 주장이 있었다. 일본이 동남아를 석권하고 버마까지 진격하여 인도를 위협하는 위급한 상황에서 영국인의 즉각적인 철수를 주장하고 나선 데 대해 국민회의 지도자들도 대부분 반대했다. 그렇지만 간디는 무모할 정도로 강경하게 밀어붙였다. 간디의 구속에 대한 반응은 전국적인 폭동으로 나타났다. 간디가 구체적인 행동에 관한 훈령을 내리기도 전에 구속되었으므로 지도자도 없고 행동 방향도 설정하지 못한 폭동이었다. 당장 영국인의 축출과 독립만이 보일 뿐 간디의 비폭력 이념은 실종되었다. 간디의 비폭력운동은 자칫 폭력으로 분출할 수도 있는 청년층의 열정을 완화시키는 안전판이었는데 그 억제 장치가 풀려 버린 것이다. 국민의 통제 불능의 과격한 폭도화는 간디의 부재 때문이었다고도 볼 수 있지만, 이는 불행하게도 후일 인도·파키스탄의 분립 과정에서 일어나는 엄청난 살상의 길을 열어 주었다고도 볼 수 있다.

결론: 독립의 영광과 분립의 비극

인도철퇴운동은 영국에 대항한 마지막 자유 투쟁이었다. 독립운동의 최종 단계가 될 수 있는 투쟁에서 고귀한 생명까지도 희생할 수 있다는 비장한 각오로 임했다. 간디는 폭력을 개탄했고 폭동은 오도된 것이었지만 애국적인 탈선으로 이해되기도 했다. 인도에 더 이상의 정치적 흥정은 필요 없고 정권 이양만이 한층 가까이 다가온 듯이 보였다.

간디의 독립운동이 늘 성공적인 결과를 보인 것은 아니었다. 1년 안에 독립을 달성하겠다는 약속 등은 애초에 실현될 수 없는 것이었다. 목적을 달성하지 못한 데는 정부 당국의 무자비한 탄압 정책이 있었고 간디가 돌연 사티아그라하운동을 중단해 버린 때문이기도 했다. 비협조운동 때는 유례를 찾기 힘들 정도의 힌두와 무슬림의 연합이 이루어졌지만, 시민불복종운동 때는 무슬림은 냉담했고, 인도철퇴운동 때는 강하게 반대했다. 진나는 비협조운동 때는 사실상 제외되었다고 볼 수 있지만, 시민불복종운동 때는 정착할 마음으로 런던에 머물렀다. 그는 2차 세계대전과 철퇴운동을 거치면서 인도 무슬림의 지도자로서 간디에 맞선 인물로 성장하여 파키스탄 분립 운동으로 줄달음쳤다.

간디의 철학과 그의 정치적 활동은 너무도 다양하게 평가되고 있다. 간디를 위대한 성자(聖者)로 혹은 약삭빠른 정치적 조정자로 평가하기도 한다. 위대한 독립운동 지도자로 혹은 영국인의 도구로 상반된 평가를 하기도 한다. 간디는 노련한 동원자이자 새로운 국민회의 기구의 설계자였다. 정정(政情)을 수없이 혼란시킨 선동가로 혹은 성공한 정치적 책략가, 혁신가로 대조적인 평가를 내리기도 한다. 간디는 반대를 관용하지 않는 독재자였으며 자신과 견해를 달리하는 사람들을 국민회의 운영위원회로부터 제외시켜 버리기도 했다. 간디는 현실주의자 혹은 환상주의자로 평가받는 인물이었다. 서구적 행동주의자 혹은 동양의 신비주의자로 언급되었다. 민족주의자로 혹은 세계주의자로 불리기도 한다. 간디는 항상 인도라는 생각과 함께 나아갔지만 동시에 가장 세계화된 사람으로서 그의 비폭력과 세계 평화의 이념은 오늘날 전 인류의 신조이다. 그는 전통주의를 고수하면서도 근대적 시민 사상을 외치는 보수주의자이며 또한 급진주의자이기도 했다. 간디는 소박한 애국자로 혹은 철학적 아나키스트로 평가받기도 했다.

간디는 인도 국민의 힘을 강화하고 영국의 통치력을 약화시키는 방법으로 비폭력을 사용했다. 비폭력 행동은 소극적 저항이 아닌 적극적 투쟁이었다. 통치권에 대한 국민의 협조와 복종을 철회함으로써 지배자의 힘의 원천을 차단해 버리는 것이었다. 비폭력은 하나의 정책으로서 제한된 정치적 목적을 위해 채택했다. 간디는 폭력의 지지자도 아니었고 양심적인 반대자도 반전(反戰)주의자도 아니었으며 '폭력 없는 전쟁'의 실험자였다. 그는 자신도 인정한 바와 같이, 시위, 하르탈, 피케팅을 곧잘 주동하는 출중한 조직 능력을 갖춘 아나키스트였다. 간디가 독립운동을 이끌어 가면서 무력 투쟁 대신에 비폭력 저항운동의 방식을 채택했기 때문에 영국도 폭력 진압 일변도가 아닌 자제심을 보였다고할 수 있다. 간디의 비폭력운동은 영국인을 '적(敵)'으로 규정하고 나아간 것과는 거리가 있었다.

주제에서 약간 벗어난 느낌이지만 세계평화주의자인 간디는 어떤 경우에도 비폭력을 고수하면서 이의 전파를 필생의 사명으로 살았는데 왜 노벨평화상을 수상하지 못했을까? 간디는 1937년부터 일곱 번이나 노벨평화상 후보로 추천되었다. 그러나 간디는 결국 수상하지 못했다. 그는 전 생애를 비폭력을 수행하고 확대하는 데 헌신했고 간디 이후 비폭력주의와 행동 및 방법의 확산은 두드러진 세계적 현상이 되었다. 해마다가 아니라 한 세기에 한 명에게만 주는 상이라고 해도 수상자로 선정될 법한 간디가 노벨평화상 수상자에서 제외되었다. 영국 정부의 압력이 작용했으리라는 것은 쉽게 추측할 수 있다. 영국 정부는 "'평화'라는 말은 전쟁 행위와 전쟁 준비와는 반대되는 의미로 공식적으로 사용된다. 간디는 두 나라 사이의 공개적인 전쟁을 공식적으로 중단하지 않았기 때문에 평화 행진에 간디가 관련된 것으로 언급될 수 없다."[2]라고 주장했다. 영국 측에서 볼 때 간디는 비폭력주의자도 평화주의자도 아니었다. 간디는 다만 손에 총칼을 들지 않았을 뿐 인도와 영국 두 나라 사이에 계속하여 전쟁 상태를 유지하면서 어느 전사보다도 무자비하게 돌진한 질서 파괴자였다.

타고르는 유럽인 친구로부터 간디의 성격에 대해 질문 받았을 때 한마디로 "일관성이 없는 것"이라고 답했다. 위대한 시인의 불가해한 언어를 이해하는 것은 쉽지 않다. 간디는 인도 국민이 대대적으로 참여하는 그의 사티아그라하운동에서 일관성이 없는 행동, 변덕을 여러 번 보여 주었다. 위력적인 범국민적 독립운동이 소용돌이 칠 때 간디는 갑자기 국민운동의 중단을 선언하곤 했다. 수천만 명의 열광적인 민중의 위력 앞에서 불과 수만 명의 영국의 통치 기반은 취약한 것이었다. 인도 독립의 염원이 당장 현실로 눈앞에 다가왔을 때 간디는 갑자기 중단을 선언하고, 때로는 국민회의를 탈퇴하겠다고 위협하고, 또 자신의 주장이 받아들여지지 않을 때는 '죽을 때까지의 단식'을 결행하기도 했다. 열정적인 국민의 참여로 독립이 목전에 와 있을 때도 비폭력운동이 폭력으로 변질될 때는 언제든지 운동을 중단시켰다. 간디의 변덕스러운 행동을 이해할 수 없었다. 간디를 따르던 군중은 간디의 독립 의지를 의심하기도 하고 심지어 그는 영국의 앞잡이로 매도하기도 했다. 그러나 간디는 어떤 경우에도 그의 불변의 신념인 비폭력을 버릴 수는 없었으며 장기적으로 보면 그의 비폭력 운동이 영국 정부로 하여금 헌법적 개혁으로 인도에 보답하는 결과를 낳았다고 볼 수도 있다.

---

2 T. Weber, "Gandhi and the Nobel Peace Prize", *South Asia*(*Journal of South Asian Studies*), Vol XII, No. 1(Jun. 1989), p. 37.

간디의 표변하는 행동은 이해하기도 어렵고 일관성이 없는 것도 사실이었다. 그러나 그의 행동은 치밀한 전략일 수 있었다. 간디가 20여 년 동안 국민회의를 장악하고 그 지배를 유지할 수 있었던 것은 단지 간디 개인의 마술적 매력 때문이 아니라 다른 이념과 정책들을 수용하여 동화할 수 있는 그의 능력에 있었다. 국민회의 안에서 반란이 일어날 때면 간디는 그들의 이념과 정책의 많은 것들을 재빨리 받아들임으로써 기선을 잡아 나갔다.

국민을 당황하게 만들었던 간디의 변덕스러운 행동은 그의 필생의 신념이 비폭력이었고 그것의 전파가 그의 변함없는 사명이었다는 측면에서 본다면 모두 일관성이 있는 것으로 이해된다. 민중운동은 진행되는 과정에서 걷잡을 수 없는 폭력 행위로 변질되기 마련이다. 간디는 어떤 경우에도 폭력을 용납할 수 없었다. 간디에게는 비폭력을 세계에 전파하는 것이 필생의 사명이었다. 연로한 그의 마음은 초조했다. 인도가 일본의 침공 위협 아래 놓인 위급한 상황에서 당장 영국인의 철수를 요구하는 국민운동에 나섰던 것도 10여 년 만에 찾아온 기회를 놓칠 수 없었기 때문이다. 간디에게는 인도 독립도 중요하지만, 비폭력의 전파라는 목적에 비하면 부차적인 것이었다. 비폭력운동은 인도만을 위한 것이 아니고 세계를 위한 것이었다. 비폭력은 전 세계에 전파해야 할 하나의 '종교'?가 되어야 했다. 간디에게는 인도의 독립보다는 그의 비폭력 이념을 세계에 전파하여 비폭력이 지배하는 '간디 제국'을 수립하는 것이 그의 궁극적 목표였는지도 모른다.

수바스 찬드라 보스는 인도 독립운동에서 간디의 카리스마에 휩쓸리지 않고 자신을 꿋꿋이 지켜 나간 대표적 인물이었다. 간디의 필생의 이념은 비폭력이었으며 인도의 독립마저도 부차적인 것이었는 데 반하여, 보스는 인도의 자유가 그의 유일한 목표였다. 간디와 보스는 몽상가나 신학자이기보다는 실용적 이상주의자였다. 두 사람은 모두 이념을 현실적 운동으로 변형시키는 천재적 능력을 소유하고 있었다.

보스는 간디와의 합의는 불가능했지만 네루와는 여러 면에서 생각을 같이했다. 보스는 네루를 진보적 방향으로 국민회의를 이끌어 갈 수 있는 지도자들 가운데 유일한 사람이라고 표현했지만, 네루는 철저한 정치적 현실주의자였다. 간디의 후계자로 생각되어 왔던 네루는 간디와 생각을 달리하면서도 사티아그라하운동 과정에서 결정적인 순간에는 간디를 배신하지 않고 협조할 만큼 현명했다.

보스는 애국심밖에 모르는 정치적 모험가였다. 인도의 자유만을 바라보고 돌진하는 보스는 혁명가 집단과 연대하기도 하고, 영국에 대항하는 일이라면 파시즘의 이념도 큰 문제는 아니었다. 영국 통치를 전복하기 위한 협력자를 찾고 있는 마당에 어떤 이념적 금제(禁制)도 방해가 될 수 없었다. 인도의 독립만 가져다줄 수 있다면 보스는 어떤 이념이나 노선도 수용할 자세였다. 그는 일찍이 나치 독일의 인종 차별 정책과 일본의 군국주의를 비난했었지만, 인도의 자유를 쟁취하겠다는 일념에서 그들과 제휴하고 나섰다. 그러나 보스는 결코 테러리스트는 아니었다.

보스는 조국을 자유화시키겠다는 열정, 애국심 하나로 뭉쳐진 사람이었다. 교육받은 인도 젊은이들의 최고의 목표였던 극히 어려운 인도문관 시험에 합격했으나 이를 포기하고 독립 투쟁의 대열에 합류했다. 보스는 벵골의 부유한 도시민 출신이었지만 젊은 층과 노동자 및 농민이 그의 세력 기반이었다. 가족의 배경이 농촌이 아니었는데도 농민과 같이 행동하는 데 어려움이 없었다. 그는 다양한 계급과 이념의 사람들을 한곳으로 규합하는 천재적인 재능을 보여 주었는데 이 점에서는 간디를 연상케 했다.

보스는 국민회의의 이단아였다. 간디가 주도하는 국민회의에서 그에게는 설 자리가 없었다. 인도 국민 지도자들에게 영예의 자리이기도

한 국민회의 의장에 두 번이나 선출되었으나, 보스는 여기에 안주하지 않고 뛰쳐나왔다. 그는 타성의 벽에 갇혀 있는 지도자들을 바라보면서 체념의 상태로 머무를 수는 없었다. 간디에게는 비폭력이 모든 사고 및 행동의 도덕적 기준이었지만, 보스에게 비폭력은 상황에 따라 취할 수도 있고 버릴 수도 있는 하나의 전술적 무기일 뿐이었다. 보스는 무장 해제되어 있는 식민 지배의 상황에서 비폭력은 도전할 수 있는 유일한 대안이지만 인도의 구원은 궁극적으로는 무장 투쟁에 달려 있다고 보았다. 결국은 인도의 독립운동이 보스 자신에게로 선회하여 자신이 국가를 자유로 이끌 것이라고 굳게 믿었다. 보스는 2차 세계대전이 불가피하게 다가오고 있음을 간파했고, 열강의 충돌로 인해 자신의 시대와 인도의 독립도 뒤따라올 것으로 확신했다.

보스의 행적은 보기에 따라서는 낭만적인 모험의 연속으로 느껴질 수도 있지만 실상은 목숨을 내던진 고난의 행군이었다. 가택 연금 상태의 보스는 위장 탈출하여 육로로 모스크바에 도착한 후 베를린에 이르렀고, 다시 잠수함으로 동남아로 밀항하여 인도국민군을 이끌었다. 싱가포르에서 인도 임시정부를 수립하고 대통령이 되었으며 인도국민군 총사령관으로 추대되었다. 일본군의 지원과 배신이 교차하는 인도·버마 국경의 전선에서 인도국민군이 인도로 진입하여 국기를 게양했던 것은 감동적인 순간이었다. 일본군의 지원 철회와 장마철의 폭우, 보급품의 두절로 '델리로의 행진'은 좌절되었지만 인도 독립운동사에 분명히 기록될 군사 작전의 공적이었다.

보스의 모험적 활동과 비극적 죽음에 이르는 과정은 오직 조국의 독립만을 위해 헌신한 투사의 무용담이었다. 국내에서 인도의 독립을 외치면서도 지리멸렬한 당파들의 소모적인 다툼과 파키스탄 분립 운동에 골몰하고 있던 지도자들에 비한다면 보스는 진정한 애국자의 길을 걸었다. 어느 누구도 보스만큼 인도인 병사들의 충성심과 존경심을 얻

지 못했다. 보스는 다른 지도자들이 생각지도 못했거나 실패한 바를 불
퇴전의 용기로 돌진함으로써 민족적 대의를 행동으로 보인 유일한 국
민 지도자였다. 만약 보스가 살아서 인도군의 사령관으로 입국할 수 있
었다면 그는 누구보다도 전 국민을 열광시킬 수 있는 인물이었다. 보스
의 활동을 인정하지 않았던 간디도 언젠가 보스에 대한 외국 기자의 질
문을 받고 그를 "오도(誤導)되기는 했지만 애국자 중의 애국자"라고 표
현했으며, 보스를 일본 제국주의의 꼭두각시라고 경멸했던 공산주의자
들도 그의 재능과 공적을 인정하여 위대한 애국자에 대해 평가를 잘못
한 실책을 뉘우쳤다.

영국은 크립스사절단을 인도에 파견하면서 종전 후 가능한 한 서둘
러 영연방 내의 자치령의 지위를 갖는 인도연합을 수립하는 것이 영국
정부의 의도라고 공표했다. 당장 영국인에게 물러가라고 외쳤지만 사
실 이때 어느 누구도 단 5년 안에 인도가 자유를 얻어 독립하리라고 생
각한 사람은 없었다. 아무리 빨라도 한 세대는 기다려야 할 것이라고
생각했다. 그러나 누구도 예측할 수 없는 속도로 인도의 독립은 조급하
게 추진되었다.

무슬림연맹도 크립스사절단의 제의에 반대했지만 간디의 철퇴운동
에 가담하지 않았다. 진나는 2년 전 '두 민족 이론'에 근거한 파키스탄
선언을 공표한 이후 누구의 말에도 귀기울이지 않고 오직 앞만 바라보
면서 분립(分立) 운동에 매진하고 있었다. 옛날 무슬림연맹을 외면하고
오히려 국민회의에 참가하면서 힌두와의 화합을 모색했던 의회주의자
진나의 모습은 흔적을 찾을 수 없었다. 20세기 초 무슬림에게 특혜를
부여했던 '분리선거제가 인도·파키스탄 분립의 근거가 되었다.'라고 주
장하기도 했다. 영국의 분리 통치 정책을 지적하고 있는 것이다. 또 '진
나가 없었으면 파키스탄은 탄생하지 않았다.'라고 주장하기도 했다. 진
나는 파키스탄이 자신의 작품이며 타자수의 도움만 받았을 뿐이라고

말했다. 수긍이 가는 주장이다.[3]

인도철퇴운동이 폭동으로 진화했고 종전 후 종파적 충돌이 격화되어 가는 정세는 간디의 마음을 한없이 슬프게 했다. 인도철퇴운동 이후 간디의 정치적 영향력은 크게 위축되었고 자유의 성취가 다가올수록 더욱 기울어졌다. 국민회의가 따라오지 않을 때 간디가 위협하면서 당장 뛰쳐나가 국민회의보다 더 큰 집단을 만들겠다고 겁박했던 위력은 사라졌다. 간디가 국민회의이고 국민회의가 곧 간디였던 시대는 지나갔다. 독립이 가까워짐에 따라 간디와 국민회의 사이의 긴장 관계는 되돌릴 수 없게 악화했다. 서로 가는 길이 달랐다.

국민회의 지도자들은 영국인 통치자들이 넘겨주고 돌아갈 엄청난 전리품에 대한 권력욕에 사로잡혀 있었다. 진나만 비난받을 일이 아니었다. 일단 주도권이 국민회의로 넘어가자 간디는 정치적으로 효용 가치가 없었다. 간디의 정치적 계획 같은 것은 그들의 안중에도 없었고 그는 이념적으로 정치적으로 무시되었다. 간디는 국민회의 지도자들이 집권으로 가는 길에 오직 장애물일 뿐이었다. 그들은 간디의 사전에서 가장 과격한 용어인 '거짓'의 길로 가고 있었지만 아마도 그동안 남몰래 마음속에만 품고 있었던 자신들의 길을 찾아가고 있는지도 몰랐다.

아무런 사심이나 정치적 야욕이 없는 간디에게 가장 가슴 아픈 일은 인도와 파키스탄의 분립으로 나아가는 정치적 현실이었다. 인도는 몇 차례 통일제국을 수립했던 하나의 나라였다. 무슬림이 들어오기 오래전부터 인도는 하나의 민족국가였으며 오늘날의 무슬림은 옛날부터 함께 살아왔던 힌두가 개종한 사람들이었다. 그들이 다른 민족성을 주장하고 나선 것은 정당하지 못한 '거짓'의 모순된 주장이었다.

---

3 인도 독립이 급전직하로 치닫는 과정과 진나의 파키스탄 운동에 관해서는 졸저, 『인도와 파키스탄: 그 대립의 역사』, 102~214쪽을 참조.

결론: 독립의 영광과 분립의 비극

힌두와 무슬림의 종파적 분규는 독립이 다가오면서 갈수록 격화되어 수십 만 명의 사상자를 냈다. 인도·파키스탄의 분립의 세찬 물결은 더욱 거세게 일어나고 있었다. 간디만이 혼자서 온몸으로 이 격랑에 맞섰지만 도저히 감당할 수 없는 역부족이었다. 간디의 후계자로 생각되면서 결정적인 순간에는 한 번도 배신한 일이 없었던 네루의 마음도 돌이킬 수 없었다. 인도에서 처음 아메다바드에서 사티아그라하운동을 시작할 때부터 간디의 충직한 추종자였던 빠텔도 간디를 따라오지 않았다. 그들은 독립 후 인도 정부에서 양두(兩頭) 체제를 형성한 인물들이었다. 간디는 홀로 서서 끝까지 인도아대륙이 '생체 해부'되어 가는 비극을 막아 보려 몸부림쳤다. 국민회의 지도자로서 간디를 배신하지 않고, 그의 통일인도의 이념에서 이탈하지 않으면서 끝까지 간디와 함께 했던 인물은 무슬림 지도자의 한 사람인 아자드 정도였다. 수바스 찬드라 보스가 살아 있었다면 국내외 어디 있든지 간에 그의 평소의 지론으로 보아 분립을 반대했을 것이다.

영국 정부는 인도아대륙이 통일인도로 유지되기를 간절히 희망했다고 말했다. 그렇다면 정부는 통일을 유지하려고 진지한 노력을 보인 세력과 함께하고 이에 반대하는 사람들을 멀리했어야 했다. 인도 문제의 난점은 영국 정부가 인도에 권력을 넘기지 않겠다는 것이 아니라 인도 국민 사이에 합의의 결여 때문이라는 것이 영국 정치인들의 주장이었다. 영국 측은 무책임하게도 서둘러 떠나 버리는 쉬운 길을 택하고 말았다. 복잡한 문제들을 껴안고 있을 필요가 없었다. 책임은 정권 이양을 압박해 왔던 인도 국민 지도자들에게 있었다. 영국 정부는 1947년 2월 22일 성명에서 다음 해 6월까지 인도인에게 정권 이양을 완료하겠다고 밝혔다. 그러나 영국의 입장에서는 정권을 넘겨주기로 한 마당에 그조차 미룰 이유가 없었다. 격화되고 있는 종파적 살상을 수습하지 못한 책임을 안고 있을 이유도 없었다. 영국 정부는 약속했던 날짜보다

10개월이나 앞당겨 인도와 파키스탄의 국경도 분명히 획정되지 않은 상태에서 서둘러 정권 이양을 완료해 버렸다.

1947년 8월 15일 인도는 약 200년의 영국 지배를 종식시키고 영광의 독립을 쟁취했다. 모두들 델리의 경축 행사에 들떠 있을 때 간디는 혼자서 수천리 캘커타에 가서 이날을 맞이했다. 수천 년 동안 역사적 전통을 함께해 왔던 인도가 다만 종교가 다르다는 한 가지 이유만으로 인도와 파키스탄으로 분립되어 버린 현실을 간디는 축복할 수 없었다. 이날은 영광스러운 독립기념일이지만 그보다는 인도아대륙이 분열하는 인도 역사상 가장 비극적인 순간이었기 때문이다.

부록

_____

한국과 인도
독립운동의 비교(試論)

한국과 인도 독립운동의 비교(試論)

인류 역사는 자유를 쟁취하기 위한 몸부림이었다. 인간의 자유 의식과 투쟁이 역사를 추진하는 동력이었다. 인간이 추구하는 행복에는 자유가 전제되어야 하며 인간은 자유를 위해 목숨을 던졌다. 자유는 주어지는 것이 아니고 쟁취한다는 실례를 역사는 수없이 보여 주었다. 전제 군주의 학정 아래서 국민은 분연히 일어나 항거했고, 이민족의 포악한 통치의 질곡에서 벗어나기 위해 피지배 민족은 자유 투쟁에 헌신적 희생을 불사했다. 자유 투쟁의 역사는 피 흘린 항쟁과 혁명과 전쟁으로 점철되기 마련이었다.

근세에 접어들면서 서구에 의해 동양이 압도당했다. 세계는 유럽인의 무대가 되었고 각 민족의 역사는 세계사로 대체되었다. 아시아에는 서양과는 달리 자유를 의식해 가는 단계가 없었다는 주장이지만 20세기에 접어들면서 민족적 자각과 분노의 감정을 토대로 한 자유 의식이 싹텄다. 근대는 분명히 세계사적으로 자유를 각성한 시대였다.

한국과 인도는 근대사에서 제국주의의 지배라는 비극적인 역사를 함께 경험해야 했다. 인도는 거의 200년 동안 영국의 지배에 시달렸고, 한국은 35년간 일본 제국주의의 통치 아래에서 신음했다. 수난의 역사가 던지는 피할 수 없는 민족적 시련에 맞서 한국과 인도의 국민은 치열한 생존의 투쟁을 전개했다. 두 나라 국민은 제국주의적 폭압 속에서도 피정복민으로서, 노예로서 매몰되어 버리지 않고 투쟁을 통해 빼앗긴 국권을 되찾았다.

인도의 역사, 특히 영국의 대인도(對印度) 제국주의 정책과 이에 대한 인도 국민의 반응을 공부하면서 항상 머릿속에 떠오른 것은 비슷한 처지의 운명을 겪은 조국의 역사였다. 영국의 인도에 대한 제국주의 정책과 일본의 한국에 대한 정책은 유사한 점도 발견되고 상이한 점도 느껴졌다. 인도의 독립운동과 한국의 투쟁운동도 때로는 비슷하게 또는 다르게 연상되어 나타났다. 나는 인도의 독립운동사를 공부하면서 가끔씩 조국의 자랑스럽고 치열한 독립투쟁사에 대해 무엇인가 써 보고 싶다는 학문적 향수를 갖게 되었다. 이는 누구나 느끼는 마음이 아니겠는가? 다만 나는 우리 독립운동사에 대한 공부에 태만하여 자신감과 용기가 없을 뿐이었다. 두 나라의 역사를 동시에 깊이 있게 공부해야 하는 벅찬 부담은 내 능력으로 감당할 수 없다고 느껴 왔다. 이제 인도 독립운동사를 마무리하면서 감히 하나의 시론(試論)으로서 여기에 한국과 인도 두 나라의 독립운동을 비교하는, 만용에 가까운 부끄러운 시도를 해 보았다. 이 글은 하나의 시론에 불과하므로 앞으로 본격적으로 연구해야 할 과제로 남는다.

1 대서양권 혁명, 아시아권 민족주의운동

한국과 인도의 독립운동은 별개로 진행되었지만 서로 영향을 주고받으면서 자랑스러운 투쟁의 역사를 보여 주었다. 영국의 인도 지배가 150년 먼저 시작했고, 따라서 인도의 민족주의운동 내지 독립운동도 일찍 일어났던 관계로 한국 독립운동이 인도의 영향을 많이 받았다고 볼 수 있을 것이다. 대영제국의 모범적인 제국주의 정책을 후발 국가인 일본이 모방했을 것이고, 한국 또한 영국의 치밀한 대인도 정책에 기민하게 협력 혹은 저항했던 인도의 민족주의운동을 많이 본받았을 것이라고 생각할 수도 있다.

한 국가가 다른 국가의 독립운동에 일방적으로 영향을 받고 모방했다고 단정하는 것은 성급한 생각이다. 당시 서양과 아시아에는 국가와 민족을 초월한 세계사적인 혁명운동과 민족주의운동이 치열하게 전개되었던 점을 주목해야 한다. 세계사적인 혁명적 조류에 휩쓸린 국가들은 서로 자극을 주고 영향을 받으면서 투쟁을 전개했다. 한국과 인도의 독립운동의 경우도 마찬가지이다. 단순히 표면적으로 나타난 사건의 시간적 선후에 따라 조급하고 편협하게 한 나라의 민족주의운동 내지 독립운동을 평가해 버릴 것이 아니라 자유를 쟁취하기 위한 세계사적 운동에 적극 참여했던 민족의 발자취를 유형적으로 고찰하는 것이 필요할 것이다.

거시적으로 보면 지구의 저쪽에서는 서구권(圈) 혹은 대서양권 혁명운동이라 할 수 있는 시민혁명운동이 일어났고, 반대편에서는 아시아권 민족주의운동이라고 부를 수 있는 거대한 저항운동이 뒤따랐다. 제국주의와 민족주의는 근대적인 개념의 용어이다. 제국주의와 민족주의의 소용돌이에 휩쓸리기 전에 서양 세계에서는 대서양권 혁명운동이라고 부를 수 있는 획기적인 사건이 발생했다.

대서양권 혁명운동의 시작은 미국의 혁명, 즉 독립운동이었다. 영국의 다양한 세제(稅制)와 억압 정책에 항거하여 1776년 7월 독립 선언을 발표한 미국은 세계 역사에 현대 민주 시민 사회의 이정표를 세웠다. 당시 유럽의 절대 왕정이 신대륙에 이식되는 것을 용인하지 않고 국민이 다스리는 공화정을 수립했다. 천부불가량(天賦不可讓)의 자연권과 인민 주권을 내세웠지만 만민 평등에는 미흡했고, 유산자들의 권익은 보장되었다. 그러면서도 주권재민을 기본으로 하고 삼권분립에 입각한 세계 최고(最古)의 성문 헌법을 제정했다. 신대륙에서는 아예 왕정과 귀족의 신분제가 인정되지 않았다. 무엇보다 중요한 것은 인류의 수천 년 역사상 민주주의는 인류가 창안한 최선의 정치 제도라는 것은 인정하면서도 그것이 실현될 수 없는 한갓 이상에 불과할지도 모른다고 여겨진 회의적 제도를 미국 혁명이 지구상에 최초로 실현시킨 역사적 업적을 세웠다는 점이다.

프랑스 대혁명은 서양 시민사회를 열어 놓은 획기적인 정치적 사건이었다. 절대 왕정의 지배 아래에서 빼앗긴 특권을 되찾겠다는 일념에서 귀족 계급이 시작한 혁명은 오히려 구제도를 철폐하는 시민 혁명으로 완성을 보았다. 구제도의 신분적 불평등은 타파되었다. 자유, 평등, 우애가 혁명 이념이었고 이는 자유와 평등을 얻은 시민이 우애로 단합하면 국제 평화도 이룩할 수 있다는 세계주의적인 혁명 정신이었다. 혁명 이념은 나폴레옹에 의해 유럽에 전파되었고 또 한편으로 오도(誤導)되었다. 자유주의와 내셔널리즘은 프랑스 혁명과 나폴레옹 전쟁의 산물이었다.

군사적인 천재 나폴레옹은 탁월한 선전술로 유럽을 석권했다. 그는 법전을 편찬하여 시민의 평등을 실현했다. 그의 허영과 탐욕은 드디어 황제의 자리에까지 올라 반신(半神)으로 추앙되기도 했고, 침략 전쟁에서는 피압박 민족의 해방자로 선전되기도 했다. 나폴레옹은 자유주의와 민족주의를 전파하면서 평등은 부여했지만 자유까지 인정한 것은 아니었다. 결국 주변 국민의 마음속에는 혁명 이념을 오도한 나폴레옹이 그들의 해방자가 아니라 한갓 정복자로 새롭게 떠올랐다. 승승장구하면서 민족주의 이념을 전파하며 유럽을 정복했던 나폴레옹은 도리어 그 민족주의의 저항에 걸려 패퇴의 운명을 맞고 말았다.

프랑스 혁명과 나폴레옹 전쟁의 여파는 유럽 대륙에 국한하지 않고 라틴아메리카로 비화(飛火)했다. 중남미는 브라질을 제외하고 거의 전역이 스페인의 식민지였다. 유럽 대륙이 혁명과 전쟁의 소용돌이에 휘말렸을 때 중남미 국가들이 일제히 독립운동의 기치를 올렸다. 앞서 미국 혁명과 프랑스 혁명이 라틴아메리카의 독립운동을 이끌었다. 물론 미국과 마찬가지로 계몽사상이 침투해 있었고, 스페인의 모국 위주의 철저한 중상주의 정책에 입각한 독점주의와 다양하고 과중한 세금이 식민지의 불만을 표출시킨 것이 사실이다. 프랑스의 위성국으로서 나폴레옹 전쟁에 참전했던 스페인은 영국이 대서양을 장악하고 있는 정세 아래서 식민지와 긴밀한 관계를 유지할 수 없게 되었다.

맨 처음 베네수엘라가 독립을 선언했고 1810년경부터 각국의 독립운동이 열화와 같이 일어났다. 아르헨티나, 칠레, 우르과이, 파라과이, 콜롬비아, 페루, 볼리비아, 에콰도르와 중미의 나라들이 차례로 독립하고, 1920년에 브라질이 포르투갈의 지배로부터 독립했다. 미국은 먼로주의 선포로 유럽 국가들의 신대륙에 대한 간섭을 차단했다.

미국 독립운동에서 시작된 대서양권 혁명운동은 약 반세기 동안 진행되었다. 그 후에도 프랑스 혁명의 이념과 나폴레옹에 의해 유럽 각국에 전파된 자유주의와 내셔널리즘의 영향은 19세기의 유럽을 정치적으로는 자유주의와 내셔널리즘의 시대로 규정할 수 있도록 만들었다. 특히 이탈리아 통일운동의 마치니, 카부르(Cavour), 가리발디의 감동적인 애국운동은 인도와 한국의 독립운동에도 영향을 미쳤다.[1]

아시아권의 민족주의 내지 독립운동은 한국을 비롯하여 인도와 중

---

1 인도국민회의의 지도자인 수렌드라나드 바너지와 라지파트 라이 등은 마치니와 가리발디의 전기를 번역 소개함으로써 인도 민족주의자들과 테러리스트에게 영향을 주었다. 신채호(申采浩)는 『이태리 건국 삼걸전(建國三傑傳)』을 역술하여 마치니와 가리발디의 사심 없는 애국심의 통일 운동과 카부르의 정책까지 소개함으로써 식민지로 전락하는 조국의 운명을 바라보면서도 조선 민족이 애국심만 갖고 있다면 나라를 되찾을 수 있다고 역설했다.

한국과 인도 독립운동의 비교(試論)

국 그리고 베트남의 투쟁운동 등으로 광범하게 확대되었다. 이들 국가들의 민족운동은 제국주의에 대한 저항운동이고 민주주권운동일 뿐 베트남의 반식민주의, 급진적 민족주의운동을 포함해 어느 나라도 옛 군주제로의 복귀를 추구하지는 않았다. 독립운동이면서 자유민주주의 이념을 표방하고 있었다. 정신 문화의 추축(樞軸)시대에 중심 역할을 담당했던 인도와 중국은 근대적 과학과 기술과 산업을 앞세운 서구 열강의 위력 앞에 역사의 무대 뒤로 밀려나고, 조선은 뒤늦게 서구를 모방한 일본 제국주의에 의해 멸망했다.

아시아권 독립운동도 국제적 정치 사태에 영향을 받아 일어났다. 국가에 따라 제국주의에 대한 저항운동이 추진되어 왔으나 1차 세계대전 후 윌슨 미국 대통령의 민족자결주의 선언이 아시아권 독립운동에 크게 영향을 미쳤다. 민족자결 원칙은 실상은 동유럽 및 근동지방에 국한하여 적용된 것이었지만(아시아와 아프리카 민족에게는 이 원칙이 2차 세계대전 후에야 실제로 적용된 것이지만) 제국주의의 굴레에서 벗어나기 위해 몸부림쳐 온 한국을 비롯한 여러 나라에 막연한 기대와 함께 민족의식을 고무시켰다.

민족자결주의는 이들 국가들의 전국적인 독립운동을 촉발시킨 하나의 요인이었다. 아마도 강대국의 속셈을 전혀 간파하지 못하지는 않았겠지만, 아시아 식민지 민족주의자들에게는 민족자결주의가 가뭄에 단비였다. 희망에 부풀었던 한국과 중국은 제국주의 타도 운동으로 돌진했고, 인도에서는 범국민적인 제1차 사티아그라하운동이 일어났다. 우리나라에서는 3·1운동이 일어나 진정한 한국 민족주의의 참모습을 실현했다. 인도에서는 살펴본 바와 같이 연합국이 민족자결의 원칙을 적용하여 이슬람 종주국인 터키제국을 분할함으로써 이에 대한 항의의 표시로 인도 무슬림 사이에서 킬라파트운동이 일어났고 간디는 이 기회를 포착하여 힌두와 무슬림이 연합한 독립운동으로 몰아갔다.

중국의 현대화 운동은 쑨원(孫文)의 혁명적 개혁 사상과 량치차오 (梁啓超) 등의 점진적 개혁 사상의 영향을 받았다. 혁명적 개혁 사상은 신해혁명으로 실현되었고, 점진적 개혁 사상은 신문화 운동으로 나아 갔다. 북경대학을 중심으로 천두슈(陳獨秀)와 후스(胡適) 등은 전통적인 유교의 윤리와 도덕 대신 서구의 자유와 평등을 이념으로 하는 민주주 의적 개혁을 주장하여 대학생들의 마음을 사로잡았다.

중국의 5·4운동은 일본 제국주의와 매국적인 중국 정부에 대한 반 항 운동이었다. 1차 세계대전 때 일본은 오래전의 영·일동맹을 배경으 로 연합국 측에 가담하여 산둥 반도의 독일 권익을 접수했고 중국에 이 른바 '21개조'를 강요했다. 산둥 반도와 만주에 대한 광산 개발 등 일본 의 권익을 확보한 것이었다. 종전 후 일본은 파리 강화회의에 전승국으 로서 참가했다. 중국도 연합국의 일원으로 독일에 선전(宣戰)했던 터이 므로 중국 학생들은 파리 강화회의에서 21개조가 당연히 폐기될 것으 로 기대했다.

파리 평화회의에서의 좌절은 제국주의 일제와 무능한 중국 정부에 대한 학생들의 항거로 이어졌다. 서구 문명에 대한 학생들의 맹목적인 신뢰가 회의와 비판으로 바뀐 시점이었다. 시위에 대한 당국의 탄압은 저항운동을 전국으로 파급시켰다. 신문화운동으로 각성한 학생들은 대 중적인 민족주의운동의 기치를 올렸으며 반일운동으로 시작한 5·4운 동은 나아가 반제국주의운동, 반군벌운동으로 발전했다.

2 인도국민회의와 한국의 연정회

1885년은 '새 인도'의 출현을 알리는 해로서 인도국민회의가 탄생 했다. 인도 독립운동의 구심점은 국민회의였다. 간디가 범국민적인 사

한국과 인도 독립운동의 비교(試論)

티아그라하운동을 전개할 때마다 국민회의는 전체의 결의로 간디에게 힘을 실어 주었다. 간디는 세 번에 걸친 범국민적인 독립운동을 전개할 때마다 인도 국민의 대표 기관으로 생각되고 있던 국민회의의 전체적인 지지를 업고서 시작했다. 간디는 독립운동에서 국민회의의 지지를 배경으로 했기 때문에 그만큼 강력한 힘을 발휘할 수 있었고, 바꾸어 말하면 간디라는 걸출한 인물이 있었기에 국민회의가 국민의 전폭적인 성원을 얻을 수 있었다. 인도 독립운동의 전개 과정에서 간디가 곧 국민회의이고 국민회의가 곧 간디였음을 느낄 수 있게 한다.

인도국민회의는 처음부터 독립운동 단체로 출발한 것이 아니었다. 오히려 영국 통치에 협력하는 충성 집단으로 출발했다. 국민회의는 영국인 전직관리 알렌 옥타비안 흄의 작품이었다. 영국 보수당의 제국주의 정책이 인도에서는 전진정책의 이름으로 추진되고 있던 점을 비판했던 흄은 해직당했으면서도 인도에 머물면서 인도 젊은이들에게 민족주의적 각성을 촉구하고 나섰다.

당시 인도에는 1870년대 이후 급속도로 교육이 확대되었다. 대학 교육은 1857년에 설립된 캘커타(콜카타), 봄베이(뭄바이) 및 마드라스(첸나이)의 세 개 유니버시티가 중심이 되었다. 대학 교육을 받은 인도 젊은이들은 관리, 교사, 법률가, 언론인 등으로 활발히 진출하고 있었다. 국민회의가 성립될 즈음에는 영어 교육을 통해 영국의 역사 정치 산업 및 과학에 접해 본 인도인이 약 5만 명을 헤아릴 정도였다. 이른바 영어 교육을 받은 교육 중간 계급이 형성되어 가는 중이었다. 인도에는 수많은 언어가 사용되고 있었으며 이는 지역적 분열을 조장하는 요인이 되었다. 교육받은 사람들은 영어를 매개어로 하여 조국의 현실과 장래를 공동의 광장에서 진지하게 논의할 수 있었다. 이는 인도인의 국민적 자각과 나아가 민족주의운동을 예고하는 것이었다.

영국은 영어 교육을 받은 인도인들이 영국의 통치에 우호적인 태도

를 보일 것으로 기대했으며 이것이 또한 영국 제국주의 정책의 의도였
다. 당시의 형편은 오히려 그 반대 방향으로 나아갔다. 인도문관 시험
에 응시할 수 있는 최고의 연령은 25세에서 몇 번에 걸쳐 19세까지 낮
추어 놓았다. 식민 통치 아래에서 교육받은 인도인들이 오를 수 있는
최고의 관직인 인도문관 시험은 영국인과 똑같은 조건에서 런던에서
실시되었다. 응시할 수 있는 나이를 낮추어 적용하는 것은 인도 젊은이
들의 응시 기회를 극도로 제한하려는 의도로 해석되었다. 또 총독부는
지방어신문법을 만들어 사전 검열 제도를 도입했다. 정부의 입장에서
볼 때 영어 신문은 대체로 통치 정책에 협조적이었지만 지방어신문들
이 판매 부수의 경쟁심에서 비판적인 태도를 보이면서 영국인과 인도
인의 불화 반목을 과장하여 보도했기 때문이다.

다른 한편 글래드스톤 영국 수상이 임명한 리폰 총독은 본국 정부
의 자유주의 정책을 인도에서 실현하려고 노력했던 인물이었다. 총독
의 법률고문 일버트(Ilbert)는 인도인 판사와 영국인 판사의 동등권을
규정한 법안을 마련했다. 지금까지 인도인 판사는 영국인을 심리할 수
없었는데 이 불합리한 점을 시정하려는 시도였다. 그러나 인도에 거주
하는 영국인 상인과 농작물 재배주를 비롯하여 관리들까지 한마음으로
단결하여 일버트법안을 무산시켜 버렸다. 총독의 동의 아래에서 추진
되었던 개혁도 성공할 수 없었다.

위의 조치들은 영어 교육을 받은 인도인들의 기대와 활동 영역을
위축시키는 것이었다. 교육받은 인도인들의 불만이 표출되면서 그들은
지금까지의 영국 통치에 대한 협조자의 위치에서 벗어나 비판자의 자
세로 돌아서고 있었다. 영국의 통치에 가장 협조적이어야 할 지식층이
이탈해 가고 있었다. 이는 영국 통치자들이 영어 교육에서 원래 의도했
던 구도에서 벗어나는 것이며 인도 통치의 차원에서 볼 때 영국에 위
협으로 다가오고 있었다. 잇따른 광범한 지역의 흉작과 고리대금업자

들의 횡포로 퍼브나 폭동, 데칸 폭동 그리고 파드케 폭동 등의 농민 폭동이 일어났다. 지식층의 불만과 일련의 농민 폭동은, 당시 인도를 방문한 영국 지식인들의 기록에 따르면 정부를 마비시켜 버릴 수도 있는 폭동 전야에 있었다. 20여 년 전 대폭동(세포이 반란)을 경험한 인도 정부가 민감하게 반응한 것은 당연했다. 이와 같은 위기에 대처하기 위한 해결책으로 모색한 것이 국민회의의 창설이었다.

흄은 캘커타 대학생들을 중심으로 조국을 위해 솔선수범하는 희생 정신과 애국심을 촉구하고 나섰다. 개인이나 국가를 막론하고 모든 발전은 내부로부터 일어나야 한다는 점을 강조하면서 "필요한 것은 통합과 조직이며 분명한 행동 노선이다. 이를 위해서는 하나의 조직체가 필요하며, 진실한 사람 50명만 발기인으로 모인다면 이 단체는 조직될 수 있다. 조국의 대의를 위해 자신을 바칠 각오가 되어 있지 않다면 인도의 장래는 무망(無望)할 뿐이다."[2]라고 역설했다.

흄이 구상한 조직체는 인도와 영국의 연합을 강화할 수 있는 집단이었다. 그의 의도는 의회 정치를 위한 훈련 도장으로서의 인도 국민 대표 기관을 신설하여 그들에게 합법적인 정치 활동을 보장함으로써 위기를 모면하는 것이었다. 그가 계획한 인도국민회의는 합법적인 국민의 대변인 역할을 할 수 있는 기관으로서 영국 지배를 파멸시킬지도 모를 압력 세력에 대한 안전판으로서 계획했다. 흄은 두퍼린(Dufferin) 총독의 재가를 얻었고, 영국으로 가서 전임 총독 리폰을 비롯한 영향력 있는 인도 전문가와 정치인들의 협조와 동의를 얻은 후에 1885년 말 봄베이에서 인도국민회의를 창설했다.

인도국민회의는 영국 지배에 대한 하나의 충성 집단으로서 총독부

---

2 W. Wedderburn, *Allen Octavian Hume: the Father of Indian National Congress*(New Delhi: Pegasus, 1988), pp. 50~51.

에 협조하는 단체로 출발했다. 국민회의가 인도 국민의 자발적인 노력의 소산이 아니라 영국인에 의해 계획되어 출범했다는 사실이 이 단체의 성격을 규정지었다. 참가 대표들은 토후나 지주 귀족의 대표들이 아니라 영어 교육을 받은 교육 중간 계급의 대표들이었으며 따라서 국민회의는 그들의 활동 무대가 되었다.

이는 일찍이 1835년 매콜리(T. B. Macaulay)가 영어교육을 인도에 도입할 때 갖고 있었던 제국주의적 이상이 정확히 반세기 만에 실현된 것을 의미했다. 매콜리는 벤팅크(William C. Bentinck) 총독의 법률고문으로 부임하기 전에 이미 영국의 주목받는 의회정치가였다. 그는 영국 정치사에서 중산층의 참정권을 크게 확대하여 실질적인 보수당·자유당의 양당 정치를 가져온 획기적인 1832년의 선거법 개정안(the Reform Bill: 1832)을 기초(起草)했다. 후일 역사가로서 더 큰 명성을 얻은 인물이기도 하다. 매콜리의 영어 교육 정책은 언뜻 생각할 수 있는 국민의 문맹 퇴치나 지적(知的) 수준의 향상을 생각한 것이 아니라 원대한 제국주의적 이상을 내포하고 있었다. 그는 영어 교육을 도입하여 지배자인 영국인과 피지배자인 인도인 사이에 통역자 역할을 담당할 중간 계급을 형성하려 했다. "그들은 혈통과 피부색은 인도인이지만 기호(嗜好), 견해, 도덕 및 지성면에서는 영국인이 될 수 있는 사람들의 계급인 것이다."[3] 여기에는 영어 교육을 도입함으로써 인도인의 신체적인 외모는 바꿀 수 없지만 사고와 행동은 완전히 영국인으로 개조시켜 버리겠다는 치밀한 제국주의적 의도를 포함하고 있었다. 영어 교육을 받은 인도인들은 당연히 미구에 인도의 국민 지도자로 부상할 것이며 그들은 인도의 모든 전통과 인습을 경멸하고 영국의 역사, 정치, 문학, 과학, 기술 등을 동경할 것이므로 영국의 인도에 대한 지배는 그만큼 확고하

---

[3] D. Sinha, *The Educational Policy of the East India Company*(Calcutta, 1984), p. 199.

한국과 인도 독립운동의 비교(試論)

게 보장될 것이었다.

국민회의는 연례회의로 12월 말에 일주일 동안 열렸는데, 영국의 인도 통치에 대한 찬사 일색의 분위기였다. 한 사람의 연사가 영어교육의 혜택이 없었다면 오늘 각지의 인도인들이 한자리에 모여 조국의 현실 문제를 논의할 기회도 없었을 것이라고 찬양하면, 다른 사람은 분열성 많은 인도에 통일을 가져다주고 법의 지배를 부여한 영국 통치의 은전을 찬양하면서 경쟁적으로 충성 발언을 이어 갔다.

초기 국민회의는 온건파가 지배했으며 다다바이 나오로지, 수렌드라나드 바너지, 고칼레 등이 주도 인물이었다. 다다바이는 인도인으로서는 처음으로 영국에서 하원 의원에 당선된 인물이며, 수렌드라나드 바너지는 인도문관 시험에 합격해 고등 관직에 진출했으나 강한 자유주의적 민족의식이 문제가 되어 해직된 사람으로, 두 사람 모두 영국의 합법적이고 점진적인 정치 발전에 깊은 신뢰를 보였다. 고칼레는 간디가 깊은 존경심을 표시했던 '정치적 스승'으로서 국민회의에는 몇 년 늦게 참여했지만 10여 년 동안 국민회의를 독단적으로 다스려 나갔다. 고칼레는 "우리가 추구하는 전진은 대영제국 안에서 이루어져야 하며 진보의 각 단계에서 다음 단계로 나아가기 전에 우리에게는 얼마간의 도제 기간을 거치는 것이 필요하다."[4]라고 말할 정도였다.

국민회의 창립대회에는 72명이 참석했으며 힌두가 압도적인 다수였지만 무슬림을 비롯한 소수 종파에서도 참석했다. 참가 대표의 대부분이 영어를 구사했고, 과반수가 법률가였으며 다음으로 언론인들이 다수 참석했다. 참석자들은 '지원자' 혹은 '자천(自薦) 대표'들이었으며 아직 참석 대표의 자격 규정 같은 것은 없었다. 불과 몇 년 후에 참석자들이 2000명에 육박했으므로 참가 회비를 징수하고 국민회의 규약을

---

4 A. C. Banerjee ed., *Indian Constitutional Documents*, vol. II, p. 203.

마련해 갔다.⁵ 관심을 끄는 것은 무슬림의 국민회의에 대한 반응이었는데 소수의 무슬림 대표가 창립 대회 이후 참석해 왔지만 힌두와 무슬림의 긴장 관계에 따라 참석자 수의 기복은 컸다.

국민회의의 영국 통치에 대한 협조와 충성의 분위기는 변함이 없었다. 국민회의의 연례회의가 끝날 때는 영국 빅토리아 여왕에 대한 만세 삼창을 열창하는 데서 분명히 느낄 수 있었다. 초기 국민회의 대표들이 개혁하기를 원했던 것이 있었다면 그것은 영국 정부 그 자체가 아니라 인도를 다스리고 있는 관료 체제였다. 국민회의가 정부에 건의했던 것도 대부분 교육받은 자신들과 관련된 것들이었다. 토지세를 고정하는 영구정액제의 확대 같은 것도 있었지만 인도문관 시험의 개선, 인도인이 참여하는 입법참사회와 지방자치제의 확대 및 인도인의 장교 채용 증원 등이 주된 관심사였다.

스와데시운동을 계기로 국민회의 안에 이른바 과격파가 출현했다. 벵골 지방이 중심이 되었던 스와데시운동은 애국심으로 뭉친 열화 같은 반영(反英)운동이며 각계각층의 주민이 함께 일어난 애국운동이었다. 국민회의도 함께 참여한 운동이었다. 그러나 스와데시운동을 바라보는 국민회의 대표들 사이에는 미묘한 견해 차이가 있었다. 고칼레를 비롯한 이른바 온건파는 스와데시운동을 지지하면서도 이 운동은 영국 맨체스터 면직물과 벵골 분할 조치의 반대에만 국한되어야 하며 그 이상으로 확대되는 것을 경계했다. 온건파는 스와데시운동이 과도한 반영운동으로 확대되는 것을 우려했다. 온건파는 평소에 간직한 영국에 대한 신뢰를 결코 저버리지 않았다.

스와데시운동을 계기로 비로소 실체를 드러낸 과격파는 이 기회를 이용하여 스와데시운동을 대대적인 국민운동으로 확대할 것을 주장했

---

5 졸저, 『인도 민족주의운동사』의 제2장 「국민회의의 성격 ─ 그 조직과 기능」 참조.

다. 지금까지의 청원과 권고로 일관한 '탁발 행각(托鉢行脚)'을 거두고 국민의 강력한 힘을 통한 압력에 영국 지배자가 굴복하도록 만들자는 것이었다. 과격파는 틸락, 라지파트 라이, 비핀 찬드라 팔, 오로빈도 고슈 등이 핵심 인물이었다. 그들은 스와데시를 국민의 종교로서, 경제적, 정치적 무기로서 확대하여 영국 통치에 대한 강력한 압박 운동을 전개하자고 주장했다. 특히 틸락은 제국주의 국가가 식민지에 자선을 베푼 예가 있었느냐고 반문하면서 지금까지의 국민회의 연례회의는 장마철에 개구리가 우는 것과 다름없는 한 차례의 계절적 행동일 뿐이라고 비판하면서 정부에 "국민회의는 압력을 적용할 때에만 축제일을 즐기는 성격에서 열정적으로 일하는 기구로 발전할 수 있다."[6]라고 주장했다. 틸락은 힌두 종교 축제와 반무슬림 정서를 고취시켜 이를 반영운동으로 이끌어 갔다. 오로빈도는 철학자로서 명성을 날렸지만 과격파 지도자 가운데서 가장 급진적인 인물이었다. 틸락도 대영제국 안에서의 잔존을 주장했지만, 오로빈도는 인도의 완전 독립을 강조한 국민회의 내의 유일한 지도자로서 정부가 가장 경계했던 인물이었다.

과격파의 출현은 정부에 일사불란하게 협력해야 하는 국민회의를 긴장시켰다. 과격파의 행태는 영국 통치에 대한 충성 집단 내지 협력 세력으로 출발했던 원래의 노선을 이탈하는 것이었다. 아직 온건파가 국민회의를 장악하고 있는 마당에서 서둘러 불화의 싹을 잘라 버려야 했다. 고칼레와 봄베이의 명망 있는 변호사 메타가 중심이 되어 1907년 국민회의 연례회의에서 과격파를 폭력으로 축출해 버렸다.

과격파는 완전히 해체되고 말았다. 더욱이 그들은 테러리스트와 연관되었다는 혐의를 받았으며 틸락은 버마의 만델레이에서 6년의 옥고를 치러야 했고, 오로빈도 고슈는 정계를 아주 떠나고 말았다. 과격파

6 J. Baptista, *All about Lokamanya Tilak*(Madras, 1922), p. XL VIII.

가 다시 국민회의에 참석한 것은 1916년이었다. 소수파로서 참석한 것이 아니었다. 유능한 온건파의 지도자였던 고칼레와 메타가 사망한 국민회의를 사실상 과격파가 장악했다. 과격파는 권토중래하여 국민회의를 접수했지만 온건파는 그들의 영향력을 만회하지 못하고 영원히 퇴조했다. 이는 온건파의 갑작스러운 몰락이기보다는 오늘의 과격파가 내일에는 온건파로 밀리는 민족주의운동 또는 독립운동 과정에서 흔히 볼 수 있는 급변하는 정치적 분위기를 말해 주는 것이었다.

인도국민회의는 새로운 지도자로 간디를 맞이했다. 간디에 의해 국민회의는 진정한 의미의 독립운동 단체로 태어났다. 국민회의는 더 이상 교육받은 중간 계급의 활동 무대가 아니었다. 농촌 마을까지 조직체를 갖춘 범국민적 독립운동 단체가 되었다. 간디의 지도력 아래 전국의 농민과 노동자들이 독립의 기치 아래 규합했다. 국민회의와 간디는 결정적인 순간에는 한마음으로 단합하여 움직였다. 영국인 통치자들도 국민회의를 존중하는 입장을 취했다. 인도 총독부는 국민회의의 산하 단체를 불법으로 규정한 일은 있었지만, 윌링던 총독의 무단 통치와 위급한 세계대전의 전시 상황에서 일시적인 포고령을 제외한다면, 범국민적인 비폭력 비협조운동과 시민불복종운동의 격랑 속에서도 국민회의의 권위는 유지시켜 주었다.

일제의 식민 지배는 우리에게 면면히 이어 온 역사의 정통성을 송두리째 파괴해 버린 치욕의 역사였다. 조선 왕조는 너무 쉽게 무너졌다. 왕통이 단절되었고 국권은 일본 제국주의자들에게 침탈당했다. 일제가 한국을 통치하는 과정에서 친일 단체는 무수히 출현했다. 지배자들이 의도적으로 제국주의 통치를 원활히 하기 위해 조작하는 경우가 대부분이지만 지배 받는 민족이면서도 자기 한 몸의 영달과 이익을 도모하기 위해 부화 협조하고 나선 자들도 없지 않았다. 인도의 국민회의는 영국에 대한 충성 집단으로 출발했지만 종당에는 독립운동의 구심

한국과 인도 독립운동의 비교(試論)

체로서 제국주의 세력을 축출하고 주권을 되찾는 데 주도적 할을 했다. 한국에서는 친일 단체로 출발했지만 독립운동 단체로 탈바꿈해 국권 회복에 큰 역할을 한 경우를 찾아볼 수 없다.

을사늑약에서 일제 강점의 치욕으로 이어지는 망국의 순간을 바라보면서 각지에서 분연히 일어선 의병과 함께 민중 계몽과 국권 회복을 표방한 신민회(新民會) 같은 애국 단체가 출현했다. 다른 한편 친일 단체의 대명사처럼 되어 버린 일진회(一進會)의 일파는 국권을 넘겨주는 매국 행위에 앞장서서 반역 행위를 서슴지 않았다. 두 단체는 그 성격이 극명하게 대립하여 분명히 구분되지만 배일(排日)과 친일이 모호한 단체들이 나타나기도 했다. 무단 통치의 10년을 지난 후 이른바 문화 정치는 무단 정치와 다를 바 없는 위장술에 불과한 것이었지만 문화 정치의 하나의 특색은 친일 세력을 육성하는 것이었다. 여기에서 친일 세력의 반민족적 배신의 작태를 다룰 여유는 없다.

인도국민회의를 모방하여 창립을 추진했던 단체는 연정회(研政會)로 알려져 있다. 한국 민족주의 세력의 일부는 간디가 주도하는 범국민적 사티아그라하운동에 주목했다. 간디가 엄청난 힘을 과시하면서 돌진할 수 있었던 것은 국민회의가 뒷받침하고 있었기 때문이다. 간디는 전국적인 사티아그라하운동을 시작할 때마다 반드시 먼저 국민회의의 지지를 얻어 냈다. 국민회의가 당장 따라오지 않을 때는 협박해서라도 자신을 지지하도록 만들었다. 간디의 힘의 배후에는 인도 국민이 있었지만 그보다 먼저 국민회의가 뒷받침해 주고 있었다. 여하튼 일단의 한국 민족주의자들이 인도국민회의와 유사한 정치 단체를 모색했는데, 그것이 연정회였다.

연정회의 창설 움직임은 1924년 초(1월 2~6일)《동아일보》에 실린 이광수(李光洙)의 「민족적 경륜(經綸)」에서 분명해졌다.

진실로 우리 민족의 처지는 일(一) 민족적 일생에 한 번이나 조우(遭遇)할 것이요 두 번도 조우하지 못할 위기를 벗어나기 위하여 … 민족적 백년대계를 획립(劃立)해야 할 것이 모든 조건으로 보아 가장 합리하고 적절한 일이다. … 강렬한 절개(節介) 의식이 있는 … 정치 운동은 해외에서나 할 수 있는 일이오, 만일 국내에서 한다면 비밀결사일 수밖에 없으므로 … 우리는 조선 내에서, 허(許)하는 범위 내에서, 일대(一大) 정치적 결사를 조직하여야 한다는 것이 우리의 주장이다. 그 이유는 첫째, 우리 당면의 민족적 권리와 이익을 옹호하기 위하여, 둘째, 조선인을 정치적으로 훈련하고 단결하여 민족의 정치적 중심 세력을 작(作)하야 써 장래 구원(久遠)한 정치 운동의 기반을 성(成)하기 위하여.[7]

민족적 백년대계의 제1조는 정치적 결사를 조직하는 것이라고 역설한 것이다.

「민족적 경륜」이 제시한 목표는 인도국민회의의 창설 목표와 유사한 면이 있으며 경륜의 구도는 방대하고 장기적인 것이었다. "정치적 결사는 전 조선 민족의 중심 세력이 되기를 기약하여야 할 것이니, 이 결사의 의견이 곧 조선 민족의 의견이요, 이 결사의 행동이 곧 조선 민족의 행동이 되기를 기약하여야 할 것이다." 이렇게 되려면 조선 각지에 다수의 회원을 확보해야 하고 그러려면 1400만 농민에게 다가가야만 한다. 농민 중에 많은 회원을 얻으려면 농민 중에 지식을 보급하는 것이 필요하며, 이 일을 하는 것이 교육적 결사의 사명이라고 밝혔다. 따라서 3종(種), 즉 정치, 산업, 교육의 결사와 운동이 조선 민족 구제의 삼위일체적 방책이 될 것이다.[8]

---

7 《동아일보》(1924년 1월 3일).

8 《동아일보》(1924년 1월 6일).

한국과 인도 독립운동의 비교(試論)

민족적 경륜의 제시와 때를 같이하여 연정회가 구체화되었다. 경륜이 강조한 정치적 결사는 연정회를 의미한 것이 분명하다. 연정회가 구체화된 후에 경륜이 발표되었다고 보아야 할 것이다. 《동아일보》의 1923년 11월 3일자 압수당한 사설에서 이미 "조선인이 할 일은 첫째, '민족의 총동원'이다. 각원(各員)의 개별적 활동은 대난(大難)을 이기지 못한다. 민족적 대난은 결코 개인적 세력으로 이길 성질의 것이 아니오 오직 단체적으로만 공고하고 일심(一心)하는 단체의 위력으로만 이길 수 있다. 우리는 정치적으로도 조선 민족의 정치적 의지를 대표할 만한 단체를 조직하지 않으면 안 된다."⁹라고 밝혔다. 나중에 「경륜」에서 강조한 바와 같이 압수된 사설에서도 정치적 단체뿐 아니라 경제적 단체로 대규모 산업 조합의 결성을 주장했으며, 민족 교육을 목적으로 하는 교육적 결사의 필요성도 아울러 강조했다.

김성수(金性洙)와 송진우(宋鎭禹)는 민립대학 설립과 물산장려의 두 운동이 부진한 상태에 빠지자 실망한 나머지 정치 단체를 모색했다. 인도의 민족주의운동이 활발하게 전개된 까닭은 간디와 그를 지지하는 합법적인 정치 단체인 국민회의가 있기 때문이라고 판단했다. 그들은 천도교의 최린(崔麟)의 찬동을 얻어 12월 하순 김성수의 자택에서 첫 모임을 가졌다. 구성원은 세 사람 외에 《조선일보》의 신석우(申錫雨)와 안재홍(安在鴻), 기독교의 이승훈(李昇薰) 그리고 평양의 조만식(曺晚植) 등을 비롯한 16~17명이었으며 조직의 이름을 연정회로 하기로 했다. 연정회의 구상에는 인도국민회의의 시사(示唆)와 함께 안창호(安昌浩)도 관여했다는 주장이 있으나 논란의 여지가 있다.¹⁰

민족적 경륜은 거센 역풍을 맞았다. 특히 "허(許)하는 범위 내에서

---

9 「大難에 處하는 道理」, 『日政下 동아일보압수사설집』(《신동아》, 1974년 1월호 별책부록).
10 인촌기념회, 『인촌金性洙傳』(1976), 260~262쪽.

일대 정치적 결사를 조직하여야 한다."라는 구절이 민족주의 진영을 크게 자극했다. 이 구절은 일제의 지도 아래 타협적 자치운동의 길을 모색하는 것으로 해석되었다. 경륜은 민족주의 진영은 말할 것도 없거니와 국민을 당황하게 만들었다. '2·8 독립선언'에서 "일본이 만일 오족(吾族)의 정당한 요구에 불응할진대 오족은 일본에 대하여 영원히 혈전(血戰)을 선(宣)한다."라고 엄중 경고했던 인사와 경륜을 쓴 사람이 동일 인물 이광수가 맞는가 하고 의심했다.

이광수가 정치적 중심 단체를 조직해야 한다는 주장은 경륜에서 돌출한 것이 아니었다. 이광수는 이미 장문의 「민족 개조론」(《개벽(開闢)》 1922년 5월호)에서 도덕성 개조를 위한 조직체의 필요성을 수없이 강조했다. 민족 개조론은 민족주의 세력의 비난을 받았으며 이광수는 필화를 입어 자택이 습격당하기도 했다. 평이한 문체의 긴 분량의 이 논문은 안창호의 사상을 전하는 것으로 해석되기도 하며, 이후에도 긍정적인 평가를 볼 수 있다. 민족의 장래를 생각하는 인사라면 한 번은 꼭 읽어야 할, 민족의 길잡이가 될 경국의 대문장으로 극찬하기도 했다(安秉煜). 「개조론」은 민족 개조를 위한 노력을 역사적으로 고찰했다. 멀리는 소크라테스와 가까이는 독립협회가 도덕적 재건을 위해 노력했으나 실패한 것은 '단체 사업'이란 것을 깨닫지 못했기 때문이다. 생명이 짧은 개인보다 생명이 길고, 힘이 강하고 사상이 지속될 수 있고 유력한 선전 효과가 있는 단체의 조직이 절실하다. 흥사단을 제외하면 여러 단체가 수년 내에 쇠퇴했고, 독립협회가 애국심을 고조하고 애국이란 말이 독립협회에서 위시(爲始)한 것은 공로이지만 실패의 원인은 단체를 공고하게 못했기 때문이다. 민족의 쇠퇴의 원인은 도덕적 부패에 있으므로 민족 개조의 단체를 세우는 것이 급선무이다. 민족 개조 운동은 반드시 굳건한 조직을 가진 단체 사업이어야 하며 무실(懋實)과 역행(力行)을 민족 개조의 근본 원칙으로 삼아야 한다. 민족 개조 사업은

한국과 인도 독립운동의 비교(試論)

영구적으로 계속되어야 하지만 대개 100년쯤이면 이루어지는 것으로 보았다.

「민족적 경륜」에서 강조한 정치적 산업적 교육적 결사와 운동은 이미 「민족 개조론」에서 그 필요성을 예시하고 있다. 대체로 경륜이 자치를 요구하고 나선 것으로 해석하지만 이 글 어디에도 자치를 언급한 일은 없고, 개조론에서도 자치를 주장한 바는 없다. 오직 자체적인 힘을 양성할 수 있는 민족적 결사만을 강조했다. 당시 국내의 상황은 경륜을 긍정적으로 수용할 분위기는 아니었다. 3·1운동으로 고조된 민족주의의 열기가 이른바 문화 정치의 포장 아래 위축되어 가는 분위기에서 경륜은 직접 행동의 독립운동을 탈선의 길로 유도하는 것으로 보였다.

「경륜」에 대한 분노의 반응은 당장 동경 유학생의 학우회에서 《동아일보》 배척 운동으로 일어났고, 《개벽》은 신춘문예호에서 이상한 방향으로 흐르고 있는 조선의 문화 운동을 비판하고 나섰다.

> 각양(各樣)의 운동을 하는 우리들 중에도 스스로 파가 있게 되었다. 경파(硬派) 연파(軟派)라든가, 급진파 온건파라 할가, 같은 듯하면서도 꼭 같지는 아니한 파류(派流)가 있게 되었다. 이것은 독립운동의 속에도 있고, 문화운동 내지 사회운동 속에도 있다. …… 가장 문제가 되는 동시에, 우리로서는 특별히 주시치 않아서는 안 되겠다고 생각하는 것은 오늘 조선 내지(內地)에 있는 문화운동자, 다시 말하면 아직 사회운동으로 돌아서지 않고, 또는 무력 ×× 주의로 환원치 않고 오직 실력 양성주의를 고조하고 있는 그네들이다. 그네들(문화운동자 중의 연파 혹은 구파)은 언필칭 우리 조선 사람으로서의 '민족일치', '대동단결'을 주창한다. 1924년인 금년에 들어와서는 그 주장이 점점 분명해져서 인도의 국민회의, 필리핀의 독립청원 문제 같은 것을 꺼들어낸다.[11]

---

11 《개벽》 1924년 2월호 신춘문예호, 2~3쪽.

상해 임시정부도 기관지《독립신문》을 통하여 비판하고 나섰다.

그 일보(日報)가 창간 당시 선언한 바에 의하여 더욱 우리는 애호하며 보석(保惜)하야 정신과 육체로 진보 또 명결(明結)되어 어두운 길에 한자루 촉불을 기대했으며 …… 종전(從前)으로 하여 여러 가지의 불만한 점이 적지 않았다. 그러나 많은 양회(諒會)를 붓치며 또 용인(容忍)했다. 적어도 사(社)의 대표자는 먼저 자인(自引)의 의(義)를 일반에게 선(宣)하며 돌이켜 보구(補求)할 바를 생각함이 정당하다.[12]

비판 여론은 계속 확대되었으며 이런 부정적이고 공격적인 분위기에는 민족주의 진영은 말할 것도 없거니와 이때 크게 일어나고 있던 사회주의 진영의 활동도 한몫했다. 조선노농총동맹은 4월 20일《동아일보》비매 운동을 여행(勵行)할 것과 그 신문의 중요 간부와 옹호파를 이사회에서 매장할 일과 각지에서 성토 강연을 개최할 것을 만장일치로 가결했다.[13]

《동아일보》는 각계의 비난 공격에 당황했다. 1월 29일자 사설에서 우리 민족의 생명의 원천이 될 민립대학 설립운동과 물산장려운동을 발전케 하는 것이 우리 형제의 책무이며 이 운동을 통일적으로 또 조직적으로 하자면 민족적 단결과 대규모 기관의 설립이 필요하다는 것을 다시 강조했다. 그러면서도 "만일 오인(吾人)의 제창하는 정치적 결사와 운동이라는 논지를 일인이라도 다른 의미로 오해한다면 이는 그 책(責)이 수사(修辭)의 졸(拙)에 있을지언정 결코 논문의 문지(文旨)가 아

---

12 崔民之·金民珠, 『일제하 민족언론사론(民族言論史論)』(일월서각, 1978), 129~130쪽;《독립신문》(1924년 4월 26일).
13 《조선일보》(1924년 4월 22일).

한국과 인도 독립운동의 비교(試論)

닌 것을 자(玆)에 일언(一言)한다."[14]라고 해명했다. 또다시 3월 20일자 기사에서 "1월 29일자에 다시 사설로 석명함과 같이 이것은 문구의 모호함이요 결코 우리의 의사가 변함이 아니다. 언론이 극단으로 부자유한 세상에 있어서 우리의 의론이 투철하게 해백(楷白)하게 발표할 수 없으므로 … 우리의 심량만 알아 준다면 그만한 논문은 취소할 수도 있을 것이다."[15]라고 해명했다. 그러나 《동아일보》의 거듭된 석명에도 경륜에 대한 거센 비판은 계속되었으므로 결국 이광수는 사직했고, 국민들에게도 백안시되었다. 연정회는 정식으로 출범하지도 못하고 태동기에서 좌절하고 말았다.

1920년 이후 최남선(崔南善)의 「국토 예찬」에서 보는 소극적인 민족 보전 방안이나, 이광수의 「민족적 경륜」에서 강조된 문화적 민족운동으로 일제 침략을 부정할 수 있는 사상적 논리를 상실했다. 특히 장지연(張志淵), 박은식(朴殷植), 신채호(申采浩)와 같이 청말자강론(淸末自強論)의 주권 이론으로 무장한 지성과는 달리, 주로 일본 유학을 통해, 주권 중심의 자강주의가 결여된 '문화' 개념을 흡수한 개화파 지성들은 일제 강권을 부정할 사상적 시각을 더 이상 견지할 수 없었다. 일제 강점하에서 독립의 이념을 뒤로 미루고 민족 국가 형성을 위한 시민적 계몽운동만을 추진한다는 것은 당면한 독립운동의 과제를 일시 유보하는 것이 되고 저항적 민족주의가 설 자리에 항일 저항의 혼이 빠진 타협주의가 탈바꿈해서 나타난 것이 된다. 자치론 등 타협주의는 반제(反帝) 이데올로기를 수용하기보다는 일제 비적국화(日帝非敵國化)라는 타협의 길을 택한 것이다.[16]

---

14 《동아일보》(1924년 4월 29일).
15 《동아일보》(1924년 3월 20일).
16 申一澈, 「한국 독립운동의 사상사적 성격」, 《아세아연구》, 59호(1978년 1월호), 고대 아세아문제연구소, 117쪽.

일제는 연정회를 오히려 비판적으로 주시하면서 비타협적 운동 세력으로 간주했다. 『고등경찰요사(高等警察要史)』에서는 1920년대의 민족 운동을 민족주의운동, 사회운동, 종교운동으로 대별하고, 그중의 민족주의운동은 다시 ① 비타협적 민족운동 ② 타협적 민족주의운동 ③ 내(일)선인(內(日)鮮人) 합동의 정치운동으로 나누면서, 비타협적 민족운동의 예로 민립대학 설립운동, 물산장려운동, 연정회운동 그리고 그 뒤에 일어난 조선사정연구회, 태평양문제연구회, 신간회, 근우회 등을 열거하고 있다. 일본 고등경찰의 안목으로서도 연정회 운동은 비타협적 운동의 한 단계로 평가되었고, 타협적인 것이 아니었다.[17]

연정회가 일제의 양해 아래서 추진되었는지는 분명하지 않지만, 인도의 정치 교육을 목표로 했던 지방자치제의 도입과는 차이가 있었다. 인도의 지방자치와 국민회의가 거의 같은 시기에 교육받은 계층에게 정치적 훈련을 위해 계획되었던 것은 사실이고 또 국민회의 대표와 지방자치에 참여하는 사람들이 중복되기도 했지만, 처음에는 각기 다른 방향에서 추진되었다. 지방자치는 행정적 능률보다 정치적 교육을 목표로, 국민회의는 인도의 압력 세력에 대한 안전판으로 계획되었다.

경륜은 물산장려와 과학적 지식의 보급을 강조하고 이를 위해 민중 교육을 목적으로 하는 대규모 결사의 조직을 강조했지만 정치적 자치의 단어는 찾을 수 없다. 연정회 추진 인사들은 폭넓게 활동할 수 있는 인도국민회의를 모방하여 '정치대결사(大結社)'를 출범시키려고 시도했던 듯하다. 그들은 권력의 분점보다는 국민을 대표하는 단체를 구상하여 활동 영역을 보장받으려 했던 듯하다. 그러나 처음부터 일제는 조선에 자치를 허용하거나 활동 무대를 확대해 줄 마음이 없었고, 국민은 연정회를 친일 단체 혹은 협력 단체로 바라보았다.

---

17 『인촌 김성수전』, 266쪽.

한국과 인도 독립운동의 비교(試論)

일제가 연정회를 친일 단체 혹은 타협적 민족주의 세력으로 인정하지 않았던 것은 아마도 인도국민회의의 변천 과정을 알고 있었기 때문일 것이다. 인도국민회의는 영국 측의 양해 아래 추진되었으며 영국 통치에 대한 협력 단체 내지 충성 집단으로서의 성격은 한 세대 동안 유지되었다. 국민회의의 온건파와 축출되었던 과격파가 1916년 화해의 마음으로 합석했지만 그것은 사실 국민회의가 과격파에 의해 장악된 것이었다. 이후 간디에 의해서 국민회의는 위력적인 독립운동 단체의 새 모습으로 나타났다. 국민회의는 더 이상 교육받은 중간 계급이 한해 한 번 모이는 계절적인 모임이 아니라 농민과 노동자까지 규합한 전국적인 거족적 독립운동 단체가 되었다. 위력적인 시위를 세계에 과시했던 1920년 제1차 사티아그라하운동, 즉 비폭력 비협조운동에서 이를 증명해 보였다. 일제가 연정회운동을 그냥 협력 세력 혹은 친일 세력으로 기대할 수 없었던 것은 충성 집단으로 출범한 인도국민회의가 영국 통치에 맞서는 가장 강력한 투쟁 세력이 되었던 과정을 목도하면서 연정회운동을 우려와 경계의 눈길로 지켜볼 수밖에 없었을 것이다.

3 인도와 한국의 지방자치제

근대적인 지방자치제를 인도에 도입한 인물은 리폰 총독이었다. 그는 인도 총독에 임명되기 전에 이미 영국 정부의 인도차관과 그리고 단명(短命)한 존 러셀(John Russell) 내각에서 잠시 인도상을 역임했다. 리폰은 글래드스톤 자유당 내각 때 총독에 임명되어 '글래드스톤 수상의 대리인'으로서 인도에 파견되었다. 글래드스톤의 자유주의 정책은 리폰 총독에 의해 인도에서 시행되었다.

리폰 총독은 지방자치제가 "행정적 면에서의 개선이라는 관점에서

보다는 오히려 정치적 국민 교육의 도구로서 바람직하다."[18]라고 생각했다. "영국인이 도입한 교육, 문명, 물질적 진보 등으로 야기된 인도인의 야망과 포부에 배출구를 마련해 주는 것이 필요했다."[19] 서구의 정치 제도를 동경하게 된 인도인들에게 활동 무대를 마련해 주는 것은 "국민의 정치 교육을 점진적으로 또 안전하게 증진시키는 당장의 효과를 기대할 수 있을 뿐만 아니라, 대의 정치의 방향으로 더욱 발전시키는 길을 닦아 주는 것이었다."[20] 리폰은 "교육이 진전됨에 따라 전국적으로 공공심을 가진 지식층이 급증하고 있는데 이들을 이용하지 않는 것은 비정(秕政)일 뿐만 아니라 전적으로 힘의 낭비"[21]라고 생각했다.

리폰 총독은 정치적 교육과 행정적 능률도 계산했지만 인도인으로부터 나타날 불만의 표출을 우려했다. 리폰 총독은 인도인의 마음으로부터 불만을 제거하고 영국 지배에 대한 원주민의 신뢰를 회복하는 것이 절실하다고 믿었다. 리폰은 글래드스톤 수상에게 보낸 사신(私信)에서 "반대되는 두 방향으로 끌어당기고 있는 완고한 관료층과 신흥 인도인 중산층 사이에서 불거지는 심각한 정치적 위험성"[22]을 지적했다. 신교육을 받은 인도인들의 정치적 열망과 기대가 무시당할 때 이 엘리트 계층은 영국 지배에 대한 심각한 적대 세력으로 나타날 가능성을 충분히 내포하고 있었다. "그들의 포부와 야망을 위한 합법적 통로를 마련해 주지 않을 바에는 차라리 당장 우리의 대학들을 폐쇄해 버리는 편이 나을 것이다. 왜냐하면 대학들은 불가피하게 우리 통치에 위협적이고 영향력 있는 적(敵)이 될 사람들의 숫자를 해마다 엄청나게 늘리는

---

18 B. Misra, *The Administrative History of India 1834~1947*, p. 602.

19 L. S. O'Malaley, *Modern India and the West*, p. 746.

20 B. Misra, *op. cit.*, p. 41.

21 Hugh Tinker, *The Foundation of Local Self-Government in India, Pakistan and Burma*(Bombay, 1978), p. 44.

22 B. Misra, *op. cit.*, p. 602.

한국과 인도 독립운동의 비교(試論)

데만 도움을 줄 것이기 때문이다."[23] 리폰은 교육받은 인도인에게서 영국 지배에 대한 불만과 적의가 아닌 충성과 지지를 기대했다. 교육 중간 계급에게 정치적 활동 영역을 마련해 줌으로써 영국 통치에 대한 협력 세력으로 끌어들이려는 리폰의 노력은 알렌 옥타비안 흄이 인도국민회의의 창설에서 의도했던 것과 맥을 같이한 것이었다.

지방자치에 선거 원리를 도입하려는 리폰 총독의 계획에 인도의 영국인 관리들이 반대하고 나섰다. 영국동인도회사가 진출할 때부터 핵심 근거지였던 벵골, 봄베이, 마드라스 주의 지사(知事)들이 찬성하지 않았다. 인도에 대한 정책을 지휘 관리하는 본국의 킴벌리(Kimberley) 인도상과 인도위원회도 협조하지 않았다. 글래드스톤이 리폰의 계획에 대해 '진정한 호의'를 표했으므로 총독은 여기에 고무되어 이 문제를 밀고 나갈 수 있었다.

지방자치제 실시에 관한 리폰 총독의 원칙은 '1882년의 결의' 속에 구체적으로 명시되었다. 첫째, 정치 교육은 지방 정부의 주요 기능이며 이는 행정상의 능률보다 더 중요성을 가진다. 둘째, 농촌위원회는 시위원회와 동일한 형태로 설립된다. 셋째, 모든 위원회는 3분의 2 이상의 비관리(非官吏)를 포함해야 하는데 이들은 가능한 한 선출된 이들로 한다. 그리고 선거는 보다 진보적인 도회에서는 즉시 실시되며, 소도(小都)나 시골에서는 점차적인 실험 방법을 통해 실시한다. 넷째, 통제는 내부에서보다 외부로부터 이루어져야 한다. 다섯째, 모든 지방위원회의 의장은 가능한 한 비관리 가운데서 선출되어야 한다. 여섯째, 각 지방은 이 결의의 전체적인 지침을 지방의 사정에 따라 해석해야 한다.[24]

관리 아닌 사람이 지방위원회의 의장으로 활동해야 하며, 가능한 한

---

23 Anil Seal, *The Emergence of Indian Nationalism*(Cambridge University Press, 1991). p. 148.
24 H. Tinker, *op. cit.*, p.45.

자체 내에서 선출하는 방식이 바람직하지만, 각 지방의 사정을 고려해 이 문제는 지방 정부의 재량으로 남겨 두기로 했다. 만약 비관리 위원 중에서 의장 적임자를 찾을 수 없을 때에는 불가피하게 행정 관리가 임명될 수 있지만 이 경우에는 투표권을 갖지 못하도록 규정하는 편이 바람직하다는 것이 총독의 견해였다.

지방자치 실시에 관한 시행 세칙은 리폰 총독의 재임 때 거의 모든 주에서 통과되었다. 지방자치구는 대체로 주(州) 밑에 질라[郡]를 두었고 다시 이를 세분한 하위 단위로 타실[面]이 있었다. 선거제에 의해 구성되는 자치위원회를 대폭 확대했다.[25]

1882년의 결의는 근본적인 지휘, 관리, 감독권은 중앙정부가 권한을 갖고, 시 행정 실무는 선출된 주민대표에게 위임하며, 주민들은 비관리 의장이 주관하는 그들의 대표 기관을 통해 자치 훈련을 받도록 계획했다. 치안 문제는 중앙정부의 소관으로 하며, 지방자치 단체는 교육, 공공 위생, 등화 설비, 도로, 식수(食水) 및 기타 공공사업을 관장하기로 결의했다. 행정의 전반적인 원칙은 런던이나 캘커타의 중앙정부에서 수립하고 그 집행은 지방에서 직접 시행하게 했다.

지방자치제란 원래 정부의 재정적인 어려움을 타개하기 위한 발상이었다. 지방에 재정적 부담을 지우기 위해서는 더 많은 세금을 부과해야 하며, 많은 과세는 지방에 대한 더 많은 간섭을 요하게 된다. 간섭을 가하면 가할수록 제국주의적 통치에는 그만큼 더 큰 위험을 초래하게 되므로 이에 대한 위무책으로서 지방자치제가 인정되었다고 볼 수 있다. 새로이 지방자치제가 도입되었지만 사실 "인도인들은 영국인의 이익을 확보해 주는 구조 속에서 활동하는 셈이었다. 요컨대 새 제도는

---

25 졸저, 『영국의 인도 통치 정책』, 281~312쪽 참조.

한국과 인도 독립운동의 비교(試論)

협력자를 찾기 위해 던진 더 넓은 그물이었다."[26]

리폰 총독의 지방자치제 도입에는 상반된 평가가 내려졌다. 대체로 영국인들은 부정적이었고, 인도인들은 매우 긍정적으로 적극 환영했다. 런던에서는 인도 전문가들로 구성되어 대인도 정책에 막강한 영향력을 행사하던 인도위원회를 중심으로 많은 단체들이 반대하고 나섰으며 하원에서도 리폰의 정책을 비판했다. 보수당의 랜돌프 처칠(Randolph Churchill)은 리폰이 미래를 예견하지 못한 인물이라고 비난하면서 "리폰 총독은 도원경(桃源境)을 제시하여 영국 국민의 이익을 배반하는 짓을 저질러 놓고 만족해 하고 있다,"[27]라고 혹평했다. 인도에 거주하는 영국인 단체들의 비난은 더욱 혹독했다. 그들은 리폰을 "빗나간 감상 때문에 백인들의 이익을 포기해 버린 배신자"[28]로 매도했다.

선거 원리를 확대하려 했던 리폰 총독의 지방자치 정책은 인도 측으로부터는 소수의 지주와 귀족 등 보수 세력을 제외하고는 한결같은 환영을 받았다. 봄베이의 국민회의 지도자 메타는 "리폰 경은 의심할 나위 없이 인도인들에게 가장 인기 있는 총독이었으며, 인도 국민에 대한 그의 변함없는 사랑, 인도인의 자유의 근거를 확대하려는 집념과 명료한 진실성 등이 그로 하여금 '의인(義人) 리폰'이라는 칭호를 얻도록 만들었다."[29]라고 격찬했다. 다다바이 나오로지는 "리폰이야말로 인도 국민의 위대한 친구이며, 인도를 통치함에 있어서 영국 자유주의의 최고 원리를 심어 주었다."[30]라고 말했다. 최대의 찬사는 인도 토후 샤히브 다얄(Sahib Dayal)로부터 나왔다. 그는 전 총독 로렌스(Lord Lawrence)

26 Anil Seal, "Imperialism and Nationalism in India", *Modern Asian Studies*, 7. 3 (1973) (Cambridge University Press), p. 333.

27 A. Denholm, *Lord Ripon 1827~1909: Political Biography*(London, 1992), p. 162.

28 L. P. Mathur, *Lord Ripon's Administration in India*(New Delhi, 1982), p. 273.

29 P. K. Rao, *Foreign Friends of India's Freedom*(Bangalore, 1973), p. 45.

30 *Ibid.*

에게 보낸 서한에서 "만약 인도에서 영국 세력이 위기에 처한다면 영국 당국은 리폰을 인도에 보내면 될 것이다. 리폰은 몇 개 연대의 병력보다 영국을 위해 훨씬 더 많은 일을 할 것이며, 인도 여성들은 패물을 팔아 그의 발아래 바칠 것이다."[31]라고 말했다.

총독이 식민지 국민에게 대단한 인기를 누렸다는 찬사는 언뜻 이해가 가지 않지만 식민지 국민의 마음을 이해하고 정책을 추진한다면 가능할 수도 있을 것이다. 역대 인도 총독 가운데서 리폰이 인도 국민의 가장 깊은 신뢰를 얻은 인물이었음은 틀림없다. 궁극적으로 영국이 통치해 온 인도제국을 붕괴로 몰아간 일단의 책임이 지방자치로 분열주의를 도입한 데 있었다는 비판적인 평가가 없는 것은 아니다. 그러나 서민 민주 정치이며 민주 정치의 꽃이라 할 지방자치제의 도입을 비롯한 리폰 총독의 일련의 자유주의 정책은 인도 국민에게 깊은 감동을 주었다. 그가 임기를 마치고 귀국하는 봄베이까지의 연도에서 식민지에서는 기대할 수 없는 인도 국민이 보여 준 따뜻한 환송의 분위기가 그것을 말해 주었다.

국민회의 창설자인 흄과 지방자치제를 도입한 리폰에 대한 비판적인 관점은 인도 학자들의 서술에서 거의 찾아볼 수 없다. 영국이 인도 통치에서 가장 자신 있게 선정(善政)으로 내세운 민주 정치의 정착은 리폰의 지방자치제의 도입에서 비롯되었다. 그 후 지방자치의 확대는 영국이 약속한 대로 대개 10여 년 간격으로 이루어졌다. 인도국민회의는 처음부터 일반 국민의 참정권의 확대를 요구한 것이 아니라 사실은 총독 주재의 입법의회(참사회)와 지방입법의회의 확대를 꾸준히 요구해 왔으며 이것이 국민회의 활동의 목표이기도 했다. 입법의회의 확대가 인도 정치 발전의 주요한 과정이었다.

---

31 L. Mathur, *op. cit.*, p. 239.

한국과 인도 독립운동의 비교(試論)

1892년 인도의회법은 총독이 비관리의원을 10~16명 선에서 조절할 수 있으며 국가 재정 문제를 토의할 수 있게 했다. 1909년 인도의회법은 총독집행위원에 한 명의 인도인을 포함하기로 했으며 제국입법의회의 의원을 16명에서 60명으로 증원했고, 이 가운데 27명이 선거에 의한 비관리의원이었다. 아직 보통선거권은 도입되지 않았으며 선거에 의한 비관리의원은 각 주의 입법의회, 특수 선거구, 무슬림 분리선거구, 대학, 상공 단체 등에서 선출된 사람들이었다. 각 주의 입법의회도 확대되었지만, 주목해야 할 것은 이때 무슬림에게 분리선거제의 특혜가 부여되었다는 사실이다. 무슬림에게는 일반선거구에 참여할 수 있는 권리뿐 아니라 분리선거구에서 대표를 선출할 수 있는 권리가 부여되었다. 무슬림에게는 힌두에 비해 분리선거구의 의석수만큼 특혜가 부여되었다. 분리선거제의 도입은 무슬림의 이른바 '심라대표단'의 총독 방문에 대한 보상이었지만[32] 이후 영국의 분리 통치 수법으로, 또 인도·파키스탄 분립의 원인(遠因)으로 비판받기도 했다.

1차 세계대전 후 영국 정부가 보여 준 정치적 개혁은 인도가 막대한 인력과 재력으로 지원했던 대가로서는 너무 미흡했다. 1919년 인도통치법에서도 다소간 정치적 진보는 있었다. 입법의회의 확대로서 양원제를 구성했다. 상원의 60의석 가운데 33명을 선거에 의한 의원으로 구성했으며, 하원은 145석 가운데 104명을 선출의원으로 규정했다. 지방의회도 뱅골의 139석을 비롯하여 규모에 따라 조정되었다. 이 통치법의 특징은 중앙정부의 지방 행정에 대한 통제 완화에 있었다. 중앙과 지방의 업무 한계를 조정했다. 지방 업무를 '유보(留保)'와 '양도(讓渡)'로 구분하여 전자는 지사와 그 집행위원회가 다스리며, 후자는 입법의회에서 선임하고 의회에 책임을 지는 지방 장관들이 담당했다. 이와 같

---

32 졸저, 『인도와 파키스탄: 그 대립의 역사』, 50~69쪽 참조.

은 행정권의 분리를 다이아르키(Diarchy)라고 불렀는데 유보 업무는 관개(灌漑), 토지세, 경찰, 재판, 노동쟁의 등을, 양도 업무는 지방자치, 위생, 교육, 토목 공사 등등을 분담하기로 했다.

영국이 추진한 마지막 개혁입법이 1935년 인도통치법이었다. 종전의 의회 내각책임제, 지방자치 및 분리선거제 등을 유지하면서 이 법의 특징은 연방제의 도입이었다. 모든 주와 토후국은 인도연방으로 통합하며 연방의회는 재산 자격을 갖춘 인도인 유권자들이 직접 선출한 의원들이 다수를 점했다. 각 주에 책임 대의정부를 도입하여 주민이 선출한 주 의회에 책임을 지며 다이아르키는 폐지되었다. 인도 국민의 참정권이 확대되어 3000만 명, 즉 성년 인구의 약 6분의 1이 투표할 수 있게 되었으며 여성에게도 똑같은 참정권이 부여되었다.

그동안 공포되어 온 인도통치법은 인도 국민, 특히 국민회의로서는 항상 불만족스러운 것이었지만 영국의 점진적이고 합법적인 정치 발전의 전통을 이어 왔다고도 볼 수 있다. 자치령의 지위로 나아간 듯이 보였다. 아직 총독은 국가의 우두머리로서 국방과 외교 문제 등에서 인도 국민이 정부에 제약을 가할 수는 없었다. 진정한 자치령의 지위가 주어진 것도 아니고 영국에 의존하도록 규정해 놓았다. 이후 인도는 자치령의 지위에 머물지 않고 완전 독립의 길로 투쟁하며 나갔다.

3·1운동의 국민 봉기에 놀란 일제는 무단통치를 더 이상 유지할 수 없다는 것을 간파하고, 문화정치를 표방하면서 추진한 것이 기만적인 지방자치였다. 일제는 조선에 자치 또는 참정권을 부여하여 권력을 함께 나눌 의사는 처음부터 없었다. 한국인은 권리는 인정받지 못하면서 의무에 있어서만 일본인으로 대우받고 있었다.

하라 다카시(原敬) 일본 수상이 조선 총독으로 임명한 사이토 마코토(齋藤實)에게 사견(私見)으로 건넨 '조선 통치 방침'에서 조선의 독립과 자치는 허용하지 말고, 지방자치를 인정할 것이며, 문명적 정치의

한국과 인도 독립운동의 비교(試論)

실시와 함께 장래 조선인을 제국의회의 의원으로 할 것을 충고했다.[33] 조선의 독립과 자치, 그리고 조선인의 일본의회 진출에 관한 문제는 처음부터 일제의 정책에는 없는 것이었지만 지방자치는 문화정치의 이름으로 거론되었다. 문화정치란 원래 민족성 개조와 조선 민족의 실력 양성을 교묘히 내세우는 기만술이었는데, 여기에 지방자치까지 곁들여 3·1운동에서 고양된 민족주의운동의 열기를 진화하면서 친일 세력을 양성하는데 목적이 있었다. 일제는 조선의 자치 요구는 독립 요구로 연결될 위험성을 내포하고 있다고 보고 형식적인 자치도 단호하게 거부했다.

조선인의 정치 참여는 1920년 7월에 제령(制令)에 의한 지방 제도 개정을 통하여 시도되었다. "통치상 중대한 의의를 가지며 실로 조선 지방 행정사에 일계선(一界線)을 획정하는 일"[34]이라고 선전하면서, "어느 정도 인민에게 지방 정치에 참여하는 권한을 주는 것이 필요하다고 생각하여 우선 지방 단체의 행정에 대해 자문 기관을 세워서 예산 및 과세에 관한 인민의 의견을 밝히는 길을 터 주기 위해"[35] 추진했다.

지방 제도의 개혁이란 지방자치제의 실시가 아니었다. 분임주의 원칙에 따라 총독부의 통치 권력을 일부분 지방 권력에 위임하는 것이었다. 지방 행정관은 오히려 권한이 강화되어 식민지 통치 기능을 원활히 운영할 수 있게 되었다. 조선인에게 실질적인 참정권은 주지 않으면서도 일부 친일 세력을 포섭하여 이용함으로써 지배 체제를 강화하여 원활하게 유지하기 위한 조치였다. 권력의 지방 분산책이 아니라 오히려 경찰력의 강화와 친일 세력의 육성을 통하여 중앙 및 지방 권력의 통치 체제를 강화하는 것이었다.

33 金雲泰, 『일본 제국주의의 한국 통치』(박영사, 1988), 274쪽.
34 위의 책, 371쪽.
35 姜東鎭, 『일제의 한국침략정책사 ― 1820년대를 중심으로』(한길사, 1984), 312쪽.

지방에 있어서 임명제에 의한 자문 기관이었던 참사제(參事制) 대신 장래 '지방자치에 대한 훈련'이란 이름을 내세워 새로운 자문 기관인 부협의회(府協議會), 면협의회, 학교평의회, 도평의회를 설치했다. 그것도 부협의회와 면협의회에 일부 선거가 실시되었고 학교평의회와 도평의회는 임명제였다. 당시 부와 면의 유권자는 연 5원 이상의 납세자로서 일본인 7650명, 한국인 6346명으로 일부 친일 한국인이 참가하고 있을 뿐이었다. 이는 문화 정치의 기본 방침인 '유식불평분자(有識不平分子)' 한국인의 일부를 매수 회유하여 그들을 총독부의 지배 기구에 흡수하는 한 수단에 불과했다.[36]

12개의 부는 일본인 집주(集住) 지역으로서 부협의회를 임명제에서 선출제로 바꾸었다. 조선인 지역인 면에도 협의회를 신설했다. 면을 일인 집주 지역이면서 조선인 지주가 많았던 지정면(指定面, 24개)과 보통면(2483개)으로 구분한 후, 지정면에서는 선출제를, 보통면에서는 임명제를 실시하기로 한 것이다. 일제는 지방자치제라고 선전했지만 도평의회는 임명제로 남고, 부분적으로 선거제를 도입했다는 부평의회와 지정면평의회도 일본인 다수와 일부 친일적 조선인 지주만이 참정권을 갖고 있었고 또 선출될 수 있었다. 부·면평의회는 선거제가 도입되었다고 선전했지만 이전의 임명제에 의한 자문 기관과 다를 바 없었다. 선전했던 지방자치와는 전혀 다른 실권 없는 자문 기관으로서 친일 세력을 규합하는 관선 단체에 불과했으며 정기 급여를 받는 것도 아니었다. 일제는 처음부터 참정권의 확대나 지방자치를 부여할 의도는 없었으며 다만 조선인에게 자치로 나아갈 수 있다는 환상을 잠시 심어 주었을 뿐이었다.

동아일보는 압수당한 논설에서 사이토의 기만적인 행위와 실정(失

---

36 김운태, 앞의 책, 371쪽.

政)을 열거하고 고발하면서 총독은 사직함이 마땅하다는 이유의 하나로 지방 제도의 개정을 들어 비난했다. 백악산인(白岳山人)이 고발한 장문의 논설에서 "소위 신지방 제도는 지방자치의 제도가 아니요, 실로 기이한 일종의 유희적 연습 기관으로 …… 군(君, 사이토 마코토)의 건설 안 지방 자문기관 제도의 유명무실임을 책하기 전에 군의 성명과 사실이 상부치 못한 정치가의 배신 행위를 힐문(詰問)치 아니치 못하노라. 이 지방 제도의 실시로 기명(幾名)의 자산가 계급이 지방 예산의 낭독을 문(聞)하는 광영을 얻을 뿐이요. 문화정치가 여사(如斯)한 괴물을 산출하는 것이라 하면 오인(吾人)은 일층 이 문화정치라는 것을 저주치 아니치 못할 것이다."[37]라고 통박했다.

지방자치라는 이름으로 지방 제도를 정비하고 나선 일제의 의도는 분명했다. 3·1운동 후 독립 투쟁의 분위기를 억제하고 민심을 수습하는 것이 급선무였다. 전국적인 독립 투쟁의 함성 속에서 거의 궤멸되었던 친일 세력을 재건하고 육성하려는 목적이었다. 지주와 자본가들은 잠재적인 친일 세력이었다. 지주층은 식민지 지배의 유력한 사회적 기반이며 신지식층은 대개 지주층 출신이었다. 그들은 지방 유림과의 관계도 깊었으며 전통적으로 정치권력에 매력을 느낀 계층이었다. 지방 행정 업무의 확충은 필연적으로 새로이 지방관공리의 채용을 불러왔으며 이는 친일 세력 육성책으로 유리하게 이용할 수 있었다.

지방 제도 개정의 또 다른 목적은 조선에 대한 일본 자본의 투자 확대와 수탈 강화를 위한 기초적 기반을 마련하는 것이었다. 1차 세계대전을 거치면서 본격적 독점 단계에 접어든 일본 자본주의는 조선에 대한 상품 수출과 투자 증대의 요구가 거셌다. 1920년의 회사령(會社令) 철폐와 산미(産米) 증식 계획도 그 단적인 표상이었고, 지방 철도의 보

37 『일정하 동아일보 압수사설집』, 318~319쪽.

급을 골자로 하는 조선 사설철도 보조법의 제정도 그러한 요청에서 나온 것이었다.[38]

지배 체제를 강화하고 통치를 원활히 하기 위해서는 지방의 재정 확보가 필수적이었다. 도로 정비, 학교 시설, 경찰 강화, 보건 위생 등을 위해서는 새로운 재정이 요구되었다. 강압적인 징세와 부역의 요구는 주민의 불만과 반발을 불러올 것이므로 지역민을 달래고 또 지역 사정을 면밀히 파악하기 위해서는 지방 제도의 정비가 필요했다. 물론 지방 제도를 확충하여 친일 세력으로 유인함으로써 이를 민족주의 세력의 분열책으로 이용할 수도 있었으며, 조선인에게 자치 교육을 도입하려는 의도라고 강조하면서 사실은 문화정치의 가시적인 선전물로 이용하려는 속셈이 짙게 숨어 있었던 것은 말할 것도 없다.

1920년대 초부터 조선인의 참정권 문제와 뒤이어 자치 문제가 거론되었다. 일제는 내심 어느 것도 인정할 마음이 없었지만 위험 부담이 덜한 참정권 문제를 정책으로 이용했다. 참정권 부여는 지방자치나 일본 의회에 조선인 의원이 참여할 기회를 주는 것이며, 자치 문제는 조선에 자치 의회를 설립하는 것이었다.

참정권 문제는 일본뿐 아니라 자신들의 이익과 입지를 높이기 위해 국내의 친일 분자가 제의하기도 했다. 총독부는 1920년 초부터 친일파, 특히 국민협회의 민원식(閔元植)을 사주하여 수차례 일본 의회에 청원서를 제출했다. 총독부의 지시를 받은 민원식이 주도하고 대지주와 예속 자본가가 동조했다. 그들이 4~5년 동안 주로 한 일은 일본 의회에 청원서를 수없이 보내는 탁발 행각의 연속이었다. 일본 의회에 보낸 '참정권 청원서'의 내용을 보면 그 목적이 "인민의 정치적 훈련을 쌓게 할 필요성"과 "조선으로 하여금 국민으로의 자각을 갖게 하는 책

---

38 강동진, 앞의 책, 314~315쪽.

한국과 인도 독립운동의 비교(試論)

(策)"[39]이었다. 그러나 총독부의 의중은 진정한 의미에서 조선인의 참정권 확대에 있는 것이 아니라 쉴 새 없이 일본에 청원서를 보내는 일을 종용하는 데에만 있었다. 일본 의회에 조선인이 참여하는 청원 운동은 1924년 여름 일본 정부가 거부 의사를 공식적으로 발표함으로써 일단락되고 말았다.

친일 단체가 추진했던 참정권 청원 운동은 독립을 요구하는 조선민족의 저항을 불러왔으므로 새로운 모습의 자치론이 나타났다. 자치론을 거론하고 나선 자가 어용지《경성일보》사장 소에지마 미치마사(副島道正)였다. 소에지마는 1925년 11월 26일부터 경성일보에 3회에 걸쳐 연재하여 "나는 내지연장주의(內地延長主義)에 바탕을 둔 참정권을 조선에 주는 것에 반대한다. 즉 조선인을 내지의 문제에 간여시키고 제국의회에서 활동시키는 것과 같은 참정권에는 절대 반대한다. 무릇 2000만 명의 선인 대표를 제국의회에 보내게 하는 따위는 바로 영국이 아일랜드에서 호되게 데서 진저리 친 일과 같은 정치적 행각을 되풀이하는 것이다. 아일랜드인이 얼마나 영국 의회를 교란시켰고 정계의 공기를 어지럽혔는지는 헌정사에 뚜렷하다."[40]라고 주장했다. 아일랜드가 의원을 영국 하원에 파견했던 전례를 들어 조선인 의원의 일본 의회 진출을 반대한 것이다.

영국은 합방법(1800년)에 의해 아일랜드의 영토적 통합뿐 아니라 종교와 의회의 통합까지 단행했다. 즉 가톨릭의 아일랜드는 영국의 국교(Anglicanism)로 통합되고, 아일랜드 의회는 철폐되어 런던의 영국의회에 통합되었다. 의회가 사라진 대신에 아일랜드는 100명 정도의 의원을 영국의회에 파견할 수 있도록 배정받았다. 그렇지만 일찍이 영국 국

39 韓培浩, 「3·1운동 직후의 조선 식민지 정책 — 사이토의 '문화정치'의 본질을 중심으로 — 」, 車基璧 편『일제의 한국 식민 통치』(정음사, 1985), 95쪽.
40 강동진, 앞의 책, 347쪽.

교도가 아니면 영국의 의원과 관리가 될 수 없다는 심사율(1673년)의 규정에 따라 아일랜드 가톨릭은 영국의회의 의원이 될 수 없었고 결국 아일랜드의 의원은 영국에서 건너간 지주 혹은 부재지주만이 가능했다. 가톨릭 해방법(1829년) 이후 아일랜드 가톨릭도 영국의회에 진출할 수 있게 되었다. 아일랜드 의원들은 영국의회 내에 자치연맹을 결성하고 토지 문제와 자치 문제의 투쟁에 있어서 혁혁한 공적을 보여 주었다. 거기에는 파넬의 탁월한 지도력과 영국 글래드스톤 수상의 정치적 타격을 돌보지 않은 아일랜드 토지 문제와 자치 문제에 대한 헌신적인 배려에 힘입었음은 뚜렷한 역사적 사실이다. 이후 신페인운동 등을 통해 아일랜드는 1922년 사실상 자치를 쟁취했다.

소에지마가 영국 케임브리지 대학교에 유학하면서 아일랜드의 자치운동의 과정을 지나쳤을 리가 없다. 소에지마는 선거를 통해 "2000만 명의 대표인 100명의 식민지 의원이 일본의회로 진출한다고 가정한다면 … 그들이 무산 계층적인 세력이 짙은 민족적 색채를 띠게 될 것이라는 점은 조선의 사회 상태와 사상 경향을 관찰해 온 사람으로서는 의심할 여지가 없다. … 그 민족적 무산 정당이 일본의 각 무산 정당(농민당, 일본노농당, 사회민중당 등)과 손을 잡는다든지 혹은 정권 장악을 꾀하는 기성 정당과 결합하게 된다면 제국을 반드시 일대 위기에 빠뜨리게 한다."[41]라고 주장했다.

참정권 확대나 자치론에 대해 국민의 반응은 냉소적이거나 적대적이었다. 신채호는 일제의 교활한 자치론의 타협주의를 통박하고 친일분자들을 매국노로 규탄했다. "내정(內政) 독립이나 참정권이나 자치를 운동하는 자 ── 누구냐? 너희들이 '동양 평화', '한국 독립 보전' 등을 담보한 맹약이 먹(墨)도 마르지 아니하여 삼천리 강토를 집어먹던 역사를 잊었

---

41 위의 책.

한국과 인도 독립운동의 비교(試論)

느냐? 2000만의 생명이 지옥에 빠지던 실제를 못 보았느냐? 3·1운동 이후에 강도 일본이 또 우리의 독립운동을 완화시키려고 송병준(宋秉畯)· 민원식 등 매국노를 시켜 이 따위 광론(狂論)을 부름이니 이에 부화(附和) 하는 자, 맹인이 아니면 어찌 간적(奸賊)이 아니냐?"라고[42] 통박했다.

연희전문의 사회주의 경제학자 백남운(白南雲)은 조선의 자치 통치 란 사실상 매일 증가하는 일본인 이주자의 경제 실권을 보장하는 길이 며 팽창하는 행정비를 경제력이 고갈한 조선인도 부담하게 되어 일반 적인 부담 세율이 증가할 것으로 보았다. 자치운동은 "취정배(醉政輩) 의 활동적 충동을 만족시킬 뿐이고 조선 민중의 실익은 기대할 수 없 을 것이다. 정사숙고(靜思熟考)할진댄 자치운동은 민족적 기백을 마취 시키는 동시에 계급 통일 의식을 교란하고 종국에는 사회 분열의 계기 가 되고 말 것"이라고 비판했다.[43] 단재의 「조선 혁명 선언」은 「민족적 경륜」 이전에 발표되었고, 백남운의 비판은 두 선언보다 후에 나왔다. 「민족적 경륜」에서는 민족적 결사의 조직을 역설했을 뿐 흔히 말하는 정치적 자치를 언급한 부분은 없다. 그렇지만 연정회가 타협주의 자치 운동으로 낙인찍힌 분위기에서 더 이상 추진하기는 어려웠다.

민족주의 진영 타협파의 자치운동을 배격하며 자치론에 반대한 일 부 민족주의 세력과 사회주의 세력의 합작이 신간회(新幹會) 운동이었 다. 신간회는 3·1운동 이후 "타협화 경향으로 위축되는 민족주의운동 을 비타협적 저항면에서 다시 통합하고 반제국주의 이데올로기를 수용 한 좌우 합작의 민족단일당(民族單一黨)이었다. 자치론, 참정권 운동 등 타협화에 대항해서 비타협적 민족주의를 정비하는 통합 운동"[44]이 신간 회의 성격으로 나타났다.

42 「조선 혁명 선언」, 『단재 신채호 전집』 하권(단재신채호선생기념사업회, 1987), 37쪽.
43 白南雲, 「조선자치운동에 대한 사회학적 고찰」, 《현대평론》 창간호(1927년 1월호), 49~50쪽.
44 신일철, 「한국 독립운동의 사상사적 성격」, 135쪽.

1929년 광주학생운동의 열기가 전국으로 확대되자 자치론은 다시 대두되었으나 10년 전의 논의에서 전혀 진전된 것이 없었다. 아무리 제국주의 정책이 모국의 경제적 정치적 이익을 위한 구도 속에서 추진된다고 하더라도 원활한 통치를 위해서는 피지배 민족의 최소한의 신뢰에 바탕을 두어야 한다. 인도에 대한 민주 정치의 발전과 정치적 교육에 매우 긍정적으로 평가되는 지방자치제의 도입은 인도 민족주의자들의 전폭적인 지지 속에서 진행되었으며, 영국 정부의 주기적인 정치개혁은 인도인에게는 미흡하다는 반응이었으면서도 영국의 점진적이고 합법적인 정치 전통에 대한 신뢰감을 보여 주었다. 일제가 자치론이라고 거론한 것은 처음부터 조선의 정치적 발전을 의도한 것이 아니었고 식민 통치에 있어서 위기에 몰리면 조선인을 기만하여 민족적 역량을 약화시키고 민족주의 진영을 분열시키는 임기응변적 책략으로 제시한 것에 지나지 않았다. 일제의 자치론은 위협적으로 일어나고 있는 사회주의 세력에 대처하기 위한 민족주의 세력에 대한 유인책이기도 했다.

4 인도 스와데시운동과 한국 물산장려운동

스와데시운동과 물산장려운동은 인도와 한국에서 전개한 애국운동이었다. 제국주의 지배 아래서 질식하고 있는 식민지의 경제를 되살리려는, 아니 더 이상의 몰락을 막아 보려는 경제적 애국심의 몸부림이었다. 이 운동은 그 성격상 순수한 의미에서는 토산품 애용 운동이지만 진행되는 과정에서 외국 상품에 대한 보이콧(배척, 不買)운동으로 나아갈 가능성을 충분히 내포하고 있었다. 토산품애용운동과 보이콧운동은 함께 연결되기 마련이어서 명확히 경계를 지어 구분하기 어렵지만 이론적으로는 전자는 긍정적이며 소극적이요 후자는 부정적이고 공격적

한국과 인도 독립운동의 비교(試論)

인 애국운동이라고 할 수 있다.

이 책의 1장에서 상세히 다룬 바와 같이 인도 스와데시운동은 영국 면직물의 유입을 막으려는 국산품애용운동이었다. 인도의 면직물과 중국의 견직물은 예로부터 경쟁자가 없을 정도로 세계 정상의 지위를 유지해 왔다. 영국은 원래 모직물이 강세였다. 인도의 면직물은 품질이 좋고 값이 저렴했으므로 영국을 비롯한 유럽 대륙에서 상류층과 서민층 모두 애용해 왔다. 영국은 물밀 듯이 밀려드는 인도의 면직물을 억제하기 위해 관세 정책을 강화하는 한편 산업혁명을 거치면서 면직물 산업은 인도와 영국의 처지가 역전되어 갔다. 영국 산업혁명은 초기에는 직물 공업이었고 면직물 원료의 공급지는 인도였다. 미국이 독립함으로써 영국으로서는 목화의 공급이 원활하지 못하게 되었고 인도의 값싼 원료에 의존하게 되었다. 산업혁명은 기계가 생산을 담당함으로써 공장 제도는 자연히 대량 생산을 가능하게 하여 품질은 우수하고 생산 원가는 현저하게 낮아졌다. 상황이 역전하여 이제 값싸고 품질 좋은 영국의 면직물이 인도로 밀려오게 되었다. 인도가 자부심을 갖고 유지해 왔던 세계 제일의 면직물 산업은 여지없이 몰락하는 운명을 맞았다. 인도는 값싼 목화를 제공하는 원료 공급지로서, 또 영국의 면직물을 구매해 주는 상품 시장으로서의 역할을 하게 되어 고전적인 식민지의 표본으로 전락하고 말았다.

인도 스와데시운동은 1903년 커즌 총독의 벵골주 분할 계획의 발표가 그 발단이 되었다. 총독은 행정적 능률을 위해 너무 방대한 벵골주를 동서로 분할한다고 밝혔지만, 벵골주민은 영령인도의 수도 캘커타가 자리하고 있으면서 인도에서 가장 앞서 있는 벵골주를 분할하여, 힌두 다수의 서벵골주와 무슬림 다수의 동벵골주를 대립시킴으로써 민족 세력을 양분하려는 조치로 받아들였다.

벵골주민은 분연히 항거하여 일어섰다. 국민회의도 온건파와 과격파 사이에 관점의 차이는 다소 있었지만 스와데시운동에 적극적으로 참여했다. 학생을 비롯하여 벵골주민이 결집하여 일어섬으로써 단순한 토산품애용운동을 넘어선 애국운동으로 확대되었다. 하층민의 열렬한 참여는 감동적이었다. 벵골주민이 표적으로 삼은 맨체스터 면직물을 포함하여 영국으로부터 수입되는 상품의 구매는 급감하고 토산품의 애용이 급증했다. 영국 정부와 상인들은 긴장했고, 스와데시운동의 열기는 벵골 지방에만 머물지 않았다. 국민 대중의 마음속에 민족의식의 씨앗을 심어 준 사건이었다. 스와데시운동은 인도 독립운동에서 새로운 전환점을 마련했다. 실내에서 조용히 연례적인 모임으로 추진해 왔던 국민회의 운동에서 간디의 범국민적인 사티아그라하운동으로 나아가는 준비운동과 같은 것이었다.

한국의 물산장려운동은 그 어의(語義)와 성격 면에서 인도의 스와데시운동과 매우 유사했다. 식민지의 민족이 경제적 민족주의운동으로서 소박한 자국민 생산품의 애용을 부르짖고 나선 것은 어느 때고 있을 법한 일이다. 이미 한국에서도 조국의 운명이 회생 불능으로 치닫고 있을 때 일화배척운동(日貨排斥運動)이 있었다. 일화배척운동은 일본 상품의 진출에 위협을 느끼고 민족적 저항감이 표출한 것이었지만, 이번의 물산장려운동은 토산품 애용뿐만 아니라 나아가 민족 기업을 보호 육성하려는 적극적인 의지를 담고 있었다.

조선물산장려회가 서울에서 창립 대회를 가진 것은 1923년 1월 20일이었으나, 평양에서는 이미 수년 전부터 조만식을 중심으로 물산장려운동이 추진되고 있었다. 일제 당국의 방해에도 불구하고 1922년 6월 창립 대회를 가진 것으로 알려져 있다.

서울에서 출범한 조선물산장려회는 취지서와 헌칙(憲則)을 통과시켰다. 취지서에서 "우리 생활의 제1조건은 의식주의 문제, 즉 산업적 기초"라고 강조하면서 "산업적 기초가 파괴당하면 그 생활 그 생명 그

한국과 인도 독립운동의 비교(試論)

인격이 따라 파괴를 당하는 것이 필연한 사실이라 하면 우리는 이와 같은 조선 사람의 경제적 상태는 곧 모든 조선 사람을 모다 멸망의 구렁텅이로 넣는 것이라 하노라."하여 절박하게 표현했다. 이어서 민족 기업의 육성, 국산품 애용을 역설하면서 "우리 조선 사람의 물산을 장려하기 위해서 조선 사람은 조선 사람이 지은 것을 사 쓰고, 조선 사람이 단결하야 그 쓰는 물건을 스스로 제작하야 공급하기를 목적하노라."라고 밝혔다.

물산장려회의 헌칙에는 "조선 물산을 장려하며 조선인의 산업을 진흥하여 조선인의 경제상 자립을 도(圖)함을 목적으로 한다."라고 했고, 이를 위해 "소비 공급과 생산 증식에 필요한 기관을 설치한다."라고 명시했다. 이 목적을 달성하기 위해 세칙에 활동 방침으로 "첫째, 산업 장려. 조선인의 산업적 지능을 계발 단련하야 실업(實業)에 입각케 함, 둘째, 애용장려. 조선인 산품을 애용무육(愛用撫育)하야 조선인의 산업을 융성케 함, 셋째, 경제적 지도. 조선인의 생활 및 기타에 관하야 경제적으로 건설 또는 개선할 바 일반 사항을 조사 강구하야 그 실현을 지도 관철케 함" 등을 내세웠다.[45]

물산장려회 창립 총회는 이사장으로 유성준(兪星濬)을 선출했다. 그는 유길준(兪吉濬)의 동생으로서 중추원 참의에 임명된 친일파로 분류된 인물이었다. 물산장려운동이 반일 운동 단체로 출발하는 것이 아니라는 인상을 주기 위한 계산으로 생각해 볼 수 있다. 물산장려의 용어는 국산품 애용이라는 말을 피하여 사용했다. 물산장려운동을 이끌어 갈 이사 20명 가운데는 지식인 이외에도 몇 사람의 상공인과 실업가가 포함되어 있었는데 이는 실천 운동으로 나아가겠다는 다짐을 보여 준

---

45 趙璣濬, 「조선물산장려 운동의 전개 과정과 그 역사적 성격」, 《역사학보》 41집(1969), 역사학회, 69쪽.

것이었다. 또한 처음부터 소비 기관과 생산 기관의 설립을 제시한 것은 나아가 민족 기업을 육성하고 민족의 경제적 역량을 배양하여 자립 경제의 기초를 다지려는 의지의 표현이었다.

서울 천도교당에서 2월 3일 열린 첫 강연회에는 '방해자' 혹은 '신생활파'로 불리는 사람들의 소란에도 불구하고 2000여 명이 모인 대성황이었으며, 2월 5일에는 서울의 가정주부들이 중심이 되어 토산애용부인회를 창립했다. 언론도 "토산장려운동이 일어나 캄캄하던 우리의 앞길도 다소의 밝은 빛이 보이는 터인데 이 운동으로 말하면 각기 스스로 또는 제각기 가정으로부터 실행해야 할 것이므로 부인들의 철저한 깨달음이 없고는 이 운동도 완전하게 이룰 수 없는 터이다."[46]라고 지적하여 토산애용부인회의 출범을 격려했다.

물산장려회 이사 전원이 동원되어 선전 활동, 회원 증모 및 설날[舊正]의 대행렬에 참여를 종용했다. 그들은 시내를 돌아다니며 취지 선전과 회원 모집을 하기로 했는데 첫째, 물산장려회의 주의(主義)를 선전할 일, 둘째, 회원을 모집할 일, 셋째, 설날 하오 2시에 천도교당에서 회원간 친회를 개최하는데 남자는 국산 염색주의(周衣), 여자는 국산 치마를 착(着)하고 내참(來參)할 것을 광고할 일 등이었다.[47]

회원은 물산장려회의 목적에 찬동하는 조선인을 대상으로 하여 회비 납입액에 따라 50원(圓, 일시불일 경우 30원) 이상의 특별 회원과 연회비 3원의 통상 회원으로 분류했으며 또 명예 회원을 두어 3종의 회원이 있었다. 간부와 회원들의 적극적인 노력으로 하루에 400명씩 이틀 동안에 무려 800명을 모집할 수 있었으며 며칠 내로 회원수는 1220명에 이르렀고 구정 이전에 1500명에 이를 것이라고 보도되었다.[48]

---

46 《동아일보》(1923년 2월 5일~7일).
47 《동아일보》(1923년 2월 12일).
48 《조선일보》(1923년 2월 9일, 14일).

한국과 인도 독립운동의 비교(試論)

평양물산장려회는 음력 정월 초하루에 평양 시내를 순회하며 선전을 하고자 계획했다. 학생들은 모자나 교복부터 조선 물산으로 제조하기로 하고, 부인들은 수목(水木) 저고리와 치마를 입기로 작정했으며, 어린 아이들까지 외국 물건을 입고 쓰지 않기로 했다.[49] 이날 평양 시내 70여 개의 단체가 연합하여 대선전 행렬을 거행하기로 하고 각 단체에서는 전력을 주(注)하여 선전을 행했다. 평양천주교청년회는 창가를 작(作)하여 일반 회원이 창(唱)하도록 했다. "형제들아 자매들아 분발하여/ 남경여직(男耕女織) 우리 물산장려합시다./ 우리 물산 발전토록 장려하랴면/ 우리 것을 먹고 입고 씀에 있도다."(제2~6절 생략)[50]

물산장려운동은 서울을 비롯한 평양, 부산, 대구, 광주 등 대도시는 말할 것도 없고 소도시 읍으로까지 전국으로 확산되어 갔다. 동래에서는 기존의 청년회와 부녀회 등이 합동으로 조선물산장려회를 조직하여 '내 살림 내 것으로 살자', '살림을 조려 살자', '비단옷 입지 말고 술 담배 먹지 말자' 등의 구호를 내걸었다.[51] 각지의 단체들도 비슷한 구호를 내세워 선전 활동을 계속하기로 결의했다. 장날을 이용하여 선전문을 작성하여 살포했고 설날 대행렬에 참여하도록 종용했다.

눈에 띄는 것은 마산을 비롯하여 서울, 평양, 부산, 군산, 전주, 순천, 인천, 해주, 성천(成川, 평남) 등지에서는 기생들이 동맹하고 토산장려운동을 전개했다. 마산에서는 권번(券番) 총회를 열고 조선 물산으로만 의복을 지어 입을 것이며 위측금(違則金)을 징수하여 빈한한 사람을 돕겠다고 결의했다.[52] 서울에서는 권번이 5곳인데 대동권번을 제외하고 연합했으며 평양을 시작하여 해주, 진주 등지에 있는 기생들도 모두

49 《조선일보》(1923년 2월 9일).
50 《동아일보》(1923년 2월 21일).
51 《동아일보》(1923년 2월 5일).
52 《동아일보》(1923년 2월 5일).

회의를 개최하여 조선 물산을 입기로 결의했다. "조선의 수부인 경성의 기생으로서 피와 살이 같은 조선민족으로서 … 물산장려를 찬성치 않을 수 없어 … 조선 물산을 입기로 하고 음력 1월 1일 선전 행사에 참여하기로 했다."[53] 직업상 아무리 가난해도 옷은 잘 입어야 하는 기생들이 품질 좋은 외제 옷에 대한 불매 운동을 단행했던 감격적인 물산장려운동이었다.

물산장려회는 국산품의 애용을 진작하기 위해 애용 장려의 궁극적 방안으로 소비조합을 계획했다. 물산장려운동이 진행됨에 따른 물가의 등귀로 소비자가 폭리 판매의 피해를 볼 수 있어 우선 적정 가격으로 토산품을 판매하는 특약 판매점의 운용을 시도했다. 그러나 협력 상점의 호응을 얻지 못하고 취소되었고 소비조합을 추진했다. 소비조합의 목적은 조합원의 생계에 필요한 조선인 산품을 공동 구매 혹은 생산, 가공, 제조하여 공급하는 것이었다. 조합은 자금 5만 원을 한도로 하되 자본금이 5000원에 이르면 개업하기로 했다. 1고(股; 株)를 5원으로 하며, 창립위원은 각각 100고 이상을 자담 인수하기로 확정한 후 고금(股金; 출자금) 모집을 시작했다. 생필품을 시가로 공급하며 판매고에 따라 이익금을 분배하기로 했다. 그러나 소비조합은 수익을 기대할 수 없었으므로 상인은 물론 일반인의 호응이 없었다. 결국 기금을 마련할 수 없어 소비조합 설립운동은 보류되고 말았다.[54]

물산장려운동은 민족적 지지 속에 전국적인 성황을 보이면서 출발했다. 성공적인 경제적 애국운동을 처음부터 방해하고 나선 것이 일제의 간섭과 사회주의 청년층의 비판이었다. 일제 당국은 처음부터 물산장려운동이 반일 운동으로 나아갈 것을 경계해 오다가 순회 강연이 가

---

53 《조선일보》(1923년 2월 14일).
54 오미일, 『한국독립운동의 역사 36, 경제운동』(한국독립운동사편찬위원회, 2008), 96~97쪽.

한국과 인도 독립운동의 비교(試論)

는 곳마다 성황을 이루자 연사를 구금하기도 했다. 대규모로 계획했던 설날의 선전 행렬은 경찰 당국의 추상 같은 금지로 부득이 중지되었다. 물산장려회는 당일 천도교당에서의 간친회에는 두루마기와 치마를 입고 참석해 주도록 부탁했다. 경찰 당국의 행렬 금지 이유는 첫째, 옥외 집회이므로 경무총감부령에 위반되며, 둘째, 외국 물품과 사치품을 파는 장사들이 이 운동에 반대하여 운동을 일으킨다는 풍설이 있으며, 셋째 모모 단체의 사상이 근래에 자못 악화되어 이번 행렬을 기회로 불온한 사태를 염려하기 때문이라는 것 등이었다.[55] 선전 행렬이 금지됨으로써 거의 한 달을 준비해 온 물산장려회의 간부들은 울분으로 낙망했다. 간친회장은 8도의 토산으로 만든 깃발이 솔솔 불어오는 바람에 펄펄 날리는 것은 울분이 충만한 우리에게 상쾌한 기분을 주는 듯했다. 두루마기와 치마를 입은 남녀 군중은 구름같이 모여 회장 내에는 사람이 가득했다. 간친회의 장내에는 사복 순사가 눈을 번득이고 장외에는 기마 순사(騎馬巡査)가 엄중 경계하고 있었다.[56]

일부 급진주의 청년들은 물산장려 강연회 때부터 방해하고 나섰다. 좌파 청년들이 물산장려운동을 공격한 논리적 근거는 나공민(羅公民; 景錫)이 요약한 바이지만 첫째, 식민지 치하에서 민족 기업의 육성이란 불가능하며, 몇몇 호사가인 소부르주아들이 주출(做出)해 낸 장난에 불과한 것이다. 둘째, 조선의 산업이 다소 발전한다고 하더라도 그것은 조선인 중 자본가에게 그 이윤 전부를 약탈당하게 되는 것이니 무산 대중에게는 외국인 자본가에게 착취당하는 것과 다를 바 없다. 셋째, 결국 이 운동은 인텔리겐치아가 유산 계급을 옹호하고, 무산자의 혁명 의식을 약화시키려는 의도라고 볼 수밖에 없다는 등의 내용이었다.[57]

55 《동아일보》(1923년 2월 16일).
56 《조선일보》(1923년 2월 16~7일).
57 조기준, 앞의 논문, 109쪽.

사회주의 이론가 나공민이 동아일보에 「물산장려와 사회 문제」라는 제목으로 6회에 걸쳐 좌파 청년들의 주장을 논박함으로써 수개월 동안 물산장려운동에 대한 찬반의 논쟁이 이어졌으며, 《개벽》과 물산장려회의 기관지 《산업계(産業界)》에도 그들의 주장이 실렸다. 물산장려운동을 지지하는 측은 나공민, 설태희(薛泰熙), 이순탁(李順鐸) 윤영남(尹嶺南), 선우전(鮮于全) 등이고, 반대하는 측은 CKW生(익명), 이성태(李星泰), 주종건(朱鍾鍵) 등이었으며 지지하는 측이나 반대하는 측이 대부분 사회주의 계열이라는 점이 특이하다. 이들 논쟁은 물산장려운동이 가장 활기를 띠고 진행되는 기간에 뜨겁게 일어났다.

물산장려운동을 주도하는 측의 주장은 이 운동은 단순한 배타적인 경제적 국수주의가 아니며 사회주의 혁명의 길로 나아갈 것이 아니라 조선 민족의 경제적 역량을 육성함으로써 거세게 몰려오는 일본의 자본 세력 앞에서 살 길을 모색해야 한다는 이론이었다.

나공민은 물산장려운동이 일화배척이란 주장을 부인하면서 물산장려운동이 생존을 위한 운동이란 점을 강조했다. "무산자가 노동을 하지 못할 때보다 노동을 하여 임금을 도득(圖得)할 때 그 궁핍의 도(度)가 더 하담이 아니오, 자본가가 이윤을 독점하여 그 부력(富力)이 가속도로 증가하느니만큼 노동자의 생활이 그 비례로 향상되지 못한다 함이니 그 자본가의 부력이 천 배로 증가함에 대하여 노동자의 생활 정도가 4~5배밖에 향상되지 못한다 함을 의미한 것이다. … 만약 조선이 정치 혁신의 계단을 경(經)치 아니하고 즉시 경제 조직의 변혁을 단행할 수 있다면 모르거니와 그렇지 못하면 위선(爲先) 생명을 보전하여 무산자의 단결을 도모함이 순서가 된다 하노라. 물산장려운동을 추구(推究)하면 금일까지의 조선인은 유산, 무산을 불문하고 정치적 위압에 면(面)하여 이해관계가 공통되어 있다. 그러므로 이 운동을 무슨 주의라고 명명하라면 나는 조선인의 면사주의(免死主義; 免死圖生)라고 할 수밖에 없다."[58] 유산자의 부익부를 증오하기에 앞서 무산자는 우선 생명을 보전해야 하며 무산자의 단결이 없이는 새로이 형성하는 사회는 무산자의 주권이 되지 못할 것이니 제반 기회를 이용하여 결합을 굳게 함이 실속 있는 일이 될 것이다. 물산장려운동은 경제적 생존 운동이며 애국운동이요 또한 반제국주의 운동이므로 사회주의 운동과는 모순 반목할 이유가 없다고 나공민은 주장했다.

설태희는 일제에 대항하는 민족운동이 먼저이고 자족 간(自族間)의 계급 의식 고조는 다음이라고 강조했으며,[59] 윤영남은 절박한 기로에 처해 있는 조선 민족에게는 결사의 각오로 단결하는 길만이 살 길이라고 역설했다. "생명인 토지 그것까지 일(日)로 월로 그 소유가 감하여 현재 6할 이상이 벌써 일본인의 수중에 귀(歸)하고 현재 조선 부력의 8할 이상이 이미 일본인의 수중에 귀하여 여금(餘今) 1할여로 1700만의 조선인이 겨우 분배하는 세음(細音: 셈)이다. … 조선인은 기개(幾個)의 예외를 제하고는 모두 소작인, 직공 혹은 고용밖에 될 것이 없는 운명이 박두하여 고토(故土)에서 노동조차 할 수 없어 만주 혹은 몽고 혹은 남양으로 유리(流離) 4방 개걸(丐乞)하다가 필경 자멸할 수밖에 없게 되었다. 하여간 나는 자멸론에는 가담할 수 없다. 무슨 몸부림을 치든지 발동을 하든지 하다가 종말에 폭발이라도 할 것이오, 결사하는 것이지 아직 노력과 능률을 상금(尙今)도 남겨 두고 그저 앉아서 자멸을 주장할 수는 없다." 이렇게 자멸에 빠질 수는 없으므로 물산장려운동은 조선 민족에게 필연의 운동이라고 강조했다. 윤영남은 중산층을 위시하여 굳센 단결로써 생산 증대에 노력, 분투하는 것이 물산장려운동의 진정이란 점을 지적하면서 "조선에는 아직 남들이 말하는 자본가 같은

---

58 나공민, 「물산장려와 사회 문제」, 《동아일보》(1923년 2월 25~6일, 28일).
59 오촌(梧村), 「물산장려에 관하여」, 《동아일보》(1923년 3월 4~12일).

자본가는 없는 것이 사실이며 진정한 무산계급도 없다 할 것이다. 빈핍(貧乏)한 것을 무산 계급이라 한다면 조선인은 모두 무산 계급일 것이다."[60]라고 하여 조선 사회에는 계급 분화가 뚜렷이 나타나지 않았다고 보았다.

생산력의 증대를 통하여 민족 기업을 육성해야 한다는 물산장려운동을 좌파 청년층은 결국 중산층의 이익을 보장해 주는 운동일 뿐이라고 비난했다. 전(全)조선청년당대회는 1923년 3월 24일부터 장소를 옮겨 가면서 개막했는데, 개량적 민족주의와 메별(袂別)하고 물산장려운동을 박멸하기로 다짐했다. "소위 물산장려는 조선 경제에 유익한 것처럼 떠들어 대고 있지만 그실 이들은 자본가를 보호하는 자로서 물산장려의 결과 토산품 가격이 급등했으니 곧 그들은 자본가의 주구라고까지 악평 받는 자가 나타나게 된 소이이다. 민족자결 및 민족 독립은 오늘날 무용(無用)이다. 무산 계급의 해방을 제1의적(義的) 급무로 한다."[61] 물산장려운동을 배척하는 논리는 이 운동이 중산 계급의 경제적 이익을 보장해 주고 무산자는 토산품의 물가 상승으로 생활의 어려움을 겪게 됨으로써 전념해야 할 계급혁명 운동을 말살하는 결과를 가져올 뿐이라는 주장이었다.

익명의 CKW生은 물산장려는 무산자 개인을 배려하지 않고 유산자 몇 사람의 재산을 풍부케 함으로써 무산자의 나라인 조선은 고통의 지역이 되고 말 것이라며 "일전에 수목의복을 작만하려고 소매상에게 간즉 전에는 매필(每疋) 2원 20~30전이든 것이 동일한 물품으로 4원 10전을 내라 하니 이의 고통을 나 군(羅君; 나경석)은 부지(不知)할 것이다. 물산이 등귀하면 물산이 장려되는가. 무산자에 고통만 심하고 물산장

---

60 윤영남, 「自滅인가 圖生인가」, 《동아일보》(1923년 4월 26일).

61 金俊燁·金昌順, 『한국공산주의운동사』 2권(고대 아세아문제연구소, 1969), 119~120쪽.

a

657

한국과 인도 독립운동의 비교(試論)

려로 인하여 기개인(幾個人)의 사복(私腹)만 채운다."[62]라고 공박했다.

좌익 인텔리 이성태는 자본가 계급이 민족적이라는 미사로서 외화 배척을 말할 뿐 사실은 외래의 경제적 정복 계급을 축출한 후 자신들이 신(新)착취 계급으로서 그 자리를 차지하려 한다고 공격했다. "노동자에게는 새삼스럽게 물산장려를 말할 필요가 없다. 그네는 벌써 오랜 옛날부터 훌륭한 물산장려 계급이다. 그네는 자본가 중산 계급이 양복이나 비단옷을 입는 대신에 무명과 베옷을 입었고 저들 자본가가 위스키나 브란데나 정종을 마시는 대신에 소주나 막걸리를 먹지 않았는가. 저들은 민족적 애국적이라는 감상적 미사로써 눈물을 흘리며 저들과 이해가 전혀 상반된 노동 계급의 후원을 갈구하고 있다. 노동자에게는 저들도 외래의 자본가와 조금도 다를 바가 없는 것을 알며 따라서 저들 신시랑류(新豺狼流)의 전략에 빠져 계급전선을 몽롱케는 못할 것이다. 물산장려운동은 조선의 자본가 중산 계급의 이기적 운동이며 또 생산기관을 발달케 하여 산업을 진흥케 한다는 것은 대규모의 착취 위에 선 외래의 자본가 계급을 배척하고 조선의 자본가 중산 계급이 그에 대(代)하여 신착취의 자본주의 사회를 건설하려는 운동인 것이다."[63]

마르크스주의 이론가로서 후일 조선공산당 창립에 적극 참여했던 주종건은 사회주의 혁명을 지향하는 계급투쟁을 전개해야 한다고 주장했다. 그는 "물산장려운동이란 무산자에 대한 착취의 기회를 실(失)하게 된 유산자와 중산자가 민족적 일치란 미명하에서 소비자인 무산자를 이중으로 착취하려는 일종의 교활한 간책(奸策)이다."라는 일부 급진론자의 말을 인정했다. 그러면서 "무산 대중의 해방에 대한 절대적 필요조건이 되는 자각도 단결도 그가 다 결백성으로 출(出)하는 소극적

---

62 CKW生, 「조선물산장려에 대하여 羅君에게 告하노라」, 《동아일보》(1923년 3월 3일).
63 이성태, 「중산 계급의 이기적 운동」, 《동아일보》(1923년 3월 20일).

대항으로 성취되는 것이 아니다. 결백성만 고수하는 소극적, 회의적, 회피적, 허무주의적 태도는 적어도 혁명적 무산(無産)은 깊이 삼가지 않으면 안 될 것이다. 적극적, 실제적, 전투적이 되지 않으면 안된다. 금일의 조선에 처하여 무산 계급의 선구자에 대하여 가장 중요한 문제는 환경에서 정신적으로 자기를 분리하여 그 자기의 '존재'를 선명히 의식함과 그리하여 그 계급적으로 자각한 선구자를 적극적 활동적 전투적으로 '조직'함에 있지 아니할가."[64]라고 주장했다.

이광수는 「민족적 경륜」에서 물산장려운동을 지지하며 그 필요성을 강조했다. "조선의 산업은 유치(幼稚) 시대, 유치 시대라기보다도 발아(發芽) 시대"라고 보고 강력한 보호 정책을 주장했다. "물산장려의 낡은 진리"로 돌아갈 수밖에 없는 현실에서 "첫째, 소극적으로 보호관세의 대용(代用) 효력을 얻기 위하여 조선 산품 사용 동맹자를 얻을 것, 둘째, 적극적으로 조선인의 일용품이요, 또 조선에서 제조하기 가능한 산업 기관을 일으킬 자금의 출자자를 얻기 위하여 일대 산업적 결사를 조직하여야 할 것"이라고 역설했다. 물산장려의 원래 취지가 이 정신에 있으므로 무슨 사정으로 아직 위미부진(萎靡不振)한 상태에 있지마는 그 최초의 목적을 관철해야만 한다고 강조했다.[65]

물산장려운동은 열렬한 참여 의식 속에서 거족적인 애국운동으로 나아가는 듯했으나 불과 서너 달 후에는 그 열기가 식어 갔고 다음 해에 접어들면 침체기를 지나 휴면 상태에 빠져들고 말았다. 이 운동의 쇠퇴 원인으로는 첫째, 일제의 간섭과 탄압을 들 수 있는데 강연회와 선전 활동을 간섭하고 금지하면서 회원과 찬조 인사들을 회유하고 위협했다. 둘째, 급진파 청년들의 비판적 태도와 분파 작용을 들 수 있

---

64 주종진, 「무산자 계급과 물산장려」, 《동아일보》(1923년 4월 11, 17일).

65 《동아일보》(1924년 1월 4일) 사설.

한국과 인도 독립운동의 비교(試論)

다. 그들은 물산장려운동을 개량주의적 소부르주아 운동으로 규정했
다. 셋째, 절대적인 빈곤에 처해 있는 대중이 체념하고 무관심한 반응
을 보였고, 넷째, 외래품을 취급하는 상인들의 협조가 없었다. 다음으
로는 이 운동을 이끌어 나갈 간부들이 무성의한 태도를 보인 점이었
다.[66]

물산장려운동이 민족주의운동의 차원으로 발전하지 못한 채 침체
된 것은 부르주아들이 자본가적 실리를 추구함으로써 민족적 명분을
장악하여 사회를 이끌어 갈 능력이 취약했기 때문이다.[67] 물산장려운동
은 출발은 활기찼다. 토산품 애용의 열기로 본목(本木), 광목, 모자, 고
무신 등은 연일 매진 상태였다. 그러나 악덕 상인들은 가격을 올렸고
부도덕한 제조업자들은 조제품(粗製品)을 시장에 내놓았다. 원산지에서
매필 1원 60~70전의 본목이 상점에서는 3원 내외의 고가였다. 소비자
의 희생을 악용하는 악덕배의 이기심으로 인하여 물산장려운동은 결정
적 타격을 입게 되었다.[68]

조선민흥회(朝鮮民興會)가 그 기반이 되어 신간회의 결성 움직임을
보이자 물산장려운동은 다시 활기를 띠게 되었다. 그리하여 1929년 물
산장려회는 정기총회에서 민족 기업의 발전을 내세우면서 다시 출발했
다. 회관을 갖지 못하고 떠돌기도 했던 물산장려회에 박세권(朴世權)이
신축회관을 기증했으며 회지(會誌)의 출판비까지 부담하여 활기를 띠
는 듯했다. 그러나 곧 다시 재정난에 빠져들고 일제의 가중된 탄압으로
결국 해체되고 말았다.

인도의 스와데시운동이나 한국의 물산장려운동은 애국심에 호소하

---

66 조기준, 앞의 논문, 80쪽.

67 정태헌, 「연구사를 통해 본 경제 성장론: 식민지상의 대두 배경과 문제점」, 한국정신문화
연구원 편, 『식민지 근대화론의 이해와 비판』(백산서당, 2004), 89쪽.

68 김준엽·김창순, 앞의 책, 21쪽.

는 경제적 민족주의운동이었다. 이러한 운동은 특정한 시기에 특수 사건이 계기가 되어 일어나기 마련이므로 한시적일 수밖에 없다. 민족 감정에 편승하여 일어난 운동이므로 당장 급격하게 분출하지만 민간이 주도하는 것이므로 국산품의 소비와 외제품의 불매 현황을 수치로 정확하게 표시하기도 어렵다. 민족 감정의 열기가 식으면 이 운동은 급격히 퇴조할 수밖에 없었다. 인도와 한국 모두 마찬가지였다.

민족적 애국운동에서는 학생들의 활약이 두드러진다. 후진 국가에서 학생들은 지식 계급에 속하고 또 가장 진보적인 사고방식을 가진 사람들이다. 인도 스와데시운동에서 가장 헌신적인 참여자는 학생들이었다. 다음으로 열성적으로 참여했던 세력이 바드라록 계층이었다. 이들은 인습적인 카스트로 신분을 구분할 수 없다. '존경할만한 사람' 혹은 '신사'의 의미로 번역할 수 있는 사람들로서 영국의 젠트리에 비유될 수 있는 벵골인이었지만 한마디로 지주로 단정할 수도 없었다. 영어 교육을 받은 것이 특징이며 교사나 법률직으로 많이 진출하기도 했다. 그들은 스와데시운동에 앞장서서 자신들의 존재감을 부각시켰다. 국민회의의 온건파나 과격파도 좁은 의미에서의 스와데시운동에는 함께 가담했다. 민족적 애국심을 기대하지 않았던 하층민의 적극적인 참여의 모습은 두 나라에서 모두 감동적인 이야기이지만, 한국 물산장려운동에서는 가장 적극적으로 앞장서야 할 학생과 지식인들은 분열하여 참여 열기가 저조했다.

물산장려운동은 처음에는 민족주의 진영과 일부 좌파가 주도하고 나중에는 자본가 중산 계급이 이끌어 간 느낌이었다. 교육 받은 중간 계급의 대표 기관인 인도국민회의는 스와데시운동에 열성적으로 참여했지만, 한국의 지식인들은 거족적인 애국운동으로 발돋움하려는 분위기는커녕 물산장려운동에 대한 치열한 찬반 논쟁에 골몰했다. 민족주의 세력과 사회주의 세력이 합심하여 일제에 대한 투쟁을 전개해야 할

한국과 인도 독립운동의 비교(試論)

상황에서 그들은 사상 논쟁에 휘말렸다. 좌익 인텔리들이 물산장려운동을 중산층에게만 이익을 안겨 준다고 공격함으로써, 이 애국운동에 내심 위협을 느끼고 있던 일제는 치열한 찬반 논쟁에 안도했을 것이다. 지식인들이 민족적 단합의 구심점으로서 경제적 애국운동을 전개해야 할 때 오히려 분리주의로 나감으로써 국민의 신망을 잃어 갔다. 스와데시운동은 러시아 혁명 이전이었고, 물산장려운동은 3·1운동의 좌절 이후 지식인들이 이념적으로 방황하는 분위기에서 일어났다. 한국의 사회주의 운동의 물결이 가장 거세게 일어나고 있던 그 시대 상황에 물산장려운동의 쇠퇴 이유를 돌려야 할 것인가?

5 인도와 한국의 비폭력운동

이 책의 전체 분량에서 대략 절반을 간디의 독립운동으로 채웠다. 인도의 독립운동 하면 곧 간디의 독립운동을 연상하게 된다. 간디의 독립운동을 사티아그라하운동이라 부르고 여기에서 사티아그라아, 즉 진리란 한마디로 비폭력을 뜻한다. 간디의 독립운동은 비폭력운동이었다. 비폭력이 간디 사상의 독창적인 전유물은 아니다. 인도의 종교 사상에는 비폭력(불살생) 사상이 흐르고 있다. 힌두교와 불교의 사상이 그렇고 자이나교의 불살생 이론은 유별난 모습이다. 간디의 사상에 인도의 이러한 전통적인 종교 사상이 반영되어 있음은 말할 것도 없다. 간디의 궁극적인 필생의 목표는 비폭력의 실현, 나아가 비폭력이 지배하는 세계였다. 이런 면에서 보면 간디에게는 인도의 독립도 부차적인 것이었고 세계는 비폭력이 지배해야 하고 비폭력은 인류가 신봉하고 지켜야 할 '종교'가 되어야 했다.

간디에게 진리는 신성한 것이었다. 신을 부인하는 사람은 많지만 진리를 부정하는 사람은 없다. 간디에게 진리와 신은 동의어(同義語)였다. 사티아그라하를 진리의 힘, 사랑의 힘, 영혼의 힘으로 다양하게 불렀다. 그의 구체적인 행동 방식이 비폭력이다. 비폭력은 약자와 겁쟁이의 피난처가 아니다. 비겁은 무기력한 악이며, 비폭력은 가장 용감한 자가 행할 수 있는 강력한 무기이다. 비폭력 투쟁은 육체적 힘, 폭력에 대하여 우월한 정신력으로 대항하는 것이다. 사티아그라하는 투쟁을 회피하는 소극적인 것이 아니라 오히려 적극적이며 때로는 호전적이기도 하다. 비폭력의 수단에 의해 '전쟁'을 수행하는 것이다. 폭력은 악으로서 간디는 결코 이를 용인하지 않았지만 악을 악으로, 폭력으로 제압하는 것은 인정하지 않았다. 그것은 폭력 행위의 반복으로 이어지기 때문이다. 폭력은 보다 우월한 도덕적 힘을 갖춘 비폭력으로 치유되어야 한다. 상대방을 힘으로, 폭력으로 굴복시키는 것이 아니라 사랑으로, 비폭력으로 설복하는 것이다. 쌍방이 정의와 공명정대함에 입각하여 합의된 해결책에 도달하게 되니 여기에는 승리도 패배도 없다.

제국주의는 폭력에 뿌리를 두고 있으므로 박멸되어야 했다. 비폭력 투쟁은 개인으로서뿐만 아니라 사회 집단으로서 행해질 수도 있다. 비폭력은 하나의 정책이므로 그 투쟁 방식은 변할 수 있다. 사티아그라하에서 파생된 것이 비협조운동이다. 비협조는 사티아그라하의 병기고에 있는 강력하고 중요한 무기이다. 지성적인 여론은 힘 있는 병기가 될 수 있다.

간디는 남아프리카에서 노예와 다름없는 생활을 하고 있던 인도인 노동자들을 외면할 수 없어 1년 계약의 변호사로 갔다가 20년 동안 머물면서 함께 투쟁했다. 그의 사티아그라하의 이론과 투쟁은 이곳에서 성공적으로 실행하여 검증된 것이었다. 그는 1915년에 귀국하여 2년 후부터 참파란과 아메다바드에서 소규모의 사티아그라하운동을 시험했고 성공적인 결과를 얻었다. 자신을 얻은 간디는 암리차르 학살 사건

한국과 인도 독립운동의 비교(試論)

과 킬라파트운동을 계기로 1920년 범국민적인 제1차 사티아그라하운동, 즉 비폭력 비협조운동을 대대적으로 전개했다. 이후 시민불복종운동과 인도 철퇴(撤退)운동의 범국민적 사티아그라하운동을 대개 10년 간격으로 이끌었다.

간디는 세 번에 걸쳐 각계각층이 참여하는 거족적 사티아그라하운동을 전개하면서, 때로는 결정적인 순간에 독립운동을 중단시키기도 했다. 이해할 수 없는 변덕스러운 행동에 그를 따른 인도 국민은 당황했다. 독립이 눈앞에 다가왔을 때 갑자기 국민운동을 중단시켜 버린 간디의 진심은 무엇인지 의심받기도 했다. 그러나 간디의 불변의 신념이요 필생의 사명이 비폭력의 실현과 전파라는 관점에서 본다면 그의 행동은 모두 일관성 있는 행동으로 이해될 수 있다. 폭력 운동은 어떤 경우에도 받아들일 수 없었다. 그의 비폭력의 신념은 인도 독립의 소망보다 강했고 버릴 수 없는 것이었다. 그의 어떤 경우에도 포기할 수 없는 비폭력의 신념에서 보면 변덕스러운 행동도 모두 이해될 수 있으며 간디의 변함없는 비폭력주의가 영국 정부로 하여금 헌법적 개혁의 보답으로 이끌었다고도 볼 수 있을 것이다.

3·1운동 역시 비폭력운동이었다. 비폭력과 침묵의 힘으로 일제의 폭압 정치에 맞선 독립운동이었다. 1919년 3월의 독립선언서는 비폭력을 지향했다. 우선 독립선언서에는 첫 문장에 "아(我) 조선의 독립국임과 조선인의 자주민임을 선언"했고, "조선 독립은 조선인으로 하야금 정당한 생영(生榮)을 수(遂)케 하는" 것이라고 언급했을 뿐 더 이상 독립을 주장하는 단어를 찾을 수 없다. 그것도 원래는 논의 과정에서 기독교 측이 '독립청원서' 제출을 주장했으나 3·1운동을 주도했던 천도교 측이 '독립선언'을 강력히 주장하여 합의한 것이었다.[69]

---

69 愼鏞廈, 『한국 민족 독립운동사 연구』(을유문화사, 1985), 246쪽.

독립의 당위성은 독립선언서에 일관되게 흐르고 있지만 직접 행동의 촉구보다는 오히려 행동의 자제를 강조하고 있다. 침략자인 일본을 타도의 대상인 적국으로 규정하지도 않고 다만 "인류 평등의 대의"와 "인류적 양심"에 호소하고 있다. 독립선언서는 분명히 독립의 청원이나 권고를 넘어 독립을 선언하고 있으면서도 강고한 독립의 투쟁 의지보다는 소극적 자제의 태도를 보이고 있음을 부인할 수 없다.

조선은 "구시대의 유물인 침략주의, 강권주의의 희생"이므로 "인류통성(通性)과 시대 양심이 정의의 군(軍)과 인도의 간과(干戈)로써 호원(護援)하는 금일 오인은 진(進)하여 취"할 뿐이며, "시시종종(時時種種)의 금석맹약을 식(食)하였다 하야 일본의 무신(無信)을 죄하려 아니 하고 탁락(卓犖)한 민족 심리를 무시한다 하야 일본의 소의(少義)함을 책(責)하려 아니 하노라. (중략) 결코 구원(舊怨)과 일시적 감정으로써 타를 질축배척(嫉逐排斥)함이 아니로다." 공약3장에도 "오직 자유적 정신을 발휘할 것이오, 결코 배타적 감정으로 일주(逸走)하지 말라. (중략) 일체의 행동은 가장 질서를 존중하야 오인의 주장과 태도를 광명정대하게 하라."라고 강조했다.

3·1운동의 민족 대표 33인은 선언문에서 보는 바와 같이 평화적 질서를 유지하는 비폭력 투쟁, 무저항주의를 내세웠다. 민족 대표 손병희(孫秉熙)는 처음 논의 과정에서 독립운동은 '대중화' 및 '일원화'와 함께 운동 방법으로 '비폭력'의 3원칙을 제시했고 독립선언서를 "감정에 치우치지 말 것이며 온건하게 써야 한다."라고 강조했다. 다른 대표들도 비폭력적이고 평화적인 독립시위운동, 즉 만세운동으로 끝나기를 희망했고 그것만이 쉽게 독립을 얻는 길이라고 생각했다. 그들은 검찰 조서에서 밝힌 바와 같이 "선언서를 일본 정부에 보내면 그냥 지낼수 없으므로 동양 평화를 위해 조선을 독립시켜 줄 것이며" 파리 강화회의에 열석(列席) 중인 일본은 당연히 조선의 안녕 질서를 유지하기

위하여 조선의 독립을 승인할 것"으로 낙관했다.[70] 독립선언서는 청원이 아니라 독립의 선언이었지만 거기에는 결전에 임하는 투쟁의 의지는 없었다. 신의를 저버리고 탄압을 자행하는 일제를 규탄하면서도 결연한 도전이 아닌 온건한 경고에 머물렀다. 양심과 정의와 진리를 따라 우리가 시대 조류와 동양 평화의 당위성을 일제에 각성시켜 주면 독립은 주어질 것으로 기대하고 낙관했다.

독립선언의 지도자들은 윌슨의 민족자결주의에 기대를 갖고 여기에 매달렸음을 선언서를 통해 알 수 있다. "천지의 복운(復運)에 제(際)하고 세계의 변조(變潮)를 승(乘)한 오인은 아모 주저할 것 없으며, 아모 기탄할 것 없도다. 전 세계 기운이 오등을 외호(外護)하나니 착수가 곧 성공이라. 다만 전두(前頭)의 광명으로 맥진(驀進)할 따름인저." 국제적인 인도주의와 새로운 문명의 시대를 전망하면서 전진하면 "정의 인도 생존 존영을 위한 민족적 요구"는 실현될 수 있다는 밝은 희망을 보았다.

민족자결주의는 독립의 자격이 있는 민족에게는 독립국의 지위가 부여되고, 능력이 없는 민족에게는 각 나라가 충분히 보호해 주는 것이었다. 2·8독립선언서(조선청년독립단선언서)에서도 민족자결론이 근본 사상이었다. 선언서 끝부분의 결의문에서 "평화 회의에 민족자결주의를 오족(吾族)에게 적용하기를 청구하며, 일본 주재의 각국 대공사(大公使)에게 전달하고, 위원 3인을 평화회의에 파견한다."라고 밝혔다.

'민족자결'은 마력을 가진 용어였다. 1차 세계대전이 끝나 갈 무렵 발표된 민족자결 선언은 전 세계의 억압받고 있는 약소 민족을 크게 고

---

70 朴成壽, 「3·1운동에 있어서의 폭력과 비폭력」, 『3·1운동 50주년 기념논집』(동아일보사, 1969), 367~368쪽.

무시켰다. 그렇지만 민족자결주의는 아시아의 약소 민족에게 적용하는 이념은 아니었다. 연합국에 맞선 독일과 터키제국 등을 약화, 해체하기 위한 방책이었다. 전승국들이 자의적으로 해석하는 민족자결주의가 일본이 이전의 영일동맹을 계기로 하여 전승국 자리에 끼어 있는 마당에 한국에 어떤 혜택이 주어질 리가 없었다.

식민지 문제에 대한 윌슨의 입장은 신중하고 질서정연한 자유주의적 개혁주의였으며 급진적·혁명적인 반제국주의의 입장과는 거리가 멀었다. 윌슨의 자유주의적 질서의 반제국주의와 관련하여 자결은 합법적 과정을 통해 서서히 얻게 되는 것이지 폭력적인 민족주의 혁명의 방법으로 이루어지는 것이 아니었다. 다른 말로 표현하면, 레닌과는 달리 윌슨은 전쟁 직후에 모든 식민지 국민들의 즉각적이고 세계적인 자결권의 확립에 대한 요구에 부응하여 제국주의 체제에 도전할 마음은 아니었다.

윌슨은 베르사유 조약이 동맹국들의 제국주의적 지배로부터 해방된 동유럽 인민들에게 자결권을 부여했다고 강조했다. 더욱이 그는 가끔 독일, 오스트리아·헝가리 및 터키 제국주의의 붕괴를 찬양하는 데까지 나아가곤 했다. 그럼에도 불구하고 요점은 윌슨이 국제연맹의 질서에 따라 세계 여론과 합법적 절차를 통한 방법에 의해서 민족자결을 보급시키기를 희망했다는 사실이다. 의심할 것도 없이 윌슨 외교의 기본 방향은 이론과 실제에 있어서 안정되고 자유화된 세계 공동체를 수립하는 방향으로 가는 것이었으며, 정치적 민족적 자유란 국제법 아래서 비폭력적인 합법적 방법에 의해 얻어지고 유지되어야 했다. 윌슨이 추구했던 것은 서구의 식민지 구조에 갑작스럽게 당장 끝장을 가져오는 것이 아니라 국제연맹의 점진적 지도 아래 제국주의 체제를 서서히 개혁하는 것이었다. 급진주의자들은 혁명적으로 과거와 단절하는 것을 원했지만, 윌슨은 현재의 자유주의적 제도의 틀 안에서 그것을 개선함

한국과 인도 독립운동의 비교(試論)

으로써 보다 점진적으로 과거를 개혁하기를 원했다.[71]

월슨 자신이 선포한 민족자결주의에 세계적인 안정을 강조하면서 소극적인 점진적 개혁의 태도를 보였으므로 식민지를 다량 보유하고 있는 전승국 제국주의 국가들이 더욱 보수적인 입장에 섰을 것임은 말할 것도 없다. 영국과 프랑스는 식민지 문제로 일본과 충돌할 마음이 없었고 동류의 국가들로서 그럴 처지도 못되었다. 강대국들의 숨은 의도는 딴데 있었고 아마도 우리 대표들도 이를 간파하고 있었을 것이다. 그럼에도 불구하고 민족자결주의는 세계사조의 서광이었고, 한국 대표들은 월슨의 14개조의 "식민지의 주권을 결정함에 있어서는 주민의 이익을 중시하여 식민지적 요구를 조정해야 한다."라는 조문과 민족자결의 원칙에 기대하는 수밖에 없는 처지였다.

그러한 기대는 놓치고 싶지 않은 우리 민족의 간절한 소망이었고 이즈음 박은식마저도 그 기대에 머물러 있었다. "월슨 대통령은 국제연맹의 결성을 요구하면서 민족자결주의를 제의했다. 비록 강한 세력이 견제하여 아직은 실현되지 못하고 있으나, 많은 사람들이 환영하고 있으므로, 결국에는 반드시 승리할 것이다. 유럽의 약소국가와 민족들이 다른 사람의 굴레에서 벗어나 독립의 영광을 획득하는 나라가 생기는 것을 볼 수 있으니, 이것이 세계 개조의 진보인 것이다. 일본도 극단적인 침략자로서 단지 우리 민족의 원수일 뿐만 아니라 세계 인도주의의 적이므로, 결코 새로운 시대에는 용납될 수 없을 것이다."[72] 국내외의 민족 지도자들은 보다 직설적이고 자극적인 레닌 공산당 정부의 주장을 외면하고 파리 평화회의에 매달렸다. 새로이 출현한 레닌에 대한 신뢰보다는 월슨에 기대를 보였던 것은 세계 사조인 민족자결주의에 대

71 N. Gordon Levin Jr, *Woodrow Wilson and World Politics: America's Response to War and Revolution*(Oxford University Press, 1973), pp. 248~249.

72 朴殷植, 김도형 옮김, 『韓國獨立運動之血史』(소명출판, 2009), 158쪽.

한 확신과 더불어 미국은 대전 말기에 참전했지만 전후 문제의 처리에 주도적인 역할을 할 것으로 전망했기 때문이다.

그러나 파리 평화 회의의 협상 테이블에 한국 문제는 결코 올려진 일이 없었다. 평화회의에서 한국은 발언 기회조차 얻지 못했다. 이승만(李承晩)은 평화회의의 참석을 시도했지만 미국 정부가 출국을 허락하지 않았다. 미국무성은 한국의 병합은 세계대전으로 일어난 일이 아니라는 파리 파견 대표의 말을 인용하여 거절했다. 국내외의 큰 기대를 안고 파리 강화회의에 파견되었던 김규식(金奎植) 등도 일본의 집요한 방해와 전승국들의 무성의한 태도로 회의장 안에는 들어가지도 못했다. 김규식은 파리 도착 직후 서울 및 도쿄 주재 미국공사관에 근무했던 스티븐 본살(Stephen Bonsal)에게 부탁했으나 그는 "불행하게도 한국을 위해 할 수 있는 일은 거의 없다."라고 말했다. "한국 문제는 우리 고등심의회에 제출하지 않기로 결정되어 버렸다. 한국 문제는 파리 회의의 심의에 들어오지도 못했다."라는 답변이었다. 미국 대표의 하급 관리들 중에 미국 대표의 사무장 조지프 그루(Joseph C. Grew)는 "내가 할 수 있는 말은 미국이 한국의 병합을 인정해 왔다는 사실에 비추어 보아 한국 대표는 받아들여서는 안 된다는 것"이라고 대답했다.

한편 당시 미국무성은 한국 민족주의운동에 대한 선교사들의 동정심에 우려를 보였다. 서울 주재 미국 총영사는 이미 1919년 1월 선교사들에게 지역 정치에 관여하지 말도록 경고했다. 더욱이 미국무성은 4월 14일 총영사에게 "미국이 한국 민족주의자들을 도와줄 것이라는 어떤 신뢰를 주어 고무시키지 말도록 특별히 유념할 것과 미국 정부가 한국 민족주의운동에 동정적이라고 일본 당국이 의심할 만한 어떤 일도 하지 말도록" 지시했다.[73]

---

73 Russell H. Fifield, *Woodrow Wilson and the Far East*(Thomas Y. Crowell Co., 1952), pp.

한국과 인도 독립운동의 비교(試論)

월슨은 민족자결의 선언으로 약소 민족을 희망에 부풀도록 고무시켜 놓고 그것을 관철하려는 행동은 하지 않았다. 패전국의 영토를 분할하는 조치를 제외하고 보면 열강의 식민지 문제에는 침묵으로 일관했다. 일시적인 희망만 안겨 주었을 뿐 책임감이 결여된 월슨의 방관적 태도는 비판받을 여지가 충분했다.

3·1독립선언서는 앞서 발표된 무오독립선언서와 2·8독립선언서의 내용에 비해 투쟁의 강도가 훨씬 후퇴한 것이었다. 2·8독립선언보다 1개월여 앞서 만주와 노령(露領)의 독립운동 단체들이 중심이 되어 발표한 무오독립선언서(대한독립선언서; 음력 1918년 12월)도 기미독립선언서보다 단호한 독립 의지를 앞세운 열혈의 독립전쟁의 선언이었다. 박은식, 신채호, 안창호 등을 포함한 39인의 명의로 발표된 무오독립선언서는 "일본의 합방 동기는 동양의 적(敵)이며, 일본의 합방 수단은 국제법규의 악마이며, 일본의 합방의 결과는 인류의 적이다."라고 규정하고 "독립군아 일제히 봉기하라! 독립군은 천지를 휩쓸라!"라고 외치면서 2000만 국민을 향하여 "육탄혈전(肉彈血戰)으로 독립을 완성하자."라고 호소했다.

3·1독립선언서보다 며칠 전 일본에서 발표된 2·8독립선언서도 혈전을 외치는 의기에 찬 독립선언이었다. 2·8독립선언서는 서구의 시민혁명 사상에 입각한 투쟁적 민족주의를 표명했다. 도쿄 유학생 11명이 대표 서명하고 이광수가 기초(起草)한 2·8독립선언서는 일본의 심장부에서 발표한 투쟁의 기백이 넘치는 의분의 선언이었다. 일제의 조선 강탈에 대한 관용과 용서의 자세가 아니라 일본의 만행을 당당하게 꾸짖는 기개를 보이면서 독립을 반복하여 주장했다. 그들은 유학생 대표의 일개 집단이 아닌 유학생 전체의 집약된 사상을 표현하고 있었을 뿐만

206~207.

670

아니라 선언서 첫 문장에서 "2000만 민족을 대표하여 독립을 기성(期成)하기를 선언한다."라고 강조했다. "실로 일본의 한국에 대한 행위는 사기와 폭력에서 출(出)한 것이라. 여차(如此)한 위대한 사기의 성공은 세계 흥망 사상에 특필할 인류의 치욕이라 하노라." 지난 10년 동안 독립을 회복하기 위한 운동으로 희생된 조선인의 숫자가 10만 명에 이르며 일본의 군국주의적 야심의 사기와 폭력하에서 신음하게 된 것은 미국과 영국이 보호와 합병을 솔선 승인한 책임이 있다고 지적했다. 또 합병 이후 참정권, 집회, 언론의 억압과 신교(信敎)와 기업의 자유까지도 말살시킨 민족 차별도 열거했다.

영원히 국가생활의 지능(智能)과 경험을 득(得)할 기회를 부득케 하니 오인은 결코 여차한 무단 전제, 부정 불평등한 정치하에서 생존과 발전을 향유키 불능한지라. …… 어떤 방면으로 보아도 오족과 일본과의 이해는 호상배치(互相背馳)하여 그 해를 수(受)한 자는 오족이니, 오족은 생존의 권리를 위하여 독립을 주장하노라. …… 오족은 정당한 방법으로 오족의 자유를 추구할지나, 만일 차(此)로써 성공치 못하면 오족은 생존의 권리를 위하여 온갖 자유 행동을 취하여 최후의 일인까지 자유를 위하는 열혈(熱血)을 유(流)할지니. …… 일본이 만일 오족의 정당한 요구에 불응할진대 오족은 일본에 대하여 영원히 혈전(血戰)을 선(宣)하노라.

3·1선언서와 2·8선언서는 행동을 다짐하는데 있어서 판이한 대조를 보여 주었다. 3·1선언서는 2·8선언서의 논조가 너무 과격하다고 보고, 소극적이고 비폭력적인 운동을 제시했다. "최후의 일인까지"를 각오하면서도 "민족의 정당한 의사를 쾌히 발표하라."는 소극적인 주장에 그쳤지만, 후자는 "자유를 위하는 열혈의 혈전을 선언한다."라는 적극적 투쟁 의지를 보여 주었다. 3·1선언서는 인도주의 입장을 고수하고 있지

만, 2·8선언서는 철두철미 민족주의 정신을 근본으로 하고 있다. 전자
는 일본에 대해서 우호적이나, 후자는 어디까지나 반일적이다. 전자는
자기 의사를 호소했지만, 후자는 자기 결의를 주장했다. 전자는 추상적
이고 애매하나, 후자는 구체적이고 논리적이었다. 한마디로 말해서 3·1
선언서는 지극히 안이하고 낙관적인 생각을 무저항의 방법으로 표명했
지만, 2·8선언서는 비장한 결의와 각오와 혈전을 선포했다. 또 선언서
를 기초한 사람의 성격 차이와 선언서에 서명한 인사들의 연령과 학문
적인 차이를 볼 수 있다. 3·1선언서의 최남선은 침착한 학자요, 그 선
언서를 시인한 33인은 모두가 40대 이상의 종교인이었는데, 2·8선언서
의 이광수는 다혈적인 문인이요, 선언서를 시인한 사람들은 모두 사회
과학을 연구하던 20대 학생들이었다는 점에 주의해야 한다.[74]

3·1운동은 요원의 불길처럼 전국으로 확산되어 나갔다. 만세 소리
는 전국 방방곡곡을 뒤흔들었다. 독립 만세 시위는 서울을 시작으로 평
양 개성을 거쳐 평안도, 함경도, 황해도로 파급되었으며, 이어 경기도를
중심으로 전국으로 확대되어 3~4월에 절정에 이르렀다. 농촌에서는 주
로 장날을 이용하여 만세 시위가 추진되었고, 철시(撤市)가 이루어졌다.
항일 운동은 국내에만 국한하지 않고 국외로 확대되어 중국 연해주 및
미주에서도 전개되었다.

3·1운동은 33인 내지 48인의 민족 지도자들을 중심으로 계획하여
시작했다. 합병늑약 이후 탄압 아래서도 겨우 종교 활동만이 유지되는
상황에서 천도교, 기독교, 불교계가 중심이 되어 운동을 선도했고, 지
식인, 학생 등이 적극 참여하여 헌신적으로 이끌어 갔다. 3·1운동의 민
족지도자는 중인 계급 출신과 근대적 지식인, 상공업에 종사한 사람들

---

74 金成植,「한국 학생운동의 사상적 배경 — 특히 '2·8 독립선언'을 중심으로」, 尹炳奭 편,
『한국근대사론 III — 일제 식민지 시대의 사회문화 운동』(지식산업사, 1977), 26~27쪽.

이라고 할 수 있다. 즉 근대적 시민 계급의 특성을 지닌 사람들이었다. 이것은 전통 사회의 중간 계급이 근대 사회의 상층 계급으로 발전되어 가는 것을 의미했다. 3·1운동은 점차 과격해지면서 민족 지도자 중심의 독립운동이 아니라 농민(75.6%), 상인(9.6%), 지식인(7.3%), 공업자(3.9%), 노동자(3.6%)가 중심이 된 대중운동으로 전개되었으며 여성도 다수 적극적으로 참여했다. 참여한 대중은 농민이 압도적 다수였으며 농민, 상인, 공업자는 소산자(小産者)들이었다. 소시민적 성격이 강했다. 3·1운동에 참여했다가 기소된 사람도 농민이 전체의 54.0퍼센트로 가장 많고 상인(10.8%), 학생(9.9%), 자유업(5.5), 종교인(6.8%), 공업자(3.4%), 무직(3.6%), 노동자(3.3%)의 순이었다. 수형자(受刑者)는 농민이 가장 많고(75%), 나머지는 상인(9.6%), 학생(4.3%), 공업자(3.6퍼센트), 무직(3.3%), 노동자(3.3%) 순이었다.[75] 지식인이 3·1운동을 계획하여 이끌었고 시민 계급이 참여했다. 어느 지역을 막론하고 행동 세력으로서 학생과 농민이 열정적으로 가세한 전 민족적 운동이었다. 3·1운동은 분명히 시민운동이고 민중운동이었다.

상해 임시정부가 발표한 1919년 3~5월까지의 피해 상황을 보면 참가 부군(府郡)은 전국 218개 가운데 211개 부군이 참가했으며, 집회수가 1542회, 참가 인원수가 202만 3098명에 이르렀다. 비폭력운동이었는데도 피살자 7509명, 부상자 1만 5961명, 투옥자 4만 6948명, 소실 민가 715동, 소실 학교 2채, 교회당 훼소(毀燒) 47개소에 이르렀다.[76]

독립 만세 시위는 비폭력 평화적으로 진행되었으나 일제는 진압을 위해 군경을 동원했다. 일제 당국은 평화적인 만세 시위 군중에게 무차별 발포했다. 일제는 우리 민족의 문명적인 행동에 대하여 잔인한 살육

---

75 金泳謨, 「한국독립운동의 사회적 성격」, 《아세아연구》 59호(1978년 1월호), 66~67쪽.
76 박은식, 『혈사』, 198쪽.

으로 대처했다. 일본인들은 형용할 수 없는 야만적 잔학 행위를 저질렀다. 풀을 베듯 칼로 치고 창으로 찔렀으며 수원 제암리 학살을 비롯하여 전국에서 학살을 자행했다.[77] 비폭력으로 시작한 시위 군중에게 일제는 무자비한 폭력으로 2만 3000여 명의 사상자를 냈다. 인간의 숨겨진 야수성이 어느 정도까지 표현될 수 있는가를 극명하게 보여 준 극악의 만행이었다.

시위 군중도 폭력으로 대응했다. 비폭력 시위가 민중운동으로 확대되는 과정에서 폭력 행동으로 발전하는 일은 흔히 볼 수 있는 현상이며, 나중에는 어느 쪽이 공격자이고 어느 쪽이 피해자인지 불분명해지기 마련이다. 3·1운동은 지도자들의 시작 의도와 권고에도 불구하고 폭력 운동으로 나아갔다. 분명한 것은 시위 군중은 무기가 없었고 일제는 대량 살상 무기로 무자비한 학살을 자행했다는 점이다. 도시보다는 농촌이 더욱 격렬했다. 농민은 돌멩이와 몽둥이와 농기구로 일제의 총칼에 대항했다. 순박한 농민이 격렬한 폭력 투쟁으로 맞섰던 것은 당시 농민의 참상과 무관할 수 없었다. 잔혹한 식민 지배에 억눌린 농민의 불만이 표출된 것이었다.

'토지 조사 사업'에 의한 농민의 토지 상실과 농촌의 피폐와 영락(零落)이 3·1운동의 경제적 원인이 되었다. 일제는 일본 자본주의에 유리한 자본 투자의 시장을 한국에서 발견했다. 한국을 원료의 공급과 상품의 판매를 위한 식민지적 예속 경제로 만들어 나갔다. 수많은 한국 농민의 토지 점유와 소유권이 박탈당했는데, 일본인 자본가와 고리대금업자가 강제적 또는 반강제적으로 토지를 탈취했다. 극단적인 토지 소유 구조는 이후 한국 농촌에 대한 착취를 용이하게 한 동시에 한국인 지주를 친일 세력의 기반으로 이용할 수 있게 했다. 반면에 광범한 농

---

77 위의 책, 229쪽 이하.

민충을 항일 저항 세력으로 대두하게 만들었다.[78]

토지 조사 사업의 결과 20세기에 그 유례를 찾아볼 수 없는 '자본주의 체제하의 소작 소농 체제(小作小農體制)'라는 기형적인 농민 관계와 모순에 가득 찬 식민지 체제적 토지 소유의 구조를 가져오고 말았다. 일제는 종래의 봉건적 지배층을 토지 소유자로 등장시킴으로써 부재지주를 만들었다. 지주 계급으로 전신(轉身)한 옛 양반 관료들은 전체 농가 호수의 3.4퍼센트였는데, 이들이 전국 농지의 50.3퍼센트를 지배하게 된 부재지주였다. 농민은 자자손손의 세습적 경작지에 대한 일체의 권리를 상실하고 단순한 계약 소작인으로 전락했다. 이러한 소작인은 전체 농가 호수의 37.6퍼센트였다. 약간의 농지를 가졌으나 자가 경제를 충족하기에는 너무 작은 면적의 소작지를 부치게 된 소작농은 39.3퍼센트나 되었으므로 이들을 합치면 영세농의 수는 전체 농가 호수의 76.9퍼센트나 되었다.[79] 박은식도 한국은 농업국이고 전 인구의 약 7할 7푼이 농업에 종사하며 농민 약 4분의 3이 소작농이라고 비슷한 수치로 밝혔다.[80]

식민지 조선에 대한 일제의 농업 정책의 요체는 자작농 상층부를 제거하는 데 있었으며, 그것이 가장 잘 드러난 것이 토지 조사 사업이었다. 조사 사업은 토지 약탈, 토지세 수입 증대 등 여러 목적을 위해 실시되었지만, 그것은 또 농민의 토지 소유를 막아 농민 대부분을 소작인화하고 지주권을 강화시킨 정책의 표본이었다. 토지 조사 사업으로 농촌 부르주아지 성장의 길은 완전히 막혔고 이후 조선의 농업은 친일적인 지주와 영세 소작농만이 남게 되었다. 식민지 시대는 완전히 농민

---

78 김운태, 앞의 책, 245~247, 284쪽.

79 조기준, 「일제의 경제 정책」, 국사편찬위 엮음, 『한국사』 21권(3·1운동 전후의 사회와 경제)(탐구당, 1984), 50, 59쪽.

80 박은식, 『혈사』, 上, 110쪽.

　　　　　　　　　　　　　　　　　　한국과 인도 독립운동의 비교(試論)

적 토지 소유제에 역행한 시기였다. 오히려 지주제가 강화되면서 농민이 모두 몰락하여 소작인으로 전락하는 시기였다.[81]

일제의 토지 조사 사업은 세수의 증대를 목표로 했던 바 조사 사업을 통하여 방대한 국공유지와 주인 없는 토지를 찾아내어 총독부의 소유지로 개편했다. 일본인의 농업 이민 정책도 추진했다. 수탈적 농업 정책으로 옛 지주 관료층을 새 지주로 포섭하여 일제의 협력자로 삼았다. 새 지주층의 등장과 일본인 지주들의 국내 진출이 적극화함에 따라 소작농의 양산으로 농민의 영세화를 촉진하여 기형적인 토지 소유 관계를 형성했다. 일제의 토지 수탈 정책으로 극도로 피폐해진 농민 생활이 농민으로 하여금 일본의 약탈적 식민 정책에 가장 적극적으로 저항하도록 만들었다. 농민과 노동자가 반항의 전면에서 투쟁하는 것은 자연스러운 현상이나 당시 노동자 계급은 아직 싹트지 못하고 있었다.

한편 합병늑약 이후 일제는 원료의 저가 탈취와 상품의 고가 판매로 시작하는 고전적 식민지 유형으로 수탈했으며 1930년대에 들어서면 공업의 성장이 있었다고 하지만 한국은 군수 공업의 기지로 떨어졌다. 한국의 공업은 일본 독점 자본에 예속되고 말았다. 1940년 말 한국에 있어서 일본인이 운영하는 공장의 자본금 합계는 전체의 94퍼센트(16억 2347만 5000원)를 점했고 한국의 자본은 불과 6퍼센트(1억 850만 원)였다. 일제는 민족 자본의 자립적 발전을 저해하고, 한국 공업의 예속적 성격을 가일층 심화시켰다.[82]

일제는 강점 35년 동안 조선에 유입된 자금이 총 60~70억 엔에 이르렀다는 점을 들어 식민지 미화론을 강조했다. 그러나 조선에서 일본으로, 즉 일본인(관리)에게 유출된 자금은 가시적으로 드러난 통계만

---

81 姜萬吉, 『한국민족운동사론』(한길사, 1985), 279쪽.
82 김운태, 앞의 책, 442쪽.

재구성하더라도 300여 억 엔이 넘었고, 물자 유출분 140여 억 엔을 합하면 인력 수출이나 통계에서 검출하지 못한 부문을 제외하더라도 총 440여 억 엔이 넘어 유입 자금의 6.3~7.4배나 되었다. 결국 식민지 전 기간의 추정 GDP 550여 억 엔의 80퍼센트 이상이 고스란히 유출 또는 파괴된 셈이었다.[83]

3·1독립선언서는 인도주의와 인류적 양심에 의지하면서 일제를 타도의 대상으로 뚜렷이 적화(敵化)하지도 않았다. 독립을 내세우면서도 유화적이고 비폭력적이고 평화적인 운동이었다. 33인의 민족 대표들이 파고다 공원에서 학생 시민과 행동을 함께하지 않고 태화관에 머물러 있었다는 사실이 무저항적인 운동이었음을 보여 준다. 거족적인 독립운동의 열기에 휩쓸린 학생과 농민의 투쟁 의지가 극히 소극적인 운동의 관념에 만족할 리는 없었으며 강력한 지도력을 갖춘 민족 지도자의 선도(先導)가 결여된 상황에서 3·1운동은 그 추진력을 발휘할 수 없는 것은 당연한 일이었다.

3·1운동은 항일운동인 동시에 민족운동이었다. 항일운동의 측면에서는 성공하지 못했다 할 수 있으나 국민국가 수립을 목표로 하는 민족운동의 측면에서는 성공한 것이라 할 수 있다. 민족운동의 측면에서 볼 때 3·1운동은 군주주권을 부인하고 국민주권국가를 만들려는 운동의 일환이었으며, 이 국민국가 수립 운동은 3·1운동 이후의 임시정부 수립으로 결실을 보았다고 할 수 있다. 항일 운동의 측면에서만 보면 많은 희생을 낸 성과 없는 운동으로 보일 수도 있겠으나, 민족운동의 측면에서 보면 우리 역사상 최초로 비록 임시정부라는 조건 아래서나마 국민주권 정부를 수립하는 데 일단 성공했기 때문이다.[84]

---

83 정태헌,『일제의 경제 정책과 조선 사회 ─ 조세 정책을 중심으로』(역사비평사, 1996), 25쪽.
84 강만길,「한국 독립운동의 역사적 성격」,《아세아연구》, 제59호(1978년 1월호), 고대 아세아문제연구소, 42쪽.

한국과 인도 독립운동의 비교(試論)

3·1운동은 항일 독립운동이고 국민주권운동이었으며 왕정복고 운동은 아니었다. 독립선언서에 조선 왕조와 대한제국으로의 복귀를 주장하는 내용은 찾을 수 없다. 신문명의 세계적 변조에 편승하여 시민적 자유권과 민족자결을 강조함으로써 서구의 민주적 시민 사상으로 나아갔을 뿐 복벽주의적(復辟主義的) 회귀 운동은 아니었다. 3·1운동이 가져온 특기할 만한 사건은 임시정부의 수립이었다. 서구 민주주의를 따른 민주공화국과 민주헌법의 선언은 진정한 대한민국의 출발이었으며 독립을 쟁취할 때까지 수많은 시련은 있었지만 독립운동의 구심점으로서, 나라 잃은 국민의 정신적 지주로서 역할을 다했다.

민족자결주의는 제국주의의 탄압에 신음하고 있던 같은 처지의 한국과 인도에 영향을 주었다. 민족자결주의는 인도주의적이고 도덕적인 선언으로서 대부분의 약소 민족에게는 국제적인 분쟁과 식민지 문제에 대한 평화적인 근본 해결책으로 받아들였지만, 그러나 다른 한편 실현될 수 없는 환상을 심어 주어 오히려 수많은 인명 살상의 분쟁으로 촉발될 가능성도 배제할 수 없는 이상주의이기도 했다.

인도에서는 민족자결주의가 한국과 같이 부푼 기대감으로 받아들여지지는 않았다. 물론 인도도 윌슨의 민족자결주의에 고무되었지만 터키제국의 분할 조치를 목격하고는 돌아서 버렸다. 인도 무슬림은 제1차 세계대전 때 무슬림 종주국 터키에 대항하여 영국 측에 서서 헌신적으로 참전하여 협력을 아끼지 않았다. 종전 후 인도에 보인 영국의 보상은 너무나 미미한 것이었으며, 영국이 앞장선 연합국이 독일 편에 섰던 터키제국을 무자비하게 분할하는 데서 킬라파트운동이 전개되었다. 간디는 '백년에 한 번 찾아올 절호의 기회'로 판단하고 인도 힌두·무슬림을 연합하여 범국민적 비폭력 비협조운동으로 돌진했다.

3·1운동은 한국 민족이 소망했던 바를 이루지 못하고 좌절했다. 독립을 외쳤지만 당장 국가 독립을 쟁취하지 못하고 엄청난 희생과 피해

를 남긴 채 끝나고 말았다. 그러나 한민족은 당장 독립의 목적을 달성하지는 못했지만 국권 침탈자에 대한 거족적인 저항의 의지를 굳건하게 보여 주어 일찍이 볼 수 없었던 국민적 단합의 모습을 과시했다. 진정한 의미의 한국 민족주의의 출발이 실현이었다. 3·1운동은 민족국가의 국민이 일체감을 보여 준 근대적 의미의 시민적 민족주의가 최고도로 표현되고 확립을 본 역사적 사건이었다.

6 국외에서의 한국과 인도의 독립운동

한국 임시정부의 활동과 무장 항일 투쟁은 인도의 그것과 비교해 볼 때 우리의 가장 돋보이는 혁혁한 독립 투쟁이었다. 물론 인도의 독립운동 과정에서도 무장 투쟁과 테러리스트의 활동이 있었다. 한국의 경우 인도가 제국주의 지배를 받은 기간의 몇 분의 일에 불과했고 또 인도의 민족주의운동과 독립운동이 먼저 시작되었음에도 인도의 국외에서의 투쟁 활동은 비교적 미미한 것이었고 한국의 국외 투쟁 활동은 눈부신 바가 있었다. 인도에서는 국내에서 간디 같은 탁월한 지도자의 주도 아래 거족적인 독립운동으로 돌진하는 것이 가능했지만 한국에서는 그것이 불가능했던 점을 생각할 수 있다. 비교할 수 없는 일제의 무자비한 무단 정치와 처참한 무력 탄압 정책이 인도와 같은 국내에서의 독립운동을 불가능하게 만들었음은 언급할 필요가 없다.

3·1운동의 직접적인 최대의 성과는 대한민국 임시정부의 수립이었으며 임시정부는 이후 독립운동의 구심점으로서 민족사적 정통성을 계승하게 되었다. 3·1운동의 시작 직후 거의 같은 시기에 블라디보스토크의 대한국민의회정부(大韓國民議會政府, 3월 17일 수립)와 상해의 임시정부(4월 13일) 그리고 한성의 임시정부(4월 23일)가 정부의 수립을 선

언했다. 각 임시정부가 발표한 결의안, 헌장 및 약법(約法)의 내용으로 볼 때 이념적 차이는 발견하기 어렵고 임정의 각료 명단에 명성 있는 이승만, 안창호, 이동휘(李東輝) 등은 세 곳에서 중복된 점으로 보아 신속한 상호 연락의 부재에서 각기 출범한 것으로 볼 수 있다.

투쟁 역량의 분산과 혼란을 막기 위해 임시정부의 통합이 절실했다. 민족 대표 33인의 후계를 자임하며 국내 13도를 대표하는 한성 임시정부의 법통을 존중하고 '대한민국'을 국호로 결정했다. 임시의정원은 1919년 9월 11일 헌법을 확정하고 이승만을 대통령으로 선출하여 대한민국 임시정부를 선포함으로써 대한민국의 정통 정부가 출범했다. 제반 여건을 고려하여 임정의 소재지는 상해에 두기로 했다.

한성 임시정부의 집정관총재(執政官總裁)가 대통령으로 바뀌었다. 개정의 동기가 정부 통합이었고, 구체적으로는 이승만이 이미 자칭하고 있는 대통령 칭호를 합법화하기 위한 것이었으므로 정부 형태는 부득이 대통령제를 채택했지만 실제로는 내각책임제의 요소가 더 많은 절충식 형태가 되었다. 주권 행사는 임시 대통령에게 전임하되 행정권은 국무원이 행사하며 대통령, 국무원, 의정원이 견제를 유지했다. 내심 내각책임제를 이상으로 하고 있었고 또 현실적으로 권력의 집중보다도 분산 내지 안배를 희망한 데서 나온 절충형이었다.[85]

전문(前文) 및 58조로 구성된 임시정부 헌법은 민주주의를 기본 원리로 하는 대한민국 최초의 기본법이었다. 제1조에 민주공화제를 채택하여 특권 계급을 부인하고 인민의 평등을 내세운 민주주의 헌법이었으며 공화제 국민국가의 선언이었다. 3·1운동 이후 나타난 국내외에서의 각 임시정부는 모두 이의 없이 공화제 정부였고 통합 정부로 나타난 상해 임시정부도 물론 공화 정부였다. 2·8학생독립선언이나 3·1운동

---

85 李炫熙,『대한민국 임시정부사』(집문당, 1982), 83쪽.

에서도 복벽운동의 성격은 찾아볼 수 없었다. 3·1운동의 결과 공화주의적 독립운동이 일단 정착되었다. 상해 임시정부가 수립되었다는 사실은 독립운동 전선의 총지휘 기관이 생겼다는 점에서 중요한 의미를 갖지만, 역사상 최초로 국민 주권의 정부, 공화주의 정부가 수립되었다는 점에 더 큰 역사성을 갖는 일이었다. 1920년대 전반기까지는 독립운동의 성격이 항일운동인 동시에 군주 주권 체제를 옹호하는 복벽주의를 물리치고 국민 주권주의에 의한 공화정부를 수립하는 운동이었으며, 민족주의를 국민 주권주의 중심으로 이해한다면 한국의 민족주의는 이 시기에 비로소 형성된 것이다.[86]

3·1운동의 만세 시위 행렬만으로는 당장 바라는 성과를 얻지 못하고 엄청난 인명 피해를 가져왔다. 상해 임시정부는 독립운동의 방향을 국내의 직접 투쟁보다는 국외에서의 무장 투쟁과 외교에 맞추었다. 이승만이 상해에 머무는 날이 많지 않아 사실상 임시정부를 이끌어 가던 안창호는 1920년 1월 시정연설에서 '우리 국민이 단정코 실행할 6대사(大事)'로서 군사, 외교, 교육, 사법, 재정, 통일을 제시하면서 이 가운데 가장 중요한 것은 군사라고 말했다.

우리 당면의 대문제는 우리 독립운동을 평화적으로 계속하라는 방침을 고쳐 전쟁하려 함이요, …… 진실로 우리는 시기로 보든지 의리로 보든지 아니 싸우지 못할 때라고 단정하시오. …… 군사적 훈련을 아니 받는 자는 국민개병주의에 반대하는 자요, 독립 전쟁에 반대하는 자는 독립에 반대하는 자요. …… 살아서 독립의 영광을 보려 하지 말고 죽어서 독립의 거름이 되시오. 입으로 독립군이 되지 말고 몸으로 독립군이 되시오."[87]

---

86 강만길, 『한국 민족운동사론』, 19, 21쪽.
87 《독립신문》(1920년 1월 8일).

한국과 인도 독립운동의 비교(試論)

독립 전쟁을 결행하는 방향은 설정되었고 무장 독립 투쟁에 있어서 가장 빛나는 봉오동 전투(鳳梧洞戰鬪)와 청산리 전투(靑山里戰鬪)의 전승이 이때 이루어졌다. 이미 3·1운동 직후 간도와 노령 지역의 한인 사회에는 북로군정서(北路軍政署)를 비롯한 크고 작은 20여 개의 독립군 부대가 결성되어 있었다. 독립군은 국내 진입이 용이한 험준한 지세의 '역사적 성지' 백두산으로 향했으며, 이의 저지를 위해 동원되었던 일본군과 충돌하게 되었다. 결전에 임하는 독립군의 의기는 충천했다. 수시로 국내 진입 작전을 벌여 온 대한독립군 의용대장 홍범도(洪範圖)가 중심이 되어 발표한 '유고문(諭告文)'은 "당당한 독립군으로 신(身)을 포연탄우(砲煙彈雨) 중에 투(投)하야 써 반만년 역사를 광영케 하며 국토를 회복하야 써 자손만대에 행복을 여(與)함이 우리 독립군의 목적이요 또한 민족을 위하는 본의(本義)다."[88]라고 천명하면서 간도 방면에서 무뢰배들이 기회를 틈타 독립군을 빙자하여 민간에 강제모연(强制募捐)하기가 비일비재라 하니 보고하면 군율로 처치하겠다고 유고했다.

《독립신문》은 '독립군 승첩'이란 제목으로 임시정부 군무부 포고(軍務部布告)를 인용하여 독립군의 참여와 전의를 고취했다.

아(我)독립군 2000이 길림으로 도(道)를 가(假)하야 적군을 깨트리고 적을 주(誅)하기 300, 적의 패주하기 400이라. 그리고 그 획득품은 다수에 달했다. … 이미 불은 당기었도다. 독립전쟁의 제1기는 임박했도다. 폭풍우의 선구(先軀)가 지평선을 스치고 가도다. '충용한 대한의 남녀여, 혈전의 시(時), 광복의 추(秋)가 내(來)했도다. 너도 나아가고 나도 나아갈지라. 정의를 위하야 자유를 위하야 민족을 위하야 철과 혈로써 조국을 살릴 때가 이때가 아닌가.' 독립전쟁의 제1보에 우리에게 돌아온 이 승리는 즉 독

---

88 「유고문」,《독립신문》(1920년 1월 13일).

립전쟁의 전도를 복(卜)하는 승리요, 동아 대혁명의 성공을 축하는 승리로다. 승리를 축하할 자는 나오라. 승리를 향하야 돌진할 자는 나오라.[89]

국내로 진입하여 수시로 만포진, 자성, 온성 등지에서 일본군을 살상했던 홍범도의 대한독립군, 최진동(崔振東; 明錄)의 대한군무도독부군(大韓軍務都督府軍), 안무(安武)의 대한국민군이 연합하여 공세를 강화했다. 국내 진입은 독립군의 한결같은 꿈이었고 3·1운동으로 한층 고무되었다. 대한군북로독군부(大韓軍北路督軍府)로 통합된 연합작전이 1920년 6월 7일 봉오동 전투를 승리로 이끌었다.

홍범도 사령관 휘하의 연합 부대는 큰 재산을 헌납한 최진동의 군대를 포함하여 약 1000명의 독립군이 봉오동에 집결해 있었으며, 일본군도 독립군의 병력을 최진동의 부대가 약 670명, 홍범도와 안무가 거느린 약 550명으로 총 1200여 명으로 탐지하고 있었다.[90] 소규모 충돌이었던 삼둔자(三屯子) 전투의 패배를 앙갚음하기 위해 동원된 일본군 19사단의 추격대가 두만강을 건넜다. 일본군 월강 추격대는 독립군의 유인 작전에 걸려 섬멸되고 말았다.

임시정부 군무부는 봉오동 승첩(勝捷)을 "적군(일본군)의 사망자 157명, 중상자 200여 명, 경상자 100여 명이오, 아군(독립군)의 사망자 장교 1인, 병원(兵員) 3인, 중상자 2인이며 적의 유기물은 다유(多有)하다."[91]라고 발표했다. 중국 신문도 비슷하게 "전사자가 150명, 부상자가 수십 명이었고 나머지는 모두 강을 건너 도주했다. 이 전쟁에서 소총 160정, 기관총 3정, 수쟁(手鎗) 수 개를 노획했다."[92]라고 보도했다.

89 「군무부 포고」, 《독립신문》(1920년 2월 17일).

90 尹炳奭·金昌順, 『재발굴 한국독립운동사 I. 만주·노령에서의 투쟁』(한국일보사, 1987), 182쪽.

91 「북간도에 在한 我獨立軍의 전투정보」, 《독립신문》(1920년 12월 25일).

92 국사편찬위원회, 『한민족 독립운동사 4 ─ 독립전쟁』, 99쪽; 윤병석·김창순, 앞의 책, 191

한국과 인도 독립운동의 비교(試論)

봉오동 승첩으로 독립군의 사기는 크게 고양되었다. 봉오동 전투를 '독립전쟁의 개전' 혹은 '독립전쟁의 제1회 회전(會戰)'의 전적으로 기록하면서 한층 고무된 전의(戰意)로 다음 전투에 임하게 되었다. 패퇴한 일본군은 "이번의 추격이 악결과(惡結果)를 잉태한 것으로 관찰하면서" 지금까지 얕보았던 독립군에 새로운 평가를 내렸다. "적(독립군)은 전부 러시아식 소총을 갖고 탄약도 또한 상당히 휴대하여 배부낭(背負囊)을 배낭과 같이 지고 모포를 붙여 그 내부에는 탄약, 일용품, 서류 등을 넣었으며 … 사격을 상당히 훈련하고 있어 … 상당한 전투력을 가지고 용감하게 싸운다. 대안불령선인단(對岸不逞鮮人團; 독립군)은 정식 군복을 착용하고 그 임명에 사령(辭令)을 쓰며 예식을 제정하고 있는 등 전적으로 통일된 군대 조직을 이루고 있다. 지나 측이 이를 묵인하고 있는 상황이므로 이제 경고를 줄 필요가 있다."[93] 일본군은 독립군이 연락 방법 및 식량, 장정 모집 등의 재전투 준비를 신속히 행하고 있으며 장정들이 속속 독립군에 들어가고 있음을 예의 주시했다. 일본군은 독립군을 군사와 무기가 보잘것없는 민병 집단에 불과한 것으로 경시했다가 봉오동 패배를 계기로 독립군은 국내 진입과 일본군을 교란하고 대적할 수 있는 막강한 군대라는 평가를 내리게 되었다.

청산리 대첩은 독립군이 보여 준 가장 큰 승전의 개가였다. 청산리 전투는 일본군이 봉오동 참패를 설욕하기 위해 2만 5000병력을 동원하여 독립군 2000병력과 충돌한 싸움이었다. 독립군은 김좌진(金佐鎭)의 북로군정서군 600명과 홍범도의 대한독립군 300명 및 안무의 국민회군 250명을 비롯하여 의군부(義軍府), 한민회(韓民會), 광복단(光復團), 의민단(義民團), 신민단(新民團)의 부대를 합하여 총 2000명에 달했다.[94]

쪽 이하.

93 위의 책, 192~193쪽.

94 윤병석·김창순, 앞의 책, 211쪽.

청산리 대첩은 1920년 10월 21일의 백운평(白雲坪) 전투뿐만 아니라 완루구(完樓溝) 전투, 천수평(泉水坪) 전투, 어랑촌(漁郞村) 전투로 엿새 동안 이어지는 10여 차례의 전투를 포함하여 지칭한다.

백운평 전투는 북로군정서의 김좌진 사령관과 사관연성소(士官練成所)의 교관이었던 이범석(李範奭) 연성대장이 지휘하는 제2제대의 600명의 독립군이 일본군 야마다(山田) 연대의 토벌군을 전멸시킨 승전이었다. 청산리 전역은 신흥무관학교(新興武官學校) 출신들의 활약이었다. 일본군은 중무기를 앞세우고 진격했으나 이범석의 독립군은 험준한 좌우 협곡에 매복하고 있다가 적군을 일거에 섬멸했다. 《독립신문》은 적의 사자(死者)를 600여 명으로 계산했고, 박은식의 『혈사』는 일본군 450명이 죽고 60명이 부상한 참패로 기록했다. 갑산촌(甲山村)으로 후퇴한 후 점검한 바에 의하면 독립군의 전사자 및 실종자는 22명이었다.[95]

완루구 전투는 다음 날 홍범도의 대한독립군이 다른 독립군 연합부대와 함께 아즈마 지대[東支隊]를 섬멸시킨 승첩이었다. 홍범도 부대와의 접전으로 피해를 입고 혼란에 빠진 일본군은 독립군의 유인 작전에 걸려서 일본군들끼리 서로 오인하여 "적이 적군을 맹사(猛射)하는 자군자상(自軍自傷) 자투자멸(自鬪自滅)"의 우를 범하여 궤멸하고 말았다. 임정의 군무부는 일본군의 전사자를 약 400명으로 확인했다.[96]

한편 김좌진의 북로군정서군은 백운평 대첩 후 1일(日) 1야(夜)에 150여 리를 강행군하여 갑산촌에 이르러 곧장 천수평의 일본군 부대를 기습했다. 일본군 병사 네 명만이 탈출했을 뿐 116명 전원이 몰살당했고 독립군의 피해는 전사 2명과 부상 17명이었다.[97]

---

95 《독립신문》(1920년 12월 25일); 박은식, 「북간도에 재(在)한 아독립군의 전투정보」, 『혈사』, 392쪽; 李範奭, 『우둥불』(사상사, 1971), 56쪽.
96 윤병석·김창순, 앞의 책, 217쪽; 신용하, 앞의 책, 472~477쪽.
97 이범석, 『우둥불』, 63쪽.

한국과 인도 독립운동의 비교(試論)

어랑촌 전투는 이어진 싸움 가운데서 가장 큰 규모로서 김좌진의 북로군정서군과 홍범도의 대한독립군 그리고 다른 독립군이 합동 작전으로 이룩한 승첩이었다. 김좌진은 고지를 선점했으나 일본군의 월등한 병력과 화력 때문에 혈전을 계속하고 있을 때 홍범도가 원군으로 합세하여 독립군은 결국 다섯 배 이상의 5000병력의 아즈마 지대를 격퇴하고 300여 명을 사살했다. 참전했던 이범석은 일본군의 사상자를 1100명으로 밝혔고 북로군정서군의 피해도 사상자가 100여 명에 이르렀다고 기록했다.[98] 임시정부도 어랑촌 전투는 김좌진 부대와 홍범도 부대가 함께 참전하여 이룩한 승전으로 기록하고 있으며, 일본 측의 자료는 어랑촌 전투에서 김좌진 부대 및 홍범도 부대와 접전했으나 주력은 홍범도·안무 부대라고 누누이 밝히고 있다.[99]

백운평 전투를 시작으로 10여 차례의 김좌진과 홍범도가 중심이 된 청산리 승첩의 전과는 기록에 따라 다소의 차이를 보여 주고 있다. 임시정부의 《독립신문》은 청산리 전투에서 독립군은 총 1200명의 왜병을 격살했으며 그중 적이 자상사살(自相射殺)한 자가 400여 명이라고 보고했고, 이범석은 일본군의 사상자를 가노(加納) 연대장을 포함하여 3300명으로 회상했으며, 박은식은 독립군사령부의 보고를 따라 "적군의 사상자가 1600명이었고, 중국 관청의 조사에 의하면 일본군의 사상자는 1300여 명이었다. 일본 영사관 비밀 보고서에 의하면 이도구(二道溝) 전투에서 가노 연대장, 대대장 2명, 소대장 9명, 하사 이하 군병 사망자가 900명이라고 했다."라고 기록했다. 한편 중국의 《요동일일신문(遼東日日新聞)》은 일본군의 전사자를 약 2000명으로 추계했다. 청산리 전투에서 희생된 독립군은 총 350여 명의 사상자로 추산되고 있다.[100]

---

98 위의 책, 73쪽.

99 신용하, 앞의 책, 484~488쪽.

100 《독립신문》(1921년 1월 21일); 『우둥불』, 83쪽; 『혈사』, 393쪽; 윤병석·김창순, 앞의 책,

청산리 전투는 우리 독립군의 활약에 있어서 가장 자랑스러운 승전이었다. 3·1운동으로 고조된 독립 의지가 국외에서 무장 독립운동으로 표출되었다. 소수의 독립군이 대규모 병력의 일본군을 궤멸시킬 수 있었던 것은 지휘관을 중심으로 독립군의 결사 항전의 의지가 일본군을 훨씬 압도했기 때문이다. 열세의 병력이었지만 불굴의 투지와 정예 부대로 훈련받은 사관연성부대를 비롯한 독립군은 다수의 일본군을 당당하게 대적할 수 있었다. 탁월한 독립군 지휘관의 전략 전술은 병력과 화력의 절대적 우세로 자만심에 빠져 있는 일본군을 훨씬 능가했으며 유인 작전과 유리한 고지의 선점을 기민하게 수행했다.

국내 진입의 방향으로 이동하고 있는 독립군이나 국경을 넘어 만주 땅에서 작전을 도모한 일본군이 모두 현지의 지리적 상황에 정통하지 못한 것은 마찬가지였지만 독립군에게는 현지 한인 사회의 희생적인 도움이 있었다. 일본군의 배치와 이동의 동태를 탐지하여 독립군에게 알려 주고 작전에 유리한 지점을 선점하도록 도움을 준 것은 한인 동포들이었다. 전화선을 절단하여 일본군의 통신연락망을 마비시키고 군대 이동을 지연시켰다. 현지 동포의 인력과 물력의 전폭적인 협력은 곧 닥쳐올 일제의 무자비한 보복을 예견하면서도 보여 준 눈물겹도록 헌신적인 애국심의 표현이었다. 가난한 농민으로 정착하여 살아오면서도 한편으로 목숨을 바쳐 독립군에 지원하여 활약했고, 또 한편으로 급식과 군자금을 독립군에 제공했다. "불우(不虞)의 전(戰)을 행한 독립군은 급양의 준비가 없었다. 포연 탄우 속에서 분전망식(奮戰忘食)하는 독립군을 공상(供償)하여" 음식을 제공한 사람들이 부녀자들이었다. 청산리 대첩은 지난 10년 동안 일제에 짓눌려 온 치욕을 씻겠다는 각오의 독립군과 모든 희생을 무릅쓴 현지 한인 사회의 합동 작전이 이룩한 독립운

223쪽; 신용하, 앞의 책, 501쪽.

한국과 인도 독립운동의 비교(試論)

동사의 자랑스러운 승리였다.

3·1독립운동의 좌절에서 임시정부는 무장 투쟁과 함께 외교 활동에 집중했다. 임시정부는 외교에 더욱 주력했다. 목표는 대한민국 임시정부가 강대국들의 승인을 받는 일이며 이를 한국의 독립이 보장받는 것으로 이해했다. 민족주의 세력은 또 한 번 워싱턴회의(태평양회의; 1921. 11. 12~1922. 2. 6)에 전력을 기울였다. 대통령 이승만도 상해에 온 지 반년 만에 워싱턴회의를 대비하기 위해 미국으로 되돌아갔다. 파리 강화회의에서 쓰라린 고배를 마셨으면서도 또 워싱턴회의에 기댈 수밖에 없었던 것이 당시 망국의 정부가 겪은 서글픈 처지였다.

미국 하딩(W. G. Harding) 대통령이 주창하여 해군 군축 문제와 원동(遠東: 동북아) 및 태평양 지역 문제를 논의하는 회의였으므로 한국은 관심과 기대를 가질 수밖에 없었다. 임정 의정원은 독립 청원서에서 "세계의 평화, 동아의 행복, 정의 인도를 위하여 독립 자주의 조건을" 내세우면서 "인류의 행복은 곧 한국의 독립으로부터 나온다."라고 강조했다. 국내에서는 이상재(李商在)를 비롯한 민족 대표들이 서명한 한국인민치태평양회의서(韓國人民致太平洋會議書)도 태평양 회의를 정의 인도와 세계평화를 옹호하고 민족 공존을 계도(計圖)한 점을 높이 평가하였다. 치서(致書)의 마무리에서 "한국 병합 사실을 부인하고 무효로 인정하고 나아가 대한민국 임시정부의 합법성과 정통성을 국제적으로 승인해 줄 것을" 강력히 촉구했다. 미국의 한국인협회도 한국독립청원서를 제출했고 이승만, 서재필(徐載弼) 등은 한국 문제는 충분히 원동 문제가 될 수 있으므로 먼저 해결함이 급선무임을 강조하면서 회의석상에서 우리 대표단이 연설할 기회를 달라고 읍소했다.[101]

9개국이 참석한 워싱턴회의는 처음부터 파리 강화회의와 마찬가지

---

101 이현희, 앞의 책, 137~146쪽.

로 약소 민족의 권익을 위해 마련된 모임이 아니었다. 한국 문제에는 관심도 없었다. "영미 양국의 대표들도 자국의 이익을 도모하기에만 급급했고, 한국 문제를 운위(云謂)해서 일본의 감정을 상하는 일은 도무지 하지 아니했다. 더구나 회의의 목적은 미·영·일 3대국의 충돌을 피하고 권익 조정을 하자는 것이었지 약소민족에 관한 문제 같은 것은 그 내용이 아니었음을 관찰하기 어렵지 않았다."[102]

워싱턴회의에서 극동에 관한 협상을 검토해 보면 결론은 일본 대표의 정책이 계속하여 성공했다는 것을 알 수 있다. 그 정책이란 첫째, 동양에서 어느 서구 열강의 군사적 간섭도 불가능하게 만드는 것이었다. 이것은 해군 협정에 따라, 태평양 도서에 권력을 강화할 수 없도록 한 조항에 따라, 또 4강(미국, 영국, 프랑스, 일본) 협약에 따라 이루어졌다. 둘째, 일본이 아시아 본토에서 구축하려고 시도해 온 종주권에 서양 세계가 외교적으로 간섭하는 것을 막는 것이었다. 두 번째 목적의 성공은 중국이 강력한 중앙정부의 수립을 가능하게 할 만큼 충분한 관세 자주권과 관세 증대를 확보하는 데 실패함으로써 보여 주었다. 중국은 산둥 반도에 대한 경제적 지배권을 되찾는 데 실패했고, 실질적인 면에서 만주에서 일본의 지위를 흔들지 못했으며, 일본군이 중국에서 철수하는 날짜를 못박지도 못했다. 또 시베리아 문제는 거의 완전히 무시되었으며 특히 일본군이 철수해야 할 날짜를 확정하지 못하게 함으로써 일본의 성공은 보장되었다.[103]

미국 대표의 정책은, 프랑스의 경우도 마찬가지였지만, 한결같이 친일본적이었다. 미국 윌슨 대통령이 파리 회의에서 패배했던 것처럼 국무장관 휴즈(Charles E. Hughes)도 처음부터 그 전철을 밟았다. 회의의

---

102 김준엽 · 김창순, 『한국 공산주의 운동사』, 1권(1967), 155~156쪽.

103 Raymond N, Buell, *The Washington Conference*(New York: Appleton & Company, 1922), pp. 313~314.

결과는 중국의 구원은 중국 자신의 손에 달려 있다는 사실을 일깨워 주었다. 워싱턴회의는 영국·미국 사이의 분쟁을 불가능하게 만들었고, 일본과 미국 간의 분쟁도 연기했다. 동양 문제를 태평양으로부터, 미국으로부터, 서구 세계로부터 제외시켜 버렸다. 그것은 적어도 4반세기 동안 세계 문제가 되는 것을 막았다. 극동 문제 완화에 성공하지 못했고 반대로 일본의 지위를 강화하고, 중국과 소련의 일본에 대한 적대감을 증대시켰다. 회의는 일본 제국주의와 그 군사적 기구를 변화시키지 못했다.[104]

워싱턴회의의 참가국 가운데 어느 나라도 한국을 상대해 주지 않음으로써 우리는 약소 민족으로서 비애를 느낄 수밖에 없었다. 파리 회의에 이어 워싱턴회의에서도 외교 노력이 무위로 끝남에 따라 또다시 좌절과 환멸을 느꼈다. 민족주의 세력은 미국을 비롯한 서구 열강을 비난하면서 집요하게 유혹의 손길을 뻗치고 있던 소련에 접근하고 있었다. 파리 회의에서 좌절했으면서도 임정의 외교론에 투철했던 김규식은 모스크바의 극동 인민대표대회(1922. 1. 21~2. 2)에 공산당계가 다수인 52명의 대표에 포함되어 참가했다. 이후 민족주의 계열의 일부는 현실과 타협하면서 민족적 역량을 강화하는 방향으로 나아가고, 또 다른 일부는 소련과 연계하여 레닌의 지원금을 받는 등 급진적 사회주의 운동에 기울어지고 있었는데, 이는 좌절과 무력감에 빠졌던 독립운동 세력이 모색한 변화된 모습이었다.

임시정부는 3·1운동으로 분출된 애국 정신을 기반으로 수립되었지만 이질적인 집합체였다. 독립을 쟁취하겠다는 일념만 통일되어 있었을 뿐 임정에는 중국, 러시아, 미국에 거주하는 독립운동 세력이 집결했고 또한 민족주의자 및 사회주의자들이 함께했다. 의견 대립과 반목

---

104 *Ibid.*, pp. 325~327.

이 잦을 수밖에 없었다. 구심점 역할을 해야 할 대통령 이승만은 미국에 머무르는 날이 대부분이었다. 이승만은 임정 출범 후 1년이 훨씬 지나서야 임정 요인과 중국 동포들의 열렬한 환영을 받으며 상해에 왔지만 외교, 특히 워싱턴회의에 전력 대비하기 위해 6개월 만에 미국으로 되돌아가 버렸다. 워싱턴회의의 결과 임정을 비롯한 민족주의 세력은 좌절하고 분노했다. 임정의 지난 6년 동안에 겨우 6개월만 상해에 체류했던 이승만은 1925년 3월 임시정부의 탄핵을 받았다. 미국에서 송금이 두절되었다. 박은식이 대통령에 선출되었으나 그해를 넘기지 못하고 사망했다. 이후 이념 대립이 첨예화한 분위기에서 임시정부는 이를 통제할 구심점을 상실하고 침체기에 빠져들고 말았다.

임시정부는 중국 국민당 정부의 승인만을 얻었을 뿐(또 1945년 초에 프랑스 임시정부가 한국 임시정부를 승인) 침체기에 있었다. 민족 독립 의식을 고취시키고 임정에 대한 국민의 관심을 다시 불러일으킨 것은 윤봉길(尹奉吉)과 이봉창(李奉昌) 등의 자기희생적 의거였다. 일제의 끊임없는 탄압과 극심한 재정적 어려움 속에서도 임정의 활동은 계속되었고 모든 독립운동 단체들이 통합 운동에 노력하여 우선 대한국민당, 한국독립당, 조선혁명당이 통합하여 김구(金九) 중심의 한국독립당으로 발족했다.(1940. 5) 태평양 전쟁이 발발하자 이틀 후인 1941년 12월 10일 임시정부는 정식으로 일본에 선전포고를 했다. "한 개의 전투 단위로서 추축국에 선전(宣戰)하며 한국, 중국 및 서태평양으로부터 왜구를 완전히 구축하여 최후의 승리를 얻을 때까지 혈전한다."[105] 이후 김규식, 김원봉(金元鳳)의 민족혁명당이 가담함으로써 중경에 있던 모든 독립 단체가 사실상 임시정부로 총집결했다.

광복군은 임시정부 주석 김구의 주관 아래 1940년 9월 17일 중경에

---

105 국사편찬위원회, 『한국독립운동사』, 5권(1969), 62쪽.

한국과 인도 독립운동의 비교(試論)

서 이청천(李靑天; 池大亨)을 총사령(總司令)으로, 이범석을 참모장으로 탄생했다. 구한국군의 후신으로서 항일 투쟁을 계승한 무장 독립 단체임을 천명하면서 국내 진입을 목표로 했다. 분산된 역량을 광복군에 집중한 후 한중이 합작하여 전면적인 조국 광복 전쟁을 전개하는 것이었다. 중국군을 비롯하여 나아가 미군이나 영국군과도 병견(並肩)작전을 추진하는 것이었다. 인력을 초모(招募)하고 재원을 염출하는 데 어려움이 많았다. 먼저 조직되었던 조선의용대가 1942년 5월에 광복군에 편입됨으로써 무장 독립 세력이 통합되었다. 김구와 김원봉이 연합 전선을 구축하고 공동 성명을 발표했다. 조선의용대의 김원봉이 광복군의 제1지대장이 되었으며, 이범석이 제2지대장이 되었다. 또 김학규(金學奎)가 안휘성의 부양(阜陽)과 임천(臨泉)에서 초모 작업과 대적(對敵) 공작 업무까지 병행하여 제3지대 역할을 했다.

임시정부와 광복군은 제2차 세계대전에서 적극적인 참전의 길을 모색했다. 독립은 그냥 주어지는 것이 아니며 종전 후 전승국 대열에 서서 당당하게 독립을 주장하려면 직접 참전이 필수적이었다. 1943년 8월 광복군은 최석용(崔錫鏞), 한지성(韓志成) 등 8명을 인도 주둔 영국군의 대일(對日)작전을 지원하기 위해 파견했다. (인도국민군은 인도·버마 국경 지역에서 인도 진입을 위해 일본군과 합동으로 영령인도군과 접전을 벌이고 있었다.) 한국광복군은 최초로 연합군에 협력하여 중국 이외의 지역으로 활동 범위를 확대한 것이었다.

오래전부터 만주와 노령에서 활약했던 독립군의 목표는 국내로 진입하여 조국을 되찾는 것이었다. 광복군도 국내 진공 작전을 구체화하여 미국 전략정보기관(OSS)과 합작으로 특수 교관을 훈련시켰다. 미국 전략 첩보대는 정보 활동과 유격 활동을 병행하며 적의 후방 지역을 교란시키는 사명을 띠고 있었다. 이범석과 사젠트(Clyde B. Sargent) 소령의 지휘 아래 3개월 동안 통신, 교란 행동, 정보 수집, 유격대 조직 등의 특전단훈련을 받았다. 야음에 낙하산이나 잠수함으로 국내에 침투하는 훈련이었다.(국내 진공 며칠 전 종전으로 좌절됨.)[106]

김구가 주도하는 임시정부에 민족혁명당이 합세함으로써 통합된 정부와 광복군을 유지하게 되었다. 임정은 예우 차원에서 김규식을 부주석에, 김원봉을 군무부장에 임명함으로써 보다 강력한 새 모습으로 도약했다.

임시정부는 독립을 쟁취할 때까지 27년 동안에 다섯 차례의 개헌을 통하여 한결같이 민주주의를 표방했으며 1940년 제4차 개헌 때는 정치, 경제, 교육의 균등과 독립, 자주, 균치(均治)의 이념을 강조한 3균제도를 도입하여 민주 국가의 틀을 마련했다. 어려운 조건에서도 임시정부는 정통 정부로서 독립운동을 주도해 왔다. 고난의 가시밭길에서도 임시정부의 간판을 놓지 않고 유지했으며 국권 회복의 독립정신을 불변의 신념으로 지켜 왔다. 분열과 반목이 수없이 돌출했지만 전체적으로는 그들의 독립 의지가 이념적 차이를 압도함으로써 임시정부는 한국민의 마음속에 희망적인 독립의 지주(支柱) 역할을 해 왔음을 부인할 수 없다.

인도 독립운동에서 임시정부의 활동과 대규모의 독립군 투쟁은 수바스 찬드라 보스의 독립운동과 관련하여 서술할 수밖에 없다. 위에서 한 장으로 다루었던 수바스 보스의 생애는 어찌 보면 고독하고 처절한, 또 어떻게 보면 모험의 연속인 낭만적이기도 한 오직 조국의 독립을 위해 글자 그대로 신명(身命)을 바친 애국지사의 모습이었다. 인도문관시험이 런던에서 영국인과 동등한 조건으로 실시된 지 반세기가 넘도록 고작 20명 정도의 인도 젊은이만이 합격할 수 있었던 어려운 시험에

---

106 張俊河, 『돌베개』(사상, 1985), 225~226쪽; 김준엽, 『長征』 2권(나의 광복군 시절·下)(나남, 1991), 499~500, 523~527쪽.

한국과 인도 독립운동의 비교(試論)

합격하고도 수바스 보스는 찾아온 명리(名利)의 관직을 미련 없이 버리고 고난의 독립운동에 참여했다. 보스는 자와할랄 네루와 함께 인도 청년들의 우상적 독립투사로 부상했다. 보스는 41세의 젊은 나이로 인도 독립운동의 구심점인 국민회의의 의장에 당선된 영예를 얻었고 또 재선되었다. 이 나이에 국민회의 의장에 당선된 사람은 반세기가 지나도록 고칼레와 네루 정도였다. 그러나 무력 투쟁도 불사하는 보스의 과격한 독립운동 방식은 비폭력을 고수하는 간디의 사티아그라하운동의 물결 속에서는 설 자리가 없었다. 간디에 맞선 대가는 혹독했고 보스는 결국 국민회의에서 축출되고 말았다.

처음의 비교적 순탄하게 걸어왔던 그의 독립운동은 끝나고 다음은 고난의 연속이었다. 연금 상태에서 인도를 탈출하여 아프가니스탄, 러시아를 거쳐 베를린에 도착했다. 보스는 히틀러와 무솔리니의 면담에서도 유럽에서 독립군의 결성과 나아가 효과적으로 투쟁할 수 있는 지원을 얻을 수 없었다. 조국 가까운 곳에서 적극적인 무력 투쟁을 기대하고 그는 히틀러의 주선으로 독일과 일본의 잠수함을 번갈아 타면서 동남아로 이동했다.

수바스 보스가 도착하기 전에 인도국민군은 조직되어 있었다. 인도 교민들은 보스를 조국을 해방시킬 수 있는 인물로 환영했다. 그는 국민군과 교민 앞에 나타나기 전에 일본을 방문하여 도조 히데키(東條英機)를 만났고 도조는 의회에서 인도의 독립을 지원한다고 선언했다. 보스는 싱가포르에 모인 열광하는 교민들 앞에서 인도 임시정부의 수립을 선언했다. 그는 임정의 대통령이고 국민군 총사령관이고 외무장관이었다. 영국과 미국에 정식으로 선전포고를 했다. 아홉 개의 나라, 즉 일본, 독일, 이탈리아, 크로아티아, 버마, 태국, 국민당의 중국, 필리핀 및 만주가 인도 임시정부를 승인했다. 도조가 싱가포르를 방문하여 격려한 자리에서 보스는 국민군에게 '델리로 향하여'라는 자극적인 구호를 외쳐 전의를 북돋웠다. 이 구호는 일찍이 1857년의 대폭동 때 폭도들이 외쳤던 것을 되살린 것이었다.

인도국민군은 일본군이 동남아에서 붙잡은 영국군 포로 가운데서 인도인 병사는 대부분 국민군에 자원입대했다고 선전했으나 과장된 것이었고, 국민군의 규모는 2만 5000~3만 명 정도로 보도되었다. 실제로는 전투 병력으로 활용될 수 있는 1만 4000명 정도의 한 개 사단 규모였다. 여군도 편성되었다. 인도국민군의 자원과 인력의 원천은 동남아에 살고 있는 인도 교민 약 200만 명이었다.

일본이 점령한 인도의 안다만 섬(Andaman & Nicobar Islands)을 임시 정부에 넘겨주자 인도국민군은 인도 영토 일부를 탈환했다고 고무되었다. 보스는 도조로부터 인도국민군의 관리와 작전권을 보장받았지만 현지 일본군과는 반목이 계속되었고 지원도 소극적이었다. 동남아일본군 총사령관 데라우치 히사이치(寺內壽一)도 그러했고 현지 지휘관도 인도국민군에 대한 지원에는 인색했다. 데라우치는 개인적으로 보스와 국민군에 본능적인 혐오감을 갖고 있었는데 그의 독립운동가에 대한 반감은 아버지로부터 대물림한 것이었다. 아버지 데라우치 마사다케(寺內正毅)는 조선 초대 총독으로서 잔인한 무단 정치를 자행하면서 아들로 하여금 독립운동을 경멸하도록 가르쳤던 자였다. 데라우치 히사이치는 마지못해 인도국민군을 공격 작전에 포함시켜 주었다. 자칭 수바스 여단은 일본군과의 공동 전략을 따르지만 인도인 장교의 지휘 아래 있기를 고집했다. 자유화된 인도 영토는 인도국민군에 넘겨 다스리도록 하며, 인도 영토에 게양하는 깃발은 오직 인도 삼색기여야 한다는 것이 양해되었다.

버마·인도 국경선의 임팔·코히마 전선에는 약 8만 4000명의 일본군과 1만 2000명의 인도국민군이 약 15만 5000명의 영국군(영령인도군) 및 미국군과 대치하고 있었다. 국민군이 국경을 넘어 진격하여 처음으

한국과 인도 독립운동의 비교(試論)

로 인도 땅에 섰으며 삼색국기가 자유화된 인도 영토에 휘날렸다. 보스는 1944년 3월 21일을 국경일로 선포했으며 국민군이 진격하여 인도의 신성한 영토 내에서 싸우고 있다고 전 세계에 천명했다. 보스는 동남아로 옮긴 지 9개월 만에 인도국민군을 성공적으로 재편하여 영국군과 싸워 인도 영내로 진격하는 데 일단 성공했다.

일본군과 인도국민군은 분명히 국경을 넘어 인도로 진입했지만 임팔 시의 3마일 지점에서 제지당했다. 10배로 우세한 연합군 공군력의 폭격을 당해 낼 수가 없었다. 보급품 조달의 어려움과 장마의 시작으로 일본군과 인도국민군은 아쌈 우림의 수령에 빠지고 말았다. 일본군의 인도국민군에 대한 식량과 보급품의 지원은 중단되었다. 이미 전의는 상실했다. 굶주림과 추위와 장마가 덮친 극한의 시련 속에서 오직 살아남아야 하는 절박한 상황에 직면했다. 국민군은 전선으로부터 만달레이로, 다시 랑군으로 철수했다.

버마에 머물던 수바스 보스는 임정 각료와 장교 등 수십 명과 함께 21일간에 걸친 300마일의 고난의 행군을 계속했다. 공습 때문에 주로 밤에 이동했다. 공습으로 트럭이 파괴되어 도보 행군이었다. 보스 일행이 방콕에 도착한 것은 1945년 5월 독일이 연합국에 항복한 직후였다. 그에게는 임시정부를 정리하는 것 이외에 남아 있는 일이 없었다.

영국인이 인도를 떠나는 계획은 이미 진행되어 있었고 노동당이 집권함으로써 더욱 분명해졌다. 인도가 독립하고 영국인들이 떠나갈 때 보스의 필생의 야망과 목표도 끝난다. 자유를 찾은 인도에서 그의 존재는 국민회의를 난처하게 만들고 네루와의 의견 대립만을 불러올 것이다. 자유의 조국이이야 말로 꿈속에서도 그리던 소망이었지만, 보스 자신이 영국의 포로가 되어 쇠고랑을 차고 델리로 압송되는 치욕은 피하고 싶었다. 그에게는 갈 곳이 없었다. 보스는 정처 없이 또 '모험의 여행길'에 올랐다. 행선지가 일본, 만주 아니 러시아의 어디라고 했다.

1945년 8월 18일 타이베이에서 급유하고 이륙하다가 탑승한 비행기가 화염에 휩싸였다. 일본 공군 중폭격기에 동승했던 13명 가운데 1명의 인도인과 6명의 일본인은 생존했지만 보스는 화상으로 사망했다.

국내의 민족 지도자들이 죽음에 대한 두려움 없이 안일하게 투쟁한 것에 비하면 수바스 보스는 전쟁터에 나가 싸우다가 전사한 셈이다. 어떻게 애국심의 강도(强度)에서 비교될 수 있겠는가? 그의 생애가 현실의 명리를 버리고 생사의 고비를 넘나든 모험의 연속이었지만 보스는 결국 죽어서 영원히 사는 영광의 길을 택한 것이다. 보스의 생애는 식민지 애국 시민이 국권 회복을 위해 투쟁할 수 있는 최고의 전범(典範)을 보여 준 것이지만 당시로서는 간디와 네루가 주도하는 국내 독립운동의 주류에서는 비난의 대상이 되었을 뿐이다. 반세기가 지나서도, 21세기에 들어서도 인도 국민이 그의 분명한 사실의 죽음을 받아들이지 않고 어딘가 살아 있을 것이라고 믿는 심리 상태가 인도 국민의 마음속에 수바스 보스는 영원히 살아 있음을 말해 주는 것이다.

7 인도의 테러리스트 활동과 한국의 의열 투쟁

인도의 민족주의 세력은 흔히 온건파, 과격파 및 테러리스트의 세 계열로 분류한다. 온건파와 과격파는 인도국민회의 안에서 활동했다. 대개 민족주의운동이나 독립운동의 과정에서 보면 온건파는 과격파에 흡수되기 마련이다. 어제의 과격파가 오늘에는 온건파로 매도되는 급박한 정치적 상황에서 온건파는 설 자리를 유지하기 어렵기 때문이다. 간디도 '정치적 스승'이며 온건파의 지도자였던 고칼레에 대한 신뢰를 저버린 발언을 한 번도 한 일이 없지만 또 자신은 결코 과격파의 지도자 틸락의 지도 노선에 동조할 수 없다고 말했지만 그러나 간디 자신의 독립운동 방향은 실제로 어느 쪽인가를 한마디로 말해야 한다면 틸락의 노선에 가까웠다고 말할 수 있다.

간디가 어떤 경우에도 배척했던 폭력을 찬양하고 나선 극단적인 노선의 테러리스트들은 인도 독립운동에서 이단아였다. 인도의 모든 독립운동 세력이, 심지어 공산주의자들까지도, 간디가 주도하는 독립운동에 매몰된 상황에서 테러리스트들이 추구한 노선은 판이했다. 사실 인도 테러리스트들의 활동이 절정을 이룬 시기는 간디가 남아프리카에서 귀국하여 범국민적 운동을 전개하기 전이라는 점을 생각하면 어쩌면 테러리스트들의 활동까지도 간디의 사티아그라하운동에 흡수되어 버렸다고 보는 것이 타당할지도 모른다.

인도의 테러리스트들은 인도 독립운동의 본류인 국민회의에서 확연히 구분되는 활동 단체로 규정할 수 있지만, 아래에서 언급할 한국 독립운동의 개인 및 집단의 활동을 인도의 테러리즘과 동일한 범주에 넣을 수는 없다. 영국 고위 관리를 살해하는 테러 활동 이외에는 아무 것도 생각하지 않고 돌진했던 인도의 청소년, 아니 소년들의 거침없는 행동과 한국 독립운동가들의 치밀한 전략과 보다 높은 차원의 아시아의 평화를 희구하여 단행한 폭력에는 상당한 차이가 있기 때문이다. 한국 독립군의 경우도 그러했지만 한국의 의열 투쟁이 인도의 그것보다 훨씬 지속적이고 성공적이었다. 이 시론에서 고찰해 오고 있는 한국 독립운동은 경술국치 이후로 한정해 오고 있지만, 사실 인도 테러리스트들의 활동은 주로 그 이전으로서 우리의 의병 활동의 시기와 겹친다. 따라서 이 분야의 두 나라 운동을 비교하는 데는 상당한 무리가 있다. 그러면서도 목숨을 내던지며 활약한 그들의 독립에 대한 열망과 애국심의 강도(强度)는 온건하게 생명의 위험 부담 없이 안이하게 활동한 사람들을 훨씬 압도했던 점은 부인할 수 없는 사실이다. 따라서 자신을 희생하여 '죽어 천 년을 사는 길'을 찾은 그들의 순수한 애국 활동을 한국과 인도의 독립운동에서 잊은 채 넘어갈 수는 없는 일이다.

인도 테러리스트의 활동은 국민회의와 직접적인 관련이 없었을 뿐만 아니라 국민회의는 테러리즘을 무모한 짓으로 증오했으며 과격파까지도 이들에게는 동정심을 보이지 않았다. 테러리스트는 뚜렷한 정치철학도 갖지 못했으며 일반 대중의 지지도 거의 얻지 못했다. 테러리스트는 커다란 조직체도 갖지 못하면서 지하에서 외롭게 그들의 활동을 계속해 나갔다. 소수의 활동 집단이었지만 그들은 영국인 지배자에게는 매우 위협적인 존재였다.

인도 테러리스트의 출현에 영향을 미친 요인으로는 첫째, 서구의 시민혁명과 자유주의 및 내셔널리즘을 들 수 있다. 프랑스 혁명 이후 19세기는 정치적으로는 자유주의와 내셔널리즘의 시대였다. 이탈리아의 통일 운동이 인도에 소개되었으며 비밀결사 카르보나리(Carbonari; 탄당(炭黨))의 활동은 큰 관심의 대상이었다. 이탈리아 통일 운동의 지도자 마치니와 가리발디는 인도 민족주의자들이 존경했던 인물이었다. 국민회의 온건파 지도자 수렌드라나드 바너지와 과격파의 라지파트 라이는 마치니와 가리발디의 전기를 번역, 소개했다. 특히 정치나 권모술수 또는 타협도 모르고 오직 애국심과 용기만으로 돌진했던 가리발디가 '붉은 셔츠대'의 의용군을 조직하여 시실리와 나폴리를 차례로 정복하고 이들 지역을 사르디니아 왕국에 넘겨줌으로써 이탈리아 통일에 결정적 역할을 했던 그의 애국적 행동에 크게 감명을 받았다. 이탈리아 통일이 1870년 완성을 보자 인도 민족주의자들은 관심의 대상을 아일랜드의 자치운동 전략과 신페인운동으로 눈을 돌렸다.

둘째, 러시아 급진주의자들의 영향을 받았다. 인도 민족주의자들의 일부는 러시아의 허무주의에 매혹되었는데 러시아에서 허무주의는 급진주의와 동의어로 해석되었다. 원래 허무주의는 부정의 정신과 반역의 정신을 내포하고 있었다. 허무주의는 파괴는 창조적이라는 신념에 의해 자극받았다. 러시아 급진주의는 19세기 말에 가면 몇 갈래로 분리되었는데 인도의 급진파는 가장 과격한 부류의 테러리즘으로 기울었다. 고위 관리의 암살은 두 개의 목적을 동시에 달성할 수 있는데 관리들의 사기를 꺾어 정부 기관을 마비시킬 수 있으며 또한 농민과 노동자가 두려워하고 있는 군주 정치 체제의 취약성을 폭로할 수 있었다.

셋째, 러일전쟁에서 일본의 승리였다. 러시아와 일본이 서로 한국과 만주에 대한 야욕으로 벌인 전쟁에서 일본의 승리를 인도 민족주의자들은 환호했다. 영국과 동맹 관계에 있었던 일본의 승리에 환호했던 것은 다만 강대국에 대한 약소국의 승리로, 서양에 대한 동양의 승리로 해석했기 때문이다. 러시아에 대한 일본의 승리는 유럽의 골리앗이 아시아의 다윗에 패배한 것이었다.[107]

넷째, 인도 테러리스트들이 진심으로 열광하여 환호했던 사건은 안중근(安重根)이 이토 히로부미(伊藤博文)를 사살한 의거였다. 이토는 조선을 강제하여 을사늑약을 체결하고, 고종의 선위(禪位)를 압박했으며, 조선군대의 해산을 강행한 주범이었다. 안중근은 이토를 처단하여 국치(國恥)를 씻는 길을 택했다. 이토는 만주 경영을 도모하기 위해 시찰 길에 올랐다가 하얼빈 역에서 피살되었다. 안중근의 의거 소식은 삽시간에 전파되었으며 전 세계가 경악했다. 박은식은 "러시아인 사진사는 이등박문을 저격, 살해하는 장면을 활동사진으로 촬영하여 세계에 공급했고 일본인도 6천금을 내고 구입해 갔다."[108]라고 기록했다.

안중근은 의거 직전 소수의 독립군과 함께 노령에서 두만강을 넘어 경흥군에 진입하여 일본인과 3차의 교전 끝에 50여 명을 사살한 바 있었다. 법정에서도 안중근은 한국독립군 중장으로서 전쟁 중임을 강조

---

107 Sankar Ghose, *The Renaissance to Militant Nationalism in India*, p. 337.

108 朴殷植, 이장희 역주, 『韓國痛史』, 『이장희 전집 9』(경인문화사, 2011), 446~447쪽.

하면서 이토가 범한 15죄목으로서 명성황후를 시해하고, 강제로 을사5조약 및 7조약을 체결했으며, 군대를 해산하고, 동양 평화를 교란시킨 점을 강조했다. 이토는 일본의 태황제(太皇帝)를 폐했고, 효명황제(孝明皇帝)를 죽인 자라고 일갈하자 일본 법관들과 관리들의 얼굴은 흙빛으로 변했다. 안중근은 이토를 "세계 인도(人道)의 적으로서, 대한제국 만대의 원수로서" 살해했다고 당당히 항변하면서 순국했다.[109]

러일전쟁에서는 일본의 승리를 찬양했던 인도 민족주의자들이 이번에는 반대로 일본 제국주의 정책의 주도 인물이 피살된 사건을 환호했다. 처음의 일본에 대한 찬양은 지속될 수가 없었는데 그것은 일본이 한국을 수탈하고 영국과 동맹했기 때문이다.[110] 인도 급진주의자들은 일본에 대해 처음부터 어떤 동정심을 갖고 있었던 것이 아니었다. 다만 강대국에 대한 약소국의 승리와 제국주의자가 예속 국가의 애국 청년에 의해 피살된 사건에서 그들 행동의 합리성과 행동 방향을 분명히 설정할 수 있었다. 제국주의자 이토가 피살된 충격적인 사건은 인도의 테러리스트들이 모색하고 있던 요인 암살 행위가 분명히 성공할 수 있다는 가능성을 보여 주었다. 테러리스트들은 그들의 행위에 대한 정당성을 다시 한번 확신하면서 이토의 암살에 대해 면밀히 연구했다.[111]

안중근은 말할 것도 없이 대한 독립을 위하여 동양 평화를 위하여 목숨을 걸었다. 인도의 어린 테러리스트들은 안중근의 국제 정세를 조망하는 넓고 깊은 뜻의 동양 평화론이나 동아시아 경제 통합론 같은 이론을 이해할 능력이 없었다. 그들에게는 뚜렷한 행동철학도 없었고 오직 애국심만이 가슴 깊이 자리 잡고 있었을 뿐이다. 깊은 애국심을 자

---

109 黃玹, 이장희 역주, 『梅泉野錄』, 『이장희 전집 8』, 676~677쪽; 『한국통사』, 위의 책, 445, 448쪽.

110 Hiren Chakrabarti, *Political Protest in Bengal: Boycott and Terrorism 1905~1918*(Calcutta: Papyrus, 2001), p. 72.

111 Sankar Ghose, *op. cit.*, p. 260.

한국과 인도 독립운동의 비교(試論)

기희생의 행동으로 표현한 안중근의 의거가 그들의 순수한 마음을 감동시켰을 뿐이다.

다섯째, 인도 테러리스트들은 행동의 정당성을 그들의 종교에서 찾았다. 정치와 종교는 분리될 수 없으며 종교적 의의가 결여된 정치적 행동은 무의미하고 성공할 수 없었다. "공격적이고 복수적인 민족주의의 심벌로서 칼리(Kali)에 대한 숭배가 강조되었다."[112] 칼리는 힌두 3신의 하나인 시바(Siva)의 아내로서 파괴와 해체의 여신이었다. 칼리 여신을 달래기 위해서는 피를 바쳐야 했다. 테러리스트들의 활동은 칼리 여신을 숭배하는 것과 일치했다.

인도 테러리스트들은 그들의 행동의 정당성을 힌두 경전을 원용했다. 『바가바드 기타』는 앞부분에서 무적의 용사 아르주나(Arjuna)와 전차몰이꾼 크리슈나(Krishna)신의 대화가 전쟁과 정치적 암살 행위를 정당화시킨다고 믿었다. 싸움터에 임하여 아르주나가 할아버지의 형제이며 자신의 스승인 비스마(Bhisma)와 드로나(Drona)를 죽여야 하는 상황에서 전투를 포기하고 주저앉을 때 크리슈나가 "하늘의 문을 여는 전쟁"임을 강조하면서 "정당한 전쟁"을 피하는 것은 종교적 죄를 범하는 것이라고 강조했다. "그대는 타고난 숙명인 전사(크샤트리아)의 의무와 명예를 회피하는 것이며 지금도 나중에도 사람들은 너의 불명예를 조소할 것이다. 불명예는 죽음보다 못한 것이다. 하늘에서는 죽음에 영광이, 지상에서는 승리에 영광이 있다. 싸울 각오로 일어서라."라고 가르치고 있었다.[113]

인도 테러리스트 활동의 본거지는 벵골 지방이었다. 1902년에 설립된 문화장려협회가 테러리즘을 조장하고 나선 단체였다. 주도 인물은

---

112 L. S. O'Malley, *op. cit.*, p. 315.

113 *The Bhagavad Gita*, trans. by Juan Mascaro(Penguin Book, 1979), pp. 48~51.

프라마타 미트라(Pramata Mitra)와 오로빈도 고슈였다. 미트라는 변호사 출신으로 수차례 비밀 결사를 조직하려고 시도했으며 국민회의의 전신이라고 말할 수 있는 인도협회의 대표를 지내기도 했다. 특히 눈길을 끄는 것은 국민회의 과격파의 지도자의 한 사람인 오로빈도가 이 협회의 중심인물이었다는 점이다.

오로빈도는 국민회의의 과격파로 분류되는 사람이었지만 그의 동생 바린드라 쿠마르 고슈(Barindra Kumar Ghose)는 테러리스트 집단의 핵심 인물이었다. 바린드라는 다음과 같이 선언했다.

> 인도인이여 두려워 말라. 신은 무능하게 머물러 있지는 않을 것이며 그의 말씀을 지킬 것이다. 신의 약속에 굳게 의지하면서 그의 권력에 호소하라. 천국의 불빛이 인간의 가슴속을 비출 때 그들은 불가능한 행동을 수행하게 된다. … 우리나라 안에 있는 영국인의 숫자는 15만 명을 넘지 못한다. 만약 우리가 굳게 결의만 한다면 단 하루 만에 영국 지배를 끝장낼 수 있다. 네 목숨을 내던져라. 그러나 그보다 먼저 다른 사람의 목숨을 없애라. 만약 피를 흘리지 않은 채 독립의 성전에 네 목숨을 희생한다면 신에 대한 너의 신앙은 완전하다고 할 수 없을 것이다.[114]

인도 테러리스트들의 활동은 스와데시운동 이후에 크게 일어났지만 그보다 먼저 1897년 봄베이주의 뿌나에서 영국인 관리 랜드(W. C. Rand)와 장교 에이어스트(C. E. Ayerst)를 소년 차페카르(Chapekar) 형제가 백주노상에서 사살했다. 전염병 방역 책임자들이 가가호호 방문하여 소독약을 살포하고 환자를 격리시키는 행위를 인도의 전통적인 가정생활이 침해당하는 것으로 생각하여 살해한 것이었다. 이 사건

---

114 H. Dodwell ed., *The Cambridge History of India*, VI, pp. 751~752.

한국과 인도 독립운동의 비교(試論)

은 인도인의 무지에서 비롯된 것이지만 차페카르 형제는 그들의 행동이 며칠 전 있었던 과격파 지도자 틸락이 주관했던 힌두의 영웅 시바지(Shivaji)기념제에서 영향을 받았다고 자백했다.

테러리스트들의 본격적인 활동은 1907년부터 시작되었다. 신설된 동벵골주의 부지사 밤필드 풀러가 특별히 무슬림에게 호의를 보이자 17세의 프라훌라 차키(Prafulla Chaki)가 저격했으나 실패했고, 며칠 후 서벵골주 부지사 앤드루 프레이저의 기차에 폭탄을 투척했으나 차체가 탈선했을 뿐 성공하지 못했다. 또 다카 지방의 치안판사 앨런(Allen)을 저격했으나 상처만 입혔다. 치안판사 킹스포드(Kingsford)가 가한 혹독한 태형은 젊은이들의 분노를 일으켰는데 킹스포드로부터 빌려 온 책을 도려내고 폭탄을 숨겨 폭살을 시도했으나 실패했다. 19세의 쿠디람 바수(Khudiram Basu)가 킹스포드의 마차에 폭탄을 던졌으나 오인하여 케네디(Kennedy) 교수의 부인과 딸이 사망하는 엉뚱한 결과를 가져오고 말았다. 테러리스트들의 비밀 집단이 고사인(Narendra Gosain)의 밀고로 일망타진되었으며 오로빈도 고슈 형제 등 39명이 체포되었다. 요인들의 목숨을 도모하기 위해 폭탄을 제조했다는 소식은 전국적인 충격을 주었다. 폭력으로 영국인 정부를 전복하려는 조직적인 비밀 결사가 존재한다는 사실을 일반 국민은 모르고 있었기 때문이다. 밀고자 고사인은 처단되었고 이 사건을 다루었던 검사 비스와스(Ashutosh Biswas)와 총경 샴스 울 알람(Sams ul Alam)이 테러리스트에 의해 피살되었다. 벵골 지방에서는 테러 활동이 계속되어 영국인 관리와 인도인 관리, 경찰이 대략 30명이나 피살되었다.[115]

인도 테러리즘 활동은 벵골주 다음으로 봄베이주에서 전개되었다. 최초의 테러 활동이라고 할 수 있는(일찍이 메이오(Mayo) 총독이 1872년

---

115 졸저, 『인도 민족주의운동사』(신서원, 2006), 231~236쪽 참조.

안다만 섬을 방문했을 때 Sher Ali에게 척살당한 사건이 있었지만) 방역 담당
자를 살해했던 곳이 봄베이주의 뿌나였고 이 지역이 민족의식이 강한
지역이라는 점을 상기하면 의외의 일도 아니다. 테러 숭배와 혁명 사상
을 강조했던 대표적 인물은 사바르카르(Vinayak Damodar Savarkar)였다.
그는 무력 봉기에 의해 인도의 독립을 쟁취하기 위해 교우회(校友會)
를 조직했으며 마치니의 '청년 이탈리아당'의 이름을 빌려 '청년인도당
(Young India)'이란 새 이름으로 바꾸었다. 그는 영국 유학 때도 청년인
도당을 확대해 나갔으며 자동 권총 20자루를 화물로 국내 반입을 시도
하기도 했다.[116] 사바르카르가 후세에 명성을 얻게 된 것은 1857~1858
년의 대폭동을 50주년 기념식에서 '독립전쟁'이라고 부르고 폭동을 자
세히 서술하여 서명을 영국인들이 흔히 불렀던 '세포이 반란' 대신에
『인도의 제1차 독립전쟁』으로 명명하여 민족의식을 고취한 점이었다.
뿌나에서 징세관 앤더슨(Anderson)이 저격당했으며, 페리스(Ferris) 대
령에 대한 폭탄 살해의 시도가 있었다. 총독의 마차에 폭탄 투척이 있
었으나 불발에 그쳤고, 치안판사 잭슨(A. T. Jackson)은 18세의 까네레
(Anant Laxman Kanhere)에게 피살되었다.

국외에서의 테러리스트 활동도 적극적이었다. 국내에서 보다 쉽게
지원을 얻을 수 있으며 경찰의 눈을 피할 수 있기 때문이었다. 유럽에
서 처음 활동을 시작한 사람은 바르마(Shyamji Krishna Varma)와 까마
(Bhikaji Rustam Cama) 등이었다. 옥스퍼드대학교 출신 변호사로서 영국
에서 1905년 인도자치회를 결성했던 바르마는 "인도 국민의 대의를 영
국과 아일랜드 여론의 심판대 앞에서 변론하는 것이 우리의 의무이며
특권"[117]이라고 밝혔다. 인도의 완전 자치를 목표로 내세우고 영국에 협

---

116 H. Dodwell, *op. cit.*, p. 749.

117 R. C. Majumdar, *History of the Freedom Movement in India*, Vol. II(Calcutta, 1985), p. 318.

한국과 인도 독립운동의 비교(試論)

력하지 않으면서 전쟁을 수행하는 것도 정당하다고 주장했다. 인도자치회가 선발한 장학생이 사바르카르였다.

파리에서 활동한 까마는 '인도 혁명의 어머니'로서 유럽과 미국에서 혁명적 선전 활동을 전개했다. 까마는 인도인에게 보낸 메시지에서 "러시아에서 찬양되고 있는 폭동이 인도에서라고 찬양되지 못할 이유가 있는가? 성공은 어떠한 행동도 정당화시키며 자유를 위한 투쟁은 예외적인 방법을 요구한다. 외국 지배에 대한 반란은 애국이다. 자유 없는 생활에 무슨 의미가 있는가?"[118]라고 역설했다. 그는 삼색 국기를 사용하며 폭력 사상을 강조했다.

인도자치회의 딩그라(Madan Lal Dhingra)는 1909년 영국 내각 인도상의 정치고문으로서 인도의 통치 정책에 영향력을 행사하고 있던 커즌 윌리(Curzon Wyllie)를 사살했다. 런던 유니버시티 칼리지 유학생 딩그라는 바르마와 사바르카르 등과 가까운 교분을 유지하고 있었으며 특히 벵골 분할 조치에 분개했다. 인도 유학생들의 활동 상황을 면밀히 살피기 위해 스파이망을 쳐 놓고 있던 커즌 윌리를 표적으로 사살했다. 딩그라가 처형당할 때 그의 주머니에서 발견된 감동적인 글에는 그의 애국심과 영국에 대한 증오심이 가득했다. 나중에 영국 수상에 오르는 로이드 조지와 윈스턴 처칠마저도 애국심이 이보다 더 숭고하게 표현될 수 있는가 하고 감탄했다.[119]

유럽의 테러리스트 활동은 크게 위축되었지만 좀 늦게 미국에서 시작되었다. 미국 특히 서부 지역에 정착한 인도인들을 중심으로 1907년 샌프란시스코에서 400명의 학생 조직으로 인도독립연맹이 발족했으며 1913년 하르다얄(Lala Hardayal)의 지도 아래 가다르(Ghadar; 폭동)당으

---

118 B. Majumdar, *Militant Nationalism in India and its Socio-Religious Background 1897~1917*(Calcutta, 1990), p.148.

119 졸저, 『인도민족주의운동사』, 184~185쪽 참조.

로 이름을 바꾸어 적극적인 활동을 보였다. 하르다얄은 국비 장학생으로 옥스퍼드에 유학했으나 인도자치회에 가담했고 자치회를 따라 파리로 옮긴 후 미국에 정착했다. 1957년의 대폭동을 기념하는 뜻으로 가다르란 이름을 사용했으며 기관지《가다르》의 창간호에서 "오늘 외국에서 영국 지배에 반항한 전쟁이 시작되었다. 그대 이름은 무엇인가? 폭동! 그대의 과업은 무엇인가? 역시 폭동! 어데서 폭동이 일어난단 말인가? 인도에서! 총과 피가 펜과 잉크를 대신할 시기가 도래하고 있다."[120]라고 대담하게 선언했다.

《가다르》가 권유했던 폭력 활동은 "인도 군인의 유도, 고급 관리 및 영국에 충성하는 자들의 살해, 혁명기의 게양, 감옥 폭파, 재화의 약탈, 선동 문학의 보급, 영국과 적대하는 국가와 제휴, 비적(匪賊)의 임무, 무기 구입, 폭탄 제조, 비밀 단체의 조직, 철도·전신 시설의 파괴 및 혁명 과업에 필요한 청년들의 모집"[121] 등이었다. 제1차 세계대전이 발발하자 그들은 60명의 혁명주의자들을 캘커타로 침투시키려고 시도했고, 또 8000정의 소총과 400만 발의 실탄을 인도로 보냈으나 발각되어 실패하고 말았다.[122] 하르다얄은 영국의 설득에 따른 미국 정부의 삼엄한 감시로 스위스로 피신할 수밖에 없었으며, 유럽 전선에서 인도인 병사들의 전쟁 비협조와 의용군의 인도 침투 계획은 원활하지 못했고 독일의 패전으로 쇠퇴하고 말았다.

인도 국내외에서의 민족주의운동은 소강 상태에 접어들었다. 1909년의 인도통치법에 의해 약간의 정치적 개혁이 이루어졌을 뿐만 아니라 특히 인도를 방문한 조지 5세(George V)가 1911년 벵골 분할 조치의 취소를 공표했기 때문이다. 국민회의를 비롯한 정치 단체들은 대체로

---

120 B. Majumdar, *op. cit.*, p. 154.

121 S. Ghose, *op. cit.*, p. 328.

122 R. C. Majumdar, *op. cit.*, pp. 415~417.

한국과 인도 독립운동의 비교(試論)

이를 열렬히 환영했다. 원래 국민회의 대표들이란 영어교육을 받은 그들이 진출할 수 있는 기회가 확대되는 데 가장 큰 관심을 가졌었다. 벵골 분할 조치가 국민회의까지 포함한 주민의 분노를 폭발시켰지만 이 조치가 취소됨으로써 불만의 핵심 요인이 해소된 셈이었다. 남아프리카에서 귀국한 간디가 본격적인 범국민적 사티아그라하운동을 전개함으로써 인도의 민족주의 세력은 여기에 흡수되어 버린 양상을 보였다. 인도 테러리스트의 국내외 활동도 위축되었다.

안중근이 조선 병탄의 원흉 이토 히로부미를 사살하여 세계에 충격을 던져 준 이후에도 의열사(義烈士)의 투쟁은 계속되었다. 무단 통치로 일관된 일제의 비인간적인 폭압 정치 아래서 애초부터 비폭력 투쟁이 통할 수가 없었다. 그보다는 일제에 심대한 타격을 주어 조선 통치 체제를 마비시키고, 한편으로 애국지사의 의거를 전 세계에 알리면서 침체된 독립운동을 자극하고 민족의식을 일깨우는 일이 절실했다. 개인 혹은 소집단의 혈투는 대규모 병력을 유지하는 데 따른 어려움에 비해 비밀과 비용 등에서 이점이 있었다.

대한독립단, 공명단(共鳴團), 천마산대(天摩山隊), 보합단(普合團), 구월산대(九月山隊) 등 수많은 비밀 결사들이 국내외에서 활약하면서 지방 관서를 폭파하고 관리와 친일파를 무수히 처단했지만 가장 주목할 단체는 의열단(義烈團)이었다. 의열단은 1919년 11월 10일 만주에서 김원봉(若山), 양건호(梁健浩, 李鍾岩) 등 10여 명이 조직했다. 의열은 "천하의 정의의 사(事)를 맹렬히 실행한다."는 공약 제1조에서 나온 것이며 '정의의 사'란 말할 것도 없이 독립을 위해 일제를 타도하는 일이며 '맹렬히 실행한다' 함은 적극적이고 희생적인 투쟁을 뜻한다.[123] 김원봉

---

123   金昌洙, 「의열단의 성립과 투쟁」, 국사편찬위원회, 『한민족독립운동사』 4(독립전쟁) (1988), 471쪽.

자신이 '정의'의 '의'와 '맹렬'의 '열'을 취하여 의열단이라 명명했다. 을사늑약에서 합방에 이르는 시기에 애국지사들은 목숨을 단절하여 치욕을 면하고 애국심을 표현했지만 이제는 일제의 심장부와 관료를 공격함으로써 자신을 희생하기로 결의했다.

의백(義伯; 단장) 김원봉은 "의열단의 목표는 경성과 동경의 2소(所)이다. 총독을 죽이기를 대대로 5~6명에 미치면 그 후계자 되려는 자가 없게 될 것이요, 동경에 진천(震天)의 폭격을 감행하기를 해마다 2회를 하면 조선의 방기(放棄)는 반드시 일본인 스스로가 외치게 될 것이니 이리하여 우리의 목적은 적의 손에 의해서 달성될 것이다. 이를 능히 감행할 자는 우리 의열단을 두고는 다시없을 것이다."[124]라고 호언했다. 의열단의 암살 대상은 이른바 '7가살(可殺)'로서 ① 총독 이하 고관, ② 군부 수뇌, ③ 대만 총독, ④ 매국적(賣國賊), ⑤ 친일파 거두, ⑥ 적탐(敵探), ⑦ 반민족적 토호열신(土豪劣神; 지방 유지) 등을 지정했다. 암살 대상에 대만 총독이 들어 있는 것은 의외이나 왜적의 압제 아래에 있는 약소 민족에 대한 동정심이 작용했을 것이다. 파괴 대상은 ① 조선총독부, ② 동양척식회사, ③ 매일신보사, ④ 각 경찰서, ⑤ 왜적 주요 기관 등이었다.[125]

상해 임시정부에서 지목한 '7가살'과 대체로 비슷했다. "동포여, 용감한 애국자여, 주저할 것 없이 살(殺)할 자는 살하고 분(焚)할 자는 분할지어다. 피등(彼等)은 양심이 없는 금수이니 흉한 자에게는 사(死)밖에 줄 것이 없느니라. 7가살로 ① 적괴(敵魁); 총독, 정무총감, 헌병경관 등, ② 매국적; 조선 독립을 반대하고 적의 국기 아래 임하기로 주장하는 민원식, 선우순(鮮于鏛, 유일선(柳日宣) 등, ③ 창귀(倀鬼); 정탐, 밀고

---

124 趙芝薰, 「한국민족운동사」, 『한국문화사대계』 I (고대 민족문화연구소, 1964), 674쪽.

125 朴泰遠, 『약산과 의열단』, (깊은샘, 2000), 34~35쪽.

한국과 인도 독립운동의 비교(試論)

자, 특히 선우갑(鮮于甲), 김태석(金泰錫), 김극일(金極一) 등의 흉적, ④
친일 부호; 재산의 안전을 도(圖)하기 위해 병경(兵警)의 보호를 수(受)
하거나 헌금지사(獻金志士)를 밀고한 자들, ⑤ 적의 관리가 된 자, ⑥ 불
량배; 독립운동을 방해한 자와 독립의연금을 횡령한 자 등, ⑦ 모반자;
독립운동에 위반된 행동을 하는 자들로 지목했다.[126]

　의열단은 근거지를 곧 북경으로 옮겼다. 주요 활동을 열거하면 ①
1920년 3월 만주에서 곽재기(郭在驥)가 밀양 김병완(金炳完)에게, 이성
우(李成宇)가 강원석(姜元錫)에 보낸 폭탄이 경찰에 탐지되어 실행에
옮기지 못했다. ② 1920년 9월 의열단원 박재혁(朴載赫)이 부산에 잠입
하여 경찰서장 하시모토 히데하라(橋本秀平)를 폭살하고 자신은 단식으
로 순국했다. ③ 같은 해 12월 24세의 의열단원 최경학(崔敬鶴; 壽鳳)이
밀양경찰서에 폭탄을 투척했으나 인명 피해를 입히지는 못했다. ④
1921년 9월 12일 의혈단원 김익상(金益相; 鳳男)이 총독부 비서과와 회
계과에 폭탄을 던져 파괴하고 북경으로 귀환했다. ⑤ 1922년 3월 28일
상해에서 김익상, 오성윤(吳成崙; 李正龍), 양건호가 일본 육군 대장 다
나카 기이치(田中義一)를 사살·폭살하려 했으나 실패했다. ⑥ 1923년 1
월 12일 의열단원 김상옥(金相玉)이 종로경찰서에 폭탄을 투척하여 이
른바 삼판통(三坂通)사건을 일으켰다. 온 장안을 공포와 혼란으로 몰아
넣은 사건이므로 부분적인 보도가 있었지만 보도 금지가 해제됨에 따
라 민족지는 호외와 두 면 전체를 할애하여 보도했다. 김상옥은 경찰
서를 폭파한 후 삼판통(후암동), 남산, 광희문 암자, 효제동으로 옮겨
가면서 추격하는 경찰 수명을 사살했다. 천여 명의 경찰과 기마대까지
동원되어 경성 시가는 전쟁터를 방불케 했다.[127] ⑦ 상해 조계에서 제조

---

126 《독립신문》(1920년 2월 5일).

127 《동아일보》(1923년 3월 15~16일); 《조선일보》(1923년 3월 15일).

된 상당량의 폭탄을 김시현(金始顯) 홍종우(洪鍾祐) 등이 경기도 경찰부 황옥(黃鈺)과 동지적 결합을 맺고 국내로 반입하는 중에 밀고자로 인하여 체포되고 압수당했다. ⑧ 1924년 1월 김지섭(金祉燮)은 일본 의회, 또 궁성으로 접근하면서 폭파를 시도했으나 불발로 계획이 좌절되었다. ⑨ 나석주(羅錫疇)는 김창숙(金昌淑)의 자금 지원과 신채호가 보관하고 있던 폭탄을 건네받아 거사했다. 1926년 12월 28일 경성에서 조선식산은행과 이어서 동양척식회사에 들어가 몇 명을 사살하고 폭탄을 투척했으나 불발했다. 모두 3명 사망에 4명 부상이었으며 나석주는 자결했다. 의열단은 창립 9주년을 기념하면서 위의 의거를 포함하여 12차례의 대파괴 암살 운동을 실행했다고 밝혔다. 의열단이 7년간 계획하고 행동한 사건은 수백을, 일(거사)에 참여한 인원은 수천을 헤아린다고도 했다.[128]

의열단의 성문화된 강령은 없었다. 최고의 목표와 이상은 ① 구축왜노(驅逐倭奴), ② 광복 조국, ③ 타파 계급, ④ 평균 지권(平均地權)의 4개 항목이었다. 수정을 거쳐 20개 조목으로 정리되었으며 주요 내용은 ① 일제의 타도와 자유 독립의 완성, ② 봉건제도 및 반혁명 세력의 전제(剗除)와 민주국의 건립, ③ 다수인을 박삭(剝削)하는 경제 제도를 소멸시키고 평등의 경제 조직을 건립, ④ 민중의 무장, ⑤ 남녀평등, ⑥ 매국적·정탐 등 반도의 재산 몰수 등이었다. 의열단은 사회주의와의 연계를 어디까지나 민중의 민족혁명의 동맹군으로 규정함으로써 후일의 민족통일전선 내지 민족협동전선 구축을 통한 일본 제국주의의 타도를 그 실천 목표로 삼고 있었다고 볼 수 있다.[129]

단재 신채호의 '조선혁명선언'이 1923년 1월에 발표되었다. 생동하

---

128 박태원, 『약산과 의열단』, 197쪽.
129 김창수, 위의 논문, 477쪽; 박태원, 앞의 책, 36~37쪽.

한국과 인도 독립운동의 비교(試論)

는 필치의 선언문으로 의열단의 행동 강령이 성문화된 셈이었다. 김원봉의 부탁으로 신채호가 상해에 머물면서 집필한 조선혁명선언은 위의 4개 강령 이후 20개항이 성립되는 어간에 나왔다. 혁명선언은 일명 의열단선언으로서 의열 투쟁의 이론을 체계화했다. 그의 선언에는 의분과 진실성의 울림이 있었다. 독립운동에 무정부주의적인 투쟁 방법의 정당성을 부여했다.

신채호는 일제의 강점에 따른 포악성을 고발하면서 일제의 타도를 외쳤다. 단재의 문장은 꾸밈도 거침도 없었다. "우리는 일본 강도 정치 곧 이족통치(異族統治)가 조선 민족 생존의 적임을 선언하는 동시에, 우리는 혁명 수단으로 우리 생존의 적인 강도 일본을 살벌함이 곧 우리의 정당한 수단임을 선언하노라." 일제가 조선의 정치와 경제에 구박(驅迫)을 주어 생산 기관이 전부 박탈되고 의식(衣食)의 방책도 단절된 마당에 무엇으로 실업을 발전시키며 어디서 군인을 양성할 수 있는가 하고 단재는 반문했다. "조선 민족의 생존을 유지하자면 강도 일본을 구축할지며, 강도 일본을 구축하자면 오직 혁명으로써 할 뿐이니, 혁명이 아니고는 강도 일본을 구축할 방법이 없는 바이다." 단재는 "우리는 우리의 생존의 적인 강도 일본과 타협하려는 자(內政獨立, 자치, 참정권론자)나 강도 정치하에서 기생하려는 주의를 가진 자(문화운동자)나 다 우리의 적임을 선언하노라."[130]라고 말하여 참정·자치론자들, 즉 타협적 민족주의자들도 제거해야 할 간적(奸賊)으로 규정했다.

신채호는 민중 직접 혁명의 수단을 강조했다. 민중이 혁명적 선구가 되어야 했다.

우리의 민중을 환성(喚醒)하여 강도의 통치를 타도하고 우리 민족의 신

---

130 『단재신채호전집』下(조선혁명선언), 37~38, 40쪽.

생명을 개척하자면 양병 10만이 일척(一擲)의 작탄(炸彈)만 못하며, 억천장(億千張) 신문, 잡지가 1회의 폭동만 못할지니라. 조선 안에 일제가 자행했던 혁명의 원인이 산같이 쌓여 있으므로 혁명의 기록은 자연히 참절(慘絶) 장절(壯絶)한 기록이 될 수밖에 없으며 그러나 물러서면 그 후면에는 암흑한 함정이요, 나아가면 그 전면에는 광명한 활기니, 우리 조선 민족은 그 참절 장절한 기록을 그리면서 나아갈 뿐이다.

폭력 — 암살, 파괴, 폭동 — 의 목적물[131]을 열거했는데 7가살과 대체로 비슷했다. 신채호의 투쟁은 정규군에 적대하여 결전을 벌이는 것이 아니었으며 행동의 범위는 암살과 파괴와 폭동에 국한했다.

신채호의 민중 직접 혁명은 아나키즘에서 영향을 받았다. 러시아 아나키스트 크로포트킨(Peter A. Kropotkin)의 영향을 받은 유자명(柳子明)이 의열단에 가입함으로써 이회영(李會榮)과 신채호 등에게 아나키즘을 전파했다. 신채호는 북경대학 교수 이석증(李石曾)과의 교유도 있었으며 후자는 아나키즘적 폭력론자였다. 인간의 절대적 자유를 주장하는 아나키스트에게 자유를 제약하는 국가와 정부란 제거해야 할 악의 근원일 뿐이었다. 곧 타도해야 할 대상이 일제의 학정으로 연결되었다. 암살, 폭력, 폭동을 불사하는 아나키즘이 독립운동의 신조로 채택되었으며 독립을 위해서는 어떤 수단이나 방법도 정당한 것이었다. 그들에게는 일제의 강권을 절대 부정할 수 있는 사상적 거점이 필요했으며 절대 권력 부정이라는 극한적인 아나키즘에서 그 명분을 찾을 수밖에 없었다. 1923년 북경에서 이회영, 신채호, 유자명, 이을규(李乙奎), 이정규(李丁奎), 정화암(鄭華岩) 등을 중심으로 아나키즘적 독립운동 노선에 합의했다.

---

131 위의 책, 41~43쪽.

한국과 인도 독립운동의 비교(試論)

한국 아나키스트들은 공산주의를 거부했다. 그들의 운동은 중국이나 일본에서 보는 바와 같이 사회주의 또는 볼셰비즘이 도입되는 새로운 사회사상 수용의 전주곡에 해당되는 것이 아니었다. 오히려 과격한 소련의 볼셰비키적 공산주의에 대응하기 위한 대안으로서, 일제의 군국주의에 대한 투쟁 방법에서의 폭력주의 채용을 정당화하는 논리로서 수용된 측면이 두드러진다. 일제 강권과 동시에 적색 제국주의인 공산전제의 강권도 아울러 부정하는 반강권적 자유의 철학이 아니고서는 민족주의의 적(敵) 인식을 성립시킬 수 없으므로 비타협주의적 민족운동은 좌경화냐 아나키즘이냐의 양자택일에 몰리게 되었다. 제국주의를 청산하면서 부르주아 지배나 프롤레타리아 지배도 극복하는 자유 시민의 평등사회를 이상으로 하면서도 투쟁 과정에서는 극단적인 암살, 파괴, 폭동 등을 채택했다. 신채호는 아나키즘을 원용하여 의열단의 투쟁목표를 설정했다. 자강론적 민족주의자 신채호가 무정부주의자가 된 것은 문자 그대로 정부가 없는 사회를 희구한 것이 아니라 오히려 과격한 무단주의적인 독립투쟁 노선에의 전환이었다.[132] 단재가 일시 아나키즘을 채용한 것은 사실이었으나 그것은 반제, 반봉건 투쟁의 한 방편이었지 근본적으로 민족을 포기하고 국제주의를 지향하는 일반 아나키스트들의 교조주의적 입장이나 주장과는 크게 달랐다.[133]

1923년 1월부터 상해에서 국민대표회의가 개최되었고, 그 며칠 전 발표된 단재의 조선혁명선언의 영향이었던지 국민대표회의의 각지 운동 단체들이 4월 1일 한국, 일본, 만주에 암살 임무의 결사대를 파견할 것을 결의했다.[134] 의열단 가입자도 크게 늘어나 단원 수가 약 150명에

---

132 신일철, 「한국 무정부주의운동」, 국사편찬위원회, 『한민족독립운동사 4 — 독립전쟁』 (1988), 506, 508, 513쪽.

133 崔洪奎, 『단재 신채호』(태극출판사, 1979), 47쪽.

134 《동아일보》(1923년 3월 22일).

이르렀다. 3년 6개월 만에 단원 수가 10배 이상 늘어난 것이다.[135] 의열단에는 민족주의자뿐 아니라 공산주의자들도 있었지만 주류는 아나키즘의 영향을 크게 받은 사람들이었다.

의열단은 일제 권력의 중추에 타격을 가했지만 단원이 많이 희생되었다. 김원봉은 투쟁 방침을 반성했다.

7년간의 부절(不絕)하는 폭력도 결국 민중을 각오시키지는 못했다. 민중을 각오시키는 것은 오직 탁월한 지도 이론이다. 교육과 선전이다. 그밖에 다른 길은 없다. 혁명은 곧 제도의 변혁이다. 몇몇 요인의 암살과 몇 개기관의 파괴로는 결코 제도를 변혁할 수 없다. 제도를 수호하고 있는 것이 곧 군대와 경찰이다. 이들의 무장 역량을 해제할 수 있어야 비로소 혁명이 달성되는 것이다. 그러함에는 전 민중이 각오하여 단결하고 조직되어야 한다. 전 민중의 일대 무장 투쟁이 아니고는 강도 일본을 구축할 수 없다. 혁명을 달성할 길은 없다.[136]

무력 투쟁은 '민중 혁명'이고 '직접 혁명'이어야 한다. 개인이나 소집단 단위로 극렬 활동을 전개하는 것이다. 독립 투쟁은 민중 직접 혁명을 통해서만 가능하다는 목표 아래 김원봉은 군사 운동의 필요성에서 자신부터 무장해야 한다고 생각했다. 그는 황포군관학교(黃埔軍官學校)에 입학했다. 일찍이 김원봉은 1919년 신흥무관학교에 입교했으나 폭탄 제조에 관심을 갖고 6개월 만에 자퇴했었다. 다시 1926년 1월 교장이 장제스이고, 정치부장이 저우언라이(周恩來)였던 황포군관학교에 입교했으며 수백 명의 조선 청년들이 이곳에서 군사 교습을 받았다.

---

135 국사편찬위원회, 『한국사 48 ─ 임시정부의 수립과 독립 전쟁』(2013), 334쪽.

136 박태원, 앞의 책, 198쪽.

한국과 인도 독립운동의 비교(試論)

의열단은 세계 혁명 세력들과도 협동 통일 전선을 구축해야 한다고 주장했다. 의열단의 창립 9주년의 성명서 발표 즈음 김원봉은 ML계와 손을 잡았고, 1929년 초 북경에서 국내에서 탈출한 안광천(安光泉)과 제휴하여 '조선공산당재건동맹'을 조직하고 그 전위 투사 양성 기관으로서 '레닌주의 정치학교'를 설립했다. 김원봉의 역할은 불분명하지만 거물급 공산주의자들과의 제휴는 민족주의자들의 반발과 이탈을 불러왔다. 이청천, 이범석, 김원봉 등이 핵심 간부였던 한국민족혁명당에서 이청천과 김원봉 일파 사이의 반목이 나타나기도 했다.

의열단의 활동 이외에도 단독 의거가 이어졌다. 안중근의 의거 직후 미국 유학생 이재명(李在明)이 민족을 배반한 매국적 이완용의 척살을 시도했으나 중상을 입혔을 뿐이었다. 극도의 야만적인 무단 통치의 10년 만에 강우규(姜宇奎)는 경성역에서 새로 부임하는 3대 총독 사이토를 향하여 폭탄을 투척했으나 빗나가고 말았다. 노령에서 활약했던 강우규의 거사는 목적을 달성하지는 못했으나 총독부 고위 관리 등 수십 명의 사상자를 가져왔다. 1921년 2월 유학생 양근환(梁槿煥)이 임정에 의해 7가살로 지목한 친일파 민원식을 동경에서 척살했다. 조명하(趙明河)는 1928년 5월 대만을 방문한 일본 왕족 육군 대장 구니노미야(久邇宮邦彦)를 독검으로 척살했다.

단재의 조선혁명선언은 단순히 김원봉의 의열단에만 활동 방향을 제시한 데 그치지 않았다. 조선혁명선언은 국내로 비밀리에 반입되어 뿌려졌고 일반 민중들 사이에 항일 투쟁 의지를 고취하는 전단으로서의 구실을 했다. 당시 일제 경찰은 이 선언을 불온 문서로 압수했다는 기록이 있다.[137]

조선혁명선언은 김구의 투쟁 방략에도 영향을 미쳤다. 1930년대 초

---

137 최홍규, 앞의 책, 42~43쪽.

의 독립운동은 의열 투쟁 위주로 추진되었다. 침체의 늪에 빠진 임시정부를 회생시킬 방략으로 국무령 이동녕(李東寧)과 김구는 충격적인 사건을 일으켜 임정의 존재를 널리 알리는 일을 도모했다. 그 핵심 단체는 김구가 이끄는 한인애국단으로서 미주의 교포들이 보낸 성금으로 운영되었다.

상해에서 일본으로 잠입한 이봉창이 1932년 1월 8일 일왕 히로히토의 마차에 수류탄을 던졌다. 일본 제국주의의 상징적 인물인 일왕을 표적으로 삼은 대담한 의거였다. 비록 폭탄이 빗나가 목적은 이루지 못했지만 이 사건은 세계의 관심을 불러일으켰으며 국민의 반일 의식을 고조시켜 독립 투쟁에 새로운 활력을 불어넣은 계기가 되었다.

매헌(梅軒) 윤봉길이 1932년 4월 29일 상해에서 일본의 침략 괴수들을 폭살했다. 상해사변에서 승리한 후 일왕의 생일인 천장절(天長節)을 기념하는 홍구(虹口)공원에서였다. 사령관 시라카와 요시노리(白川義則) 대장과 일본 거류민 단장이 폭사했고 일본 공사와 고위 장교들 수명이 중상을 입었다. 윤봉길은 조선독립군의 의기를 전 세계에 알렸으며 한 사람의 희생으로 최대의 효과를 낼 수 있음을 보여 주었다. 윤봉길은 원래는 "적의 장교를 도륙하고" 임시정부에 누를 끼치지 않기 위해 자신이 폭사하여 신분을 숨기려고 했다. 중국의 장제스 주석은 윤봉길의 의거를 "중국의 백만 군대가 불능(不能)하는 것을 한국의 한 의사가 능히 하니 장하도다."라고 격찬했다.

중국은 임정 요원들의 보호와 재정 지원을 개시했고 독립군의 간부 양성을 지원하기로 했다. 임정에 성금이 답지하여 중국신재위원회(中國愼災委員會) 위원장 주경란(朱慶瀾)이 1만 원, 장제스의 부인 쑹메이링이 10만 원, 제19로군(路軍)에서 1만 원, 기타 사회단체로부터 지원금이 있었다. 중앙군관학교 낙양 분교에 한국인 특별반을 설치하고 군 간부를 양성하도록 했는데 이들이 한국광복군의 기간 요원이 되어 활약했다. 윤봉길의 의거는 침체에 빠져 있던 임시정부와 그리고 김구의 정치적 위상을 향상시키는 데 큰 역할을 했다.[138]

의열단과 김원봉은 한때 공산주의에 경도되었다. 신채호는 의열단 선언을 작성하여 발표했지만 단재 자신이 의열단원이었다는 확증은 없다. 신채호는 공산주의에 동조한 일은 없었으며 공산국가 건설에 반대했다. '반강권'의 입장에 선 단재에게 공산 전제는 또 하나의 강권 지배에 불과한 것이었다. 그의 민중혁명선언에는 당시의 공산주의적 술어를 발견할 수 없다. 계급 투쟁의 개념을 볼 수 없으며 오히려 이동휘 등의 소련 공산당 및 코민테른과의 제휴에 대해 사대주의적이라고 반대하는 입장을 보였다.[139]

역사를 "아(我)와 비아(非我)의 투쟁"이라고 묘사하여 탁월한 민족사관을 정립한 단재는 오직 조선의 독립이 목표였으므로 민족사를 2분법적인 투쟁의 역사로 설정했다. "애국자가 유(有)해야 나라가 성(盛)하고 역사가 있어야 나라가 흥(興)한다.""나라를 애(愛)하려거든 역사를 독(讀)할지며, 사람으로 하여금 나라를 애(愛)케 하려거든 역사를 독(讀)케 할지어다." 단재는 독립을 쟁취하는 데 있어서 비현실적인 임시정부의 외교론이나 일부 민족주의 세력의 타협주의를 비판했을 뿐만 아니라 "위임통치 청원서를 미국 정부에 제출하여 매국·매족의 행위를 감행한 이승만을" 54명이 서명한 '성토문'에서 주토(誅討)했다.[140] 단재에게는 비폭력 투쟁도 받아들일 여지가 없었다. "우리 2천만 민중은 일치로 폭력 파괴의 길로 나아갈지니라. 민중은 우리 혁명의 대본영(大本營)이다. 폭력은 우리 혁명의 유일 무기이다."[141] 3·1운동에 대한 평가

---

138 국사편찬위원회, 『한국독립운동사』 4권(1968), 70쪽; 『한민족 독립운동사 4권 ― 독립전쟁』(1988), 572, 574쪽.
139 신일철, 『신채호의 역사 사상 연구』(고려대 출판부, 1983), 175, 184, 203쪽.
140 성토문, 『단재 신채호 전집』 별집, 88쪽.
141 「조선혁명선언」, 『단재 신채호 전집』 下, 45쪽.

도 소극적이었다. 독립선언서에 일제의 악랄한 경제적 수탈에 대하여 언급이 없으며, 만세 소리에 민중적 일치의 의기가 잠시 표현되었지만 민중적 폭력이 결여되어 성공하지 못한 것이었다. 단재에게는 도대체 비폭력 투쟁 자체가 마음에 들지 않았고 제국주의 지배 아래 있는 나라에서는 용납할 수 없는 것이었다. 간디의 비폭력운동에 대해서도 무저항의 정신을 인도의 유령적(幽靈的) 성질로 단정하여 매도했으며, 또한 불살생을 강조한 석가에게도 극단적인 언사를 동원하여 그들의 인도주의를 애탄(哀歎)했다.[142]

신채호는 1928년 5월 폭탄 제조의 자금을 마련하기 위해 대만에 갔다가 일경에 체포되었다. 이른바 외국 위체(爲替) 사건에 연루된 혐의로 10년형을 선고받았다. 오랜 망명 생활에서 항상 떠나지 않았던 극심한 생활난과 병고에도 불구하고 또 이제 혹독한 옥고에서도 단재가 고갈하지 않았던 것은 그의 불굴의 기개에 있었다. 단재는 고개를 숙이지 않고 꿋꿋이 서서 세수한다는 일화는 널리 알려져 있으며, 옥중에서 몸을 지탱할 수 없는 지경에 이르렀을 때 일제도 옥사(獄死)의 파급 결과를 우려하여 단재의 석방을 결정했다. 조국 광복을 염원하는 마음에서 생에 대한 애착이야 누구보다 강했겠지만 단재는 친일파의 보살핌을 받아야 하는 처지에서 출옥을 단호하게 거부하고 1936년 2월 21일 여순(旅順) 감옥에서 가슴에 사무친 한을 품고 순국했다.

한때 좌편향의 길을 걷기도 했던 김원봉은 김구 주석의 임시정부에 복귀하여 광복군 지도자의 한 사람으로서 독립을 맞았다. 3 · 1운동은 우리 민족에게 좌절감을 안겨 주었다. 방방곡곡에서 외치며 일어섰던 만세운동은 수천 명의 사망자를 불러왔을 뿐 독립은 요원했다. 해외의 독립운동가들은 정신적으로 방황했다. 우리 민족의 무력함을 통절히

---

142 「인도주의 可哀」, 『단재 신채호 전집』 下, 375쪽.

한국과 인도 독립운동의 비교(試論)

느끼고 강대국에 의지하는 길을 찾아 헤맸다. 일부는 최강국으로 떠오르는 미국에, 또 일부는 이제 막 공산혁명을 이룩한 소련에 경도했다. 잘 알지도 못한 사회주의 및 공산주의에 기웃거리는 경우 대개는 우리의 독립을 쟁취하는 하나의 길을 모색하는 과정에서 택한 것이었다. 민족주의자들에게는 이념의 갈등에 대한 사색보다는 독립의 대의에 대한 행동이 앞선 사람들이었다. 조국의 독립이 항상 그들의 마음속에 깊이 자리 잡고 있었고 이는 그들의 필생의 유일한 목표였다.

김원봉도 비슷한 경우였다. "김원봉은 학구적이거나 이론적인 인물은 아니고 실천적인 투쟁가였다. 공산주의자라기보다는 민족주의 좌파일 것이다. 설사 공산주의라고 하더라도 공산주의 우파라고 해석하는 것이 타당할 것이다. 그는 항일운동에서 커다란 공을 세운 부인할 수 없는 인물이다. 공산주의 혹은 사회주의를 부르짖든 적어도 중경 임시정부에 모여 있던 독립운동가들의 밑바탕은 짙은 민족주의자들이라는 것을 피부로 느낄 수 있는 사람들이었다."[143]

8 맺음말

처음 이 시론에서 한국과 인도의 독립운동을 비교 논의하려고 했을 때는 두 나라의 독립운동이 서로 어떻게 영향을 주고받았는가 하는 데에 관심을 갖고 있었다. 우리 신문에 인도 문제뿐만 아니라 아일랜드 자치운동의 과정 등에 관하여 뉴스 기사와 논설로 상당히 많이 보도하고 있다고 느꼈다. 우리와 같은 비극적 역사를 함께하고 있는 이들 나라의 처지와 투쟁을 우리 민족지들이 심정적으로 공감하면서 세계 뉴

---

143 김준엽, 『장정』 2권(나의 광복군 시절·下), 442~443쪽.

스로서 의도적으로 많이 보도하려고 노력했을 것이다. 그러나 막상 글로 써 보려 하니 한국과 인도의 상대국에 대한 독립운동의 보도가 그렇게 많지 않았다.《동아일보》와《조선일보》가 발간된 지 약 반년이 지나 세계의 관심 속에서 시작된 간디의 범국민적인 제1차 사티아그라하 운동, 즉 비폭력 비협조운동을 우리 신문들은 보도하지 못하고 있으면서 1년 반 전에 일어났던 영국군의 암리차르 학살 사건을 뒤늦게 보도할 정도였다.[144] 또 10년이 지난 후 간디의 시민불복종운동도 우리나라 민족지에 보도되지 않았다. 간디가 이끌고 가는 기이한 '소금 행진'의 모습이 세계의 수많은 사람들의 호기심 어린 관심 속에 연일 전 세계로 타전되고 있던 상황에서도 우리 신문에는 거의 보도되지 않았다. 말할 것도 없이 일제의 서슬 퍼런 보도 통제 때문이었음을 쉽게 미루어 생각할 수 있다. 간디의 제3차 사티아그라하운동인 인도철퇴운동은 제2차 세계대전의 급박한 전란의 와중이었으므로 보도통제를 십분 이해한다 할지라도, 그 이전 인도의 비폭력 비협조운동과 시민불복종운동을 이른바 '문화정치'라고 하면서도 철저하게 보도를 봉쇄했던 데서 간악한 식민 통치의 기만술을 엿볼 수 있다.

인도가 한국 독립운동에 관심을 보인 것은 안중근의 의거, 타고르의 '아시아의 등불' 그리고 네루가 그의 유려한 문장의 책들에서 보여 준 서술 등이었다. 네루는 옥중에서 어린 딸 인디라에게 세계사 학습을 위해 보낸 글에서 "일본은 중국의 영토 보전과 한국의 독립을 존중한다고 반복하여 선언했는데, 제국주의 열강들이란 관련 당사자들을 약탈하면서도 선린을 과도하게 보장하고, 죽이면서도 생명의 존엄성을 선언하는 방식을 취한다."라고 지적했다. 특히 "1919년 독립운동에서 한국 국민, 특히 젊은 남녀들은 가공할 세력에 맞서 용감하게 싸웠다. 일

---

144 《동아일보》(1920년 7월 29일).

한국과 인도 독립운동의 비교(試論)

제의 한국인들에 대한 탄압은 역사에서 아주 슬프고 어두운 한 장을 이루고 있다. 많은 중등학생, 대학생들을 포함한 어린 한국 여성들이 이 투쟁에서 중요한 역할을 담당했다는 점을 기억하는 것이 좋을 것"[145]이라고 적었다. 그는 비슷한 처지의 한국 독립운동을 상기시켜 딸에게 민족의식을 심어 주려고 했다.

또 네루는 미국 기자 아베드(Hallett Abed)의 책이 일본의 통치가 조선에 보건, 철도, 통신 등의 개선을 보여 주었으면서도 훨씬 큰 이익은 일본으로 갔다고 서술한 점을 상기시켰다. "노예제, 잔인함, 굴욕, 착취 및 인간의 영혼을 파괴하려는 시도가 있었다. 일본인들은 한국에서 예속 국민과 인종에 대한 비인간적인 잔인한 억압에 있어서 나치와 함께 역사의 신기록을 세웠다."[146]라고 네루는 기록했다.

이 시론에서 결국 몇 개의 주제만을 골라 제국주의 정책의 일면과 한국과 인도의 독립운동의 실태를 비교해 보았다. 그 가운데서도 인도 국민회의와 한국의 연정회의 비교는 부자연스러울 수 있다고 생각된다. 국민회의는 영국의 자유주의 정책 내지 자유주의적 제국주의의 측면에서, 또 더 중요하게는 인도 독립운동의 구심점이었다는 관점에서 볼 때 국민회의의 창립과 활동을 제외할 수는 없었다. 인도국민회의의 활동을 언급하지 않고 넘어갈 수 없어 연정회를 끌어넣어 비교한 셈이 되었다. 연정회는 구체적인 추진 과정에서 인도국민회의를 모델로 제시했으므로 여기에서 다소 무리하게나마 국민회의의 비교 대상으로 삼았다. 연정회는 인도국민회의를 이상으로 삼았을 뿐 구체적으로 처음의 영국 통치에 대한 충성 집단으로서의 국민회의, 혹은 나중의 인도 독립운동의 주도 세력으로서의 국민회의 성격 가운데서 어느 쪽을 의

145 Jawaharlal Nehru, *Glimpses of World History*(Nehru Memorial, 1989), pp. 464~465.
146 J. Nehru, *The Discovery of India*(Nehru Memorial, 1988), pp. 504~505.

도했는지는 밝히지 않았다.

국내에서의 독립운동을 비교할 경우 인도의 투쟁이 훨씬 성공적이었다. 인도에는 간디라는 인물이 있었기 때문이라고 주장하기도 한다. 한국에는 범국민적인 3·1운동이 있었고, 인도에는 간디의 사티아그라하운동이 있었다. 간디는 교육 중간 계급의 활동 무대였던 국민회의뿐 아니라 농민과 노동자의 마음을 완전히 사로잡았다. 때에 따라서는 종파의 이념을 극복하지 못했지만 사회주의 및 공산주의 운동 등은 간디의 구호 아래 모두 흡수되고 말았다. 막스 베버의 말을 빌린다면 간디는 카리스마의 위력을 보여 주었다. 어떤 개인의 매력에 이끌려 일반 대중은 자신의 모든 것을 바쳐 맹목적으로 추종하는 것이다. 카리스마는 세계 종교의 창시자나 또는 자유주의·내셔널리즘의 이념을 가지고 유럽을 석권해 버린 나폴레옹 같은 반신(半神)으로 떠받드는 인물에게 붙여지는 것이다. 한국의 식민지 풍토에서 간디 같은 인물이 활동할 수 있었겠는가? 똑같이 비폭력운동을 내세우고 출발했던 인도는 세 차례에 걸친 범국민적 운동을 거치면서 독립의 길을 다져갔지만, 한국의 경우는 3·1운동에서 비무장의 일반 대중이 7500여 명이나 피살되었던 그 상황을 어떻게 같이 비교할 수 있겠는가?

3·1운동 이후 국내의 독립운동은 부진했지만 전반적으로 볼 때 국외에서의 무장 투쟁은 한국 독립군의 활동이 인도보다 더 지속적이었고 훨씬 눈부신 전과를 보여 주었다. 목숨의 위협을 느끼지 않고 독립운동에 참여한 사람이 없겠지만 특히 일본 정규군과 결전을 벌이는 독립군과 생명을 바쳐 적진에 뛰어든 의열 투쟁은 오직 애국 일념의 감격적인 독립운동이었다. 이 시론에서 우리의 독립운동 전체를 다룰 수도 없어 개략적인 언급으로 넘어갈 수밖에 없었다. 그렇지만 봉오동 전투와 청산리 전투, 그리고 신채호의 논리정연한 투쟁 이념과 김구와 김원봉이 주도한 자기희생적 독립 투쟁의 부분은 추상적인 서술로 넘어갈

수 없어 비교적 자세한 사실적 기술을 했다.

제국주의 열강들은 그들의 경제적 이익의 확대라는 큰 구도 속에서 정책을 추진했다. 식민지에 은혜를 베풀기 위해 진출한다는 전례가 없는 사실의 주장은 악랄한 속임수다. 제국주의는 자본 수출이 정책의 핵심이지만 원료의 공급지와 상품의 판매 시장을 확보하려는 고전적인 식민지의 건설로부터 출발했다. 인도의 경우가 표본적인 것이었다. 서구 열강은 아시아와 아프리카로 진출하면서 우월한 인종이 '반쯤은 악마 같고 반쯤은 어린애 같은' 저급한 인종들을 외면할 수 없어 시혜를 위해 힘든 '백인의 짐' 즉 도덕적 책무를 져야 했다는 주장(키플링의 시)은 제국주의를 이론적으로 받쳐 주고 있는 진화론에 입각한 허울 좋은 구호였다. 그들의 정치적 지배권의 확립은 자국의 경제적 이익을 확고히 보장하려는 수단일 뿐이었다.

영국의 제국주의 정책은 몇 세기 앞서 식민지 건설에 앞장섰던 스페인과 포르투갈의 경우에서 다소간 교훈을 얻었다. 브라질을 제외한 광대한 중남미 대륙을 식민지로 다스렸던 스페인은 식민지로부터의 엄청난 양의 금은의 유입으로 절대 왕정의 표본적인 번영을 구가했다. 그렇지만 지나친 수탈로 식민지가 고갈되자 모국인 스페인도 더불어 쇠퇴하고 말았던 역사적 사실이 영국에게는 귀중한 교훈이었다.

영국의 제국주의 정책도 경제적 이익의 획득에 목적이 있었던 점은 결코 부인할 수 없지만(영국동인도회사의 인도 수탈 실태에 관해서는 졸저, 『영국의 인도 통치정책』 1장 참고) 그러면서도 그 정책에 다소간 '인간적인' 면이 있었다고 주장되기도 한다. 이 관점은 정치적인 면, 특히 인도 민주 정치의 발전 과정에서 바라보는 것이다. 영국은 그들의 정치 전통인 점진적이고 합법적인 개혁을 인도의 통치에서도 적용했으며 인도에 법의 지배를 가져왔다고 주장한다. 영국이 약속한 대로, 인도 측에서 볼 때는 항상 미흡한 것이었지만, 대개 10년 주기로 꾸준한 정치적 개혁을 보여 왔다. 인도는 강력한 국민운동의 흐름 속에서 거역할 수 없는 인도의 독립과 민주 정치의 길로 나아가고 있었다. 인도는 오늘날 후진적인 모든 요인을 안고 있으면서도 민주 헌정이 중단된 일이 없었다. 아시아, 아프리카, 라틴아메리카에서 셀 수 없이 일어났던 정치 쿠데타가 한 번도 없었다. 오래전 1882년 인도에 근대적인 지방자치제가 도입된 후 서구적인 대의 민주 정치의 학습 과정을 거친 결과와 무관하지 않을 것이다.

뒤늦게 제국주의 국가의 대열에 끼어들어 만용의 위세를 부린 일본은 많은 부분에서 영국의 모범적인 제국주의 정책을 모방하려 했으면서도 식민지가 어느 정도 유지될 때 일본의 번영도 계속된다는 아주 평범한 진리도 습득하지 못했다. 3·1운동의 엄청난 민족적 저항에 못 이겨 이른바 '문화정치'를 들고 나왔지만 이는 지금까지의 무단 통치와 전혀 다를 바 없는 친일 세력의 결집과 민족주의 세력의 분열을 교묘하게 획책하는 사특한 속셈의 기만술에 불과했다.

일제에 빼앗긴 치욕적인 역사의 국권 상실은 국내외에서 자신의 희생을 돌보지 않는 애국 동포들의 투쟁의 결과로 독립을 되찾게 되었다. 최악의 시련 속에서도 좌절하지 않고 지켜 온 불굴의 투지와 한국 민족주의의 승리였다. 자신의 역사와 전통을 잊은 민족에게 밝은 미래는 없는 법이다. 2차 세계대전에서 연합국의 승리가 우리에게 국권 회복의 기회를 앞당겨 준 사실도 물론 부인할 수 없다. 세계의 시대 조류를 읽지 못하고 이에 거슬러 무모하게 세계대전에 뛰어든 일본의 망동의 결과는 너무 당연한 것이었다.

한국의 진정한 민족주의는 3·1만세운동의 함성 속에서 개화했고 민족주의 정신이 국권의 쟁취로 이어졌다. 한국 민족주의의 개가였다. 그러나 현대 세계에서 민족주의는 너무 강조되어서도 안 된다. 그 폐해가 너무 크기 때문이다. 세계사에서 독재자들이 순수한 민족주의를 교

한국과 인도 독립운동의 비교(試論)

묘하게 오도한 경우를 셀 수 없이 보아 왔으며, 오늘날 도처에서 일어나고 있는 종파적 민족주의, 인종적 민족주의 등의 가면을 쓰고 나타난 민족주의가 세계 평화를 위협하고 있다. 축복의 민족주의가 재앙으로 나타나고 있음을 목격하게 된다. 우리도 민족주의를 함부로 거론할 것은 못되지만 앞으로 한 번쯤 민족주의에 호소해야 할 일이 남아 있다고 생각된다. 3·1운동으로 고취된 한국 민족주의가 일제의 지배를 청산하고 조국을 광복으로 이끌었듯이 해방과 더불어 또 다른 민족적 불행으로 고착된 남북 분단의 고리를 끊고 민족 통일을 이룩하기 위해서는 한 번 더 한국 민족주의에 호소해야 하지 않을까 생각한다.

지도

화보

영국의 뱅골 지사, 인도 총독, 인도국민회의 의장

인도 독립운동사 연표

찾아보기

카불 ●
아프가니스탄
라왈핀디 ●
페샤와르 ●
카슈미르

라호르 ●
암리차르 ●
편잡

(파키스탄)
물탄 ●

티베트

델리 ●
아그라 ●
칸푸르 ● 러크나우 ●
알라하바드 ●
바라나시 ●

네팔

카트만두 ●
참파란
파트나 ●
비하르

시킴
다즐링 ●
부탄
아쌈

나갈랜드
코히마 ●
마니뿌르

카라치 ●

구자라트

아메다바드 ●
인도

(방글라데시)
서벵골 다카 ●
캘커타 ●

트리뿌라
미조람

만달레이 ●
버마

카티아와르
반도
포르반다르 ●
수라트 ●
마하라슈트라
데칸

나그뿌르 ●
와르다 ●

오리싸

치타공 ●

봄베이 ●
(뭄바이)
뿌네 ●

하이데라바드 ●

비샤카
파트남 ●

커탁 ●

랑군
(양곤) ●

고아 ●
카르나타카

방갈로르 ●

마드라스
(첸나이) ●

아라비아해

마이소르 ●
코임바토르 ●
마두라이 ●

케랄라

타밀나두
퐁디체리 ●

벵골만

안다만해

스리랑카
● 콜롬보

라카디브해

인도아대륙 전도

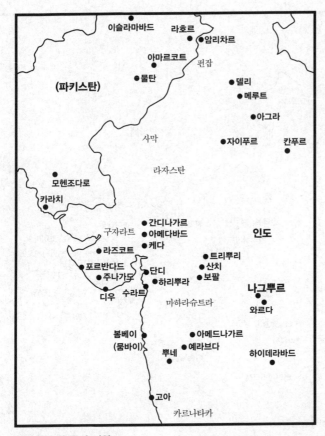

봄베이주 및 국경 지역

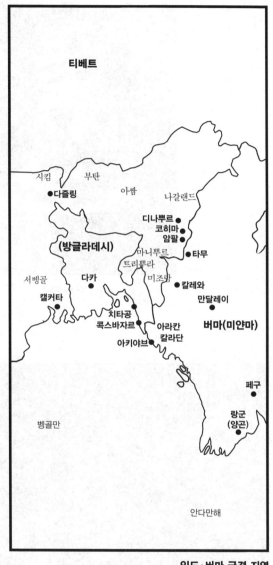

인도·버마 국경 지역

고팔 크리슈나 고칼레

남아프리카를 방문 중인 고칼레(맨 앞줄의 오른쪽에서 네 번째), 두르반, 1912

틸락

모한다스 카람찬드 간디

소금 행진

간디와 네루

자와할랄 네루

발라바이 빠텔

진나

아불 아자드

마하트마 간디, 자와할랄 네루
그리고 아불 아자드, 와르다, 1935

수바스 찬드라 보스

인도국민군

영국의 벵골 지사, 인도 총독, 인도국민회의 의장

벵골 지사

1757~1760   클라이브(Robert Clive)

1760~1765   밴시타트(Henry Vansittart)

1765~1767   클라이브(재임)

1767~1769   베럴스트(Henry Verelst)

1969~1772   카티어(John Cartier)

1772~1774   헤이스팅스(Warren Hastings)

인도 총독(직무대리인 경우 이름 뒤에 *로 표시함)

1774~1785   헤이스팅스(Warren Hastings)

1785~1786   맥퍼슨(Sir John Mcpherson)*

1786~1793   콘월리스(Earl (Marquess) Cornwallis)

1793~1798   쇼어(Sir John Shore, Lord Teignmouth)

1798~1798   클라크(Sir A. Clarke)★

1798~1805	웰즐리(Marquess Wellesley, Earl of Mornington)
1805~1805	콘월리스(재임)(Earl (Marquess) Cornwallis)
1805~1807	발로(Sir George Barlow)*
1807~1813	민토(Baron (1st Earl of) Minto (I))
1813~1823	헤이스팅스(Marquess of Hastings, Earl of Moira)
1823~1823	애덤(John Adam)*
1823~1828	애머스트(Baron(Earl) Amherst)
1828~1828	베일리(William Butterworth Bayley)*
1828~1835	벤팅크(Lord William Cavendish-Bentinck)
1835~1836	멧커프(Sir Charles (Lord) Metcalfe)*
1836~1842	오클랜드(Baron (Earl of) Auckland)
1842~1844	엘런버러(Baron (Earl of) Ellenborough)
1844~1844	버드(William Wilberforce Bird)*
1844~1848	하딘즈(Sir Henry (Viscount) Hardinge)
1848~1856	댈하우지(Earl(Marquess of) Dalhousie)
1856~1862	캐닝(Viscount(Earl) Canning)
1862~1863	엘긴(8th Earl of Elgin (I))
1863~1863	네이피어(Sir Robert Napier)*
1863~1863	데니슨(Sir William T. Denison)
1864~1869	로런스(Sir John (lord) Lawrence)
1869~1872	메이오(Earl of Mayo)
1872~1872	스트레이치(Sir John Strachey)*
1872~1872	네이피어(Lord Napier of Merchistoun)*
1872~1876	노스부르크(Baron (Earl of) Northbrook)
1876~1880	리튼(Baron (1st Earl of) Lytton (I))

영국의 뱅골 지사, 인도 총독, 인도국민회의 의장

1880~1884　리폰(Marquess of Ripon)

1884~1888　더퍼린(Earl (Marquess of) Dufferin)

1888~1894　랜즈다운(Marquess of Lansdowne)

1894~1899　엘긴(9th Earl of Elgin (II))

1899~1905　커즌(Baron (Marquess) Curzon of Kedleston)

1905~1910　민토(4th Earl of Minto (II))

1910~1916　하딘즈(Baron Hardinge of Penshurst (II))

1916~1921　첼름스퍼드(Baron Chelmsford)

1921~1925　레딩(Earl of Reading)

1925~1926　리튼(2nd Earl of Lytton (II))*

1926~1931　어윈(Lord Irwin)

1931~1936　윌링던(Earl of Willingdon)

1936~1943　린리스고(Marquess of Linlithgow)

1943~1947　와벨(Viscount (Earl) Wavell)

1947~1948　마운트배튼(Viscount(Earl) Mountbatten(인도 독립 전후의 총독))

1948~1950　라자고팔라차리(Sri Chakravarti Rajagopalachari)

인도국민회의 의장(특별회의인 경우 연도 뒤에 *로 표시함)

1885(Bombay)　　보너지(W. C. Bonnerji)

1886(Calcutta)　다다바이 나오로지(Dadabhai Naoroji)

1887(Madras)　　티야브지(Syed Badruddin Tyabji)

1888(Allahabad)　조지 율(George Yule)

1889(Bombay)　　웨더번(William Wedderburn)

1890(Calcutta)　메타(Phirozeshah Mehta)

1891(Nagpur)	아난다 찰루(Ananda Charlu)
1892(Allahabad)	보너지(W. C. Bonnerji)
1893(Lahore)	다다바이 나오로지(Dadabhai Naoroji)
1894(Madras)	웹(A. Webb)
1895(Poona)	수렌드라나드 바너지(Surendranath Banerjea)
1896(Calcutta)	사야니(M. Rahimtullah Sayani)
1897(Amraoti)	나이르(C. Sankaran Nair)
1898(Madras)	아난다 보스(Ananda Mohan Bose)
1899(Lucknow)	로메스 더트(Romesh Chandra Dutt)
1900(Lahore)	찬다바르카르(N. G. Chandavarkar)
1901(Calcutta)	와차(E. D. Wacha)
1902(Allahabad)	수렌드라나드 바너지(Surendranath Banerjea)
1903(Madras)	람모한 고슈(Lammohan Ghose)
1904(Bombay)	헨리 코튼(Henry Cotton)
1905(Benares)	고칼레(Gopal Krishna Gokhale)
1906(Calcutta)	다다바이 나오로지(Dadabhai Naoroji)
1907(Surat)	라스베하리 고슈(Rashbehari Ghose)
1908(Madras)	라스베하리 고슈(Rashbehari Ghose)
1909(Lahore)	말라비야(Madan Mohan Malaviya)
1910(Allahabad)	웨더번(William Wedderburn)
1911(Calcutta)	다르(Bishan Narayan Dhar)
1912(Patna)	무돌카르(R. N. Mudholkar)
1913(Karachi)	바하두르(Syed Mahomed Bahadur)
1914(Madras)	부펜드라나드 보스(Bhupendranath Bose)
1915(Bombay)	신하(S. P. Sinha)

영국의 벵골 지사, 인도 총독, 인도국민회의 의장

1916(Lucknow)	모줌다르(A. C. Majumdar)
1917(Calcutta)	애니 베산트(Annie Besant)
1918(Bombay)	이맘(Syed Hasan Imam)
1918(Delhi)*	말라비야(Madan Mohan Malaviya)
1919(Amritsar)	모틸랄 네루(Motilal Nehru)
1920(Calcutta)*	라지파트 라이(Lajpat Rai)
1920(Nagpur)	라가바차리야(C. Vijaya Rhagavachariyar)
1921(Ahmedabad)	하킴 아즈말 칸(Hakim Ajmal Khan)
1922(Gaya)	다스(C. R. Das)
1923(Coconada)*	무함마드 알리(M. Muhammad Ali)
1923(Delhi)	아자드(Abul Kalam Azad)
1924(Belgaon)	간디(Mohandas Karamchand Gandhi)
1925(Cownpore)	나이두(Sarojini Naidu)
1926(Gauhati)	아이엔가르(Srinivas Ayengar)
1927(Madras)	안사리(M. A. Ansari)
1928(Calcutta)	모틸랄 네루(Motilal Nehru)
1929(Lahore)	자와할랄 네루(Jawaharlal Nehru)
1930	휴회
1931(Karachi)	빠텔(Vallabhbhai Patel)
1932(Delhi)	암리트랄(Ranchhorlal Dass Amritlal)
1933(Calcutta)	넬리 센굽타(Nellie Sengupta)
1934(Bombay)	라젠드라 프라사드(Rajendra Prasad)
1935	휴회
1936(Lucknow)	자와할랄 네루(Jawaharlal Nehru)
1937(Faizpur)	자와할랄 네루(Jawaharlal Nehru)

1938(Haripura)	수바스 보스(Subhas Chandra Bose)
1939(Tripuri)	수바스 보스(Subhas Chandra Bose)
1940(Ramgarh)	아자드(Abul Kalam Azad)
1941~1945	휴회
1946(Bombay)	자와할랄 네루(Jawaharlal Nehru)
1946(Meerut)	끄리팔라니(Acharya Kripalani)
1947(Delhi ?)	라젠드라 프라사드(Rajendra Prasad)

　　　　　　　　　　영국의 벵골 지사, 인도 총독, 인도국민회의 의장

인도 독립운동사 연표

1498   바스코 다 가마(Vasco Da Gama)가 캘리컷에 도달하여 인도 항로를 발견.

1510   포르투갈 세력이 고아를 정복하다.

1526   바부르(Babur)가 무굴 왕조를 창건하다.

1556~1605   아크바르(Akbar) 대제가 무굴제국을 통치하다.

1600   영국동인도회사 설립.

1602   홀란드동인도회사 설립.

1612   영국의 첫 상관을 수라트에 설치하는 것이 허용되다.

1639   영국이 마드라스 부근에 세인트조지성(城)을 건설하다.

1648   무굴제국의 수도를 아그라에서 델리로 천도하다.

1661   포르투갈이 봄베이를 영국에 양도하다.

1664   프랑스동인도회사가 활동을 시작하다.

1668   프랑스의 상관이 수라트에 설치되다.

1674   퐁디체리에 프랑스의 근거지를 세우다.

1698   영국동인도무역회사가 새로이 출범하다.

1702   영국동인도회사와 영국동인도무역회사가 통합되다.

1742~1754	프랑스의 뒤플레(J. F. Dupleix)가 퐁디체리 지사(知事)로 활약하다.
1756~1763	유럽에서 7년전쟁이 일어나다.
1757	플라시 전투. 영령인도사(英領印度史)가 시작되다.
1757~1760	로버트 클라이브(Robert Clive)가 벵골 지사로 부임.
1761	퐁디체리의 함락으로 프랑스 세력이 쇠퇴하다.
1765~1767	로버트 클라이브가 두 번째로 벵골 지사에 부임.
1769~1770	참혹한 기근이 엄습하다.
1772	워런 헤이스팅스(Warren Hastings)가 벵골 지사에 부임.
1773	인도에 총독 통치를 결정한 인도통치규제법이 영국의회를 통과하다.
1774~1785	초대 인도 총독으로 워런 헤이스팅스가 부임.
1784	피트법(Pitt Act)의 통과로 총독의 권한 강화. 런던에 인도 문제를 통할하는 감독국(監督局)이 신설되다.
1786~1793	콘월리스(Cornwallis) 총독이 부임하여 벵골 지방에 영구정액제(永久定額制)를 실시하다(1793).
1786~1793	워런 헤이스팅스에 대한 탄핵재판이 진행되다.
1798~1805	웰슬리(Wellesley) 총독이 영토 확장 정책을 추진. 하이데라바드와 종속 조약 체결(1798), 티푸 술탄(Tipu Sultan)의 마이소르를 병합(1799).
1800	캘커타에 포트윌리엄 대학 설립.
1813	동인도회사의 특허법 갱신. 자유무역과 선교활동을 인정.
1814~1816	구르카 전쟁이 일어나다.
1816	캘커타에 힌두 칼리지 설립.
1817~1818	영국동인도회사가 마라타족을 제압하다.
1824~1826	제1차 버마 전쟁.
1828~1835	벤팅크 총독의 부임. 사티(Suttee, 殉死)를 금압하는 등 사회개혁 단행.
1833	특허법을 갱신함에 따라 동인도회사의 무역 활동에 대해 주어져 온 특

헤가 철폐됨으로써 정치적 기능만 남게 되다.

1835	매콜리(T. B. Macaulay)가 영어 교육을 도입하다. 영어를 행정 및 법정 (法廷) 용어로 채택하다.
1839~1842	제1차 아프가니스탄 전쟁.
1843	노예제도 철폐.
1845~1846	제1차 시크 전쟁.
1848~1856	댈하우지(Dalhousie) 총독이 서구화 정책과 영토 병합 정책을 추진하다.
1848~1849	제2차 시크 전쟁. 펀잡 지방이 영령인도에 병합되다.
1853	인도에 철도가 처음으로 개통됨. 인도문관의 공개경쟁시험제도를 채택. 1856 오우드가 영령인도에 병합되다.
1857	캘커타, 봄베이, 마드라스에 유니버시티가 설립되다.
1857~1858	대폭동(세포이 반란)이 발발하다.
1858	동인도회사의 지배가 종식되고 영국 정부의 직접 지배가 시작되다. 감독국이 폐지되고 인도상(印度相)이 인도 문제를 통할하다.
1867	인도와 영국 사이에 전신 시설이 개통되다.
1875	알리가르에 무슬림대학(알리가르 이슬람대학)을 설립.
1876~1880	리튼(Lytton) 총독이 '전진정책'을 추진하다.
1877	빅토리아 여왕이 공식적으로 인도 국왕임을 선포하다.
1878	지방어신문법을 공포하여 인도 신문을 통제하다.
1878~1880	제2차 아프가니스탄 전쟁.
1880~1884	리폰(Ripon) 총독이 부임하여 자유주의적 개혁을 추진하다. 지방자치제를 도입하다.(1882)
1885	인도국민회의가 창설되다.
1885~1886	버마를 영령인도에 병합하다.
1892	입법참사회법의 통과로 입법참사회가 확대되다.

1894	간디가 인도인 노동자들의 권익을 대변하기 위해 남아프리카로 가다. 20년을 머물면서 투쟁하다.
1899~1905	커즌(G. N. Curzon) 총독 부임.
1905	뱅골주(州)를 동·서 뱅골주로 분리하다. 스와데시 및 보이콧운동이 광범하게 확산되어 나가다.
1906	인도무슬림연맹이 창설되다.
1907	국민회의가 분열되어 과격파가 축출되다.
1909	몰리·민토 개혁으로 무슬림에게 분리선거제를 인정하다.
1911	인도의 수도를 캘커타에서 델리로 천도하다.
1915	간디의 귀국. 국민회의 온건파의 지도자 고칼레(G. K. Gokhale) 사망.
1916	국민회의와 무슬림연맹의 화해로 러크나우 협정이 체결됨.
1917~1918	간디가 인도에서의 첫 사티아그라하운동을 참파란과 아메다바드에서 전개하다.
1919	몬터규·첼름스퍼드 개혁. 롤래트법이 통과되고, 암리차르 학살사건이 일어나다.
1920	국민회의 과격파의 지도자 틸락(B. G. Tilak)이 사망하다.
1920~1922	킬라파트운동. 간디가 비폭력 비협조운동을 전개하다.
1928~1929	사이몬위원회가 인도를 방문하다.
1930~1931	간디가 '소금 행진'과 시민불복종운동을 추진하다.
1930~1932	원탁회의. 간디가 시민불복종운동을 전개하다.
1931	간디·어윈 협약. 간디가 제2차 원탁회의에 참석하다.
1935	1935년의 인도통치법이 인도연방제를 제시하다.
1937	버마가 인도로부터 분리되다.
1940	진나의 무슬림연맹이 파키스탄의 분립을 결의하다.
1941	수바스 찬드라 보스가 탈출하여 중앙아시아 모스크바를 거쳐 베를린에

인도 독립운동사 연표

도착하다.

1942	크립스사절단이 인도를 방문. 간디가 '인도 철퇴' 요구 운동을 전개.
1943	수바스 보스가 유럽에서 동남아로 잠수함 밀항하여 인도국민군 사령관과 인도 임시정부 대통령에 취임하다.
1945	수바스 보스가 대만에서 항공기 폭발로 사망하다.
1946	각료사절단의 인도 방문. 임시정부가 수립되고 자와할랄 네루가 수상으로 추대되다. 제헌의회가 소집되다.
1947	인도가 독립하다. 인도와 파키스탄의 분립.
1948	마하트마 간디가 힌두 광신자에 의해 피살되다.

찾아보기 1(인도독립운동사)

ㄱ

가리발디(Giuseppe Garibaldi) 359, 485,
588, 613, 699
간디(Mohandas Karamchand Gandhi)
17, 48, 136, 206, 216, 239, 245~247,
553, 561, 697, 719, 723
  출생 및 교육 과정 141~143
  남아프리카에서의 투쟁 141~144,
278, 322, 329, 591, 662, 690
  간디 사상(사티아그라하) 100, 103,
107, 145~169, 185, 213, 240, 281,
315, 662~664
  참파란운동 170~185, 240, 241, 323,
404, 592, 663
  아메다바드운동 185~196, 323, 592,
663
  케다(카이라)운동 197~202, 323
  국민회의 225~246, 352~354, 393
  킬라파트운동 219~225, 285
  비폭력비협조운동 211~291, 310,
315~316, 592~593, 678, 721
  시민불복종운동 213, 277, 279~339,

593, 721
소금 행진 317~328
원탁회의 274, 306, 313, 351~356
인도철퇴운동 392~406, 421, 595,
623
고칼레와의 관계 100, 106, 107, 209,
210, 246, 590, 698
틸락 98~110, 112, 209, 210, 590
네루 109, 161, 246, 281, 300~302,
349, 396, 604
빠텔 191, 194, 260, 299, 604
수바스 보스 277, 279, 302, 445, 448,
462, 466~470, 483, 494, 518, 519,
599~601
타고르 230~232, 261, 262, 315, 346
힌두·무슬림의 화해 166, 248, 261,
286, 287, 303, 372, 375, 397, 457,
554
불가촉천민(하리잔) 166, 248, 261,
266, 303, 352, 354, 370, 375, 594
인도·파키스탄 분립 595, 602~605
간디·어윈 협정(델리 협정) 343~349,

370

고칼레(Gopal Krishna Gokhale) 19, 47,
  57, 58, 80, 82, 83, 105~107, 111,
  112, 207, 226, 227, 230, 298, 590,
  620, 623, 697
  간디와의 관계 100, 169, 209, 210,
  246
  남아프리카 방문 209
고피나드 사하(Gopinath Saha) 447
국민회의 → 인도국민회의
그레이(William Grey) 34
그리피스(Arthur Griffith) 459
글래드스턴(W. E. Gladstone) 118, 119,
  617, 632~635, 645

ㄴ

나와즈 칸(Shah Nawaz Khan) 499, 505,
  507~510, 512, 515, 519
나이두(Sarojini Naidu) 329, 330, 340,
  425
나이르(Sankaran Nair) 129, 230
남비아르(A. C. N. Nambiar) 481
네루, 모틸랄(Motilal Nehru) 222,
  234~237, 253, 254, 276, 279,
  284~286, 295, 300~308, 332, 339,
  340, 343, 449, 552, 554
네루, 자와할랄(Jawaharlal Nehru) 161,
  223, 296, 304~308, 325, 332, 340,
  344, 345, 362, 367, 376~377, 387,
  396, 403, 404, 459, 467, 495, 515,
  517, 604
  간디와의 관계 109, 237, 238, 246,
  279, 300~302, 307, 349, 429, 600,
  604
  청년운동 300, 451, 468
  사회주의 300, 301, 464

농민운동 464, 552, 553, 561~565
한국독립운동 721, 722
네루보고서(Motilal Nehru Report) 297,
  298, 300~302, 309, 310
노동자농민당(WPP) 573, 574
농민협회(Kisan Sabha) 474, 555, 564~
  568, 570~572, 575~580
《뉴인디아(New India)》 120, 121,123~127

ㄷ

다다바이 나오로지(Dadabhai Naoroji)
  74~80, 620, 636
다스(C. R. Das) 131, 234~237, 242,
  251, 254, 255, 272~276, 284~286,
  443~447, 451, 592
다이아르키(Diarchy) 체제 255, 373, 374,
  639
다이어(R. E. H. Dyer) 215, 216, 225
달하우지(Marquess Dalhousie) 533
대폭동(Sepoys 반란) 13, 36, 426, 491,
  497, 534, 587, 618, 695, 705, 707
로메스 더트(Romesh C. Dutt) 531
데라우치 히사이치(寺內壽一) 498, 499,
  507
데 발레라(Eamon De Valera) 459
데브다스(Devdas) 143, 356, 359, 431
데비(Basanti Devi) 272
데사이, 마하데브(Mahadev Desai) 356,
  369, 425, 430, 567
데사이, 불라바이(Bhulabhai Desai) 515
데칸 폭동 534, 535
델리 성명 304
도조 히데키(東條英機) 487, 490~492,
  494, 504, 509, 694
디즈레일리(Benjamin Disraeli) 285
딜론(Gurbaksh Singh Dhillon) 512, 515

ㄹ

라가바차리아(Vijaya Raghavachariar)
234, 236, 242, 251
라가브 다스(Baba Raghav Das) 551
라나데(Mahadev G. Ranade) 28
라마크리슈나 포교단(Ramakrishna
Mission)
『라마야나(Ramayana)』 177
라만(Habibur Rahman) 514, 518
라스키(Harold Laski) 426, 427, 462
라젠드라 프라사드(Rajendra Prasad)
176, 177, 202, 338, 403, 404, 421,
425, 465, 469, 470, 474, 556, 561,
564, 566, 568
라지파트 라이(Lajpat Rai) 20, 59, 71,
77, 79, 80, 84, 94, 98, 132, 208, 221,
222, 234~236, 242, 250~252, 273,
279, 348, 450, 548, 622, 699
라즈뿌트족(Rajputs) 198
라우라트(Rowlatt)법 210~213, 222,
224, 225, 231
라자고팔라차리(C. Rajagopalachari)
254, 284, 332, 380, 381, 397
라투리(P. S. Raturi) 501
람다스(Ramdas) 143, 431
람모한 로이(Rammohan Roy) 179
람찬드라(Baba Ramchandra) 551, 564
러스킨(John Ruskin) 160
러크나우 협정 92, 208
레닌(Vladimir Lenin) 293, 461, 573,
575, 667
레딩(Lord Reading) 266~270, 273, 277,
282, 302
레흐마트 칸(Rehmat Khan) 477
로가나단(A. D. Loganathan) 511
로널드셰이(Ronaldshay, Lord Zetland)
243, 272, 273, 461
로맹 롤랑(Romain Rolland) 110, 356
로이(M. N. Roy) 338, 420, 467, 474,
573
로이드 조지(Lloyd George) 218, 220,
305, 356, 459, 706
롬멜(Erwin Rommel) 480, 485
루스벨트(Franklin Roosevelt) 382~384
리슬리(H. H. Risley) 35, 37, 40
리폰(Lord Ripon) 18, 617, 618, 632~
637
린리스고(Lord Linlithgow) 376~378,
385, 423, 424

ㅁ

마닐랄(Manilal) 143, 329, 330, 441
마다브 다스(Beni Madhav Das) 440
《마라타(Mahratta)》 30, 86, 91, 101
마르와르(Marwar)계급 240
마운트배튼(Lord Mountbatten) 504,
505, 517, 519
마이클 콜린스(Michael Collins) 459
마치니(Giuseppe Mazzini) 588, 613,
699, 705
마탕기니 하즈라(Matangini Hazra) 416
말라비야(Madan Mohan Malaviya)
234~236, 269, 273, 274, 279, 308,
309, 365, 368, 370, 551, 561
맥도널드(Ramsay MacDonald) 303, 312,
341, 351, 370
맥아더(Douglas MacArthur) 518
메타(Pherozeshah Mehta) 143, 226, 602,
623, 636
메탑(Mehtab) 143
모르셰드(L. F. Morshead) 176, 177, 181
모줌다르(A. C Majumdar) 43

모플라족(Moplahs) 287

모하니(F. Hasrat Mohani) 274

모한 싱(Mohan Singh) 489, 490, 494, 510

몬터규(Edwin Montagu) 95, 96, 102, 130~135, 181, 208, 243, 444, 589

몬터규·첼름스퍼드 보고서(1919년 인도 통치법) 95, 97, 102, 255, 256, 266, 292, 373, 592

몰리·민토 개혁(1909년 인도의회법) 638

무슬림연맹 → 인도무슬림연맹

무솔리니(Benito Mussolini) 356, 357, 455, 456, 461, 485, 520, 694

무젠베르크(Werner Musenberg) 487

무커지(M. K. Mukherjee) 487

미라 벤(Mira Ben, Slade) 402, 425

미스라(L. S. Misra) 500

밀러(Webb Miller) 329~331

ㅂ

『바가바드 기타(*Bhagavad Gita*)』 104, 322, 430, 702

바가트 싱(Bhagat Singh) 297, 348, 450

바드라록(Bhadralok) 계층 60~62, 439

바린드라 고슈(Barindra Ghose) 84, 703, 704

바르돌리 사티아그라하 298~300, 323

바카스트(Bakasht)운동 558~560, 566

반데마타람 회람 56

밥티스타(Joseph Baptista) 85

뱅커(Shankarlal Banker) 128, 191, 193

버나드 쇼(Bernard Shaw) 355, 427

버트란드 러셀(Bertrand Russell) 365, 366, 427

벵골주 분할 33~41, 621, 648

보만지(Bomanji) 312

보스, 라슈 베하리(Rash Behari Bose) 488~491

보스, 사라트 찬드라(Sarat Chandra Bose) 454, 468

보스, 수바스 찬드라(Subhas Chandra Bose) 272, 314, 438, 565, 602, 693~697

  출생 및 교육 과정 438~442

  인도문관 250, 441~445, 520, 693

  국민회의 242, 300, 302, 304, 307, 308, 446~452, 462, 465~470

  간디 277, 279, 302, 310, 311, 346, 347, 449, 454~457, 462, 466~474, 502, 520, 521, 599~601, 604, 694

  타고르 466, 470

  진보연합 470~475

  유럽에서의 활동 453~462, 478~486

  공산주의 450, 458, 460, 461

  사회주의 450, 460, 461, 464, 465

  청년 및 노동자 450~452, 520

  무슬림 449, 463, 475, 476, 521

  불가촉천민 449, 463

  국외 탈출 및 잠수함 밀항 476~478, 486~487

  인도국민군(INA) 480, 490~513, 521, 601

  인도임시정부 491~499, 511~513, 601

  인도 진공 작전 498~506

  비행기 추락 514, 518

  조사위원회 518, 519

보스, 시시르(Sisir K. Bose) 476

보스, 아니타(Anita Bose) 484, 485

보스, 자나키나드(Janakinath Bose) 439~442, 444

보스·빠텔 선언 453, 454

보이콧(Boycott)운동　26, 27, 44, 45, 50~53, 59, 98, 99, 259, 334, 456, 592

보어 전쟁(Boer War)　157, 168, 228

볼드윈(Stanley Baldwin)　295, 304, 306

분리선거제　92, 353, 369, 602, 638

'붉은 셔츠단'　358~360, 699

브라모 사마자(Brahmo Samaj)　77

브로드릭(John Brodrick)　43

브룸필드(Broomfield)　283

블랙 앤드 탄스(The Black and Tans)　366

'블랙홀(Black Hole)'　475

비노바 바베(Acharya Vinoba Bhave)　381

비드야난드(Swami Vidyanand)　554, 555, 564

비스마르크(Otto von Bismarck)　479

비컨헤드(Birkenhead)　296

비폭력비협조운동　225~291, 310, 592, 593

비핀 찬드라 팔(Bipin Chandra Pal)　20, 56, 59, 77, 80, 84, 208, 222, 235~237, 251, 622

비하르주 농민협회(BPKS)　555~558, 566, 575

빈센트(William Vincent)　130

빠텔, 발라바이(Vallabhbhai Patel)　254, 299, 323, 327, 336, 340, 348, 349, 358, 369, 386, 403, 404, 410, 421, 425 465, 467, 551
　아메다바드 운동　191~194, 202, 204
　간디　194, 260, 299, 604
　양두 정치　191, 453, 604

빠텔, 비탈바이(Vithalbhai Patel)　202, 333, 453, 454

빠티다르족(Patidars)　198

빠티알라(Patiala) 토후　353

빤차야트(Panchayats; 村民會)　254, 276, 544, 552, 553

ㅅ

사갈(Prem Kumar Sahgal)　512, 515

사르보다야(Sarvodaya)　375

사를라데비(Sarladevi)　189, 195, 196

사바르카르(Vinayak Damodar Savarkar)　419, 705, 706

사스트리(Srinivasa Sastri)　127, 230, 343

사이먼(Simon)위원회　295~297, 304, 306, 341

사예드 아메드 칸(Syed Ahmed Khan)　36

사이크스(Frederick Sykes)　336, 364

사티아그라하(Satyagraha)　98, 100, 103, 105, 106, 145~169, 185, 193, 204, 213, 224, 240, 281

사프루(Tej Bahadur Sapru)　306, 310, 340, 341, 343, 369, 515

사라스와티(Sahajanand Saraswati)　555~557, 564, 566, 568, 570~572, 575~580

산탈족(Santals)의 반란　542, 543

살리물라(Nawab Salimullah)　64, 65

'상응하는 협조'　98~110, 210, 255

샹카랄 파리크(Shankarlal Parikh)　186, 202, 203

센굽타(Jatindra Mohan Sengupta)　307, 308, 452, 453

소극적 저항(Passive Resistance)　98, 99, 116, 128, 145, 146, 149

소금 행진(Dandi March)　317~328

소로(H. Thoreau)　145, 160

솔즈베리(Salisbury)　285

수렌드라나드 바너지(Surendranath Banerjea)　31, 43, 48, 54, 57, 67, 82,

127, 131, 212, 230, 242, 620, 699

수클라(Rajkumar Shukla) 175, 176

스와데시(Swadeshi) 19, 25~78, 87, 98,
137, 162, 248, 250, 334, 456, 588,
589, 592, 621, 647~649, 661, 662

스와라지(Swaraj) 74~87, 92, 162, 210,
236, 245~247, 250 258~265, 468

스와라지파(Swarajists) 284~286

스와미(G. Swami) 481, 487

스탈린(Stalin) 164, 293, 460, 480

슬라이(Frank G. Sly) 181, 243, 258

슬림(William Slim) 503~505

시라지 웃 다울라(Siraj ud Daullah) 475,
476

시민불복종운동 213, 277, 279~339,
364, 593, 594

시타라마이야(Pattabhi Sitaramayya) 466

신지학회(神智學會) 117, 122, 123

신페인(Sinn Fein)운동 119, 126, 588,
645, 699

ㅇ

아가 칸(Aga Khan) 425

아나수야(Shrimati Anasuya) 186~196,
212

'아라비아반도(Jazirat-ul-Arab)' 217, 218,
221

아룬델(George Arundale) 92, 121, 123,
127

아리아 사마자(Arya Samaj) 548

아메리(Leopold Amery) 384, 421, 424

아사미와르(asamiwar) 171, 182

아야르(Ramaswami Aiyar) 128

아양가르(S. Kasturianga Aiyangar) 284

아예르(Subramania Iyer) 48

아옌가르(Srinivasa Iyengar) 311

아우랑지브(Aurangzeb) 57

아웅산(Aung San) 511

아일랜드 자치운동 118, 119, 284, 285,
588, 644, 645, 619

아자드(Abul Kalam Azad) 217, 220, 221,
274, 376, 425, 483, 604
  국민회의 285, 381, 403, 404
  간디 217, 394~397, 604
  크립스 사절단 384~388, 390, 391
  인도·파키스탄 분립 217, 604

아지트 싱(Ajit Singh) 547, 548

아크바르(Akbar)대제 527

아힘사(ahimsa; 불살생, 비폭력) 151~157,
258, 281, 315, 662

안사리(Dr M. A. Ansari) 236, 295, 296,
298, 343, 353

알리(Mohammad Ali) 96, 217, 220, 235,
241, 249, 269, 285, 286, 341

알리(Shaukat Ali) 217, 220, 235, 241,
249, 269, 286

알리가르운동 65, 241

암리차르 학살 135, 214, 219~241, 288,
663, 721

《암리타 바자르 파트리카(*Amrita Bazar
Patrika*)》 29

암발랄 사라바이(Ambalal Sarabhai)
189~196

암베드카(B. R. Ambedkar) 342, 353,
370, 388, 420

압둘 바리(Abdul Bari) 217, 220, 221,
338

압둘 칸(Abdul Ghaffar Khan) 323, 358,
359

앙드레 말로(Andre Malraux) 459

앙드레 지드(Andre Gide) 459

애니 베산트(Annie Besant) 73, 86, 88,

91~94, 97, 111~137, 191, 205, 208, 212, 226, 229, 234~237, 589, 590

애틀리(Clement Attlee) 295, 384, 423

애스퀴스(H. H. Asquith) 218

어윈(Lord Irwin) 168, 275, 299, 303~307, 312, 327, 336, 347, 349~351

에드거 스노(Edgar Snow) 427

에밀리 셴클(Emilie Schenkl) 460, 484

엘윈(Verrier Elwin) 361

영구정액제(永久定額制) 530~532

《영 인디아(Young India)》 106, 246, 261, 312, 317, 322

오드와이어(Michael O'Dwyer) 213~215, 225

오로빈도 고슈(Aurobindo Ghose) 20, 59, 63, 77, 80~82, 84, 110, 145, 146, 622, 703, 704

오우드 농민협회 552, 553

오튼(E. F. Oaten) 441

오친레크(Claude Auchinleck) 515~517

오코넬(Daniel O'Connell) 118

와벨(Wavell) 388, 431, 514, 515, 517

와차(D. E. Wacha) 33, 127

'완전독립'(Purna Swaraj)의 결의 309~311, 344, 345, 349, 352, 277, 387, 449, 451

원탁회의 269, 273, 274, 303, 306, 319, 341, 342, 348, 352

웨일스(Wales) 공작 266~270, 273, 446

웨지우드 벤(Wedgwood Benn) 305, 336

윌링던(Willingdon) 349, 350, 358~369, 424, 623

윌슨(Leslie Wilson) 299

윌슨(Woodrow Wilson) 218, 614, 666~670, 678, 689

윌킨슨(Miss Ellen Wilkinson) 365, 368

《유간타(Yugantar)》 63

유나이티드 프로빈시스 농민협회 552

이맘 사히브(Imam Shaheb) 329

인도공산당(CPI) 388, 419, 420, 475, 560, 572~580

인도국민군(INA) 480, 487~513, 521, 601, 694~696

인도국민회의 164, 170, 207, 208, 289, 300, 304, 307~309, 349, 364~367, 528

  창립 및 성격 17~19, 73, 210, 244, 245, 348, 352, 354, 437, 615, 618, 620, 628, 632

  온건파 19~21, 97, 125, 127, 135, 136, 207, 620, 621

  과격파의 축출 20, 76, 84, 145, 208, 622

  스와데시운동 47, 48, 57~60

  무슬림 대표 229, 235

  비협조운동을 지지 228~244

  전국위원회 120, 244, 248, 260, 266, 280, 304, 309, 311, 339, 340, 349, 371, 380, 393, 404, 406, 460, 515, 568

  지역위원회 125, 137, 567

인도국민회의 사회주의당(CSP) 414, 472, 569, 575~578

인도국방령 127, 211, 406, 411, 428

인도독립연맹 488~492, 495

인도무슬림연맹 92, 133, 208, 217, 241, 243, 298, 379, 418, 602

인도문관(ICS) 6, 230, 250, 312, 441~445, 520, 617, 621

인도연맹(India League) 365~367

『인도의 불안(Indian Unrest)』 101

『인도의 투쟁(1920~1934)』 455~459
인도임시정부 491~499, 504, 511~513
인도자치연맹(Indian Home Rule League)
  85, 92~97, 121, 122
인도 철퇴운동 392~406, 421, 595, 603
인도협회 47, 230, 703
인디라 간디(Indira Gandhi) 459, 519,
  721
  1942년 폭동 408~420
  1935년 인도통치법 373, 374, 378,
    382, 462, 639
입법의회 254~258, 283~286, 296, 309,
  314, 341, 342, 373, 446, 553, 637,
  638

ㅈ

자기르(Jagir) 539, 540
자민다르(Zamindars)(제도) 28, 170,
  424, 527~530, 532, 542, 555, 570
자야카르(M. R. Jayakar) 340, 341, 343,
  369
자야프라카스 나라얀(Jayaprakash
  Narayan) 414, 415, 472, 556, 570,
  578
자유인도군(Azad Hind Fauz) 479~481
자유인도 라디오(Azad Hind Radio)
  482~484
자유인도센터(Free India Centre) 481
자틴 다스(Jatin Das) 450
잔시 왕비(Rani Jhansi; Lakshmi Bai) 부
  대 497, 498, 500, 512, 513
잘리안왈라 박(Jallianwala Bagh) → 암리
  차르 학살
장제스(蔣介石) 382~384
전국노동조합 450~451
전인도자치연맹(All-India Home Rule

League) 92, 114~124, 590
조지 오웰(George Orwell; Eric Arthur
  Blair) 483, 484
존 햄던(John Hampden) 146
줄루(Zulu)전쟁 206, 228
지라트(ziraat) 171
지방자치제 18, 132, 164, 525, 621, 631,
  647
진나(Muhammad Ali Jinnah) 96, 127,
  130, 274, 279, 295, 341, 596, 602,
  603
  국민회의 235~237, 241, 243, 288,
    306, 592
  무슬림연맹 379, 385
  14개조 298
  두 민족이론 602
  파키스탄 선언(라호르 결의) 379,
    387, 388, 602
  인도철퇴운동 418, 596
진보연합(Forward Bloc) 470~475, 566,
  571, 572

ㅊ

차우리차우라 사건 278, 279, 283, 345
차크라바르티(B. Chakravarti) 235
차터지(A. C. Chatterji) 492, 502, 508
찬드라(Bholonath Chandra) 28
찰리 채플린(Charlie Chaplin) 355
참파란운동 170~185, 240, 241, 303,
  404, 592
처칠(Winston Churchill) 168, 347, 357,
  382~384, 386, 389~392, 421~424,
  428, 430, 431, 480, 706
체임벌린(Austen Chamberlain) 126
첼름스퍼드(Lord Chelmsford) 95, 96,
  129~131, 181, 210, 217, 222, 224,

243

초우두리(Jaglal Chaudhury) 43, 413

초키다르 세금(Chaukidari Tax) 337, 338

치롤(Valentine Chirol) 101

ㅋ

카스투르바(Kasturba) 142, 431, 502

카톨릭협회 118

칼라일(Carlyle) 회람 55, 56

칼리사(Khalisa) 539, 540

커즌(George Nathaniel Curzon) 34~43, 64, 68, 98, 588, 648

케말 파샤(Kemal Pasha, Atatürk) 287, 456

《케사리(*Kesari*)》 78, 91

켈카르(N. C. Kelkar) 85, 87, 227

코튼(Henry Cotton) 41, 42

콘월리스(Lord Cornwallis) 530, 531

콜사(G. D. Kholsa) 519

콰로니(Pietro Quaroni) 477

크리빨라니(Acharya J. B. Kripalani) 176, 462

크리슈나 싱(Krishna Singh) 556

크립스(Cripps) 사절단 382~392, 422, 423, 579, 594, 602

키쇼르 프라사드(Braj Kishore Prasad) 556

키아니(Inayat Kiani) 502, 506

키아니(Mohammad Zaman Kiani) 505, 509, 512, 513

킬라파트운동(Khilafat Movement) 101, 216, 219~225, 237, 240, 285~288, 614, 678

ㅌ

타고르(Rabindranath Tagore) 31, 56,

216, 230~232, 261, 262, 315, 346, 450, 455, 466, 470, 481, 578, 721

타타(Tata) 철강공장 411

탄돈(Purushottamdas Tandon) 552

탈루크다르(taluqdars)제도 533, 534, 543, 553, 562

테러리스트 활동 698~708

토머스 먼로(Thomas Munro) 535, 536

토인비(Arnold J. Toynbee) 262, 263

톨스토이(Leo Tolstoy) 145, 155, 160

티푸 술탄(Tipu Sultan) 535

티야브지(Abbas Tyabji) 329

틸락(Bal Gangadhar Tilak) 206~208, 226, 255, 548, 580, 590, 591, 622, 697, 704

  간디 98~110, 112, 209, 210, 227, 228

  과격파 20, 30, 58

  자치운동 73~111, 116, 121, 122, 128, 132, 136, 205

  종교 축제 92, 111, 227

  테러리스트와의 관계 74, 589

  옥고 74, 84, 102, 213, 282

  틸락 기금 248, 339

ㅍ

파넬(Charles Stewart Parnell) 118, 146, 284, 285, 645

파리평화조약 218, 221, 222

파텔 → 빠텔

파키스탄 선언(라호르 결의) 379, 388, 497

파티알라 토후 → 빠티알라 토후

판데야(Mohanlal Pandya) 186, 202, 203

판데이(Chitoo Pandey) 417

펄 벅(Pearl Buck) 427

펜트랜드(Lord Pentland) 106

《포워드(Forward)》 446

풀러(Bamfylde Fuller) 56, 64, 65, 704

프란나스(Prannath) 종파 142

프레이저(Andrew Fraser) 35, 37, 40, 704

플라시(Plassey) 전투 33, 530

ㅎ

하리잔(Harijans; 불가촉천민) 248, 265,
    266, 352, 369~371, 375, 420, 463,
    594

하릴랄(Harilal) 142, 143, 157, 431

하싼(Abid Hassan) 481, 487, 509

해밀턴(George Hamilton) 34

헉슬리(Julian Huxley) 427

헌터(Hunter) 보고서 214, 225

헤이콕(W. B. Heycock) 177, 178, 181

호어(Samuel Hoare) 351, 369

홀웰 기념비(Holwell Monument) 475

흄(Allen Octavian Hume) 18, 616, 618,
    634, 637

히틀러(Hitler) 380, 461, 479, 485, 486,
    520, 694

힌두 마하사바(Hindu Mahasabha) 388,
    418, 419

찾아보기 2(한국·인도 독립운동의 비교)

ㄱ

가다르(Ghadar; 폭동)당 706, 707

가톨릭 해방법(1829) 645

강우규(姜宇奎) 716

강원석(姜元錫) 710

고사인(Narendra Gosain) 704

공명단(共鳴團) 708

곽재기(郭在驥) 710

광복군 → 한국광복군

광복단(光復團) 684

광주학생운동 647

구니노미야(久邇宮邦彦) 716

구월산대(九月山隊) 708

국민대표회의 714

권번(券番)물산장려운동 652, 653

그루(Joseph C., Grew) 669

극동인민대표대회 714

김구(金九) 691~693, 716~719, 723

김규식(金奎植) 669, 690, 691

김극일(金極一) 710

김병완(金炳完) 710

김상옥(金相玉) 710

김성수(金性洙) 626

김시현(金始顯) 711

김원봉(金元鳳; 若山) 691, 692,
　　708~720, 723

김익상(金益相; 鳳男) 710

김좌진(金佐鎭) 684~686

김지섭(金祉燮) 711

김창숙(金昌淑) 711

김태석(金泰錫) 710

김학규(金學奎) 692

까네레(Anant Laxman Kanhere) 705

까마(Bhikaji Rustam Cama) 705, 706

ㄴ

나공민(羅公民; 景錫) 654~657

나석주(羅錫疇) 711

나폴레옹 전쟁 612, 613

ㄷ

대서양권 혁명 610~613

대한국민군 683

대한국민당 691

대한국민의회정부(大韓國民議會政府)
679
대한군무도독부군(大韓軍務都督府軍)
683
대한군북로독군부(大韓軍北路督軍府)
683
대한독립군 682, 683, 685, 686
대한민국 임시정부(상해 임시정부) 673,
678~681, 688, 690~693, 709,
717~719
임시정부 헌법 678, 680, 693
민주공화제 680, 681
《독립신문》(상해) 629, 682~686
딩그라(Madan Lal Dhingra) 706

ㄹ

량치차오(梁啓超) 615
러일전쟁 700, 701

ㅁ

매콜리(T. B. Macaulay) 619
무오독립선언서 670
'문화정치' 624, 628, 639~643, 721
물산장려운동 626, 631, 647~662
미국 독립운동 611, 612
미국전략정보기관(OSS) 692
미트라(Pramata Mitra) 703
민립대학 설립운동 626, 631
민원식(閔元植) 643, 646, 709, 716
'민족개조론' 627, 628
민족자결주의 614, 666~670, 678
'민족적 경륜' 624~628, 631, 646, 659
민족혁명당 693, 716

ㅂ

바르마(Shyamji Krishna Varma) 705, 706

박세권(朴世權) 660
박은식(朴殷植) 630, 685, 686, 691, 700
박재혁(朴載赫) 710
백남운(白南雲) 646
보합단(普合團) 708
봉오동(鳳梧洞) 전투 682~684, 723
북로군정서(北路軍政署) 682, 684~686

ㅅ

사관연성소(士官練成所) 685, 687
사이토 마코토(齋藤實) 637, 716
사젠트(Clyde B. Sargent) 692
산미(産米)증식계획 642
삼둔자(三屯子) 전투 683
3·1독립선언서 664~672, 677~680, 718
3·1운동 664, 665, 672~679, 681, 718,
723
삼판통(三坂通)사건 710
서재필(徐載弼) 658
선우갑(鮮于甲) 710
선우순(鮮于鐇) 709
선우전(鮮于全) 655
설태희(薛泰熙) 655, 656
소에지마 미치마사(副島道正) 644
송병준(宋秉畯) 646
손병희(孫秉熙) 665
송진우(宋鎭禹) 626
스티븐 본살(Stephen Bonsal) 669
시라카와 요시노리(白川義則) 717
시바지(Shivaji)기념제 704
신간회(新幹會) 631, 646, 660
신민단(新民團) 684
신민회(新民會) 624
신석우(申錫雨) 626
신채호(申采浩) 613, 630, 645, 711~714,
716, 718, 719, 723

신흥무관학교(新興武官學校) 685, 715

심사율(Test Act, 1673) 645

쑨원(孫文) 615

쑹메이링(宋美齡) 383, 717

ㅇ

아나키즘(Anarchism, 무정부주의)
713~715

아시아권 민족주의 610~615

아즈마 지대(東支隊) 685, 586

안광천(安光泉) 716

안무(安武) 683, 684, 686

안재홍(安在鴻) 626

안중근(安重根) 700, 701, 708, 716

안창호(安昌浩) 626, 627, 680, 681

야마다(山田) 연대 685

양건호(梁健浩, 李鍾岩) 708, 710

양근환(梁槿煥) 716

연정회(硏政會) 624~632

영국·아일랜드 합방법 644

영 인디아(Young India, 청년인도당) 705

영일동맹(英日同盟) 615

5·4운동 615

오성윤(嗚成崙; 李正龍) 710

외국 위체(爲替) 사건 719

워싱턴회의(태평양회의) 688~691

유길준(俞吉濬) 650

유성준(俞星濬) 650

유일선(柳日宣) 709

유자명(柳子明) 713

윤봉길(尹奉吉) 691, 717, 718

윤영남(尹嶺南) 655

의군부(義軍府) 684

의민단(義民團) 684

의열단(義烈團) 708~716

이광수(李光洙) 624~628, 630, 659,

670~672

이도구(二道溝)전투 686

이동녕(李東寧) 717

이동휘(李東輝) 680, 718

이범석(李範奭) 685, 686, 692, 716

이봉창(李奉昌) 691, 717

이상재(李商在) 688

이석증(李石曾) 713

이성우(李成宇) 710

이성태(李星泰) 655~658

이순탁(李順鐸) 655

이승만(李承晩) 669, 680, 681, 688, 691,
718

이승훈(李昇薰) 626

이완용(李完用) 716

이을규(李乙奎) 713

이재명(李在明) 716

이정규(李丁奎) 713

이청천(李青天; 池大亨) 692, 716

이회영(李會榮) 713

이토 히로부미(伊藤博文) 700, 701, 708

'21개조' 615

2·8독립선언서 627, 670~672, 680

인도자치회 705~707

인도·파키스탄 분립 167, 217, 288, 387,
388, 595, 602~605

일진회(一進會) 624

일화배척운동(日貨排斥運動) 649

ㅈ

장제스(蔣介石) 715, 717

장지연(張志淵) 630

저우언라이(周恩來) 715

전(全)조선청년당대회 657

정화암(鄭華岩) 713

조만식(曺晩植) 629, 649

조명하(趙明河) 716
조선물산장려회 649~654
조선민홍회(朝鮮民興會) 660
조선의용대 692
조선혁명당 691
'조선혁명선언' 646, 711~716, 718
주종건(朱鍾鍵) 655, 658
지방자치제 628, 631, 639~647, 725
지방제도 640~643
주경란(朱慶瀾) 717
중국신재위원회(中國愼災委員會) 717

ㅊ

차페카르(Chapekar) 703, 704
천두슈(陳獨秀) 615
천마산대(天摩山隊) 708
청말자강론(淸末自强論) 630
청산리(靑山里) 전투 682~687, 723
　　백운평(白雲坪) 전투 685
　　완루구(完樓溝) 전투 685
　　천수평(泉水坪) 전투 685
　　어랑촌(漁郎村) 전투 685, 686
최경학(崔敬鶴; 壽鳳) 710
최남선(崔南善) 630, 672
최린(崔麟) 626
최석용(崔錫鏞) 692
최진동(崔振東; 明錄) 683
'7가살(可殺)' 709, 713

ㅋ

카르보나리(Carbonari; 炭黨) 699
커즌 윌리(Curzon Wyllie) 706
쿠디람 바수(Khudiram Basu) 704
크로포트킨(Peter A. Kropotkin) 711
킴벌리(Kimberley) 634
킹스포드(Kingsford) 704

ㅌ

토산애용부인회 651
토지 조사 사업 674~676

ㅍ

파리 평화회의 615, 665, 688~690
평양물산장려회 649, 652
프라훌라 차키(Prafulla Chaki) 704
프랑스 혁명 612, 613

ㅎ

하딩(W. G. Harding) 688
하라 다카시(原敬) 639
하르다얄(Lala Hardayal) 706, 707
하시모토 히데하라(橋本秀平) 710
한국광복군 691, 692, 717, 721
한국독립당 691
한국민족혁명당 692, 716
한국인민치태평양회의서(韓國人民致太平
　　洋會議書) 688
한민회(韓民會) 684
한성임시정부 679, 680
한인애국단 717
한지성(韓志成) 692
홍범도(洪範圖) 682~688
홍종우(洪鍾祐) 711
황옥(黃鈺) 711
황포군관학교(黃埔軍官學校) 715
회사령(會社令) 642
후스(胡適) 615
휴즈(Charles E. Hughes) 689

조길태(曺吉泰)

고려대학교 사학과를 졸업하고 동대학원에서 문학 박사 학위를 받았으며, 인도 델리대학교 대학원에 유학하고 영국 케임브리지대학교 연구교수를 지냈다. 아세아문제연구소 연구원과 강원대학교 사학과 교수를 거쳐 아주대학교 사학과 교수로서 인문대학장을 역임했다. 현재 아주대학교 명예교수로서 아주대학교와 고려대학교에서 강의하고 있다. 저서로 『인도사』, 『인도 민족주의 운동사』, 『영국의 인도 통치정책』, 『인도와 파키스탄 ─ 그 대립의 역사』, 『인도의 오늘』(공저), 『개관 동양사』(공저), 『세계문화사』(공저) 등이 있다. 옮긴 책으로는 『서양 문명의 제 문제』(공역), 『서양사 신론』(공역), 『봉건제도에서 자본주의로의 전환』(공역저) 등이 있다.

인도 독립운동사

1판 1쇄 찍음 2017년 8월 25일
1판 1쇄 펴냄 2017년 8월 31일

지은이   조길태
발행인   박근섭, 박상준
펴낸곳   (주)민음사

출판등록   1966. 5. 19. 제16-490호
주소   서울시 강남구 도산대로1길 62(신사동)
           강남출판문화센터 5층 (135-887)
대표전화   515-2000 | 팩시밀리 515-2007
홈페이지   www.minumsa.com

한국어판 ⓒ민음사, 2017. Printed in Seoul, Korea

ISBN 978-89-374-3449-5 93900